몬테카를로 시뮬레이션을 활용한

리스크 분석 및 의사 결정
엑셀 모델링과 크리스탈볼

데이터랩스 · 민경현 공저

책을 펴내며

바야흐로 데이터 과학(Data Science)의 시대가 열리고 있다. 넘쳐나는 데이터로부터 지식과 인사이트를 추출하기 위해 과학적 방법론, 알고리즘, 시스템, 프로세스 등을 융합하여 기존과는 차원이 다른 미래 가치를 찾아내기 위한 연구와 노력이 활발하다. 데이터를 통해 실제 현상을 파악하려는 통계적 분석에 기계학습 방법론을 더하여 다양한 분야에서 놀라운 성과가 이미 실현이 되고 있다. 미래에 대한 기대도 크지만 이대로라면 인간이 인공지능(AI)에 지배될 날이 멀지 않다는 우려 섞인 전망도 많다. 또 다른 한편으론 이렇게 빠르게 변하는 세상을 제대로 쫓아가지 못하고 있는 나를 돌아보며 뭔지 모를 위기감을 느낄 때도 있다.

변화하는 환경에서 개인도 그렇지만 기업도 늘 살아남기 위해 몸부림친다. 생존을 위해 또는 손해를 보지 않기 위해 늘 고려해야 하는 것이 리스크다. 리스크의 일반적인 의미는 손실, 사상, 재난 등이 발생할 가능성이며, 경제적 손실과 같은 바람직하지 않은 사건과 그러한 사건의 발생에 관한 불확실성이 내포된 개념이다. 리스크의 수학적 의미는 어떤 사건의 결과가 확률적 기대값을 벗어나는 정도라 말할 수 있다. 즉, 기대값과 실제 결과의 가변성으로 측정되며, 아주 쉽게는 분산 또는 표준편차가 주요한 측정수단이 되기도 한다. 일반적인 회사 입장에서의 리스크는 불확실성의 몇 가지 특별한 원천 중에서 수익성 또는 목표에 불리한 영향을 미치는 요인으로 정의를 내려도 무방할 것 같다.

리스크를 얘기하는 이유는 리스크를 잘 관리하고 싶어서다. 리스크를 관리하는 목적은 기업의 성과를 개선시키는 것과 기업이 수용할 수 없는 손실이 발생하는 것을 미연에 방지함으로써 리스크를 피하려는 것이며, 방법은 리스크에 대한 정확한 이해와 측정을 바탕으로 리스크를 계량화하는 것으로 가능하다. 리스크의 계량화는 통계의 개념을 원용하는 것으로 미래의 일들을 논리적이고 체계적으로 예측하는 과정인데, 통계적 사고를 바탕으로 관리할 모델을 만드는 것이라고도 할 수 있겠다. 데이터 과학과 인공지능 시대가 이미 도래했다고 하여도 그 기본은 변함이 없다.

서두가 길었다. 이제 본론이다.

우리는 기존에 알고 있는 지식과 경험을 체계적으로 정리하길 바라며, 정리된 것을 가지고 합리적인 의사결정을 내릴 기준으로 삼기를 원한다. 하지만 그것을 제대로 할 수 있는 방법과 테크닉을 잘 알지 못해 어려움을 느끼고 있다. 이 책에서는 합리적인 의사결정을 내릴 수 있도록 불확실성과 리스크를 분석하고 극복하는 방법을 설명한다. 사업리스크를 최소화, 회피하며 미래의 일에 대한 가치를 부여하는 방법을 알려주며, 모든 의사결정자에게 합리적인 근거를 제시하는 방법과 테크닉을 알려준다. 그리고 리스크에 대한 계량적, 비계량적 설명을 모두 다루며, 리스크의 파악, 계량화, 적용, 예측, 가치평가, 회피, 분산, 관리하는 방법과 사례를 포함하고 있다.

  이 책에서는 의사결정자들로 하여금 리스크를 고려한 수리적인 모델링과 그 모델링을 이용하여 시뮬레이션을 수행하는 방법을 설명하는데, 시뮬레이션은 모델을 이용하여 수행된다. 모델은 현실 세계의 비즈니스 시스템들을 수리적으로 표현한 것이다. 이 모델을 이용하여 실제 발생 가능한 상황에 대해서 모의 실험을 통해서 불확실성의 크기를 측정하는 방법이 시뮬레이션이다. 여기에서는 시뮬레이션 중에서도 전문 지식이 조금 부족하더라도 쉽게 접근하여 활용할 수 있는 몬테카를로 시뮬레이션을 중심으로 설명한다. 이러한 몬테카를로 시뮬레이션을 수행하는 방법은 매우 다양하다. 만약 본인이 프로그래밍 능력이 뛰어나다면 엑셀이나 VBA, C#, C++, R, 파이썬 등과 같은 다양한 프로그래밍 언어를 추가로 이용하여 직접 할 수도 있겠지만 현실은 그렇지 못하다. 아니 그럴 필요가 없다. 훌륭한 도구가 있다면 그 도구를 잘 써서 성과를 내는 것이 더 지혜롭다. Crystal Ball은 통계나 시뮬레이션을 모르는 비전문가도 쉽게 접근하여 리스크를 모델링하고 몬테카를로 시뮬레이션을 해 볼 수 있게 만드는 매우 편리한 소프트웨어이다. Crystal Ball은 ERP, DB 관리, 데이터 처리 및 분석은 물론 다양한 BI 솔루션을 제공하는 글로벌 기업 오라클(Oracle)에서 공급하는 소프트웨어이며, 우리들이 일상 업무에서 빈번하게 사용하고 있는 마이크로소프트 엑셀에 메뉴가 추가(Add-in) 되는 소프트웨어이다. Crystal Ball은 포춘 500대 기업의 90% 이상이 사용하고 있으며, 미국 아이비리그를 비롯한 세계 유수의 명문 대학 MBA 과정에서 리스크 관련 수업의 실습 도구로 활용되고 있을 정도로 높은 인지도를 가지고 있다. 현재 전 세계적으로 수백만 명의 사용자들이 사용하고 있으며, 2004년 6월 보급하기 시작한 이후 국내에서도 지속적으로 사용자층이 증가하고 있는 추세이다.

  1999년부터 사업을 해오고 있는 ㈜이레테크 데이터랩스는 Crystal Ball을 공급하는 오라클 파트너이면서 품질관리, 실험계획 및 6시그마 분석 도구인 Minitab 소프트웨어의 한국 대표부이기도 하다. 또한 데이터랩스는 대부분이 통계 및 산업공학, 경영학을 전공한 석·박사 인력으로 구성되어 있으며, 경쟁력 있는 데이터과학자(Data Scientist)가 되는 것을 지향점으로 삼고 있다. 참고로 이 책에 사용된 예제파일은 데이터랩스 홈페이지(www.datalabs.co.kr)에서 받아 볼 수 있으며, Crystal Ball Trial 버전도 다운로드 받아 사용해 볼 수 있다.

　마지막으로 이 책을 출판하기까지 함께 고생한 데이터랩스 모든 구성원들에게 감사를 전하며, 특히 한양대학교 경영대학 박사과정 중이면서도 많은 수고를 아끼지 않은 민경현 차장에게 특별한 감사를 드린다.

2018년 12월
㈜이레테크 대표이사 지 만 영

목차

 PART 01 리스크 관리 _ 1

Chapter 01 | 불확실성의 극복 ·· 3
  리스크란 무엇인가? ·· 3
  불확실성 vs 리스크 ·· 4
  의사결정 시 리스크가 중요한 이유 ······························· 6
  전통적인 리스크 관리 방법 ··· 8
  리스크의 형태와 특성, 그리고 불확실성 ······················ 12

Chapter 02 | 리스크로부터 가치를 창출하기 ···················· 17
  리스크 다루기 ··· 17
  리스크의 기본 사항 ··· 19
  리스크와 수익의 본질 ·· 20
  리스크 통계량 ··· 21
  리스크 척도 ··· 26

Chapter 03 | 기본적인 모델 구축 가이드 ························· 31
  모델의 문서화 ··· 32
  입력값, 계산값, 결과값의 분리 ··································· 36
  모델 보호 ·· 38
  사용이 편리한 모델 구축: 데이터 검승 및 오류 메시지 ··· 39
  모델 변경 내용 추적 ·· 43
  모델의 외형과 서식 ··· 44

vii

PART 02 리스크 측정 _ 51

Chapter 04 | 몬테카를로 시뮬레이션 ········· 53
- 몬테카를로 시뮬레이션이란? ········· 53
- 시뮬레이션의 중요성 ········· 55
- 시뮬레이션과 전통적인 분석 방법 비교 ········· 58
- Crystal Ball과 엑셀을 이용한 시뮬레이션 ········· 63
- 부록 – 시뮬레이션 ········· 67

Chapter 05 | Crystal Ball 활용하기 ········· 85
- Crystal Ball의 개요 ········· 85
- Crystal Ball 시작하기 ········· 89
- 시뮬레이션 환경 ········· 90
- 시뮬레이션 실행하기 ········· 91
- 시뮬레이션 결과 해석 ········· 95

Chapter 06 | Crystal Ball 도구 기능 활용하기 ········· 101
- 토네이도 차트와 민감도 차트 ········· 101
- 분포의 상관관계 정의 및 적합, 그리고 정확도 조정 ········· 107
- 정도(Precision) 조정 ········· 112
- 부트스트랩 시뮬레이션 ········· 116
- 2차원 시뮬레이션 ········· 118
- 의사결정 테이블 ········· 120
- 부록 – 적합도 검정(Goodness of Fit Test) ········· 124

PART 03 리스크 예측 _ 131

Chapter 07 | 미래를 예측하는 방법 ········· 133
- 예측이란? ········· 133
- 예측의 본질 및 관점 ········· 134

Chapter 08 | 과거 데이터를 이용한 미래 예측하기 ·········· 143
    시계열 분석을 이용한 예측 방법 ·········· 144
    계절성과 추세가 모두 없는 데이터 ·········· 144
    추세는 있지만 계절성은 없는 데이터 ·········· 151
    추세는 없지만 계절성이 있는 데이터 ·········· 155
    계절성과 추세가 모두 존재하는 데이터 ·········· 159
    회귀분석(Regression Analysis) ·········· 163
    예측 시 유의 사항: 이상점, 비선형성, 다중공선성, 이분산성,
       자기상관, 구조적 결함 등 ·········· 175
    회귀분석의 기타 기술적인 문제들 ·········· 182
    고급 예측 기법 ·········· 184
    부록 A - 예측 구간(forecast intervals) ·········· 185
    부록 B - 최소자승법(Ordinary Least Squares) ·········· 186
    부록 C - 이분산성의 확인 및 수정 ·········· 188
    부록 D - 다중공선성의 확인 및 수정 ·········· 190
    부록 E - 자기상관의 확인 및 수정 ·········· 191

PART 04 리스크 최적화 _ 195

Chapter 09 | 최적화를 활용한 의사결정 ·········· 197
    최적화 모델이란? ·········· 197
    출장 중인 재무설계사 ·········· 199
    최적화와 관련된 용어 ·········· 201
    그래프와 엑셀의 해 찾기(Solver) 기능을 이용한 최적해 도출 ·········· 203

Chapter 10 | 불확실성 하에서의 최적화 ·········· 213
    프로젝트 선택 모델(불확실성 하에서의 이산형 최적화) ·········· 213
    리스크와 수익률을 이용한 포트폴리오 최적화
      (연속적이고 확률적인 최적화) ·········· 220

PART 05 사례 연구 _ 229

Chapter 11 | 활용 사례 ·· 231

    Case Study I: 제약 및 바이오산업에서 이루어지는 거래 구조에
                 대한 고도의 계량화™ ······································ 231
    Case Study II: 원유 및 가스의 탐사와 생산 ····································· 251
    Case Study III: 기업 구조조정의 신용 리스크 평가 ························· 264
    Case Study IV: 기업 가치 평가 – 주당 순이익 예측 ······················ 274
    Case Study V: 프로젝트 비용 추정 ··· 287
    Case Study VI: 프로젝트 일정 예측 ·· 293
    Case Study VII: 실험계획법과 시뮬레이션 활용한 품질 수준
                  예측 ··· 300
    Case Study VIII: 비용 기반의 누적 공차 분석 ································· 310
    Case Study IX: 독성 폐기물 지역의 오염 리스크 측정 ··············· 319

PART 06 리스크 개요 _ 331

Chapter 12 | 리스크 관리 시 고려사항 ··· 333

    직무 태만 ··· 333
    경영진의 실사 ··· 334
    분석가의 귀책 사유 ··· 335

Chapter 13 | 리스크에 대한 인식 변화 ··· 359

    조직이 리스크 분석 결과를 받아들이도록 만드는 방법 ··············· 359
    변화관리의 현안 및 패러다임의 변화 ··· 359
    오늘 시점에 내일을 예측하기 ··· 363

    필수분포표 ··· 369
    주제어 ··· 391

PART
01

리스크 관리

Chapter 01 불확실성의 극복
Chapter 02 리스크로부터 가치를 창출하기
Chapter 03 기본적인 모델 구축 가이드

CHAPTER 01
불확실성의 극복

 리스크란 무엇인가?

역사가 기록되기 시작한 이후로 확률 게임(Games of Chance)은 인기 있는 오락이 되어 오고 있다. 심지어는 성경에도 로마 군인들이 예수가 입었던 옷을 차지하기 위해 제비뽑기를 했다는 기록이 있다. 옛날에는 기회를 자연적으로 발생하는 현상으로 여겼고 대양의 변덕스런 파도를 헤쳐가는 배처럼 인간은 이러한 기회의 지배 아래 있었다. 르네상스 시기까지만 하더라도 미래란 완전히 불확실한 사건(Random Event)과 인간의 통제를 벗어나 단순히 우연한 사건에 의해 발생하는 것이라고 여겨졌다. 하지만 확률 게임이 발전하게 되면서 리스크와 확률에 대한 연구가 활발해졌고 리스크와 확률은 실제 상황을 보다 밀접하게 반영하게 됐다. 확률 게임이 처음 시작됐을 때 많은 사람들이 게임에 열광했지만 아무도 그 확률을 계산하려 하지 않았다. 만약 확률이라는 개념을 완전히 이해하고 터득한 사람이 있었다면 이러한 확률 게임에서 논을 따기에 더 좋은 위치를 차지했을 것이다. 하지만 확률에 대한 적절한 연구는 1600년대 중반이 되어서야 시작됐고, 확률에 대한 진지한 연구 노력을 시작한 초기의 인물로는 선택(Choice), 기회(Chance), 확률(Probability)의 대가인 파스칼(Blaise Pascal)을 꼽을 수 있다. 하지만 파스칼(Pascal), 베르누이(Bernoulli), 베이즈(Bayes), 가우스(Gauss), 라플라스(LaPlace), 페르마(Fermat) 등 확률 분야의 선구자들 이래로 수세기 동안 이루어진 수학과 통계학의 혁신 덕에 우리가 현재 살아가고 있는 불확실한 세상을 리스크와 불확실성에 대한 여러 방법론을 적용하여 보다 세련되게 설명할 수 있게 되었다.

수세기 전에 살았던 사람들에게 리스크는 단순히 인간의 통제 범위를 벗어나 있는 불가피한 일이 발생한 것일 뿐이었다. 그럼에도 불구하고 많은 가짜 점쟁이들은 명확한 사실을 단순히 얘기하거나 상대방의 바디 랭귀지를 읽은 후 듣고 싶어 하는 얘기를 해줌으로써 자신들의 천리안을 그럴 듯하게 떠벌렸다. 하지만 우리 주변의 점쟁이들을 잠시 접어두고 생각해 보면, 뛰어난 기술 발전을 이루어낸 현대에 살고 있는 우리들조차도 리스크와 불확실성에 여전히 취약한 모습을 보이고 있다. 우리는 태양계 행성의 궤도나 지구에서 인간을 달로 쏘아 올리기 위해 필요한 탈출 속도는 너무도 정확하게 계산해낼 수 있지만 내년에 회사가 달성할 수익이 얼마인지를 추정해야 한다면 방향을 잃고 만다. 인간은 인류 역사가 시작된 후 시행착오를 거치면서 진화된 인간의 지식과 사고를 활용하여 리스크와의 투쟁을 계속해왔고 이를 통해 리스크를 파악하고, 계량화하며, 회피하고, 활용할 수 있는 방법을 개발해왔다.

리스크 분석이란 분야는 분명 광범위한 분야이고 책의 몇 장에 걸쳐서 기술하기에는 어려움이 있다. 그러므로 여기서는 전체 리스크 분야 중 아주 작은 부분인 사업 응용 리스크 분석(Applied Business Risk Analysis)에 대해서 중점적으로 이야기하고 있으며 사례 연구 파트를 통해서 다양한 분야에서의 적용 가능성을 보여주고 있다. 본 도서에서 주로 다루고 있는 사업 응용 리스크 분석(Applied business risk analysis)에도 응용되는 분야는 매우 다양하다. 예를 들어, 사업 리스크 분야는 크게 운영 리스크 관리(Operational Risk Management)와 재무 리스크 관리(Financial Risk Management) 분야로 나누어 볼 수 있다. 그리고 재무 리스크 분야는 시장리스크(Market Risk), 개별리스크(Private Risk), 신용리스크(Credit Risk), 부도리스크(Default Risk), 만기리스크(Maturity Risk), 유동성리스크(Liquidity Risk), 인플레이션리스크(Inflationary Risk), 금리리스크(Interest rate Risk), 국가리스크(Country Risk) 등으로 세분화 할 수 있다. 이 책에서는 리스크를 회피(Hedge)하고 보다 효과적으로 관리할 수 있도록 리스크를 파악하고, 이해하고, 계량화하고 분산시키기 위한 툴의 적당한 사용법이라는 측면에서 리스크 분석의 적용에 초점을 맞추고 있다. 또한 여기서 설명하는 리스크 관리 툴은 일반적인 툴이기 때문에 모든 사업 환경, 응용분야(Application), 다양한 업무 영역에서 적용할 수 있다.

불확실성 vs 리스크

리스크와 불확실성을 동물에 비유하자면 겉모습은 상당히 다르지만 같은 종이라고 볼 수 있다. 그리고 리스크와 불확실성의 경계가 모호해지는 경우가 상당히 많다. 하지만 이 시점에서 리스크와 불확실성을 명확하게 구분해야 할 필요가 있다. 예를 들어, 친한 친구와 함께 큰 용기를 내어 스카이다이빙을 하기로 마음을 먹고 팜 스프링스 사막으로 가는 비행기에 올랐다고 생각해 보자. 그런데 눈앞에 지난날이 주마등처럼 흘러가고 있는 10,000피트 상공에서 너무 급히 오느라 낙하산을 챙겨오지 않은 것을 깨달았다. 비행기에는 먼지가 뽀얗게 쌓인 오래되고 낡은 낙하산이 하나 있다. 이 시점에서 보자면 친구나 나는 동일한 수준의 불확실성을 가지고 있는 것이다 - 즉, 이 낡은 낙하산이 펴질 것인지, 아니면 펴지지 않아 우리가 곤두박질쳐져 목숨을 잃게 될지에 대한 불확실성이 있는 것이다. 그런데 착하면서도 리스크를 회피하는 성향을 가진 나는 친구가 낙하를 할 수 있도록 했다. 이렇게 되자 낙하를 하는 친구는 리스크를 가지게 된다. 즉, 친구가 모든 리스크를 지는 대신 나는 리스크에 전혀 노출되지 않는 것이다. 하지만 나와 친구는 이 낡은 낙하산이 펴지지 않을 수도 있다는 것에 대한 동일한 수준의 불확실성을 가지고 있는 것이다. 사실 우리는 그 날 뉴욕 증권거래소의 매매 결과에 대해서도 이와 같은 수준의 불확실성을 가지고 있다 - 우리의 목숨에는 전혀 상관이 없는데도 말이다. 그리고 불확실성은 이 친구가 낡은 낙하산을 메고 비행기에서 뛰어내린 후 낙하산이 펴진 후에야 해소된다. 즉, 불확실성은 시간의 흐름, 사건, 행동 등을 통해 해소되는 것이다. 하지만 낙하산이 펴짐으로써 불확실성은 해소되었지만 친구가 저 아래 땅에 안전하게 발을 딛게 될지에 대한 리스크는 여전히 남아 있다.

그러므로 리스크는 불확실성의 결과로 발생하는 무엇인가를 사람이 감내해야 하는 것이다. 불확실성이 있다 하더라도 리스크는 존재하지 않을 수도 있다. 미국 내 기업 CEO의 유일한 고민거리가 자이르(Zaire)의 자이르화에 대한 환율 시장의 변동이라면 나는 자이르화를 매도하고 이 회사의 포트폴리오를 미국 채권을 자산으로 하는 포트폴리오로 전환시키라고 제안할 것이다. 이러한 불확실성은 회사의 순익 측면에 전혀 영향을 주지 않는 불확실성으로 리스크가 아니다. 하지만 이 책에서는 불확실성의 분석을 통해 리스크에 대한 얘기를 다루고 있다 - 여기서 불확실성이란 특정 프로젝트의 가치에 영향을 주는, 존재하는 것만으로도 리스크를 발생시키는 불확실성을 의미한다. 또한 이 책에서는 이러한 불확실성 분석을 수행하는 사람들이 그 결과를 적절하게 사용한다고 가정한다. 그리고 이 가정은 리스크 파악, 조정, 리스크를 감안한 프로젝트 선정 등 리스크 분석의 목적과 상관없이 유효하다. 그렇지 않다면 고도의 시뮬레이션을 수백만 번 수행하고 그 결과를 활용하는 것이 무의미할 것이다. 덴버 도심 어딘가에 앉아있는 애널리스트는 자이르 외환 시장에 대한 시뮬레이션만으로는 시장에서의 자이르화에 대한 리스크나 자이르화에 대한 회사의 노출(Exposure)를 감축시킬 수 없다. 불확실성에 대한 시뮬레이션 분석의 결과를 활용하여 장외 파생상품 시장에서 회사가 보유하고 있는 측정된 외환 노출(Exposure)의 변동이나 이러한 변동으로 인해 회사가 손해를 보게 될 리스크를 회피(Hedge)하거나 완화시키는 방법을 찾아야만 분석가가 리스크를 분석하고 관리했다고 할 수 있다.

PART 01 리스크 관리

의사결정 시 리스크가 중요한 이유

의사결정 과정에 있어서 리스크는 중요한 관리 요소가 되어야 한다. 리스크를 중요하게 고려하지 않는다면 리스크를 평가하지 않은 채 잘못된 결정을 내릴 수 있다. 예를 들어, 수익률만을 평가하여 프로젝트를 선정했다고 가정해 보자. 이 경우에는 수익률이 상대적으로 낮은 프로젝트보다는 수익률이 가장 높은 프로젝트가 선정될 것이 확실하다. 하지만 재무이론상 수익률이 높은 프로젝트에는 대부분 더 높은 리스크가 수반된다. 그러므로 단순히 순수익에만 의존하는 대신, 프로젝트를 통해 얻을 수 있는 수익과 함께 리스크도 감안하여 프로젝트를 평가해야 한다. 그림 1.1과 그림 1.2에서는 리스크를 무시하고 판단을 내렸을 때 발생할 수 있는 오류를 잘 설명해 주고 있다.

> 리스크와 불확실성은 상호관련성이 있는 동시에 상당히 다른 개념이다. 불확실성이란 지속적으로 변화하는 여러 변수와 관련되어 있다. 하지만 리스크는 시스템의 결과에 직접 영향을 주는 불확실한 변수들만 관련되어 있다.

그림 1.1은 상호 배타적인 세 가지 프로젝트와 각 프로젝트에 대해 실행 비용, 예상순이익(프로젝트 실행 비용 차감 후 수익), 리스크 수준(모든 것의 현재가치)을 설명하고 있다.

그림 1.1 리스크가 중요한 이유는?

프로젝트 명	비용	이익	리스크 (이익의 표준편차)
Project X	50백만원	50백만원	25백만원
Project Y	250백만원	200백만원	200백만원
Project Z	100백만원	100백만원	10백만원
Project X	비용과 예산의 제약이 있는 관리자		
Project Y	이익을 중시하고 사용 자원에 제약이 없는 관리자		
Project Z	Risk를 회피하는 관리자		

예산제약을 받고 있는 관리자라면 프로젝트 비용이 낮을수록 좋을 것이고, 결국 프로젝트 X를 선택할 것이다. 이익을 중시하는 관리자는 예산은 문제가 아니라는 가정 하에 이익이 가장 큰 프로젝트 Y를 선택할 것이다. 프로젝트 Z의 경우에는 리스크가 가장 적은 반면 프로젝트를 통해 순이익을 발생시킬 수 있기 때문에 리스크를 회피하는 성향의 관리자가 선택하게 될 것이다. 이 표에서 알 수 있듯이 세 개의 상이한 프로젝트와 서로 다른 관리자 3명이 있고 세 가지 상이한 의사결정이 내려질 것이다. 이 경우 어떤 관리자가 옳은 결정을 한 것이고 그 이유는 무엇인가?

그림 1.2에서는 Project Z를 선택해야 한다고 설명하고 있다. 여기서는 세 프로젝트가 상호 독립적이고 배타적이며, 각 범주 별로 무한한 Project를 선정할 수는 있으나 예산은 1,000백만원으로 제한되어 있다고 가정한다. 이 경우 Project X는 20건 실행할 수 있고, 순이익 1,000백만원, 리스크 500백만원이 발생된다. Project Y는 4건의 실행으로 순이익 800백만원, 리스크 800백만원이 각각 발생된다. Project Z는 10건 실행할 수 있고 순이익 1,000백만원, 리스크 100백만원이 발생된다. 아래 그림의 설명을 보면 알 수 있듯이 Project Z를 선택하는 것이 최선의 결정이라고 할 수 있다.

그림 1.2 리스크라는 요소를 추가하는 경우

프로젝트 명	비용	이익	리스크 (이익의 표준편차)
Project X	20건 (1,000백만원/50백만원)	1,000백만원 (20건×50백만원)	500백만원 (20건×25백만원)
Project Y	4건 (1,000백만원/250백만원)	800백만원 (4건×200백만원)	800백만원 (4건×200백만원)
Project Z	10건 (1,000백만원/100백만원)	1,000백만원 (10건×100백만원)	100백만원 (10건×10백만원)
Project X	이익 1원당 Risk 0.5원 발생		
Project Y	이익 1원당 Risk 1원 발생		
Project Z	이익 1원당 Risk 0.1원 발생		

프로젝트 Z 선정하는 또 다른 관점은 창출된 순이익 1원당 0.1원 만큼의 리스크만 발생된다는 것이다. 또는 리스크 1원당 평균 10원 만큼의 순이익을 창출할 수 있다고 보는 것이다. 그림 1.2의 예는 비용효과(bang for the buck) 또는 최소의 리스크로 최선의 가치를 창출한다는 개념을 잘 보여주고 있다. 이러한 점을 더 잘 보여줄 수 있는 예는 여러 상이한 프로

젝트의 추정 순이익이 1,000백만원으로 동일한 경우를 들 수 있다. 이론적으로 보자면, 리스크 분석을 하지 않는 경우 관리자는 이들 프로젝트 중 한 가지를 선택하는데 있어 어느 한 프로젝트에 치우지지 않아야 한다. 하지만 리스크를 분석해 보면 더 나은 결정을 내릴 수 있다. 예를 들어, 프로젝트를 실행했을 때 1,000백만원의 순이익을 낼 수 있는 확률이 첫 번째 프로젝트는 10%, 두 번째 프로젝트는 15%, 세 번째 프로젝트는 55%라고 가정해보자. 이 경우에는 세 번째 프로젝트가 최선의 선택이 될 것이다.

> 합리적인 관리자라면 프로젝트의 수익뿐 아니라 리스크도 감안하여 프로젝트를 선정할 것이다. 최선의 프로젝트란 최고의 비용 효과 또는 특정한 리스크에 대해 최선의 수익을 낼 수 있는 프로젝트가 될 것이다.

전통적인 리스크 관리 방법

기업들은 상거래의 역사가 시작된 이래로 계속해서 리스크를 다루어 왔다. 관리자는 대부분의 경우 특정한 프로젝트에 수반된 여러 리스크를 관찰하고, 이러한 리스크가 존재한다는 것을 인식하고 업무를 진행했다. 과거에는 리스크에 대한 계량화가 거의 이루어지지 않았다. 단순히 프로젝트의 수익성에 대한 하나의 값인 점추정치만을 기준으로 의사결정을 내렸던 것이다. 추정 순이익 $30는 단순한 한 점일 뿐이고 그 값이 실제 발생될 확률은 0에 가깝다. 그림 1.3의 간단한 모델만 보더라도 변수들 사이의 상호 의존성 효과가 무시되고 있을 뿐 아니라 전통적인 모델링의 전문 용어를 빌자면 GIGO(Garbage in, Garbage out)의 문제를 안고 있다. 상호 의존성의 예로는 다음을 들 수 있다.

리스크와 불확실성을 다루는 한 가지 방법은 그림 1.4와 같은 시나리오 분석을 해 보는 것이다. 시나리오 분석을 하기 위해서 최악의 경우(Worst case), 일반적인 경우(Nominal case), 최선의 경우(Best case)에 대한 시나리오를 판매수량에 적용해 본다. 그리고 각 시나리오 별 순이익을 계산한다. 앞의 점추정 방법과 마찬가지로 여기서도 변수 간의 상호 의존성은 고려하지 못하는 한계는 존재한다. 하지만 이 경우 순이익 가질 수 있는 값의 범위를 추정함으로써 분석자는 리스크의 크기를 가늠해 볼 수 있다. 본 예의 경우 순이익의 변동 범위가 $5에서 $55로 변동이 너무 크기 때문에 그리 많은 의사결정을 내릴 수 없을 수도 있다.

그림 1.3 점추정

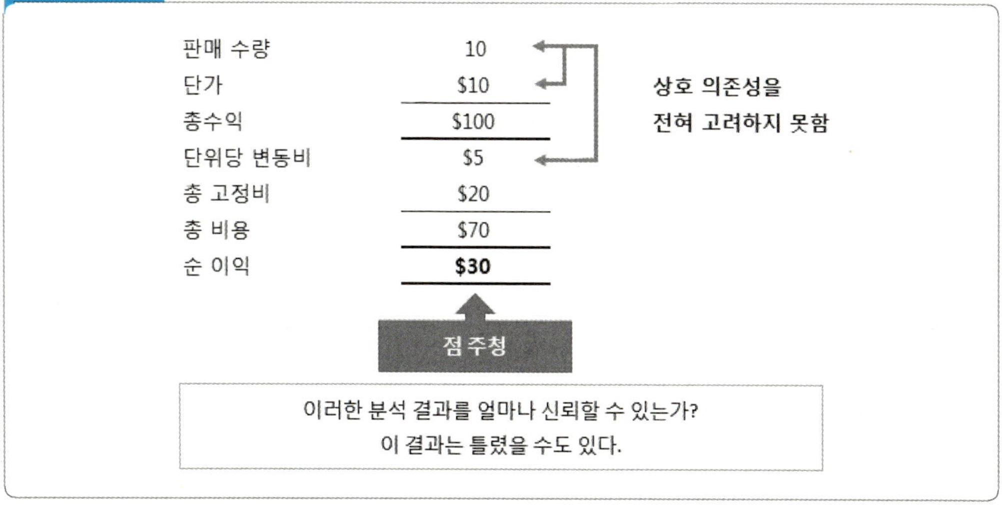

판매 수량	10
단가	$10
총수익	$100
단위당 변동비	$5
총 고정비	$20
총 비용	$70
순 이익	**$30**

상호 의존성을 전혀 고려하지 못함

점 추정

이러한 분석 결과를 얼마나 신뢰할 수 있는가?
이 결과는 틀렸을 수도 있다.

   판매수량은 단가와 음의 상관관계를 가지며 평균 변동비와는 양의 상관관계가 있을 수 있다; 점 추정의 경우에는 이러한 상호 의존성에 의한 효과를 무시하게 되므로 상당히 잘못된 결과를 낳게 된다. 예를 들어, 판매수량이 10이 아닌 11이 된다면 결과적으로 발생되는 이익은 단순히 $35가 아닐 수도 있다. 순이익은 단위당 변동비의 증가로 인해 실질적으로 감소할 수 있고 단가는 판매수량이 증가한 것을 반영하기 위해 약간 낮아질 수도 있다. 이러한 상호 의존성을 무시하면 모델의 정확성이 떨어지게 된다.

   리스크와 불확실성을 다루는 한 가지 방법은 그림 1.4와 같은 시나리오 분석이다. 최악의 경우(Worst case), 일반적인 경우(Nominal case), 최선의 경우(Best case)에 대한 시나리오를 판매수량에 적용해 본다. 그리고 각 시나리오 별 순이익을 계산한다. 앞의 예와 마찬가지로 여기서도 변수 간의 상호 의존성은 고려하지 않는다. 이 경우 결과적으로 얻게 되는 순이익은 $5에서 $55까지 변동이 너무나 크다. 그리고 이 결과만으로는 그리 많은 결정을 내릴 수 없다.

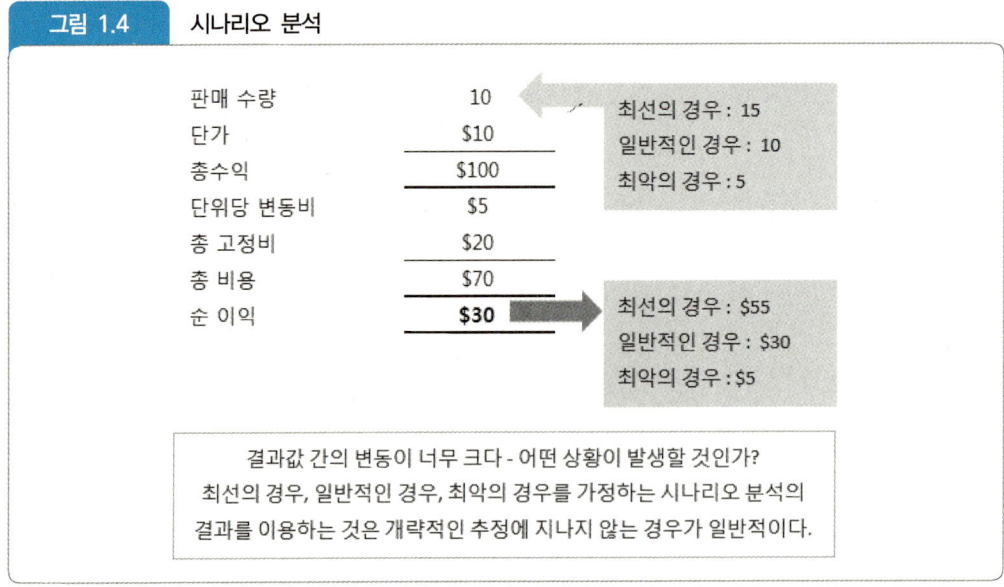

그림 1.4 시나리오 분석

시나리오 분석과 연관된 리스크 및 불확실성의 분석 방법으로는 그림 1.5에서 설명하는 What-if 분석 또는 민감도(Sensitivity) 분석을 들 수 있다. 각 변수를 사전에 정해진 크기만큼 변화시킨 후 그 결과 순수익이 얼마가 되는지를 확인한다. What-if 분석 또는 민감도 분석을 하게 되면 순수익에 가장 큰 영향을 미치는 변수가 무엇인지를 가장 잘 이해할 수 있다.

그림 1.5 What-if 분석

What-if 분석과 관련된 분석 방법으로는 시뮬레이션 툴에 대해 설명하고 있는 제 6 장 판도라의 도구상자(Pandora's Tool Box)에서 상세하게 기술하고 있는 토네이도 차트 및 민감도 차트를 들 수 있다. 이 분석 방법은 전통적으로 수행된 리스크 및 불확실성 분석 방법이다. 하지만 분명 더 우수하고 강건한 분석 방법이 필요하다.

바로 이러한 점에서 시뮬레이션이 도입된다. 그림 1.6에서는 시뮬레이션을 전통적인 민감도 분석 및 시나리오 분석의 연장선상에 있는 기법으로 볼 수 있는 이유를 설명하고 있다. 여전히 불확실하지만 순이익에 가장 큰 영향을 미치는 핵심적인 성공 요소 또는 핵심 변수가 시뮬레이션의 변수가 된다. 또한 시뮬레이션에서는 상관계수를 이용하여 변수 간의 상호 의존성을 반영한다.

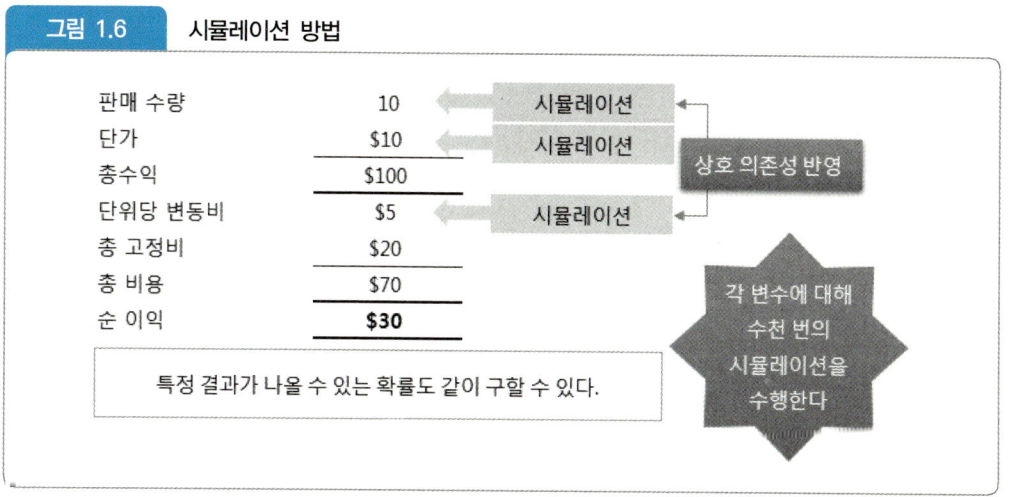

그림 1.6 시뮬레이션 방법

그리고 나서 이들 불확실한 변수를 수천 번 시뮬레이션 함으로써 발생할 수 있는 결과의 모든 순열 조합을 생성한다. 그리고 발생할 수 있는 모든 상황별 순이익의 표를 생성하고 분석한다. 가장 기본적인 형식의 시뮬레이션은 민감도 분석이나 시나리오 분석과 같은 전통적인 분석 방법을 개량시킨 것이다. 시뮬레이션에 사용되는 여러 변수 간의 상호 의존성을 고려하면서 자동적으로 분석이 수천 번 반복되는 것이 다른 점이다. 그림 1.7에서 보는 것과 같이 시뮬레이션을 수행한 결과로 나온 순이익을 보면 순수익이 $11.78에서 $43.59 범위에 있을 확률이 90%이고 최악의 시나리오라고 할 수 있는 순이익이 $11.78 보다 적을 확률은 5%이다. 시뮬레이션 결과 나온 순이익의 최소값은 $-13.43, 최대값은 $63.31이다. 시뮬레이션을 하게 되면 단지 세 개의 시나리오에 대해서만 분석하는 것이 아니라 분석가가 정의한 실행 횟수만큼 시나리오를 생성한다. 본 시뮬레이션은 5,000번의 실행을 통해서 생성된

5000개의 시나리오를 통해서 도출된 결과를 보여주고 있다. 그리고 각 시나리오에는 복수의 변수(판매수량, 단가, 단위당 변동비용)가 동시에 변화되면서 시뮬레이션이 실행된다. 단, 이들 변수 간의 상대적 관계, 즉 상관관계는 시뮬레이션 실행 시 반영된 결과이다.

그림 1.7 시뮬레이션 결과

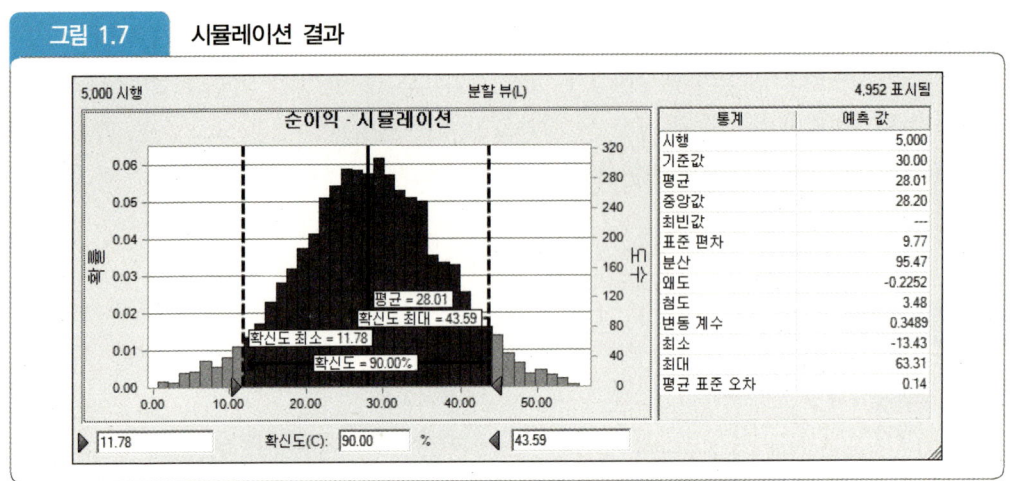

리스크의 형태와 특성, 그리고 불확실성

재무리스크를 분석하는 대부분의 경우 가장 첫 번째 단계는 일련의 잉여현금흐름(FCF)을 계산하는 것이다. 이때, 잉여현금흐름은 손익계산서나 현금흐름할인(DCF) 모델의 형태로 나타낼 수 있다. 그리고 계산된 결과인 잉여현금흐름을 시간의 흐름에 대하여 그래프로 나타내는데, 그림 1.8과 같은 모양을 띠게 된다. 여기서 현금흐름 수치는 대부분의 경우 불확실한 미래에 대한 예측값이다. 그림 1.8의 예에서는 현금흐름이 직선의 형태로 성장한다고 가정하고 있다(물론 직선이 아닌 다른 형태의 성장 곡선을 만들 수도 있다). 과거 데이터를 시계열 모델에 적합 시키거나 회귀분석을 수행하여 이와 유사한 예측을 해볼 수도 있다. 이와 같은 예측값과 성장곡선의 모양을 추정하는데 어떠한 방법을 사용하건 추정값은 불확실한 미래에 대한 추정 값은 하나의 점추정치이다. 이와 같이 정적인 현금흐름 추정치를 기준으로 재무분석을 하는 경우에는 모든 미래의 현금흐름을 확실하게 알 수 있어야만, 즉, 불확실성이 존재하지 않아야만 프로젝트의 정확한 가치를 알 수 있다.

그림 1.8   리스크 - 결정론적 분석

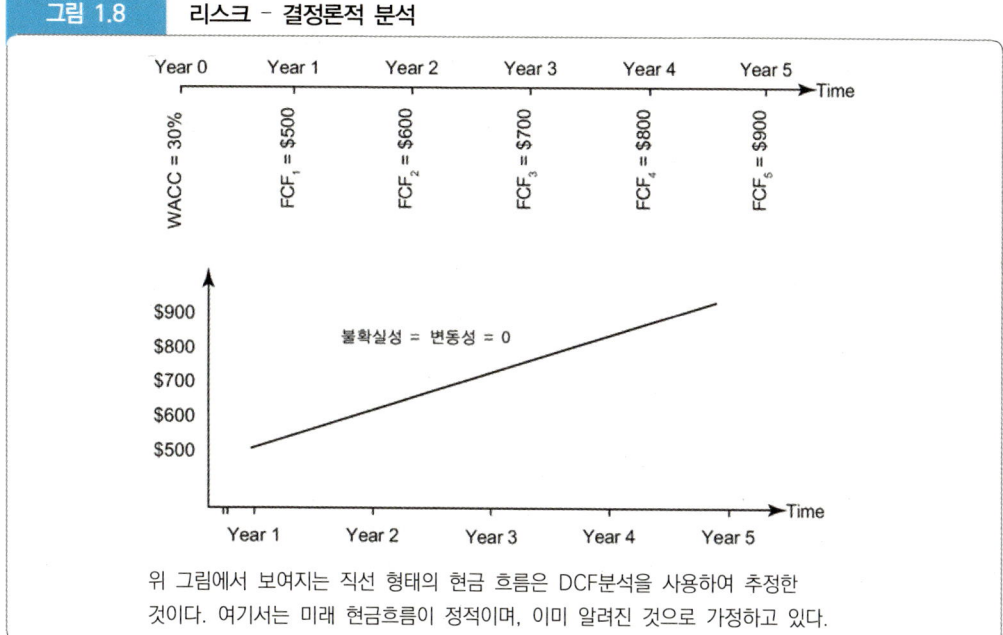

위 그림에서 보여지는 직선 형태의 현금 흐름은 DCF분석을 사용하여 추정한 것이다. 여기서는 미래 현금흐름이 정적이며, 이미 알려진 것으로 가정하고 있다.

하지만 현실 세계의 사업 환경을 예측하는 것은 어려운 일이다. 불확실성이 존재하고 미래 현금흐름의 실제 모습은 그림 1.9와 더 비슷하게 나타날 것이다. 즉, 기간에 따라서 실제 현금흐름(Actual cash flow)은 추정된 현금흐름보다 많거나 적거나 아니면 추정된 현금흐름과 같게 될 것이다. 그렇다면 특정 기간의 실제 현금흐름이 특정 범위에 포함될 가능성을 특정 확률로 표시할 수 있을 것이다. 예를 들어, 1차년도의 현금흐름은 $480과 $520의 범위에 포함될 수 있다. 실제 현금흐름은 추정 현금흐름 근방에서 변동하는 것으로 나타났고 평균 변동성은 20% 이다(여기서는 불확실성의 척도로 변동성(Volatility)을 사용하고 있다. 즉, 변동성이 클수록 불확실성이 커지며 불확실성이 0인 경우에는 예상한 결과가 100% 확실하게 나오게 된다). 그림 1.9는 확실하게 예측하기가 상당히 어렵다는 사업 환경의 본질을 보다 정확하게 보여주고 있다.

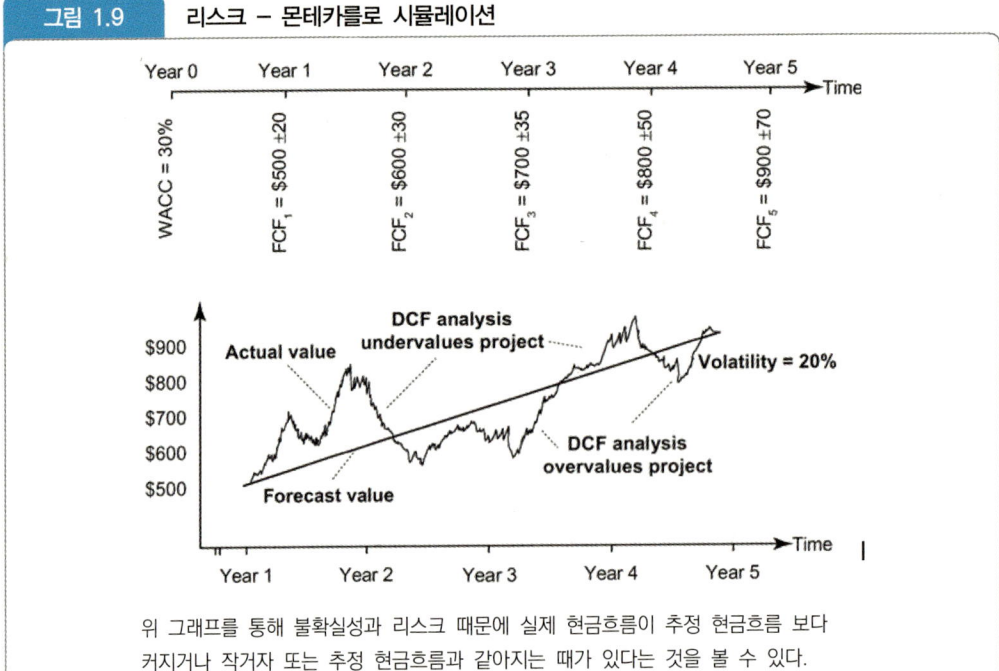

그림 1.9 리스크 - 몬테카를로 시뮬레이션

위 그래프를 통해 불확실성과 리스크 때문에 실제 현금흐름이 추정 현금흐름 보다 커지거나 작거자 또는 추정 현금흐름과 같아지는 때가 있다는 것을 볼 수 있다.

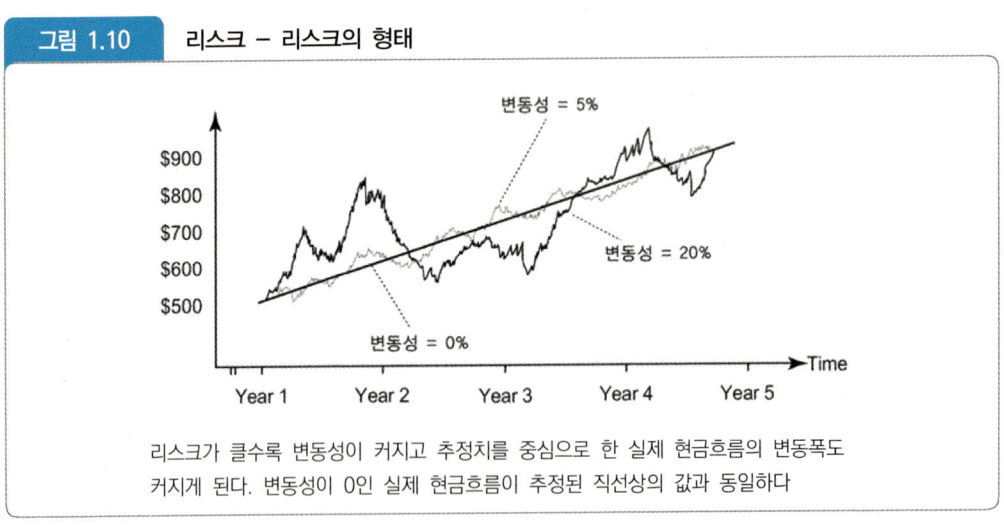

그림 1.10 리스크 - 리스크의 형태

리스크가 클수록 변동성이 커지고 추정치를 중심으로 한 실제 현금흐름의 변동폭도 커지게 된다. 변동성이 0인 실제 현금흐름이 추정된 직선상의 값과 동일하다

    그림 1.10은 직선 추정치를 중심으로 두 개의 실제 현금흐름 표본을 표시한 것이다. 실제 현금흐름에 대한 불확실성이 클수록 변동성이 크다. 변동성이 20%인 현금흐름(진한 곡선)의 경우 직선 추정치를 중심으로 한 변동폭이 더 크다. 몬테카를로 시뮬레이션을 사용하는 경우 실제 현금흐름을 어렵지 않게 계량화할 수 있지만 민감도 분석이나 시나리오 분석과 같은

간단한 형태의 전통적인 분석 방법을 사용하는 경우에는 적절히 설명할 수가 없다.

   지금까지는 리스크와 불확실성을 분석해야 할 필요성에 대해 논의해 보았다. 그리고 앞으로는 리스크에 대한 여러 가지 척도, 이러한 리스크를 포착하기 위한 모델의 구축 방법, 리스크 분석 결과의 해석 방법 등에 대해 살펴보게 될 것이다.

간단한 사례: EXPERCORP

레크레이션 시장에 대한 신규 벤처사의 기획

ExperCorp는 일리노이 주 네이퍼빌(Naperville)에 소재하고 있는 사업 기획 관련 컨설팅 업체로서 휘트니스, 레크레이션, 스포츠용품 시장으로 진입을 꾀하고 있는 신흥 기업을 위한 신규 벤처 전략 및 마케팅 조사 업무를 전문적으로 수행하고 있다. 소규모 기업을 위한 계획 수립에 있어서 리스크와 수익을 잘 추정하는 것이 핵심적인 요소이다.

ExperCorp는 추정 손익계산서를 작성하기 위해 사업 대상으로 고려할 수 있는 목표시장의 규모를 결정한 후 제 1차 운영 연도의 단위 매출, 실제 판매 가격, 생산 비용, 운영 비용 등에 대한 현실적인 가정을 수립했다. 이는 총이익 및 손익에 대한 확률 분포를 생성하기 위한 것이다.

몬테카를로 시뮬레이션을 통한 손익계산서 양식을 작성, 각 변수 별로 적정한 분포를 생성했다: 판매수량(삼각형분포), 생산비용(균등분포), 운영비용(삼각형분포), 손익 (정규분포).

벤처 계획 수립에서 가장 핵심적이면서도 어려운 부분은 현금흐름을 추정하는 것이다. 제 1차 연도는 물론 그 이후 기간에 대해 현금 보유액을 결정함과 동시에 현실적인 손익계산서를 추정하는 작업은 모든 기획 수립자가 수행해야 하는 과제이기도 하다. 하지만 이런 작업은 스프레드시트에 첨가되어 있는 현금흐름 템플릿 기능으로 간소화 되었다. 이러한 작업의 목표는 현금흐름 추정치의 정확도를 향상시키는 것이다.

몬테카를로 시뮬레이션을 이용하여 핵심 변수에 대한 점 추정치를 현금흐름에 대한 확률분포로 대체하게 함으로써 현금흐름 모델을 향상시켰다. 제 1차 연도 손익계산서 의 관련 데이터를 이용하여 ExperCorp는 각각 30일 후, 60일 후, 90일 후에 결제되는 매출채권의 비율에 대한 가정을 수립했다. Crystal Ball을 이용하여 이와 같은 기간에 대한 삼각형 분포를 신속하게 생성할 수 있다. 그리고 이 분포를 이용하여, 월별 예상 현금흐름의 총액을 계산했다.

주요 재무지표에 대해 점 추정치를 사용하는 대신 Crystal Ball을 이용하여 확률분 포를 생성함으로써 신규 사업을 기획하면서 직면하게 되는 불확실한 상황 하에서의 예측 정확도를 향상시켰다. ExperCorp는 전통적인 시나리오 분석 대신 Crystal Ball 을 이용함으로써 더 짧은 시간 내에 보다 정확하고 강건한 추정치를 계산할 수 있었다. 또한 ExperCorp의 고객 회사 및 이들 고객 회사에 대한 스폰서들은 신규 사업의 모습을 보다 명확하게 그려볼 수 있었다. 왜냐하면 리스크와 수익의 분포를 볼 수 있었기 때문이다. 이는 모두의 신뢰를 증대시킬 수 있다 - 모델에 "확정적인" 하나의 값을 입력하려던 시도에서 진보된 큰 발전이다.

CHAPTER 02

리스크로부터 가치를 창출하기

 ## 리스크 다루기

일상적인 비즈니스 세계에서 리스크가 수반되는 것은 매우 정상적인 현상이다. 조지 소로스(George Soros), 존 메리웨더(John Meriweather), 폴 리치만(Paul Reichmann), 니콜라스 리슨(Nicholas Leeson) 같은 이름 혹은 롱 텀 캐피털 매니지먼트(Long Term Capital Management), 메탈게젤샤프트(Metallgesellschaft), 베어링 은행(Barings Bank), 뱅커스 트러스트(Bankers Trust), 다이와 은행(Daiwa Bank), 스미모토 실업(Sumimoto Corporation), 메릴 린치(Merrill Lynch), 씨티뱅크(Citibank) 등의 회사 이름만 들어도 불신과 공포에 어깨를 움츠리게 된다. 이 사람들과 기업들은 금융의 세계에서 가장 잘 알려져 있는 경우이다. 이들 개인과 기업들이 유명한 이유는 단순히 가장 뛰어나고 똑똑한 사람이라거나 가장 규모가 크고 많은 존중을 받아서가 아니다. 그보다는 이들은 리스크 관리를 실패하여 순식간에 큰 손실로 인해 생존의 위협을 받은 대표적인 사례이기 때문이다.

조지 소로스는 대규모 금융 거래 부문에서 여전히 가장 존중 받는 인물 중 한 명이다. 조지 소로스의 뛰어난 능력과 업적은 세계적으로 잘 알려져 있다. 폴 리치먼 역시 뛰어나고 존경받는 부동산 재벌이다. 조지 소로스와 폴 리치먼에게는 불가능이 없었다. 하지만 이들이 멕시코 부동산에 투자를 감행했을 때 외환 시장에서 발생한 페소화의 급격한 변동은 거의 재난 수준이었다. 1994년부터 1995년 초까지 페소화 가치는 최저 수준을 갱신했고 조지 소로스와 폴 리치먼의 투자는 점점 꼬여갔다. 하지만 이들 모두 이 상황이 끝날 때쯤이면 상태가 훨씬 더 나빠질 것이고 결국 수십억 달러의 손실을 입게 될 것이라고는 예상하지 못했다.

롱 텀 캐피털 매니지먼트(LTCM)는 월 스트리트의 떠오르는 별로 추앙받던 메리웨더가 이끌고 금융 및 경제 분야 노벨상 수상자 로버트 머튼(Robert Merton)과 마이론 숄즈(Myron Scholes) 등을 포함하여 다수의 저명인사가 경영진에 포진해 있던 회사였다. 또한 여러 대형 투자 은행이 LTCM을 지원했다. 하지만 결코 망하지 않을 것 같던 LTCM도 수십억 달러의 손실을 내고 파산했고, 그 결과 대형 헤지 펀드와 자산 관리 회사에 대한 개인 투자자들의 신뢰를 잃게 되어 월 스트리트 전체에 영향을 미치고 이를 통해 국제 투자 커뮤니티를 뒤흔들어 놓았다. 그리고 LTCM은 연방 준비 은행으로부터 대규모의 구제 자금을 지원 받았다.

베어링 은행은 영국에서 가장 유서 깊은 은행으로 손꼽혔다. 베어링은 엘리자베스 2세 여왕이 개인 계좌를 보유하고 있을 정도로 존경 받는 은행이었다. 하지만 수십억 달러를 보유하고 있던 베어링 은행이 세계 반대편에서 일하던 니콜라스 리슨(Nicholas Leeson) 한 사람 때문에 파산했다. 니콜라스 리슨은 젊고 뛰어난 투자 금융 전문가로 베어링 은행 싱가포르 지점을 이끌고 있었다. 리슨은 불법적으로 자신의 매매 기록을 상당한 투자 이익을 올리고 있는 것처럼 조작했고 그 덕에 더 많은 재량권을 행사하고 오랜 기간 동안 본사의 신뢰를 받을 수 있었다. 리슨은 불법적인 회계 처리와 상당한 리스크를 부담함으로써 자신의 손실을 은폐했다. 하지만 일본 엔화에 대한 리슨의 투기 거래가 폭락함으로써 베어링 은행은 무너졌다. 하지만 런던 본사의 최고 경영진은 무슨 일이 발생한 것인지 전혀 몰랐다. 이들 회사 본사의 이사들이 회사가 수행한 투자의 리스크 현황(risk profile)을 살펴보기만이라도 했다면 부도가 발생하기 훨씬 이전에 분명 다른 의사결정을 했을 것이고 전 세계 금융계에서 엄청난 수모는 겪지 않았을 것이다. 예상수익률을 리스크를 감안하여 조정했다면, 즉 엄청나 보이는 수익률을 달성하기 위해서는 어느 정도의 리스크가 수반되는지를 이해했더라면 이와 같은 사업을 계속 진행하지 않았을 것이다.

리스크는 모든 일상생활에서 발생하지만 이러한 리스크를 관리하기 위해 수백만 달러의 투자가 필요하지는 않다. 주택시장의 변동이 심한 경우 주택 구매 시점은 언제이겠는가? 변동금리 대출보다 고정금리 대출의 수익성이 높은 시점은 언제인가? 은퇴 시점에 충분한 자금을 모으지 못할 확률은 얼마인가? 허리케인이 통과할 경우 잠재적인 개인 재산의 손실은 얼마인가? 상해 보험을 어느 정도 들어야 충분할까? 복권의 실제 가치가 얼마일까? 등이 일상생활에서 만나는 리스크의 예이다.

리스크는 우리 삶의 구석구석에 영향을 주고 있으며 리스크를 감내하거나 리스크에 맞닥뜨리는 상황을 피할 수는 없다. 우리가 할 수 있는 일이라고는 리스크의 영향과 그 결과를 체계적으로 평가하여 리스크에 대한 이해를 제고시키는 것이다. 또한 리스크 평가체계를 통해서 반드시 리스크를 측정하고 모니터링하고 관리할 수 있어야 한다. 그렇지 않다면, 즉 단순히 리스크의 존재를 인식하고 지나가는 것은 최적의 관리라고 할 수 없다. 이에 본 서에서는 정면으로 리스크에 대응하기 위해 필요한 툴과 체계에 대한 내용을 설명하고 있다. 엄격한 리스크 평가를 통해서 추가적으로 얻어지는 통찰력이 있어야만 리스크를 능동적으로 관리하고 모니터링 할 수 있다.

> 리스크는 사업 활동의 모든 측면에 영향을 미치기 때문에 이에 대해 수동적인 태도를 취해서는 안 된다. 우리는 리스크의 영향과 그 결과를 체계적으로 평가하여 리스크를 보다 잘 이해할 수 있는 관리 체계를 마련해야 한다. 그리고 이러한 관리 체계를 통해서 반드시 리스크를 측정, 모니터링, 관리해야만 한다.

리스크의 기본 사항

리스크를 간단히 정의하면 다음과 같이 이야기 할 수 있다.

리스크란 특정 시스템에 알려지지 않은 방식으로 영향을 미치는 불확실성이며 이러한 영향으로 인해 어떠한 결과가 나오는지도 알려지지 않는다. 단, 가치와 결과의 변동성이 매우 크다. 따라서 다음과 같은 일반적인 특성이 충족되는 경우에 리스크가 존재한다고 볼 수 있다.

- 불확실성과 리스크에는 기간이 수반된다.
- 불확실성은 미래시점에 존재하는 것이며 시간의 흐름에 따라 변화한다.
- 불확실성이 시스템의 결과와 시나리오에 영향을 미치는 경우, 이는 리스크가 된다.
- 변화된 시나리오가 시스템에 미치는 영향은 측정할 수 있다.
- 측정값은 기준값과 비교되어야 한다.

리스크는 갑자기 순식간에 발생하지 않는다. 리스크에는 일반적으로 기간이 수반된다. 예를 들어, 리스크가 수반되는 R&D 벤처사업을 수행하는 회사는 상당한 규모의 리스크에 직면하게 되지만, 이러한 리스크는 제품 개발이 완료되거나 개발 제품의 시장성이 증명될 때까지만 존재한다. 이와 같은 리스크는 연구 대상 제품의 기술에 대한 불확실성, 잠재 시장에 대한 불확실성, 경쟁 업체의 위협이나 대체 제품의 수준에 대한 불확실성 등에 기인한다. 그리고 이러한 불확실성은 회사가 연구 및 마케팅 활동을 수행하는 과정 중에 변하게 된다. 시간이 지나면서 일부 불확실성은 증가하는 반면 다른 불확실성은 감소하게 될 확률이 매우 높다. 하지만 제품이 성공할 것인지에 대한 리스크와의 관련성은 제품에 직접적인 영향을 미치는 불확실성에서만 찾을 수 있다. 즉, 가능성 있는 시나리오의 결과를 변화시키는 불확실성(예: 시장 환경 및 경제 상황 등)만이 제품의 리스크를 발생시킨다. 마지막으로 리스크는 측정할 수 있고 기준값과 비교할 수 있는 경우에만 존재한다. 만약 기준값이 없다면 앞서 기술된 시장과 경제 상황 자체가 R&D 활동의 기준이며 결국 부정적인 결과가 예상될 것이다. 이러한 기준값 역시 측정 가능한 유형의 척도여야 하며 그 예로는 총이익, 성공비율, 시장점유율, 실행시점까지의 소요 시간 등을 들 수 있다.

> 리스크란 시스템에 알려지지 않은 방식으로 영향을 주는 불확실성으로 그 결과 역시 알려져 있지 않지만 가치와 결과를 크게 변동시킨다. 리스크에는 기간이 수반되며 이는 불확실성이 시간의 흐름에 따라 변화한다는 것을 의미한다. 또한 리스크는 기준값에 대비하여 볼 때 미래의 결과와 측정 가능한 시나리오의 결과에 영향을 미친다.

리스크와 수익의 본질

노벨상 수상자인 해리 마코비츠(Harry Markowitz)는 리스크와 수익률의 본질에 대한 혁신적인 연구를 했고 이는 금융계에 혁명과 같은 변화를 일으켰다. 마코비츠는 마코비츠 효율성 곡선(Markowitz Efficient Frontier)으로 잘 알려진 혁신적인 연구에서 리스크와 수익률의 본질에 대해 탐구했다. 마코비츠는 리스크를 없애야 할 적이 아니라 포용하고 예상 수익률을 통해 균형을 맞춰야 하는 조건으로 간주했다. 윌리엄 샤프(William Sharpe)와 같은 후대 학자들은 추가적인 연구를 통해 리스크와 수익률의 개념을 보다 정교화 시켰다. 이들은 자본자산가격결정모형(CAPM)에서 명쾌하게 설명했듯이 리스크가 클수록 더 많은 수익이 요구된다고 기술했다. CAPM에서 시장위험을 갖는 주식의 요구수익률은 무위험 자산의 수익률에 분산불가능한 체계적 위험 베타와 시장위험 수익률 프리미엄의 곱을 더한 것이다. 분명 리스크가 큰 자산에 대해서는 더 높은 수익이 요구된다. 또한 투자자의 리스크 성향별 최적수익률 또는 최선의 수익률은 효율성 곡선(Efficient frontier) 상에서 구할 수 있다. 높은 수준의 수익률을 달성하고자 하는 투자자는 더 높은 수준의 리스크를 감수해야 한다. 또한 마코비츠의 연구는 리스크와 수익률 간의 뛰어난 균형을 달성함으로써 최고 수준의 비용 대비 수익을 달성할 수 있는 프로젝트 또는 자산의 조합을 찾아내는 것으로 발전했다. 이러한 균형(현대 리스크 분석 분야에서는 리스크를 감안한 조정이라고 함)을 보다 잘 이해하려면 먼저 리스크를 측정하고 이해해야 한다. 그러면 지금부터 리스크 측정 방법에 대해 살펴보도록 하자.

리스크 통계량

통계분석이란 실제 모집단 데이터가 알려지지 않은 불확실성에 직면한 상태에서 추론과 의사결정을 위해 수치 데이터를 수집, 표현, 분석, 활용하는 것을 의미한다. 통계학은 크게 데이터를 요약하고 데이터에 대해 설명하는 기술통계학(Descriptive statistics)과 소규모의 랜덤 표본을 통해 모집단에 대한 일반화를 위해 가설을 세우고 검증하는 추론통계학(Inferential statistics)의 두 분야로 분류된다. 랜덤 표본은 모집단의 특성이 알려지지 않은 경우 예측이나 의사결정을 할 때 유용하다.

표본은 측정하고자 하는 모집단의 부분 집합을 의미한다. 반면 모집단은 특정 변수의 측정 가능한 모든 관측값들의 집합이라고 이야기 할 수 있다. 예를 들어, 유권자로 등록된 모든 미국인의 투표 습관을 알고 싶은 경우 수억 명에 달하는 모든 등록 유권자를 모집단으로 정의하고, 조사 대상을 미국 전역의 몇몇 소도시에서 각각 1,000명을 선택하였다면 이를 표본으로 정의할 수 있다. 표본 데이터를 기준으로 계산한 특성값(예: 평균, 중간값, 표준 편차 등)을 통계량(Statistics)이라고 하며 모집단 전체를 조사하여 계산한 특성값은 모수(Parameter)라고 한다. 특히 전체 모집단을 아직 알 수 없는 경우(예: 모든 고객은? 또는 시장점유율은? 등)가 있다는 점에서 의사결정시 통계량은 매우 중요하며, 소요되는 시간과 자원이 너무 크다는 점에서 모집단에 대한 모든 관련 정보를 얻는 것은 매우 어려운 일이다. 추론통계학은 주로 다음과 같은 단계로 수행 된다:

- 실험 설계- 가능한 보는 데이터 또는 관련된 모든 데이터의 수집 방법을 설계하는 과정이 포함된다.
- 표본 데이터 수집- 데이터를 수집하고 표를 작성한다.
- 데이터 분석- 통계적 분석을 실시한다.
- 추정 또는 예측- 계산된 표본통계량을 기준으로 추론한다.
- 가설검성- 결정 사항을 데이터를 기준으로 검정하고 결과를 확인한다.
- 적합도- 실제 데이터를 과거 데이터와 비교하여 추론의 정확도, 유효성, 신뢰성 등을 검토한다.
- 의사결정- 추론 결과를 기준으로 의사결정을 한다.

분포의 중심 측정 – 제1차 모멘트

분포의 제1차 모멘트는 분포의 중심 위치를 측정하는 것이다. 예를 들어 프로젝트의 기대수익률을 측정한다고 할 경우 프로젝트 수행 시 발생할 수 있는 다양한 시나리오에 의해서 생성된 결과값인 수익률들의 평균적인 위치를 측정한다. 제1차 모멘트에 해당하는 일반적인 통계량으로는 평균, 중앙값(분포의 중심), 최빈값(가장 많이 관측된 값) 등을 들 수 있다. 그림 2.1은 제1차 모멘트를 설명하고 있다 – 이 경우 분포의 제1차 모멘트는 평균값이다.

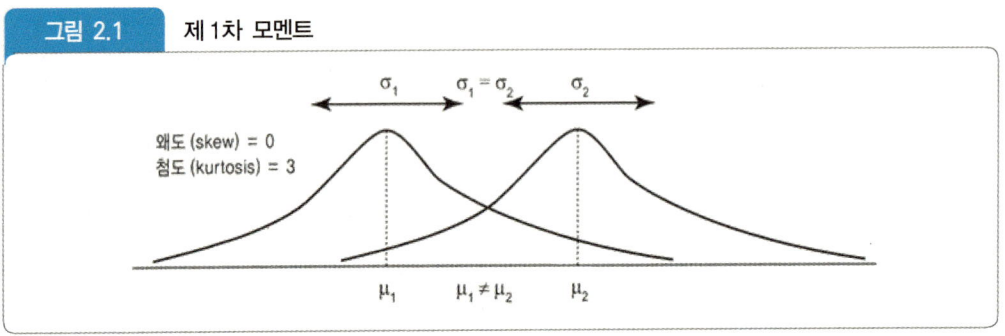

그림 2.1 제1차 모멘트

분포의 산포 측정 – 제2차 모멘트

분포의 제2차 모멘트는 리스크의 척도인 분포가 퍼져있는 정도를 나타내는 산포를 측정하는 것이다. 분포의 산포 또는 폭은 변수의 변동성, 즉 결과에 대한 서로 다른 잠재적 시나리오라고 할 수 있는, 변수가 분포 내의 다른 범위에 떨어질 가능성을 측정한다. 그림 2.2는 제1차 모멘트(평균)는 동일하지만 제2차 모멘트, 즉 리스크가 상당히 다른 두 분포를 보여주고 있다.

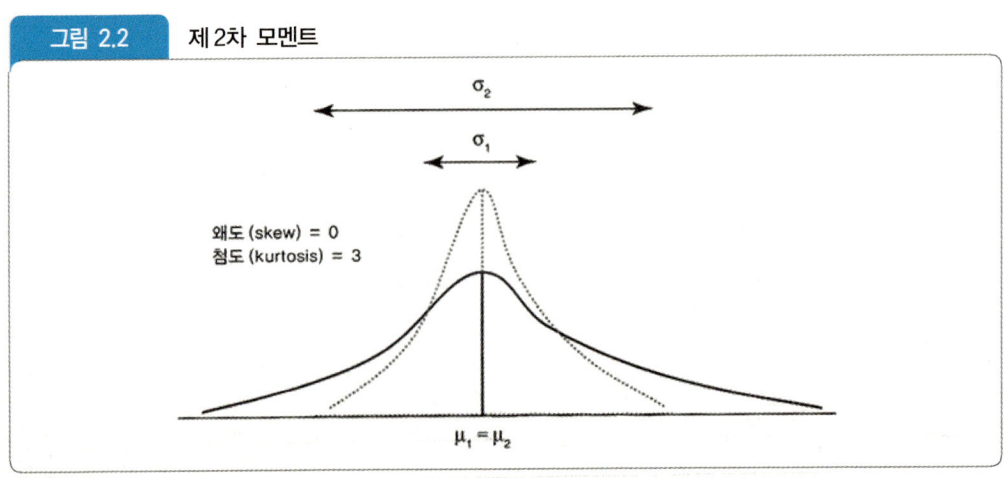

그림 2.2 제2차 모멘트

그림 2.3은 이와 같은 상황을 보다 명확하게 보여준다. 예를 들어, 두 가지 주식이 있고 주가 변동성이 적은 주식(검정 실선)을 주가 변동성이 훨씬 큰 주식(회색 점선)과 비교하고 있다고 가정해 보자. 이 경우 리스크가 더 큰 주식의 주가는 리스크가 적은 주식의 주가에 비해 상대적으로 더 불확실하기 때문에 투자자라면 변동성이 큰 주식의 리스크가 더 큰 것으로 간주할 것이다. 그림 2.3의 Y축은 주가를 나타내는 것으로 주식의 리스크가 클수록 잠재적 결과값이 가질 수 있는 범위가 더 넓어진다. 그리고 이러한 범위는 그림 2.2에서 분포의 폭(X축)으로 해석된다. 분포의 폭이 클수록 리스크가 더 큰 자산을 나타내는 것이다. 그러므로 분포의 폭 또는 퍼진 정도는 특정 변수의 리스크를 나타낸다.

그림 2.2의 두 분포는 제1차 모멘트 또는 중앙값의 경향은 동일하지만 분명 서로 다른 분포임을 알 수 있다. 그리고 이와 같은 분포의 폭의 차이는 측정 가능하다. 특정 변수의 산포 또는 리스크를 측정하는 통계적 또는 수학적 척도는 범위, 표준 편차(σ), 분산, 변동계수, 백분위수 등이 있다.

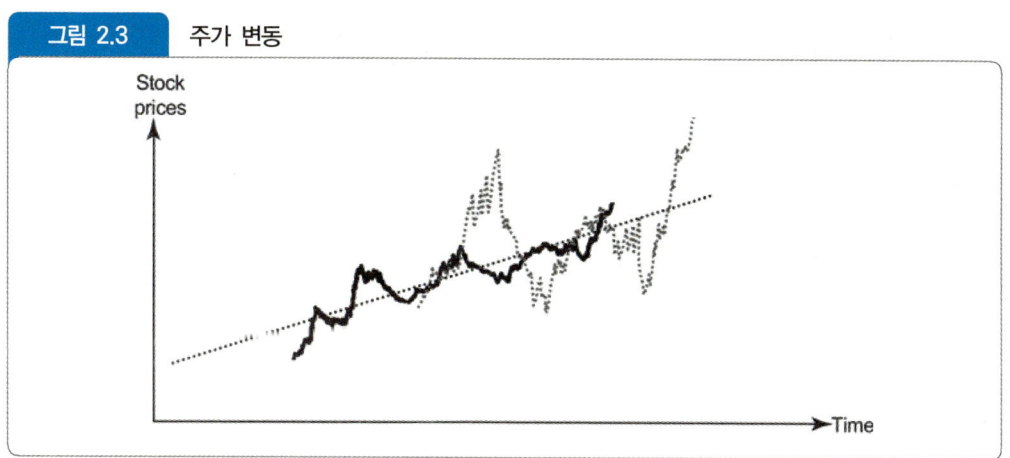

그림 2.3 주가 변동

분포의 비대칭성 측정 – 제3차 모멘트

제 3차 모멘트는 분포의 비대칭성, 즉 분포가 어느 한쪽으로 얼마나 기울었는지를 측정한다. 그림 2.4는 음의 왜도 값을 가지는, 왼쪽으로 치우친 (분포의 꼬리 부분이 왼쪽을 향하고 있음) 분포를, 그림 2.5는 양의 왜도값을 가지는, 오른쪽으로 치우친 (분포의 꼬리 부분이 오른쪽을 향하고 있음) 분포를 보여주고 있다. 이 경우 분포의 중앙값은 일정하지만 평균은 언제나 분포의 꼬리 부분으로 치우쳐서 나타나게 된다. 또한 분포의 평균은 이동하지만 표준편차, 분산 또는 분포의 폭이 여전히 일정할 수 있다는 것을 보여주기도 한다. 제3차 모멘트를 고려하지 않고 기대수익률(예: 평균 또는 중앙값)과 리스크(표준편차)를 본다면 양의 왜도를 가지는 프로젝트를 선택하여 기대했던 비용보다 더 큰 비용이 발생하는 잘못된 의사결정을 할 수도 있다.

그림 2.4   제 3차 모멘트(왼쪽으로 치우침)

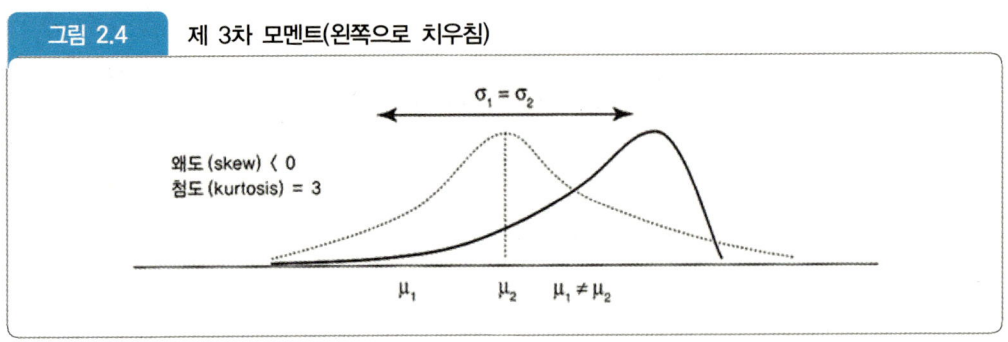

예를 들어, X축이 프로젝트의 순이익을 나타낸다면 음의 왜도를 가지는, 즉 왼쪽으로 치우친 분포가 선호될 것이다. 왜냐하면 그림 2.5의 경우처럼 낮은 수준의 이익이 발생 될 확률이 높은 것이 아니라 그림 2.4의 경우처럼 높은 수준의 이익이 발생 될 확률이 높기 때문이다. 그러므로 치우친 분포의 경우에는 평균보다는 중앙값이 수익률의 더 나은 척도가 된다. 그림 2.4와 그림 2.5의 분포에서 평균이 동일하고 리스크도 동일하므로 순이익이 음의 왜도를 갖는 분포를 따르는 프로젝트를 선택하는 것이 더 낫다. 프로젝트의 분포가 가지는 왜도를 고려하지 못한다면 잘못된 프로젝트를 선택할 수도 있다(예: 두 분포의 제1차 모멘트와 제2차 모멘트가 동일할 수 있지만, 즉 두 분포의 수익률과 리스크의 성향이 같을 수 있지만 분포의 왜도는 다를 수 있다).

그림 2.5   제 3차 모멘트(오른쪽으로 치우침)

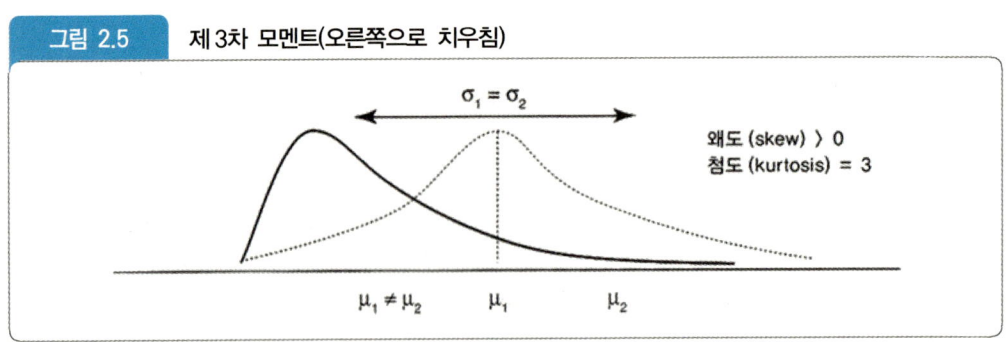

분포의 테일 이벤트(Tail Event) 측정 – 제4차 모멘트

제4차 모멘트인 첨도(Kurtosis)는 분포가 얼마나 뾰족한지를 측정한다. 그림 2.6은 이러한 효과를 보여주고 있다. 점선으로 나타난 분포는 첨도가 3.0인 정규분포이다. 그런데 실선으로 표시된 분포는 더 뾰족하고, 그 결과 분포의 꼬리부분이 더 두꺼우며 중심 부분의 면적이 작아진다. 이러한 조건은 리스크 분석에 중대한 영향을 미친다. 그림 2.6의 두 분포에서 제1차, 2차, 3차 모멘트(즉 평균, 표준편차, 왜도)는 모두 동일하지만 제4차 모멘트인 첨도는 서로 다르다. 이러한 상황은 비록 수익률과 리스크는 동일하지만 극단적인 이벤트(과도한 규모의 잠재 손실 또는 과도한 이익)가 발생할 확률이 첨도가 큰 분포에서 더 높게 나타난다 (예: 주식시장의 수익률 분포는 꼬리가 두텁고 첨도가 높다). 그러므로 프로젝트 수익률 분포의 첨도를 감안하지 않으면 부정적인 결과가 발생할 수 있다.

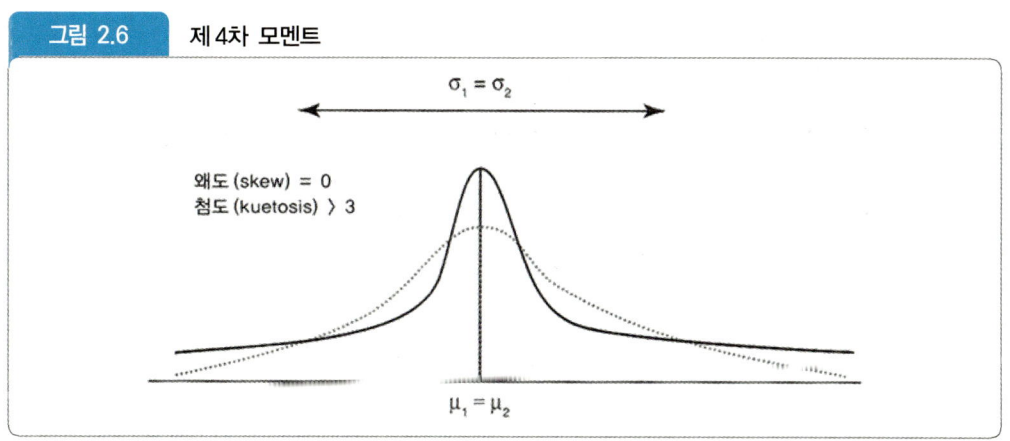

그림 2.6 제4차 모멘트

> 대부분의 분포는 4개의 모멘트로 정의될 수 있다. 1차 모멘트는 분포의 위치 또는 중심경향(기대수익률)을 나타내고, 2차 모멘트는 분포의 폭 또는 산포(리스크)를 나타내며, 3차 모멘트는 분포의 비대칭성(편중된 사건)을 나타낸다. 그리고 4차 모멘트는 분포의 뾰족한 정도나 꼬리의 두께(극단적인 손실 또는 수익)를 나타낸다. 분석에서 보다 종합적인 견해를 제공하기 위해서는 4개의 모멘트 모두 계산되고 해석되어야 한다.

PART 01 리스크 관리

 리스크 척도

프로젝트의 리스크는 여러 방법으로 측정할 수 있다. 여기서는 가장 일반적으로 사용되는 아래와 같은 리스크의 척도를 몇 가지 살펴보고 이러한 척도의 장단점을 살펴보도록 하자:

- **발생확률(Probability of Occurrences)** 간단하지만 효과적인 척도이다. 예를 들어, 특정 프로젝트가 향후 5년 안에 손익분기점을 넘지 못할(즉, 프로젝트의 순현재가치가 음의 값을 가지게 되어 손실이 발생할 것으로 예상되는) 확률이 10%라고 가정해 보자. 또한 유사한 두 가지가 프로젝트가 있으며 이들 프로젝트의 실행 비용과 예상 수익률이 동일하다고 가정하자. 단일 점 추정치를 사용하면 경영진은 이 두 프로젝트를 동일하게 간주한다. 하지만 몬테카를로 시뮬레이션 같은 리스크 분석 작업을 수행한 경우, 첫 번째 프로젝트의 손실 확률은 70%인 반면 두 번째 프로젝트의 손실 확률은 5%에 불과한 것이 밝혀질 수 있다. 리스크를 분석하면 두 번째 프로젝트가 더 나은 프로젝트가 된다.

- **표준편차와 분산(Standard Deviation and Variance)** 표준편차는 각 데이터와 평균 간의 차이를 산술 평균한 것이다. 가장 일반적으로 사용되는 리스크 척도인 표준편차가 커질수록 분포의 산포가 크다는 것을 의미하며, 결국 리스크가 크다는 것을 알 수 있다. 표준편차와 분산의 단점은 계산시 평균 보다 큰 값과 작은 값에 의한 변동이 모두 포함된다는 것이다. 일부 분석가는 리스크를 잠재 손실 또는 평균보다 작은 값으로 정의한다. 표준편차 또는 분산을 사용하면 값이 감소하는 리스크 외에도 값이커지는 경우까지 리스크로 포함시키게 된다.

- **준표준편차(Semi-Standard Deviation)** 준표준편차는 값이 커지는 경우는 무시하고 값이 떨어져서 발생하는 리스크(Downside Risk)만을 측정한다. 준표준편차를 응용하여 평균 미만의 값 또는 특정 기준 미만의 값(예: 이익 혹은 현금흐름이 음의 값을 가지는 경우)만을 계산할 수 있다. 준표준편차는 값이 감소하여 발생하는 리스크를 보다 잘 이해할 수 있지만 추정하기가 더 어렵다.

- **변동성(Volatility)** 변동성은 리얼 옵션에 광범위하게 응용되는 개념으로 간단하게는 불확실성과 리스크의 척도라고 정의할 수 있다3. 변동성은 특정 프로젝트에 영향을 주는 여러 불확실한 변수들에 대해 시뮬레이션을 하고, 특정 기간에 대해 시뮬레이션을 통해 얻을 수 있는 자산의 로그 수익률의 표준편차를 추정하는 방법 등 여러 방법을 이용해 추정할 수 있다. 변동성은 정의하거나 추정하기가 더 어려운 개념이지만 변동성이라는 한 가지 값에 불확실성의 모든 근원이 포괄된다는 점에서 다른 여러 리스크 척도 대부분보

다 더 강력한 척도가 된다.

- **베타(Beta)** 베타 역시 투자금융 부문에서 일반적으로 사용되는 리스크 척도이다. 베타를 간단히 정의하자면 금융자산이 가지는, 분산시킬 수 없는 체계적 위험이라고 할 수 있다. 베타는 CAPM을 통해서 잘 알려지게 된 개념으로 베타가 크면 리스크가 큰 것이고, 결국 자산에 대해 요구되는 기대수익률도 높아지게 된다.

- **변동계수(Coefficient of Variation)** 변동계수는 평균에 대한 표준편차의 비율로 정의된다. 이렇게 되면 리스크의 단위가 같아진다. 예를 들어, 한 그룹 내 학생들의 신장(측정 단위: 미터) 분포를 해당 학생들의 체중(측정 단위: kg) 분포와 비교해 볼 수 있다.4 리스크 또는 산포도의 척도인 변동계수는 여러 변수의 추정치, 척도, 규모, 단위 등이 상이할 때 사용할 수 있다.

- **VaR(Value at Risk)** VaR라는 개념은 J.P. Morgan이 1990년대 중반 RiskMetrics 모델을 처음 소개하면서 많은 주목을 끌었고 지금까지 전세계의 여러 금융감독기구가 채택하고 있는 개념이기도 하다. 간단히 살펴보자면 **VaR는 특정한 손실 확률과 보유 기간이 주어졌을 때 손실 가능한 자본 준비금이 얼마인지를 측정하는 값**이다. 이 값은 프로젝트의 경제적 수명 중 특정 기간 동안에 발생할 수 있는 잠재적 손실 비율로 수정해서 사용할 수도 있다. -VaR 값이 적은 프로젝트가 더 나은 프로젝트라는 것은 두말할 나위가 없다.

- **비관적인 시나리오와 기회손실(Worst-case Scenario and Regret)** 또 다른 간단한 척도는 극단적인 손실이 발생하는 비관적인 시나리오의 결과이다. 기회손실(regret)으로도 정의할 수 있는데, 여기서 기회손실이란 특정한 프로젝트를 진행하기로 의사결정이 이루어졌지만 프로젝트에서 이익이 창출되지 않고 손실이 발생하는 경우, 실제 손실과 아무런 일도 하지 않았을 경우의 결과의 차이로 정의된다.

- **위험조정자본수익률(RAROC)** 리스크를 감안한 자본 수익률인 RAROC는 프로젝트 수익률의 50 백분위수(중앙값)에서 5 백분위수를 차감한 값을 표준편차로 나눈 비율이다. 거의 모든 은행에서 사용되는 RAROC는 이익이 되는 **가치의 상승은 무시하고 잠재적인 가치의 하락 효과만을 측정함으로써 리스크에 대한 수익률의 추정에 활용**된다.

간단한 사례:
FARMLAND

VaR를 감안한 의사결정으로 리스크 감축

Farmland는 몬테카를로 시뮬레이션을 실시하여 최신 리스크 분석 기술을 사용하는 기업이 되고자 하는 의지를 보여주었다.

Farmland는 농민이 소유한 식품 회사 중북미 지역에서 가장 큰 회사로 포춘지 선정 200대 기업이기도 하다. 독립적으로 농사에 종사하는 가족과 목장주 등을 포함한 50만 명 이상이 1,400개 이상의 농업협동조합을 소유하고 있고, 다시 이 농업협동조합들이 Farmland를 소유, 통제하고 있다. Farmland의 재무 리스크 담당자는 많은 부분에서 VaR를 이용한 의사결정을 지원하고자 Crystal Ball을 도입했다. Farmland가 정기적으로 거래하는 상품으로는 화학 비료, 곡물, 돈육, 우육, 천연 가스, 원유, 휘발유, 난방유 등이 있다.

재무리스크 담당자는 Farmland의 현재 익스포져 뿐 아니라 향후 Farmland가 매수하고자 하는 익스포져에 대해서도 VaR 분석을 실시했다. 그리고 이를 통해 Farmland 익스포져의 효율성을 제고하고자 했다. 담당자는 먼저 과거 상품 가격을 분석하여 변동성을 계산했다. 그리고 과거의 여러 가격 간에 존재하는 상관계수를 계산한 후 Crystal Ball의 Distribution Gallery 기능을 이용해 자신의 모델에 포함된 각 상품 가격 별로 분포를 적용했다. 그 후 Farmland의 상품 포트폴리오에 대해 몬테카를로 시뮬레이션을 실행하였다. 그 결과 Farmland의 가격 리스크 익스포져 분포를 구할 수 있었다. 이러한 과정을 통해 진행된 시뮬레이션 결과를 분석한 후 Farmland의 경영진은 다양한 상품에 대한 적정 익스포져 수준을 결정할 수 있었다.

이 외에도 생산 장비의 구매여부, 신규 공장을 설립할지 아니면 매입할지 등의 많은 비용이 수반되는 의사결정의 리스크를 평가하는데도 유용하게 사용하고 있다. 최근 재무리스크 담당자는 리스크 최적화 기술을 이용, Farmland의 육류 가공 시설에서 돈육을 처리하는 가장 효과적인 방법을 찾아내려 하고 있다.

재무리스크 담당자는 Farmland에서 이루어지는 중요한 의사결정 시 리스크 분석이 발휘하는 가치를 보여주었다. 그리고 이러한 의사결정을 해 봄으로써 Farmland는 리스크가 가득한 시장 환경에서 건전한 의사결정을 내리기 위해 필요한 단계를 밟고 있다는 확신을 가질 수 있었다.

간단한 사례: 환경보호청

환경 영향 평가

Superfund site에서 오염 정화의 필요성을 평가하기 위해 계량적 리스크 평가가 필요해졌다. 환경보호청(EPA: Environmental Protection Agency)은 이러한 평가에 사용할 공식과 모수 값 등을 구체적으로 규정한 핸드북을 발표했다. 여기에 포함된 값들은 점 추정치로, 보수적으로 선택된 경우가 일반적이다(즉, 지나치게 안전한 값을 선정했다).

EPA는 단계별 접근 방식(tiered approach)을 권고하고 있다. 즉, 리스크에 대한 점 추정치에서 시작하여 몬테카를로 시뮬레이션을 이용한 리스크의 변동성과 불확실성을 나타낼 수 있는 확률 추정으로 진행하는 방식을 제시하고 있다. 지난 몇 년 동안 EPA는 확률적 방법론, 특히 몬테카를로 시뮬레이션을 이용한 인간의 보건과 생태적 리스크의 평가를 위한 기술적 지침을 제시하기 위해 노력했다.

"불확실성에 대한 계량적 평가가 이루어지지 않는다면 EPA 리스크 계산법의 보수성 때문에 수용불가한 것으로 나타난 오염지역을 정화하기 위해 수백만 달러가 잘못 할당될 수도 있다. 실제로 그런 오염은 사소한 것으로 여겨지는 건강상의 위험일 수도 있다."

Oak Ridge National Laboratory의 연구원이었고 오랜 기간 동안 불확실성 분석을 활용해야 한다고 주장해온 환경 과학자인 호프만 박사는 리스크를 분석하면서 EPA의 접근 방식을 초기 심사를 위한 계산에만 사용했다. 심사를 위한 계산은 리스크가 낮은 익스포져 경로와 추가적인 분석 시 우선순위가 떨어지는 오염 물질을 파악하는데 유용하다. 그리고 그 외의 오염 물질과 익스포져 경로에는 리스크 분석 기법을 적용하여 리스크 평가 방정식에서 사용된 각 모수에 대한 추정치의 불확실성을 최종 리스크 추정치에 대한 신뢰구간으로 해석해냈다.

호프만 박사는 리스크 분석이 청소해야 할 오염지역을 적절하게 결정하는 것은 물론이고 더 유용한 데이터를 수집하는 것과 관련하여 우선순위를 설정하는데도 도움이 된다는 것을 발견했다.

CHAPTER 03

기본적인 모델 구축 가이드

리스크 분석의 첫 번째 단계는 모델을 만드는 것이다. 여기서 모델이란 엑셀 스프레드시트에서 수행하는 세 줄짜리의 간단한 계산(예: A + B = C)이 될 수도 있지만 보통은 매우 복잡하고 서로 연결된 일련의 스프레드시트가 뒤얽혀 있는 경우가 많다. 그리고 시간, 인내, 전략, 실무 경험 등이 있어야만 적절한 모델을 구축할 수 있다. 다른 애널리스트가 과거에 만들어 놓은 복잡한 모델을 평가하거나 공부하는 것이 더 성가신 일이 될 수 있다. 자신이 몇 주 또는 몇 달 전에 만든 모델을 다시 꺼내 놓고 무엇을 만들었는지 기억해 내는 것도 때로는 어려울 수 있다. 모델을 처음 만든 사람이 어떤 생각을 했었는지를 이해하는 것은 실로 어려운 일이다. 이 책을 읽는 독자 대부분은 엑셀을 사용하고 있을 것이며, 이 장에서는 모델을 전문적으로 구축하는 사람이 자신의 엑셀 스프레드시트에 구현해야 할 최소한의 모델 구성요소를 살펴보게 될 것이다.

> 긴략하게 얘기하자면,
> ① 항상 모델에 대한 내용을 문서에 기록해야 한다.
> ② 계산에 사용되는 입력값과 결과값을 분리한다.
> ③ 모델이 함부로 변경되지 않도록 한다.
> ④ 사용자의 편의를 고려하여 모델을 만든다.
> ⑤ 모델의 변경사항을 추적한다.
> ⑥ 가능하면 항상 모델을 자동화한다.
> ⑦ 모양도 신경 쓴다.

PART 01 리스크 관리

 모델의 문서화

모델을 구축할 때 모델 관련 내용들에 대한 문서화를 반드시 고려해야 한다. 대부분 간과되는 경우가 많지만 문서화는 연속성, 지속성, 모델을 사용하는 한 세대에서 다음 세대로의 지식 이전 등을 위해서 필수적인 부분이다. 선임자로부터 문서화가 이루어지지 않은 모델을 인계받은 사용자는 모델에 대한 정확한 이해를 할 수 없기 때문에 절망에 빠질 수밖에 없다. 모델에 대한 문서를 작성할 때 다음과 같은 사항들을 고려하여야 한다.

- 모델의 형태와 구조에 대한 전략을 수립한다.

  모델을 구축하기 전에 모델에 대한 전반적인 구조를 고려해야 한다. 이와 같은 모델의 개념화에는 모델에 몇 가지 섹션(예: ① 각 워크북은 사업 본부를 표시 ② 각 워크북에는 해당 사업본부 소속 부서를 표시하는 10개 워크시트가 포함됨 ③ 각 워크시트는 수익, 원가, 기타 항목에 대한 3개 부분으로 구성 등)을 포함시킬 것인지는 물론이고 각 섹션 간의 관계를 어떻게 구체화하고 연계하며 복제할 것인지 등에 대한 고려가 포함된다.

- 제목달기 규칙(Naming Conventions).

  각 워크북과 워크시트에는 적절한 제목을 달아야 한다. 각 워크북과 워크시트의 내용을 기술하는 제목을 다는 것이 가장 간단하고도 바람직한 방법이다. 제목을 다는데 있어서 간결하면서도 모델에 대해 충분히 설명할 수 있는 제목을 달아야 한다는 것을 명심해야 한다. 모델을 여러 번 반복해야 하는 경우, 특히 특정 기간 동안 여러 사람이 해당 모델을 만드는 경우 각 모델의 파일명에는 날짜(예: 20180108), 버전 번호(예: Ver1 Ver2) 등을 달아야만 적절하게 압축, 백업, 식별을 할 수 있다

- 개요.

  모델의 첫 번째 섹션에는 모델에 대한 개략적인 설명을 덧붙인 시작페이지가 있어야 한다. 개요 부분에는 파일명, 공유 드라이브 위치, 모델의 버전, 모델 개발자 등의 사항 및 지침, 가정 사항, 특허 사항, 경고 사항, 모델 사용에 대한 제안 등의 관련 정보를 포함시킬 수 있다.

- 문서 변경 및 조정.

  모델 관련 작업을 수행하는 개발자가 여러 명인 경우에는 모델을 저장할 때 변경 사항, 조정 사항, 수정 사항, 조절 사항 등을 반드시 문서화해서, 필요한 경우 과거에 수행한 작업을 취소할 수 있도록 한다. 이 역시 간단한 작업이지만, 이른 통해 변경 사항을 버그 목록 또는 개발 요선과 비교하여 추적할 수 있다.

- 수식 설명.

  모델에 사용된 수식에 대한 설명 및 문서화를 고려해야 한다. 특히, 복잡한 방정식과 계산이 필요한 경우에 더욱 그러하다. 엑셀의 수식 **편집기(삽입/개체/새로 만들기/ Microsoft Equation)**를 사용할 수도 있지만 보다 더 높은 수준이 고급 모델인 경우에는 참고문헌도 명시한다.

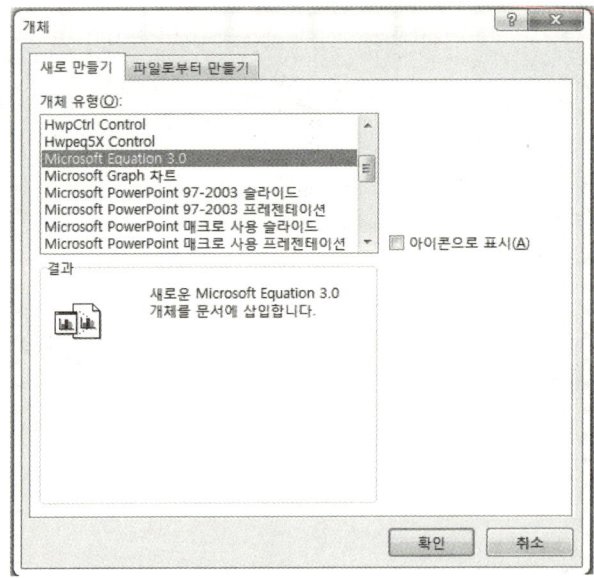

- 결과 해석.

  개요 부분은 물론이고 보고서 또는 보고서 요약 페이지에 최종 분석 결과를 해석하는 방법을 설명한다. 이때 포함시킬 내용으로는 모델 개발 시 사용된 가정, 결과와 관련된 이론, 모델의 기술적 측면을 상세하게 설명하는 참조 문헌, 데이터 출처, 특정한 입력 변수에 대한 추정 등이 있다.

- 보고 구조.

  우수한 모델에서는 입력변수를 입력하고 분석을 수행하면 최종 보고서가 작성된다. 출력할 수 있는 결과 워크시트와 같이 간단한 최종 보고서도 있을 수 있지만 보다 복잡한 매크로를 이용해 새로운 문서인 보고서가 생성되는 경우도 있다 (예: Crystal Ball의 보고서 기능에서는 입력 모수 및 결과 값에 대한 상세한 분석 내용이 제공된다).

- 모델 네비게이션.

  처음 사용자가 여러 모듈, 여러 워크시트 또는 여러 입력 셀을 여기 저기 헤매 다니는 것을 생각해 보자. 이 경우 모델에 네비게이션 기능을 포함시키는 것을 고려해볼 수 있다. 제목을 달아줌으로써 간단하게 네비게이션 기능을 제공할 수 있다 (예를 들어, 워크북 내 각 시트의 제목을 " Description," "Model," "Report" 등으로 달아줄 수 있다). 이렇게 하면 사용자는 제목 탭만 보고 관련 워크시트가 무엇을 의미하는지 빠르고 쉽게 파악할 수 있다 (그림 3.2 참조). 물론 이 보다 정교한 방법인 하이퍼링크와 VBA(Visual Basic for Applications) 코드를 사용할 수도 있다.

| 그림 3.2 | 워크시트 탭의 제목 |

예를 들어, 주 네비게이션 시트에서 다른 시트로 갈 수 있는 하이퍼링크를 생성하려면 엑셀에서 **삽입** | **하이퍼링크** | **현재 문서**를 차례대로 클릭한다(그림 3.3). 현재 워크북에 링크 시킬 대상 워크시트를 선택 한다(그림 3.3). 이들 링크를 모두 주 네비게이션 시트에 두고 각 시트에는 대상 링크만 둔다(예: Step 1 분석 워크시트에는 메인 메뉴와 Step 2만 필요하다). 이들 링크에 "뒤로" 또는 "앞으로" 등으로 이름을 붙일 수 있으며, 이를 통해 모델이 큰 경우 사용자의 네비게이션을 더 많이 도와줄 수 있다. 하이퍼링크보다 높은 수준의 모델 네비게이션 지원 방법은 VBA 코드를 사용하는 것이다.

> 모델의 형태와 구조를 전략화하여 모델에 대한 문서를 작성한다. 이때 적절한 제목 달기 규칙을 사용하고, 개요를 작성하고, 모델 특성을 기술하고, 모델의 변경 또는 조정 사항을 기술하고, 어려운 공식을 설명하고, 결과 해석 방법을 문서에 명시하고, 보고 구조를 제공하고, 모델을 손쉽게 네비게이션 할 수 있도록 한다.

| 그림 3.3 | 하이퍼링크 삽입 대화상자 |

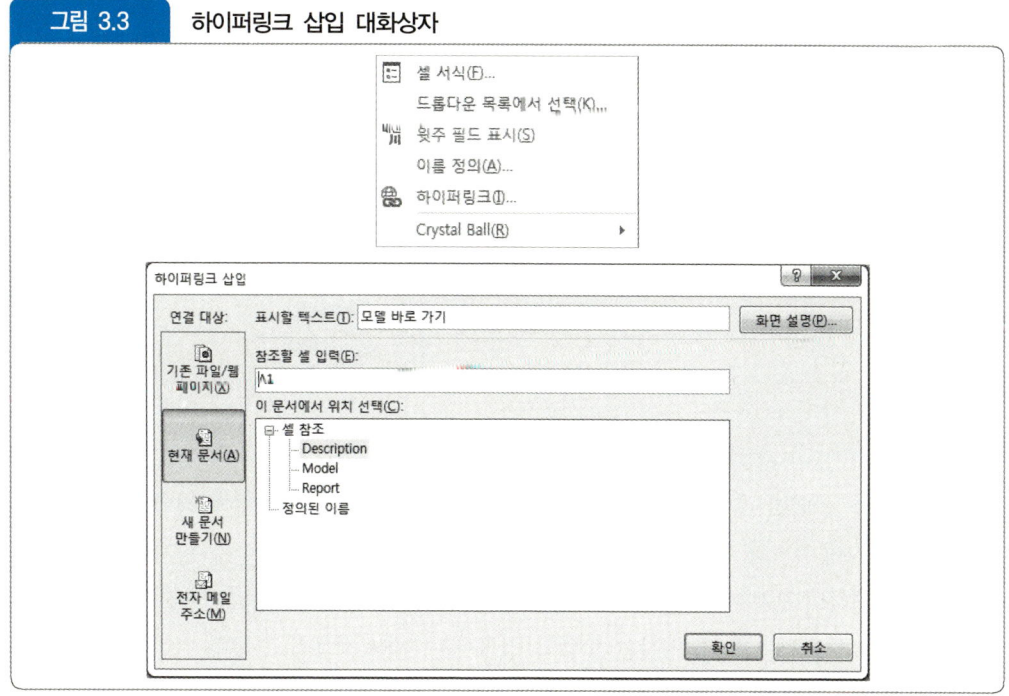

입력값, 계산값, 결과값의 분리

- **서로 다른 기능에 대해 다른 워크시트 사용.**

  하나의 워크북에서 모델의 입력값(가정)을 위한 워크시트(가정은 하나의 워크시트에 정리해야 한다)와 계산을 위한 워크시트, 결과값들이 요약되어 있는 워크시트를 분리해서 사용하도록 한다. 그리고 각 워크시트에 적당한 제목을 붙이고 그룹화 해서 손쉽게 식별할 수 있도록 한다. 어떤 경우에는 입력 워크시트에 핵심적인 모델 결과값 몇 가지가 들어가기도 한다. – 이는 경영진이 입력값을 약간 변경 또는 조절해 보고 이에 기인하는 핵심적인 결과값의 변동을 신속하게 살펴보고 확인할 수 있는 경영자용 대시보드로 매우 유용하다.

- **입력 변수 설명.**

  워크시트에 변수를 입력할 때 각 입력 변수에 대한 요약정보와 해당 변수가 모델의 어느 부분에서 사용되는지를 설명한다. 이 대신 셀에 대한 메모(검토 | 새 메모 선택 또는 셀 선택 | 오른쪽 마우스 클릭 | 메모삽입 선택) 기능을 사용할 수도 있다.

그림 3.4   변수 값에 메모 삽입하기

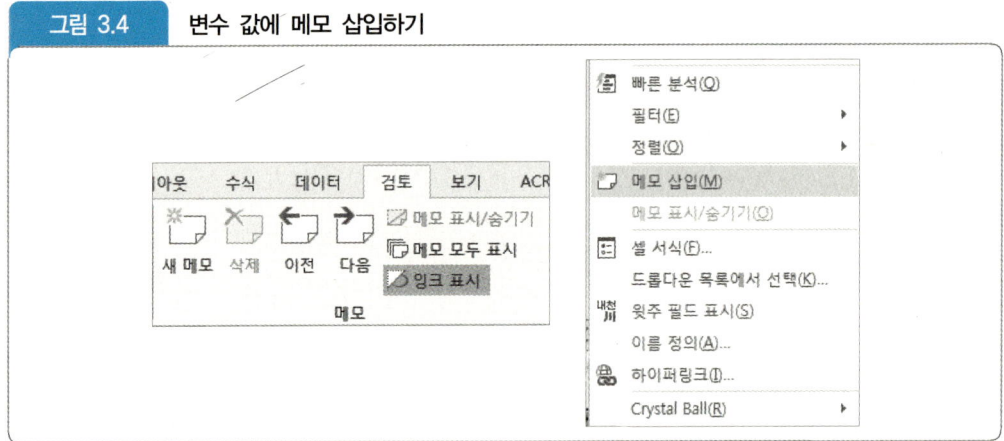

- **입력 변수 셀의 제목 달기.**

  입력 셀을 선택한 후 스프레드시트의 왼쪽 상단에 있는 이름 상자에 적당한 제목을 입력한다(그림 3.5의 화살표). 또한 일정 범위의 셀을 선택한 후 이름 상자에 적당한 제목을 입력하여 범위에 대한 제목을 정의할 수도 있다. 비슷한 기능을 가진 여러 가지 입력변수가 사용되는 보다 복잡한 모델인 경우에는 여러 제목을 그룹화 하는 것도 생각해 볼 수 있다. 예를 들어, 두 개의 독립적 부서에서 "비용"과 "수익" 이라는 입력 변수를 사용하는 경우 아래와 같은 방법을 사용한 셀 제목 붙이기를 생각해 보자(이름에 '.'을 이용해 분리한다).

Cost.Division.A

Cost.Division.B

Revenues.Division.A

Revenues.Division.B

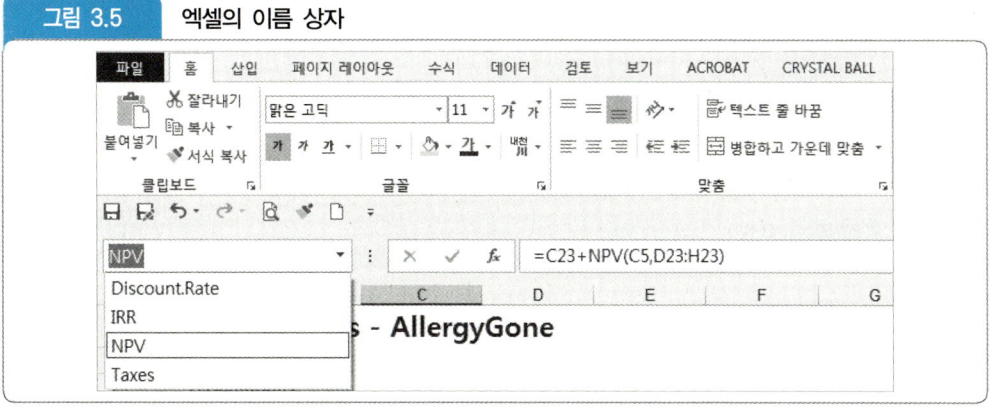

그림 3.5 　 엑셀의 이름 상자

- 입력값과 결과값에 색 지정하기.

  입력셀은 동일한 색으로 정의하고 주로 입력값과 중간에 계산과정으로 얻어지는 값들을 이용한 수리식에 의해서 최종적으로 산출되는 결과셀을 다른 색으로 정의함으로써 입력값과 결과값을 명확하고 빠르게 구분할 수 있다.

- 모델 확장 및 수정.

  좋은 모델이라면 시간이 지나가면서 확장, 개선, 분석 기능 추가 등을 할 수 있는 여지가 있어야 한다. 모델에 새로운 사업부서가 추가되는 경우 또는 모델이 개발된 후에 제한 조건이나 입력값이 추가된 경우에는 이를 반영할 수 있는 여지가 있어야 한다. 이와 비슷한 경우로는 데이터 업데이트를 생각해 볼 수 있다. 예를 들어, 시간이 흐르고 나면 과거에 예상하고자 했던 매출이 실제로 발생했을 것이고 실제 매출 자료가 예상 매출을 대신하게 된다. 모델에서 이와 같은 상황을 반영할 수 있어야 한다. 데이터를 업데이트 할 수 있는 기능은 전략과 경험이 그 힘을 발휘하는 부분이다.

- 보고서 및 모델 출력.

항상 모델, 결과, 요약, 보고서 페이지의 출력 형태를 확인해야 한다. 엑셀의 (**인쇄 | 미리보기**) 기능을 이용해서 각 페이지를 출력에 적합하게 구성해야 한다. 향후 비교 작업을 손쉽게 할 수 있도록 머리글과 바닥글에 분석 날짜와 모델 버전이 표시되도록 한다. 필요하다면 링크, 자동 필드, 수식 등을 사용하도록 한다(예: 엑셀의 수식 중 "=Today( )"는 스프레드시트 모델이 마지막으로 저장된 날짜로 업데이트 하는 변동 필드이다).

> 서로 다른 기능 별로 새로운 워크시트를 작성함으로써 입력값, 계산값, 결과값을 분리한다. 또한 입력변수를 기술하고, 입력모수의 제목을 달며, 입력값과 결과값을 서로 다른 색상으로 코딩한다. 이렇게 함으로써 모델을 확장하고 향후에 모델을 수정할 수 있는 여지를 둔다. 마지막으로 보고서와 모델의 출력 형태를 고려한다.

모델 보호

■ **워크북과 워크시트 보호**

사용자의 조작 또는 우연한 실수를 방지하기 위해 모델의 중간 결과와 최종 결과를 요약하는 워크시트의 보호 기능(**검토 | 변경내용 | 시트 또는 통합문서 보호 선택**) 사용한다. 보다 민감한 모델이라면 암호를 사용하는 것이 바람직하다.

| 그림 3.6 | 워크북과 워크시트 보호 |

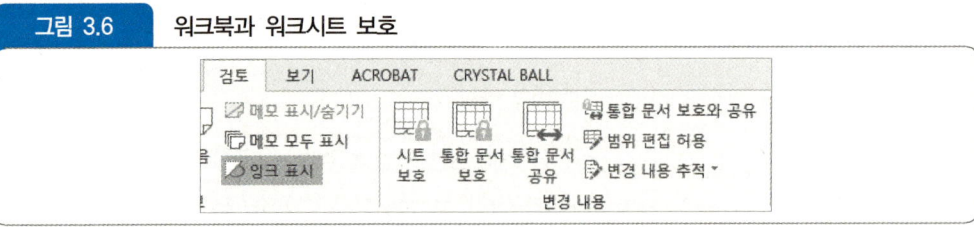

■ **수식 숨기기 및 보호**

셀 속성에 잠금이나 숨김을 설정하거나 두 가지를 모두 설정(**서식 | 셀 | 보호**)하고 워크시트를 보호(**검토 | 변경내용**)하면 사용자가 실수로 수식을 겹쳐 쓰는 경우를 방지할 수 있다(셀 잠금을 설정하고 시트 보호 설정). 또한 사용자가 수식을 볼 수는 있지만 셀의 내용을 삭제함으로써 모델을 회복시키지 못하는 경우도 막을 수 있다(셀 잠금은 설정하

고, 셀 숨김은 설정하지 않고 시트 보호를 설정). 마지막으로 사용자가 셀을 조작하거나 수식을 보지 못하게 할 수도 있다(셀 잠금과 셀 숨김을 모두 설정한 후 시트 보호를 설정하는 경우).

| 그림 3.7 | 수식 숨기기 및 보호 |

```
셀 서식(F)...
드롭다운 목록에서 선택(K)...
윗주 필드 표시(S)
이름 정의(A)...
하이퍼링크(I)...
Crystal Ball(R)        ▶
```

워크북에 암호를 설정하거나 수식이 입력되어 있는 워크시트의 셀에 잠금이나 숨김 기능을 설정하여 사용자가 워크북과 워크시트를 조작하지 못하도록 한다.

사용이 편리한 모델 구축 : 데이터 검증 및 오류 메시지

■ 데이터 검증.

스프레드시트의 검증 기능을 이용해서 사용자가 잘못된 값을 입력하는 경우를 방지한다. 특정한 값의 입력만 허용하려면 그림 3.8과 같이 데이터 유효성 검사(**데이터 | 데이터 도구 | 데이터 유효성 검사**) 기능을 이용해서 잘못된 값이 입력되지 않도록 한다. 그림 3.9는 양의 값만 입력할 수 있도록 셀의 데이터 유효성을 검사하는 조건이다. '선택하여 붙여넣기' 명령어를 이용해서 유효성 검사를 선택히려면 **편집 | 선택하여 붙여 넣기**를 이용해서 데이터 유효성 검사 조건을 복사할 수 있다.

PART 01 리스크 관리

| 그림 3.8 | 데이터 유효성 검사 |

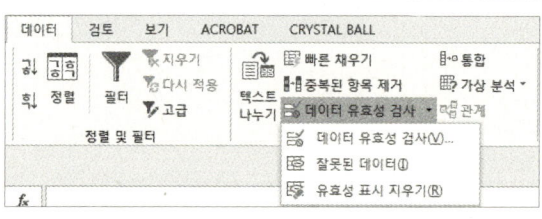

| 그림 3.9 | 데이터 유효성 검사 대화상자 |

그림 3.10   데이터의 유효성 검사를 위한 오류 메시지 설정

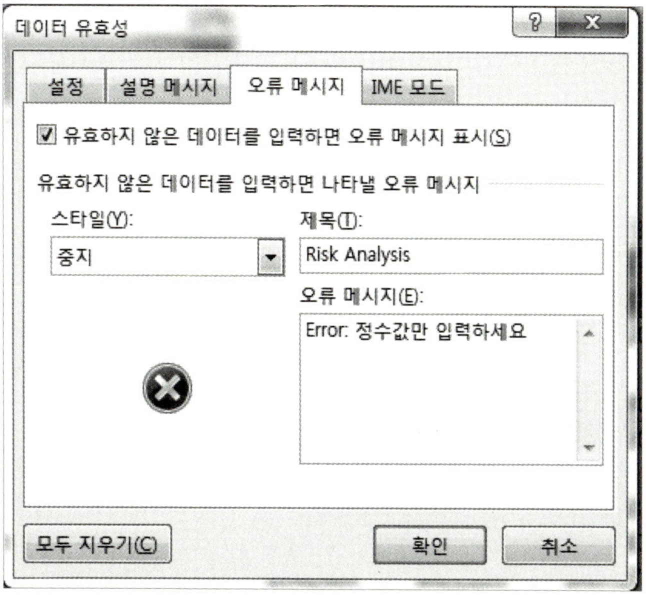

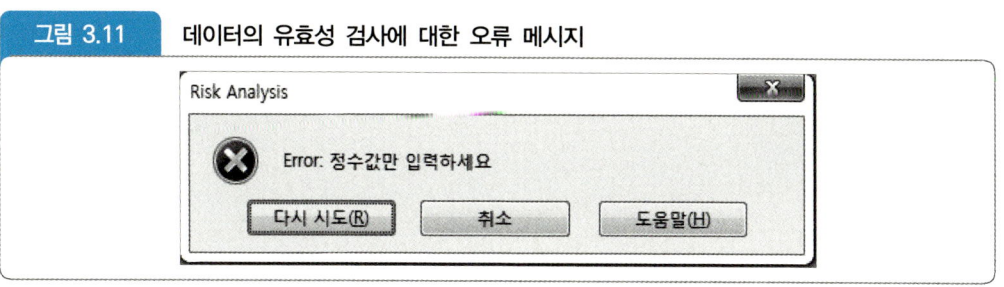

■ 오류 메시지.

사용자가 부적절한 값을 입력했을 때 그림 3.10에서 보여주는 것과 같이 데이터 유효성 검사 기능을 이용해 오류 메시지를 보여 준다(데이터 | 데이터 도구 | 데이터 유효성 검사 | 오류 메시지). 데이터 유효성의 검사 결과 잘못된 값이 입력된 경우에는 오류 메시지 박스가 실행된다(그림 3.11).

그림 3.11   데이터의 유효성 검사에 대한 오류 메시지

■ 셀 경고 및 설명 메시지.

필요한 입력값이 명확하지 않은 경우에는 경고 메시지와 설명 메시지를 보여준다(데이터

41

| 데이터 도구 | 데이터 유효성 검사 | 설명 메시지). 설명 메시지는 데이터의 유효성 검사 여부와 상관없이 셀을 선택하기만 하면 나타나도록 설정할 수 있다. 설명 메시지는 사용자에게 입력 변수에 대한 추가적인 정보를 제공하거나 바람직한 입력값을 보여줄 때 사용한다.

- 모든 입력값을 정의하기.

이름이 설정된 셀과 셀의 범위, 이들 셀과 범위에 대한 각각의 정의와 각 변수가 모델 중 어디에서 사용되는지에 대한 내용을 담고 있는 워크시트를 포함시킬 것을 고려한다.

> 데이터 유효성 검사, 오류 메시지, 셀 경고 및 설명 메시지 등의 기능을 이용하고 모델 사용 시 필요한 모든 변수에 대한 정의를 제공함으로써 사용자가 편리하게 모델을 사용할 수 있도록 한다.

모델 변경 내용 추적

■ 변경 내용 추적.

다른 모델 개발자와 공동 작업을 진행하는 경우에는 변경 내용을 추적한다(검토 | 변경 내용 | 변경 내용 추적 | 변경 내용 표시). 모든 변경 내용을 추적하는 것 자체도 중요하지만 변경 사항 및 조정 사항을 다른 개발자에게 알려주는 것이 예의이다.

그림 3.12   변경내용 추적

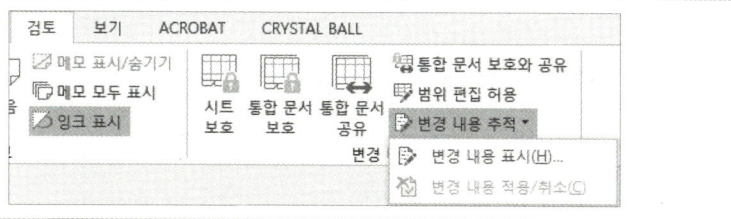

■ 숫자의 직접 입력 피하기.

가능한 경우에는 언제나 수식을 사용하고 가정사항과 입력값을 제외한 다른 수치는 직접 입력하지 않도록 한다. 수식을 이용해 링크를 하지 않고 몇 개의 수치를 직접 입력함으로써 복잡한 모델이 제대로 기능하지 않는 경우에는 그 원인 파악이 거의 불가능하다. 직접 입력해야 하는 특정한 값은 변수로 정의할 수 있고 변수로 제시해야 한다.

■ 링크의 내장 기능 사용하기.

단순한 붙여넣기 기능이 아닌 파일과 개체를 연결하여 붙여 넣는 기능(홈 | 붙여넣기 | 선택하여 붙여넣기)의 사용을 고려한다. 이렇게 함으로써 원래 파일이 변경되는 경우 변경 사항을 모두 연결된 파일에 반영할 수 있다. 스프레드시트를 링크한 경우에는 엑셀에서 대상 시트를 열 때마다 링크된 시트가 업데이트 된다. 하지만 모델을 실행할 때마다 링크를 업데이트 하라는 확인 메시지가 나타나는게 싫다면 데이터 | 연결 | 확인 메시지를 통해 확인 메시지가 표시되지 않도록 설정한다.

PART 01 리스크 관리

그림 3.13 선택하여 붙여넣기

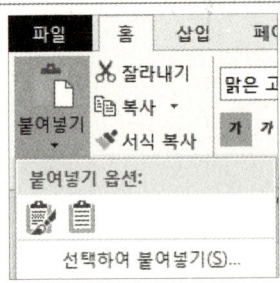

메모 삽입, 변경 내용 추적, 직접 입력 피하기, 링크와 내장 기능 등을 사용하여 모델의 변경 내용을 추적한다.

모델의 외형과 서식

- **단위.**

  입력 변수의 단위를 셀에 적절히 보여줌으로써 사용자의 혼동을 막아준다. 예를 들어, 셀에 입력해야 할 값이 할인율(Discount Rate)이라면 20%를 입력할 때 20 또는 0.2로 입력할 수 있다. 이와 같이 어떤 값을 입력해야 할지 모호한 경우에 단위와 함께 셀의 표시형식을 미리 설정해 줌으로써 사용자와 모델의 오류를 쉽게 방지할 수 있다.

- **크기.**

  입력값이 가질 수 있는 크기를 고려해야 한다. 입력값이 커서 디폴트로 설정된 열 너비를 벗어나는 경우 그 값이 제대로 표시되지 않을 수도 있다. 셀 서식에서 글씨 크기가 셀 너비에 자동적으로 맞춰지는 기능을 설정(홈 | 셀 | 셀 서식 | 맞춤 | 셀에 맞춤)하거나 입력값이 가질 수 있는 모든 크기를 고려하여 셀 너비를 충분히 넓게 설정한다.(그림3.14)

- **텍스트 줄 바꿈 및 확대/축소.**

  텍스트 줄 바꿈을 선택하여 하나의 셀에 긴 텍스트를 입력(홈 | 셀 | 셀 서식 | 맞춤 | 텍스트 줄 바꿈)하면 보기가 더 용이하다. 스프레드의 확대/축소 배율을 변경하여 내용을 더 보기 좋게 만들 수도 있다. 단, 확대/축소 배율은 워크시트에만 적용되며 워크북에 적용되는 기능은 아니다.(그림3.14)

- 셀 병합.

  제목을 입력할 때 셀을 병합(홈 | 셀 | 셀 서식 | 맞춤 | 셀 병합)하면 보기가 좋다.(그림3.14)

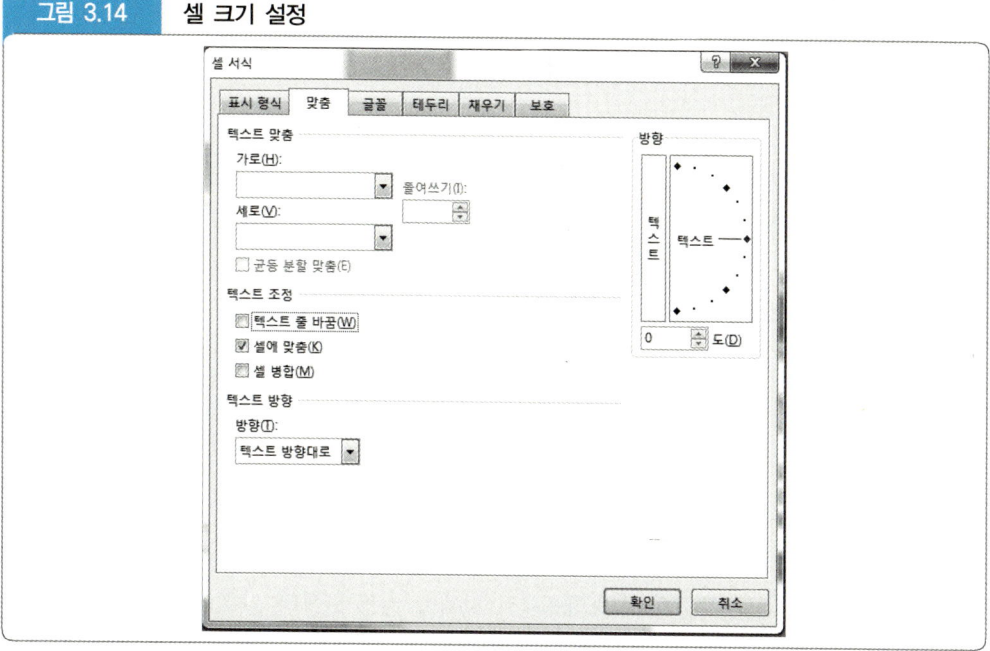

그림 3.14   셀 크기 설정

- 색상 및 그래픽.

  색상과 그래픽은 모델의 모양을 꾸미기 위한 핵심적인 부분인 동시에 셀의 값이 입력값인지 계산값인지 결과값인지를 구분해주는 기능적인 역할을 하기도 한다. 모델의 모양을 꾸미기 위해서 배경 색상과 앞에 나타나는 그래픽을 신중하게 선택할 수 있는 방법은 여러 가지이다.

- 그룹화.

  반복되는 열이나 그리 중요하지 않은 중간 단계의 계산을 그룹화 한다(데이터 | 그룹 및 윤곽 설정 | 그룹).

- 행 숨기기와 열 숨기기.

  상관없는 중간 계산 단계라고 생각되는 행과 열을 숨긴다(숨기고자 하는 대상 행과 대상 열의 제목을 선택한 후 홈 | 셀 | 서식 | 숨기기 및 숨기기 취소 | 행 숨기기를 선택한다).

- 조건부 서식.

  계산된 결과가 특정한 값을 가지게 되는 경우(예: 이익이 양의 값이나 음의 값을 가지는

경우) 셀이나 글씨의 색상이 다른 색상으로 바뀌도록 조건부 서식을 설정한다(홈 | 스타일 | 조건부 서식).

- **자동 서식.**
  엑셀에서 정의되어 있는 표의 자동 서식 기능을 사용한다(홈 | 셀 | 서식 | 자동 서식). 자동 서식을 사용하면 엑셀 모델 전반에 거쳐 동일한 서식을 사용함으로써 모델의 일관성을 보여준다.

- **스타일 만들기.**
  엑셀에 디폴트 값으로 설정되어 있는 서식을 손쉽게 변경하거나 새로운 스타일을 추가할 수 있다(홈 | 스타일 | 새 셀 스타일). 스타일을 사용하게 되면 모델 전체에 스타일을 일관성 있게 적용할 수 있고 모델개발자는 특정 셀의 서식을 신경 쓰지 않아도 되기 때문에 모델 개발 프로세스를 촉진할 수 있다(예: 모델 전체적으로 글자 크기를 셀에 맞추는 기능을 설정하거나 동일한 글자 크기를 사용할 수 있다).

- **사용자 지정 보기.**
  모델의 많은 부분에서 데이터의 입력값과 결과값이 나타나는 대형 모델의 경우에는 보기(보기 | 통합문서보기 | 사용자 지정 보기)를 만든다. 사용자 지정 보기 기능을 이용하면 사용자는 규모가 큰 모델의 스프레드시트 전체를 손쉽게 둘러 볼 수 있다. 사용자 지정 보기에 둘러보기 매크로를 추가하는 경우에는 더욱 그러하다 또한 사용자 지정 보기를 통해 동일한 스프레드시트 내에서 관심 있는 부분에 대한 확대/축소 배율을 달리 설정할 수 있다).

> 입력값의 단위와 크기, 텍스트 줄 맞춤, 확대/축소 보기, 셀 병합, 색상 및 그래픽, 항목 그룹화, 열과 행 숨기기, 조건부 서식, 자동 서식, 스타일 만들기, 사용자 지정 보기 등의 기능을 이용해서 모델을 꾸밀 수 있다.

간단한 사례: 시에라 시스템 (Sierra Systems)

비용 효과적인 사업 솔루션

밴쿠버(Vancouver)에 본사를 두고 있는 캐나다 서부 지역의 회사인 시에라 시스템(Sierra Systems Group Inc.,)은 의료, 제조, 광업 등 다양한 업종의 기업 고객을 대상으로 우수한 수준의 경제적인 비즈니스 솔루션을 제공하는 업체이다. 1966년 설립된 시에라 시스템은 상장회사로 뛰어난 수준의 솔루션 제공 업체라는 명성을 누리고 있다. 시에라 시스템은 몬테카를로 시뮬레이션을 적용하여 중소기업부터 대기업까지 여러 고객들이 거의 최적화된 수준의 운영 및 정책 관련 의사결정을 내릴 수 있도록 돕고 있다.

최근 전력산업 규제 완화가 진행되면서 규제 대상 기업에서 비규제 대상 기업으로 전환되는 과정에 있는 지역 전력 회사가 시에라 시스템의 고객사가 됐다. 시에라 시스템의 지원을 받은 이 전력 회사는 전기, 가스, 상수도, 서비스 등 시장을 기반으로 전기 및 상수도 기업과의 경쟁 방법을 분석했다. Crystal Ball을 4년 이상 사용해 본 경험이 있는 시에라 시스템의 시니어 컨설턴트가 전력회사의 프로젝트를 지원하도록 외부 컨설턴트로 참여했다.

시에라 시스템과 일을 하기 전 이 전력 회사는 난이도와 요건이 달라지는 여러 프로젝트를 스프레드시트를 이용해 모델링 하고 평가하는 일을 수행하고 있었다. 그리고 프로젝트 진행 여부에 대한 의사 결정은 프로젝트 수행기간 동안의 단일 NPV 추정치와 ROE 추정치를 기준으로, 또 합작투자의 비중에 따라 이루어졌다. 이 전력 회사가 사용하던 결정론적 방식의 스프레드시트 모델은 상세한 모델이긴 했지만 프로젝트의 리스크를 적절한 시점에서 효과적으로 평가할 수 없었다.

시에라 시스템은 이 전력회사가 두 가지 문제를 해결 할 수 있도록 즉시 지원했다. 먼저 여러 다양한 스프레드시트를 하나의 전체적인 체계로 통합시켰고 이러한 모델에 내재되어 있는 여러 재무 변수, 공학적 변수, 프로젝트 변수, 경제적 변수의 불확실성을 해소시켰다. 이렇게 여러 워크 시트를 통합한 후에는 전력회사가 몬테카를로 시뮬레이션을 도입하여 프로젝트 예측치의 정확도를 개선할 수 있도록 지원했다.

프로젝트에 참여한 시니어 컨설턴트는 Crystal Ball을 사용하여 천연가스 에너지가격, 가격인상율, 전력 도매가격, 프로젝트 자본비용, 변동운영비용, 장기금리 등의 불확실성이 존재하는 핵심 변수를 확률분포로 대체시켰다. 예전에 사용된 추정 변수와는 달리 이러한 분포를 통해 각 불확실한 변수에 대한 현실적인 범위와 확률을 나태 낼 수 있었다. 그리고 나서 Crystal Ball을 이용해 추적하고 분석하고자 하는 모델의 공식, 즉 예측값을 정의했다. 이러한 예측값에는 지급년도, 세전 ROI 및 세후 ROI, 누적 현금흐름 등이 포함된다.

프로젝트에 참여한 시니어 컨설턴트와 동료들은 프로젝트 모델을 대상으로 Crystal Ball의 시뮬레이션을 4,000번 시행하고 민감도 분석과 토네이도 분석을 실시, 예측값에 가장 큰 영향을 주는 불확실한 변수를 결정했다. 초기 작업을 수행해본 결과 프로젝트의 리스크에 유의한 영향을 주는 요인 다섯 가지가 파악됐다. 그리고 시간이 흐름에 따라 이들 변수 간의 상관관계가 존재하므로 전력 회사는 Crystal Ball을 이용해 프로젝트 ROE을 보다 정확하게 추정할 수 있다.

"Crystal Ball의 사용할 때의 장점은 엔지니어, 재무 애널리스트, 최고 경영진, 기업 이사회 등이 프로젝트 관련 리스크를 보다 잘 평가할 수 있게 된다는 점이다. Crystal Ball을 사용함으로써 프로젝트 관련 리스크에 대한 용어를 보다 명확하게 규정할 수 있고, 의사결정을 개선할 수 있다. 또한 Crystal Ball은 "한계(marginal)" 프로젝트에 대한 평가체계가 되기도 한다. 토네이도 차트와 확률 분포가 우리가 수행한 업무에서 가장 유용하게 사용된 기능이었다"라고 시니어 컨설턴트는 설명하고 있다.

현재 시에라 시스템의 사업 개발 부문과 CFO 담당 부서에서는 Crystal Ball과 같은 프로젝트 평가 및 선택 프로세스와 툴을 회사 전체 및 자회사까지 표준화하는 방안을 고려하고 있다. 이러한 표준화가 이루어진다면 수년의 기간 동안 수백만 달러가 소요될 대규모 프로젝트와 관련된 의사 결정을 위해 보다 일관성 있는 기반이 마련될 것이다.

간단한 사례: 글로벌 휴대폰 회사

엔지니어의 휴대용 제품 설계 개선

휴대용 제품에 신기술을 탑재하려면 엔지니어링 툴을 솜씨 있게 적용하고 설계와 관련하여 건전한 판단력을 행사해야 한다. 글로벌 휴대폰 회사 연구소의 설계 신뢰성 팀(Design Reliability Team)에서 공학 설계 시 일상적으로 사용하는 시뮬레이션 툴 중 하나가 Crystal Ball이다.

신뢰성 팀은 휴대용 가전제품에 사용되는 전자 어셈블리의 전기석 성능 비용과 기계적 성능 비용을 설명할 수 있는 엑셀 기반의 고유 모델을 개발했다. "이러한 모델을 다양하게 변화시켜 봄으로써 다양한 경쟁 기술 또는 여러 설계 안을 비교, 상대적인 성능 및 비용 관계를 더 잘 이해할 수 있었다"라고 신뢰성 팀은 이야기하고 있다.

신뢰성 팀은 또한 Crystal Ball이 상충되는 설계 요건 또는 설계 시 내려지는 의사결정의 상대적 중요성을 손쉽게 평가하는데도 유용하다는 점을 확인했다. 이러한 시뮬레이션을 통해 설계 신뢰성 팀은 특정 설계 파라미터가 변경됐을 때 해당 설계안이 여전히 로버스트(robust)한지를 확인할 수 있었다. 예를 들어, PWB(printed wiring board) 성과를 시뮬레이션하는 경우 설계 신뢰성 팀은 유전체 상수, 손실 탄젠트, 회로 설계 등을 변형시켰을 때 회선 임피던스(line impedance)에 어떤 효과를 비치는지 알 수 있었다. 설계 모델 변수의 5,000개 조합을 시뮬레이션 해봄으로써 데스크톱 컴퓨터를 이용해 약 2분 만에 설계 솔루션이 상대적으로 로버스트(robust)한지를 확인할 수 있었다. 하지만 보다 정확한 솔루션을 도출하려면 보다 강력한 워크스테이션에서 수십 시간 동안 시뮬레이션을 해야 한다.

신뢰성 팀은 "Crystal Ball이 95% 정확한 솔루션이라고 이야기를 하다 모델이 적절하게 구축됐다면 Crystal Ball은 보다 고차원적인 시뮬레이션 툴을 사용했을 때 얻을 수 있는 결과를 5%도 안 되는 시간 내에 95%정도 정확하게 도출해 준다. 많은 경우 시간을 절약하는 것이 증가된 불확실성을 보상해 주며 결과적으로 보다 시기 적절한 의사 결정을 내릴 수 있게 된다."라고 설명하고 있다.

신뢰성 팀은 시뮬레이션을 솜씨 있게 적용하면 놀랄 정도로 많은 문제를 해결할 수 있으며, 그 적용 범위도 전기 설계 또는 기계 설계가 이루어지는 공학적 분야에서 신규 사업 또는 프로젝트에 대한 잠재 수익 예측까지 매우 넓게 활용할 수 있다고 이야기 하고 있다.

PART
02

리스크 측정

Chapter 04　몬테카를로 시뮬레이션
Chapter 05　Crystal Ball 활용하기
Chapter 06　Crystal Ball 도구 기능 활용하기

CHAPTER 04

몬테카를로 시뮬레이션

모나코의 유명한 도박 도시의 이름에서 유래된 몬테카를로(Monte Carlo) 시뮬레이션은 매우 강력한 리스크 분석 방법론이다. 매우 어려운 문제를 매우 간단하고 손쉽게 풀어버리기 때문에 통계학자와 수학자들은 몬테카를로 시뮬레이션을 싫어하는 경우도 있다. 대신 순수 수학자들은 보다 학문적인 방법인 과거의 방법을 선호한다. 멋들어진 확률 수학 모형을 풀어내면 시뮬레이션에 사용되는 무차별 방법과는 달리 성취감과 완성도를 느낄 수 있다. 하지만 실무 담당자들에게 있어서 시뮬레이션은 어렵고 복잡하지만 실질적인 문제를 훨씬 쉽게 풀 수 있는 방법을 제시해 주었다. 몬테카를로 시뮬레이션은 결과 값의 표본을 수천 번, 심지어는 수백만 번 생성하여 가공된 미래의 분포를 생성한 후 이들 표본 데이터의 일반적인 특성을 분석한다. 회사에 근무하는 애널리스트가 대학원 수준의 고급수학 과정을 수강하는 것은 논리적이지도, 현실적이지도 못한 일이다. 뛰어난 애널리스트는 자신이 사용할 수 있는 모든 툴을 사용하여 가장 쉽고 실용적인 방식으로 동일한 답을 얻어 내고자 할 것이다. 또한 모델을 정확하게 구축했다면 몬테카를로 시뮬레이션을 사용해서 고급 응용 수학 방법을 사용하는 것과 유사한 답을 도출해 낼 수 있다. 그렇다면 지금부터 몬테카를로 시뮬레이션이 무엇인지, 또 어떻게 작용하는지에 대한 개념들을 살펴보자.

몬테카를로 시뮬레이션이란?

몬테카를로 시뮬레이션을 가장 간단하게 정의하자면 예측, 추정, 리스크 분석에 유용하게 사용할 수 있는 난수 생성기라고 할 수 있다. 시뮬레이션이란 불확실한 변수에 대해 사용자가 사전에 정의해 둔 확률분포(Probability Distribution)에서 랜덤하게 반복적으로 값을 추출하고, 이렇게 선택된 값을 모델에 적용하여 계산하는 과정 즉 모델이 가질 수 있는 여러 시나리오에 대한 계산 작업을 수행하는 과정이다. 이들 시나리오들이 모델에 반영되어 계산되어짐으로써 결과값이 생성되기 때문에 각 시나리오 별로 예측값(forecast)이 정해진다. 예측값이란 일반적으로 분석자가 관심을 갖는 중요한 변수로써 모델에서 중요한 결과값으로 사용자가 정의한 사건(Event: 일반적으로 공식 또는 함수)이다. 이러한 예측값 변수의 예를 들자면 총매출, 순이익, 총비용, NPV, IRR, 프로젝트 일정 등을 들 수 있다.

그렇다면 몬테카를로 시뮬레이션은 어떤 원리일까? 몬테카를로 시뮬레이션을 간단하게 큰 바구니 안에 들어 있는 골프공을 반복적으로 꺼내는 행위로 생각해 보자. 단, 골프공을 꺼낸 후에는 바구니 안에 새 골프공을 넣어준다. 이 때 바구니의 크기나 모양은 분포에 대한 가정(예: 평균이 100이고 표준편차가 10인 정규분포, 균일분포 또는 삼각형분포 등)에 따라 달라진다. 즉, 어떤 바구니는 다른 바구니보다 더 깊거나 좌우로 균형이 더 잘 맞아서 특정한 공이 더 자주 선택될 수 있다. 그리고 반복해서 꺼낸 공의 개수는 시뮬레이션의 시행회수에 따라 달라진다. 관련 가정이 여러 개인 규모가 큰 모델은 해당 모델을 작은 바구니가 여러 개 들어 있는 아주 큰 바구니로 생각해볼 수 있다. 각각의 작은 바구니에는 여러 개의 공이 움직이고 있다. 때로는 이러한 작은 바구니들이 연결되어 있어(서로 다른 변수 간에 상관관계가 있는 경우) 여러 골프공이 함께 움직이는 반면 독립적으로 움직이는 골프공도 있다. 모델(모든 작은 바구니가 들어 있는 큰 바구니) 내에 존재하는 이러한 상관관계 조건 하에서 선택되는 골프공을 표로 작성하고 기록하여 시뮬레이션의 예측(Forecast) 결과를 보여준다.

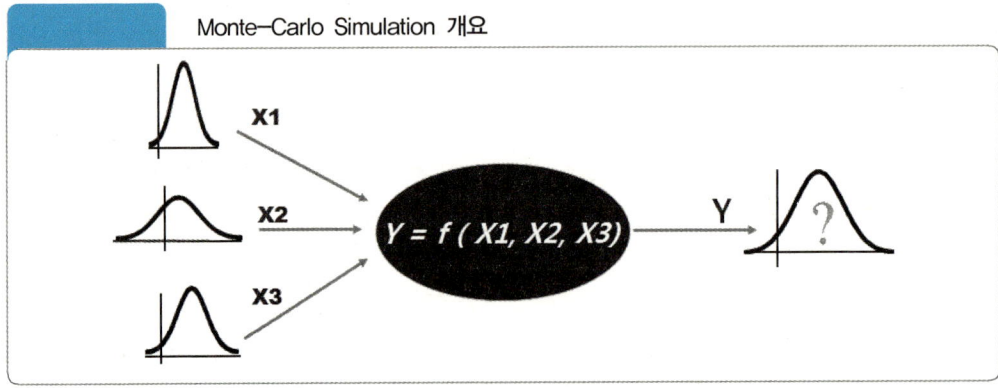

Monte-Carlo Simulation 개요

시뮬레이션의 중요성

시뮬레이션이 왜 중요한지는 "평균의 함정"을 보여주고 있는 그림 4.1과 그림 4.2를 통해서 알아보자. 이 예는 수치적인 분석보다 더 큰 가치가 있는 것으로, 시뮬레이션을 사용하지 않는 경우 애널리스트가 어떻게 잘못된 의사결정에 도달하게 되는지를 잘 보여주고 있다. 먼저 쉽게 부패하는 제품을 판매하는 상점의 주인이 최적 재고 수준을 결정해야 한다고 가정해 보자. 최근에 고용한 애널리스트는 지난 5년간의 월별 매출 자료를 다운로드 받아 평균 매출이 5개라고 추정했다. 그리고 최적의 재고수준이 5개라는 결정을 내렸다. 당신은 이제 평균의 함정에 빠진 것이다. 이 예에서 알 수 있듯이 오류가 발생한 가장 명확한 이유는 과거 수요의 분포가 한쪽으로 심하게 치우쳐 있으며 비용 구조가 비대칭적이기 때문이다. 우리 주변에서 예를 들어 보자. H사는 매년 회사 전체 종업원의 평균 급여를 발표하고 있는데 H사가 내부 직원 급여 분포표를 바탕으로 올해 발표한 종업원 평균 급여는 $6700인 것으로 나타났다. 종업원 평균 급여는 종업원 전체 급여의 산술평균값으로서, 회사는 이것이 업계 급여 평균 $5500을 크게 상회하는 것으로 홍보하였다. 그러나 자료의 형태를 유심히 들여다보면 $6700이라는 평균값은 $1만 이상의 높은 급여를 받는 서너 명의 사람들 때문에 나온 수치라는 것을 확인할 수 있었다. 심지어 평균값의 10배 이상인 $55,000을 받는 구성원도 존재하였다. 그러나 전체 25명의 종업원 중 대부분은 $5500을 훨씬 밑도는 임금을 받고 있었다. 가장 중간에 있는 사람이 받고 있는 중앙값이 $4200 정도밖에 되질 않는다. H사의 평균 급여가 $6700는 고액 급여를 받는 서너 명에 의해서 과대평가되었기 때문에 H회사의 평균 급여를 대변하지 못한다. 이러한 경우 평균 보나는 중앙값이 더 합당한 척도이다. 이 예를 통해서 단순히 평균에 의존하다 보면 얼마나 잘못된 결론에 도달할 수 있는지를 잘 알 수 있다.

그림 4.1 평균의 함정 – 예

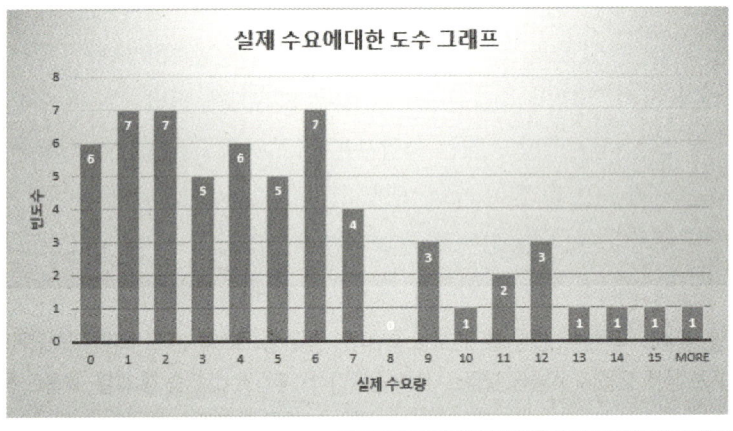

이 예와 관련, 그림 4.2에서는 시뮬레이션을 통해 산정한 올바른 재고 수준을 보여주고 있다. 여기서는 비모수 부트스트랩 시뮬레이션(Non-parametric Bootstrap Simulation)을 사용했다. 분포와 관련된 모수를 사용하지 않기 때문에 비모수적 시뮬레이션이라고 한다. 즉, 모수적이라고 할 수 있는 몬테카를로 시뮬레이션의 경우처럼 특정한 분포(예: 정규분포, 삼각형분포, 로그정규분포 등)와 필요한 모수(예: 평균, 표준편차 등)를 가정하지 않고 주어진 데이터만으로 결론을 도출하고 있다.

5년 동안의 수요 수준 데이터를 수집하고 골프공에 각 월별 수요량을 기록했다고 가정해 보자. 그 다음에 수요량이 적힌 60개의 골프공을 큰 바구니에 넣고 섞은 후 골프공 하나를 랜덤하게 선택해서 공에 적힌 숫자를 종이에 적고 다시 이 공을 바구니에 넣은 다음 다시 바구니를 섞어 준다. 이러한 과정을 60회 반복한 후 평균을 계산한다. 이 과정이 1번의 시행이다. 그리고 이 전체 과정을 수천 번 반복하여 수천 개의 평균을 구한다. 이렇게 구해진 평균의 분포는 시뮬레이션 예측값의 결과를 보여주는 분포이다. 또한 시뮬레이션의 기대값은 계산된 수천 개 평균값의 평균값이다. 그림 4.2에서 비모수 시뮬레이션 방식을 이용해 산출한 분포의 예를 볼 수 있다. 여기서 알 수 있듯이 보유 비용을 최소화 시켜줄 수 있는 최적 재고 수준은 9이다. 이는 그림 4.1에서 구한 평균 재고 수준인 5와 상당히 다른 결과이다.

그림 4.2 시뮬레이션을 통한 평균의 약점 보완

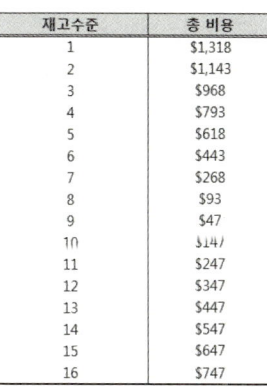
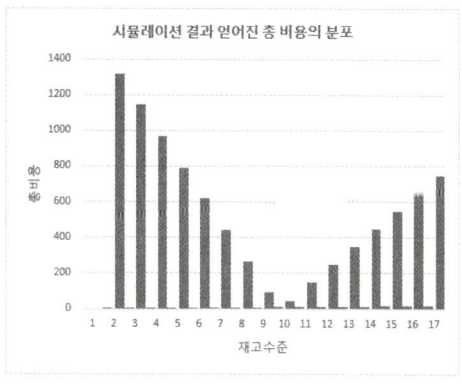

앞에서 살펴 본 두 가지 방식에는 각각의 장단점이 있다. Crystall Ball의 부트스트랩(Bootstrap) 기능을 이용해 손쉽게 수행할 수 있는 비모수 시뮬레이션은 과거의 데이터를 이용해 현황을 설명하고 미래를 예측한다. 즉, 과거의 상황이 반복된다고 가정하는 것이며 이 경우에는 시간에 대한 의존성(예: 시계열 데이터를 이용한 예측 및 계절성)을 적용하기가 쉽지 않다. 하지만 모수적 시뮬레이션에서는 잘 정의된 분포에 따라 시뮬레이션 결과값이 나오게 되며, 대부분의 경우에는 이러한 상황이 바람직하다. 또한 비모수 시뮬레이션의 경우와는 달리 부적절한 데이터(예: 이상점 및 무의미한 데이터)에 대한 고려 없이 매번 새로운 시

뮬레이션이 실행된다.

> 몬테카를로 시뮬레이션은 **모수적 시뮬레이션**의 일종으로 시뮬레이션을 시작하기 전에 특정한 분포 모수를 설정해야 한다. 이에 대한 대안으로 비모수 시뮬레이션을 사용할 수 있다. **비모수 시뮬레이션**은 과거 데이터를 그대로 사용해 현황을 설명하고, 시뮬레이션을 수행하기 위해 분포 모수를 설정할 필요가 없다.

시뮬레이션과 전통적인 분석 방법 비교

그림 4.3에서는 민감도 분석(Sensitivity Analysis), 시나리오 분석(Scenario Analysis), 확률적 시나리오(Probabilistic Scenario) 분석 등 불확실성과 리스크에 대한 전통적인 분석 방법 중 일부를 설명하고 있다. 몬테카를로 시뮬레이션은 불확실성과 리스크에 대한 전통적 분석 방법의 연장선상에 있는 다음 단계로 생각할 수 있다. 그림 4.4는 예측을 위해 보다 발전된 방식으로 몬테카를로 시뮬레이션을 사용하는 예를 설명하고 있다. 이들 예를 통해 몬테카를로 시뮬레이션이 그 용도에 따라서 실질적으로 어느 정도까지 복잡해질 수 있는지 알 수 있다.

그림 4.3 점추정, 민감도 분석, 시나리오 분석, 확률적 시나리오, 시뮬레이션 [계속]

점추정
이것은 점추정 방식의 간단한 예이다. 여기에는 당신이 판매실적, 즉 판매금액과 단가 이전에 점추정 방식이 어느 정도 신뢰할 지에 대한 위험이 포함될 수 있다.

판매 수량	10
단가	$10
총수입	$100
단위당 변동비	$5
변동비	$20
고정비	$70
총비용	$30 — $100 — $70
순이익	

맨 아래 줄에 있는 순이익이 여기서 재무지표의 핵심이다. 향후 판매량에 대한 불확실성은 순이익 계산에 걸림돌이 될 것이다. 당신은 이 단순한 점추정에 근거한 계산을 얼마나 신뢰하는가?

민감도 분석
여기서, 우리는 이 단순한 모델에 담긴 값들을 바꿈으로써 그 변동의 효과를 볼 수 있다.
동일한 변동이 가능함을 알 수 있다. 총수입, 단가, 그리고 단위당 변동비, 총비용은 판매되는 판매량이나 금액과는 관계없이 고정되어 있고 단위당 변동비에 대해서는 $10 증가했고 단위당 변동비에 대해서는 $10 감소했다.

판매 수량	11	1단위 변화
단가	$10	
총수입	$110	
단위당 변동비	$5	
변동비	$20	
고정비	$75	$5 증가
총비용	$35	
순이익		

그러므로 우리는 단가가 맨 아래 줄에 있는 순이익에 가장 긍정적인 영향을 미치고 단위당 변동비가 가장 부정적인 영향을 미친다는 것을 알 수 있다. 이런 가정을 세워야 한다는 측면에서 이러한 변수들을 예측할 때 더 주의해야 한다는 것을 알 수 있다. 그러나 여전히 우리가 주시하고 사용해야 할 결과의 민감도에 대해서는 알지 못했다.

시나리오 분석
위의 간단한 예를 이용하여 변동성의 추가적인 요소에 대해 설명하기 위해 시나리오 분석을 실시하여 불확실성을 설명하기 위해, 당신은 판매수량과 단가를 변경시키는 세 가지 상황이 경제적 호황기-보통의 경우 판매 14개, 단가는 $11로 증가한다. 보통의 경제 시나리오에서는 단가당 $100에 107개가 판매될 것이라 가정하며, 불황의 경제 시나리오에서는 판매량이 8개로 감소하고 단가는 $10에 그물게 된다.

	호황경제	보통경제	불황경제
판매 수량	14	10	8
단가	$11	$10	$10
총수입	$154	$100	$80
단위당 변동비	$5	$5	$5
변동비	$20	$20	$20
고정비	$90	$70	$60
총비용	$64	$30	$20
순이익			

순이익의 결과를 살펴보면 $64, $30, $20 연속 하에 된다. 여기서 변동성은 너무 크게 된다. 어떤 상황이 가장 실감하는 가? 아니면 결과를 회사의 예산의 예측에 사용해야 하는가? 시나리오 분석은 우리한 쪽이든 다른 상황들의 영향을 조사하는 어떤 결과를 사용해야 하는지에 대한 의견은 제시하지 않는다.

그림 4.3 점추정, 민감도 분석, 시나리오 분석, 확률적 시나리오, 시뮬레이션 [계속]

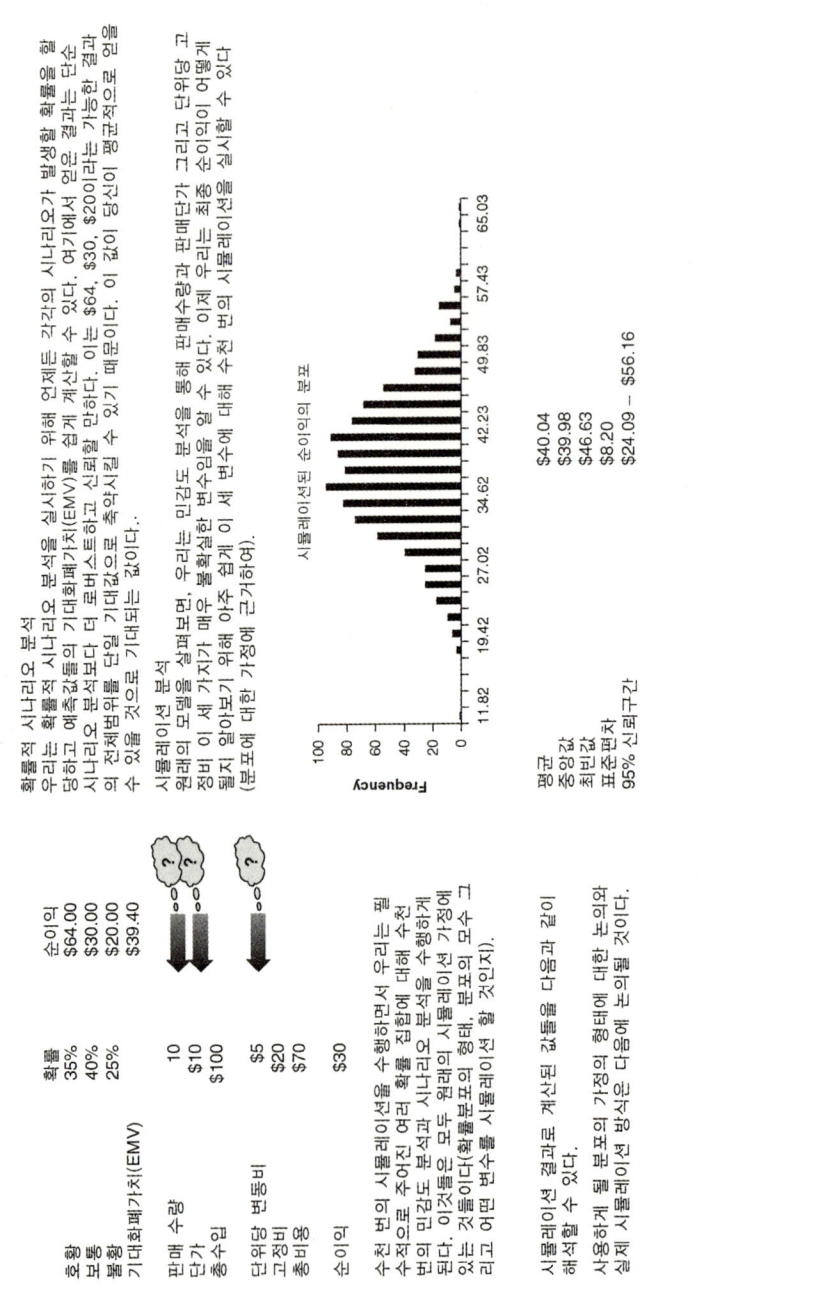

그림 4.3 점추정, 민감도 분석, 시나리오 분석, 확률적 시나리오, 시뮬레이션

간단한 시뮬레이션 예제

time days	normal deviates	value simulated
1	0.0873	100.0000
2	-0.4320	100.2259
3	-0.1389	99.4675
4	-0.4583	99.2652
5	1.7807	98.4649
6	-1.4406	101.9095
7	-0.5577	99.2212
8	0.5277	98.2357
9	-0.4844	99.2838
10	-0.2307	98.4345
11	0.8688	98.0634
12	2.1195	99.7532
13	-1.9756	83.9088
14	1.3734	100.1461
15	-0.8790	102.8517
16	-0.7610	101.2112
17	0.3168	99.8203
18	-0.0511	100.4824
19	0.0653	100.4452
20	-0.6073	100.6301
21	0.6900	99.5368
22	-0.7012	100.9091
23	1.4784	99.6353
24	-0.9195	102.5312
25	-0.3343	100.8184
26	-2.3395	100.2411
27	-1.7831	95.9465
28	-0.3247	92.8103
29	0.5053	92.2958
30	0.0386	93.2409
247	1.0418	93.3652
248	-0.7052	100.9205
249	0.1338	99.6388
250	0.0451	99.9521
		100.0978

평균 15%
표준편차 30%
주기 일별
초기값 100

여기서, 일별 증가에 대해 기하 브라운 운동 모형을 따르는 주가경로로 시뮬레이션 실행 효과를 볼 수 있다. 세 가지 표본 경로가 수행되어 있다. 실제로, 수천 번의 시뮬레이션이 수행되었고 그 분포의 속성이 분석되었다. 종종 이 수천 번의 시뮬레이션에서 이 시뮬레이션된 주가경로를 근거로 평균 증가가 분석되었다.

시뮬레이션된 주가경로 I

시뮬레이션된 주가경로 II

31행부터 246행까지는 공간유지를 위해 숨겨져 있음.

시뮬레이션된 주가경로 III

그림 4.4 로그정규분포

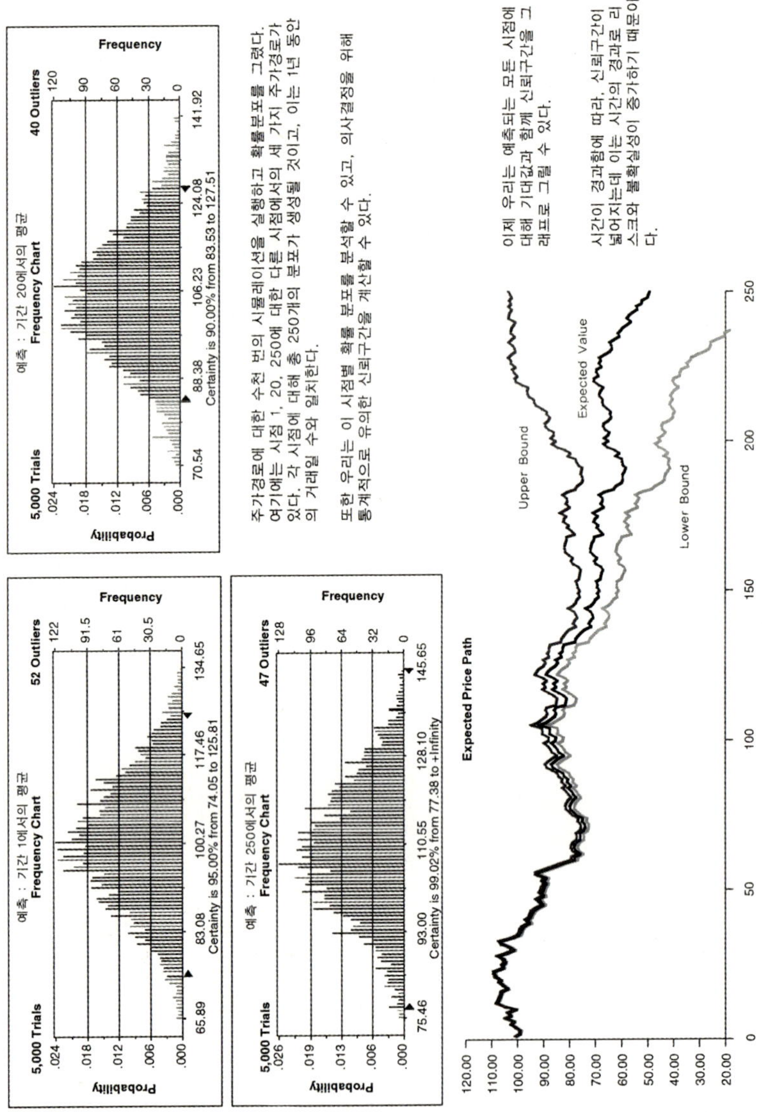
예측 : 기간 1에서의 평균
5,000 Trials
Frequency Chart
52 Outliers
Probability
Frequency
.024 .018 .012 .006 .000
122 91.5 61 30.5 0
65.89 83.08 100.27 117.46 134.65
Certainty is 95.00% from 74.05 to 125.81
예측 : 기간 20에서의 평균
5,000 Trials
Frequency Chart
40 Outliers
.024 .018 .012 .006 .000
120 90 60 30 0
70.54 88.38 106.23 124.08 141.92
Certainty is 90.00% from 83.53 to 127.51
예측 : 기간 250에서의 평균
5,000 Trials
Frequency Chart
47 Outliers
.026 .019 .013 .006 .000
128 96 64 32 0
75.46 93.00 110.55 128.10 145.65
Certainty is 99.02% from 77.38 to +Infinity
주가경로에 대한 수천 번의 시뮬레이션을 실행하고 확률분포를 그렸다. 여기에는 시점 1, 20, 250에 대한 다른 시점에서의 세 가지 주가경로가 있다. 각 시점에 대해 총 250개의 분포가 생성될 것이고, 이는 1년 동안의 거래일 수와 일치한다.
또한 우리는 이 시점별 확률 분포를 분석할 수 있고, 의사결정을 위해 통계적으로 유의한 신뢰구간을 계산할 수 있다.
Expected Price Path
120.00 110.00 100.00 90.00 80.00 70.00 60.00 50.00 40.00 30.00 20.00
0 50 100 150 200 250
Upper Bound
Expected Value
Lower Bound
이제 우리는 예측되는 모든 시점에 대해 기대값과 함께 신뢰구간을 그래프로 그릴 수 있다.
시간이 경과함에 따라, 신뢰구간이 넓어지는데 이는 시간의 경과로 리스크와 불확실성이 증가하기 때문이다.

Crystal Ball과 엑셀을 이용한 시뮬레이션

엑셀을 이용해서 시뮬레이션을 수행할 수도 있다. 하지만 Crystal Ball 같은 전문 소프트웨어를 사용하는 경우 시뮬레이션을 보다 효율적으로 수행할 수 있다. 또한 이러한 소프트웨어에는 각 시뮬레이션에 대한 추가 기능이 설정되어 있기도 하다. 여기서는 엑셀과 Crystal Ball을 이용해서 모수적 시뮬레이션인 몬테카를로 시뮬레이션과 비모수적인 시뮬레이션인 부트스트랩 시뮬레이션을 수행하는 방법에 대해 살펴보자.

그림 4.5와 그림 4.6은 일단의 확률적 가정에 대해 엑셀을 이용해 수행한 시뮬레이션의 예를 보여주고 있다. 여기서는 일련의 시뮬레이션 분석을 수행한 후 9개의 결과 값과 각 값의 발생확률을 구했다고 가정한다. 시나리오 분석을 위해 엑셀에서 시뮬레이션을 실행하기 위한 첫 번째 단계는 엑셀의 "RAND()"라는 함수의 기능을 이해하는 것이다. 이 함수는 엑셀에서 사용되는 0과 1 사이의 균등 분포에서 난수를 생성하는 함수이다. 그리고 생성된 0과 1 사이의 값을 가정에서 할당된 확률을 이용해 범위로 변환시킨다. 예를 들자면 362,995달러라는 가치가 발생할 확률이 55%이면 0.00부터 0.55까지의 범위를 생성할 수 있다. 이와 마찬가지로 발생 확률이 10%인 363,522달러에 대해서는 0.56부터 0.65까지의 범위를 생성하는 식의 단계를 밟게 된다. 이렇게 생성된 범위에 따라 비모수적 시뮬레이션을 설정할 수 있다.

그림 4.5는 시행단위가 5,000회인 시뮬레이션의 예이다. 각 시행단위별 시행회수는 100회이다. 즉, 시뮬레이션이 한 번 실행될 때 마다 엑셀 함수 *VLOOKUP(RAND(), $D$16:$F$24, 3)*을 이용해서 인계의 숫자가 랜덤하게 선택된다. 이 공식은 RAND()의 결과와 첫 번째 열의 데이터를 대응시켜 D16부터 F24 영역의 세 번째 열의 데이터를 찾아내는 함수이다.

그림 4.5   엑셀을 이용한 시뮬레이션 I

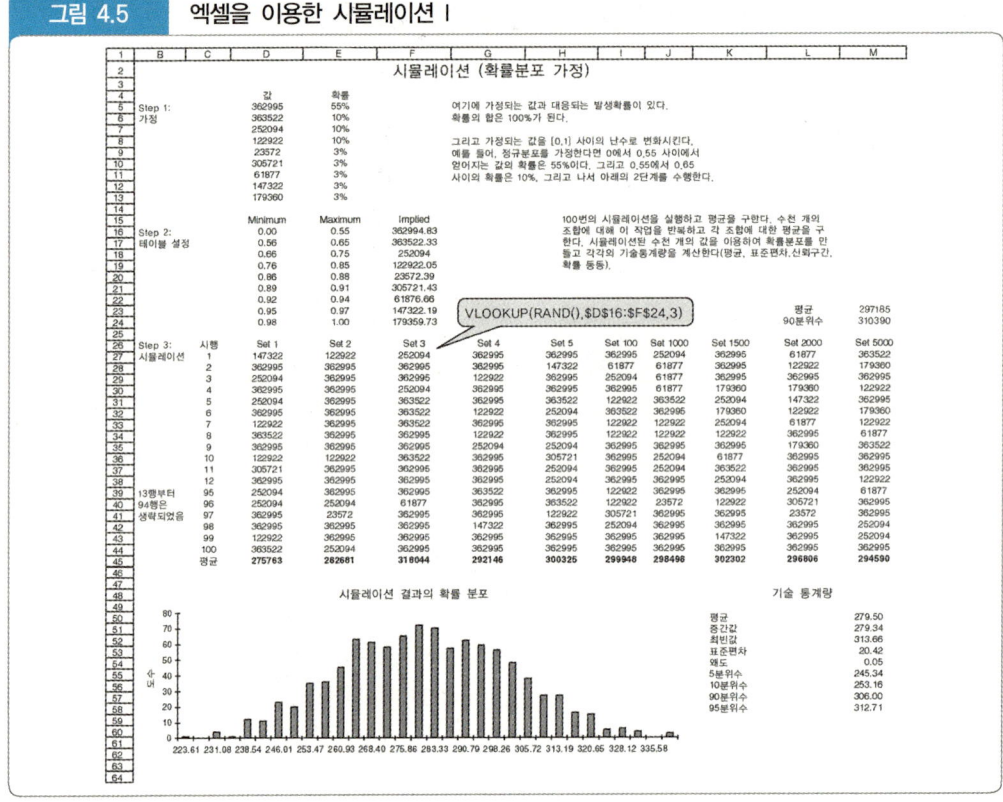

그리고 나서 각 시뮬레이션 단위 별로 추출된 표본의 평균을 계산한다. 이렇게 계산된 총 5,000회의 평균의 분포가 그림 4.5의 마지막 부분에 표시되어 있다. 중심 극한 정리에 따르면 이러한 표본평균의 분포는 모집단의 진정한 평균에 접근하게 된다. 또한 시행 단위가 충분히 커지면 이 분포는 정규분포에 근사하게 된다. 하지만 엑셀을 이용해서 이렇게 수작업으로 비모수적 시뮬레이션을 수행하는 것은 분명 지루한 일이다. 이 대신 Crystal Ball의 부트스트랩 기능을 사용할 수 있다. 이 기능을 이용하면 엑셀을 이용해 수행했던 작업을 보다 빨리, 그리고 효율적으로 완료할 수 있다. 6장 크리스탈볼 활용 도구에서 이러한 시뮬레이션 툴 중 몇 가지에 대해서 보다 상세하게 다룰 것이다.

그림 4.6 엑셀을 이용한 시뮬레이션 II

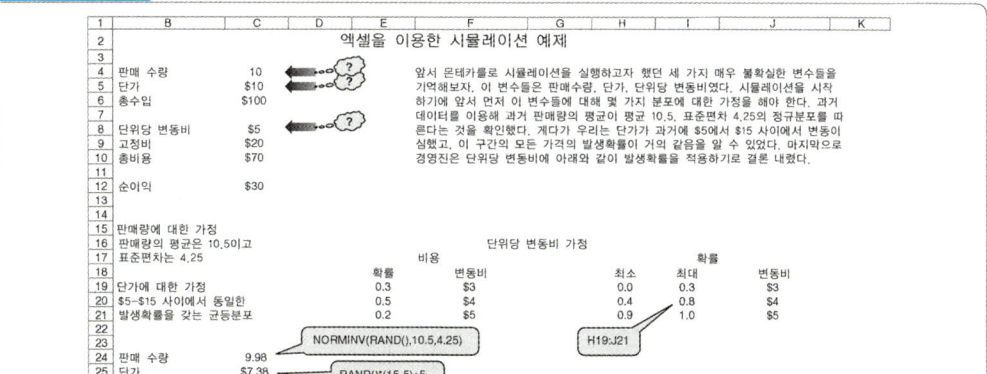

비모수적 시뮬레이션은 매우 강력한 도구이지만 사용할 데이터가 있을 때만 적용할 수 있는 방법이다. 데이터가 많을수록 시뮬레이션 결과의 정확도와 신뢰도는 높아진다, 하지만 데이터가 전혀 없거나 데이터가 유효하고 체계적인 프로세스를 통해 수집됐다면(예: 물리학, 엔지니어링, 경제적 관계 등) 정확한 확률분포를 이용하는 모수적 시뮬레이션을 사용하는 것이 보다 적합하다.

> 엑셀의 RAND() 함수는 0부터 1까지의 균등분포에서 난수를 생성하는데 사용된다. RAND() * (B - A) + A는 A부터 B까지의 균등분포에서 난수를 생성하는데 사용되는 공식이다. NORMSINV(RAND( ))는 평균이 0, 분산이 1인 표준정규분포에서 난수를 생성하는데 사용된다.

간단한 문제일 경우 엑셀을 이용해서 시뮬레이션을 수행하는 것이 손쉽고 효과적이다. 하지만 문제가 더 복잡해지면 보다 전문화된 시뮬레이션 소프트웨어를 사용하는 것이 보다 안전한 방법이고 Crystal Ball은 이러한 소프트웨어 중 하나이다.

그림 4.7 Crystal Ball을 이용한 시뮬레이션

Monte Carlo Simulation on Financial Analysis

Project A

	2001	2002	2003	2004	2005		
Revenues	$1,010	$1,111	$1,233	$1,384	$1,573	NPV	$126
Opex/Revenue Multiple	0.09	0.10	0.11	0.12	0.13	IRR	15.68%
Operating Expenses	$91	$109	$133	$165	$210	Risk Adjusted Discount Rate	12.00%
EBITDA	$919	$1,002	$1,100	$1,219	$1,363	Growth Rate	3.00%
FCF/EBITDA Multiple	0.20	0.25	0.31	0.40	0.56	Terminal Value	$8,692
Free Cash Flows	$187	$246	$336	$486	$760	Terminal Risk Adjustment	30.00%
Initial Investment	($1,200)					Discounted Terminal Value	$2,341
Revenue Growth Rates						Terminal to NPV Ratio	18.52
	10.00%	11.00%	12.21%	13.70%	15.58%	Payback Period	3.89
						Simulated Risk Value	$390

Project B

	2001	2002	2003	2004	2005		
Revenues	$1,200	$1,404	$1,683	$2,085	$2,700	NPV	$149
Opex/Revenue Multiple	0.09	0.10	0.11	0.12	0.13	IRR	33.74%
Operating Expenses	$108	$138	$181	$249	$361	Risk Adjusted Discount Rate	19.00%
EBITDA	$1,092	$1,266	$1,502	$1,836	$2,340	Growth Rate	3.75%
FCF/EBITDA Multiple	0.10	0.11	0.12	0.14	0.16	Terminal Value	$2,480
Free Cash Flows	$109	$139	$183	$252	$364	Terminal Risk Adjustment	30.00%
Initial Investment	($400)					Discounted Terminal Value	$668
Revenue Growth Rates						Terminal to NPV Ratio	4.49
	17.00%	19.89%	23.85%	29.53%	38.25%	Payback Period	2.83
						Simulated Risk Value	$122

Project C

	2001	2002	2003	2004	2005		
Revenues	$950	$1,069	$1,219	$1,415	$1,678	NPV	$29
Opex/Revenue Multiple	0.13	0.15	0.17	0.20	0.24	IRR	15.99%
Operating Expenses	$124	$157	$205	$278	$395	Risk Adjusted Discount Rate	15.00%
EBITDA	$827	$912	$1,014	$1,136	$1,283	Growth Rate	5.50%
FCF/EBITDA Multiple	0.20	0.25	0.31	0.40	0.56	Terminal Value	$7,935
Free Cash Flows	$168	$224	$309	$453	$715	Terminal Risk Adjustment	30.00%
Initial Investment	($1,100)					Discounted Terminal Value	$2,137
Revenue Growth Rates						Terminal to NPV Ratio	74.73
	12.50%	14.06%	16.04%	18.61%	22.08%	Payback Period	3.88
						Simulated Risk Value	$53

Project D

	2001	2002	2003	2004	2005		
Revenues	$1,200	$1,328	$1,485	$1,681	$1,932	NPV	$26
Opex/Revenue Multiple	0.08	0.08	0.09	0.09	0.10	IRR	21.57%
Operating Expenses	$90	$107	$129	$159	$200	Risk Adjusted Discount Rate	20.00%
EBITDA	$1,110	$1,221	$1,355	$1,522	$1,732	Growth Rate	1.50%
FCF/EBITDA Multiple	0.14	0.16	0.19	0.23	0.28	Terminal Value	$2,648
Free Cash Flows	$159	$200	$259	$346	$483	Terminal Risk Adjustment	30.00%
Initial Investment	($750)					Discounted Terminal Value	$713
Revenue Growth Rates						Terminal to NPV Ratio	26.98
	10.67%	11.80%	13.20%	14.94%	17.17%	Payback Period	3.38
						Simulated Risk Value	$56

	Implementation Cost	Sharpe Ratio	Weight	Project Cost	Project NPV	Risk Parameter	Payback Period	Technology Level	Tech Mix
Project A	$1,200	0.02	5.14%	$62	$6	29%	3.89	5	0.26
Project B	$400	0.31	25.27%	$101	$38	15%	2.83	3	0.76
Project C	$1,100	0.19	34.59%	$380	$10	21%	3.88	2	0.69
Project D	$750	0.17	35.00%	$263	$9	17%	3.38	4	1.40
Total	$3,450	0.17	100.00%	$806	$63	28%	3.49	3.5	3.11

Constraints:

	Lower Barrier	Upper Barrier	
Budget	$0	$900	(10 percentile at top 900)
Payback Mix	0.10	1.00	
Technology Mix	0.40	4.00	
Per Project Mix	5%	35%	

그림 4.7의 예에서 "Revenue," "Opex," "FCF/EBITDA Multiple," "Revenue Growth Rates" 등 진한 회색으로 표시된 셀들은 가정이 입력된 셀로 분포의 종류, 분포의 모수 등 분포와 관련된 가정이 입력된다. 예를 들어, 회사의 과거 수익 데이터를 분석한 결과를 바탕으로 수익이 평균 1,010달러, 표준편차가 100달러인 정규분포를 따른다고 얘기할 수 있다. NPV 셀은 예측 결과값 셀로 궁극적으로 분석하고자 하는 대상인 값들이다. Crystal Ball 소프트웨어의 설치와 사용 시작에 대한 보다 상세한 내용은 5장 Crystal Ball 사용하기를 참조한다.

부록 - 시뮬레이션

확률분포의 개요

확률에 대한 이해를 위해 먼저 다음 예를 살펴보자: 대기업의 한 부서 내에 근무하는 정직원의 급여(Nonexempt wages) 분포를 살펴보고 싶다고 가정해 보자. 그러면 먼저 원 데이터를 수집해야 한다 - 이 경우에는 부서내 각 직원의 급여가 데이터가 된다. 그리고 나서 데이터를 의미 있는 방식으로 정리하고 해당 데이터의 도수분포 그래프 등을 그려본다. 도수분포 그래프를 작성하려면 먼저 수집된 급여 데이터를 일련의 계급 구간으로 나누고 이를 그래프의 x-축으로 한다. 그리고 각 계급 구간에 속하는 직원의 수를 y-축에 표시한다. 그러면 이 부서 정직원의 급여 분포를 손쉽게 알 수 있다.

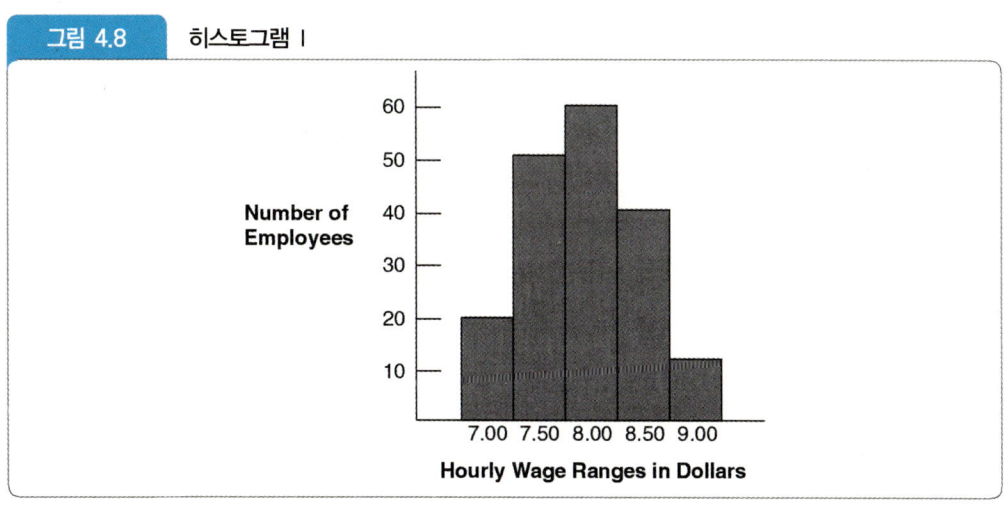

그림 4.8 히스토그램 I

그림 4.8을 보면 대부분 직원(총 180명 직원 중 약 60명)이 시간당 7달러에서 9달러의 돈을 벌고 있음을 알 수 있다. 이 데이터를 확률분포 그래프로 그려볼 수도 있다. 확률분포 그래프에는 각 계급 구간에 속하는 직원의 수를 전체 직원 수로 나눈 비율이 표시된다. 그러므로 각 계급 구간에 속하는 직원의 수를 전체 직원 수로 나눈 후 그 결과를 y축의 값으로 표시하면 된다.

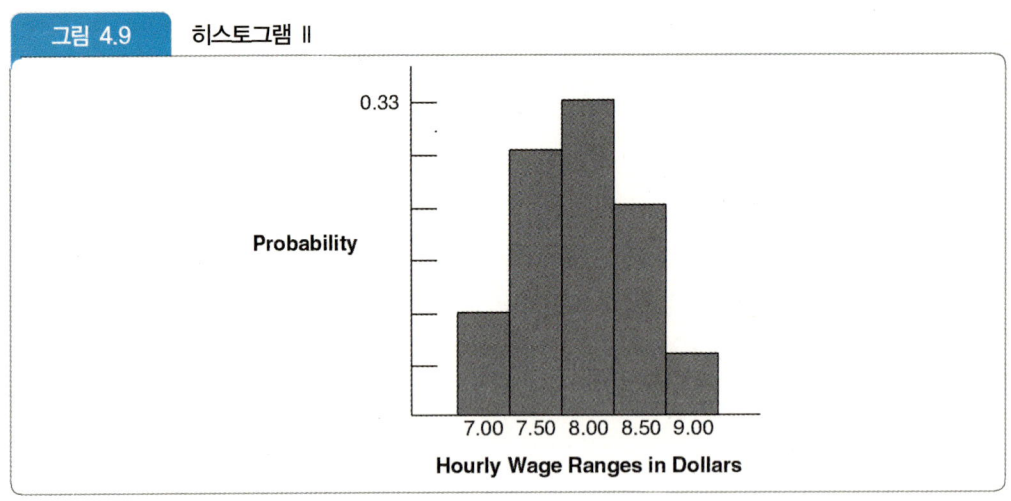

그림 4.9   히스토그램 II

그림 4.9는 급여의 각 계급 구간에 해당되는 직원의 수를 전체 직원 수에 대한 비율로 표시한 것이다: 이를 통해 전체 부서에서 랜덤하게 선택한 직원의 급여가 어느 구간에 속할지에 대한 확률을 추정할 수 있다. 예를 들어, 위의 급여 표본을 추출할 때와 조건이 동일하다면, 이 부서에서 랜덤하게 선택한 직원의 시급이 8.00달러에서 8.50달러 이내에 속할 확률은 0.33(1/3)이다.

확률분포는 이산 분포이거나 연속 분포이다. 이산 확률분포(Discrete Probability Distribution)란 정수와 같은 비연속적인 값에 대한 분포로, 두 확률 변수 값 사이에는 중간 값이 존재하지 않으며 수직 막대 그래프의 모양으로 나타난다. 앞의 예에서 살펴본 이항 분포가 이산 확률분포의 좋은 예이다. 동전을 네 번 던졌을 때 앞면이 나오는 회수 역시 이산 확률분포이며 이 경우 발생할 수 있는 값은 0, 1, 2, 3, 4이다. 연속 확률분포(Continuous Probability Distribution)는 두 숫자 사이에 가능한 중간값이 모두 존재한다고 가정하는 것으로 말 그대로 수학적으로 도출된 분포라고 할 수 있다. 즉, 연속 확률분포에서는 분포의 두 값 사이에 중간값이 무한히 존재한다고 가정한다. 많은 경우 연속 확률분포가 현상을 정확하게 설명하지는 못하더라도 연속 확률분포를 이산 확률분포에 대한 근사 분포로 사용할 수 있다.

확률분포 선택하기

데이터의 그래프를 그려보는 것은 확률분포를 선택하는데 좋은 방향을 제시해준다. 그리고 아래에 규정된 단계를 거쳐서 스프레드시트에 입력되어 있는 불확실한 변수를 가장 잘 설명해주는 확률분포를 찾을 수 있다.

- 분포를 알고자 하는 변수를 살펴본다. 그리고 이 변수와 관련된 상황을 알고 있는 만큼 적는다. 과거 데이터를 통해 이 데이터에 대한 중요한 정보를 얻을 수도 있다. 과거 데이터가 없는 경우라면 자신의 경험을 바탕으로 이 변수와 관련된 알고 있는 모든 정보를 이용해 판단을 내려야 한다.
- 각 확률분포의 정의를 검토한다.
- 그리고 대상 변수의 특성을 나타내줄 수 있는 분포를 선택한다. 분포가 데이터의 특성을 나타내주는 것은 해당 분포의 조건이 변수의 조건과 일치하는 경우이다.

표본 추출 방법

Crystal Ball은 시뮬레이션이 1회 시행될 때 마다 모델의 각 가정에 대한 랜덤한 값을 선택한다. 이러한 값의 선택은 표본 추출 옵션에 따라 이루어진다. 크리스탈 볼에서 사용되는 두 가지 표본 추출 방법은 다음과 같다.

1. 몬테카를로 방식 – 각 가정에서 정의된 분포에서 유효한 값을 랜덤하게 선택하는 방법
2. Latin Hypercube 방식 – 값을 랜덤하게 선택한 후 각 가정에서 정의된 분포의 전체 범위에 배분하는 방법

몬테카를로 방식 Crystal Ball에서는 몬테카를로 방식으로 표본을 추출할 때는 각 가정의 확률분포 별로 랜덤한 값을 생성하며, 이들 값은 완전히 독립적이다. 즉, 특정 시행을 위해 생성될 랜덤한 값은 그 다음에 생성될 값에 아무런 영향도 주지 않는다. 표본 추출을 통해 실제 분포의 모양에 근사하고자 하는 경우, 몬테카를로 방식이 Latin Hypercube 방식보다 많은 시행을 필요로 한다. 스프레드시트 모델에서 실제의 what-if 시나리오에 대한 시뮬레이션을 하고자 하는 경우에는 몬테카를로 표본 추출 방법을 사용한다.

Latin Hypercube 방식 Latin Hypercube 표본 추출 방식을 사용하는 경우 Crystal Ball은 각 가정 별 확률분포를 서로 겹치지 않도록 몇 개의 부분으로 분할하며, 이 때 각 부분의 확률은 동일하다. 그리고 나서 각 부분 별로 확률분포에 따라서 가정 값을 랜덤하게 추출한다. 이렇게 추출된 값을 취합하면 Latin Hypercube 표본이 된다. Crystal Ball에서 표본 추출된 모든 값을 사용하고 나면 새로운 값을 또 생성하게 된다. Latin Hypercube 방식을 이용하면 표본이 분포의 모든 범위에서 균등하고 일관성 있게 추출되기 때문에 몬테카를로 방식을 사용하는 경우보다 시뮬레이션 통계량을 보다 정확하게 계산할 수 있다. 그러므로

Latin Hypercube 방식으로 표본을 추출하는 경우에는 몬테카를로 방식을 사용하는 경우보다 시행 수가 적어도 동일한 통계적 정확도를 확보할 수 있다. Latin Hypercube 방식을 사용하는 경우 추가되는 비용은 시뮬레이션이 수행되는 동안 각 가정 별로 전체 표본을 저장하기 위해 필요한 추가적인 메모리뿐이다. 시뮬레이션을 수행했을 때 계산되는 통계량의 정확도를 가장 중요시하는 경우라면 Latin Hypercube 방식으로 표본을 추출한다.

신뢰 구간

몬테카를로 시뮬레이션은 랜덤한 표본을 추출해서 모델의 결과값을 추정하는 기법이다. 그리고 이러한 시뮬레이션의 결과값을 이용해서 계산한 통계량에는 항상 일종의 측정 오차가 포함되어 있다. 신뢰 구간(CI)은 이렇게 계산된 통계량을 중심으로 정해지는 경계값으로 주어진 확률 하에 이러한 오차를 측정하고자 하는 것이다. 예를 들어, 평균에 대한 95% 신뢰 구간은 실제 평균이 정의된 구간 안에 있을 확률이 95%라고 정의된다. 즉, 평균이 이 구간 밖에 있게 될 확률은 5%이다.

대부분의 통계량에 대한 신뢰구간은 해당 통계량을 기준으로 대칭인 형태를 띤다: $X = (CI_{max} - Mean) = (Mean - CI_{min})$. 이러한 결과가 나오므로 "평균이 추정 평균 ± X와 동일할 확률이 95%이다"라고 얘기할 수 있다. 신뢰 구간은 통계량의 정확성을 결정하는데 중요하다. 그러므로 시뮬레이션의 정확성을 결정하는데도 중요하다. 일반적으로 얘기하자면 시행회수가 많아질수록 신뢰구간은 좁아지고 통계량은 보다 정확해 진다.

아래는 몬테카를로 시뮬레이션에서 사용할 수 있는 여러 확률분포에 대해 설명한 것이다. 이 내용은 독자를 위한 참고 정보로 포함된 것이다.

균등분포(Uniform Distribution)

최대값과 최소값 범위 내의 모든 값의 발생 확률이 동일한 분포이다.

> **조건** 균등 분포의 세 가지 조건은 다음과 같다:
> 1. 최소값이 고정되어 있다.
> 2. 최대값이 고정되어 있다.
> 3. 최대값과 최소값 범위 내의 모든 값은 발생 확률이 같다.

균등분포를 수학식으로 표현하면 다음과 같다.

$$f(x) = \frac{1}{Max - Min} \quad for\, all\ values\ such\ that\ Min < Max$$

$$mean = \frac{Min + Max}{2} \ and\ variance = \frac{(Max - Min)^2}{12}$$

최대값(Max)과 최소값(Min)은 분포의 모수이다.

정규분포(Normal Distribution)

정규분포는 IQ, 신장 등 많은 자연 현상을 설명해 주는 분포이기 때문에 확률 이론과 관련된 가장 중요한 분포이다. 의사결정 담당자는 정규분포를 이용해서 물가상승률, 휘발유 선물가격 등의 불확실한 변수를 정의할 수 있다.

> **조건** 정규분포의 세 가지 조건은 다음과 같다:
>
> 1. 불확실한 변수의 특정 값의 발생 확률이 가장 크다(분포의 평균).
> 2. 불확실한 변수의 값이 평균보다 클 확률과 평균보다 작을 확률이 같다(평균을 중심으로 한 대칭 분포).
> 3. 평균 근방의 값이 발생할 확률이 평균에서 멀리 떨어져 있는 값이 발생할 확률보다 크다.

정규분포를 수학식으로 표현하면 다음과 같다.

$$f(x) = \frac{1}{\sqrt{2\pi}\sigma} e^{-\frac{(x-\mu)^2}{2\sigma^2}} \quad for\ all\ values\ x\ and\ \mu;\ while\ \sigma > 0$$

평균(μ)과 표준편차(σ)는 분포의 모수이다.

삼각형분포(Triangular Distribution)

최대값, 최소값, 최빈값을 아는 경우를 설명하는 분포이다. 예를 들어, 과거의 최대 주간 자동차 판매 대수, 최소 자동차 판매 대수, 가장 빈도가 높았던 자동차 판매 대수를 알면 1주일의 자동차 판매 대수를 설명할 수 있다.

> **조건** 삼각형분포의 세 가지 조건은 다음과 같다:
>
> 1. 최대값이 고정되어 있다.
> 2. 최소값이 고정되어 있다.
> 3. 최빈값이 최소값과 최대값 사이에 있어 분포가 삼각형 모양을 띄게 된다. 분포의 모양에서 알 수 있듯이 최소값과 최대값의 근방에 있는 값이 발생할 확률은 최빈값의 확률 보다 작다.

삼각형분포를 수학식으로 표현하면 다음과 같다.

$$f(x) = \frac{2(x - Min)}{(Max - Min)(Likly - Min)} \text{ for } Min < x < Likely$$
$$f(x) = \frac{2(Max - x)}{(Max - Min)(Max - Likly)} \text{ for } Likely < x < Max$$

최대값(Max)과 최소값(Min), 최빈값(Likely)은 분포의 모수이다.

이항분포(Binomial Distribution)

한정된 시행회수 중 특정한 사건이 발생하는 회수를 나타내는 분포이다. 동전을 10회 던질 때 앞면이 나오는 회수 또는 선택된 50개의 항목 중 불량품인 항목의 개수 등의 분포를 그 예로 들 수 있다.

> **조건** 이항분포의 세 가지 조건은 다음과 같다:
>
> 1. 시행 시에는 두 가지 결과만 나올 수 있다.
> 2. 각 시행은 상호 독립적이다 - 한 시행의 결과는 다음 시행의 결과에 아무런 영향을 주지 않는다.
> 3. 특정 사건이 발생할 확률은 각 시행 시마다 동일하다.

이항분포를 수학식으로 표현하면 다음과 같다.

$$P(x) = \frac{n!}{x!(n-x)!} p^x (1-p)^{(n-x)} \text{ for } n > 0; x = 0, 1, 2, \ldots n; p > 0$$

성공확률(p)과 총 시행회수(n)는 분포의 모수이다. 성공적인 시행회수는 x로 표시한다.

포아송분포(Poisson Distribution)

주어진 구간 내에서 특정 사건이 발생할 회수를 나타내는 분포이다. 1분 동안 걸려오는 전화 도수 또는 문서의 한 페이지 당 오타 수 등을 그 예로 들 수 있다.

> **조건** 포아송분포의 세 가지 조건은 다음과 같다:
> 1. 주어진 구간 내의 발생 회수에는 제한이 없다.
> 2. 사건의 발생은 상호 독립적이다. 한 구간 내에서의 발생 회수는 다른 구간에서의 발생 회수에 아무런 영향도 주지 않는다.
> 3. 각 구간의 평균 발생 회수는 동일하다.

포아송분포를 수학식으로 표현하면 다음과 같다.

$$P(x) = \frac{e^{-\lambda}\lambda^x}{x!} \quad for \ x \ and \ \lambda > 0$$

발생 비율(λ)이 유일한 분포 모수이다.

기하분포(Geometric Distribution)

시행이 처음 성공할 때까지의 시행회수를 나타내는 분포이다. 승점을 따기 전에 룰렛을 돌리는 회수를 그 예로 들 수 있다.

> **조건** 기하분포의 세 가지 조건은 다음과 같다:
> 1. 시행회수는 고정되어 있지 않다.
> 2. 처음 성공적인 결과가 나올 때까지 시행이 계속된다.
> 3. 각 시행 때마다 성공 확률은 동일하다.

기하분포를 수학식으로 표현하면 다음과 같다.

$$P(x) = p(1-p)^{x-1} \quad for \ p > 0; x = 1, 2, \ldots\ldots n$$

$$mean = \frac{1}{p} \ and \ variance = \frac{1-p}{p^2}$$

성공확률(p)과 성공적인 시행회수(x)가 분포의 모수이다.

초기하분포(Hypergeometric Distribution)

한정된 시행회수 중 특정한 사건이 발생할 회수를 설명하는 분포라는 점에서는 이항분포와 동일하다. 단, 이항분포는 각 시행이 독립적이지만 초기하 분포는 이와 달리 각 시행 시마다 성공확률이 달라지며, 이를 "복원이 이루어지지 않는 시행(Trials Without Replacement)"라고 한다. 예를 들어, 상자 안에 제조 부품이 들어 있고 이 중에는 불량품이 있다는 것을 안다고 가정해 보자. 이 상자에서 부품을 하나 꺼내고 이것이 불량품이면 이 부품을 상자에서 뺀다. 그 다음에 이 상자에서 부품을 꺼내면 앞에서 불량인 부품을 제거했기 때문에 부품이 불량일 확률은 처음보다는 낮아질 것이다. 만약 앞에서 불량인 부품을 다시 상자에 넣었다면 꺼낸 부품이 불량일 확률은 동일하게 유지될 것이며, 이 경우는 이항분포를 충족하는 조건이 된다.

> **조건** 초기하분포의 세 가지 조건은 다음과 같다:
>
> 1. 총 항목의 개수(모집단 크기)는 고정되어 있다. 모집단의 크기는 1,750 이하여야 한다.
> 2. 표본크기(시행회수)는 모집단의 일부이다.
> 3. 모집단의 초기 성공확률은 알려져 있지만 이 확률은 시행이 거듭되면서 바뀐다.

초기하분포를 수학식으로 표현하면 다음과 같다.

$$P(x) = \frac{\dfrac{(N_x)!}{x!(N_x-x)!} \dfrac{(N-N_x)!}{(n-x)!(N-N_x-n+x)!}}{\dfrac{N!}{n!(N-n)!}}$$

$$\text{for } x = Max(n-(N-N_x), 0), \ldots, Min(n, N_x)$$

모집단의 크기(N), 시행 표본의 크기(n), 모집단 중 성공적인 특성을 가진 항목의 수(Nx)가 분포의 모수이다. 성공적인 시행의 회수는 x로 표시한다.

로그정규분포(Lognormal Distribution)

값들이 양의 치우침을 가진 경우 광범위하게 사용되는 분포로 유가증권의 가치평가 또는 부동산의 가치평가와 관련된 재무분석 시에 사용된다. 주가는 정규분포(대칭 분포)를 따르기보다는 양의 치우침이 있는 분포를 따르는 것이 일반적이다. 주가가 이런 추세를 보이는 것은 0 이하의 값을 가질 수는 없지만 무한히 커질 수는 있기 때문이다. 이와 마찬가지로 부동산 가격 역시 음의 값을 가질 수가 없으므로 양의 방향으로 치우친 분포를 따른다.

> **조건** 로그정규분포의 세 가지 조건은 다음과 같다:
> 1. 불확실한 값들은 무한히 커질 수 있지만 0 미만으로 떨어질 수는 없다.
> 2. 불확실한 값들은 양의 방향으로 치우쳐 있고 대부분의 값은 하한값 근처에 있다.
> 3. 불확실한 값의 자연 로그 값들이 정규분포를 따른다.

일반적으로 변동계수가 30% 보다 크면 로그정규분포를 사용한다. 그렇지 않은 경우에는 정규분포를 사용한다. 로그정규분포를 수학식으로 표현하면 다음과 같다:

$$f(x) = \frac{1}{\sqrt[x]{2\pi \ln(\sigma)}} e^{\frac{[\ln(x) - \ln(\mu)]^2}{2[\ln(\sigma)]^2}} \quad \text{for } x > 0; \mu > 0 \text{ and } \sigma > 0$$

$$mean = \mu + \frac{\sigma^2}{2} \text{ and } variance = (\sigma^2 + \mu^2)(\mu^2 - 1)$$

평균(μ)과 표준 편차(σ)가 분포의 모수이다.

로그정규분포의 모수 로그정규분포에서 사용하는 모수의 디폴트 값은 산술 평균과 표준편차이다. 과거의 데이터가 있는 경우에 이 분포를 사용한다면 과거 데이터를 로그값으로 변환한 후 계산한 평균과 이를 이용하여 계산한 표준편차를 사용하거나 기하평균과 이를 이용하여 계산한 표준편차를 사용하는 것이 더 바람직하다.

지수분포(Exponential Distribution)

특정 시점에 랜덤하게 반복되는 사건을 설명하는데 광범위하게 사용되는 분포이다. 전기 장비의 고장이 발생하는 시간 간격, 서비스 부스에 고객이 도착하는 시간 간격 등을 지수 분포가 사용되는 예로 들 수 있다. 지수분포는 주어진 시간 내에 발생하는 사건의 회수를 설명하는 포아송분포와 관련된 분포이다. 지수분포의 주요 특성은 "기억 상실(Memoryless)"로, 특정 객체의 미래 수명은 해당 객체의 지금까지의 존속 기간과는 상관없이 동일한 분포를 따른다는 것이다. 다시 말해서 시간은 미래에 발생하는 결과에 아무런 영향을 주지 않는다.

> **조건**
>
> 지수분포의 조건은 지수분포가 발생한 두 사건 간의 시간 간격을 설명하는 분포라는 것이다. 지수분포를 수학식으로 표현하면 다음과 같다:
>
> $$f(x) = \lambda e^{-\lambda x} \quad \text{for} \quad x \geq 0; \lambda > 0$$
>
> 성공확률(λ)이 유일한 분포 모수이다. 성공적인 시행의 회수는 x로 표시한다.

와이블분포(Weibull Distribution(Rayleigh Distribution))

수명 테스트와 피로도 테스트의 결과 데이터를 설명하는 분포이다. 주로 신뢰성 분석에서의 고장 시간이나 신뢰성 테스트 및 품질 관리 테스트에서 원자재의 인장 강도 등을 설명하는데 주로 사용된다. 와이블분포는 풍속 등 다양한 물리적 특성을 설명하는 분포로도 사용된다.

와이블분포는 다른 몇몇 분포의 속성을 가정할 수 있는 분포 중 하나이다. 예를 들어, 사용자가 정의하는 형태 모수에 따라 와이블분포를 이용해 지수분포나 랄리분포의 모델을 만들 수 있다. 와이블분포는 매우 융통성 있는 분포로 와이블분포의 형태 모수가 1이면 와이블분포는 지수분포와 동일해진다. 또한 와이블분포의 위치 모수를 이용해서 지수분포의 시작값을 0.0이 아닌 다른 값으로 둘 수도 있다. 와이블 분포의 형태 모수가 1.0 보다 작으면 와이블분포는 급격히 감소하는 곡선의 형태를 가진다. 제조업체는 고온검사 기간 동안의 부품 고장을 설명하는데 이러한 특성을 유용하게 사용할 수도 있다. 와이블분포를 수학식으로 표현하면 다음과 같다:

$$f(x) = \frac{\beta}{\alpha} \left[\frac{x-L}{\alpha} \right]^{\beta-1} e^{-\left(\frac{x-L}{\alpha}\right)^{\beta}} \quad \text{for} \quad x \geq L$$

위치(L), 척도(α), 형태(β)가 분포의 모수이고 Γ는 감마(gamma) 함수를 나타낸다.

베타분포(Beta Distribution)

매우 융통성 있는 분포로 보통 고정된 범위 내에서의 변동성을 나타내는데 사용된다. 베타분포를 가장 잘 적용하는 경우로는 베르누이분포(Bernoulli Distribution)의 모수에 대한 결합 분포(Conjugate Distribution)로 사용하는 것이다. 이 경우 베타분포는 특정 사건의 발생 확률에 대한 불확실성을 나타내는데 사용된다. 또한 비율과 분수에 대한 과거 데이터를 설명하고 랜덤한 움직임을 예측하는데도 베타 분포가 사용된다.

베타분포의 가치는 두 모수인 α와 β를 변동시킴으로써 얻어지는 다양한 형태에 있다. 이 두 모수가 같으면 분포는 대칭이다. α와 β 중 하나는 1이고 다른 하나는 1 보다 크면 베타분포는 'J'자 모양을 띈다. α가 β 보다 작으면 베타분포는 양의 치우침을 가진다(대부분의 값이 최소값 근방에 있다). α가 β 보다 크면 베타 분포는 음의 치우침을 가진다(대부분의 값이 최대값 근방에 있다). 베타분포는 매우 복잡하며 이 분포의 모수를 결정하는 방법은 이 부록의 범위를 벗어난다.

> **조건** 베타분포의 두 가지 조건은 다음과 같다:
>
> 1. 불확실한 변수는 0과 같거나 큰 양의 랜덤한 변수이다.
> 2. 두 양수를 이용해서 분포의 모양을 규정할 수 있다.

베타분포를 수학식으로 표현하면 다음과 같다:

$$f(x) = \frac{\left(\frac{x}{s}\right)^{(\alpha-1)} \left(1 - \frac{x}{s}\right)^{(\beta-1)}}{\left[\frac{\Gamma(\alpha)\Gamma(\beta)}{\Gamma(\alpha+\beta)}\right]} \quad \text{for } \alpha > 0; \beta > 0; o < x < s$$

$$mean = \frac{\alpha}{\alpha+\beta} \quad \text{and} \quad variance = \frac{\alpha\beta}{(\alpha+\beta)^2(1+\alpha+\beta)}$$

α, β, 척도(s)이 분포의 모수이고 Γ는 감마(Gamma) 함수를 나타낸다.

감마분포(어랑분포와 카이제곱분포)

다양한 물리량에 적용되는 분포이자 로그정규분포, 지수분포, 파스칼분포, 어랑분포, 포아송분포, 카이제곱분포와 관련된 분포이기도 하다. 기상 관측 과정에서 오염 물질의 농축도나 강수량 등을 나타내는데 사용되기도 한다. 또한 감마분포는 사건 발생 프로세스가 완전히 랜덤한 프로세스가 아닐 때 두 사건이 발생하는 시간 간격을 측정하는데 사용되기도 한다. 재고 관리, 경제학 이론, 보험 리스크 이론도 감마분포가 사용되는 예이다.

> **조건**
>
> 감마분포는 포아송과정(Poisson process)에서 임의의 사건이 r-사건이 발생할 때까지 걸리는 시간의 분포로 사용되는 경우가 가장 일반적이다. 이렇게 사용될 때 감마분포의 세 가지 조건은 다음과 같다:
>
> 1. 특정한 측정 단위의 발생 가능 회수는 하나의 값으로 고정되지 않는다.
> 2. 사건의 발생은 상호 독립적이다. 특정 단위의 발생 회수는 다른 단위의 발생 회수에 영향을 주지 않는다.
> 3. 단위는 다르더라도 평균 발생 회수는 동일하다.

감마분포를 수학식으로 표현하면 다음과 같다:

$$f(x) = \frac{\left(\frac{x-L}{\beta}\right)^{\alpha-1} e^{-\frac{x-L}{\beta}}}{\Gamma(\alpha)\beta} \quad \text{for } x > L; \text{ with any value of } \alpha \text{ and } \beta$$

α, β, 위치(L)가 분포의 모수이고 Γ는 감마(gamma) 함수를 나타낸다.

로지스틱분포(Logistic Distribution)

로지스틱분포는 보통 성장(Growth)을 설명하는 분포로 사용되며 모집단의 크기를 시간 변수의 함수로 나타낸다. 또한 화학 반응이나 인구 혹은 개인의 성장 과정을 설명하는 분포이기도 하다. 로지스틱분포를 수학식으로 표현하면 다음과 같다:

$$f(x) \frac{e^{\frac{x-\mu}{\alpha}}}{\alpha\left[1+e^{\frac{x-\mu}{\alpha}}\right]^2} \quad \text{for any value of } \alpha \text{ and } \mu$$

$$mean = \mu \text{ and } variance = \frac{1}{3}\pi^3\alpha^2$$

평균(μ)과 척도(α)가 분포의 모수이다.

모수의 계산 로지스틱 분포의 표준 모수는 평균과 척도이다. 로지스틱분포는 대칭 분포이기 때문에 이 분포의 평균은 최빈값과 동일하다. 평균 모수를 설정하고 나면 척도 모수를 추정할 수 있다. 척도 모수는 0보다 큰 값을 가진다. 척도 모수가 커질수록 분산이 커진다.

파레토분포(Pareto Distribution)

파레토분포는 도시의 인구 규모, 자연 자원의 발생, 회사 규모, 개인 수입, 주가 변동, 통신 회선의 오류 등의 경험적 현상에 대한 분포를 분석하기 위해 광범위하게 사용된다. 파레토분포를 수학식으로 표현하면 다음과 같다:

$$f(x) = \frac{\beta L^\beta}{x^{(1+\beta)}} \text{ for } x > L$$

$$mean = \frac{\beta L}{\beta - 1} \text{ and } variance = \frac{\beta L^2}{(\beta - 1)^2 (\beta - 2)}$$

위치(L)와 형태(β)가 분포의 모수이다.

모수의 계산 파레토분포의 표준 모수는 위치와 형태이다. 위치 모수는 변수의 하한값이기도 하다. 위치 모수를 설정하고 나면 형태 모수를 추정할 수 있다. 형태 모수는 0 보다 큰 값을 가지며, 1 보다 큰 경우가 일반적이다. 위치 모수가 커질수록 분산은 작아지고 분포의 오른쪽 꼬리 부분이 두꺼워 진다.

극단값분포(Extreme Value Distribution)

극단값분포(제1종: Type 1)는 특정 기간 동안의 최대 반응값을 설명하는데 사용되는 분포이다. 최대 반응값의 예로는 홍수, 강수, 지진 등을 들 수 있다. 또한 자재, 긴밀 실체 파괴 강도 및 항공기 화물 및 어뢰 한도 등을 설명하는데 사용되기도 한다. 극단값분포는 굼벨분포(Gumbel distribution)라고도 한다. 극단값분포를 수학식으로 표현하면 다음과 같다:

$$f(x) = \frac{1}{\alpha} z e^{-z} \text{ where } z = e^{\frac{x-m}{\alpha}} \text{ for } \alpha > 0; \text{ and } any \text{ value of } x \text{ and } m$$

최빈값(m)과 척도(α)가 분포의 모수이다.

모수의 계산 극단값분포의 표준 모수는 최빈값과 척도이다. 최빈값 모수는 가장 발생확률이 큰 변수의 값이다(확률분포에서 가장 높은 값). 최빈값 모수를 설정하고 나면 척도 모수를 추정할 수 있다. 척도 모수는 0보다 큰 값을 가진다. 척도 모수가 커질수록 분산이 커진다.

음이항분포(Negative Binomial Distribution)

10건의 주문을 받기 위해 걸어야 할 상담전화 건수 등 r-번째 성공이 이루어질 때까지의 시행회수의 분포 모델을 구축하는데 유용하게 사용되는 분포로 기하분포의 결합분포이다.

> **조건** 음이항분포의 세 가지 조건은 다음과 같다:
>
> 1. 시행회수는 하나의 값으로 고정되지 않는다.
> 2. 시행은 r-성공이 이루어질 때까지 계속된다.
> 3. 각 시행 시마다 성공확률은 동일하다.

음이항분포를 수학식으로 표현하면 다음과 같다:

$$P(x) = \frac{(x-1)!}{(\beta-1)!(x-\beta)!} p^\beta (1-p)^{x-\beta} \text{ for } x = \beta, \beta+1, \dots \text{ and } p > 0$$

$$mean = \frac{\beta}{p} \text{ and } variance = \frac{\beta(1-p)}{p^2}$$

성공확률(p)과 형태(β)가 분포의 모수이다.

간단한 사례: 콜로라도 경영대학원 (Colorado School of Mines)

부동산 가치 평가를 위한 Crystal Ball 교육

그래함 데이비스(Graham Davis) 박사는 지난 6년간 자원 경제학 문제에 연구와 교육을 집중해 왔다. 콜로라도 경영대학원의 경제경영학부 교수인 데이비스 박사는 대학원생 및 학부생을 대상으로 경제학과 경영학 과정을 가르치고 있다. 그리고 Crystal Ball을 수업 시간에 사용하고 있으며 특히 광산, 유전, 가스전 등의 가치 평가에 활용하고 있다.

데이비스 박사와 그 학생들에게 있어 Crystal Ball은 광산과 유전의 가치를 보다 정확하게 평가할 수 있는 가능성을 열어 주었다. 학생들은 생산 수준에 따라 달라지는 비선형적인 세금효과와 옵션 때문에 일반적인 스프레드시트 분석 보다는 몬테카를로 시뮬레이션 기법을 사용해 가치를 평가하는 것이 보다 현실적이라는 점을 인지하고 있다. Crystal Ball을 사용해서 분석을 하게 되면 현금흐름의 분석에 사용되는 특정 입력 값이 시간이 흐름에 따라 변화할 수 있고 여러 입력 값의 변화가 상호 관계를 가지고 진행될 수 있다는 점을 고려할 수 있다. 또한 이러한 입력값의 변화가 세금 납입 및 생산 수준에 비대칭적인 영향을 미친다는 점 역시도 분석에 반영시킬 수 있다.

데이비스 박사는 수업을 진행하면서 현금흐름과 관련된 모수의 기대값을 기준으로 수행된 스프레드시트 가치 평가와 몬테카를로 시뮬레이션을 이용해 수행된 가치 평가 간의 차이를 학생들에게 보여준다. 또한 학생들로 하여금 스스로 Crystal Ball 모델을 작성하게 하고, 특정 모수(예: 자본 비용, 운영 비용, 생산 수준, 가격, 매장량 등)에 대해서는 어떤 분포를 사용하는 것이 적합한지도 논의한다. 데이비스 박사는 이 때 분포가 가치 평가라는 관점에서 볼 때 합당한 것이어야 하고 모델을 구축하는 사람은 엔지니어링 또는 세부적인 관점에서 낮은 경계값 또는 높은 경계값을 기준으로 분포를 절단해야 한다는 점도 강조하고 있다.

또한 Crystal Ball은 수업시간이나 교과 과정에 무리없이 적용시킬 수 있다. 이와 관련 데이비스 박사는 "Crystal Ball은 사용하기가 매우 쉬운 프로그램이며 보고서 작성 기능도 뛰어나고 온라인 강좌도 잘 구성되어 있습니다"라고 얘기한다.

데이비스 박사에 따르면 학생들이 몬테카를로 시뮬레이션을 배우면 구직 시에도 유리하다. 부동산에 대한 가치 평가를 하기 위한 툴로 시뮬레이션을 배움으로써 학생들은 NPV 분석에서 예상 현금흐름을 추정할 수 있는 능력을 갖추고 있을 뿐 아니라 이러한 표준적인 스프레드시트 분석의 단점도 잘 알게 되기 때문이다. 그렇기 때문에 학생들은 표준적인 스프레드시트 NPV 분석을 통해 구하는 "수치"를 보다 신중하게 고려하고 맹신하지 않게 된다.

데이비스 박사는 Crystal Ball의 상관 분석, 백분위 분석, 민감도 분석 기능이 광산에 대한 가치 평가에 특히 유용한 기능이라고 얘기하고 있다. 데이비스 박사는 광산에 대한 분석을 하는 경우 여러 모수를 동시에 변화시킬 수 있는 민감도 분석이 일반적인 토네이도 분석보다 개선된 점이라고 생각하고 있다.

간단한 사례: 휴렛-패커드

Hewlett-packard의 마케팅 정보 부서에서는 내부적으로 데이터에 근거한 마케팅 분석 팀을 별도로 두고 있다. 마케팅 분석팀은 수요 예측, 신제품 출시 그리고 Hewlett-packard 프린터의 생산라인 확대와 같은 어려운 마케팅 의사결정에서 도움을 얻기 위해 7년 넘게 Crystal Ball을 사용해오고 있다. 최근 마케팅 분석팀은 시장조사와 의사결정에 몬테카를로 시뮬레이션을 더 많이 활용하기 시작했다.

신상품 출시를 홍보하거나 현재 생산라인을 확대하고자 할 때, 문제의 제품이 생존할 수 있을지에 관한 일반적인 의견을 알아보기 위해 중요한 시장조사와 테스트가 이루어졌다. 잠재적인 시장점유율, 가능한 판매 수준, 바람직한 제품 속성, 시장 세분화 그리고 제품 사용패턴 등과 같은 분야에서 조사가 진행되었고 향후 제품 실적 예측에 이용되었다.

일단 이러한 조사에서 자료가 얻어지면 마케팅 분석팀은 원자료의 알려지지 않은 변수에 분포를 적합시키기 위해 Crystal Ball의 분포-적합 기능을 사용한다. 이 과정에서 모수들은 상위-하위 경계값을 정의하기 위해 선택된다. 마케팅 분석팀은 다음 단계는 몬테카를로 시뮬레이션을 실행하는 것이다. 몬테카를로 시뮬레이션은 기존 제품의 시장침투 가능성과 시장진입을 위한 최적의 가격대 같은 불확실한 부분에 대해 연관된 확률수준을 제공한다. 게다가 마케팅 분석팀은 기대수익과 투자수익률과 같은 중요한 재무정보에 대해 95% 신뢰수준의 예측치를 만들기 위해서도 시뮬레이션을 이용했다.

몬테카를로 시뮬레이션은 또한 마케팅 분석팀에게 다른 방법으로 얻기 어려운 통찰력을 제공했다. 특별히 그는 자신의 모델로 최대효과를 얻을 수 있는 더 좋은 변수들의 방향을 제시해주는 토네이도 챠트와 상관행렬을 사용했다. 토네이도 챠트는 마케팅 분석팀이 그의 예측값 안에서 각 변수들의 효과를 계량화하는 것은 물론 시각화하는 것을 도와준다. 그리고 상관행렬은 어떤 형태로든 상관관계가 있어 서로 종속되어 있는 변수들을 쉽게 찾아준다. 이 도구에 근거하여 마케팅 분석팀은 "문제"되는 변수들을 분리하고 자료의 유효성을 확인하기 위해 추가적인 시장조사를 실시할 수 있었고 가정과 모델의 변수들을 수정할 수 있었다. 또한 시뮬레이션을 재시행하고 결과들을 비교할 수 있었다

마케팅 분석팀은 또한 공장가동률을 측정하고 계획하는데 몬테카를로 시뮬레이션을 사용하여 더 많은 성공을 거둘 수 있었다. 이 정보는 생산 프로젝트를 계획할 때, Hewlett-packard가 납품업자들에게 프로젝트를 완성하기 위해 필요한 자재에 대한 예측치를 제공하기 때문에 중요하다. 이 추정치들에 근거하여 납품업자들은 필요 생산설비와 부품을 결정한다. 몬테카를로 시뮬레이션을 사용하기 전에는 납품업자들이 불확실한 생산 능력 예측 때문에 구매되어지는 불필요한 설비를 쌓아 둘 수도 있었다.

CHAPTER 05

Crystal Ball 활용하기

이 장에서는 신참 리스크 분석가가 Crystal Ball을 이용해 몬테카를로 시뮬레이션을 수행할 수 있는 방법에 대해서 설명한다. 이와 관련, 먼저 몬테카를로 시뮬레이션과 관련된 Crystal Ball의 기능과 시뮬레이션 단계, 시뮬레이션 결과 도출되는 예측 분포 차트 등 보다 기초적인 시뮬레이션 구성 요소 등을 살펴보게 될 것이다. 또 본 장의 마지막 부분에서는 시뮬레이션의 사례로써 Crystal Ball을 이용해 잡지 판매 부수를 예측하고 그 결과를 해석하는 방법을 단계적으로 검토하도록 한다.

Crystal Ball의 개요

그림 5.1은 모델 구축 프로세스와 모델 구축 프로세스 중 Crystal Ball이 사용되는 부분에 대한 설명을 담고 있다. 다른 모델들과 마찬가지로 시뮬레이션 모델에도 일단의 입력값, 계산, 결과값이 필요하다. 단, 크리스탈볼에서 사용하는 시뮬레이션 용어로는 입력값을 가정(Assumptions), 계산을 시뮬레이션 실행(Trials), 결과값을 예측(Forecasts)이라고 하며 결과 그래프들을 차트(Charts), 엑셀에 출력되는 결과들을 보고서(Reports)라고 한다. Crystal Ball은 엑셀의 추가(Add-in) 되어 사용되는 프로그램으로 특히 마우스를 몇 번만 클릭하면 몬테카를로 시뮬레이션, 최적화, 시계열 예측 등의 작업을 수행할 수 있다.

그림 5.1　Crystal Ball 정의

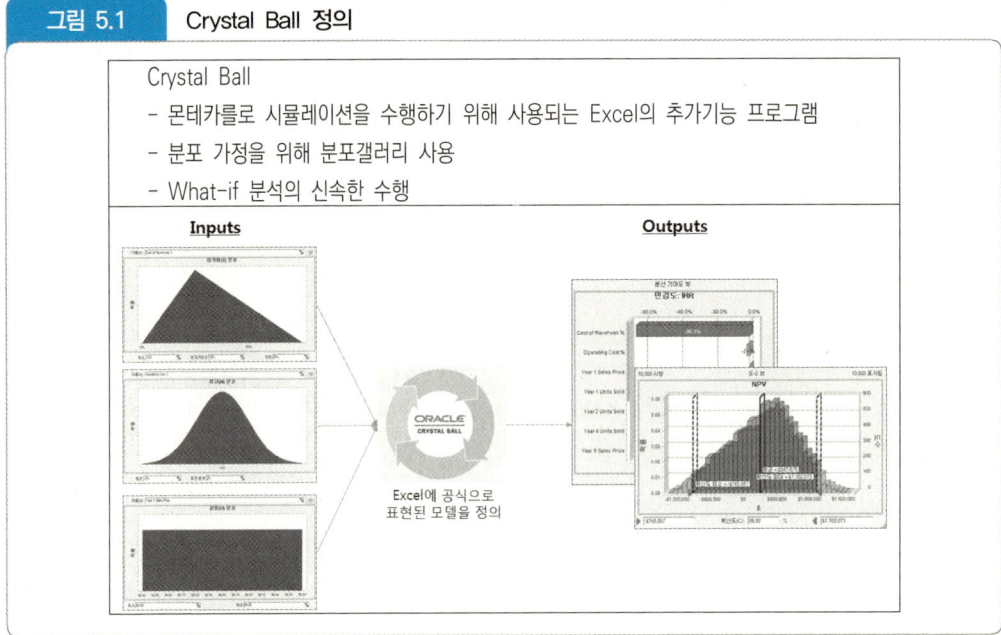

　Crystal Ball을 사용하려면 간단한 몇 가지 단계를 따라야 한다(그림 5.2 및 5.3 참조). 먼저 Excel로 모델을 만들어야 한다.(Crystal Ball은 Excel의 추가 기능 프로그램이라는 점을 명심하자) - 즉, 엑셀에 모델이 있는 경우에만 시뮬레이션을 수행할 수 있다. 엑셀로 작성된 모델의 기본 요건은 Input에 해당하는 일부 데이터 입력값과 이러한 입력값을 이용해 모델에 정의된 수리식에 의해 계산을 수행해 도출되는 Outputs에 해당되는 결과값으로 구성된다. 그 다음 단계는 몬테카를로 시뮬레이션을 실행하는 것이다. 시뮬레이션을 수행하기 위한 최소 요건은 입력값에 대한 가정과 기존 엑셀 모델의 결과에 대한 예측값을 정의하는 것이다. 가정은 어떠한 수식도 포함하지 않는 단순한 숫자 셀들에 대해서 정의되지만 예측값은 반드시 계산식이 포함된 셀로 정의된다. 시뮬레이션의 세 번째 단계는 시뮬레이션 실행 조건을 설정하는 단계이다. 시뮬레이션 조건에는 수행할 시뮬레이션 시행횟수, 오류 처리 방법, 민감도, 정확도 관리 등이 포함된다. 시뮬레이션의 네 번째 단계는 시뮬레이션을 수행하는 것이고 마지막 단계는 시뮬레이션에 의해서 생성된 결과값의 분포를 파악하고 이를 해석하는 것이다. 그림 5.3은 지금까지 설명한 시뮬레이션 단계를 도식화해서 설명한 것이다.

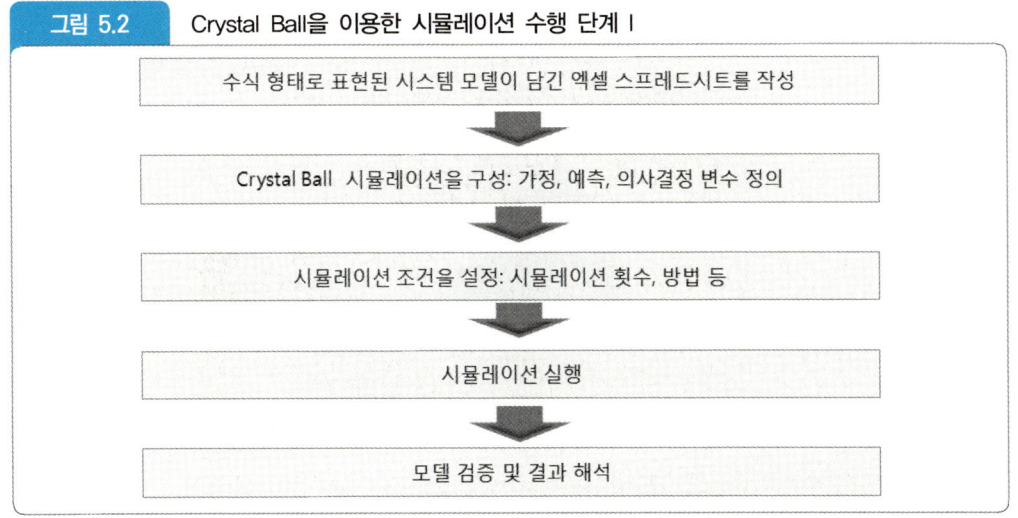

그림 5.2　Crystal Ball을 이용한 시뮬레이션 수행 단계 I

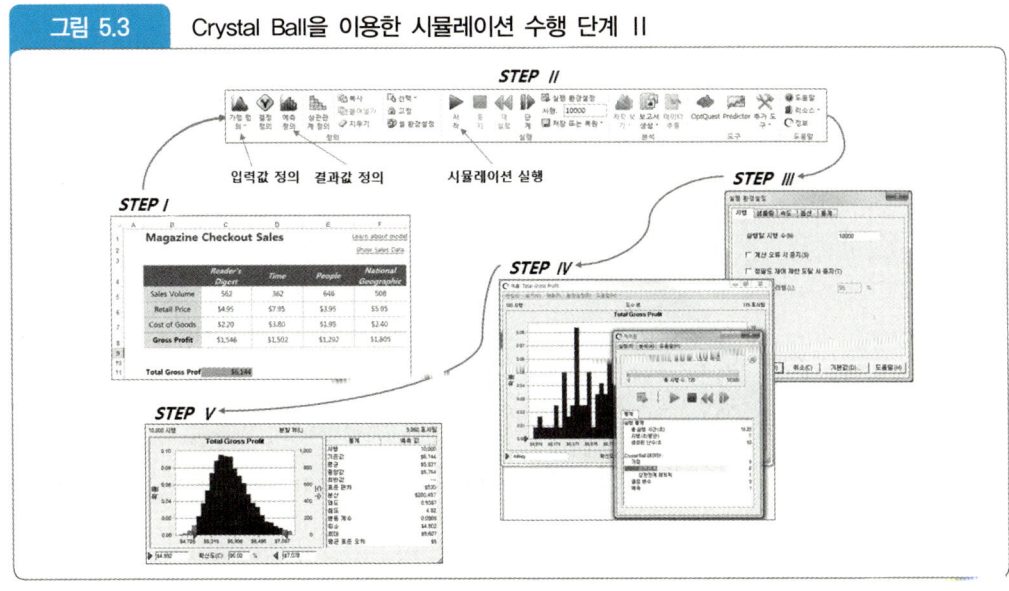

그림 5.3　Crystal Ball을 이용한 시뮬레이션 수행 단계 II

몬테카를로 시뮬레이션이 수행되고 난 후 결과값은 예측창에 표시된다. 그림 5.4는 예측창의 내용을 설명한 것이다. 예측창은 다섯 가지 보기 화면으로 구성된다(그림 5.5 참조). 다섯 가지 보기 화면을 각각을 살펴보면 다음과 같다.

그림 5.4　Crystal Ball의 예측창

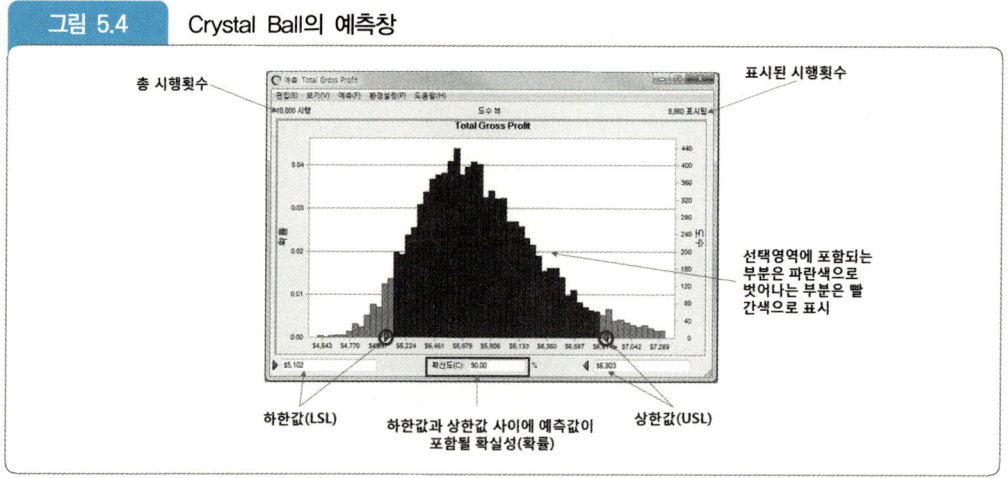

그림 5.5　Crystal Ball의 예측 화면 보기

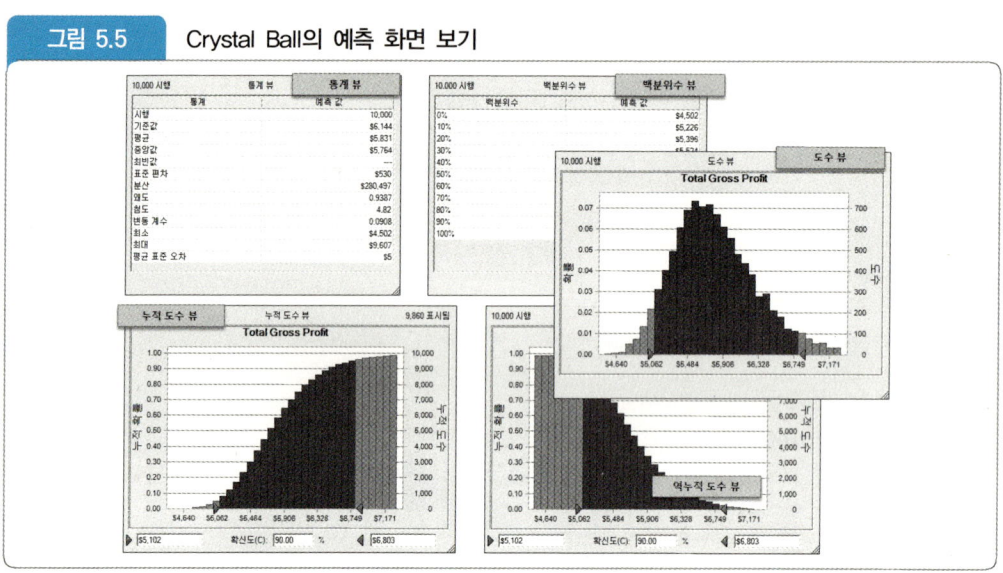

- 통계량 보기 화면(statistics view). 관심 대상 변수와 관련된 모든 예측 통계량이 표시된다.
- 백분위수 보기 화면(percentile view). 예측 변수의 백분위 수가 표시된다.
- 빈도 그래프 보기 화면(frequency chart view). 관심 대상 변수의 발생 확률 및 신뢰 구간이 표시된다.
- 누적 그래프 보기 화면(cumulative chart view). 관심 대상 변수의 누적 발생 확률이 표시된다.
- 역 누적 그래프 보기 화면(reverse cumulative chart view). 관심 대상 변수의 역 누적 발생 확률이 표시된다.

Crystal Ball 시작하기

다음 예를 통해 Crystal Ball을 사용한 몬테카를로 시뮬레이션을 실습해 볼 수 있다. Crystal Ball이 설치됐는지 확인한다. 먼저 예제 스프레드시트를 열어보자. 시작 | 모든 프로그램 | Oracle Crystal Ball 클릭한다(그림 5.6 참조).

그림 5.6   크리스탈볼 시작하기

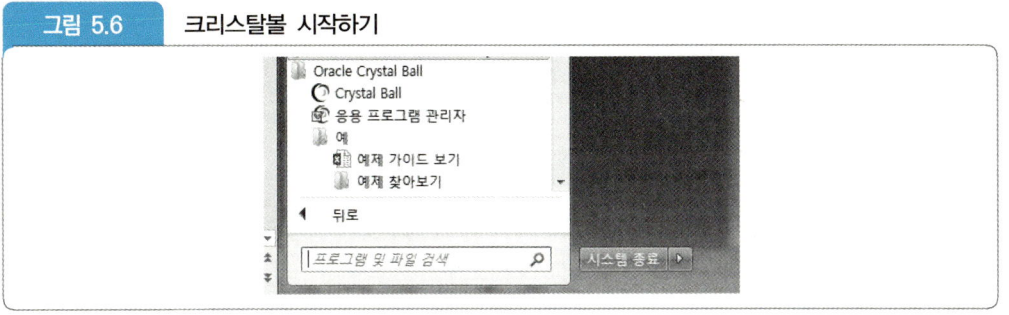

그림 5.7처럼 Oracle Crystal Ball 시작 화면이 나타난다. 화면에 나타난 메뉴 중에 예제 열기 메뉴를 클릭 하면 Crystal Ball Example Model Guide 시트로 이동한다. 예제 중에 Magazine Sales.xls를 더블 클릭 한다.

그림 5.7   Crystal Ball 시작 화면

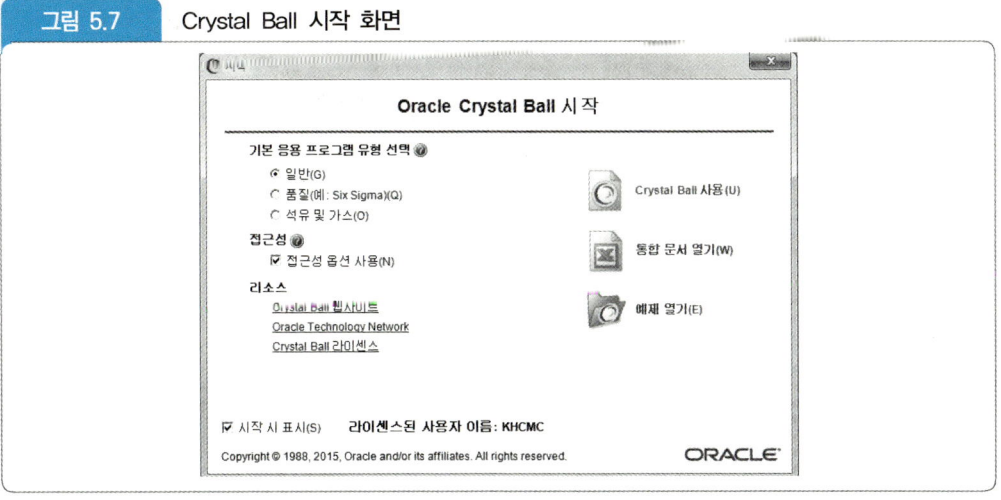

89

그림 5.8 크리스탈볼 예제

Model	Level	Feature	Application	Industry
Cell Phone	Basic	Sensitivity Analysis	Personal Finance	Telecommunications
Drill Bit Replacement	Basic	Optimization	Operations Management	Mining Oil & Gas
Futura Apartments	Basic		Revenue Forecasting	Real Estate
Hotel Design	Basic	Optimization	Demand Forecasting Operations Management	Finance
Magazine Sales	Basic	Distribution Fitting Batch Fit Tool	Sales Forecasting	Consumer Goods
Portfolio Allocation	Basic	Optimization Correlation	Portfolio Management Portfolio Allocation	Financial Planning
Portfolio Revisited	Basic	Optimization	Portfolio Management Portfolio Allocation	Financial Planning
Project Cost Estimation	Basic		Cost Estimation	Manufacturing
Project Selection	Basic	Optimization	Project Management	Finance
Reliability of a Helical Spring	Basic	Overlay Chart Tornado Analysis Tool	Engineering Tolerance Analysis	Manufacturing
Sales Projection	Basic	Trend Chart	Sales Forecasting	Consumer Goods
Shampoo Sales	Basic	Time-series Forecasting Special Events	Sales Forecasting	Consumer Goods
Toledo Gas	Basic	Time-series Forecasting Multiple Linear	Demand Forecasting	Utilities
Toxic Waste Site	Basic	2D Simulation Tool Scenario Analysis Tool	Environmental Assessment	Environmental
			Financial Analysis	Finance

시뮬레이션 환경

그림 5.9와 같은 Crystal Ball의 도구 모음이 MS 엑셀에 메뉴에 별도의 메뉴로 표시된다. 간단한 시뮬레이션을 시작하고 수행하기 위해서 여기서는 그림 5.9 Crystal Ball 리본 바 메뉴의 정의에 있는 가정 정의, 예측 정의 그리고 실행의 시작 세 가지 기능만을 생각해 보도록 하자. 이 세 가지 기능은 몬테카를로 시뮬레이션을 실행하면서 필요한 최소한의 명령어이다.

그림 5.9 Crystal Ball 리본바 메뉴

가정 정의를 한다는 것은 단순한 숫자 값이 입력된 엑셀의 셀을 하나 선택하여 그 셀에 관련 분포를 할당하는 것이다. 예측값을 정의 한다는 것은 수식이 입력된 엑셀의 셀을 선택하

고 Crystal Ball에서 그 수식의 결과값을 저장하도록 만드는 것이다. 그리고 시뮬레이션을 시작 한다는 것은 Crystal Ball에서 수천 번의 실행이 이루어지는 몬테카를로 시뮬레이션이 시작되었다는 것을 의미한다. 이 때, 할당된 분포에서 값이 랜덤하게 선택되고 이렇게 선택된 숫자가 선택된 가정 셀에 입력된다. 그리고 예측값 셀에서 이루어지는 결과값은 Crystal Ball에 저장된다.

선택된 예제 파일은 잡지의 판매 이익을 기록한 것으로 그 내용은 그림 5.10과 같다. 잡지의 종류는 네 가지이며 판매 부수, 판매 가격, 원가 등이 기록되어 있다. 그리고 결과값인 총이익도 계산되어 있다. 잡지를 모두 판매한 총 이익은 $5,832 이다.

그림 5.10 엑셀 파일로 작성된 잡지 판매 예제

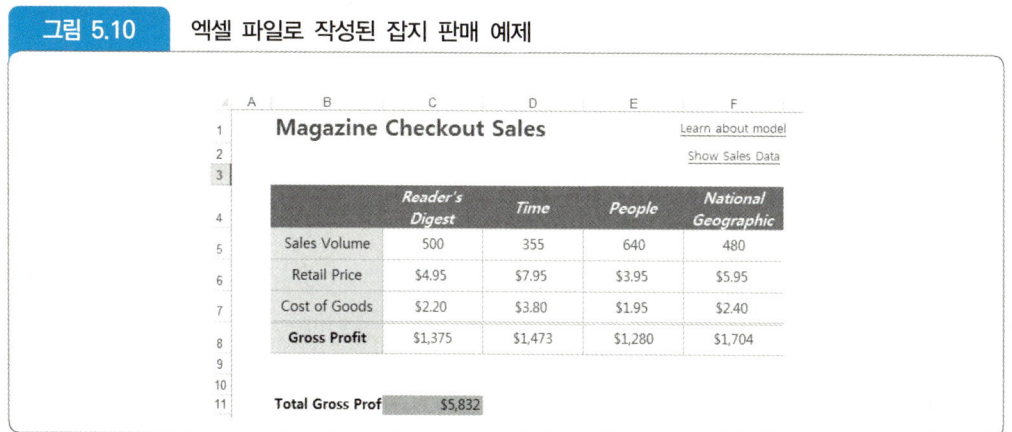

 시뮬레이션 실행하기

이제 미래 특정 기간 동안 Reader's Digest 잡지와 Time 잡지의 예상 판매 부수가 알려져 있지 않다고 가정해 보자. 우리는 이들 잡지의 판매 부수에 대해 몬테카를로 시뮬레이션을 실행해 볼 수 있다. 판매 부수 예측값이 입력되어 있는 C5 셀을 선택한다(그림 5.10 참조). Crystal Ball 도구 모음 중 가정정의를 클릭한다(그림 5.9 참조). 그러면 일련의 분포가 포함된 분포갤러리 대화상자가 표시된다. 상황을 간단히 설명할 수 있도록 여기서는 Reader's Digest잡지의 판매 부수가 삼각형분포를 따른다고 가정한다. 분포갤러리 대화상자에서 삼각형분포를 선택하고 OK를 클릭한다(그림 5.11 참조).

| 그림 5.11 | 잡지 판매 부수와 Crystal Ball의 분포 갤러리

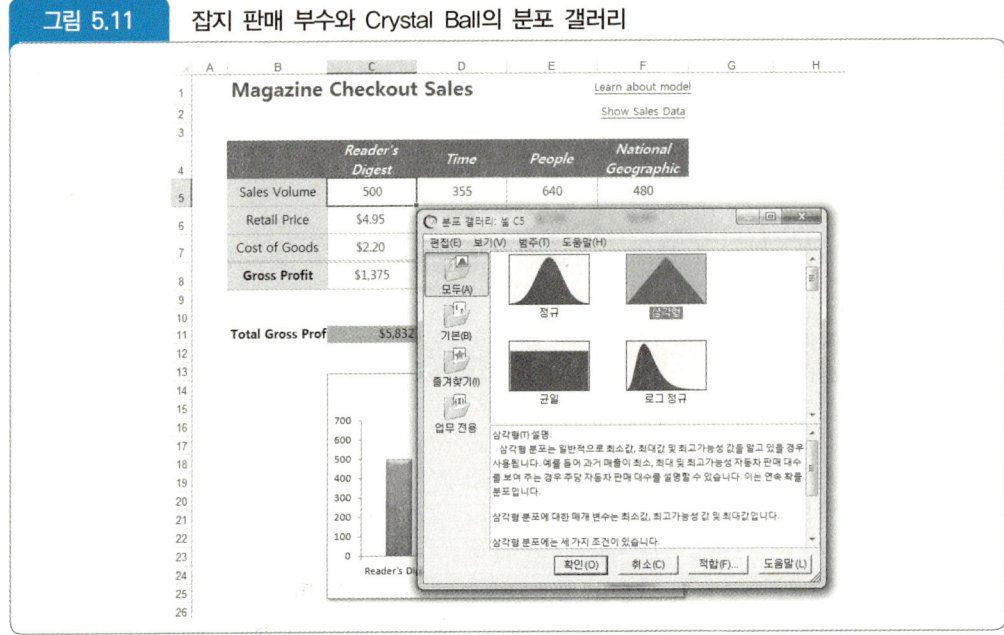

삼각형분포 화면이 나타나면 모수를 입력해야 한다(그림 5.12 참조). 과거 판매 부수 자료를 통해 가장 적은 판매 부수가 450권, 평균 판매 부수가 500권, 가장 판매가 잘된 경우 판매 부수가 550권임을 알고 있다고 가정해 보자. 각 값을 입력한 후 OK를 클릭한다. 그리고 엑셀의 D5셀의 B 잡지 판매 부수 예측값을 선택한다. 이번에는 그림 5.13에서처럼 정규분포를 선택한다.

| 그림 5.12 | 잡지 판매 부수의 분포로 선택된 삼각형분포

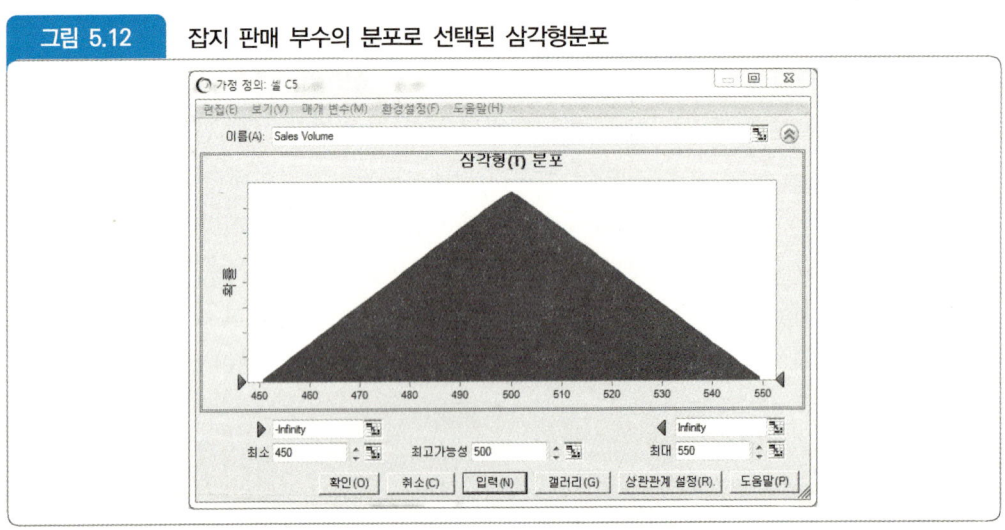

그림 5.13   잡지 판매 부수와 Crystal Ball의 분포 갤러리

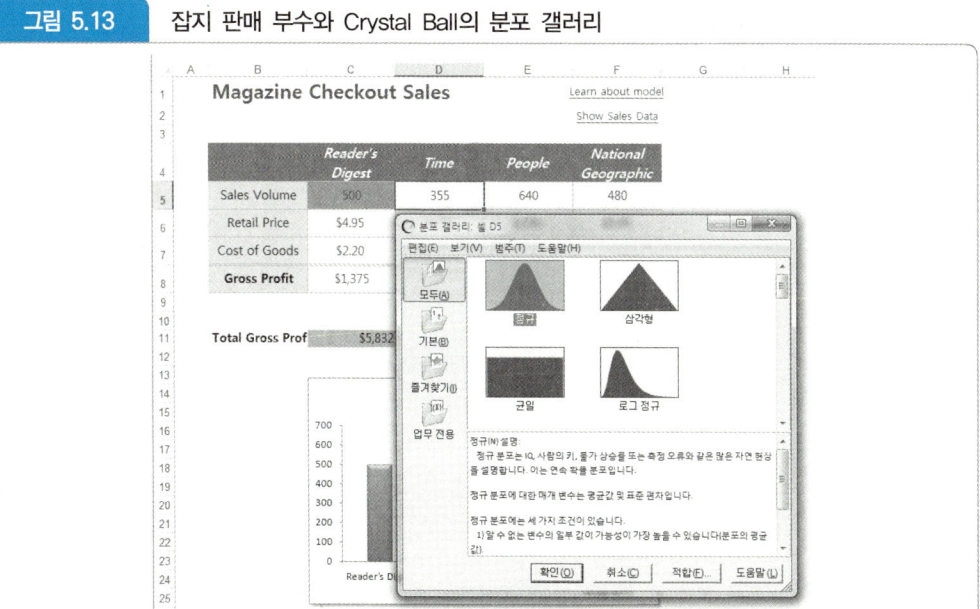

정규분포의 평균값과 표준편차 값을 직접 입력하거나 메뉴에서 Parameters를 선택하여 입력할 모수값의 범위를 선택할 수 있다. 입력 값을 10 분위수에서 90 분위수까지 변화시키려면 10%, 90%을 선택한다(그림 5.14 참조). 즉, 과거 판매 부수 데이터 중 최저 10%에 속하는 판매 부수와 최고 90%에 속하는 판매 부수를 선택할 수 있다. 이 경우 과거 판매 부수가 300권에서 400권 사이에 속할 확률이 80%이다(그림 5.15 참조).

그림 5.14   Crystal Ball의 Parameters 기능을 이용한 모수 설정 기능

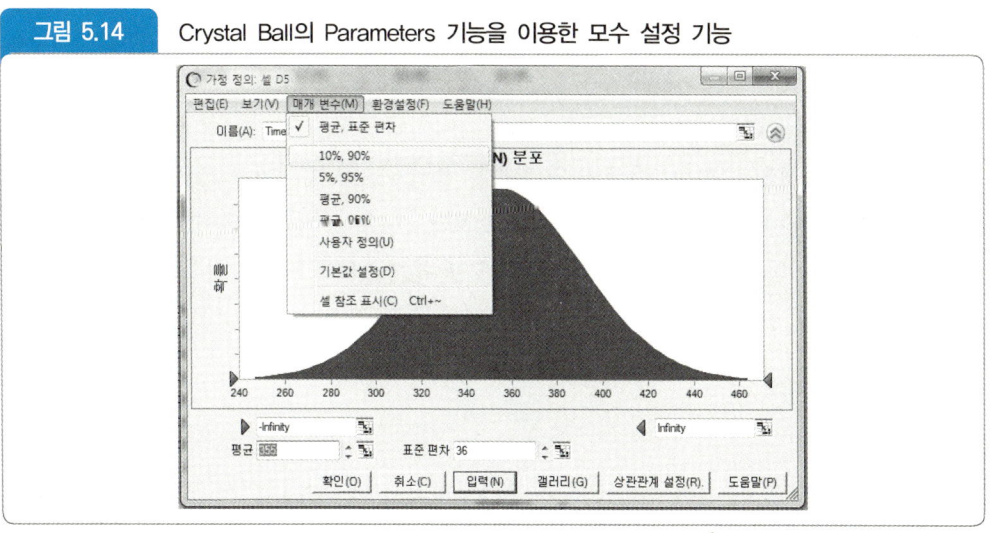

그림 5.15   Crystal Ball에서 Parameters 기능을 이용해 10 백분위수와 90 백분위수로 설정한 모수

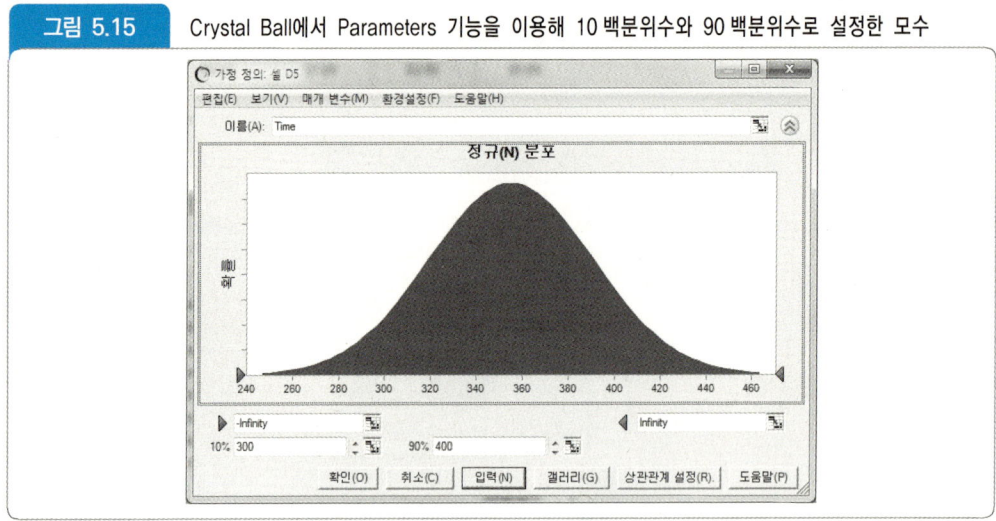

이제 알지 못하는 변수(미래 특정 기간의 Reader's Digest, Time 잡지의 판매 부수)에 분포를 할당했으므로 자신이 수행할 분석의 예측값을 정의해야 한다. 먼저 잡지 판매의 총 이익값이 저장되어 있는 C11셀을 선택한다. 그리고 Crystal Ball | 정의 메뉴에서 예측 정의를 클릭한다. 예측 정의 대화 상자에 예측값의 적절한 제목과 단위를 입력한 후 OK를 클릭한다(그림 5.16 참조).

그림 5.16   Crystal Ball에서 예측값 셀 설정하기

이제 시뮬레이션을 수행할 준비가 완료됐다. 그림 5.9의 Crystal Ball 도구 모음에서 Start Simulation을 클릭한다. 그러면 엑셀 스프레드시트 상에서 연산이 수행되고 예측 차트가 표시된다. 만약 예측 차트가 표시되지 않으면 분석 | 예측 차트를 실행하고 차트 제목을 선택한 후 열기를 클릭한다.

 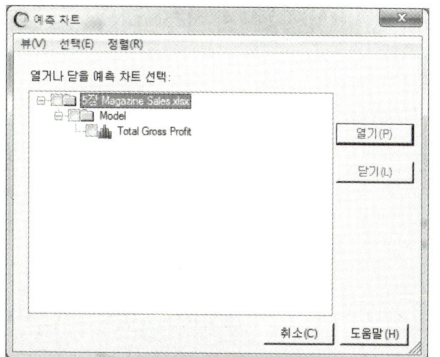

시뮬레이션 결과 해석

시뮬레이션 프로세스가 완료되면 예측 차트의 Certainty 상자에 90을 입력하고 엔터키를 누른다. 그러면 90% 신뢰구간이 표시되고(그림 5.17 참조), 이를 통해 Reader's Digest, Time 잡지의 매출 부수가 불확실한 경우 4개 잡지 매출 총 이익이 $5,533에서 $6,099 범위에 속할 확률이 90%라는 것을 알 수 있다.

 총이익의 90% 신뢰구간에 대한 예측 차트

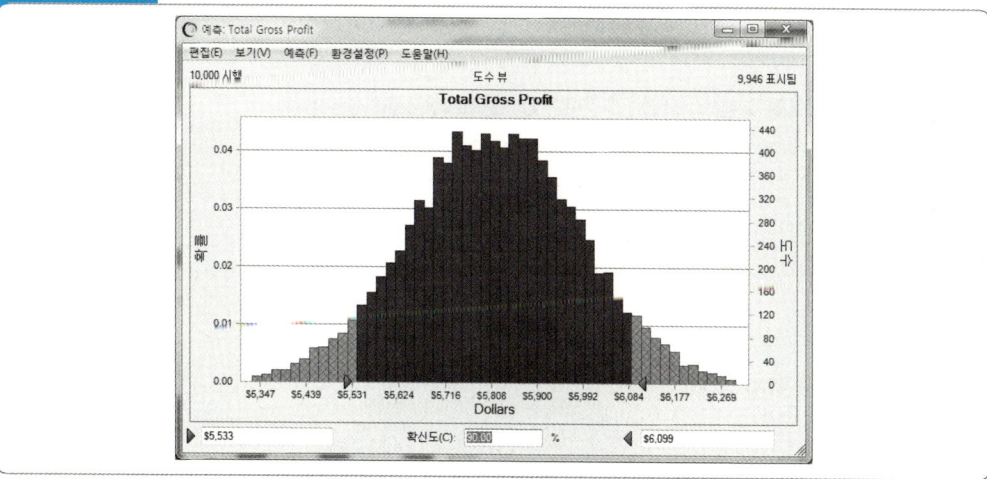

그림 5.18 총이익이 6,000달러 미만일 확률을 보여주는 예측 차트

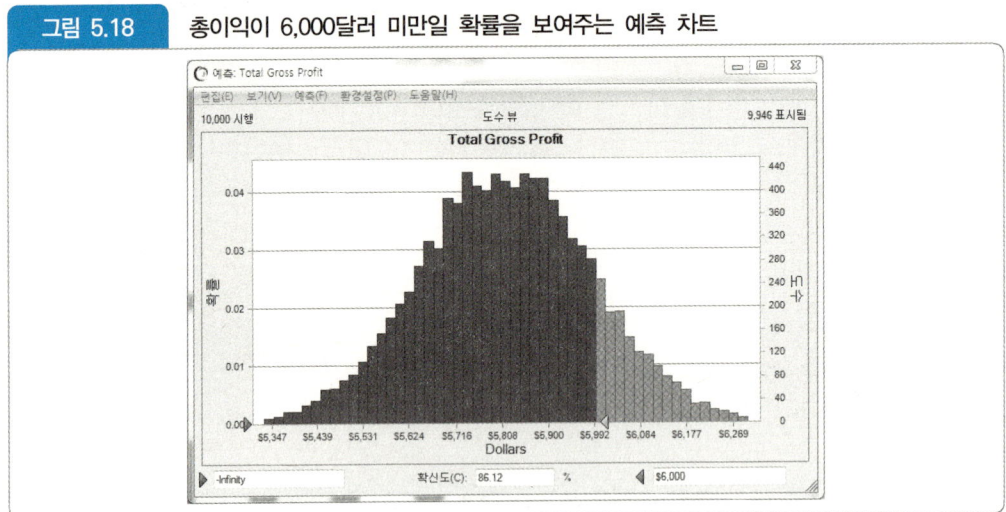

또한 신뢰수준의 상한값이 입력된 칸에 6,000을 입력하고 엔터키를 누르면 86.12%의 신뢰구간을 구할 수 있다. 즉, 잡지 매출의 총이익이 6,000달러 미만일 확률이 86.12%이고 6,000달러를 초과할 확률이 13.88%이다(그림 5.18 참조).

이와 마찬가지로 사용자는 신뢰수준 한도 값 표식(그림 5.19에서 x-축에 표시된 삼각형 기호)을 끌어 움직임으로써 특정한 신뢰수준이나 그에 준하는 총이익이 얼마인지도 확인할 수 있다. 예를 들어, VaR는 5,450달러로 비관적인 시나리오를 기준으로 볼 때 잡지 판매 총 이익이 이 정도 수준에 달할 확률이 2%임을 알 수 있다.

그림 5.19 예측 차트의 신뢰수준 한도 값 표식(certainty grabber)

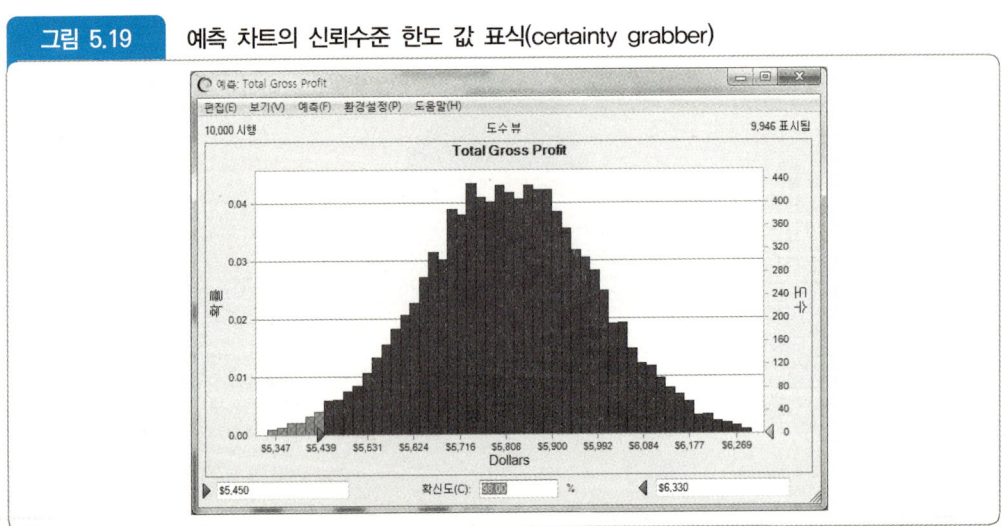

통계량 등의 다른 결과 화면은 스페이스바를 누르거나 보기 | 통계(S)을 클릭하면 표시된다. 예를 들어, 그림 5.20에 있는 테이블은 총 이익에 대한 시뮬레이션으로 얻어진 기초 통계량을 보여주고 있다. 제2장 리스크로부터 부를 창출하기에서 이 통계량들을 상세하게 다루고 있다.

그림 5.20 예측창의 통계량 결과 화면

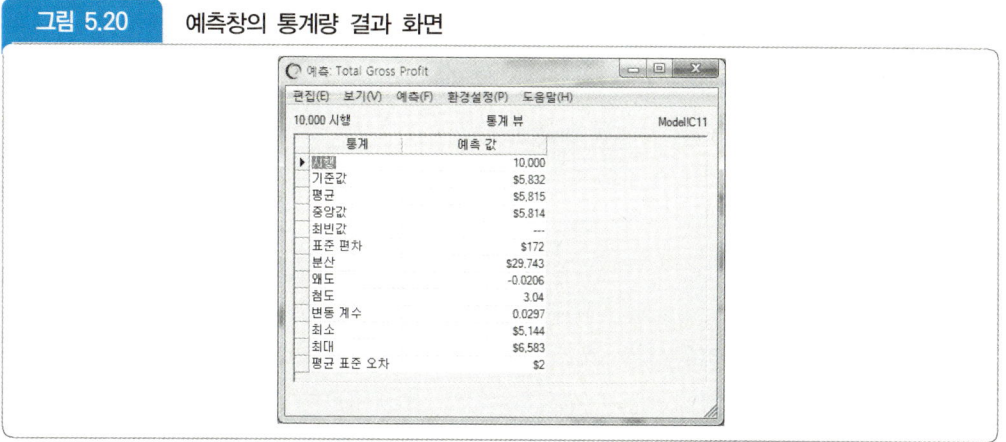

여기에서 설명된 예제는 매우 간단한 것이지만 보다 복잡한 시뮬레이션의 수행에 필요한 기본 체계와 요소를 잘 설명하고 있다. 다음 장부터는 시뮬레이션, 예측, 최적화 툴의 각 응용 단계를 살펴봄으로써 몬테카를로 시뮬레이션을 보다 상세하게 살펴보게 될 것이다. 그리고 Part 6에서는 이러한 고급 분석 툴에 대한 요약 내용과 분석가가 이러한 툴을 사용하면서 저지를 수 있는 실수들, 그리고 경영진이 이러한 문제를 파악하고 사용된 가정과 분석 기법에 대해 의문을 제기할 수 있는 방법에 대해서 설명하게 될 것이다.

간단한 사례: TRW

융통성과 효율성의 제고

TRW Inc.는 자동차, 우주, 방위, 정보 기술 시장을 대상으로 첨단 기술 또는 엔지니어링 지식을 기반으로 한 첨단 기술 제품 및 서비스 제공에 전략적인 주안점을 두고 있는 세계적인 제조 및 서비스 업체이다. TRW는 SAIC, RMS, JTA, CTA, ARNIC 등 여러 컨설팅 업체와 제조 업체가 참여하는 프로젝트의 주 계약 업체이다. 이들 컨소시움 업체는 연방항공국(FAA: Federal Aviation Administration)의 시스템 아키텍처 및 투자 분석(ASD: Office of System Architecture and Investment Analysis) 과제를 완수해야 했다.

데니스는 TRW의 투자 분석 및 운영 분석 부문의 과업 담당 매니저로 최근 일상 업무에 시뮬레이션을 도입하기 시작했다.

데니스와 데니스가 이끄는 재무, 시스템, 프로그램 담당 분석가로 구성된 팀은 Crystal Ball을 사용하기 전에는 긴 계산을 수작업으로 마쳐야 했다. 데니스와 데니스가 이끄는 팀은 FAA의 고객들과 만나 국립 항공 자동화 시스템의 비용/효과 분석을 수행했다. 이들 시스템은 항공 안전, 신뢰성, 효율성을 제고하기 위한 FAA 자본 투자 계획(CIP: Capital Investment Plan)에서 규정한 개선 활동의 일부였다.

데니스와 데니스가 이끄는 팀이 맡은 과업 중에는 항공 자동화 시스템의 수명 주기 전반에 거쳐 비용과 원가를 추정하는 작업도 포함되어 있었다. 최근 데니스와 그 팀은 몬테카를로 시뮬레이션을 이용하여 몇몇 프로그램의 리스크를 평가하고 예산의 80% 신뢰 수준을 추정했다. 한 모델에서는 과거 정보를 바탕으로 40가지의 서로 다른 변수를 변화시키기도 했다.

이 과정에서 Crystal Ball은 전통적인 스프레드시트 분석 시에 사용되는 시간과 업무량을 줄여주어 팀이 발휘할 수 있는 융통성과 효율성을 제고해 줌으로써 핵심적인 역할을 했고 불확실한 미래에 대한 높은 신뢰 수준을 달성할 수 있었다.

데니스의 팀은 Crystal Ball을 이용해 프로그램에 잠재적으로 영향을 줄 수 있는 연간 비용 요인 및 총 비용 요인을 손쉽게 결정하고, 이를 바탕으로 의사 결정을 최적화할 수 있는 모델을 개발했다. 또 토네이도 차트를 이용, 분석가들은 이러한 요인을 프로그램에 대한 상대적 리스크를 기준으로 확인해볼 수 있었다. 토네이도 차트는 잠재적으로 overlay chart, trend chart, create report option과 함께 직원 업무량을 줄이는 동시에 제품 품질 수준을 유지하는데 사용할 수 있다.

간단한 사례:
Dupont Merck

제약 업계에의 적용

듀퐁 머크(DuPont Merck)는 연구 업무에 주력하는 제약 업체이다. 제약 부문의 연구를 통해 약물 치료 분야에서 많은 발전이 이루어졌다. 하지만 제약 연구에는 본질적으로 엄청난 리스크와 불확실성이 수반된다. 개발 대상이 될 1개의 화학 물질을 선택하기 위해 1,000개 이상의 화학 물질이 테스트된다. 또 개발 대상이 된 10개의 화학 물질 중 FDA의 승인을 받는 경우는 평균 1개에 불과하다.

개발할 적절한 화학 물질 포트폴리오를 선택하는 것은 약물 개발에서 중요한 부분이다 - 이 포트폴리오를 통해서 적절한 원가와 리스크 수준에서 예상 매출 수준이 결정된다. 시뮬레이션은 개별 프로젝트의 핵심 리스크와 불확실성의 모델을 구축하는데 사용된다. 또한 시뮬레이션을 통해 가치 및 리스크의 총 포트폴리오, 즉 잠재적인 연간 R&D 비용 및 매출의 확률 분포를 구할 수 있다.

시장에서 1위 또는 2위의 자리를 차지하는지 여부가 실현 총 매출에 영향을 주는 중요한 요인이 되는 경우가 많다. 잠재성이 큰 시장의 경우에는 10개 이상의 경쟁 업체들이 신약 물질을 개발하고 있는 경우도 있다. 이 경우 시뮬레이션을 통해 시장에서 1위나 2위의 위치를 차지하게 될 확률을 추정해볼 수도 있다. 이러한 정보는 프로젝트의 핵심적인 중간 과제 달성에 집중하는데 도움이 되는 것으로, 이를 통해 개발되는 신약이 시장에서 1위의 지위를 차지할 수 있는지 여부에 대해 합리적인 방식으로 확실성을 확보할 수 있다.

CHAPTER 06

Crystal Ball 도구 기능 활용하기

6장에서는 몬테카를로 시뮬레이션을 제공하는 Crystal Ball 소프트웨어에서 제공하고 있는 몇 가지 리스크 분석 툴들을 살펴보고자 한다. 각각의 분석 툴에 대한 이해를 돕기 위해서 Crystal Ball에서 제공하고 있는 예제를 활용하여 단계 별로 설명을 제공할 것이다. 그리고 이러한 툴은 리스크 분석 업무를 수행하는 분석가에게는 매우 중요한 의미가 있기 때문에 각 툴의 적용 가능성에 대해서도 상세히 살펴보게 될 것이다.

토네이도 차트와 민감도 차트

토네이도 차트(Tornado chart)는 시뮬레이션에서 사용할 수 있는 강력한 툴 중 하나로 분류 된다 – 토네이도 차트를 통해서 각 입력변수가 모델의 결과변수에 미치는 상석인 영향을 확인해 볼 수 있다. 즉, 토네이도 차트는 미리 설정된 값만큼 모델의 각 입력변수를 변화시켜 모델 예측값 혹은 최종 결과값의 변동의 크기를 기록한 후 가장 큰 것부터 작은 것까지 순위를 매긴다. 그림 6.1부터 그림 6.6은 토네이도 차트가 어떻게 사용되는지를 설명한 것이다. 예를 들어, 그림 6.1은 스프링의 신뢰성에 대한 엔지니어링 모델의 예제이다. 모델의 입력값(가정)에는 스프링 와이어의 직경, 코일의 직경 등이 포함된다. 그리고 모델의 결과값은 스프링의 신뢰성에 대한 특정값이다.

101

그림 6.1　스프링의 신뢰성 모델(Reliability.XLS)

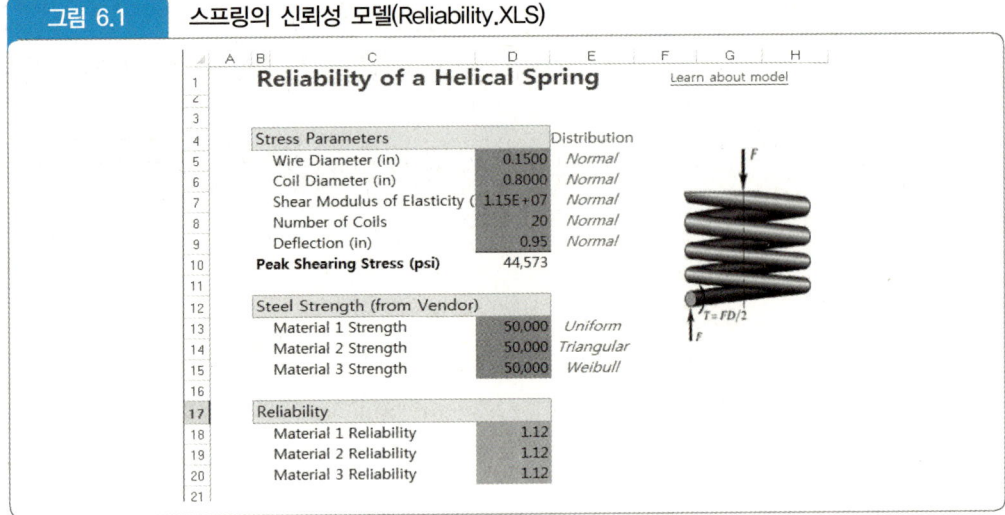

그림 6.2부터 6.4는 토네이도 차트를 작성하는 토네이도 차트 마법사의 각 단계를 설명하고 있다. 토네이도 차트는 Crystal Ball의 메뉴(도구 | 추가도구 | Tornado Analysis(T))에서 실행시킬 수 있다.

그림 6.2에서 Material 1 Reliability가 분석 대상인 결과값으로 선택된 것을 볼 수 있다.

그림 6.2　토네이도 차트를 작성하는 3단계 중 1단계

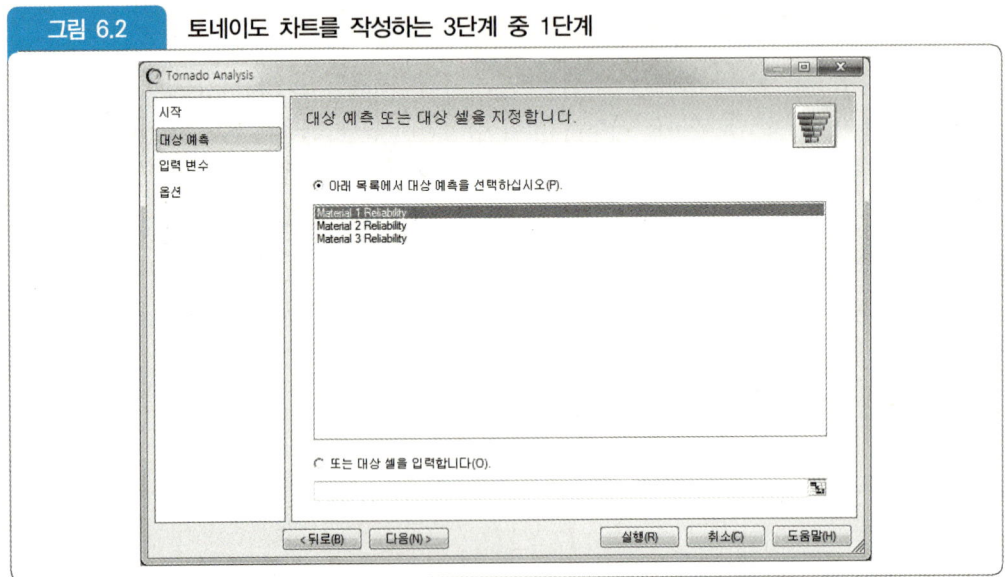

또 그림 6.3에서 Material 1 Reliability의 선행추가(P)를 선택하고 있다.

여기서 선행이란 선행변수를 의미한다. 선행변수는 모델의 결과값에 영향을 주는 모든 입력 변수 및 중간 변수를 의미한다. 예를 들어, 모델은 A = B + C 이고, C = D + E 라면 B, D, E 가 A의 선행변수이다(C는 중간 과정에서 계산된 값이므로 여기서는 선행변수가 아니다).

그림 6.3   토네이도 차트를 작성하는 3단계 중 2단계

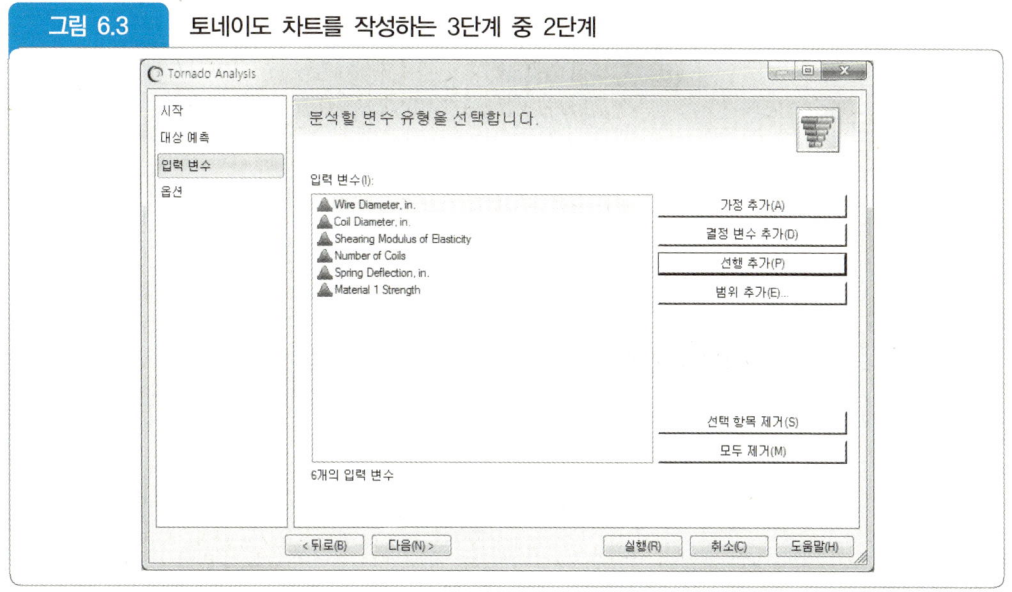

그림 6.4는 목표된 결과값을 추정하기 위해 사용된 각 선행변수의 테스트 범위를 설정하는 화면이다. 선행변수가 단순 입력값인 경우 테스트 범위는 선택된 범위(예: ±10%)에 따라 단순하게 변하게 된다. 하지만 Crystal Ball의 입력 가정이 선행변수로 선택되는 경우에는 변화 범위가 다소 넓어질 수 있다(이 예제에서는 분포의 20%에서 80%까지의 범위를 설정하고 있다). 보다 범위를 넓히는 것은 기대값을 중심으로 소폭의 변동만을 가정하는 경우보다 극단적인 값을 더 잘 테스트할 수 있다는 점에서 중요하다. 극단적인 값에 의해 미치는 영향이 커지거나, 작아지거나, 그 영향이 비대칭적으로 발생할 수 있으며(예: 극단값이 미치는 영향은 더 커질 수도, 작아질 수도, 비대칭적일 수도 있다. 비선형성은 규모의 경제효과가 증가하거나 감소할 때, 변수값이 커지거나 작아지면서 사소한 변화들이 모델에 반영될 때 발생한다), 이러한 경우에는 테스트 범위가 넓어야만 이와 같은 비선형효과를 포착할 수 있다.

그림 6.4   토네이도 차트를 작성하는 3단계 중 3단계

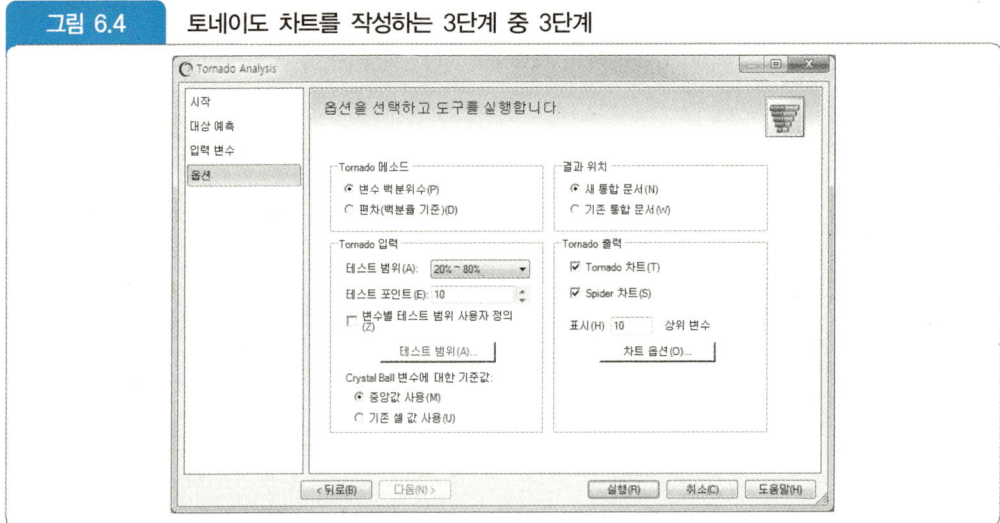

그림 6.5는 위의 3단계를 거쳐 작성된 토네이도 차트로 자재 강도(Material strength)가 자재의 신뢰성에 가장 큰 영향을 미치는 요소임을 알 수 있다. 또한 신뢰성에 영향을 미치는 다른 요소로는 코일 지름(Coil Diameter in), 코일의 수(Number of Coils) 등을 들 수 있다. 그림 6.5에서 서로 다른 색깔로 표시된 막대는 각 입력 변수가 결과값에 어떤 방향으로 영향을 미치는지(예: 상관계수의 부호)를 나타내는 것이다. 그리고 이러한 분석과 관련된 결과를 통계 수치로 나타낸 화면은 그림 6.6과 같다.

그림 6.5   토네이도 차트(Tornado Chart)

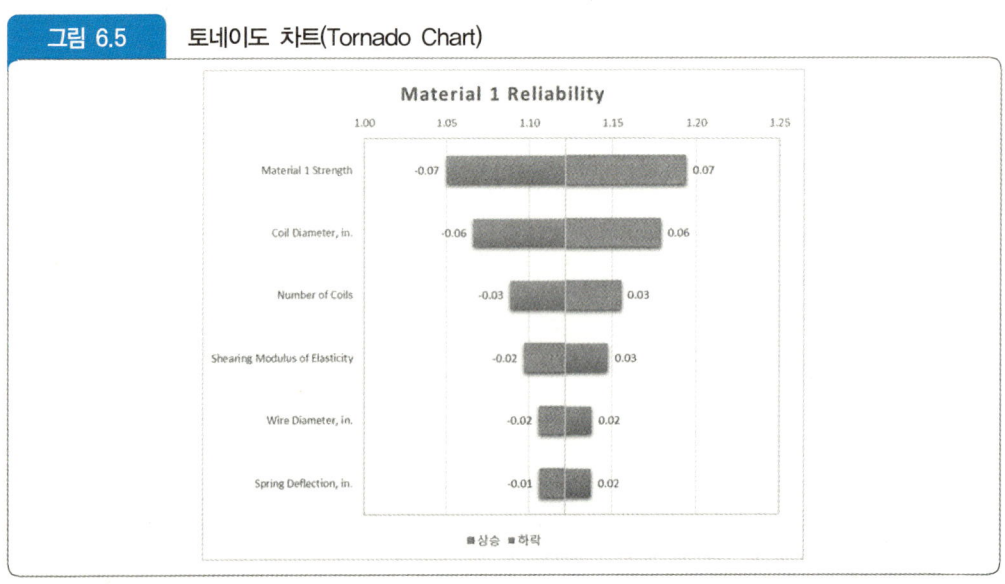

그림 6.6 토네이도 차트 결과 표

입력 변수	하락	상승	범위	설명된 변동[1]	하락	상승	기준값
Material 1 Strength	1.05	1.19	0.14	49.01%	46,800	53,200	50,000
Coil Diameter, in.	1.07	1.18	0.11	79.07%	0.7808	0.8192	0.8000
Number of Coils	1.09	1.15	0.07	89.55%	19.41	20.59	20.00
Shearing Modulus of Elasticity	1.15	1.10	0.05	95.50%	1.12E+07	1.18E+07	1.15E+07
Wire Diameter, in.	1.14	1.11	0.03	97.82%	0.1481	0.1519	0.1500
Spring Deflection, in.	1.14	1.11	0.03	100.00%	0.94	0.96	0.95

(열 헤더: Material 1 Reliability / 입력)

토네이도 분석은 모델의 각 입력 변수에 대해 정적(Static)인 민감도 분석을 실행한 것이다 — 즉, 각 변수를 개별적으로 변화시킨 후 그 결과를 취합한다. 리스크 분석에서 수행해야 할 가장 첫 번째 작업은 모델에 가장 영향을 많이 미치는 요소를 파악하는 것이다. 그리고 그 다음 단계는 이와 같이 영향이 큰 요소 중 불확실성을 가지고 있는 요소를 파악하는 것이다. 이와 같은 불확실한 영향 요인은 프로젝트의 핵심 인자이며 모델의 결과값 역시 이들 핵심 인자에 따라 결정된다. 그리고 시뮬레이션은 이들 변수를 대상으로 실행해야 한다. 불확실성이 존재하지 않거나 결과에 거의 영향을 미치지 않는 변수를 대상으로 시뮬레이션을 수행하는 것은 시간 낭비다. 토네이도 차트는 이러한 핵심 인자를 신속하고 손쉽게 파악하는데 도움이 되는 툴이다.

이와 관련된 기능으로는 민감도 차트(Sensitivity Chart)가 있다. 토네이도 차트는 시뮬레이션을 수행하기 전에 적용하는 정적(Static)인 분석 기법이지만 민감도 차트는 여러 가정이 동시에 변화하면서 그 상호 작용이 결과의 변동 크기에 미치는 영향력을 파악한다는 측면에서 동적(Dynamic)인 분석 기법이라고 할 수 있다. 즉, 토네이도 차트는 결과에 가장 큰 영향을 주는 변수가 무엇인지, 그리고 시뮬레이션을 수행하는데 적합한 변수가 무엇인지를 파악하는데 사용된다. 반면 민감도 차트는 모델에서 상관관계가 존재하는 여러 변수를 시뮬레이션 할 때 결과에 미치는 영향을 파악하는데 사용된다. 이러한 사항은 그림 6.7과 그림 6.8을 통해 명확하게 파악할 수 있다. 그림 6.7은 시뮬레이션을 실행 후 생성된 민감도 차트이다(분석 | **차트보기 | 민감도차트**를 선택한 후 차트 제목을 선택하고 Open을 클릭한다).

핵심 인자의 순위가 토네이도 차트와 비슷하다는 점에 유의한다. 그러나 상관관계를 고려하면 그림 6.8과 같이 전혀 다른 결과가 나오게 된다.

그림 6.7 상관관계를 고려하지 않는 민감도 차트

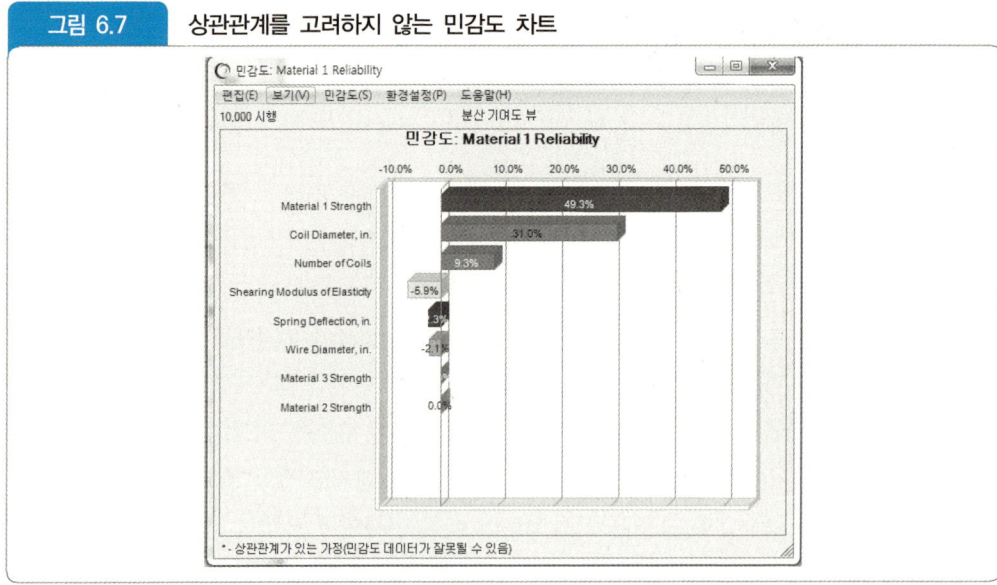

예를 들어, Wire diameter가 Material 1의 신뢰성에 거의 영향을 주지 않지만 일부 입력 변수(가정) 간에 상관관계가 존재하면 이들 변수 간의 상관관계로 인해 Wire diameter의 영향이 더 커지게 된다(상관관계가 있는 입력변수는 그림 6.8의 민감도 차트 왼쪽에 '*'표로 표시되어 있다). 그러므로 많은 변수들에 대해 가정하거나 다중상관관계로 얽혀 있는 모델의 교호작용을 명확하게 이해하려면 민감도 차트를 통해 이들 상관관계가 분산에 미치는 영향을 파악해 볼 필요가 있다.

그림 6.8 상관관계를 고려한 민감도 차트

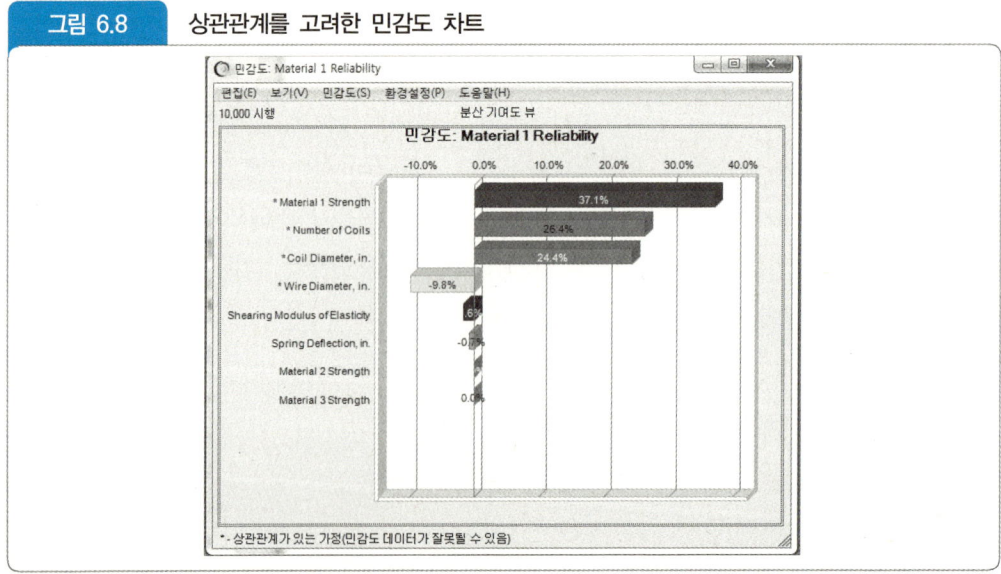

분포의 상관관계 정의 및 적합, 그리고 정확도 조정

민감도 차트를 토네이도 차트와 비교하는 동시에 앞에서 간략하게 살펴본 확률분포로 정의한 가정 간의 상관관계를 파악해보는 것 역시 시뮬레이션 결과의 신뢰성을 높이는데 중요한 역할을 할 수 있다. 만약 일부 가정 사이에 상관관계가 존재한다면 이들 가정을 이용해 수행하는 시뮬레이션에도 이러한 상관관계가 고려되어야 한다. 경제학에서 수요의 법칙을 예로 생각해 보자. 다른 조건이 모두 동일하게 유지된다면 제품의 가격이 비싸질수록 그 수요는 적어지고 그 반대의 경우도 마찬가지이다. 하지만 가격과 판매량이 모두 불확실한 간단한 수익 모델에서 가격과 판매량 간에 음의 상관관계가 존재한다는 가정을 하지 않고 시뮬레이션을 수행한다면 그 결과로 얻어지는 수익 추정값은 틀린 값이 될 것이다. 즉, 몬테카를로 시뮬레이션을 수행할 때 랜덤하게 시뮬레이션이 실행될 것이고 이에 따라 가격이 높아지면서 판매량도 많아지는 경우가 발생할 수 있고 그 결과 수익 예측값이 과대 계상될 것이다. 하지만 실제로는 이런 상황이 발생하지 않으므로 모델의 예측값은 잘못된 것이라고 할 수 있다. 이런 경우 모델에 음의 상관관계를 설정해야 한다. 그림 6.9는 네 종류의 금융자산으로 구성된 포트폴리오로, 각 자산의 수익률은 불확실한 것으로 가정하고 시뮬레이션을 실행한다.

그림 6.9 포트폴리오 모델 예제

	A	B	C	D
1	**Portfolio Allocation Model with Correlation**			
2				
3	**Fund**	**Historical Data**	**Distribution**	**Actual Return**
4	**Large Cap Stocks**	H2:H251	*Normal*	12.51%
5	**Small Cap Stocks**	I2:I251	*Normal*	17.13%
6	**Micro Cap Stocks**	J2:J251	*Normal*	21.93%
7	**Government Bonds**	K2:K251	*Normal*	6.06%
8				
9				
10	**Fund**	**% Invested**	**Min. Invested**	**Max. Invested**
11	**Large Cap Stocks**	23.5%	0%	100%
12	**Small Cap Stocks**	13.6%	0%	100%
13	**Micro Cap Stocks**	6.9%	0%	100%
14	**Government Bonds**	56.1%	0%	100%
15				
16	***Initial Value of Portfolio***	**$ 250,000**		
17				
18	***Total expected return***	**10.17%**		
19	***Final Value of Portfolio***	**$ 275,424**		

분명 이 자산의 수익률들은 부분적으로 상관관계가 있을 것이다. 분석가는 과거 데이터를 이용하거나 기대값을 이용해 상관계수를 구할 수 있다. 데이터나 정확한 근사값이 없어 상관계수에 대한 적절한 추정값을 구할 수 없는 경우라도 경험적으로 상관계수에 대한 직관적인 기대값이 있다면 이를 이용할 수 있다. 가장 일반적으로 사용되는 상관계수는 다음과 같다.

−0.75(유의한 음의 상관관계)	+0.75(유의한 양의 상관관계)
−0.5(높은 음의 상관관계)	+0.5(높은 양의 상관관계)
−0.25(약한 음의 상관관계)	+0.25(약한 양의 상관관계)
0(상관관계 없음)	

예를 들어, 입력변수 간에 음의 상관관계가 크게 존재하는 것이 확실한 경우에는 데이터가 없어 상관관계를 정의하지 않는 것 보다는 직관적인 경험에 근거하여 상관관계를 고려하는 것이 보다 정확한 결과를 얻을 수 있다. 그림 6.10은 Crystal Ball의 가정을 정의하는 대화 상자에서 상관관계를 설정하는 기능을 표시하고 있다. 또 그림 6.11은 목록에서 가정을 선택하고(그림에서는 small cap stocks이 선정된 상태임) 상관계수를 직접 입력하거나 연결함으로써(그림에서는 O2셀 또는 0.57이 입력됨) 여러 변수 간의 상관관계를 설정하는 방법을 보여주고 있다. 서로 상관있는 변수들이 많을 경우 Crystal Ball에서 **정의 | 상관관계 정의** 기능을 사용하여 두 변수 간의 상관계수를 자동으로 입력시킬 수 있다.

그림 6.10 Crystal Ball에서의 가정 간의 상관관계 예제

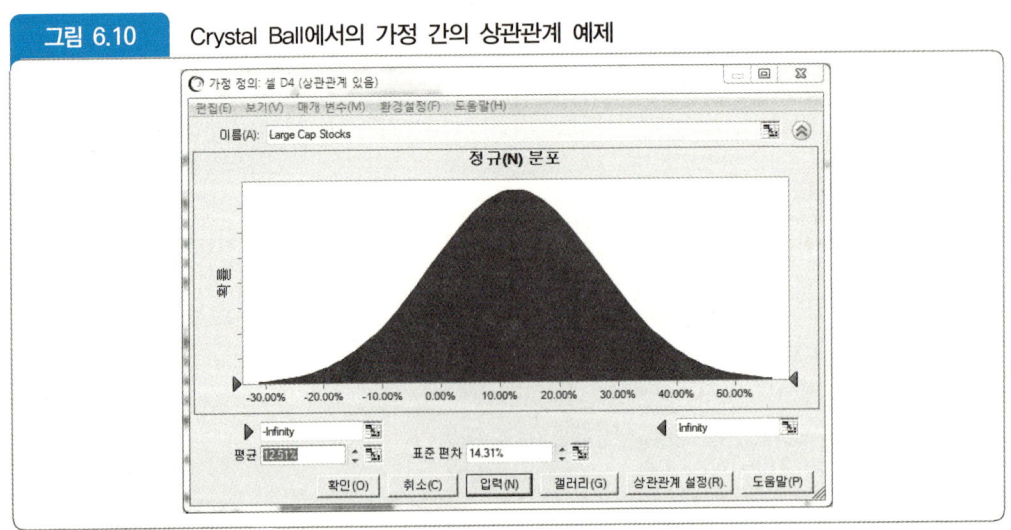

그림 6.11   가정 간의 상관계수 설정하기

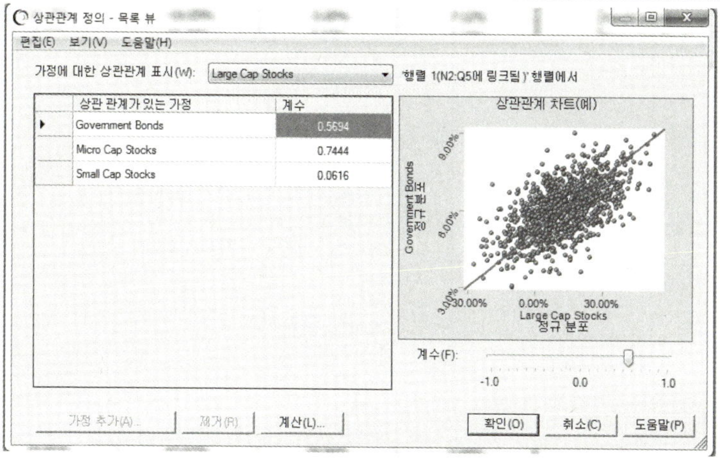

 Crystal Ball에서 사용할 수 있는 또 하나의 강력한 기능은 분포 적합(Distributional Fitting) 기능이다. 즉, 분석가가 모델의 특정 변수에 대해 어떤 분포를 사용할 것이며 관련 분포의 모수가 무엇인지를 결정하는 기능이다. 특정 변수에 대한 과거 데이터가 존재하지 않는다면 분석가는 해당 변수에 대해 가정을 세워야 한다. 이 경우 사용할 수 있는 방법 중 한 가지가 Delphi 방법이다. Delphi 방법은 전문가 몇 명이 모여 각 변수의 분포와 관련하여 추정을 해 보는 것이다. 예를 들어, 기계 전문 엔지니어들이 엄격한 실험이나 자신들의 감을 통해 추정해 봄으로써 스프링 코일 지름이 극단값을 가지게 될 확률을 평가해 볼 수 있다. 그리고 이러한 과정을 통해 도출된 값을 입력모수(예: 극단 값이 0.5와 1.2인 균일 분포)로 사용할 수 있다. 테스트를 할 수 없는 경우(예: 시장 점유율 및 수익 성장률)에는 경영진이 잠재적 값에 대해 추정하여 비관적인 경우, 가장 가능성 있는 경우, 낙관적인 경우의 시나리오를 산정할 수 있다.

 하지만 믿을 수 있는 과거 데이터가 있는 경우에는 분포를 적합해 볼 수 있다. 과거의 패턴이 유지되고 과거의 추세가 반복된다고 가정하면 과거 데이터를 이용해 최적분포를 모수와 함께 추정하여 시뮬레이션 할 변수를 보다 잘 정의할 수 있다. 그림 6.12부터 그림 6.16은 분포 적합 예제에 대한 설명이다. 그림 6.12는 대형주(large cap stocks)의 과거 수익률이며 그림 6.13은 Crystal Ball의 분포갤러리에 있는 분포 적합 기능(가정정의 | **분포갤러리** | **적합(F)**)을 나타내는 것이다. Crystal Ball의 Batch Fit 기능(도구 | **추가도구** | Batch Fit(F))을 이용하면 여러 변수를 동시에 적합 시킬 수 있다. 또 그림 6.14와 그림 6.15는 분포 적합 여부를 검증하기 위한 분포 적합 2단계 프로세스를 설명하고 있다.

그림 6.12 대형주의 과거 수익률 예제

Large Cap Stocks
30.28%
14.15%
6.94%
6.29%
1.84%
20.42%
26.43%
44.23%
28.02%
21.98%
39.85%
18.07%
3.04%
25.92%
2.06%
15.68%
19.22%
3.57%
9.10%
10.75%
11.09%
11.46%
-22.99%
-19.87%
25.81%
13.27%

그림 6.13 Crystal Ball의 분포 갤러리

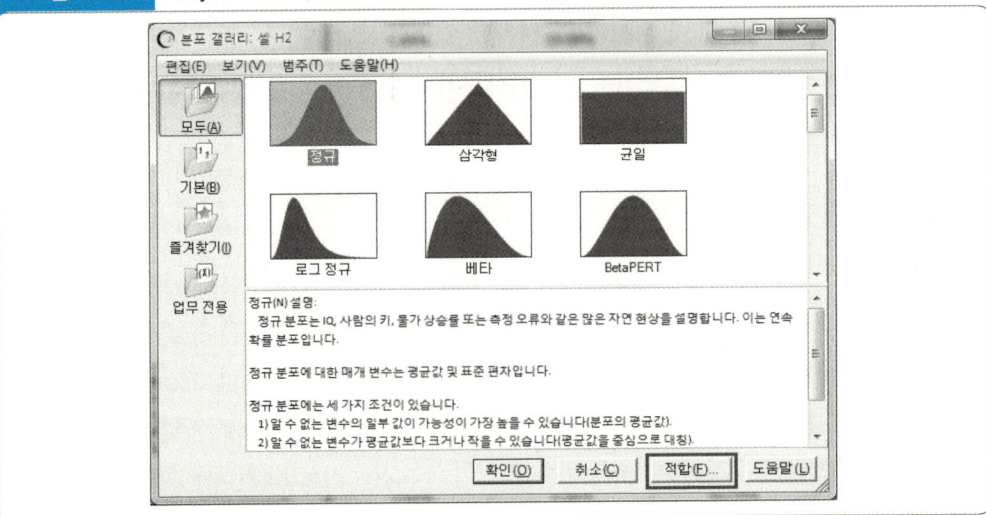

| 그림 6.14 | 분포 적합 |

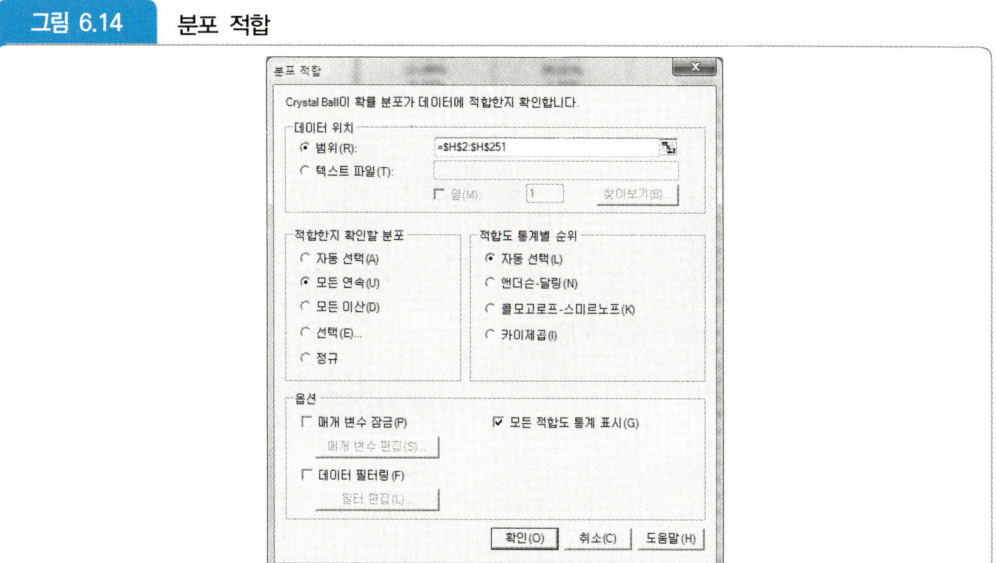

분포 적합 과정에서 카이제곱 검정(chi-square test), 콜모고로프-스미르노프 검정(Kolmogorov-test), 앤더슨-달링 검정(Anderson-Darling test)의 세 가지 순위 검정 방법(Ranking Method)을 사용할 수 있다(그림 6.14 참조). 분포의 적합성 여부를 판단하는 기준은 그림 6.15에서 제공하고 있는 P-value와 유의수준을 비교하는 것이다. 일반적으로 유의수준 5%를 기준으로 P-value가 클 경우(유의수준 5% < P-value) 적합한 분포라고 할 수 있다. 예를 들어 대형주 데이터에 적합한 분포를 찾기 위해 앤더슨-달링 검정을 선택하는 경우를 살펴보기. 그림 6.15에서 보면 P-value가 유의수준 5%보다 큰 스튜던트 t, 정규분포, 로그 정규분포, 베타분포, 감마분포, 로지스틱분포, 와이블 분포 등을 활용할 수 있다. 정규 분포를 사용할 경우 평균이 12.51%이고 표준편차가 14.31%인 정규분포가 된다.(그림 6.15 참조). 이러한 분포 적합 툴은 시뮬레이션 분석에서 어림짐작이 이루어지는 부분을 제거해준다. 즉, 특정 변수의 정확한 분포를 짐작하는 대신 과거 데이터를 이용하여 최적 분포를 알아내는 것이다. 위의 세 가지 검정 방법에 대한 보다 상세한 내용은 본 6장의 부록 적합도 검정(Goodness of Tests)에서 설명하고 있다.

그림 6.15   비교 차트(comparison chart)

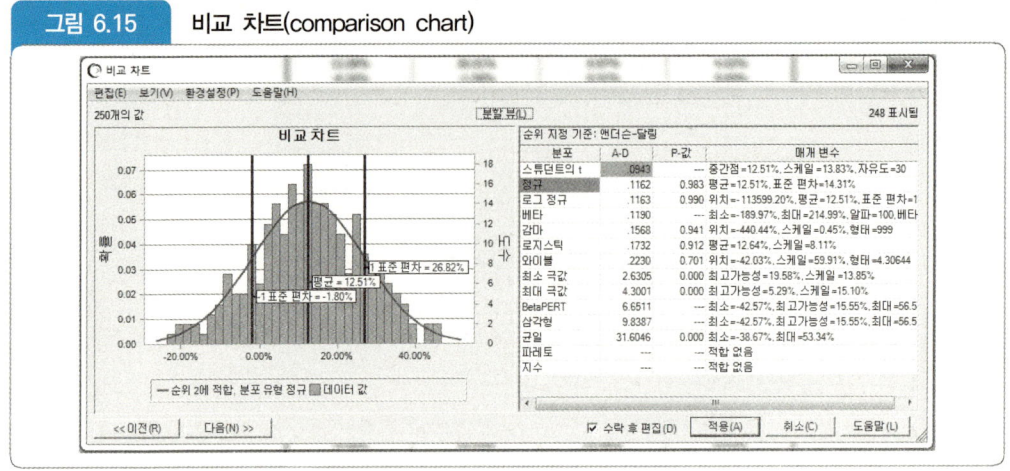

정도(Precision) 조정

몬테카를로 시뮬레이션의 또 한 가지 강력한 기능으로 정도(Precision) 조정 기능을 들 수 있다. 복잡한 모델일 경우 시뮬레이션을 몇 번이나 실행해야 할까? 정도 조정 기능은 지정된 정도 수준이 충족되면 시뮬레이션을 중단시켜 적절한 실행회수를 추정할 수 있게 해준다. Crystal Ball은 정의 | 예측정의 | 정밀도 탭에서 규정하는 개별 예측값의 정도 옵션과 **실행 | 실행 환경설정 | 시행** 탭에서 "**정밀도 제어 제한 도달 시 중지**"를 체크하면 신뢰 수준을 결합하여 신뢰 구간을 계산 한다. 즉, 예측 정의(그림 6.16 참조)와 실행 환경설정(그림 6.17 참조) 두 곳에서 규정해 주어야만 정도 조정 기능이 수행된다.

| 그림 6.16 | 정도 조정을 위한 예측 정의 대화상자 |

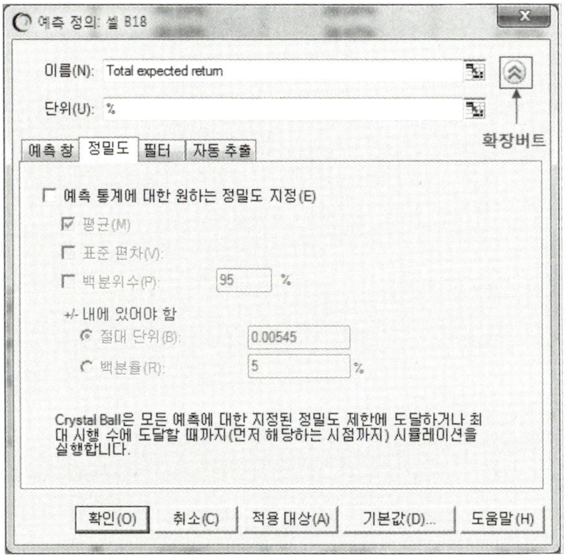

정도 조정 기능을 이용하면 세 가지 예측 통계량 중 한 가지의 정도를 원하는 수준으로 설정할 수 있다. 그리고 Crystal Ball의 시뮬레이션은 신뢰 구간을 계산하면서 요구되는 정도에 도달할 때까지 계속 수행된다. 일반적으로 실행횟수가 많아질수록 신뢰구간은 좁아지고 통계량의 정확도는 높아진다. Crystal Ball의 정도 조정 툴은 이와 같은 신뢰구간의 특성을 이용하여 특정 통계량의 지정된 정도에 언제 달성됐는지를 알려준다. 즉, 지정된 정도를 신뢰구간과 비교하여 계산된 신뢰구간이 지정된 정도를 만족하게 되면 시뮬레이션이 종료된다. 정도는 각 예측값 별로 예측값의 절대값 또는 백분율로 표시된 상대값으로 지정할 수 있다. 그리고 절대값과 상대값을 사용하는 경우 각각의 장단점이 존재한다.

그림 6.17　정도 조정을 위한 실행 환경설정 대화상자

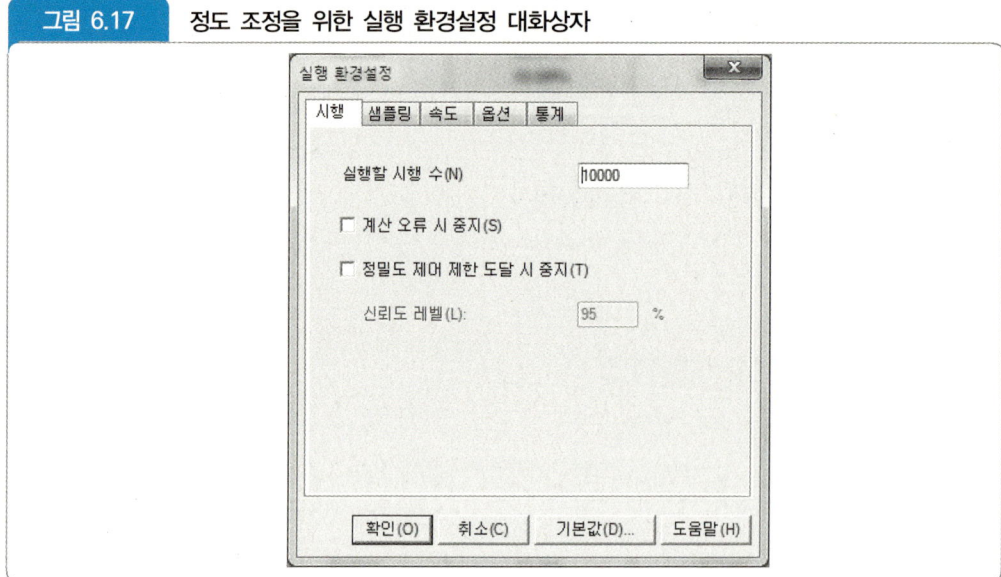

　예측값 분포의 모양이나 척도를 거의 모르고 전반적인 분포 자체의 정도에만 관심이 있는 경우 상대값을 이용하여 정도를 규정하면 시뮬레이션에 대한 사용자의 통제 수준을 높일 수 있다. 예를 들어, 특정 변수의 분포 범위가 25,500달러에서 64,000달러인지 아니면 2,550만 달러에서 6,400만 달러인지 모르거나 이에 대해 관심이 없을 수도 있다. 시뮬레이션을 통해 얻어지는 추정평균이 평균을 중심으로 ±5% 범위에 존재 하는지 여부에만 관심이 있을 수도 있다. 하지만 예측 통계량이 전체 분포를 기준으로 볼 때 0에 가까운 값을 가지게 되면 상대값을 이용한 정도 조정이 단점이 드러나게 된다. 예를 들어, 손익분기점 0을 중심으로 평균에 대해 5%(대략 50만 달러)의 상대적 정도 수준을 지정하면 예측값의 분포는 매우 좁은 신뢰구간을 갖게 되고 (전체 범위 4,910달러에 비해) 만족스러운 결과를 얻기 위해 엄청난 회수의 시뮬레이션이 실행될 수 있다.

　예측값 분포의 모양이나 규모를 개략적으로 알고 있는 경우에는 절대값을 이용하여 정도를 지정함으로써 시뮬레이션에 대한 사용자의 통제 수준을 높일 수 있다. 예측값의 범위가 2,550만 달러에서 6,400만 달러인 경우 ±10만달러 또는 기타 값으로 평균의 정도를 지정할 수 있다. 하지만 동일한 예측값 범위에 대해 정도를 절대값인 ±1,000달러로 지정하면 엄청나게 많은 시뮬레이션을 실행해야 한다. 그러므로 절대값을 이용해 정도를 지정하는 경우에는 합당한 정도 값을 결정하기 전에 실험을 거쳐봐야 한다는 단점이 있다.

　오차(Error), 정도(Precision), 신뢰성(Confidence)이란 세 용어를 서로 혼동하지 않도록 유의해야 한다. 이들 용어는 서로 유사해 보이지만 그 개념은 매우 다르다. 예를 들어, 타코

요리에 사용되는 셸(taco shell)을 생산하는 업체를 운영하고 있고, 100 단위 포장 상자 당 몇 개의 셸이 파손되는지 알고 싶다고 가정해 보자. 이 경우 이미 포장이 된 100개 단위 박스의 표본을 추출한 후 이들 박스를 열고 실제 몇 개의 셸이 파손되었는지를 세어 보는 방법을 사용해 볼 수 있다. 하루 생산량이 백만 상자이고(이것이 모집단임) 랜덤하게 10개의 상자를 선택해서 열어 봤다고(10이 표본 크기(Sample Size)로 시뮬레이션에서는 실행(Trials) 회수임) 생각해 보자. 각 상자에서 파손된 셸의 개수는 각각 24, 22, 4, 15, 33, 32, 4, 1, 45, 2였다. 이를 바탕으로 파손된 셸의 표본 평균을 계산하면 18.25이고 80% 신뢰구간은 (2, 33) 이다(즉, 주어진 표본 크기 또는 주어진 실행회수를 기준으로 볼 때 파손된 셸의 수가 2와 33 사이일 확률이 80%). 그런데 18.2가 정확한 평균이라는 것을 어느 정도나 확신할 수 있을까? 표본 크기 10이 충분히 큰가? (2, 33)이라는 신뢰 구간은 너무 넓고 변동폭이 크다. 오차가 ±2 이내에 있을 확률이 90%인 보다 정확한 평균을 구한다고 하자 - 이는 특정 일자에 생산된 모든 상자를 개봉하여 파손된 셸의 개수를 확인해 볼 때 그 개수가 특정한 평균값 ±2의 범위에 속하는 상자가 90만개가 되기를 바란다는 뜻이다. 이러한 정도를 확보하려면 몇 개의 타코 셸 박스를 표본으로 개봉해야(몇 번의 실행을) 할까? 위에서 2개의 타코 셸이 오차수준(Error Level)이고 90%는 정도 수준(Precision Level)을 나타낸다. 실행회수가 충분히 커진다면 90%의 신뢰수준은 90%의 정도 수준과 동일해 질 것이고 이 경우에는 오차가, 그리고 신뢰성이 ±2가 되는 보다 정확한 평균값을 구할 수가 있다. 예를 들어, 평균이 20이라면 90% 신뢰구간은 (18, 22)가 될 것이고, 이 구간이 정확할 확률은 90%로 특정일에 생산된 타코 셸 상자 100만 개를 모두 개봉했을 때 이중 90만개 상자의 파손된 타코 셸의 수가 18과 22 사이에 있게 될 것이다. 여기서 필요한 실행회수는 다음과 같은 표본오차 방정식으로 구할 수 있다:

$$\bar{x} \pm Z \frac{s}{\sqrt{n}}$$

여기서 $Z(\frac{s}{\sqrt{n}})$은 오차로 설정된 2개의 타코 셸을, $\bar{x}$는 표본평균을, Z는 90%의 정도 수준에 대한 표준정규분포의 Z값(본 책의 마지막 부분에 수록되어 있는 표준정규분포표 참조)을, s는 표본 표준편차를, n은 지정된 정도에서의 오차수준을 달성하기 위해 필요한 실행회수를 각각 의미한다. 예를 들어, 10번 실행한 결과 표준편차는 15.45이고 90% 정도 수준에 상응하는 Z값이 1.645(표준정규 분포표) 보면 0.45에 대한 Z값이 대략 1.645이다)라고 가정해 보자. 이를 위의 식에 대입해서 ±2의 오차수준에 대해 풀어보는 식은 다음과 같다:

$$\pm 2 = \pm 1.645 \frac{15.45}{\sqrt{n}}$$

이 식을 n에 대해 풀이해 보면 n = 162라는 최소한의 필요 실행회수가 계산된다. 그림 16.7과 16.8은 Crystal Ball에서 복수의 시뮬레이션 예측값에 대해 정도가 달성되면 시뮬레이션이 중단되도록 하는 정도 조정 방법을 설명하고 있다. 이러한 기능을 사용하면 사용자는 시뮬레이션 시 필요한 실행회수를 스스로 결정할 필요가 없으므로 임의적인 추정에 의한 가능성을 없앨 수 있다.

부트스트랩 시뮬레이션

부트스트랩 시뮬레이션(Bootstrap Simulation)이란 예측 통계량 또는 표본의 원래 데이터의 신뢰성 또는 정확성을 추정하는데 사용되는 간단한 기법을 말한다(그림 6.18은 부트스트랩 시뮬레이션의 결과에 대한 예제이다). 전통적인 방식에서는 표본 통계량의 정확도를 설명하기 위해 수학 공식을 사용했다. 전통적인 방식에서는 표본 통계량의 분포가 정규분포에 근사 된다고 가정함으로써 통계량의 표준오차 또는 신뢰구간을 상대적으로 손쉽게 계산했다. 하지만 통계량의 표본분포가 정규분포를 따르지 않거나 분포를 손쉽게 파악할 수 없는 경우에는 이러한 전통적인 기법을 사용하기가 어렵고 무의미하다. 반면에 부트스트랩 시뮬레이션은 데이터에 대해 반복적으로 표본을 추출하고 각 표본 추출 시마다 달라지는 통계량의 분포를 생성함으로써 과거 데이터를 바탕으로 여러 표본 통계량을 분석하게 된다.

그림 6.18   부트스트랩 시뮬레이션 결과 I

	A	B	C	D	E	F	G	H	I	J
1		예측	예상값	최빈값	표재대차	대소	복도	멸도	편애 계수	열대 표재 오차
2	Risk Assessment	8.85E-05	8.76E-05	7.20E-05	4.38E-05	1.95E-09	0.22	2.02	0.50	8.00E-06
3										
4	상관관계:									
5	평균	1.000	0.817	0.245	0.453	0.453	-0.628	-0.341	-0.238	0.453
6	중앙값		1.000	0.256	0.307	0.307	-0.733	-0.274	-0.338	0.307
7	최빈값			1.000	-0.057	-0.057	-0.182	-0.112	-0.265	-0.057
8	표준 편차				1.000	1.000	0.033	-0.259	0.700	1.000
9	분산					1.000	0.033	-0.259	0.700	1.000
10	왜도						1.000	0.587	0.562	0.033
11	첨도							1.000	0.014	-0.259
12	변동 계수								1.000	0.700
13	평균 표준 오차									1.000

그림 6.18 부트스트랩 시뮬레이션 결과 II

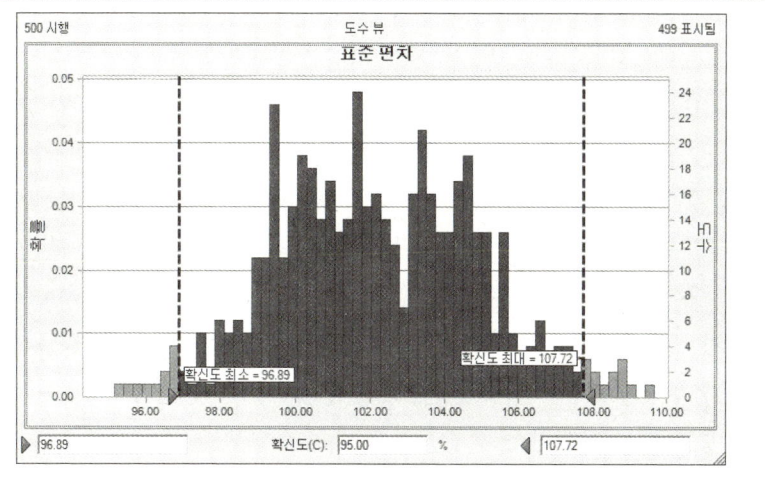

부트스트랩 시뮬레이션을 사용하는 또 다른 경우는 부트스트랩 시뮬레이션의 비모수적 성격을 활용하는 때이다. 즉, 부트스트랩 시뮬레이션을 사용하기 위해서 분포 모수에 대한 가정을 할 필요가 없다. 몬테카를로 시뮬레이션을 수행하려면 특정한 통계 분포와 관련 모수(예: 평균, 표준편차, 위치, 단위 등)에 대한 가정을 선택해야 하지만 부트스트랩 시뮬레이션은 "데이터를 통해서 현상을 설명(Let the data tell the story)"하게 하는 기법이다. 즉, 부트스트랩 시뮬레이션은 과거 데이터를 바탕으로 한 시뮬레이션 기법으로 과거 데이터를 대체시키지 않고 계속 선택하여 사용 한다.(비모수적 부트스트랩 시뮬레이션의 적용 및 일반석인 몬테카를로 시뮬레이션과의 차이에 대한 상세한 내용은 제 4 장 몬테카를로 시뮬레이션 중 평균의 오류 관련 예제를 참조한다).

부트스트랩(Bootstrap)이란 단어는 "자력으로 성공한다(To pull oneself up by one's own bootstrap)"라는 속담에서 유래된 것으로 통계량 자체의 분포를 이용해서 통계량의 정확도를 분석하는 기법이다. 부트스트랩 시뮬레이션을 수행하려면 **도구 | 추가 도구 | Bootstrap(B)**을 클릭한다. 4장에서는 비모수적 시뮬레이션으로 단순하게 큰 바구니에서 과거 데이터가 적혀 있는 골프공을 랜덤하게 선택하는 경우를 가정했다. 이 바구니 속에 365개의 골프공(각 골프공은 데이터를 의미한다)이 있다. 랜덤하게 선택한 각 골프공의 값을 대형 화이트보드에 기록한다. 선택한 골프공을 계속 돌려놓으면서 365번 꺼낸 골프공의 값을 화이트보드 첫 번째 열의 365개 행에 기록한다. 이 365개 데이터의 통계량(예: 평균, 중앙값, 최빈값, 표준편차 등)을 계산한다. 그리고 이러한 과정을 5,000번 반복했다고 생각해 보자. 이 과정이 완료되면 365개 행과 5,000개 열의 데이터가 기록된다. 이렇게 되면 5,000개의 통계량

집합(즉, 각 5,000개의 평균, 중앙값, 최빈값, 표준편차 등)의 표가 생성되고 그 분포가 나타난다. 그림 6.18은 관련 통계량들의 통계량을 보여주고 있으며 이러한 결과(색깔로 표시된 셀을 선택하고 예측값의 통계량을 본다)를 바탕으로 시뮬레이션을 통해서 얻어진 통계량의 신뢰성을 확인할 수 있다. 다시 말해서 10,000번의 실행이 이루어지는 간단한 시뮬레이션을 통해 예측값의 평균이 5달러라는 것을 알게 되었다고 가정해 보자. 분석가는 결과를 어느 정도나 확신할 수 있을까? 이 경우 부트스트랩 시뮬레이션을 사용하면 계산된 통계량인 평균에 대한 신뢰 구간을 구할 수 있으며 이를 통해 통계량의 분포에 대해서 알 수 있다. 마지막으로 부트스트랩 시뮬레이션 결과는 통계학의 대수의 법칙(Law of Large Numbers)과 중심극한정리(Central Limit Theorem)에 따라 표본평균의 평균은 불편 추정량으로 표본 크기가 커질수록 모집단의 평균값과 가까워진다는 점에서 중요하다고 할 수 있다.

2차원 시뮬레이션

리스크 분석가는 모델에서 변동의 두 원인인 불확실성(Uncertainty)과 변동성(Variability)을 고려해야 한다. 시뮬레이션에서 불확실한 변수에 대해 가정을 정의하는 것은 이 변수의 진정한 값에 대한 정보가 불충분하기 때문이다. 즉 고정적이지 않은 값들 (e.g., 투자 수익, 신약 개발 단계에서의 소요 비용, 저장 탱크에 저장된 오일의 양 등)에 대한 불충분한 정보로 인해 가정이 불확실한 상황을 의미한다. 불확실성에 대한 가정을 확률분포로 정의할 수도 있다. 이론적으로는 정보를 추가적으로 수집함으로써 이러한 불확실성을 제거할 수 있다. 하지만 실질적으로 수집을 못했거나 수집 비용이 너무 높아 정보를 수집하지 못할 수도 있다.

반면 변동성은 가정이 서로 다른 값을 가지는 모집단을 설명하기 때문에 가정 자체가 변화할 수 있다는 것을 의미한다. 즉 각기 다른 값들의 개체 (e.g., 모집단에서 몸무게 산포, 일 년간 판매된 제품의 일일 판매량, 재고품의 수명 등)를 나타내는 것을 의미한다. 변동성 가정은 도수분포를 이용해 규정하거나 확률분포를 통해 추정할 수 있다. 변동성이란 체계 내에 존재하는 특성으로 추가적인 정보를 수집해서 제거할 수 있는 것이 아니다.

여러 가지 리스크 평가와 관련하여 불확실성과 변동성을 명확하게 구분하는 것이 중요하다. 불확실성과 변동성이라는 개념을 구분함으로써 사용자는 정보의 부족에 기인하는 예측값의 변동과 측정값 또는 모집단의 자연적인 변동성에 기인하는 예측값의 변동을 보다 정확하게 파악할 수 있다. 진정한 리스크 확률을 파악하는데 단일 점 추정치보다 1차원적인 시뮬레이션이 더욱 유용했던 것과 마찬가지로 리스크의 특성을 정의하는 데는 1차원적 시뮬레이션 보다 2차원적 시뮬레이션이 더욱 유용하다.

2차원 시뮬레이션 툴(Run | Tools | 2D Simulation)에서 외부 루프(outer loop)는 가정변수 중에서 불확실성의 특징을 갖는 변수가 활용되며 내부 루프(inner loop)는 가정변수 중에서 변동성의 특징을 갖는 변수가 활용된다. 2차원 시뮬레이션은 외부루프를 실행하여 불확실성의 값을 랜덤하게 하나를 추출한 후 추출한 불확실성 값을 고정시켜 놓고 변동성으로 정의한 가정 변수를 활용하여 전체 모델의 내부 루프(Inner Loop)를 실행하여 시뮬레이션한다. 소수의 외부 시뮬레이션(Outer Simulation)이 몇 번 반복되어 예측 분포가 불확실성에 의해 어떻게 변동할 지를 개략적으로 알 수 있게 된다. 이 프로세스에서 나오는 중요한 결과물은 누적도수분포(Cumulative Frequency Distribution)이다. 이 누적도수분포는 모집단과 관련하여 발생할 수 있는 리스크의 범위로 이해할 수 있다.

그림 6.19은 간단한 유해물질 폐기 지역에 대한 모델로 가정 변수로 정의한 변수들은 몸무게, 1일 물 섭취량, 오염 물질 농도, 발암 요인(CPF: Cancer Potency Factor)이다. 2D 시뮬레이션 기능을 이용하기 위해 불확실한 변수는 오염 물질 농도와 발암 요인이며 변동성 변수는 몸무게와 하루당 물 섭취량이 된다.

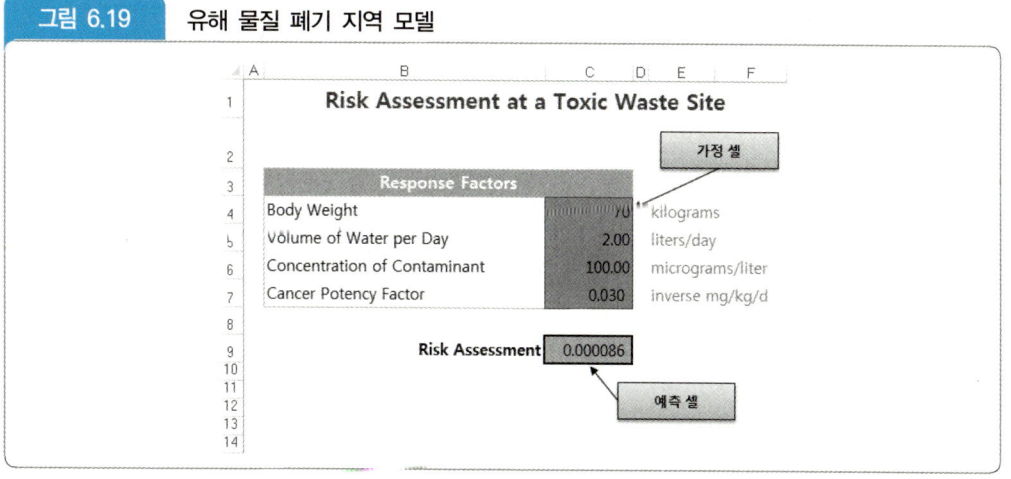

그림 6.19 유해 물질 폐기 지역 모델

그림 6.20 불확실성 변수와 변동성 변수 정의

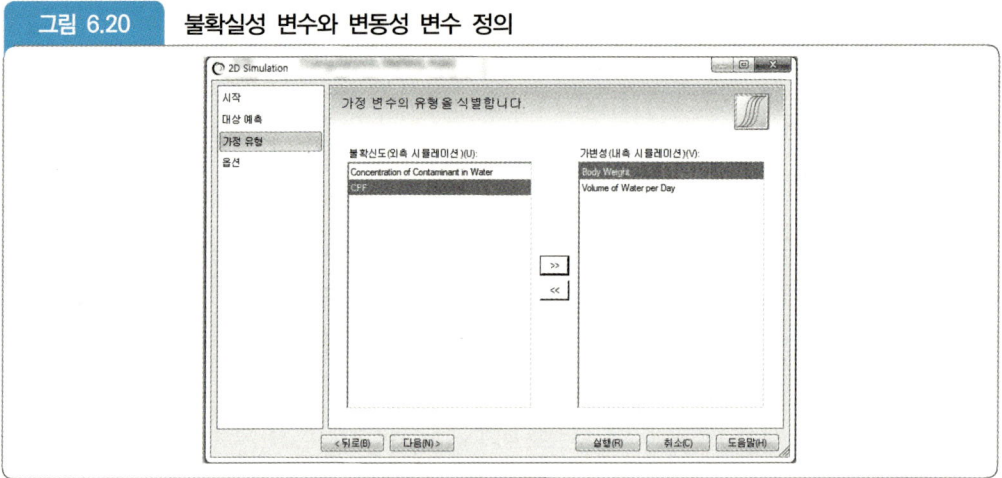

즉, 중량이 여러 다른 값으로 설정 되며 업데이트된 각 중량값 별로 전체 모델에 대한 시뮬레이션이 반복된다. 그림 6.21은 이 2D 시뮬레이션의 결과를 나타낸 것이다.

그림 6.21 2D 시뮬레이션의 결과

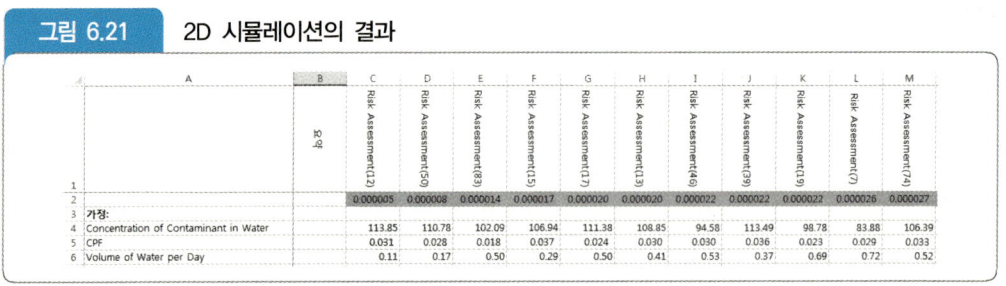

의사결정 테이블

의사결정 변수란 제품의 가격, 시추 대상 유전의 수 등 사용자가 그 값을 통제할 수 있는 변수를 말한다. 하지만 불확실성이 존재하는 상황에서는 의사결정 변수를 변화시켰을 때 예측 결과에 어떤 영향이 있는지를 항상 명확하게 알 수 있는 것은 아니다. 의사결정 테이블(도구 | 추가도구 | Decision Table(D))은 다중 시뮬레이션을 실행하여 한두 개의 의사결정 변수의 서로 다른 값을 테스트한다. 즉, 여러 의사결정 변수에 대해 그 값들을 테스트하여 테스트 결과를 테이블로 정리해서 나타내며, 사용자는 Crystal Ball의 예측 차트(Forecast chart), 추세 차트(Trend chart), 오버레이 차트(Overlay chart)를 이용해 이 테이블을 분석할 수

있다. 의사결정 테이블 툴은 몇 개의 의사결정 변수의 가치가 변화하면서 예측 결과값에 어떤 영향을 미치는지 분석하는데 유용한 도구이다. 그림 6.22에서는 제품믹스 모델로 전화 하우징 및 컴퓨터 하우징의 생산량이 의사결정 변수로 사용되고 있다.

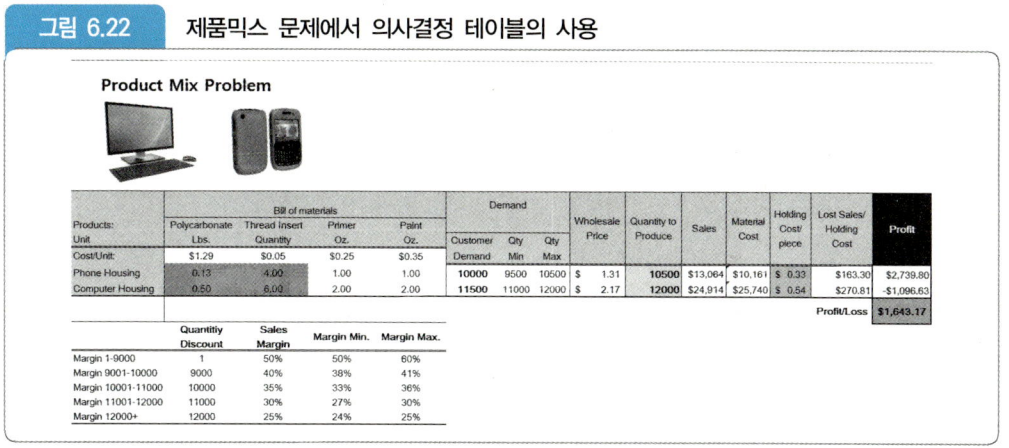

그림 6.22　제품믹스 문제에서 의사결정 테이블의 사용

여기서는 Crystal Ball의 의사결정 테이블 툴을 이용해 불확실한 입력 변수(폴리카보네이트의 중량 및 섬유 삽입 품질)에 대한 시뮬레이션을 수행하면서 계산되는 손익을 관찰하고 가능한 모든 수량 조합(사전에 설정된 범위 및 테스트 구간에 대해서)을 생성해 보고자 한다. 의사결정 테이블 툴을 이용하려면 먼저 의사결정 변수를 할당하고, 테스트 범위와 테스트 간격을 결정해야 한다. 의사결정 테이블 툴의 효과를 완전히 활용하기 위해서는 가정과 예측값(그림 6.23 참조)도 할당해야 한다.

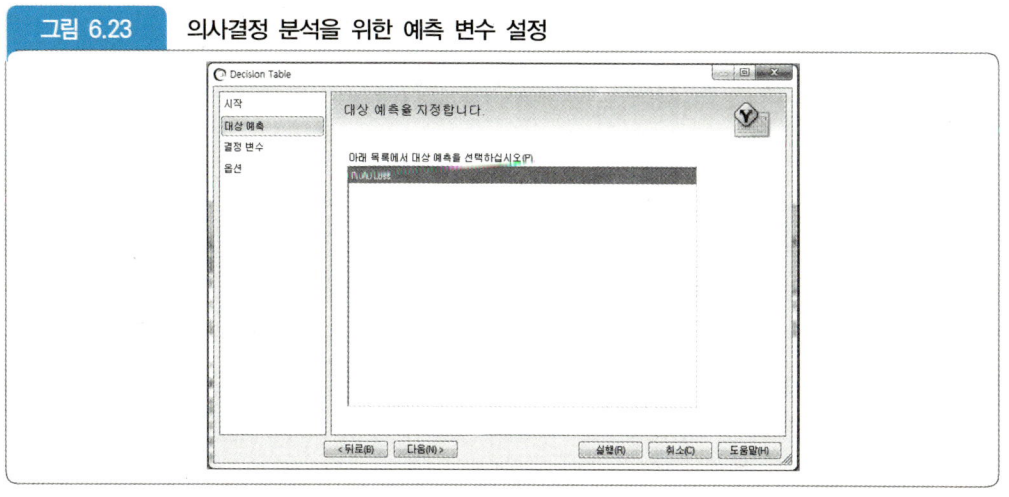

그림 6.23　의사결정 분석을 위한 예측 변수 설정

다음으로 의사결정 분석에 고려할 대상 변수를 선택해야 한다. 그림 6.24에서 왼쪽에 나열된 변수는 의사결정 분석 시 적용 가능한 의사결정변수들을 보여주며 분석자는 의사결정 분석에 사용하고자 하는 변수 2개를 선택하면 된다.

그림 6.24　의사결정 변수 선택하기

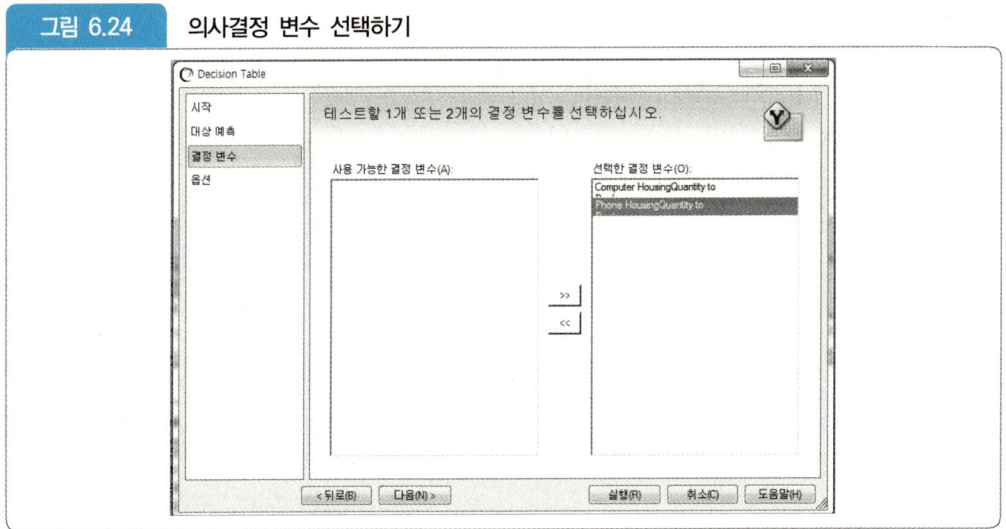

의사결정 분석을 위한 마지막 단계로 선택된 의사결정 변수를 몇 개의 단계로 나누어 최적해를 찾을 것인지를 그림 6.25와 같이 정의 한다. 본 예제에서는 11개의 값으로 균등하게 나누어 찾고자 하였다.

그림 6.25　의사결정 변수 구간 정의

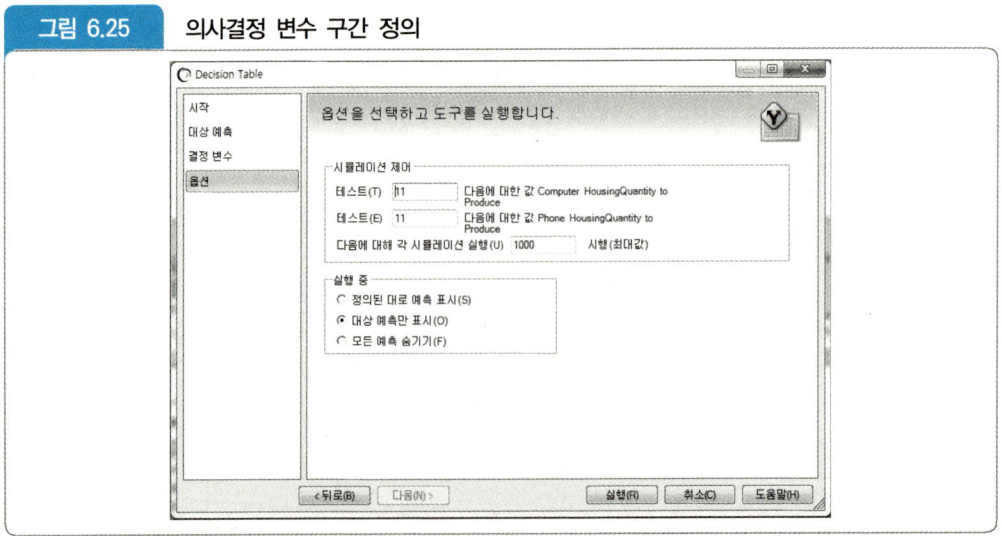

그림 6.26은 이렇게 수행한 의사결정 테이블 결과로 두 개 의사결정 변수의 가능한 모든 조합별 손익값이 나와 있는 것을 볼 수 있다. 그림 6.27은 의사결정 테이블 툴의 보다 큰 효과를 보여주는 예로 전화 하우징 단위의 변화 별로 컴퓨터 하우징 단위의 첫번째 행 (11,000)을 기준으로 작성된 추세 차트이다. 추세 차트를 통해 사용자는 이익을 극대화 시켜주는 전화 하우징과 컴퓨터 하우징의 최적 조합을 찾아낼 수 있다. 본 예제의 경우 컴퓨터의 생산량이 11,000일 때 최적의 핸드폰 생산량은 10,000임을 추세 차트와 의사결정 분석 결과를 통해서 알 수 있다. 분석자는 의사결정 테이블 결과를 활용하여 현재 제품 생산량의 제약이 변경 되었을 때 매출 이익을 최대화 할 수 있는 또 다른 최적 조합을 찾을 수 있을 것이다.

그림 6.26 의사결정 테이블의 결과

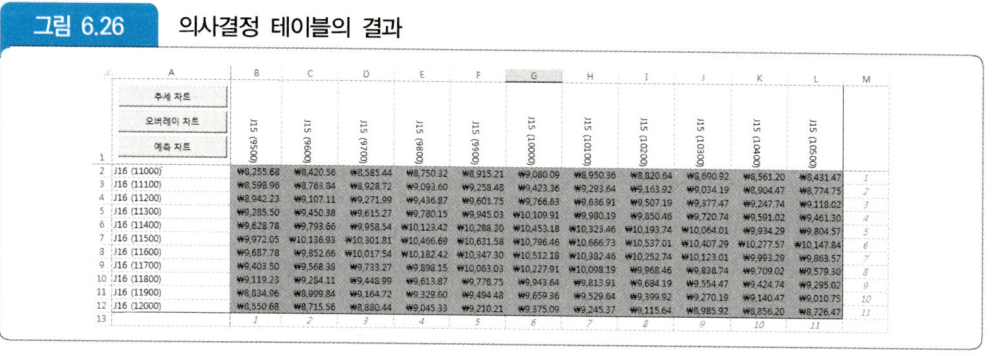

그림 6.27 의사결정 테이블에서의 추세 차트

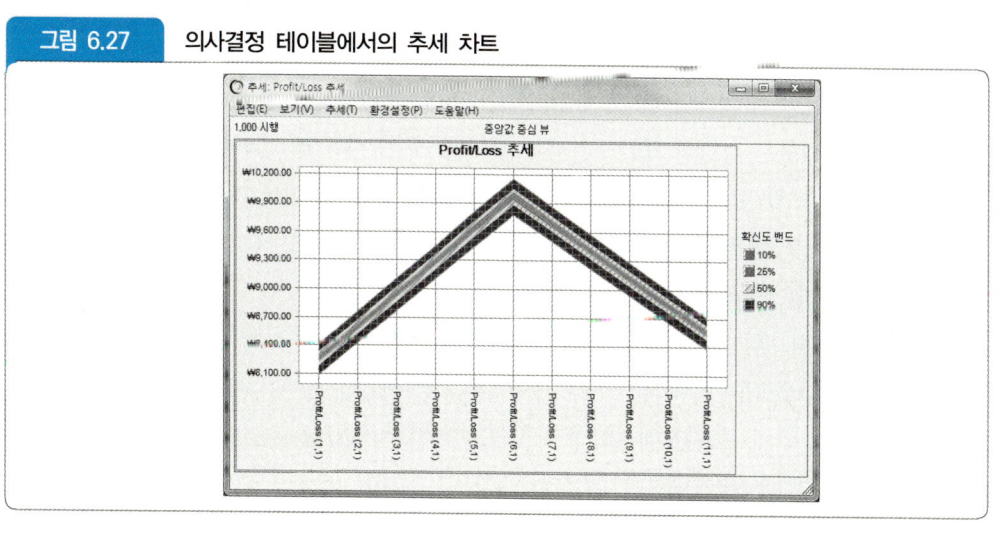

제 10 장 불확실성 하에서의 최적화에서는 확률적 최적화(Stochastic Optimization)를 설명하고 있다. 확률적 최적화는 보다 복잡한 모델에서 의사결정 변수의 최적 조합을 보다 체계적으로 찾아내기 위해 사용되는 훨씬 강력한 툴이다.

부록 – 적합도 검정(Goodness of Fit Test)

표본 데이터가 특정 분포에서 추출됐는지 여부를 확인하는데 사용할 수 있는 통계적 검정이 몇 가지 존재한다. 이 중 가장 일반적으로 사용되는 검정 방법 세 가지가 콜모고로프-스미르노프검정(Kolmogorov-Smirnov test), 앤더슨-달링 검정(Anderson-Darling test), 카이-제곱 검정(chi-square test)이다. 각 검정법에는 각각의 장단점이 존재한다. 지금부터는 이들 검정법을 몬테카를로 시뮬레이션 분석의 분포적합에 사용하는 경우와 관련하여 구체적인 내용을 살펴보자.

콜모고로프-스미르노프 검정(Kolmogorov-Smirnov Test)

콜모고로프-스미르프(KS) 검정은 표본 데이터의 과거 분포함수를 기준으로 수행되는 비모수적 검정법(Non-parametric test)이다. KS 검정의 비모수적 특성은 KS 검정 통계량이 검정되는 누적분포함수를 따르지 않는다는 것이며, 이를 이해하는 것이 중요하다. 비모수적이라 함은 분포모수를 사전에 정의할 필요가 없다는 것을 의미한다. 다시 말해 KS 검정은 다양한 기초 분포에 대해 적용할 수가 있다. KS 검정의 또 한 가지 장점이라면 근사값이 유효성을 갖기 위해서는 적절한 표본크기가 요구되는 카이-제곱 검정과는 달리 정확한 검정법이라는 점이다. 이와 같은 장점에도 불구하고 KS 검정에는 중대한 제약이 몇 가지 존재한다. KS 검정은 연속분포에만 적용할 수 있고 분포의 꼬리부분 보다는 중앙 부분에서 민감한 성향이 있다. 또한 분포가 완전히 지정되야 한다.

N개의 순서화된 데이터를 $Y_1, Y_2, \cdots Y_N$이라고 하고 과거 분포함수를 $E_n = n(i)/N$ (단, n(i) = Yi보다 작은 데이터의 수, Y_i는 올림차순으로 정리된 값 중 i번째 값)이라고 정의하자. 이 때 E_n은 각 순서화된 데이터의 1/N씩 증가하는 계단함수(Step Function)이다. 이 때 귀무가설(Null Hypothesis)은 데이터 셋(Data Set)이 특정한 분포를 따른다는 것이고 대립가설(Alternative Hypothesis)은 데이터 셋이 이 특정한 분포를 따르지 않는다는 것이다. 가설 검정은 다음과 같은 KS 통계량을 이용해 이루어진다.

$$KS = \max \left| F(Y_i) - \frac{i}{N} \right| , \quad 1 \leq i \leq N$$

여기서 F는 검정 대상인 연속 분포의 이론적인 누적분포로 그 특성이 명확하게 규정돼야 한다(예: 위치, 단위, 분포 모양과 관련된 모수는 데이터에서 추정 가능).

 검정통계량인 KS가 표 6.1의 기각치(critical value)보다 커지면 분포와 관련된 귀무가설이 기각된다. 여기서 0.03에서 0.05까지의 값이 가장 일반적으로 사용되는 기각치의 수준임을 명심한다(유의 수준이 1%, 5%, 10%인 경우). 그러므로 계산된 KS 통계량이 이들 값보다 작아지면 귀무가설이 기각되지 않으며 분포가 잘 적합 됐다는 결론을 내릴 수 있다. KS 검정통계량과 기각역에 대해서는 표 6.1이 변형된 형식의 표가 사용될 수도 있다. 이와 같이 변형된 형식의 표를 사용하는 경우에도 동일한 결론이 나와야 하며 이 경우 검정통계량을 사용하고자 하는 기각치가 포함된 기준표와 동일한 방식으로 계산하도록 한다. 하지만 일반적으로 KS 검정통계량이 0.03이나 0.05보다 작으면 분포가 잘 적합 됐다고 할 수 있다(표 6.1 참조).

표 6.1 콜모고로프-스미르노프(KS) 검정

양측검정 유의수준(α) (%)	KS 기각치
10	0.03858
5	0.04301
1	0.05155

앤더슨-달링 검정(Anderson-Darling Test)

앤더슨-달링(AD) 검정은 모수 검정의 한 종류로 KS 검정을 수정한 것으로 볼 수 있다. AD 검정은 KS 검정보다 분포의 꼬리 부분을 더 중시한다. KS 검정은 기각치가 검정 대상인 특정 분포와 상관없다는 점에서 그 성격상 비모수검정 또는 분포와 상관없는 검정이다. 하지만 AD 검정은 기각치를 계산하는데 검정 대상인 분포를 사용한다. AD 검정법은 보다 민감도 수준이 높은 검정 방법이지만 각 분포에 대해 기각치를 계산해야 한다는 단점도 있다.

 AD 검정의 귀무가설은 데이터 셋이 특정 분포를 따른다는 것이고 대립 가설은 데이터 셋이 특정 분포를 따르지 않는다는 것이다. AD 검정통계량은 다음과 같다.

$$AD = \sqrt{-N - \frac{1}{N} \sum_{i=1}^{N} (2i-1)[(\ln \Phi(Y_i) + \ln(1 - \Phi(Y_{N+1-i}))]}$$

여기서 Φ는 검정 대상인 특정 분포의 누적분포함수이다. 여기서도 Yi는 순서화된 데이터 셋의 값이라는 점을 명심한다.

AD 검정의 기각치는 검정 대상인 특정 분포에 따라 결정된다. AD 검정은 단측 검정으로 검정통계량 AD 값이 기각치보다 커지면 분포가 특정 형태를 따른다는 가설이 기각된다. 표 6.2는 정규분포인 경우의 기각치를 정리해 놓은 것이다. 다른 분포의 경우 기각치는 달라지지만 일반적으로 AD 통계량이 1.5보다 작으면 분포가 잘 적합 됐다고 볼 수 있다(이 값은 분포와 상관없이 적용할 수 있는 보수적인 기준이다).

표 6.2 앤더슨-달링(AD) 검정

단측검정 유의수준(α) (%)	기각치
10	0.656
5	0.787
1	1.092

카이-제곱 검정(Chi-Square Test)

카이-제곱(CS) 적합도 검정은 범주형 데이터(Binned data, 예: 등급 별로 분류된 데이터)에 적용되며 누적분포함수를 계산할 수 있는 모든 일변량분포에 적용할 수 있다는 것이 CS 적합도 검정의 장점이다. 하지만 CS 검정통계량의 값은 데이터의 범주화 방법에 따라 달라지며 CS 근사값의 유효성을 확보하려면 충분한 표본크기를 확보해야 한다. CS 검정은 범주의 선택에 따라 민감하게 달라진다. CS 검정은 이항분포나 포아송분포 등의 이산형분포에 적용할 수 있지만 KS 검정이나 AD 검정은 연속분포에만 적용할 수 있다.

카이-제곱 검정 시의 귀무가설은 데이터 셋이 특정 분포를 따른다는 것이고 대립가설은 데이터 셋이 특정 분포를 따르지 않는다는 것이다. 가설 검정은 다음과 같은 카이-제곱 통계량을 이용해 진행된다.

$$\chi^2 = \sum_{i=1}^{k}(O_i - E_i)^2 / E_i$$

여기서 O_i는 i번째 범주의 관측 빈도이고 E_i는 i번째 범주의 기대 도수이다. 기대 도수를 계산하는 식은 다음과 같다.

$$E_i = N(F(Y_U) - F(Y_L))$$

여기서 F는 검정 대상 분포의 누적분포함수이고 Y_u는 i번째 범주의 상한, Y_L은 i번째 범주의 하한, N은 표본 크기이다.

위의 검정통계량은 자유도가 (k – c)인 카이제곱 분포를 따르며, 여기서 k는 숫자가 입력된 셀의 개수, c는 분포와 관련하여 추정된 모수의 수 + 1로 정의된다(위치모수, 척도모수, 형태모수가 포함된다). 예를 들어, 3개의 모수가 있는 와이블분포(Weibull Distribution)는 c = 4 이다. 그러므로 $x^2 > x^2(\alpha, k-c)$이면 데이터 셋이 특정 분포를 따른다는 귀무가설을 기각한다. 여기서 $x^2(\alpha, k-c)$는 자유도가 k – c이고 유의 수준이 α인 카이-제곱 분포의 값이다(표 6.3 참조).

표 6.3 카이-제곱(CS) 검정

유의수준(α) (%)	기각치
10	32.00690
5	35.17246
1	41.63840

주: 카이제곱 적합도 검정 표본의 기각치. 자유도가 23인 경우

표 6.4는 지금까지 살펴 본 세 가지 통계 검정에 대한 사항을 정리한 것이다.

표 6.4 세 가지 통계적 검정 방법의 비교

특 성	KS 검정	AD 검정	CS 검정
연속분포에 적용 가능	예	예	예
이산분포에 적용 가능	아니오	아니오	예
모수적 통계검정	아니오	예	아니오
비모수적 통계검정	예	아니오	아니오
모수적 통계검정과 비모수적 통계검정의 중간 성격	아니오	아니오	예
양측검정	예	아니오	예
단측검정	아니오	예	아니오
유효성이 범주의 크기에 의해 결정	아니오	아니오	예
유효성이 분포의 중심에 민감함	예	아니오	아니오
유효성이 분포의 꼬리 부분에 민감함	아니오	예	아니오
유효성이 데이터 크기에 민감함	아니오	아니오	예

간단한 사례: 3M

단위원가 추정

마이클 뮐렌버그는 미네소타주 세인트 폴에 소재한 3M의 공정 개발 분야에서 설계 엔지니어, R&D 연구소, 다양한 제조 공장 간의 통합을 위해 일하고 있다. R&D 연구소에서는 제품 프로토타입을 개발하고, 설계 엔지니어는 생산 장비를 설계하며, 제조 공장에서는 실제 생산을 담당한다. 마이클은 과거 시뮬레이션 툴을 이용하여 최적 공정 단계는 물론이고 제조 공정에서 사용될 장비 및 자재의 유형을 파악했다.

시뮬레이션은 개발 초기 단계에 제품의 단위 원가를 추정하는데 중요한 역할을 했다. 여러 변수를 고려해야 하는 매우 복잡하고 많은 시간이 소요되는 단위원가 추정과정은 주로 마이클이 신제품 생산 제안서를 접수하면서 시작된다. 마이클은 제안서를 접수하면 구매 부서와 접촉하여 제품 생산에 필요한 자재에 대한 원가 자료를 수집한다. 이때 최신 원가만을 보는 것이 아니라 12개월에서 24개월의 기간에 거친 데이터를 수집, 원자재 가격 추세를 살펴본 후 시간의 흐름에 대한 가격의 범위와 분포를 결정한다. 이러한 정보를 이용하면 모델에서 발생하는 변동을 보완할 수 있기 때문이다.

단위원가 계산에 포함된 다른 중요 변수로는 생산률, 폐기 자재, 전환비용, 자본적 지출 등이 포함된다. 마이클은 모델에 포함시키는 변수가 많아질수록 각 입력 값이 단위원가 추정치에 미치는 영향을 보다 명확하게 이해할 수 있었다. 또 Crystal Ball의 민감도 분석 기능은 각 변수의 영향을 그래프 형태로 나타내는데 특히 유용한 방법이다. 마이클은 생산 속도, 원자재 비용, 기타 중요 변수 등을 변화시킴으로써 여러 시나리오를 생성할 수 있었다. 그리고 계획 수립 단계에서 이와 같이 융통성을 발휘할 수 있게 되어 모든 원가 요소와 이들 요소간의 상호 관계를 보다 잘 이해할 수 있게 되었다.

궁극적으로 마이클은 이러한 정보를 통해 보다 신뢰성 있는 수준의 단위원가 추정치를 얻을 수 있게 됐고, 그 결과 3M은 제품의 생산과 출시 과정에서 원가와 관련하여 예측치 못한 상황에 노출되는 것을 피할 수 있었다.

간단한 사례:
딜로이트 컨설팅
(Deloitte & Touche Consulting)

고객사 주주가치의 극대화

게리 베이슨은 딜로이트 컨설팅의 가치 솔루션 부문 매니저로 Crystal Ball을 지난 몇 년간 활용해 왔다. 게리는 고객과 협력하여 "가치 중심 경영체계(value based management frameworks)"을 개발하고 실행해왔다. 이 체계는 회사의 전반적인 사업계획 내에서 주주가치의 극대화를 강조하고 있다.

게리와 부서 구성원들은 Crystal Ball을 사용하여 사업과 관련된 회사의 현재 가정을 반영하는 재무 모델을 구축하고 주주가치를 극대화하기 위해 회사가 집중할 분야가 어디인지 파악하고자 향후 10년 또는 15년에 대한 예측값을 추정했다. 예를 들어, 모델을 통해 현금흐름 대비 순현재가치(NPV)는 주주가치 극대화에 부적합하다는 내용을 확인했다. 게리는 이러한 정보를 전체적인 체계와 결합시켜 고객사의 사업 관련 의사 결정을 이끌어 나가는데 유용한 툴을 제공했다.

Crystal Ball을 사용하기 전 게리는 고객사의 건별 분석을 수행하기 위해 엑셀에서 상당 분량의 매크로 코드를 작성해야 했다. 하지만 Crystal Ball의 Developer Kit을 사용한 이후 게리는 이러한 과정을 자동화하고 전체 시스템과 통합시킬 수 있는 융통성을 가질 수 있게 됐다. 게리는 Crystal Ball의 Developer Kit을 사용함으로써 프로세스 자체를 프로그램 해야 하는데 소요되던 소중한 시간을 아낄 수 있게 됐고 게리의 고객사들 역시 Crystal Ball의 전문가가 아니더라도 그 혜택을 보게 됐다.

게리는 노력을 통해 주주가치의 극대화라는 고객의 의사결정을 지원할 수 있는 Crystall Ball로 구동되는 고도의 분석 툴을 확보하게 되었다.

PART
03

리스크 예측

Chapter 07 미래를 예측하는 방법
Chapter 08 과거 데이터를 이용한 미래 예측하기

CHAPTER 07

미래를 예측하는 방법

 예측이란?

예측(forecasting)이란 과거 데이터를 이용하여 또는 과거 데이터가 없는 경우 미래에 대한 추측(speculation)을 바탕으로 미래를 예견(predict)하는 것이다. 과거 데이터가 있다면 정량적 또는 통계적 접근 방식을 사용하는 것이 최선이다. 하지만 과거 데이터가 없다면 정성적인 또는 주관적인 접근 방식이 사용 가능한 유일한 방법이 될 수 있다. 그림 7.1은 예측 시 가장 일반적으로 사용되는 방법을 정리한 것이다.

7장에서는 과거 데이터가 존재한다는 가정 하에 Crystal Ball Predictor를 이용해 시계열 데이터를 이용한 예측 방법을 살펴볼 것이다. 그리고 8장에서는 모델에 대한 상세 내용을 살펴보고 회귀분석과 가장 일반적으로 사용되는 여덟 가지 시계열분석 방법의 근간이 되는 내용을 간략하게 살펴보게 될 것이다. 과거 데이터가 없는 경우 또는 과거 데이터의 신뢰성이 매우 부족한 경우에는 몬테카를로 시뮬레이션을 그림 7.1에서 설명하고 있는 네 가지 정성적 방법과 함께 적용해 볼 수 있다.

그림 7.1　예측 방법

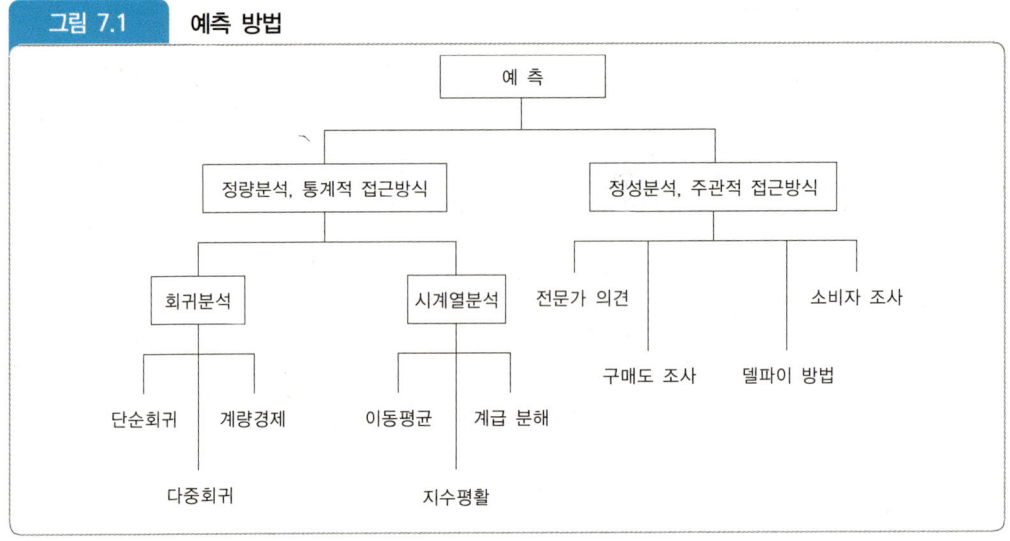

예측의 본질 및 관점

예측이 어떻게 수행되는지 간단한 예와 함께 살펴보도록 하자. 단, 여기서는 독자가 Crystal Ball을 자유롭게 사용할 수 있고 예측과 관련된 기본 사항을 충분히 이해하고 있는 것으로 가정한다. 그리고 여기서 제시되는 예제는 포괄적인 의사결정과 관련된 분석 방법 중 일부에 대한 지침으로 사용된다. 그리고 계산과정과 설명이 쉽도록 간단한 가정을 수립한다.

> 예측이란 미래를 예견하는 과학이자 예술로 정량적인 방법이나 정성적인 방법을 사용할 수 있다. 정량적인 방법을 통한 예측의 예로는 과거 데이터를 바탕으로 예측 모델을 이용해 미래를 예견하는 경우나 시뮬레이션을 통해 미래의 결과를 가정하는 경우를 들 수 있다. 또한 정성적인 방법을 통한 예측의 예로는 전문가의 판단이나 경영진의 가정 등을 들 수 있다.

예를 들어, 신제품 개발에 대한 재무적인 비용효과 모델을 구축하는 경우라면 가장 첫 단계의 작업이 기존의 유사제품(특성, 리스크, 시장 등이 유사한 기존의 타 제품이 현재 개발 중인 제품의 기준이 될 수 있다)의 수익에 대한 과거 데이터를 수집하는 것이 될 것이다. 여기서는 현재 개발하고자 하는 제품과 매우 유사한 타사 제품의 2013년부터 2016년까지의

월별 수익 데이터만 구할 수 있다고 가정해 보자. 분석가는 이 데이터에 대해 Crystal Ball의 Predictor(도구 | Predictor 선택)를 이용해 시계열 분석을 수행한다(그림 7.2).

그림 7.2 엑셀에 저장되어 있는 간단한 형태의 과거 데이터

	A	B	C	D	E
1					
2	Periodicity			Monthly	
3	Seasonality			12	
4					
5					
6	**Historical Cash Analysis**			**Forecast**	
7					
8	*Date*	*Revenuse*		*Data*	*Revenuse*
9	Jan-13	$ 81,000			
10	Feb-13	$ 92,000			
11	Mar-13	$ 90,000			
12	Apr-13	$ 102,000			
13	May-13	$ 110,000			
14	Jun-13	$ 120,000			
15	Jul-13	$ 109,000			
16	Aug-13	$ 105,000			
17	Sep-13	$ 99,000			
18	Oct-13	$ 96,000			
19	Nov-13	$ 98,000			
20	Dec-13	$ 100,000			
21	Jan-14	$ 104,000			
22	Feb-14	$ 112,000			
23	Mar-14	$ 148,000			
24	Apr-14	$ 152,000			
25	May-14	$ 169,000			
26	Jun-14	$ 173,000			
27	Jul-14	$ 154,000			
28	Aug-14	$ 142,000			
29	Sep-14	$ 138,000			
30	Oct-14	$ 130,000			
31	Nov-14	$ 128,000			
32	Dec-14	$ 122,000			
33	Jan-15	$ 125,000			

그 다음 단계(그림 7.3 참조)는 Predictor를 이용해 분석에 사용할 과거 데이터의 범위를 설정하는 것이다. 데이터의 입력 형태를 세부적으로 정의해 준다.

| 그림 7.3 | CB Predictor의: 입력 데이터 |

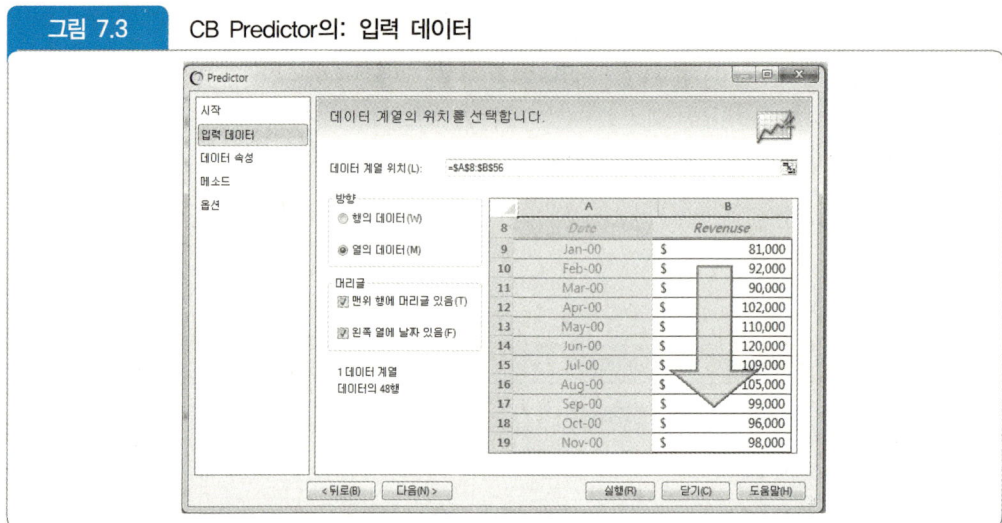

다음 단계(그림 7.4 참조)에서는 데이터의 유형(분, 시간, 일, 월 분기, 년 등)을 정의하고 데이터의 계절성 및 이벤트 그리고 결측치와 이상치를 어떻게 처리할 것인지에 대한 옵션을 정의한다.

| 그림 7.4 | CB Predictor의 : 데이터 속성 |

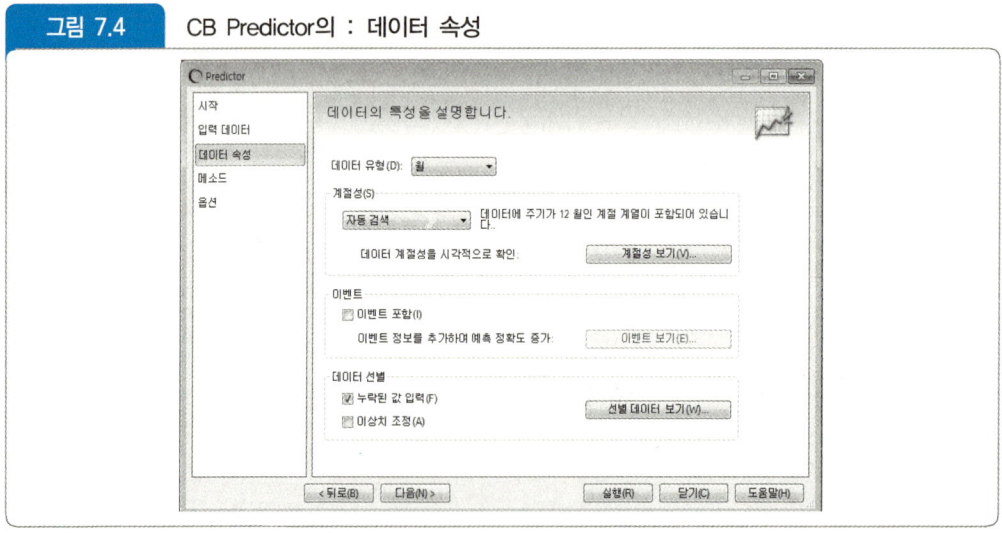

다음 단계로 그림 7.5의 메소드에서는 그림 7.4의 데이터 속성단계에서 데이터 탐색을 통해 도출된 결과를 바탕으로 고려할 수 있는 시계열 모델들을 자동적으로 선별하여 보여 준다. 사용자는 메소드 선택(S) 메뉴에서 각각의 메소드를 클릭하면 각 메소드에 해당하는 시계열 모델들을 확인할 수 있으며 사용자가 원하는 모델만 체크 박스에 체크하여 선택할 수

도 있다. 또한 오른쪽의 메소드 세부 정보에서 제공하는 모델을 클릭하면 선택한 모델에 대한 간단한 개요(그림 7.5)를 볼 수 있다. Crystal Ball의 Predictor는 선택된 모델에 대한 시계열 모델의 모수(예: α, β, γ)를 자동으로 찾아 준다.

그림 7.5 CB Predictor: 메소드 1

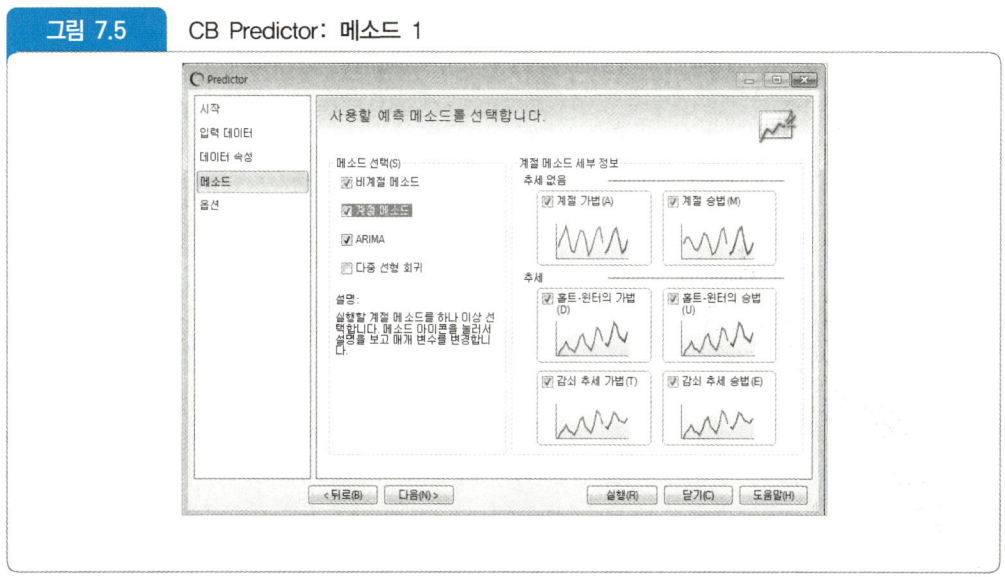

그림 7.6 CB Predictor: 메소드-홀트윈터의 가법모형

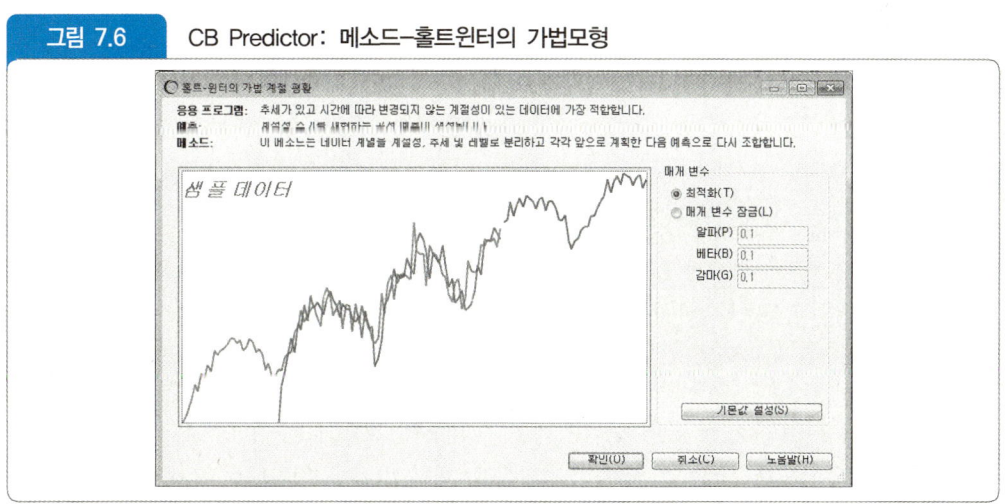

다음으로 그림 7.7처럼 가장 적합한 시계열 모델을 결정하기 위해 오차 측정값을 추정하는 방법을 선택하고 예측값을 추정하는 방법을 선택 한 후 실행을 클릭합니다.

PART 03 리스크 예측

그림 7.7   CB Predictor: 옵션

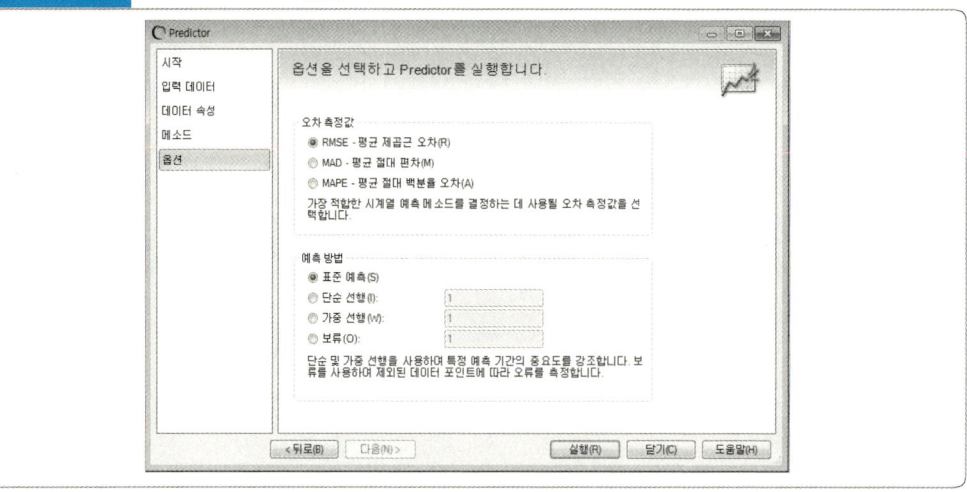

그림 7.8   CB Predictor: 결과

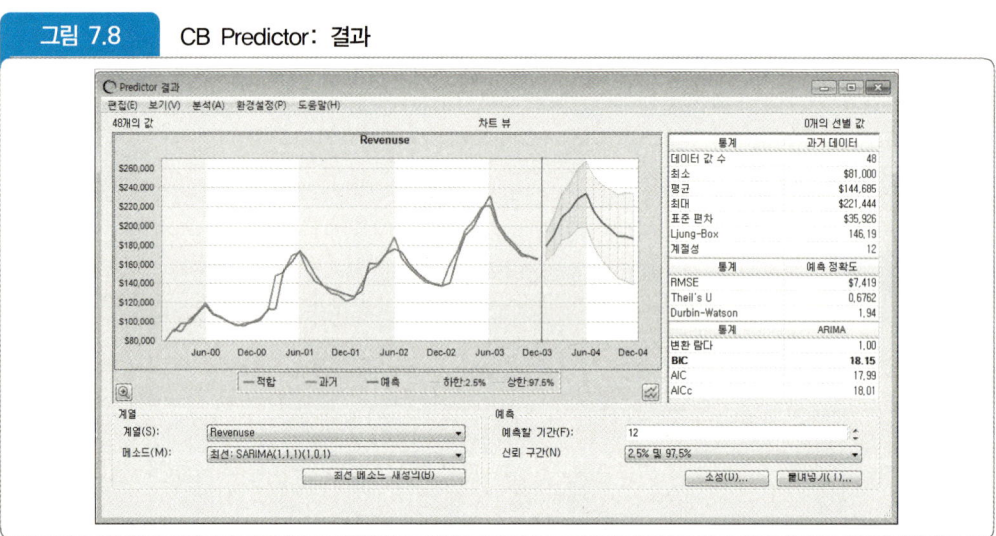

그림 7.8에서와 같이 Predictor 결과창에서 예측할 기간에 사용자가 원하는 예측 기간을 입력한다. 본 분석에서는 월 단위 분석이므로 12개월에 대해서 입력하였다. 만약 12개월에 대한 불확실성을 고려한 분포의 형태로 결과들을 제공 받기를 원한다면 붙여넣기를 클릭했을 때 나타나는 스프레드시트에 예측 붙여넣기 대화상자에서 **다음으로 붙여넣기/"무작위 실행"** 공식을 선택한다.

그림 7.9   CB Predictor: 예측 붙여넣기

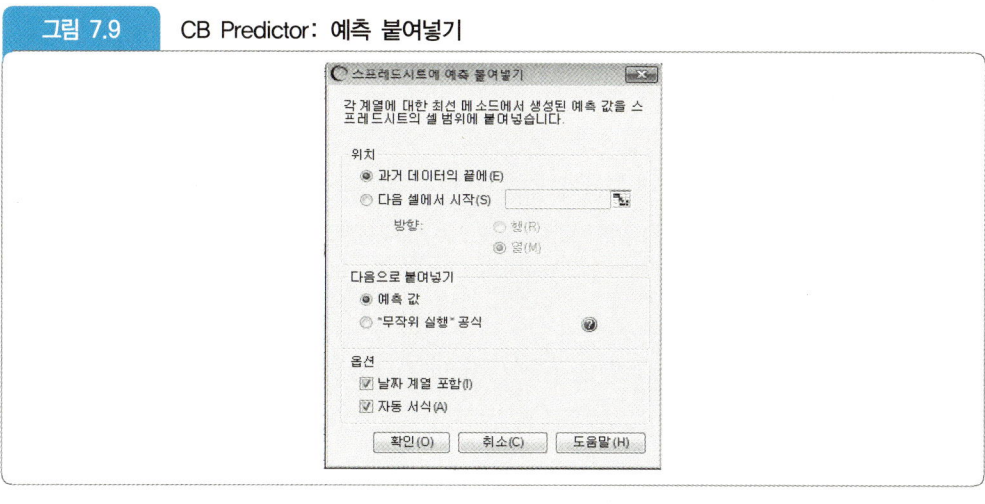

나머지는 사용자가 원하는 출력 형태로 옵션을 선택한 후 확인을 클릭하면 아래 그림 7.10과 같이 엑셀 시트에 12개월에 대한 예측 매출액을 제공해 준다. E9부터 E20까지 연두색으로 표시된 셀에서 보여 지는 값들은 예측된 월별 매출이며 분포로 정의되게 된다.

그림 7.10   엑셀에 저장된 예측 결과와 분포 가정 사항

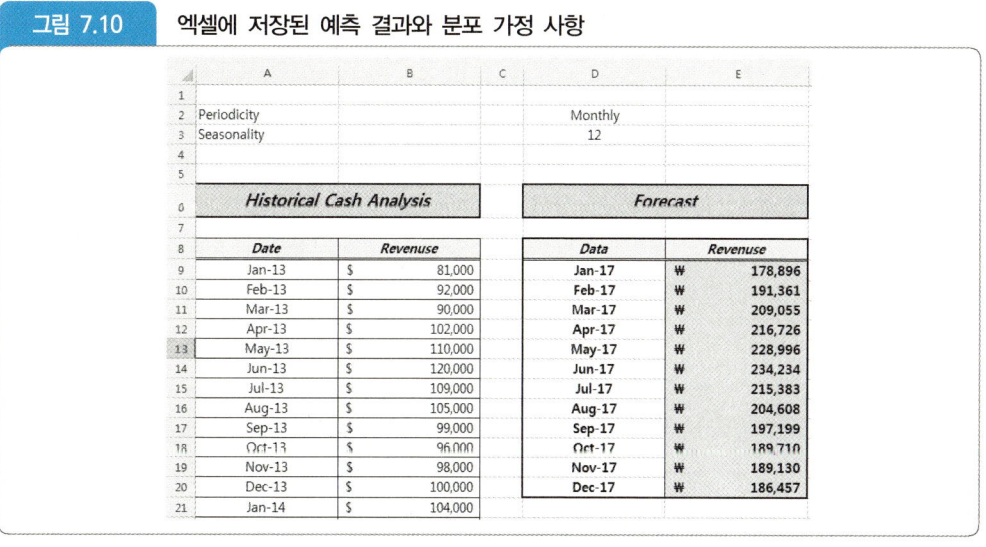

그림 7.10에서 엑셀시트에 보여 지는 값들은 CB Predictor에서 제공하는 시계열 모델 중 최적의 모형으로 선택된 시계열 모형에 의해서 추정된 점 단일예측값(Point Forecast)이다. 그림 7.11에서 시계열 차트의 기준선 왼쪽 연두색 선은 과거 데이터이고 초록색은 선택된 최적 모형으로 예측된 값이다.

> 그림 7.11   CB Predictor의 예측 차트

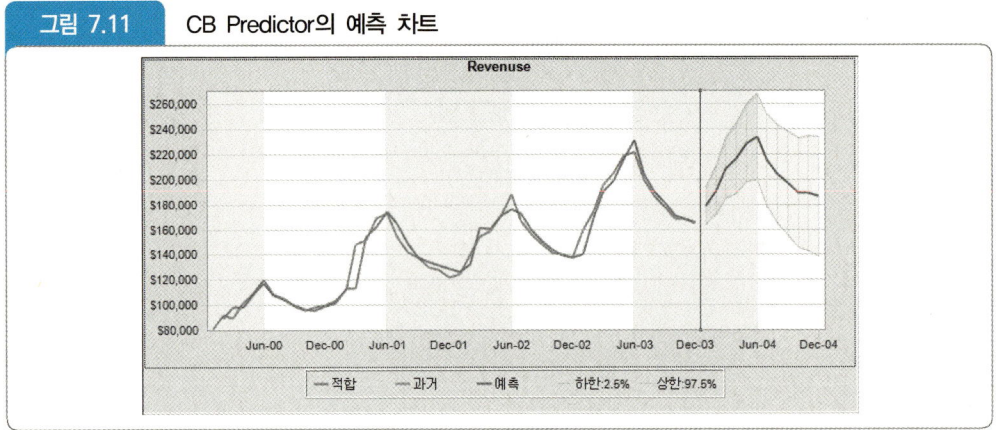

기준선 오른쪽의 파란색은 그림 7.10의 워크시트에서 보여주고 있는 12개월에 대한 예상 매출액이며 주황색 밴드는 95% 신뢰구간을 의미한다.

그림 7.12는 그림 7.11에 사용된 데이터를 엑셀에 추출한 것이다.

> 그림 7.12   CB Predictor의 예측 결과 표

날짜	과거 데이터	하한:2.5%	적합 및 예측	상한:97.5%	잔차
Jan-00	₩81,000				
Feb-00	₩92,000		₩89,321		₩2,679
Mar-00	₩90,000		₩98,091		₩(8,091)
Apr-00	₩102,000		₩98,329		₩3,671
May-00	₩110,000		₩108,879		₩1,121
Jun-00	₩120,000		₩117,717		₩2,283
Jul-00	₩109,000		₩108,418		₩582
Aug-00	₩105,000		₩104,801		₩199
Sep-00	₩99,000		₩99,779		₩(779)
Oct-00	₩96,000		₩96,459		₩(459)
Nov-00	₩98,000		₩95,518		₩2,482
Dec-00	₩100,000		₩98,943		₩1,057
Jan-01	₩104,000		₩102,107		₩1,893
Feb-01	₩112,000		₩113,157		₩(1,157)
Mar-01	₩148,000		₩113,194		₩34,806
Apr-01	₩152,000		₩154,471		₩(2,471)
May-01	₩169,000		₩161,918		₩7,082
Jun-01	₩173,000		₩174,845		₩(1,845)
Jul-01	₩154,000		₩164,769		₩(10,769)
Aug-01	₩142,000		₩149,529		₩(7,529)
Sep-01	₩138,000		₩137,838		₩162
Oct-01	₩130,000		₩134,478		₩(4,478)
Nov-01	₩128,000		₩132,041		₩(4,041)
Dec-01	₩122,000		₩129,164		₩(7,164)
Jan-02	₩125,000		₩125,970		₩(970)
Feb-02	₩140,000		₩132,317		₩7,683
Mar-02	₩154,000		₩161,331		₩(7,331)
Apr-02	₩159,000		₩160,437		₩(1,437)

다음 단계는 고급 재무 리스크 분석의 예로 그림 7.13과 같이 예측 수익값을 이용해 현금흐름 할인법(DCF) 모델을 작성하는 것이다. 이들 수익값은 분포 가정을 바탕으로 한 예측값이므로 그 결과로 나오는 순현재가치 역시 몬테카를로 시뮬레이션을 통해 얻게 될 것이다. 이 경우에는 현금흐름 할인법 모델에 영향을 주는 다른 확률변수(입력값)도 고려할 수 있다. 예를 들어 경쟁 효과, 대체 제품에 의한 시장 잠식, 시장 포화 효과 등의 시장 조정 요인 역시 확률변수로 미래에 어떤 값을 가지는지 알 수 없다. 하지만 경영진은 미래 특정 기간에 이러한 변수가 가지게 될 효과의 잠재적인 범위를 결정할 수 있다.

그림 7.13 시계열 분석 결과 NPV 분석에 활용

Step II: DCF					
Input Parameters			**Results**		
Discount Rate (Cash Flow)	15.00%		Present Value (Cash Flow)		$1,265.09
Discount Rate (Impl. Cost)	5.00%		Present Value (Impl. Cost)		($865.90)
Tax Rate	10.00%		Net Present Value		$399.20

Year	2003	2004	2005	2006	2007
Revenue	$860.08	$979.07	$1,098.06	$1,217.06	$1,336.05
Adjustment to Revenue	$51.60	$97.91	$197.65	$316.43	$467.62
Cost of Revenue	$86.01	$97.91	$109.81	$121.71	$133.60
Royalties Paid	$43.00	$48.95	$164.71	$182.56	$200.41
Gross Profit	$679.46	$734.30	$625.90	$596.36	$534.42
Operating Expenses	$135.89	$146.86	$125.18	$119.27	$106.88
Depreciation Expense	$10.00	$10.00	$10.00	$10.00	$10.00
Interest Expense	$100.00	$100.00	$100.00	$100.00	$100.00
Income Before Taxes	$433.57	$477.44	$390.72	$367.09	$317.54
Taxes	$43.36	$47.74	$39.07	$36.71	$31.75
Income After Taxes	$390.21	$429.70	$351.65	$330.38	$285.78
Non-Cash Expenses	$4.30	$4.90	$16.47	$18.26	$20.04
Cash Flow	$394.51	$434.59	$368.12	$348.63	$305.82
Implementation Cost	($200.00)	($200.00)	($200.00)	($200.00)	($200.00)

이러한 확률변수는 현금흐름 할인법 모델에 연결되어 있고 그 결과 계산되는 순현금흐름 역시 확률변수이다.

즉, 결과적으로 얻게 되는 관심 변수(예: 순현재가치)는 리스크와 불확실성에 대한 분석으로 이루어진 예측 분포를 가지게 될 것이다.

> 일반적으로 리스크 분석의 첫 단계는 미래 결과값을 예측하는 것이다. 예를 들어, 재무분석에서 미래의 매출, 수익, 비용을 예측하는 것이 모든 재무 모델 구축의 첫 단계이다.

간단한 사례: HP(Hewlett Packard)

프린터의 적시 출시

제프 브라운은 HP의 칼라 레이저젯 사업본부 소속 R&D 연구소의 프로젝트 매니저이다. 제프의 중요한 업무 중 한 가지는 생산 제품의 개념 설계 단계에서 출시까지의 기간을 추정하는 것이다. 정확한 생산 일정을 수립할 수 있게 되면 HP는 제품 출시를 적시에 효과적으로 진행시킬 수 있다.

과거 제프는 코코모(COCOMO) 생산성 측정 기준을 사용해서 생산 일정의 수립을 지원했다. 하지만 이 방법만으로는 생산 일정을 지연 시키는 일부 변동성을 해결할 수 없었다. 계획 수립 과정에서 해결하기 힘든 부분 중 하나는 각 엔지니어의 상대적인 효율성 수준이었다. 엔지니어마다 다양한 전문 분야에서 서로 다른 속도로 일하고 있었기 때문이다. 과거 실적 데이터를 바탕으로 엔지니어들은 "기능 팀(feature team)"으로 그룹화 되어 특정한 프린터 기능을 개발해야 했다. 또 한 가지 어려운 부분은 특정 프린터 기능이 매우 복잡하다는 점이었다. 일부 기능을 개발하려면 더 많은 엔지니어와 생산 시간이 투입돼야 했다. 또한 제프는 다양한 기능 팀 간의 통합까지도 고려해야 했다. 즉, 특정 팀이 과업을 완수하기 위해서 얼마나 많은 팀과 협력해야 하는지도 생각해야 했던 것이다.

제프는 가장 빠른 생산 일정을 수립하기 위해 Crystal Ball을 이용해 시행 회수가 10,000번이 넘는 몬테카를로 시뮬레이션을 수행했다. 이 때 100개 미만의 통제 변수를 사용해 생산 일정에 중대한 리스크를 주는 분야를 파악하고자 했다. 시뮬레이션 결과 제프는 생산 자원을 가장 효과적으로 할당하는데 필요한 정보를 얻을 수 있었다.

제프가 코코모 모델만 사용해서 생산 일정을 수립했을 때는 일정 자체가 매우 부정확하거나 많게는 9개월까지 지연되기도 했다. 하지만 Crystal Ball을 사용한 이후 제프는 예정 완료일과 실제 완료일의 차이가 5주로 줄었음을 알게 되었다.

제프는 두 생산 일정 간의 차이가 큰 코코모 모델보다 Crystal Ball이 더 좋은 예측 결과를 가져다주었기 때문에 HP의 프린터 신제품 출시 시점을 예측하는데 있어서 Crystal Ball 은 핵심적인 툴이라고 이야기 하고 있다.

과거 데이터를 이용한 미래 예측하기

예측은 리스크 분석에서 어려운 과정이다. 그리고 매출, 수익, 기계 고장율, 수요, 원가, 시장 점유율, 경쟁 위협 등 모든 변수가 예측 대상이 된다. 8장 현재 시점에서 미래 예측하기에서 살펴 보았듯이 계량적인 또는 통계적인 예측 방법에는 회귀분석과 시계열분석이 포함된다. 시계열분석은 시간에 따라 달라지는 변수에 적용되지만 회귀분석은 시간에 종속적인 자료, 횡단면 자료, 혹은 앞의 두 가지 성격을 동시에 가진 패널 자료에 모두 적용된다.

표 8.1 가장 일반적으로 사용되는 여덟 가지 시계열 분석 방법

	계절성이 없는 데이터	계절성이 있는 데이터
추세가 없는 데이터	단순 이동평균 (Single Moving Average)	계절적 가법모형 (Seasonal Additive)
	단순 지수평활 (Single Exponential Smoothing)	계절적 승법모형 (Seasonal Multiplicative)
추세가 있는 데이터	이중 이동평균 (Double Moving Average)	홀트 윈터의 가법모형 (Holt Winter's Additive)
	이중 지수평활 (Double Exponential Smoothing)	홀트 윈터의 승법모형 (Holt Winter's Multiplicative)

9장에서는 계산 예제를 통해 시계열분석과 회귀분석을 보다 상세하게 살펴보게 될 것이다. 먼저 표 8.1에서 설명하고 있는 가장 일반적으로 사용되는 여덟 가지 시계열분석 방법을 살펴볼 것이다. 그리고 나서 회귀분석에 대해 살펴 본 후 회귀분석을 처음 사용할 때 빠질 수 있는 함정과 문제를 검토해 보게 될 것이다.

시계열 분석을 이용한 예측 방법

표 8.1에는 가장 일반적으로 사용되는 시계열모형 여덟 가지가 데이터의 계절성 및 추세 여부에 따라 분류, 나열되어 있다. 예를 들어, 데이터 변수에 추세나 계절성이 모두 없다면 단순 이동평균(Single Moving Average)법이나 단순 지수평활(Single Exponential Smoothing)법을 사용하면 충분할 것이다. 하지만 계절성은 있고 뚜렷한 추세가 없는 데이터라면 계절적 가법모형(Seasonal Additive)이나 계절적 승법모형(Seasonal Multiplicative)을 사용하는 것이 더 낫다. 지금부터는 이들 여덟 가지 모형을 계산 예제와 함께 보다 상세하게 살펴보자.

계절성과 추세가 모두 없는 데이터

단순 이동평균법

단순 이동평균법은 계절성과 추세가 모두 없는 데이터에 적용하는 분석 방법으로 과거 실제 데이터의 평균값을 이용해서 프로젝트의 향후 결과값을 예측한다. 이 평균은 일관성 있게 한 시점씩 앞으로 이동되면서 계산되며, 이런 특성 때문에 이동평균(Moving average)이라는 명칭을 사용한다.

특정 기간에 대한 이동평균(MA)은 시간의 순서(i)에 따라 정리된 데이터를 단순히 합한 것이다.

$$MA_n = \frac{\sum_{i=1}^{n} Y_i}{n}$$

그림 8.1 단순 이동평균(3개월)

Month	Actual	Forecast Fit	$\|Error\|$	$Error^2$	$\left\|\dfrac{Y_t - \hat{Y}_t}{Y_t}\right\|$	$\left[\dfrac{\hat{Y}_t - Y_{t-1}}{Y_{t-1}}\right]^2$	$\left[\dfrac{Y_t - Y_{t-1}}{Y_{t-1}}\right]^2$	$Error$	$[E_t - E_{t-1}]^2$
1	265.22	-	-	-	-	-	-	-	-
2	146.64	-	-	-	-	-	-	-	-
3	182.50	-	-	-	-	-	-	-	-
4	118.54	198.12	79.57	6332.12	67.13%	0.19	0.12	79.57	-
5	180.04	149.23	30.81	949.43	17.11%	0.07	0.27	-30.81	12185.39
6	167.45	160.36	7.09	50.20	4.23%	0.00	0.00	-7.09	562.99
7	231.75	155.34	76.41	5838.18	32.97%	0.21	0.15	-76.41	4805.61
8	223.71	193.08	30.63	938.22	13.69%	0.02	0.00	-30.63	2095.60
9	192.98	207.64	14.66	214.91	7.60%	0.00	0.02	14.66	2051.18
10	122.29	216.15	93.86	8808.84	76.75%	0.24	0.13	93.86	6271.97
11	336.65	179.66	157.00	24647.46	46.63%	1.65	3.07	-157.00	62925.98
12	186.50	217.31	30.81	949.17	16.52%	0.01	0.20	30.81	35270.22
13	194.27	215.15	20.88	435.92	10.75%	0.01	0.01	20.88	98.60
14	149.19	239.14	89.95	8091.27	60.29%	0.21	0.05	89.95	4771.05
15	210.06	176.65	33.41	1115.94	15.90%	0.05	0.17	-33.41	15216.99
16	272.91	184.50	88.40	7815.04	32.39%	0.18	0.09	-88.40	3024.67
17	191.93	210.72	18.79	352.98	9.79%	0.00	0.09	18.79	11489.77
18	286.94	224.96	61.97	3840.48	21.60%	0.10	0.25	-61.97	6522.06
19	226.76	250.59	23.83	567.99	10.51%	0.01	0.04	23.83	7362.34
20	303.38	235.21	68.17	4647.58	22.47%	0.09	0.11	-68.17	8465.03
21	289.72	272.36	17.36	301.32	5.99%	0.00	0.00	-17.36	2582.12
22	421.59	273.29	148.30	21993.55	35.18%	0.26	0.21	-148.30	17146.25
23	264.47	338.23	73.76	5440.32	27.89%	0.03	0.14	73.76	49310.98
24	342.30	325.26	17.04	290.41	4.98%	0.00	0.09	-17.04	8244.63
25	339.86	342.79	2.93	8.56	0.86%	0.00	0.00	2.93	398.71
26	439.90	315.54	124.35	15463.53	28.27%	0.13	0.09	-124.35	16199.87
27	315.54	374.02	58.48	3420.05	18.53%	0.02	0.08	58.48	33428.15
28	438.62	365.10	73.52	5404.80	16.76%	0.05	0.15	-73.52	17423.61
29	400.94	398.02	2.92	8.54	0.73%	0.00	0.01	-2.92	4983.77
30	437.37	385.03	52.34	2739.41	11.97%	0.02	0.01	-52.34	2442.13
31	575.77	425.64	150.13	22539.03	26.07%	0.12	0.10	-150.13	9563.01
32	407.33	471.36	64.03	4099.56	15.72%	0.01	0.09	64.03	45863.59
33	681.92	473.49	208.43	43442.59	30.57%	0.26	0.45	-208.43	74232.65
34	475.78	555.01	79.23	6277.13	16.65%	0.01	0.09	79.23	82746.68
35	581.17	521.68	59.49	3539.49	10.24%	0.02	0.05	-59.49	19243.79
36	647.82	579.62	68.20	4651.17	10.53%	0.01	0.01	-68.20	75.79
37	650.81	568.26	82.55	6814.39	12.68%	0.02	0.00	-82.55	205.92
38	677.54	626.60	50.94	2594.71	7.52%	0.01	0.00	-50.94	999.26
39	666.56	658.72	7.84	61.47	1.18%	0.00	0.00	-7.84	1857.46
Forecast 40	-	664.97	-	-	-	-	-	-	-
Forecast 41	-	664.97	-	-	-	-	-	-	-
Forecast 42	-	664.97	-	-	-	-	-	-	-

RMSE 79.00
MSE 6241.27
MAD 60.00
MAPE 20.80%
Thiel's U 0.80

$$MA_n = \frac{\sum_{i=1}^{n} Y_i}{n} \quad \forall\, i = 1, \ldots, N$$

그림 8.1은 3개월 기간에 대한 단순 이동평균을 구한 예이다. 그림 8.1을 보면 39개월 간의 실제 데이터와 3개월 이동평균이 계산되어 있는 것을 확인할 수 있다. 3개월 이동평균을 이용할 때 측정오차를 추정하기 위해 필요한 계산값들이 함께 표시되어 있다. 또한 이러한 오차값은 여러 이동평균값(예: 3개월 이동평균, 4개월 이동평균, 5개월 이동평균 등)과 여러 시계열모형(예: 단순 이동평균, 계절적 가법모형 등)과 비교하는 기준값이 되며, 이를 통해 오차를 최소화하는 최적 모형을 구할 수 있다는 점에서 중요하다. 그림 8.2부터 그림 8.4는 단순 이동평균 모형에서 사용되는 정확한 계산 과정을 보여주고 있다. 표에서 4번째 달의 예측 적합값인 198.12는 이전 3개월간(1개월부터 3개월까지)의 평균이다. 그리고 5번째 달의 예측 적합 값은 이전 3개월인 2개월부터 4개월까지의 평균이다. 이 과정이 40개월까지 반복되며(그림 8.3 참조) 그 이후 기간에 대한 예측 적합값은 664.97로 고정되어 있다. 하

지만 단순 이동평균법은 추세(시간에 따라 증가하거나 감소하는 경우)가 있거나 계절성이 있는 데이터에 적용하기 좋은 방법은 아니다. 그러므로 오차의 추정은 최적 시계열예측 모형을 선택하는데 있어 중요한 요인이다. 그림 8.2에는 예측오차 추정에 필요한 계산값이 몇 가지 더 추가되어 있다. 이 값들은 그림 8.4에서 설명하는 오차 추정시 사용된다.

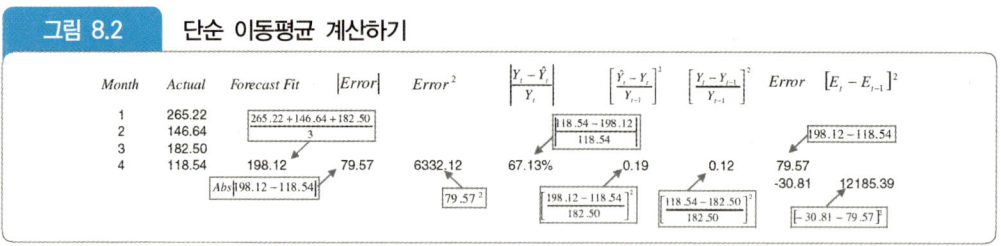

그림 8.2 단순 이동평균 계산하기

그림 8.3 단순 이동평균으로 예측하기

오차 추정(RMSE, MSE, MAD, MAPE, Theil's U)

시계열예측 모형의 경우 평균제곱오차(MSE : Mean-Squared Error), 평균제곱오차의 제곱근(RMSE: Root Mean-Squared Error), 평균절대오차(MAD : Mean Absolute Deviation), 평균절대비율오차(MAPE : Mean Absolute Percent Error) 등 여러 가지 오차를 계산할 수 있다.

MSE는 양의 오차값과 음의 오차값이 상계되지 않도록 오차를 제곱하여 구하는 절대값 오차(실제 과거 데이터와 모형으로 예측한 적합 데이터 간의 차이) 척도이다. MSE를 사용하면 오차를 제곱하게 되므로 큰 오차값의 효과가 작은 오차값에 비해 과장되는 경향이 있으며 이는 서로 다른 시계열 모형을 비교할 때 도움이 되는 부분이다. MSE는 그림 8.1의 Error 열에 있는 값의 단순 평균이다. RMSE는 MSE의 제곱근이고 가장 일반적으로 사용되는 오차의 척도로 2차 손실함수(Quadratic Loss Function)라고도 한다. RMSE는 예측오차 절대값의 평균으로 정의할 수 있고 예측오차와 관련된 비용이 예측오차의 절대 크기와 비례할 때 사용하기에 매우 적절한 방법이라고 할 수 있다.

MAD는 실제 데이터와 그에 대응하는 예측 적합 데이터 간의 거리(실제 과거 데이터와 모형에서 추정한 예측 적합 데이터의 차이의 절대값)의 평균으로 계산되는 오차 통계량이다. MAD는 그림 8.1의 |Error| 열에 있는 값의 평균이며 예측오차와 관련된 비용이 예측오차의 절대 크기와 비례할 때 사용하기에 가장 적절한 방법이라고 할 수 있다.

MAPE는 과거 실제 데이터에 대한 비율로 표시된 오차의 평균으로 계산되는 상대적 오차 통계량으로 예측 오차와 관련된 비용이 오차의 크기(숫자로 표시된 오차)보다 실제 데이터에 대한 비율과 더 관련이 있을 때 사용하기에 가장 적절한 방법이다. MAPE는 그림 8.1 중열의 값에 대한 평균을 구하면 된다.

$$\left| \frac{Y_t - \widehat{Y_t}}{Y_t} \right|$$

열의 값에 대한 평균을 구하면 된다. 이 때 Y_t는 시점 t에서의 실제 데이터이고 $\widehat{Y_t}$는 시계열 모델을 사용해 t시점에 적합 시킨 또는 예측한 값이다. 마지막으로 Theil's U 통계량은 모델 예측값의 정확성(Naivety)을 측정하는 값이다. 즉, Theil's U 통계량이 1.0 보다 작으면 사용된 예측 방법을 통해 추정한 값이 어림 짐작한 값보다는 통계적으로 우수하다는 뜻이다. 그림 8.4에서는 각 오차 추정치에 대해 수학적으로 상세하게 설명하고 있다.

그림 8.4 오차 추정

RMSE	79.00
MSE	6241.27
MAD	63.00
MAPE	20.80%
Thiel's U	0.80

$$RMSE = \sqrt{\sum_{i=1}^{n} \frac{(Error^2)}{n}} = \sqrt{MSE}$$

$$MSE = \sum_{i=1}^{n} \frac{(Error^2)}{n} = RMSE^2$$

$$MAD = \sum_{i=1}^{n} \frac{|Error|_i}{n}$$

$$MAPE = \sum_{i=1}^{n} \frac{\left|\frac{Y_t - \widehat{Y_t}}{Y_t}\right|_i}{n}$$

$$Theil'sU = \sqrt{\frac{\sum_{i=1}^{n}\left[\frac{\widehat{Y_t} - Y_t}{Y_{t-1}}\right]_i^2}{\sum_{i=1}^{n}\left[\frac{Y_t - Y_{t-1}}{Y_{t-1}}\right]_i^2}}$$

> **참고**
>
> 크리스탈볼에서는 Predictor 기능을 통해 시계열 분석을 수행할 수 있으며 아래 그림과 같이 위에서 언급한 오차 추정 방법을 선택할 수 있는 옵션을 제공하고 있다.
>
>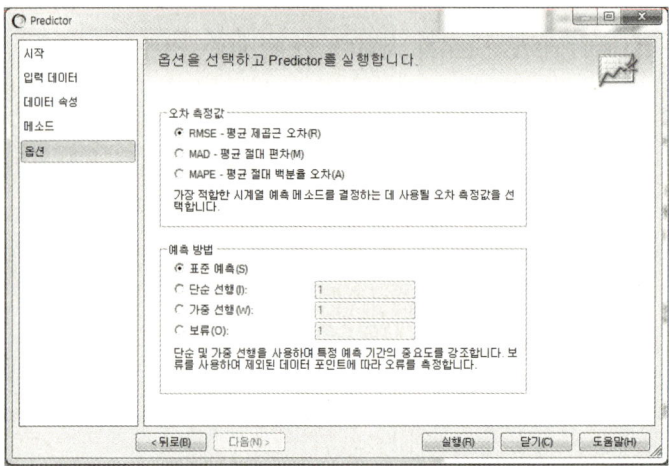

단순 지수평활

데이터에 명확한 추세나 계절성이 없는 경우 사용할 수 있는 두 번째 시계열분석 방법은 단순 지수평활법(Single Exponential-Smoothing Method)이다. 이 방법을 사용하는 경우 과거 데이터에 가중치를 주며, 이 때 가중치는 과거로 갈수록 지수적으로 작아진다. 즉, 최신의 데이터일수록 그 가중치가 커진다. 이렇게 추가되는 가중치로 이동평균 모델 또는 백분율 변화 모델(Percentage-Change Model)의 한계를 대부분 극복할 수 있다. 여기서 사용하는 가중치를 α(Alpha) 척도라고 한다. 단순 지수평활 모델은 아래의 공식을 사용하며 그 내용은 그림 8.5와 그림 8.6에서 설명되고 있다.

$$ESF_t = \alpha Y_{t-1} + (1-\alpha)ESF_{t-1}$$

그림 8.5 단순 지수 평활

	Alpha 0.10		RMSE 126.26
	Month	Actual	Forecast Fit
	1	265.22	
	2	146.64	265.22
	3	182.50	253.36
	4	118.54	246.28
	5	180.04	233.50
	6	167.45	228.16
	7	231.75	222.09
	8	223.71	223.05
	9	192.98	223.12
	10	122.29	220.10
	11	336.65	210.32
	12	186.50	222.96
	13	194.27	219.31
	14	149.19	216.81
	15	210.06	210.04
	16	272.91	210.05
	17	191.93	216.33
	18	286.94	213.89
	19	226.76	221.20
	20	303.38	221.75
	21	289.72	229.92
	22	421.59	235.90
	23	264.47	254.46
	24	342.30	255.47
	25	339.86	264.15
	26	439.90	271.72
	27	315.54	288.54
	28	438.62	291.24
	29	400.94	305.98
	30	437.37	315.47
	31	575.77	327.66
	32	407.33	352.47
	33	681.92	357.96
	34	475.78	390.35
	35	581.17	398.90
	36	647.82	417.12
	37	650.01	440.19
	38	677.54	461.26
	39	666.56	482.88
Forecast	40	-	501.25

$$ESF_t = \alpha\, Y_{t-1} + (1-\alpha)\, ESF_{t-1}$$

여기서 t시점의 지수평활 예측값(ESF : Exponential Smoothing Forecast)는 이전 시점의 실제 데이터(Y_{t-1})와 이전 시점의 예측값(ESF_{t-1})의 가중 평균이며 이때 사용되는 가중치는 α이다. 그림 8.6에서 계산 예제를 보여주고 있다. 여기서 주목할 점은 두 번째 달의 첫 번째 예측 적합 값($\hat{Y}_2$)은 언제나 이전 달의 실제값($\hat{Y}_1$)이라는 것이다. 위의 공식은 세 번째 달, 즉 두 번째 예측 적합 기간부터 사용된다.

그림 8.6 단순 지수평활 계산

```
Alpha
0.10

Month    Actual    Forecast Fit
  1      265.22
  2      146.64      265.22         $\hat{Y}_2 = Y_1 = 265.22$
  3      182.50      253.36         $0.1(146.64) + (1-0.1)265.22$
  4      118.54      246.28
  5      180.04      233.50
  6      167.45      228.16
  7      231.75      222.09
  8      223.71      223.05
```

$$ESF_t = \alpha Y_{t-1} + (1-\alpha) ESF_{t-1}$$

예측 모수의 최적화

분명히, 단순 지수평활법에서 α 모수가 임의로 0.10으로 선택된 것은 아니다. 사실 최적의 α를 구해야 좋은 예측값을 제공하는 모형을 세울 수 있다. 그림 8.5의 모형에서는 예측오차를 최소화하는 최적의 α 모수를 찾기 위해 엑셀의 해 찾기 추가기능이 사용되었다. 그림 8.7은 엑셀의 해 찾기 추가기능의 대화상자인데, α 모수를 규칙적으로 변경시킴으로써 최소화되는 목표값으로 RMSE를 지정한다. α는 0.00에서 1.00 사이의 값만 허용되고(α가 실제 과거 데이터와 과거 시점에서의 예측값에 주는 가중치이기 때문이다. 가중치는 0 보다 작거나 1 보다 클 수 없다) 추가적인 제약조건이 설정되었다. 해 찾기에 의해 계산된 예측오차를 최소화 하는 최적의 α값에 대한 결과가 0.10이다.

| 그림 8.7 | 단일 지수평활법에서의 모수 최적화 |

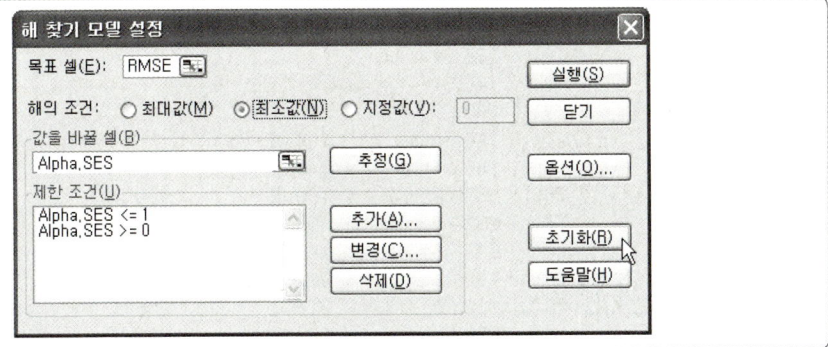

추세는 있지만 계절성은 없는 데이터

추세는 있지만 계절성이 없는 데이터의 경우에는 이중 이동평균법(Double Moving Average)이나 이중 지수평활법(Double Exponential Smoothing)을 사용하는 것이 더욱 효과적이다. 아래에 살펴볼 예제는 분기별 계절성을 가진 데이터의 경우이다(예 : 1년의 4분기).

이중 이동평균법(Double Moving Average)

이중 이동평균법은 원래 데이터 셋의 이동평균으로 구성된 데이터 셋에 대한 이동평균을 계산함으로써 과거 데이터를 평활시키는 방법이다. 즉, 이중 이동평균은 단순 이동평균에 대한 이동평균을 계산하는 것이다. 이중 이동평균을 계산하면 데이터의 추세 효과를 파악할 수 있다. 그림 8.8과 그림 8.9에서는 이중 이동평균과 관련된 계산 방법을 보여주고 있다. 이 예는 3개월 주기의 이중 이동평균을 계산하는 것으로 40번째 기간의 예측값은 다음 식을 이용해서 계산된 것이다.

$$Forecast = 2MA_{1,t} - MA_{2,t} + \frac{2}{m-1}[MA_{1,t} - MA_{2,t}]$$

여기서 예측 값은 t 시점의 일차 이동평균(MAt)을 두 배 한 값에서 2차 이동평균 추정치(MA2)를 차감한 후 이 두 이동평균값의 차이에 수정 계수(correct factor: 2/(m-1), m은 이동 평균 계산에 포함되는 개월 수)를 더하여 계산한다.

그림 8.8 이중 이동평균(3개월)

Period	Actual	3-month MA$_1$	3-month MA$_2$	Forecast Fit
1	265.22	-	-	-
2	146.64	-	-	-
3	182.50	-	-	-
4	118.54	198.12	-	-
5	180.04	149.23	-	-
6	167.45	160.36	169.24	142.61
7	231.75	155.34	154.98	156.08
8	223.71	193.08	169.59	240.05
9	192.98	207.64	185.35	252.20
10	122.29	216.15	205.62	237.20
11	336.65	179.66	201.15	136.68
12	186.50	217.31	204.37	243.18
13	194.27	215.15	204.04	237.37
14	149.19	239.14	223.86	269.69
15	210.06	176.65	210.31	109.33
16	272.91	184.50	200.10	153.32
17	191.93	210.72	190.62	250.90
18	286.94	224.96	206.73	261.44
19	226.76	250.59	228.76	294.26
20	303.38	235.21	236.92	231.78
21	289.72	272.36	252.72	311.64
22	421.59	273.29	260.28	299.29
23	264.47	338.23	294.62	425.44
24	342.30	325.26	312.26	351.26
25	339.86	342.79	335.42	357.51
26	439.90	315.54	327.86	290.91
27	315.54	374.02	344.12	433.82
28	438.62	365.10	351.55	392.19
29	400.94	398.02	379.04	435.96
30	437.37	385.03	382.71	389.66
31	575.77	425.64	402.90	471.13
32	407.33	471.36	427.34	559.39
33	681.92	473.49	456.83	506.81
34	475.78	555.01	499.95	665.12
35	581.17	521.68	516.72	531.58
36	647.82	579.62	552.10	634.66
37	650.81	568.26	556.52	591.73
38	677.54	626.60	591.49	696.81
39	666.56	658.72	617.86	740.45
Forecast 40	-	664.97	650.10	694.71

$$Forecast = 2MA_{1,t} - MA_{2,t} + \frac{2}{m-1}\left[MA_{1,t} - MA_{2,t}\right]$$

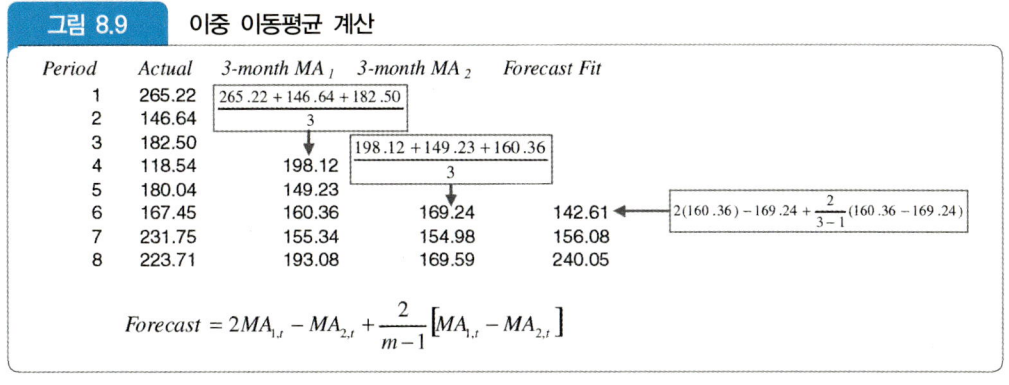

그림 8.9   이중 이동평균 계산

이중 지수평활법(Double Exponential Smoothing)

이중 지수평활법은 추세는 있지만 계절성은 없는 데이터에 적용해볼 수 있는 두 번째 방법이다. 이중 지수평활법은 원래의 데이터에 단순 지수평활법을 적용하여 나온 결과 값에 다시 한 번 단순 지수평활법을 적용하는, 즉 단순 지수평활법을 두 번 적용하는 방법이다. 가중모수 α는 단순 지수평활법을 처음 적용할 때(SES) 사용하고 가중 모수 β는 단순 지수평활법을 두 번째 적용할 때(DES) 사용한다. 이중 지수평활법은 과거의 데이터가 정적이지 않을 때 사용하기에 유용한 방법이다. 그림 8.10은 이중 지수평활법을, 그림 8.11은 예측오차를 최소화하기 위한 최적 α와 β를 찾아내기 위해 사용되는 엑셀의 해 찾기 추가기능 대화상자이다. 그리고 그림 8.12에서는 상세한 계산방법을 설명하고 있다. 이 때 예측값을 계산하는 공식은 다음과 같다.

$$DES_t = \beta(SES_t - SES_{t-1}) + (1-\beta)DES_{t-1}$$
$$SES_t = \alpha Y_t + (1-\alpha)(SES_{t-1} + DES_{t-1})$$

단, 초기값(그림 8.10에서 DES에 대한 제1 기간)은 그림 8.10과 다른 값을 가질 수 있다는 점을 명심한다. 사전 정보가 없는 경우에는 0을 초기값으로 사용할 수도 있다.

그림 8.10 이중 지수평활법

		Alpha 0.35	Beta 1.00	RMSE 91.95
Period	Actual	SES	DES	Forecast Fit
1	265.22	265.22	-118.58	-
2	146.64	146.64	-118.58	-
3	182.50	82.65	-63.99	28.05
4	118.54	53.97	-28.68	18.66
5	180.04	80.00	26.03	25.29
6	167.45	127.74	47.74	106.02
7	231.75	195.37	67.63	175.47
8	223.71	249.11	53.74	263.00
9	192.98	264.01	14.90	302.85
10	122.29	223.55	-40.47	278.91
11	336.65	237.37	13.82	183.08
12	186.50	228.32	-9.05	251.19
13	194.27	210.44	-17.89	219.28
14	149.19	177.22	-33.21	192.55
15	210.06	167.36	-9.87	144.01
16	272.91	198.29	30.94	157.49
17	191.93	216.04	17.75	229.23
18	286.94	252.58	36.54	233.79
19	226.76	267.07	14.49	289.12
20	303.38	289.28	22.21	281.57
21	289.72	303.79	14.51	311.48
22	421.59	354.81	51.02	318.30
23	264.47	355.86	1.05	405.84
24	342.30	351.75	-4.12	356.91
25	339.86	344.88	-6.86	347.63
26	439.90	374.03	29.15	338.02
27	315.54	372.20	-1.83	403.18
28	438.62	394.49	22.29	370.37
29	400.94	411.18	16.69	416.79
30	437.37	431.23	20.05	427.87
31	575.77	495.29	64.06	451.28
32	407.33	505.61	10.32	559.34
33	681.92	574.61	69.00	515.93
34	475.78	584.28	9.67	643.60
35	581.17	589.43	5.15	593.95
36	647.82	613.41	23.97	594.59
37	650.81	642.13	28.72	637.38
38	677.54	673.21	31.09	670.85
39	666.56	690.96	17.75	704.30
Forecast 40	-	-	-	708.70
Forecast 41	-	-	-	726.45
Forecast 42	-	-	-	744.20
Forecast 43	-	-	-	761.94

$$DES_t = \beta \, (SES_t - SES_{t-1}) + (1-\beta) \, DES_{t-1}$$
$$SES_t = \alpha \, Y_t + (1-\alpha) \, (SES_{t-1} + DES_{t-1})$$

그림 8.11 이중 지수평활법에서의 모수 최적화

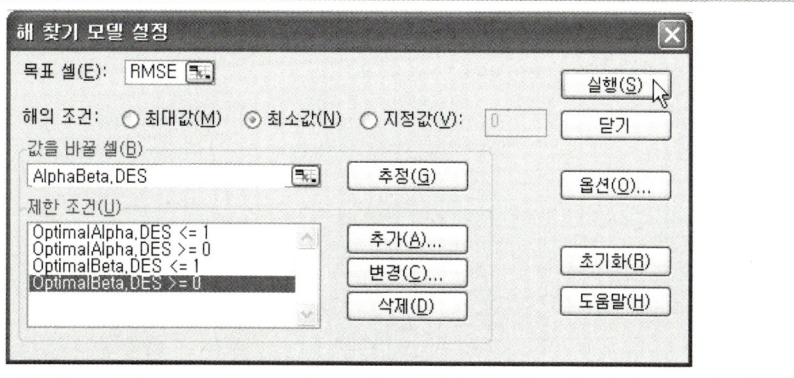

그림 8.12 이중 지수평활법에서의 계산

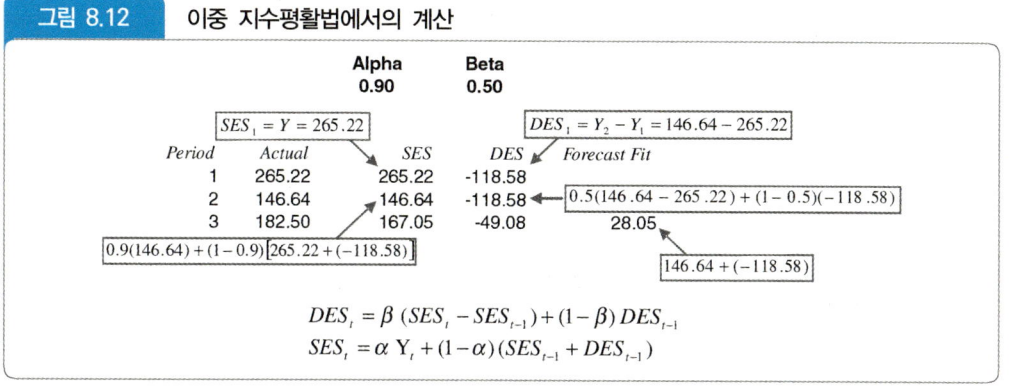

추세는 없지만 계절성이 있는 데이터

가법 계절지수(Additive Seasonality)

시계열 데이터에 드러나는 추세는 없지만 계절성이 있는 경우라면 가법 계절지수모형(Additive Seasonality Method)과 승법 계절지수모형(Multiplicative Seasonality Method)를 적용한다. 그림 8.13과 그림 8.14는 가법 계절지수 모형을 설명하는 그림이다. 계절적 가법 모형을 사용하면 과거데이터를 기본 요소(L)를 측정하는 α와 계절성 요소(S)를 측정하는 γ로 분배할 수 있다. 그리고 결과값인 예측값은 기본 수준(Basecase Level)과 계절성 값을 단순히 더한 것이다(계산에서는 반올림이 이루어지고 있다).

155

그림 8.13 추세가 없는 데이터에 대한 가법 계절지수 모형

	Level Alpha 0.33	Seasonal Gamma 0.40		RMSE 93.54
Period	Actual	Level	Seasonality	Forecast Fit
1	265.22	-	87.00	-
2	146.64	-	-31.59	-
3	182.50	-	4.27	-
4	118.54	178.23	-59.68	-
5	180.04	150.44	63.85	265.22
6	167.45	166.29	-18.38	118.86
7	231.75	186.25	20.90	170.56
8	223.71	217.93	-33.28	126.57
9	192.98	188.97	39.72	281.78
10	122.29	173.22	-31.51	170.58
11	336.65	219.70	59.63	194.12
12	186.50	219.73	-33.26	186.42
13	194.27	198.47	22.01	259.45
14	149.19	192.67	-36.34	166.96
15	210.06	178.90	48.15	252.31
16	272.91	220.40	1.32	145.63
17	191.93	203.94	8.29	242.41
18	286.94	242.86	-3.91	167.60
19	226.76	221.90	30.69	291.01
20	303.38	248.05	23.10	223.23
21	289.72	258.93	17.36	256.34
22	421.59	313.26	41.35	255.02
23	264.47	287.34	9.09	343.95
24	342.30	297.73	31.76	310.44
25	339.86	305.81	24.09	315.09
26	439.90	336.05	66.55	347.16
27	315.54	326.40	1.05	345.15
28	438.62	352.64	53.62	358.16
29	400.94	360.53	30.67	376.73
30	437.37	363.89	69.35	427.08
31	575.77	432.65	58.34	364.94
32	407.33	406.90	32.17	486.27
33	681.92	486.59	97.07	437.57
34	475.78	460.45	47.56	555.94
35	581.17	480.80	75.29	518.79
36	647.82	524.78	68.82	512.97
37	650.81	534.22	104.94	621.84
38	677.54	565.45	73.58	581.79
39	666.56	573.87	82.31	640.74

Level $L_t = \alpha(Y_t - S_{t-s}) + (1-\alpha)(L_{t-1})$
Seasonality $S_t = \gamma(Y_t - L_t) + (1-\gamma)(S_{t-s})$
Forecast $F_{t+m} = L_t + S_{t+m-s}$

그림 8.14　가법 계절지수 모형의 계산

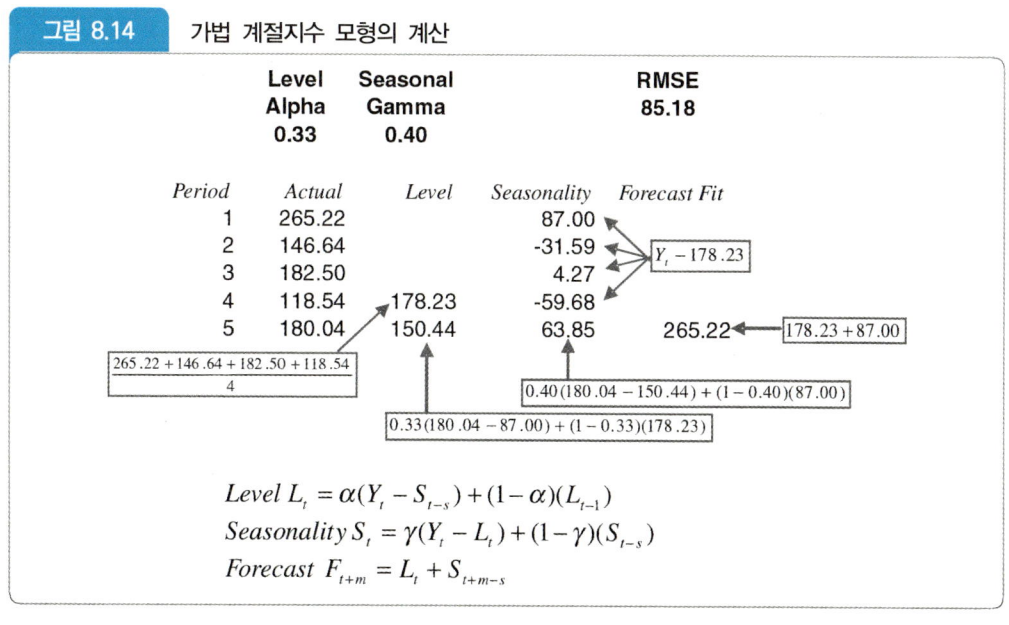

승법 계절지수 모형(Multiplicative Seasonality)

가법 계절지수 모형과 마찬가지로 승법 계절지수 모형에도 α와 γ가 필요하다. 단, 승법을 사용한다는 측면에서 가법 계절지수 모형과 다르다. 즉, 승법계절지수 모형에서는 기본 수준의 값과 계절성 계수를 곱해서 예측값을 구한다. 그림 8.15와 그림 8.16에서 계산 방법을 설명하고 있다(계산된 값은 반올림된다).

그림 8.15 추세가 없는 데이터에 대한 승법 계절지수 모형

	Level Alpha 0.22	Seasonal Gamma 0.64	RMSE 95.65

Period	Actual	Level	Seasonality	Forecast Fit
1	265.22	-	1.49	-
2	146.64	-	0.82	-
3	182.50	-	1.02	-
4	118.54	178.23	0.67	-
5	180.04	165.35	1.23	265.22
6	167.45	173.93	0.91	136.04
7	231.75	185.72	1.17	178.11
8	223.71	219.61	0.89	123.53
9	192.98	205.42	1.04	270.67
10	122.29	189.36	0.74	187.42
11	336.65	211.65	1.44	221.04
12	186.50	211.10	0.89	188.67
13	194.27	205.43	0.98	220.57
14	149.19	204.47	0.73	152.37
15	210.06	191.32	1.22	294.08
16	272.91	217.55	1.12	169.58
17	191.93	212.61	0.93	213.50
18	286.94	252.73	0.99	156.05
19	226.76	237.67	1.05	308.43
20	303.38	245.03	1.20	266.66
21	289.72	259.92	1.05	228.13
22	421.59	297.16	1.26	257.56
23	264.47	286.97	0.97	311.99
24	342.30	286.78	1.19	343.32
25	339.86	295.18	1.11	300.72
26	439.90	307.02	1.37	373.34
27	315.54	311.30	1.00	297.12
28	438.62	323.87	1.30	371.87
29	400.94	331.95	1.17	360.91
30	437.37	328.97	1.34	455.55
31	575.77	384.87	1.32	328.02
32	407.33	368.95	1.17	499.11
33	681.92	416.60	1.47	433.22
34	475.78	402.47	1.24	560.30
35	581.17	411.24	1.38	529.84
36	647.82	442.93	1.36	482.55
37	650.81	442.86	1.47	651.26
38	677.54	466.08	1.38	549.47
39	666.56	470.02	1.40	642.45

$Level\ L_t = \alpha(Y_t / S_{t-s}) + (1-\alpha)(L_{t-1})$

$Seasonality\ S_t = \gamma(Y_t / L_t) + (1-\gamma)(S_{t-s})$

$Forecast\ F_{t+m} = L_t S_{t+m-s}$

그림 8.16 승법 계절지수 모형

```
              Level        Seasonal      RMSE
              Alpha        Gamma         85.18
              0.22         0.64
```

Period	Actual	Level	Seasonality	Forecast Fit
1	265.22		1.49	
2	146.64		0.82	Y_t
3	182.50		1.02	178.23
4	118.54	178.23	0.67	
5	180.04	165.35	1.23	265.22 ← 178.23(1.49)

$$\frac{265.22 + 146.64 + 182.50 + 118.54}{4}$$

$$0.22(180.04 / 1.49) + (1 - 0.22)(178.23)$$

$$0.64(180.04 / 165.35) + (1 - 0.64)(1.49)$$

$$\text{Level } L_t = \alpha(Y_t / S_{t-s}) + (1-\alpha)(L_{t-1})$$
$$\text{Seasonality } S_t = \gamma(Y_t / L_t) + (1-\gamma)(S_{t-s})$$
$$\text{Forecast } F_{t+m} = L_t S_{t+m-s}$$

계절성과 추세가 모두 존재하는 데이터

데이터에 계절성과 추세가 모두 존재하는 경우 데이터를 기본 요소 별로 분해하기 위해서는 보다 복잡한 모델형이 필요하다. 기본 수준(L)의 가중치는 α, 추세 요소(b)의 가중치는 β, 계절성 요소(S)의 가중치는 γ이다. 이 경우 적용할 수 있는 모델은 여러 가지가 있지만 그 중 가장 일반적으로 사용되는 두 가지 방법은 Holt Winters의 가법 계절지수 모형(Holt Winters' Additive Seasonality) 모형과 Holt Winters의 승법 계절지수 모형(Holt Winters' Multiplicative Seasonality) 모형이다.

Holt Winters의 가법 계절지수 모형

그림 8.17과 그림 8.18은 Holt Winters의 가법 계절지수 모형을 결정하기 위해 필요한 계산과정을 설명하고 있다(계산된 값은 반올림된다).

그림 8.17 추세가 있는 데이터에 대한 Holt Winters의 가법 계절지수 모형

	Level Alpha 0.05	Trend Beta 1.00	Seasonal Gamma 0.24		RMSE 77.03
Period	Actual	Level	Trend	Seasonality	Forecast Fit
1	265.22	-	-	87.00	-
2	146.64	-	-	-31.59	-
3	182.50	-	-	4.27	-
4	118.54	178.23	0.00	-59.68	-
5	180.04	174.03	-4.20	67.96	265.22
6	167.45	171.27	-2.76	-25.06	138.25
7	231.75	171.42	0.15	17.45	172.79
8	223.71	177.07	5.65	-34.69	111.89
9	192.98	179.89	2.81	55.06	250.69
10	122.29	180.96	1.07	-32.96	157.64
11	336.65	188.78	7.83	48.11	199.48
12	186.50	197.82	9.04	-29.20	161.92
13	194.27	203.53	5.71	39.94	261.92
14	149.19	207.90	4.37	-39.01	176.27
15	210.06	209.79	1.89	36.86	260.38
16	272.91	216.14	6.35	-8.99	182.49
17	191.93	219.01	2.87	24.19	262.43
18	286.94	227.01	8.00	-15.76	182.87
19	226.76	232.79	5.78	26.78	271.87
20	303.38	242.20	9.41	7.50	229.58
21	289.72	252.30	10.10	27.30	275.80
22	421.59	271.02	18.71	23.34	246.64
23	264.47	287.17	16.15	15.15	316.51
24	342.30	304.87	17.70	14.54	310.82
25	339.86	322.08	17.21	25.06	349.87
26	439.90	343.09	21.01	40.61	362.63
27	315.54	360.97	17.88	0.91	379.26
28	438.62	381.07	20.10	24.65	393.38
29	400.94	399.93	18.86	19.41	426.24
30	437.37	417.70	17.77	35.69	459.40
31	575.77	442.34	24.64	32.06	436.38
32	407.33	462.83	20.49	5.81	491.63
33	681.92	492.14	29.31	59.45	502.72
34	475.78	517.45	25.31	17.50	557.14
35	581.17	543.06	25.62	33.48	574.81
36	647.82	572.29	29.23	22.20	574.49
37	650.81	601.02	28.73	57.18	660.98
38	677.54	631.24	30.22	24.27	647.26
39	666.56	660.07	28.82	27.14	694.95

Level $L_t = \alpha(Y_t - S_{t-s}) + (1-\alpha)(L_{t-1} + b_{t-1})$

Trend $b_t = \beta(L_t - L_{t-1}) + (1-\beta)(b_{t-1})$

Seasonality $S_t = \gamma(Y_t - L_t) + (1-\gamma)(S_{t-s})$

Forecast $F_{t+m} = L_t + mb_t + S_{t+m-s}$

| 그림 8.18 | Holt Winters의 가법 계절지수 모형 |

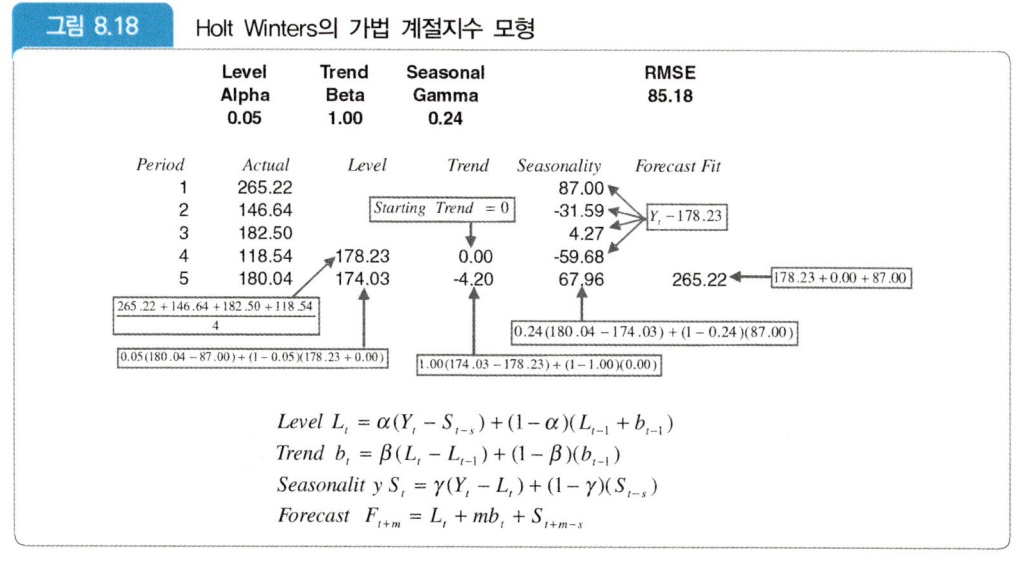

Holt Winters의 승법 계절지수 모형

그림 8.19와 그림 8.20은 데이터에 계절성과 추세가 모두 존재하는 경우 Holt Winters의 승법예측 모형을 결정하기 위해 필요한 계산과정을 설명하고 있다(계산된 값은 반올림된다).

그림 8.19 추세가 있는 데이터에 대한 Holt Winters의 승법 계절지수 모형

	Level Alpha 0.04	Trend Beta 1.00	Seasonal Gamma 0.27		RMSE 79.15

Period	Actual	Level	Trend	Seasonality	Forecast Fit
1	265.22	-	-	1.49	-
2	146.64	-	-	0.82	-
3	182.50	-	-	1.02	-
4	118.54	178.23	0.00	0.67	-
5	180.04	176.12	-2.10	1.36	265.22
6	167.45	175.11	-1.02	0.86	143.18
7	231.75	176.01	0.90	1.10	178.26
8	223.71	182.75	6.75	0.82	117.67
9	192.98	187.75	5.00	1.27	257.93
10	122.29	190.90	3.15	0.80	165.60
11	336.65	198.12	7.22	1.27	214.19
12	186.50	206.17	8.06	0.84	167.87
13	194.27	211.98	5.81	1.17	272.12
14	149.19	216.64	4.66	0.77	174.13
15	210.06	219.27	2.63	1.18	280.20
16	272.91	225.66	6.39	0.94	186.67
17	191.93	229.53	3.88	1.08	272.38
18	286.94	238.53	9.00	0.89	179.57
19	226.76	245.48	6.95	1.11	292.61
20	303.38	254.99	9.51	1.01	237.70
21	289.72	264.63	9.63	1.09	286.13
22	421.59	281.63	17.00	1.05	243.42
23	264.47	296.40	14.77	1.05	331.98
24	342.30	312.20	15.80	1.03	314.05
25	339.86	327.45	15.25	1.07	355.98
26	439.90	345.45	18.00	1.11	361.10
27	315.54	361.12	15.67	1.00	382.29
28	438.62	378.54	17.42	1.07	389.23
29	400.94	395.15	16.61	1.06	424.62
30	437.37	411.07	15.91	1.10	458.54
31	575.77	432.37	21.30	1.09	428.40
32	407.33	451.03	18.66	1.02	484.20
33	681.92	476.14	25.11	1.16	496.30
34	475.78	498.73	22.59	1.06	551.41
35	581.17	521.70	22.97	1.10	569.70
36	647.82	547.93	26.23	1.07	556.94
37	650.81	573.70	25.77	1.15	665.46
38	677.54	600.92	27.22	1.08	635.58
39	666.56	627.35	26.43	1.09	690.07

$Level\ L_t = \alpha(Y_t / S_{t-s}) + (1-\alpha)(L_{t-1} + b_{t-1})$

$Trend\ b_t = \beta(L_t - L_{t-1}) + (1-\beta)(b_{t-1})$

$Seasonality\ S_t = \gamma(Y_t / L_t) + (1-\gamma)(S_{t-s})$

$Forecast\ F_{t+m} = (L_t + mb_t)S_{t+m-s}$

그림 8.20 Holt-Winters의 계절적 승법 계절지수 모형

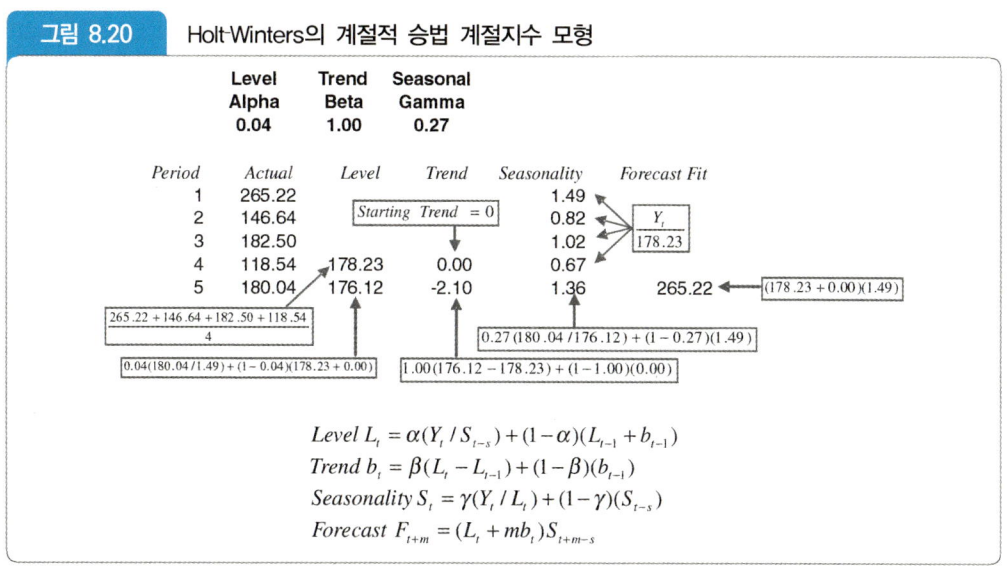

회귀분석(Regression Analysis)

여기서는 예측을 위해 회귀분석을 이용하는 방법에 대해 설명한다. 그리고 이 내용을 읽는 독자는 회귀분석의 기본적인 사항을 충분히 숙지하고 있는 것으로 가정한다. 그리고 회귀 방정식의 이론적인 내용을 상세하게 살펴보기 보다는 회귀분석의 적용과 관련된 기본 사항을 살펴보고 회귀분석을 통해 파악할 수 있는 다양한 관계는 물론이고, 이상점, 비선형성, 이분산성, 자기 상관, 구조적 결함 등 회귀분석을 사용할 때 자주 범하게 되는 실수에 대해서도 살펴보도록 한다.

가장 일반적인 이변량 회귀분석 방정식은 다음의 형태를 가진다.

$$Y = \beta_0 + \beta_1 X + \varepsilon$$

여기서 β_0는 y-절편, β_1은 기울기, ε은 오차항을 나타낸다. 이 모델을 이변량이라고 칭하는 이유는 종속변수인 Y와 독립변수인 X의 두 변수가 존재하기 때문이다. 이 때 X를 회귀 변수(Regressor)라고도 한다(독립변수가 X 한 가지뿐이므로 이변량 회귀분석은 일변량 회귀분석이라고도 알려져 있다). Y는 그 값이 독립변수에 의해 결정되기 때문에 종속변수라고 한다. 예를 들어, 매출 수익은 특정 제품의 광고와 판촉에 소요된 마케팅비용에 의해 결정되므로 매출은 종속변수, 마케팅비용은 독립 변수가 된다. 이변량 회귀분석의 간단한 예는 그림 8.21의 왼쪽 그림에서처럼 2차원 평면상에 표시된 데이터 셋의 최적 추세선을 그려보는 것이다. 이와는 달리 다수의 독립변수 X가 존재하는 다변량 회귀분석을 수행하는 경우도 있는데, 다변량 회귀분석의 일반 방적식의 형태는 Y = β_0 + $\beta_1 X_1$ + $\beta_1 X_2$ + $\beta_3 X_3$ + ⋯ + $\beta_n X_n$ + ε으로 표시된다. 이 경우 최적 추세선은 n + 1차원의 평면에서 구해진다.

하지만 그림 8.21의 경우처럼 산점도로 표시되어 있는 일단의 데이터 셋에 대한 적합선은 여러 가지가 있을 수 있다. 여기서 최적 추세선은 실제 데이터(Yi)와 추정선($\hat{Y}$) 간 거리의 절대값의 합이라고 할 수 있는 총 수직 오차를 최소화 시키는 단일 직선으로 정의되며, 이는 그림 8.21의 오른쪽 그림에서 설명하고 있다. 이와 같은 최적 회귀적합선을 구하려면 보다 복잡한 방법인 회귀분석을 수행해야 한다. 그러므로 회귀분석이란 아래의 공식으로 총오차를 최소화시켜 주는 최적 적합선을 구하는 분석 방법이라고 할 수 있다.

$$Min \sum_{i=1}^{n}(Y_i - \hat{Y_i})^2$$

이 때, 오차 제곱의 총합을 최소화 시키는 직선은 하나 밖에 없다. 이 식에서처럼 오차(실제 데이터와 회귀 직선 간의 수직 거리)를 제곱하는 것은 음의 오차값으로 인해 양의 오차값이 상쇄되지 않도록 하기 위함이다. 위의 제곱합을 기울기(β_1)와 y절편값(β_0)에 대해 최소화 시키는 값을 구하기 위해서는 위의 제곱합 공식을 β_0와 β_1에 대해 각각 1차 미분한 후 이를 0이 되게 하는 값을 계산하면 된다:

$$\frac{d}{d\beta_0}\sum_{i=1}^{n}(Y_i - \hat{Y_i})^2 = 0 \quad \text{and} \quad \frac{d}{d\beta_1}\sum_{i=1}^{n}(Y_i - \hat{Y_i})^2 = 0$$

이 공식의 해를 구하면 그림 8.22와 같이 최소제곱 회귀방정식(Least Squares Regression Equation)을 구할 수 있다.

최적 회귀선을 구하는 방법과 관련된 상세한 내용은 본 장의 부록 B- 보통최소제곱법(Ordinary Least Square)을 참조한다.

그림 8.21 이변량 회귀

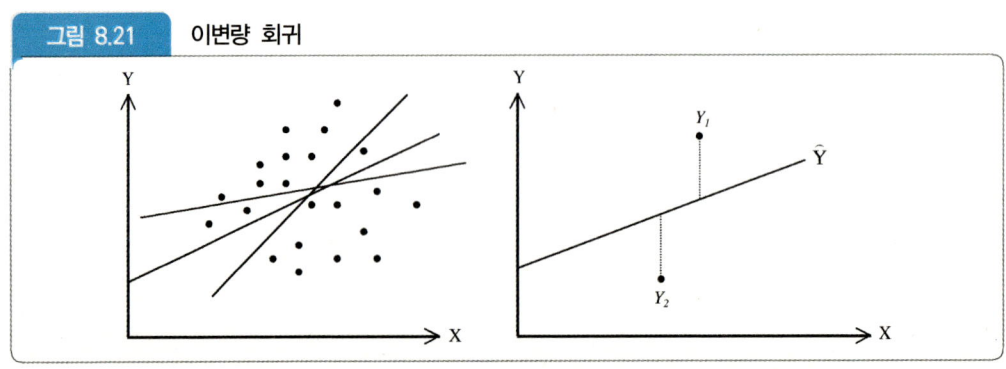

그림 8.22   최소제곱 회귀방정식

$$\beta_1 = \frac{\sum_{i=1}^{n}(X_i - \overline{X})(Y_i - \overline{Y})}{\sum_{i=1}^{n}(X_i - \overline{X})^2} = \frac{\sum_{i=1}^{n}X_iY_i - \frac{\sum_{i=1}^{n}X_i \sum_{i=1}^{n}Y_i}{n}}{\sum_{i=1}^{n}X_i^2 - \frac{\left(\sum_{i=1}^{n}X_i\right)^2}{n}}$$

$$\text{and} \quad \beta_0 = \overline{Y} - \beta_1 \overline{X}$$

예제

아래의 매출 금액(단위: 백만 달러)과 지역 신문에 실린 광고의 크기(광고 네 변의 길이를 합한 값, 단위: 인치) 데이터에 대해 다음 문제를 풀어보자.

광고 크기 (인치)	12	18	24	30	36	42	48
매출 (백만 달러)	5.9	5.6	5.5	7.2	8.0	7.7	8.4

1. 독립변수와 종속변수를 각각 정의해 보자. 독립변수는 광고의 크기이고 종속변수는 매출이다.
2. 기울기(β_1)와 y 절편값(β_0)을 직접 계산해 보자.

X	Y	XY	X^2	Y^2
12	5.9	70.8	144	34.81
18	5.6	100.8	324	31.36
24	5.5	132.0	576	30.25
30	7.2	216.0	900	51.84
36	8.0	288.0	1296	64.00
42	7.7	323.4	1764	59.29
48	8.4	403.2	2304	70.56
$\Sigma(X) = 210$	$\Sigma Y = 48.3$	$\Sigma(XY) = 1534.2$	$\Sigma(X^2) = 7308$	$\Sigma(Y^2) = 342.11$

$$\beta_1 = \frac{1534.2 - \frac{210(48.3)}{7}}{7308 - \frac{210^2}{7}} = 0.0845 \quad \text{and} \quad \beta_0 = \frac{48.3}{7} - 0.0845\left[\frac{210}{7}\right] = 4.3643$$

3. 추정 회귀방정식은?
   Y = 4.3643 + 0.845X 또는 매출 = 4.3643 + 0.0845(광고 크기)
4. 신문에 28인치의 광고를 개재하는 경우 어느 정도의 매출이 발생하겠는가?
   Y = 4.3643 + 0.0845 (28) = 673만 달러
   (단, 여기서는 예측이나 추정만 할 수 있으며 확실하게 어떤 답을 낼 수 없다는 점을 명심한다. 여기서 계산되는 값은 기대값 또는 평균일 뿐이다.)

회귀분석의 결과

앞의 예에서 살펴 본 동일한 데이터에 대해 엑셀의 데이터분석 추가기능이나 Crystal Ball 의 Predictor를 이용해 회귀분석을 해 볼 수 있다. 그림 8.23은 엑셀을 이용한 경우 회귀분석의 결과값을 보여주고 있다. 이 그림에서 절편(Intercept)과 X 변수에 대한 계수가 앞에서 직접 계산한 계수와 동일하다는 점을 확인할 수 있다.

그림 8.23 엑셀의 데이터분석 추가기능을 이용한 회귀분석 결과

SUMMARY OUTPUT

Regression Statistics	
Multiple R	0.9026
R Square	0.8146
Adjusted R Square	0.7776
Standard Error	0.5725
Observations	7

ANOVA

	df	SS	MS	F	Significance F
Regression	1	7.2014	7.2014	21.9747	0.0054
Residual	5	1.6386	0.3277		
Total	6	8.8400			

	Coefficients	Standard Error	t Stat	P-value	Lower 95%	Upper 95%	Lower 95.0%	Upper 95.0%
Intercept	4.3643	0.5826	7.4911	0.0007	2.8667	5.8619	2.8667	5.8619
X Variable 1	0.0845	0.0180	4.6877	0.0054	0.0382	0.1309	0.0382	0.1309

그림 8.24 Crystal Ball의 Predictor를 이용한 회귀분석 결과

Method: Multiple Linear Regression

Statistics:
  R-squared: 0.815
  Adjusted R-squared: 0.7776
  SSE: 1.6386
  F Statistic: 21.975
  F Probability: 0.005396
  Durbin-Watson: 1.964
  No. of Values: 7
  Independent variables: 1 included out of 1 selected

Series Statistics:
  Mean: 6.90
  Std. Dev.: 1.21
  Minimum: 5.50
  Maximum: 8.40
  Ljung-Box: 6.3255

Autocorrelations:
  Lag   Correlation   Probability
   1   0.7762   0.0695

Regression Variables:

Variable	Coefficient	t Statistic	Probability
Constant	4.3643	7.4911	6.69E-04
Advertise	0.08452	4.6877	0.005396

Crystal Ball의 Predictor를 이용해서 동일한 회귀분석을 해 볼 수도 있다. 그림 8.24는 Predictor를 이용해 수행한 회귀분석의 결과이다. 이 경우 역시 절편(Intercept) 및 X 변수에 대한 계수가 동일하다는 점을 다시 한 번 확인할 수 있다. 물론 엑셀과 Predictor를 이용해 회귀분석을 수행하는 경우 추가적으로 상당히 많은 정보를 얻을 수 있다. 이렇게 얻어지는 통계량은 대부분 적합도, 즉, 회귀 모델의 정확도와 통계적 신뢰도와 관련된 척도이다.

적합도(Goodness of Fit)

적합도에 대한 통계량을 통해서 추정된 회귀 모델의 정확도와 신뢰성을 개략적으로 이해할 수 있다. 일반적으로 사용되는 적합도 관련 통계량은 t-통계량(T-statistic), F-통계량(F-statistic), R^2 통계량(R-squared statistic), 수정 R^2 통계량(Adjustted R-squared statistic), 더빈-왓슨 통계량(Durbin-Watson statistic) 및 관련 확률값 등을 들 수 있다 (본 장에서 앞으로 살펴 보게 될 관련 임계값은 본 책의 마지막 부분에 있는 t-분포 임계값 표, F-분포 임계값 표, 더빈-왓슨 임계값 표 등을 참조한다). 앞으로는 일반적으로 사용되는 회귀 통계량 및 이러한 값의 해석 방법에 대해 살펴 보게 될 것이다.

결정계수(Coefficient of Determination)라고도 하는 R^2값은 오차의 척도로 회귀분석에 사용된 독립변수로 설명할 수 있는 종속변수의 변동 비율을 나타내는 통계량이다. 결정계수를 계산하는 식은 다음과 같다.

$$R^2 = 1 - \frac{\sum_{i=1}^{n}(Y_i - \widehat{Y}_i)^2}{\sum_{i=1}^{n}(Y_i - \overline{Y})^2} = 1 - \frac{SSE}{TSS}$$

위 식에서 알 수 있듯이 결정계수는 1에서 총제곱합(TSS: Total Sums of Squares)에 대한 오차제곱합(SSE: Sum of Squares of the Errors)의 비율을 빼 줌으로써 구할 수 있다. 다시 말해서 SSE/TSS는 회귀분석으로 설명할 수 없는 변동분이며 1-SSE/TSS는 회귀분석으로 설명할 수 있는 변동분이다.

그림 8.25는 결정계수를 그래프로 설명한 것이다. 추정 회귀선은 일련의 예측값($\widehat{Y}$)으로 결정되는 직선이다. 그리고 종속변수 데이터의 평균은 $\overline{Y}$로 표시된다. 그리고 각 종속변수 데이터는 Yi로 표시한다. 그러므로, 총제곱합(데이터의 총변동 또는 종속변수의 평균에 대한 총변동)은 개별 종속변수와 종속변수 평균 간의 차이에 대한 총합(그림 8.25에서 모든 $Y_i - \overline{Y}$의 총제곱합)이다. 총제곱합 중 회귀분석으로 설명되는 부분은 회귀모형을 통해 구한 예측 값과 종속변수 데이터의 평균 간의 차이의 총합(그림 8.25에서 모든 $\widehat{Y} - \overline{Y}$의 총제곱합)

이다. 그리고 총변동(TSS)과 회귀모형으로 설명되는 변동(ESS)의 차이는 회귀모형으로 설명되지 않는 변동의 제곱합으로 오차제곱합(SSE)라고 한다.

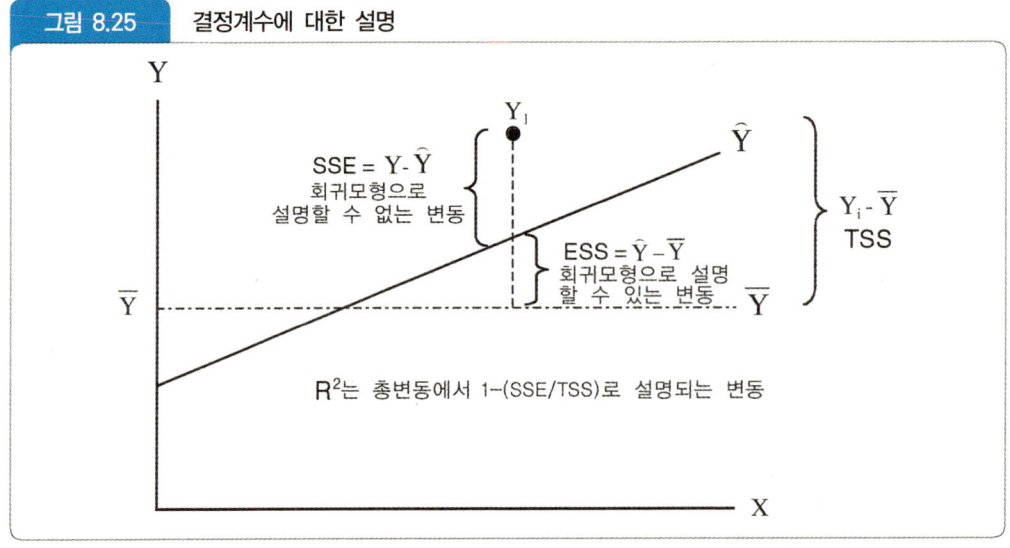

그림 8.25 결정계수에 대한 설명

또 하나의 통계량인 수정 결정계수(Adjusted Coefficient of Determination) 또는 수정 R^2값은 자유도의 수정을 통해 독립변수 개수(k)를 수정해 줌으로써 보다 보수적인 추정치를 계산한다.

$$\overline{R^2} = 1 - \frac{\sum_{i=1}^{n}(Y_i - \widehat{Y}_i)^2/(k-2)}{\sum_{i=1}^{n}(Y_i - \overline{Y})^2/(k-1)} = 1 - \frac{SSE/(k-2)}{TSS/(k-1)}$$

R^2값은 독립변수의 개수가 늘어날 때 마다 증가해서 회귀모형으로 설명되는 변동분이 증가하는 것처럼 보이므로 다중 회귀분석의 경우에는 R^2값 대신 수정 R^2값을 이용해야 한다. 종속변수와 전혀 상관없는 독립변수가 추가되는 경우에도 R^2값은 증가한다. 하지만 수정 R^2값은 추가된 회귀모형의 독립변수를 고려하여 그 효과를 회귀 방정식에 적절히 반영시킴으로써 회귀모형의 적합도를 설명할 수 있는 보다 우수한 추정치가 된다.

t-통계량과 F-통계량도 적합도를 나타내주는 통계량이다. t-통계량은 추정된 기울기값과 y-절편값이 통계적으로 유의한지, 즉 추정된 기울기값과 y-절편값이 통계적으로 0과 유의한 차이가 있는지를 검정하는데 사용된다(이렇게 함으로써 기울기값과 y-절편값의 통계

적 유효성을 확인한다). F-통계량은 t-통계량과 같은 목적으로 사용되지만 기울기 값과 y-절편값을 포함하는 전체 회귀방정식의 유효성을 검정하는데 사용된다. 앞에서 사용된 것과 동일한 예제 데이터를 이용한 다음의 예를 살펴보면 회귀분석에서 t-통계량과 F-통계량이 어떤 방식으로 사용되는지를 알 수 있다(임계값은 본 책의 마지막 부분에 있는 t-분포 임계값 표, F-분포 임계값 표를 참조한다). 또한 여기서는 독자가 기초 통계학에서 설명되는 가설검정과 유의성검정의 내용을 이해하고 있는 것으로 가정한다.

그림 8.26 ANOVA 및 적합도 관련 표

ANOVA	df	SS	MS	F	Significance F		
Regression	1	7.2014	7.2014	21.9747	0.0054		
Residual	5	1.6386	0.3277				
Total	6	8.8400					

	Coefficients	Standard Error	t Stat	P-value	Lower 95%	Upper 95%	Lower 95.0%	Upper 95.0%
Intercept	4.3643	0.5826	7.4911	0.0007	2.8667	5.8619	2.8667	5.8619
X Variable 1	0.0845	0.0180	4.6877	0.0054	0.0382	0.1309	0.0382	0.1309

그림 8.27 Crystal Ball의 Predictor를 이용한 회귀분석의 추가 결과

Statistics:
    R-squared: 0.815
    Adjusted R-squared: 0.7776
    SSE: 1.6386
    F Statistic: 21.975
    F Probability: 0.005396
    Durbin-Watson: 1.964
    No. of Values: 7
    Independent variables: 1 included out of 1 selected

Series Statistics:
    Mean: 6.90
    Std. Dev.: 1.21
    Minimum: 5.50
    Maximum: 8.40
    Ljung-Box: 6.3255

예제

그림 8.26의 엑셀을 이용한 회귀분석의 결과에 대한 정보를 보고 다음을 해석해 보자:

1. 기울기와 y-절편에 대한 가설 검정(양측검정)을 하고 각각 $\alpha = 0.05$에서 유의한지 설명하라.

   귀무가설 H_0은 기울기 (β_1) = 0이고 대립 가설 H_a은 기울기 (β_1) $\neq$ 0 이다. 계산된 t-통계량은 4.6877이고, 자유도는 6(n−k = 7 − 1)[4] 이고, $\alpha = 0.05$인 양측검정시의 t-임계값인 2.9687(책의 마지막 부분에 있는 t-통계량 표)을 초과한다. 그러므로 귀무가설이 기각되고 기울기가 통계적으로 0과 유의하게 차이가 있다고 결론을 내릴 수 있다. 즉, 기울기에 대한 회귀 추정치가 통계적으로 유의하다고 할 수 있다. 계산된 t-통계량에 대한 p-값을 이용해 가설검정을 해 볼 수도 있다. 예제의 경우 t-통계량에 대한 p-값은 0.0054로 $\alpha = 0.05$ 보다 작으므로 귀무가설을 기각한다. 또한 y-절편에 대한 가설검정의 경우 귀무 가설 H_0은 y-절편 (β_0) = 0이고 대립 가설 H_a은 y-절편 (β_0) $\neq$ 0 이다. y-절편에 대해 계산된 t-통계량은 7.4911이고, 이는 자유도 6(n−k = 7− 1)인 경우 임계값인 2.9687을 초과하므로, 귀무가설은 기각된다. 즉, y-절편은 통계적으로 0과 유의하게 다르며 회귀분석을 통해 추정한 y-절편값이 통계적으로 유의 하다고 할 수 있다. 또한 t-통계량의 p-값은 0.0007로 $\alpha = 0.05$ 보다 작으므로 귀무가설을 기각할 수 있다.

2. 가설검정을 통해 $\alpha = 0.05$일 때 기울기와 y-절편을 함께 살펴 볼 때 통계적으로 유의한지, 즉 추정된 회귀모델이 통계적으로 유의한지 설명하라.

   귀무가설 H_0은 $\beta_0 = \beta_1 = 0$이고 대립가설 H_a은 $\beta_0 \neq \beta_1 \neq 0$ 이다. 회귀분석에서 계산된 F-값은 21.9747이고, 이는 분자의 자유도(k)가 1이고, 분모의 자유도(n−k=7−1)가 6인 F-분포의 임계값 5.99(본 책의 마지막 부분에 있는 F-분포 임계값 표 참조) 보다 크다. 그러므로 귀무가설 H_0은 기각되고, 회귀모형의 기울기와 y-절편값 모두 0과는 통계적으로 유의하게 다르며 모형 전체가 통계적으로 유의하다고 할 수 있다. 이러한 통계 검정의 결과는 p-값을 이용하는 경우와도 동일하다. 회귀모형의 F-통계량에 해당하는 p-값은 0.0054(F의 유의도)로 $\alpha = 0.05$ 보다 작으므로 귀무가설을 기각할 수 있고, 결국 회귀모형 전체가 통계적으로 유의하다고 할 수 있다.

3. 그림 8.27의 Crystal Ball의 Predictor를 이용한 회귀분석의 결과에 대한 정보를 기준으로 R^2값을 해석한다. R^2값과 상관계수와의 관계는?

   계산된 R^2값은 0.815로, 종속변수의 변동분 중 81.5%를 독립변수의 변동으로 설명할 수 있다고 얘기할 수 있다. 상관계수의 제곱으로 계산된 R^2값을 통해 독립변수와 종속변수 간의 상관계수가 0.903임을 알 수 있다.

4. 더빈-왓슨(Durbin-Watson) 통계량의 의미를 설명하라(관련 임계값은 본 책의 마지막 부분에 있는 더빈-왓슨의 임계값 표를 참조한다).

   더빈-왓슨 통계량 추정치는 1차 자기상관의 가능성, 즉 특정 기간의 매출과 직전 기간의 매출 간의 상관관계에 대한 가능성을 설명하는 값이다. 많은 경우 시계열 데이터는 과거 시점 데이터와의 자기상관 관계가 존재한다. 본 책의 마지막 부분에는 더빈-왓슨 통계량과 관련된 임계값 표가 수록되어 있으며, 이를 통해 계산된 통계량에 자기상관이 존재하는지를 알 수 있다. 그림 8.27에서 계산된 더빈-왓슨 통계량은 1.964로 2.0과 가까우며, 이는 자기상관 관계가 없는 영역에 속하는 값이다. 더빈-왓슨 통계량의 임계값 표를 보면, 독립변수(k)가 1개이고, 관측값의 수(k)가 7개인 경우 임계 하한(D_L: lower critical bound)이 1.08 보다 작아야 함을 알 수 있다.

회귀분석의 기본 가정

다음과 같은 여섯 가지 가정이 충족되어야만 회귀분석을 효과적으로 수행할 수 있다:

1. 독립변수와 종속변수 간에 선형(Linear) 관계가 존재한다.
2. 오차 또는 잔차(Residuals)의 기대값은 0이다.
3. 오차는 서로 독립적이고 정규분포를 따른다.
4. 오차의 분산은 일정(Homoskedastic)하고 시간의 흐름에 따라 변하지 않는다.
5. 오차는 설명변수와 독립적이고 설명변수와 상관관계가 없다.
6. 독립변수 간에는 상관관계가 없다. 즉, 다중공선성(Multicollinearity)이 존재하지 않는다.

산점도를 이용하면 위 가정 중 몇 가지는 간단하게 검증해 볼 수 있다. 또한 이변량 회귀모형의 경우에는 산점도를 간단하게 사용할 수 있다. 선형 모델에 대한 가정(가정 1번)이 옳다면 독립변수 별 관측값을 그래프로 표시해 보면 선형성에서 명확하게 벗어나는 부분이 없는, 선형 밴드(Band)를 확인할 수 있을 것이다. 이 경우 이상점은 주로 그래프의 오른쪽 위 부분 또는 왼쪽 아래 부분에 표시된다. 하지만 독립변수 또는 종속변수의 이상점이 반드시 데이터의 일반적 추세선과 멀리 떨어져 있는 것만은 아니다.

선형 모델이라는 가정이 틀린 경우에는 x-y축에 표시된 데이터 추세의 형태를 통해 적합한 함수(예: 다항 함수, 지수 함수 또는 로그 함수 등)를 도출해 볼 수도 있다. 아니면 적절한 변환함수를 생각해 볼 수도 있다. 예를 들어, x-y축에 표시된 데이터를 볼 때, 독립변수의 값이 아주 작거나 아주 큰 경우에는 종속변수의 값이 데이터에 대해 그려본 본 수평선보다 작고, 독립변수가 중간 범위에 있는 경우 이에 상응하는 종속변수의 값이 이 수평선과 같거나 큰 원주 형태의 추세를 보이는 경우라면 독립변수의 제곱근을 구하거나 로그 변환하면 선형성이 나타날 수 있다.

종속변수에 대한 등분산성(Homoskedasticity)의 가정이 맞다면 독립변수에 대한 관측된 종속변수의 그래프를 그려보면 독립변수의 크기에 상관없이 그래프에 대한 수평 범위의 두께가 일정하다. 즉, 그래프의 전반적인 모양이 담배처럼 일정한 두께를 가지며 쐐기나 메가폰 같은 모양이 아니다.

산점도가 왼쪽이나 오른쪽으로 가면서 넓어지는 메가폰 같은 부채 모양을 띠는 경우에는 종속변수의 분산이 부채가 넓어지는 방향(일반적으로 표본평균이 증가하면서 나타남)으로 가면서 커진다는 것을 의미한다. 그리고 이는 종속변수의 변환이 필요하다는 뜻이 될 수도 있다.

| 그림 8.28 | 양의 상관관계를 보여주는 산점도 |

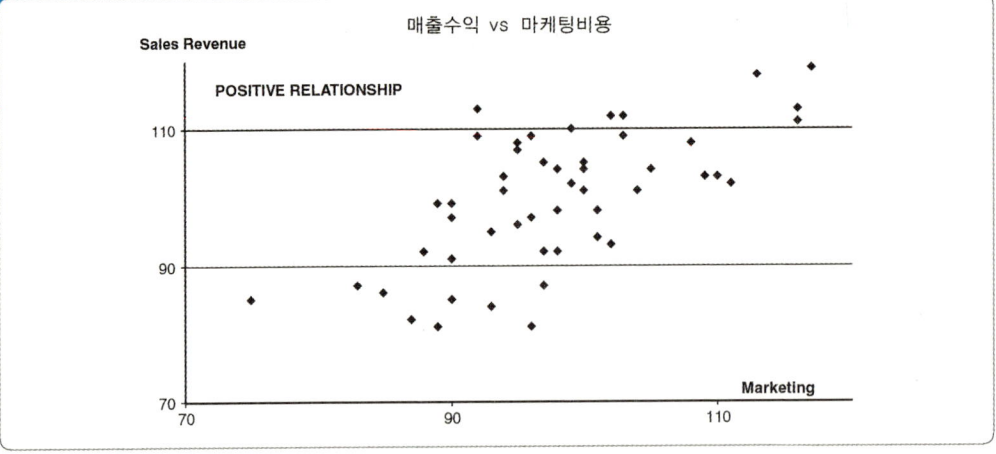

예를 들어, 그림 8.28의 산점도는 매출이익(종속변수)과 마케팅비용(독립변수)이라는 두 변수에 대한 산점도이다. 분명 두 변수 간에는 양의 상관관계가 존재하며, 이는 그림 8.29의 회귀분석 결과에서 회귀방정식의 기울기가 양의 값인 7.447인 것으로 다시 한 번 확인할 수 있다. 또한 α = 0.05 수준에서 이 두 변수 간에는 통계적으로 유의한 관계가 존재하며 결정계수가 0.43인 것으로 보아 통계적으로 유의하기는 하지만 그 관계는 약함을 알 수 있다.

| 그림 8.29 | 양의 상관관계를 가진 두 변수에 대한 이변량 회귀분석의 결과 |

Summary:
  Number of series: 2
  Periods to forecast: 12
  Seasonality: none
  Error Measure: RMSE

Series: Sales Revenues

  Method: Multiple Linear Regression

  Statistics:
    R-squared: 0.430
    Adjusted R-squared: 0.4185
    SSE: 2732.9
    F Statistic: 36.263
    F Probability: 2.32E-7
    Durbin-Watson: 2.370
    No. of Values: 50
    Independent variables: 1 included out of 1 selected

Regression Variables:

Variable	Coefficient	t Statistic	Probability
Constant	26.897	2.215	0.03154
Marketing Expenses	0.7447	6.0219	2.32E-07

이를 그림 8.30의 다변량 회귀분석의 결과와 비교해 보자. 그림 8.30의 경우에는 제품의 가격결정구조라는 독립변수가 한 가지 더 추가되어 있다. 이 때 수정 R^2값은 0.62로 이변량 회귀모형보다 더 나은 모형임을 알 수 있다[7]. 가격결정 변수는 수요의 법칙에 따라 가격이 높아지면 수요가 적어지고, 결국 매출 수익이 감소하게 되는 결과를 낳게 되므로 매출 수익과 음의 상관관계를 가지고 있다(단, 수요곡선이 탄력적이라고 가정함). t-통계량과 그에 해당하는 확률은 p-값을 보더라도 통계적으로 유의한 관계가 존재한다는 것을 알 수 있다.

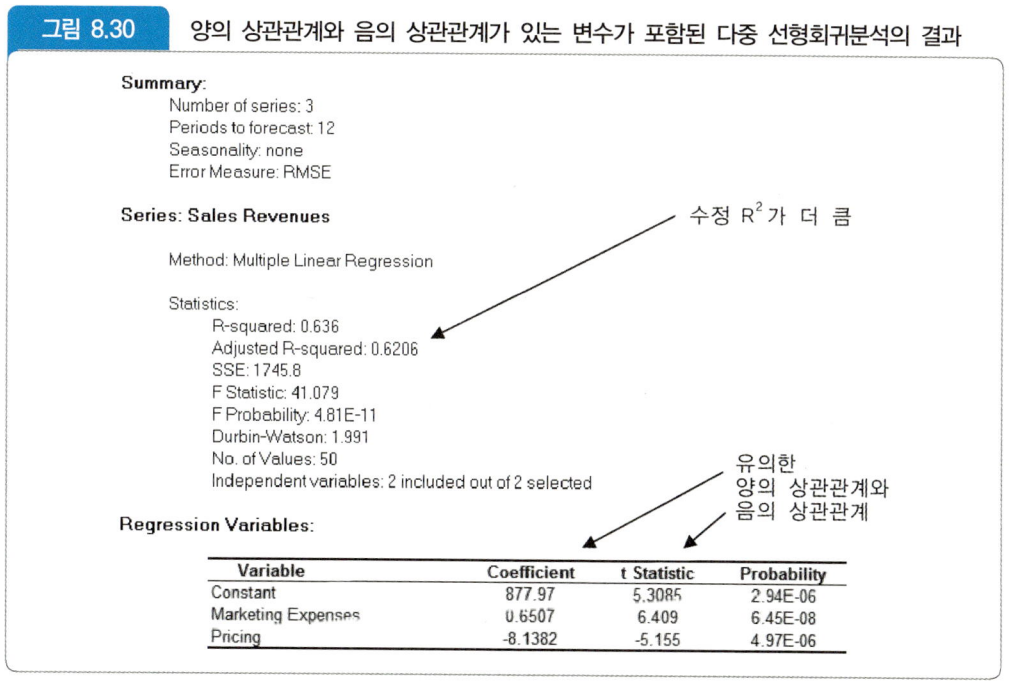

그림 8.30 양의 상관관계와 음의 상관관계가 있는 변수가 포함된 다중 선형회귀분석의 결과

이와 반대로 그림 8.31의 산점도에서는 거의 관계가 없는 두 변수를 보여주고 있다. 이는 8.32의 회귀분석 결과로 다시 한 번 확인할 수 있다. 그림 8.32를 보면 결정계수가 0.066으로 무시할 수 있을 정도로 작다. 또한 계산된 t-통계량과 이에 해당하는 p-값을 보면 α = 0.05 수준에서 마케팅 비용이라는 변수가 통계적으로 유의하지 않음을 알 수 있고, 결국 회귀방정식이 유의하지 않다고 결론 내릴 수 있다(이는 F-통계량을 이용해 다시 확인할 수 있다).

그림 8.31 두 변수 간에 상관관계가 존재하지 않는 경우의 산점도

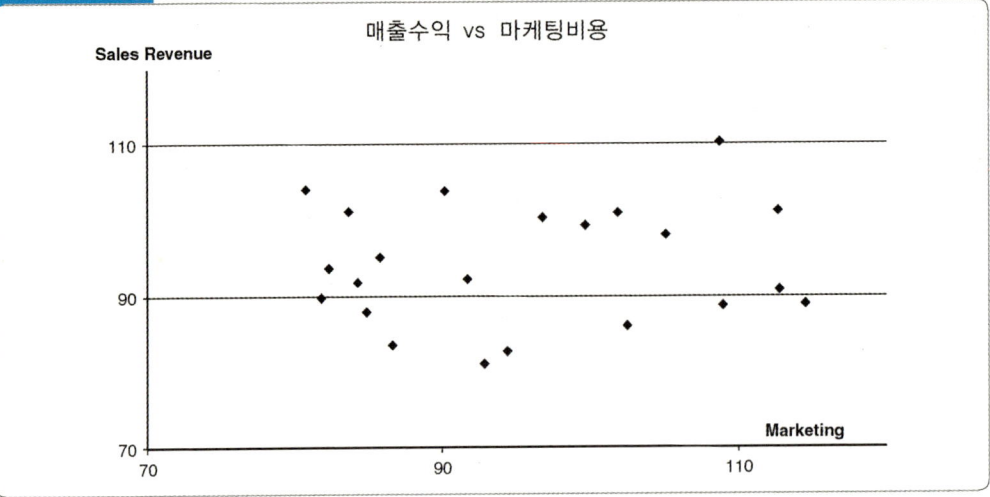

그림 8.32 변수 간에 상관관계가 없는 경우의 다중회귀분석 결과

Summary:
  Number of series: 2
  Periods to forecast: 12
  Seasonality: 12 months
  Error Measure: RMSE

Series: Sales Revenues

  Method: Multiple Linear Regression

  Statistics:
    R-squared: 0.066
    Adjusted R-squared: 0.04622
    SSE: 13661
    F Statistic: 3.3743
    F Probability: 0.07242
    Durbin-Watson: 2.173
    No. of Values: 50
    Independent variables: 1 included out of 1 selected

R^2가 낮아 상관관계가 거의 없음을 알 수 있음

Regression Variables:

Variable	Coefficient	t Statistic	Probability
Constant	82.966	6.0363	2.20E-07
Marketing Expenses	0.2265	1.8369	0.07242

예측 시 유의 사항: 이상점, 비선형성, 다중공선성, 이분산성, 자기상관, 구조적 결함 등

실제 회귀분석을 해 보기 전에 산점도를 그려보는 것은 모형을 구축하는 좋은 습관이다. 산점도를 그려봄으로써 데이터의 특성에 대해 상당한 기본 정보를 습득할 수 있다. 또 회귀분석의 기본 가정을 벗어나는지 여부를 계량적 검정을 수행하지 않아도 손쉽게 눈으로 확인할 수 있다. 예를 들어, 그림 8.33은 데이터에 이상점이 존재한다는 것을 보여주고 있다. 그리고 그림 8.34의 회귀분석 결과를 보면, 이상점을 포함시켜 회귀분석을 했을 경우 결정계수 값이 0.252로 그림 8.35의 이상점을 제외 시킨 후의 회귀분석 결과 계산되는 결정계수 0.447 보다 낮은 것을 알 수 있다.

그림 8.33 이상점이 존재한다는 것을 알 수 있는 산포도

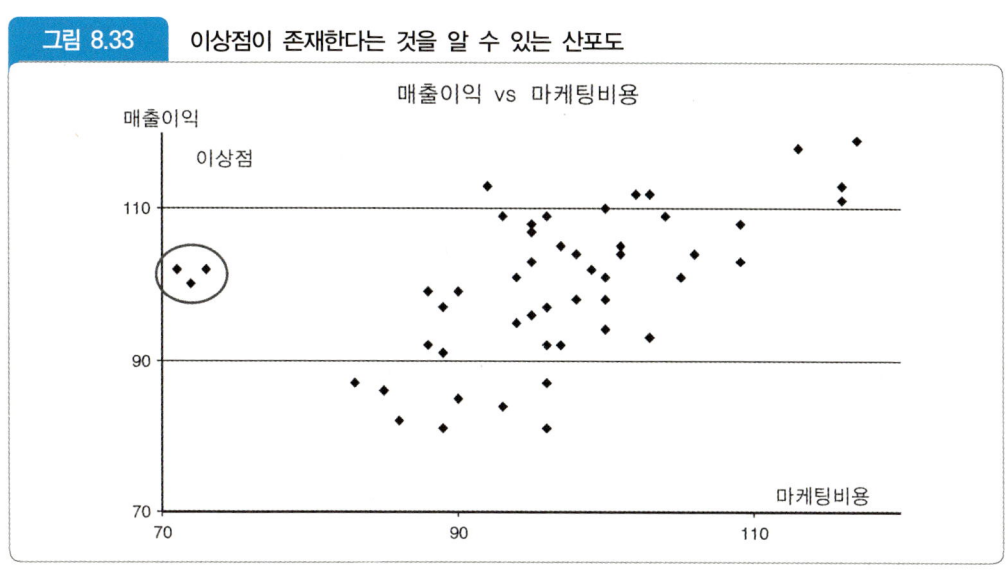

이상점이 존재하기 때문에 값들이 동일하게 분포하지 않을 수도 있다. 이상점은 데이터 중 예외적인 값을 말한다. 이상점으로 인해 기울기와 y-절편 추정값이 크게 변할 수 있으며, 그 결과 데이터 전체에 대한 적합도가 떨어질 수 있다. 또한 이상점이 존재하면 잔차 분산이 커지게 되며, 이 경우 귀무가설의 기각 확률이 줄어들게 된다. 기록시의 오차에 의해 발생된 이상점은 수정할 수 있다. 하지만 분석 대상인 종속변수의 값이 모두 동일 모집단에서 추출된 것이 아닌 경우에도 이상점이 나타날 수 있다. 또한 동일한 모집단에서 추출된 경우라도 모집단이 정규분포를 따르지 않는 경우에는 명확하게 드러나는 이상점이 존재할 수도 있다. x-y 평면에 산점도를 그려보면 이상점은 일반적인 데이터를 설명해주는 추세선의 근방에 위치하지 않기 때문에 명확하게 드러날 수 있다. 하지만 이례적인 것처럼 보이는 독립변수나

PART 03 리스크 예측

종속변수라 하더라도 반드시 산점도 상에서 이상점으로 나타나지는 않을 수도 있다.

그림 8.34 이상점을 제외한 데이터의 회귀분석 결과

```
Summary:
    Number of series: 2
    Periods to forecast: 12
    Seasonality: 12 months
    Error Measure: RMSE

Series: Sales Revenues

    Method: Multiple Linear Regression

    Statistics:
        R-squared: 0.252
        Adjusted R-squared: 0.2367
        SSE: 3417.6
        F Statistic: 16.198
        F Probability: 2.01E-4
        Durbin-Watson: 1.945
        No. of Values: 50
        Independent variables: 1 included out of 1 selected

Regression Variables:
```

Variable	Coefficient	t Statistic	Probability
Constant	53.269	4.5619	3.51E-05
Marketing Expenses	0.4857	4.0247	2.01E-04

최소제곱법이란 각 데이터와 적합선 간의 수직 거리의 제곱합을 최소화시키는 방법이다. 그러므로 적합선은 이상점에 매우 민감할 수밖에 없다. 즉, 최소제곱법을 바탕으로 하는 회귀분석은 이상점에 영향을 받을 수 밖에 없으며, 결국 적합된 기울기 추정치 역시 이상점에 영향을 받게 되는 것이다. 다른 점에서 수직적으로 제거된 점은 적합선이 나머지 데이터의 일반적인 선형 추세를 따르지 않고 이 점과 가까워지도록 만들 수 있다. 특히 이 점이 데이터의 중심(독립변수의 평균과 종속변수의 평균을 좌표로 하는 점)에서 수평적으로 멀리 떨어져 있는 경우에 더욱 그러하다. 이러한 현상을 일으키는 데이터를 하이 레버리지(High Leverage)라고 한다: 데이터의 중심이 지레 받침 역할을 하고 적합선이 하이 레버리지 데이터를 향하게 되어 실제 데이터의 적합 수준은 낮을 수 있다. 독립변수는 극단값을 가지고 있지만 수평적으로는 데이터의 중심에 가까이 있는 데이터는 적합된 기울기에는 거의 영향을 주지 않지만 추정된 y-절편 값에는 영향을 줄 수 있다.

하지만 이상점을 데이터에서 제거할지 여부를 결정할 때는 신중을 기해야 한다. 물론 이상점을 제거하면 적합도가 높아지게 마련이지만, 이상점을 제거하기 위한 합리적 근거를 먼저 마련해야 한다. 예를 들어, 특정 기업의 주가 수익률에 대한 회귀분석을 하는 경우 경기 침체기에 발생한 주가 수익률의 이상점은 회귀분석에 포함시켜야 한다. 이러한 주가 수익률은

진정한 의미에서의 이상점이 아니라 경기순환주기 측면에서 불가피한 결과이기 때문이다. 이 경우 이상점을 제거한 후 추정된 회귀방정식을 이용해 이 기업의 주가 수익률을 바탕으로 은퇴 연금 금액을 예측하게 되면 부정확한 결과가 나오게 된다. 이와 반대로 일회성의, 반복되지 않는 사업 환경(예: M&A)에 의해 이상점이 발생했고, 이와 같은 사업 구조적 변화가 재발하지 않을 것으로 예상된다고 가정해 보자. 이 경우에는 이러한 이상점을 제거한 후의 데이터에 대해서만 회귀분석을 수행할 수 있다.

그림 8.36은 독립변수와 종속변수 간에 비선형관계가 존재하는 경우로 선형회귀가 최적 회귀분석 방법이 될 수 없을 것이다. 그러므로 회귀분석을 수행하기 전에 데이터를 비선형 변환(Nonlinear Transformation)시켜야 한다. 그리고 매출수익을 변환된 마케팅비용 데이터에 대해 회귀분석 한다. 그림 8.37은 이렇게 수행한 회귀분석의 결과로 결정계수가 0.938이며, 이는 비선형 변환을 하지 않은 원래의 데이터에 대해 회귀분석을 했을 때의 결정계수인 0.707과 비교되는 수치이다.

그림 8.36 　비선형관계를 보여주는 산점도

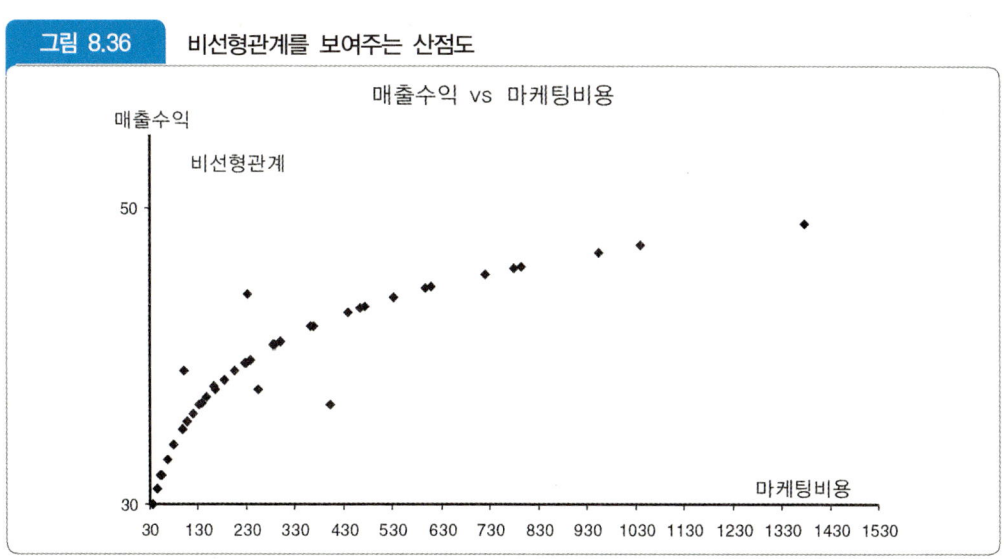

그림 8.37 　비선형 변환을 한 후의 회귀분석 결과

```
Summary:
    Number of series: 3
    Periods to forecast: 12
    Seasonality: none
    Error Measure: RMSE

Series: Sales Revenues

    Method: Multiple Linear Regression

    Statistics:
        R-squared: 0.938
        Adjusted R-squared: 0.9364
        SSE: 101.74
        F Statistic: 722.25
        F Probability: 1.39E-30
        Durbin-Watson: 1.825
        No. of Values: 50
        Independent variables: 1 included out of 1 selected

Regression Variables:
```

Variable	Coefficient	t Statistic	Probability
Constant	10.208	9.6141	9.03E-13
Nonlinear Marketing Expenses	5.3783	26.875	1.39E-30

그림 8.38 　선형 데이터를 가정한 경우의 회귀분석 결과

```
Summary:
    Number of series: 3
    Periods to forecast: 12
    Seasonality: none
    Error Measure: RMSE

Series: Sales Revenues

    Method: Multiple Linear Regression

    Statistics:
        R-squared: 0.707
        Adjusted R-squared: 0.7013
        SSE: 477.72
        F Statistic: 116.04
        F Probability: 2.09E-14
        Durbin-Watson: 0.992
        No. of Values: 50
        Independent variables: 1 included out of 1 selected

Regression Variables:
```

Variable	Coefficient	t Statistic	Probability
Constant	33.358	52.658	4.00E-44
Linear Marketing Expenses	0.01639	10.772	2.09E-14

　　주어진 데이터가 선형 모델에 적합한 데이터가 아니라면 선형 회귀모형을 이용해 적합된 기울기와 y-절편의 추정치는 편의(Biased) 추정량이 될 것이고 적합된 기울기와 y-절편 추정치도 무의미한 것이 된다. 독립변수 또는 종속 변수의 제한된 범위에 대해서는 선형 모델

로 비선형 모델의 근사값을 구할 수 있다(이는 선형 보간법(Linear Interpolation)의 기본이기도 하다). 하지만 정확한 예측값을 구하려면 데이터에 적합한 모델을 선택해야 한다. x-y 평면에 산점도를 그려보면 선형 모델을 사용하는 것이 적합한지 여부를 알 수 있을 것이다. 하지만 종속변수의 변동성이 매우 큰 경우에는 적합한 모델이 무엇인지를 결정하기가 어려울 수도 있다. 이런 경우에는 선형 모델이 다른 모델 정도의 설명력을 가질 수 있고 간단하다는 장점도 있다. 비선형성과 이분산성에 대한 구체적인 검정법과 이의 해결 방법에 대한 상세한 내용은 부록 C 이분산성의 확인 및 수정을 참조한다.

하지만 여기서는 마케팅비용이라는 원래의 선형 데이터가 회귀분석에서 비선형으로 변환된 마케팅 데이터와 합산되지 않도록 신중을 기해야 한다. 그렇지 않으면 다중공선성이 존재하게 된다. 즉, 마케팅비용 데이터와 자연로그 함수로 변환한 마케팅비용 데이터 간에 높은 상관관계가 존재하며, 이 두 변수가 모두 다중회귀분석의 독립변수로 사용되면 다중공선성이 존재하지 않아야 한다는 회귀분석의 기본 가정이 위반되고 회귀분석이 제 역할을 하지 못하게 된다. 그림 8.39를 통해 다중공선성이 존재하는 경우 회귀분석을 수행했을 때 어떤 결과가 나오는지를 알 수 있다. 여기서 결정계수는 0.938로 비선형 변환 데이터만을 이용한 회귀분석의 결과와 동일하다(그림 8.37 참조). 하지만 수정결정계수는 0.9364(그림 8.37 참조)에서 0.9358(그림 8.39 참조)로 떨어지는 것을 알 수 있다.

그림 8.39 선형변수와 비선형 변환변수를 모두 사용한 경우의 회귀분석

```
Summary:
    Number of series: 3                   다중공산성을 주의할 것!
    Periods to forecast: 12
    Seasonality: none
    Error Measure: RMSE

Series: Sales Revenues

    Method: Multiple Linear Regression

    Statistics:
        R-squared: 0.938                  ← 다중회귀분석에서는 수정 R² 를 사용함
        Adjusted R-squared: 0.9358
        SSE: 100.59
        F Statistic: 357.93
        F Probability: 3.60E-29
        Durbin-Watson: 1.807              비선형 데이터와
        No. of Values: 50                 선형 데이터가 겹침
        Independent variables: 2 included out of 2 selected

Regression Variables:
```

Variable	Coefficient	t Statistic	Probability
Constant	9.0966	4.9143	1.12E-05
Linear Marketing Expenses	-0.001098	-0.7349	0.4661
Nonlinear Marketing Expenses	5.6542	13.275	1.62E-17

또한 그림 8.38에서는 통계적으로 유의한 변수였던 마케팅 비용의 p-값이 거의 0(그림 8.38 참조)에서 0.4661(그림 8.39 참조)으로 증가하면서, 변수의 유의성이 떨어지는 것도 알 수 있다. 다중공선성이 존재하는 데이터에 대해 회귀분석을 수행했을 때 일반적으로 나타나는 특성이 높은 R^2값과 낮은 t-검정 통계량이다(그림 8.39 참조). 회귀분석시 다중공선성의 확인과 관련된 상세한 내용은 부록 D 다중공선성의 확인 및 수정을 참조한다.

등분산성 가정 역시 회귀분석시 위반되는 경우가 많다. 즉, 오차의 분산이 시간의 흐름에 따라 증가하는 모습을 보이는 경우가 많다. 그림 8.40은 등분산성 가정이 위반된 상황을 보여주는 것으로, 시간이 흐르면서 데이터의 수직 변동성이 증가하는 것을 볼 수 있다. 이 예의 경우 이분산성의 효과를 확실히 보여주기 위해 데이터를 약간 변환시켰다. 하지만 시계열 분석을 수행하는 경우 이분산성을 확인하기는 훨씬 어렵다. 이와 관련된 보다 상세한 내용은 부록 C 이분산성의 확인 및 수정을 참조한다. 그리고 이분산성을 해결하는 것은 이를 확인하는 것보다 더 어렵다. 그림 8.41에서는 이분산성이 존재하는 경우 결정계수 값이 크게 떨어지는 것을 확인할 수 있다. 그러므로 이 회귀모형은 불충분하고 불완전한 모형인 것이다. 보다 상세한 내용은 부록 C 이분산성의 확인 및 수정을 참조한다.

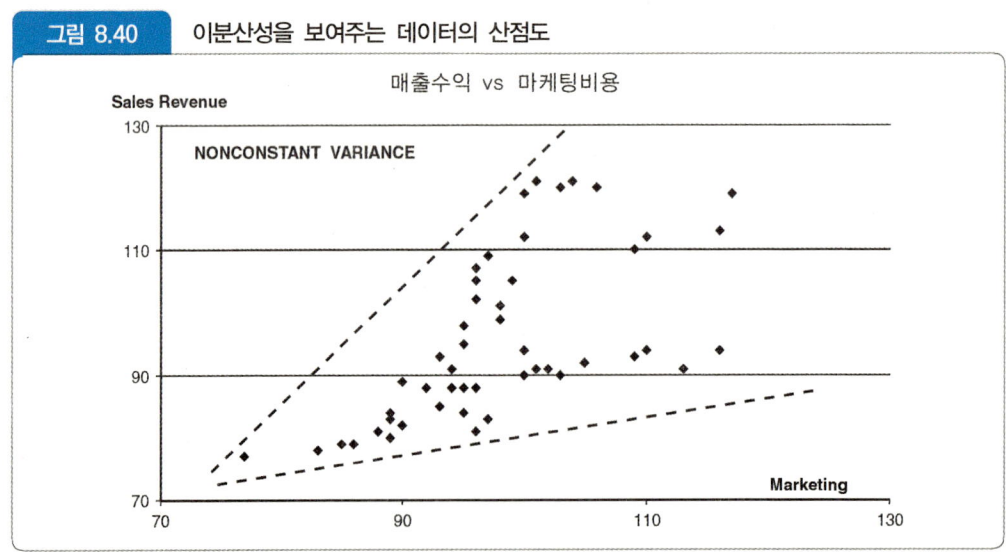

그림 8.40　이분산성을 보여주는 데이터의 산점도

그림 8.41   이분산성이 있는 데이터에 대한 회귀분석의 결과

```
Summary:
    Number of series: 2
    Periods to forecast: 12
    Seasonality: 12 months            이분산성을 주의할 것!
    Error Measure: RMSE

Series: Sales Revenues

    Method: Multiple Linear Regression

    Statistics:
        R-squared: 0.398
        Adjusted R-squared: 0.3858
        SSE: 5190.1
        F Statistic: 31.777
        F Probability: 8.94E-7
        Durbin-Watson: 2.755
        No. of Values: 50
        Independent variables: 1 included out of 1 selected

    Regression Variables:
```

Variable	Coefficient	t Statistic	Probability
Constant	1.5742	0.09421	0.9253
Marketing Expenses	0.9586	5.6371	8.94E-07

종속변수의 분산이 일정하지 않으면 오차의 분산도 일정하지 않다. 종속변수의 이분산성을 보여주는 가장 일반적인 경우는 독립변수와 종속변수 간에 양의 상관관계가 존재하고 종속변수의 평균이 증가하면서 그 분산도 증가하는 경우이다.

종속변수의 이분산성 효과가 두드러지게 드러나지 않는다면 이분산성의 효과도 그리 심각하지는 않을 수도 있다: 최소제곱추정량이 불편의 추정량이고 오차가 정규분포를 따른다면 기울기와 y-절편의 추정치도 정규분포를 따를 것이고, 오차가 정규분포를 따르지 않더라도 기울기와 y-절편의 추정치(데이터의 수가 증가할수록)는 최소한 점근적(asymptotically) 정규분포를 따를 것이다. 기울기의 분산에 대한 추정치와 전체 분산은 부정확하겠지만 독립변수가 독립변수의 평균을 중심으로 대칭적으로 존재한다면 그 부정확성도 그리 심각한 문제가 되지 않는다.

종속변수의 이분산성은 보통 회귀분석을 수행하기 전에 x-y 평면에 산점도를 그려 봄으로써 확인할 수 있다. 비선형성과 이분산성이 모두 존재하는 경우에는 독립변수를 변환함으로써 선형성과 등분산성을 동시에 제고시킬 수 있다. 그렇지 않은 경우에는 종속변수의 이분산성에 대해 가장 선호되는 분석 방법이 가중최소제곱 선형회귀분석(Weighted Least Squares Linear)이다.

회귀분석의 기타 기술적인 문제들

선형회귀분석을 적용할 대상 데이터가 앞에서 살펴본 선형회귀분석과 관련된 기본 가정을 한 가지 이상 위반하는 경우에는 회귀분석을 수행하더라도 그 결과가 부정확하거나 잘못된 방향으로 호도되는 결과가 나올 수 있다. 예를 들어, 독립성에 대한 가정이 위반 되거나 이상점이 존재한다면 선형회귀분석의 가장 강력한 검정법인 적합도 검정이 유용한 검정법이 되지 못할 것이며, 이로 인해 적합한 선형회귀모형을 찾지 못할 수도 있다. 그리고 이 경우에는 비모수적 회귀분석(Nonparametric, Robust or Resistant Regression), 가중최소제곱 선형회귀분석, 비선형모형 등을 통해 더 나은 적합 모형을 구할 수도 있다. 또한 종속변수를 추출한 모집단이 등분산성을 충족하지 못하는 경우에는 가중최소제곱 선형회귀분석이나 종속변수의 변환 등을 통해 이분산성을 고려한 회귀적합모형을 구할 수도 있다. 하지만 선형회귀모형의 기본 가정이 위반됐을 때의 영향은 위반의 정도(종속변수 이분산성의 크기 또는 종속변수가 추출된 모집단 분포가 보여주는 치우침의 크기 등)에 따라 달라지게 된다. 가정이 위반 되더라도 그 위반의 정도가 작다면 분석에는 실질적으로 거의 영향이 없을 수도 있고 회귀분석 결과가 부정확해 전혀 쓸모없어지는 경우도 있을 수 있다. 이 외에도 가정이 위반 될 수 있는 경우에는 다음이 포함된다.

- 종속변수의 독립성이 없는 경우
- 독립변수가 확률변수로 고정되어 있지 않은 경우
- 데이터의 수가 적은 경우와 관련된 특별한 문제
- 원점을 지나는 회귀모형과 관련된 특별한 문제

종속변수의 독립성이 없는 경우

독립변수 값들 간의 독립성은 일반적으로 이들 독립변수 값을 구한 실험의 구조에 따라 결정된다. 그리고 특정한 기간 동안 수집된 종속변수의 값들 간에는 자기상관관계가 존재할 수 있다. 종속변수의 값들 간에 계열 상관성이 존재하는 경우에는 추정된 기울기와 y-절편값은 불편의 추정량이지만 기울기와 y-절편의 분산 추정량은 신뢰성이 떨어지게 되므로 통계적 적합성 검정 중 일부는 틀린 결과가 나오게 된다.

독립변수가 고정되지 않은 확률 변수인 경우

일반적인 선형회귀모형에서는 관측된 독립변수가 확률변수가 아닌 고정된 값인 것으로 가정한다. 실험자가 독립변수를 통제하지 못하고(예: 독립변수가 고정된 값이 아닌 관측되는 값인 경우) 독립변수가 등분산성을 가지고 있는 경우에는 선형모형을 변수오차(Errors in Variables) 모델 또는 구조적(Structural) 모델이라고 한다. 이 경우 역시 최소제곱법을 사용하는 경우 독립변수에 대한 최선의 예측 모델을 구할 수 있다. 하지만 이렇게 계산된 기울기 및 y-절편의 추정값은 편의(Biased) 추정량이다(즉, 기울기 및 y-절편 추정값의 기대값은 실제 기울기 및 y-절편과 같지 않다).

데이터의 수가 적은 경우와 관련된 특별한 문제

데이터의 수가 적은 경우(Micronumerosity 라고도 한다)에는 선형회귀분석에 대한 기본 가정의 위반 여부를 파악하기가 어려울 수 있다. 표본의 크기가 작으면 비정규성이나 이분산성이 존재하더라도 이를 감지하기가 어렵다. 그리고 선형회귀분석을 하더라도 기본 가정의 위반에 보다 취약해 진다. 또한 적합선이 데이터와 얼마나 잘 들어맞는지, 또한 비선형모형이 더 적합한지 여부를 결정하기도 어렵다.

또 모든 기본 가정을 다 충족했다 하더라도 선형회귀분석에 사용된 데이터의 수가 적으면 기울기의 값이 0이 아니더라도 0과 유의한 차이가 있는지를 결정할 수 있는 모델의 검정력이 부족하게 된다. 검정력은 잔차, 독립변수의 변동, 선택된 유의수준 α 그리고 데이터의 개수에 의해 결정된다. 모델의 검정력은 잔차의 분산이 증가할수록, α 값이 작아질수록(즉, 테스트가 보다 엄격해 질수록) 줄어든다. 또한 관측된 독립 변수의 분산이 커질수록 데이터의 개수가 많아질수록 검정력이 증가한다. 데이터의 수가 적은 경우 통계적 유의성 검정을 했을 때 유의성이 매우 떨어지는 확률 값이 나온다면 이는 모델의 검정력이 부족하기 때문일 것이다. 이러한 문제를 피할 수 있는 가장 올바른 시기는 데이터를 수집하기 전 단계인 적정한 표본크기를 결정하는 실험 설계의 단계로, 계량경제 전문가와의 협의해 볼 수도 있다.

원점을 지나는 회귀모형과 관련된 특별한 문제

종속변수의 이분산성은 선형회귀분석 중에서도 원점을 지나는 회귀모형에 가장 큰 영향을 미친다. 적합된 기울기에 대한 추정 분산은 실제 분산 보다 상당히 적을 수 있으며, 그 결과 기울기에 대한 검정은 보수적이지 않은 검정이 된다(즉, 기울기가 0이라는 귀무가설을 기각할 확률이 주어진 유의수준 보다 높다). y-절편값이 0이라고 가정할 만한 구조적 근거나 이론적 근거가 없다면 기울기와 y-절편에 대한 적합값을 모두 구하는 것이 바람직하다.

고급 예측 기법

시계열 데이터에 적용할 수 있는 가장 강력한 예측 모델 중 하나로 ARIMA (Auto Regressive Integrated Moving Average) 모델을 꼽을 수 있다. ARIMA 는 세 가지 기법을 통합해 만든 포괄적인 분석 방법이다. 이 모델에 사용된 첫 번째 툴은 "AR"로 표시되는 자기회귀(Autoregressive) 모델로, 조건이 없는 예측 모형의 잔차의 시차 수와 연관이 있다. 이 모델에는 예측 모형과 비교한 실제 데이터의 과거 변동성이 반영되고 이 변동성 또는 잔차를 이용해서 보다 나은 예측 모형을 만든다. 두 번째 툴은 "I"로 표시되는 통합 모형으로 예측할 시계열 데이터가 차분될 회수에 대한 것이다. 여기에서는 데이터가 비선형적으로 증가하는지 여부를 반영하게 된다. 세 번째 툴은 "MA"로 시차 예측오차의 이동 평균을 말한다. 시차 예측오차를 모형에 포함시킴으로써 예측오차 또는 실수를 통해 이해할 수 있게 되는 점을 모형에 반영시키고 이러한 오차 또는 실수를 이동평균 계산과정을 통해 수정한다.

ARIMA 모델을 정확하게 규정하려면 상관관계의 차수, 각 자기상관 및 부분 상관의 예측력 등의 많은 단계가 필요해 진다. 그림 8.42는 고급 계량경제 소프트웨어인 EViews를 이용해 ARIMA 모델을 수행한 결과이다.

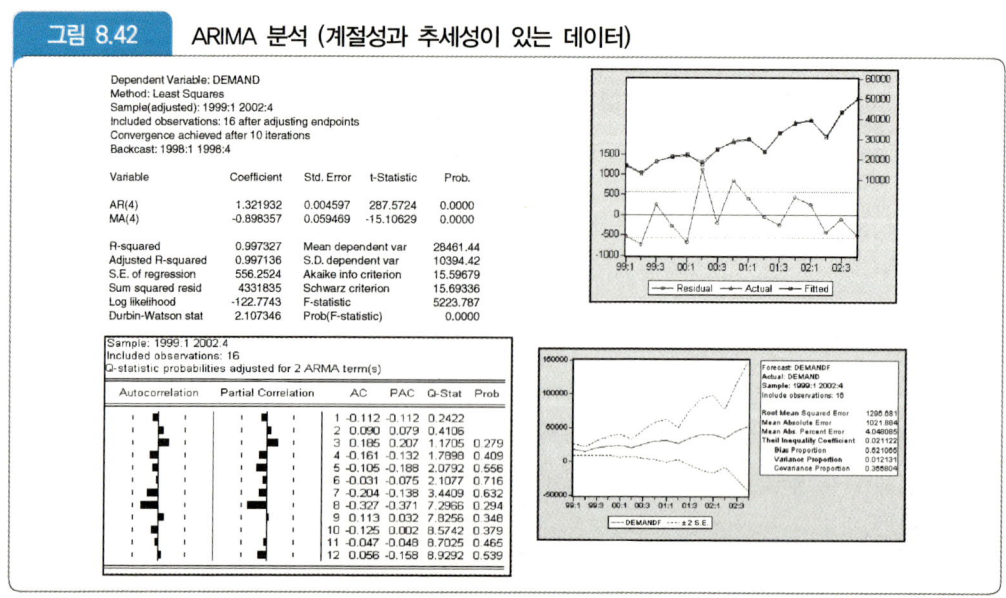

그림 8.42 ARIMA 분석 (계절성과 추세성이 있는 데이터)

부록 A - 예측 구간(forecast intervals)

그림 8.43은 Crystal Ball의 Predictor에서 추정한 예측구간을 보여주고 있다. 신뢰구간 (CI: Confidence Interval)의 추정 공식은 다음과 같다.

$$\hat{Y} = \pm Z \left[\frac{RMSE}{N-T} \right] N$$

여기서 $\hat{Y}_i$는 i번째 추정량, Z는 표준정규분포 통계량(본 책의 마지막 부분에 있는 표준정규분포표 참조), RMSE는 미리 계산되어 있는 오차제곱평균의 제곱근(The Root Mean of Squared Error), N은 과거 데이터의 개수, T는 예측 기간으로 정의된다. N이 상대적으로 작은 경우(일반적으로 30미만) Z-값 대신 t-통계량을 이용해 이와 동일한 계산을 할 수도 있다(이 책 마지막 부분에 있는 t-분포 표 참조).

그림 8.43 예측 신뢰구간 추정치

위의 공식은 데이터 셋 내에 적용할 수 있는 보다 일반적인 신뢰구간 추정치를 수정한 것이다.

$$\hat{Y}_i \pm Z \frac{\sigma}{\sqrt{n}}$$

단, 여기서는 다음과 같이 가정한다.

$$\left[\frac{RMSE}{N-T} \right] N = \frac{\sigma}{\sqrt{n}}$$

여기서 T 변수를 포함시킨 것은 원래 데이터 셋의 범위를 벗어난 구간에 대한 예측값을 구할 때 추가되는 자유도를 수정하기 위함이다.

부록 B - 최소자승법(Ordinary Least Squares)

지금부터 살펴 볼 내용은 보통최소제곱법에 의한 회귀직선의 개념이다. 그림 8.44는 종속변수(Y), 독립변수(X), 엑셀의 해 찾기 추가기능을 이용해서 추정한 결과값이다. 임의적으로 선택된 기울기와 y-절편값을 적합 시킨 후 데이터에 포함시키고 잔차제곱을 계산한다. 그리고 나서, 잔차제곱합을 최소화시켜 최적 기울기와 y-절편 값을 구한다.

먼저 엑셀에서 **도구 | 추가기능**을 클릭하여 엑셀의 해 찾기 추가기능을 활성화 시킨다. 그림 8.45에서처럼 **해 찾기 추가기능** 옆의 체크박스가 선택됐는지 확인한다(그림 8.45). 엑셀의 모델로 돌아와 **도구 | 추가기능**을 클릭하고 잔차제곱합(E28셀)이 그림 8.46에서처럼 y-절편과 기울기(셀 E26부터 E27까지)를 체계적으로 변화시켜 최소화 하고자 하는 목표 셀로 설정하도록 한다.

그림 8.44 최적화를 통한 회귀모형의 기울기와 y-절편 추정

	A	B	C	D	E	F	G	H
1	Y	X	Slope	Intercept	Predicted	Residual	Squared Resid	
2	1000	3	91.98	2489	2765.1	1765.1	3115530.5	
3	3333	3	91.98	2489	2765.1	-567.9	322525.7	
4	2222	3	91.98	2489	2765.1	543.1	294943.0	
5	1111	2	91.98	2489	2673.1	1562.1	2440188.7	
6	5555	3	91.98	2489	2765.1	-2789.9	7783617.1	
7	2222	2	91.98	2489	2673.1	451.1	203500.5	
8	2222	3	91.98	2489	2765.1	543.1	294943.0	
9	5555	3	91.98	2489	2765.1	-2789.9	7783617.1	
10	4444	7	91.98	2489	3133.0	-1311.0	1718743.8	
11	3333	6	91.98	2489	3041.0	-292.0	85255.2	
12	2222	7	91.98	2489	3133.0	911.0	829905.2	
13	1111	8	91.98	2489	3225.0	2114.0	4468858.6	
14	5555	7	91.98	2489	3133.0	-2422.0	5866126.1	
15	2222	6	91.98	2489	3041.0	819.0	670785.8	
16	2222	7	91.98	2489	3133.0	911.0	829905.2	
17	5555	6	91.98	2489	3041.0	-2514.0	6320120.0	
18	4444	5	91.98	2489	2949.0	-1495.0	2234908.6	
19	1111	6	91.98	2489	3041.0	1930.0	3724958.3	
20	2222	4	91.98	2489	2857.1	635.1	403304.7	
21	3333	5	91.98	2489	2949.0	-384.0	147426.1	
22	2222	4	91.98	2489	2857.1	635.1	403304.7	
23	1111	4	91.98	2489	2857.1	1746.1	3048735.1	

Optimization Parameters	
Intercept	**2489.16**
Slope	**91.98**
Sum of Squared Residuals	**52991202.91**

Excel Estimated Parameters	
Intercept	**2489.16**
Slope	**91.98**

그림 8.45　엑셀의 해 찾기 추가기능.

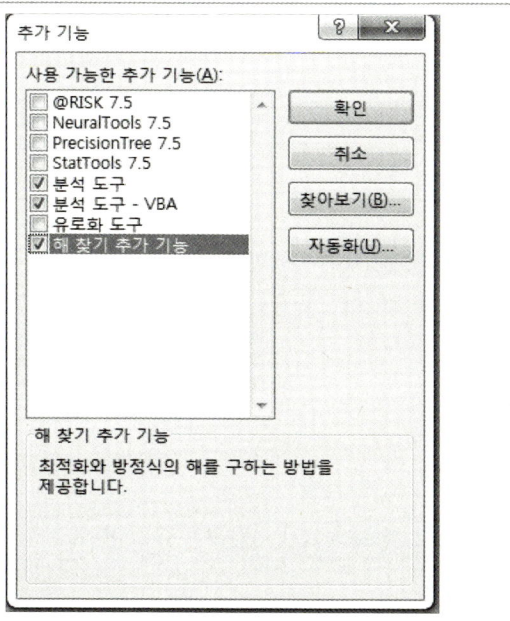

그림 8.46　보통최소제곱법의 결과 최적화

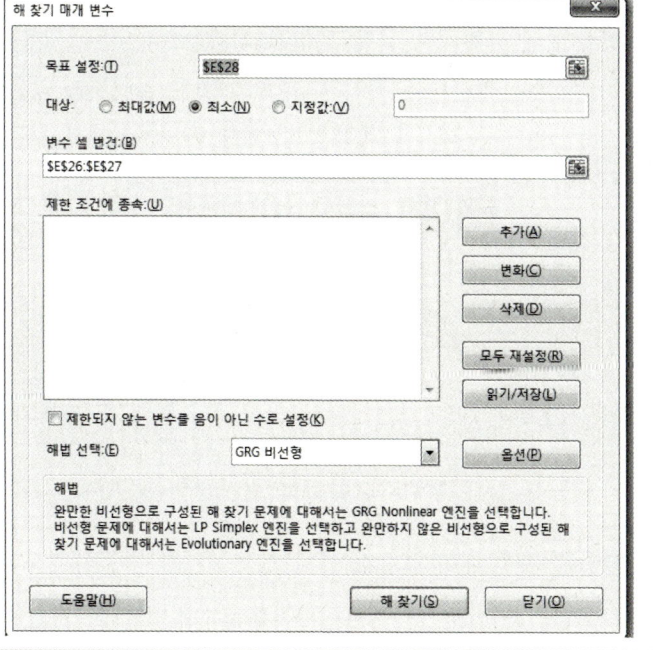

해 찾기를 실행하고 나면 y-절편은 2488.16, 기울기는 91.98이 나온다. 이 결과는 엑셀의 수식에서 Slope와 Intercept 기능을 사용하여 검증할 수 있다(그림 8.47 참조). 즉 보통 최소제곱 회귀방정식은 기울기와 y-절편으로 설명되는 단일한 직선으로 발생할 수 있는 모든 수직 오차(잔차제곱합)를 최소화해서 주어진 데이터 셋을 설명하는 최적 직선을 구하는 방법이다.

그림 8.47 최적화된 보통최소제곱 방법의 결과

Optimization Parameters		Excel Estimated Parameter	
Intercept	2489.16	Slope	2489.16
Slope	91.98	Intercept	91.98
Sum of Squared Residuals	52991202.91		

부록 C - 이분산성의 확인 및 수정

이분산성의 존재 여부를 확인할 수 있는 몇 가지 검정 방법은 규격오류(Mis-specification)과 비선형성(Non-linearities)의 검정에도 적용할 수 있다. 가장 간단한 검정 방법은 앞에서 설명했듯이 데이터를 x-y 평면상에 그래프로 나타내 보는 것이다. 이 외에도 가장 일반적으로 사용되는 검정 방법은 화이트 검정(White's test)이다. 이 검정을 수행할 때의 귀무가설은 이분산성이 존재하는 않는다는 것이고, 대립 가설은 알려지지 않은 일반화된 형태의 이분산성이 존재한다는 것이다. 검정 통계량은 첫 번째 회귀분석에서 계산된 잔차제곱 또는 오차제곱을 회귀변수의 가능한 모든 조합에 대해 회귀분석하는 보조 회귀분석(Auxiliary Regression) 또는 2차 회귀분석(Secondary Regression)을 통해 계산된다. 예를 들어, 다음과 같은 회귀방정식이 추정됐다고 가정해보자:

$$Y = \beta_0 + \beta_1 X + \beta_2 Z + \varepsilon_t$$

이때 검정 통계량은 오차에 대한 보조 회귀분석인 다음을 통해 결정된다:

$$\epsilon_t^2 = \alpha_0 + \alpha_1 X + \alpha_2 Z + \alpha_3 X^2 + \alpha_4 Z^2 + \alpha_5 XZ + \nu_t$$

화이트 검정 통계량은 관측 데이터의 수(n)에 검정 회귀분석에서 계산된 중심 R^2값을 곱한 nR^2이다. 화이트 검정 통계량은 χ^2분포로 비대칭 분포이며 자유도는 검정 회귀분석의 독립변수의 수(단, 상수항 제외)와 같다.

화이트 검정법은 모델의 규격오류(Mis-specification)에 대한 일반적인 검정법이기도 하다. 왜냐하면 화이트 검정법의 귀무가설이 오차가 등분산성이 있고 회귀변수가 독립적이며 모델이 선형이라는 기본 가정을 바탕으로 하고 있기 때문이다. 이러한 조건 중 하나라도 충족하지 못한다면 귀무가설을 기각하기 때문에 유의한 검정 통계량이 나오게 된다. 이와 반대로 위의 세가지 조건이 모두 충족되었다면 귀무가설을 채택하기 때문에 계산된 검정 통계량이 통계적으로 유의하지 않게 나오게 된다. 예를 들어, 계산된 F통계량은 상수항을 제외한 회귀변수의 모든 조합의 결합 유의성을 확인하는데 사용되는 생략 변수 검정(Omitted Variable Test) 이다.

이분산성이 존재하는 경우 이를 수정하기 위해 사용할 수 있는 방법 중 하나는 가중최소제곱(WLS : Weighted Least Squares) 방법을 사용해서 등분산성을 확보하는 것이다. 예를 들어, 원래의 회귀방정식이 다음과 같다고 가정해 보자:

$$Y = \beta_0 + \beta_1 X_1 + \beta_2 X_2 + \beta_3 X_3 + \epsilon$$

또한 독립변수 X2에 이분산성이 있다고 가정해 보자. 그리고 회귀분석에 사용된 데이터를 다음 식을 이용해 변환해 보자.

$$Y = \frac{\beta_0}{X_2} + \beta_1 \frac{X_1}{X_2} + \beta_2 + \beta_3 \frac{X_3}{X_2} + \frac{\epsilon}{X_2}$$

그리고 이를 다음과 같은 WLS 회귀방정식으로 재정의 할 수 있다.

$$Y_{WLS} = \beta_0^{WLS} + \beta_1^{WLS} X_1 + \beta_2^{WLS} X_2 + \beta_3^{WLS} X_3 + \nu$$

화이트 검정 대신 파크(Park's) 검정을 이용해 이분산성을 확인하고 수정할 수도 있다. 이 검정 모델은 원래의 회귀방정식을 기준으로, 원래 회귀방정식의 오차를 이용, 다음과 같은 보조 회귀분석을 수행한다.

$$\ln e_i^2 = \beta_1 + \beta_2 \ln X_{k,l}$$

여기서 t-검정 결과 β_2가 통계적 유의성을 가지고 있으며 변수 $X_{k,i}$에 이분산성이 있는 것으로 확인됐다고 가정하자. 이 경우에는 다음과 같은 회귀모형을 사용하면 된다.

$$\frac{Y}{\sqrt{X_k^{\beta_2}}} = \frac{\beta_1}{\sqrt{X_k^{\beta_2}}} + \frac{\beta_2 X_2}{\sqrt{X_k^{\beta_2}}} + \frac{\beta_3 X_3}{\sqrt{X_k^{\beta_2}}} + \epsilon$$

부록 D - 다중공선성의 확인 및 수정

다중공선성은 독립변수들 간에 선형관계가 존재할 때 나타난다. 다중공선성이 있는 경우에는 회귀방정식을 추정할 수 없다. 다중공선성과 유사한 특성이 존재하는 경우에는 회귀 방정식을 추정하더라도 편의 추정량이 계산되며 그 결과도 정확하지 않다. 특히 단계적 회귀분석을 사용하는 경우에는 통계적으로 유의한 독립변수가 혼합 회귀모형에서 예상보다 일찍 제외되어 회귀방정식의 효율성이나 정확성이 떨어지게 되므로 이러한 문제가 더 심각해 진다. 예를 들어, 다음과 같은 다중회귀분석을 수행했다고 가정해 보자:

$$Y = \beta_1 + \beta_2 X_{2,i} + \beta_3 X_{3,i} + \epsilon_i$$

이 경우에는 다음의 식을 이용해서 추정 기울기를 계산할 수 있다.

$$\widehat{\beta_2} = \frac{\sum Y_i X_{2,i} \sum X_{3,i}^2 - \sum Y_i X_{3,i} \sum X_{2,i} X_{3,i}}{\sum X_{2,i}^2 \sum X_{3,i}^2 - (\sum X_{2,i} X_{3,i})^2}$$

$$\widehat{\beta_3} = \frac{\sum Y_i X_{3,i} \sum X_{2,i}^2 - \sum Y_i X_{2,i} \sum X_{2,i} X_{3,i}}{\sum X_{2,i}^2 \sum X_{3,i}^2 - (\sum X_{2,i} X_{3,i})^2}$$

이번에는 완전한 다중공선성이 존재한다고 가정해 보자. 즉, X_2와 X_3 간에 완전한 선형관계가 있어 $X_{3,i} = \lambda X_{2,i}$ (단 λ는 양수)의 관계가 성립한다고 가정해 보자. β_2를 계산하기 위해 위 선형 관계를 이용해서 변수를 치환하면 부정의 해가 나온다. 즉, 방정식을 풀게 되면 다음과 같은 결과가 나오게 된다.

$$\widehat{\beta_2} = \frac{\sum Y_i X_{2,i} \sum \lambda^2 X_{2,i}^2 - \sum Y_i \lambda X_{2,i} \sum \lambda X_{2,i}^2}{\sum X_{2,i}^2 \sum \lambda^2 X_{2,i}^2 - (\sum \lambda X_{2,i}^2)^2} = \frac{0}{0}$$

β_3에 대해서도 이와 동일한 관계가 성립된다. 즉, 완전한 다중공선성이 존재하는 경우에는 다중회귀분석을 수행할 수 없고 추정치도 계산할 수 없는 것이다.

특정 다중 회귀방정식에서 R^2값이 상대적으로 큰 반면 t-통계량이 상대적으로 작은 경우에는 다중공선성이 존재한다는 것을 손쉽게 알 수 있다(이러한 효과에 대한 내용은 그림 8.39를 참조한다). 또한 독립변수들 간의 상관계수 행렬을 구해서 다중공선성의 존재 여부를 손쉽게 확인해 볼 수 있다. 교차상관(Cross Correlation) 계수가 크면 자기상관의 가능성이 커진다. 일반적으로 상관계수의 절대값이 0.75 보다 크면 상당한 수준의 다중공선성이 존재하는 것으로 본다.

또한 분산팽창인자(VIF : Variance Inflation Factor)를 이용해서 다중공선성의 존재 여부를 확인해 볼 수 있다. 각 독립변수에 대한 VIF는 해당 변수를 다른 독립변수들에 대한 종속변수로 두고 회귀분석을 수행하여 R^2을 구한 후 다음 식을 이용해 추정한다.

$$VIF = \frac{1}{(1-R_i^2)}$$

VIF 값이 커지면 R^2 값이 거의 1에 가까워진다는 의미이다. 일반적으로 VIF가 10보다 크면 부정적인 다중공선성(Destructive Multicollinearity)이 존재하는 것으로 본다.

부록 E – 자기상관의 확인 및 수정

회귀모형의 잔차에 대한 시계열 그래프를 그려보면 자기상관의 존재 여부를 간단하게 확인할 수 있다. 잔차에 일부 주기성이 보이면 자기상관이 존재하는 것이다. 이보다 강건한 방법은 1차 자기상관의 확률을 추정하는 더빈-왓슨 통계량을 사용하는 것이다. 더빈-왓슨 검정은 모델의 규격 오류(Mis-specification), 즉 특정한 시계열 변수가 1개 시점 전의 자신과 상관관계가 있는지를 확인할 수 있다. 시계열 데이터는 과거 데이터와 자기 상관되어 있는 경우가 많다. 이러한 자기상관관계가 발생하는 이유는 여러 가지가 존재하며, 그 중에는 변수의 공간관계(시공간의 유사성), 경제 충격 상황의 장기화, 심리적 무력증, 평활, 데이터의 계절적 수정 등이 포함된다.

더빈-왓슨 통계량은 1개 시점 전의 오차제곱합을 현재 시점 오차의 제곱합으로 나눈 것이다.

$$DW = \frac{\sum(\epsilon_i - \epsilon_{t-1})^2}{\sum \epsilon_t^2}$$

책의 마지막 부분에 있는 더빈-왓슨 통계량에 대한 표를 이용해서 특정 통계량의 자기상관성 존재 여부를 결정할 수 있다.

회귀함수가 다음과 같이 표현되는 경우의 자기상관관계에 대해서는 브르쉬-갓프리(Breusch-Godfrey) 검정을 사용할 수 있다:

$$Y = f(X_1, X_2, \ldots, X_k)$$

이러한 회귀모형을 추정한 후 ε_t를 계산한 후 다음과 같은 형태의 2차 회귀분석을 수행한다:

$$Y = f(X_1, X_2, ..., X_k, \epsilon_{t-1}, \epsilon_{t-2}, \epsilon_{t-p})$$

R^2값을 계산한 후 검정한다. 이 때 귀무가설은 자기상관관계가 없다는 것이며 대립가설은 자기상관관계가 존재한다는 것이다. 이 경우 검정 통계량은 자유도가 p인 χ^2분포를 따른다:

$$R^2(n-p) \sim \chi^2_{df=p}$$

자기상관관계가 존재하는 경우 이를 수정하려면 ARIMA(Auto Regressive Integrated Moving Average) 또는 ECM(Error Correction Models) 등의 고급 계량경제 모델을 사용해야 한다. 하지만 한 가지 간단한 방법은 적당한 기간에 대해 종속변수의 시차를 고려하는 것이고, 아래와 같이 이를 회귀 함수에 포함 시킨 후 그 유의성을 검정할 수도 있다.

$$Y = f(Y_{t-1}, Y_{t-2}, Y_{t-p}, X_1, X_2, ..., X_k)$$

**간단한 사례:
썬트러스트 은행
(SunTrust Bank)**

기업 대출의 리스크 평가

썬트러스트 은행(SunTrust Bank Inc.)는 미국 동남부에 위치한 우수한 금융 서비스 기관이다. 약 1500개의 지점망을 운영하고 있는 썬트러스트 은행은 플로리다, 조지아, 테네시, 알라바마 등지에서 성장하고 있는 고객 기반을 대상으로 다양한 금융 서비스를 제공하고 있다. 썬트러스트 은행은 전통적인 여수신 업무와 신탁, 투자 서비스 등의 주요 서비스를 제공하고 있다. 또한 썬트러스트는 여러 자회사를 통해 신용카드, 모기지 뱅킹, 여신 관련 보험, 데이터 처리 및 정보 서비스, 할인 중개 업무, 투자 은행 등의 부가적인 서비스를 제공하고 있다.

썬트러스트 은행의 기업 여신 부서는 지역 건설업계를 대상으로 대출을 제공하고 있다. 최근 썬트러스트 은행은 Crystal Ball을 이용해 호텔 건설 대출에 대해 몬테카를로 시뮬레이션을 수행했다. 시뮬레이션은 이러한 유형의 대출에서 리스크를 계량화하는데 도움이 됐다. 예전에는 이런 대출의 집행 여부를 결정할 때 worst-case 분석과 best-case 분석만을 해보곤 했다. 하지만 Crystal Ball을 이용해서 리스크를 감안한 투자수익률을 구할 수 있는 방법을 개발했다. 그리고 의사결정 담당자들은 이 투자수익률과 은행의 자금조달 비용을 비교함으로써 대출의 수익성이 대출을 집행했을 때의 리스크를 고려할 때 합당한지를 결정할 수 있었다. 이러한 의사결정은 궁극적으로 회사의 수익 증대를 가져오게 되었다.

PART 04

리스크 최적화

Chapter 09 최적화를 활용한 의사결정
Chapter 10 불확실성 하에서의 최적화

CHAPTER 09

최적화를 활용한 의사결정

대부분의 시뮬레이션 모델에는 모델을 사용하는 사람이 통제할 수 있는 변수가 있으며, 이러한 변수의 예로는 제품 가격 또는 프로젝트 투자 규모 등을 들 수 있다. 그리고 이러한 통제 가능한 변수를 의사결정 변수라고 한다. 지금부터 살펴보고자 하는 최적화 모델은 의사결정 변수의 최적해를 찾는지 못 찾는지가 목표 달성 여부를 결정하게 된다. Part 4의 9장에서는 최적화 과정을 개략적으로 살펴보고 10장 불확실성 하에서의 최적화에서는 Crystal Ball의 OptQuest를 이용한 자원할당 최적화와 포트폴리오 최적화의 두 가지 예를 단계적으로 살펴보게 될 것이다.

최적화 모델이란?

세계적으로 경쟁이 치열한 경제 상황에 놓여있는 기업들은 어려운 의사결정이 필요한 여러 상황에 직면하고 있다. 이러한 의사 결정의 예로는 재무 자원의 배분, 시설의 건축이나 증축, 재고 관리, 제품믹스전략의 결정 등이 포함된다. 그리고 이러한 의사결정과 관련하여 생각할 수 있는 대안은 수천 개에서 수백만 개에 이를 수도 있다. 이렇게 수많은 대안을 하나하나 검토하고 평가하는 것은 실용적이지도 않거니와 불가능할 수도 있다. 의사 결정 사항과 관련된 분석 업무를 수행하고 의사 결정과 관련된 최적 솔루션을 찾아내기 위해 관련 변수를 고려하는데 있어 모델이 도움이 될 수 있다. 모델은 특정한 문제와 관련된 가장 중요한 특성들을 반영하고 이러한 내용을 해석하기 쉬운 방식으로 보여준다. 또한 모델을 이용하면 직관적으로는 파악할 수 없는 통찰력을 얻을 수도 있다. 최적화 모델의 주요 구성 요소는 의사결정 변수(decision variables), 제약조건(constraints), 목표(objective)의 세 가지이다. 간단히 얘기하자면, 최적화 모델은 제약조건(예: 예산 및 자원)을 충족시키는 동시에 목표를 극대화(예: 수익 및 순수입) 또는 극소화(리스크 및 비용) 시킬 수 있는 가능한 의사결정 변수의 조합 또는 순열(예: 판매 제품과 실행 프로젝트의 결정) 중 최선의 조합 또는 순열을 찾아낸다.

일반적으로 최적값을 구하려면 반복적으로 또는 임시적으로 최적값을 찾아 나가야 한다. 최적값을 찾아내기 위해서는 초기값에 대한 시뮬레이션, 시뮬레이션 결과의 분석, 1개 이상의 값 변경, 시뮬레이션 반복으로 진행되는 과정을 만족할 만한 답을 찾을 때까지 반복해야 한다. 하지만 이러한 과정은 모델의 규모가 작다고 하더라도 상당히 지루하고 시간이 많이 소요되며 한 번 시뮬레이션을 수행한 후 다음 시뮬레이션을 수행할 때 값을 어떻게 수정해야 할지도 불확실한 경우가 많다.

이보다 정확한 방법은 가능한 모든 대안을 체계적으로 살펴보는 것이다. 이 방법을 사용하는 경우에는 모델만 정확하다면 반드시 최적 솔루션을 찾을 수 있다. 특정 시뮬레이션 모델에 의사결정 변수 두 개만이 존재한다고 가정해 보자. 그리고 각 변수가 가질 수 있는 값이 10개씩만 있는 경우 가능한 각 조합을 시행해 보려면 시뮬레이션 회수가 100번(10^2개의 대안)이 된다. 그리고 1회의 시뮬레이션에 소요되는 시간이 매우 짧다면(예: 2초) 모든 가능한 시행을 해 보는데 약 3분 정도의 시간만 걸릴 것이다.

하지만 의사결정 변수가 두 개가 아니라 여섯 개라면 이들 변수의 가능한 모든 조합을 시행하려면 시뮬레이션을 총 1,000,000번(10^6개의 대안) 수행해야 한다. 가능한 모든 대안을 살펴보는 데는 몇 주, 몇 개월, 심지어는 몇 년이 걸릴 수도 있다(그림 9.1 참조).

그림 9.1 최적화란?

최적화란 사전에 규정된 특정한 조건을 만족시킬 수 있는 가능한 최선의 결과를 도출할 수 있는 입력 값의 조합을 찾아내기 위해 사용되는 분석 방법이다.
- 포트폴리오에 포함된 주식 중 특정 주식의 선택 및 전체 예산의 비율로 표시되는 각 주식별 가중치
- 생산 라인에 대한 최적 직원 투입의 필요성
- 프로젝트 및 전략의 선정 및 우선 순위 설정
- 재고 최적화
- 최적 가격 결정 및 로열티 비율
- 인력 계획 수립을 위한 직원 활용
- 생산 일정을 충족시킬 수 있는 기계 장비 배치
- 분배 설비 위치
- 제조 설계시의 허용 오차
- 폐기물 관리와 관련된 폐기물 처리 정책

출장 중인 재무설계사

간단한 예를 한 가지 살펴보자. 그림 9.2는 출장을 많이 다니는 한 재무 설계사가 직면한 문제를 설명해 놓은 것이다. 이 재무 설계사가 뉴욕, 시카고, 시애틀로 세 번 출장을 가야 한다고 생각해 보자. 하지만 방문해야 할 도시의 순서는 정해져 있지 않다. 여기서 가장 중요한 것은 이 세 지역을 모두 방문하는 동시에 항공비용을 가장 낮추어야 하는 점이다. 그림 9.2는 이 세 도시를 연결하는 항공편의 가격 정보이다.

여기서 관심이 있는 문제는 비용 최소화로 최적화에 적합한 문제라고 할 수 있다. 이 문제를 해결하는데 사용할 수 있는 기본적인 접근 방식은 임시변통의(ad hoc) 방식 또는 직선적 알고리즘(brute force) 방식이라고 할 수 있다. 즉, 그림 9.3에서처럼 가능한 여섯 가지 순열을 모두 나열해 보는 것이다. 그림 9.3에서 알 수 있듯이 동부에서 서부로 출장을 가는 것, 즉 뉴욕에서 시카고로, 그리고 시애틀로 출장을 가는 것이 가장 저렴하다. 이 예와 같은 경우는 도시의 수가 3개이고, 가능한 조합이 6개 밖에 안되므로 문제가 간단하고 수작업으로도 해결할 수 있다. 하지만 여기에 두 개의 도시를 추가하면 가능한 조합의 수가 120개로 크게 늘어난다. 이 경우 임시변통의 방식으로 답을 찾아내는 것은 분명 귀찮은 일이기도 하고 시간도 많이 걸리게 된다. 좀 더 복잡한 경우로서, 이 재무설계사가 방문할 도시가 100개라면 가능한 조합의 수는 9.3×10^{157}개가 된다. 이 경우 수작업으로 답을 찾아내려면 몇 년의 시간은 족히 걸릴 것이다. 바로 이러한 경우에 최적 조건을 찾아내는 과정을 자동화하는 최적화 소프트웨어가 사용된다.

그림 9.2 출장을 가야 하는 재무설계사의 문제점

- 뉴욕, 시카고, 시애틀에 있는 고객을 모두 방문해야 한다.
- 어느 도시든 출발지가 될 수 있고 마지막 방문지에 머무르게 될 것이다. 즉, 항공편을 세 편만 예매하면 된다.
- 목표는 항공료가 다음과 같을 때 항공편 비용을 가장 낮추는 것이다.

항공편	비용
시애틀 – 시카고	$325
시카고 – 시애틀	$225
뉴욕 – 시애틀	$350
시애틀 – 뉴욕	$375
시카고 – 뉴욕	$325
뉴욕 – 시카고	$325

- 이 문제를 어떻게 풀 것인가?
    - 임시적 방법 – 서로 다른 조합을 시도해 본다.
    - 체계적 방법 – 가능한 모든 대안을 살펴 본다.

지금까지 설명한 최적화 문제는 항공료 정보가 미리 알려져 있는 동시에 일정하다고 가정되는, 결정론적 최적화 문제(Deterministic Optimization Problem)라고 할 수 있다. 지금부터는 항공료가 일정하지 않고 불확실하며, 특정한 분포(예: 시카고에서 시애틀까지의 항공료의 평균은 325달러이지만 300달러 미만으로 떨어지거나 500달러를 넘는 경우는 없다)를 따른다고 가정해 보자. 이와 같은 불확실성은 다른 도시로의 항공편 가격에도 적용될 수 있다. 그러면 문제는 불확실성 하에서의 최적화(Optimization Under Uncertainty)가 된다. 이러한 경우에는 특정한 문제나 일을 위해 만들어진 관습적인 해결책인 애드 혹(Ad Hoc)이나 가능하다고 생각되는 모든 답을 가지고 테스트 해봐서 맞는지를 확인하는 브루트 포스(Brute force) 방식은 효과가 없다. Crystal Ball의 OptQuest같은 소프트웨어를 이러한 최적화 문제에 적용, 전체 프로세스를 끊임없이 자동화 시킬 수 있다. 앞으로 불확실성 하에서의 최적화에 필요한 사항을 살펴볼 것이다. 그리고 11장에서는 두 가지의 사례와 모델을 단계적으로 살펴볼 것이다.

그림 9.3 출장을 가야 하는 재무설계사가 직면한 문제에서 볼 수 있는 다양한 조합

시애틀-시카고-뉴욕	$325+$325=$650
시애틀-뉴욕-시카고	$375+$325=$700
시카고-시애틀-뉴욕	$225+$375=$600
시카고-뉴욕-시애틀	$325+$350=$675
뉴욕-시애틀-시카고	$350+$325=$675
뉴욕-시카고-시애틀	$325+$225=$550

추가적으로 샌프란시스코와 덴버를 방문하고자 한다면
당신은 이제 5개 도시(시애틀, 시카고, 뉴욕, 센프란시스코, 덴버)를
방문해야 한다. 가능한 조합을 계산해 보면
$5! = 5 \times 4 \times 3 \times 2 \times 1 = 120$
100개의 도시를 방문해야 한다면?
$100! = 100 \times 99 \times 98 \ldots \ldots \times 1 =$
93,326,215,443,944,200,000,000,000,000,000,000,000
,000,000,000,000,000,000,000,000,000,000
,000,000,000,000,000,000....
Or 9.3×10^{157}개의 다른 조합들

최적화 문제는 심플렉스 또는 그래프를 이용한 방법, brute force, 미분, 소프트웨어(예: 엑셀의 해 찾기 추가기능 또는 Crystal Ball의 OptQuest 등) 등 여러 방식을 통해 풀이할 수 있다

최적화와 관련된 용어

최적화 문제에 대한 풀이를 시작하기 전에 최적화 프로세스와 특성을 규정하는데 사용되는 최적화와 관련된 용어를 이해해야 한다. 최적화와 관련된 용어에는 의사결정 변수, 제약 조건, 목표 등이 포함된다.

의사 결정변수란 생산 제품수량, 여러 투자 대상별로 배분할 투자 금액, 제한된 프로젝트 중 수행할 프로젝트의 선정 등 시뮬레이션을 수행하는 사람이 통제할 수 있는 변수를 의미한다. 예를 들어, 포트폴리오 최적화 분석에는 특정 프로젝트의 수행 여부에 대한 결정이 포함된다. 또한 여러 프로젝트에 대한 투자 금액 배분 또는 예산 할당 비중 등도 의사결정 변수가 될 수 있다.

제약조건이란 의사결정 변수가 가질 수 있는 값을 제약하는 의사결정 변수간의 관계를 말한다. 예를 들어, 제약조건으로 인해 여러 프로젝트에 투입되는 투자 총액이 특정 금액을 초과할 수 없거나 예산과 시간의 제한, 최소 수익률, 허용 리스크 수준 등으로 인해 특정 그룹의 프로젝트를 한 가지만 선택해야 할 수도 있다.

목표란 모델에서 이익 극대화 또는 비용 최소화 등 기대되는 결과를 의사결정 변수를 이용해 수학적으로 표시하는 것을 의미한다. 예를 들어, 재무분석의 경우 목표는 리스크를 최소화하면서 수익을 극대화(샤프지수를 최소화 하거나 또는 리스크 대비 수익률을 극대화) 하는 것이 목표가 될 수 있다.

그림 9.4는 최적화 모델을 개념적으로 설명한 것이다. 최적화 모델을 풀이하면 목표를 최적화(극대화 또는 극소화)시키기 위해 의사결정 변수가 가지는 값의 집합을 구할 수 있다. 실제 사업 조건이 간단하고 미래가 예측 가능하다면 최적화 모델에 포함되는 모든 데이터가 상수가 될 것이며 모델은 결정론적 성격을 가지게 된다. 하지만 많은 경우 결정론적 최적화 모델로는 실질적인 의사결정 환경과 관련된 복잡한 상황을 모두 반영할 수 없다. 모델의 데이터가 불확실하고 확률적으로만 표시할 수 있을 때 모델의 목표는 선택된 의사결정 변수들과 관련하여 특정한 확률분포를 가지게 될 것이다. 그리고 Crystal Ball을 사용해 시뮬레이션을 수행해 봄으로써 이러한 확률분포를 찾아낼 수 있다. 불확실성에 노출되어 있는 최적화 모델에는 가정(Assumptions), 예측값(Forecasts), 예측 통계량(Forecast statistics), 요구 조건(Requirements) 등의 요소도 추가적으로 포함된다.

| 그림 9.4 | 결정론적 최적화 모델 |

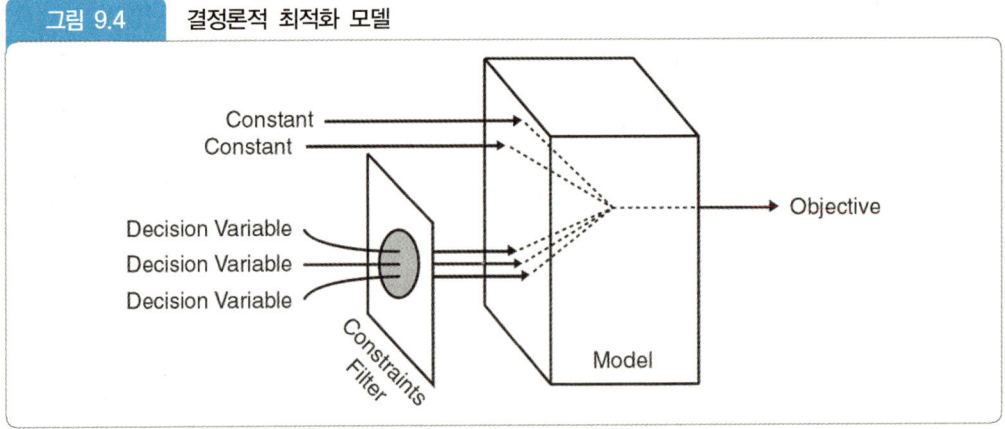

가정이란 확률분포를 이용해 모델에 포함된 데이터의 불확실성을 반영하는 것인 반면 예측값은 모델에서 나올 수 있는 결과값의 빈도 분포를 말한다. 예측 통계량이란 예측 분포를 요약하는 값들로 평균, 표준편차, 분산 등을 의미한다. 최적화 프로세스에서는 예측 통계량의 극대화, 최소화, 제약조건 등을 통해 최적화가 통제된다. 마지막으로 요구조건이란 예측 통계량에 대한 추가적인 제약조건이라고 볼 수 있다. 예측분포의 모든 통계량에 대해서 상한(Upper Limit)과 하한(Lower Limit)을 설정할 수 있고 변수에 대한 요구조건을 정의하면 일단의 요구조건 값이 얻어진다(그림 9.5 참조).

각 최적화 모델별로 모델의 목표를 가정과 의사결정 변수를 이용해 수학적으로 표시되는 예측변수인 목표가 하나씩 존재한다. 최적화란 의사결정 변수에 대한 값을 선택하고 개선시켜 나가면서 목표를 최적화 시키는 값을 찾는 것이다. 모델 데이터에 대한 불확실성이 존재하고 확률분포를 이용해서만 설명할 수 있다면 모델의 목표 자체도 특정 의사결정 변수의 집합에 대한 확률분포의 형태를 가지게 될 것이다.

| 그림 9.5 | 확률적 최적화 모델 |

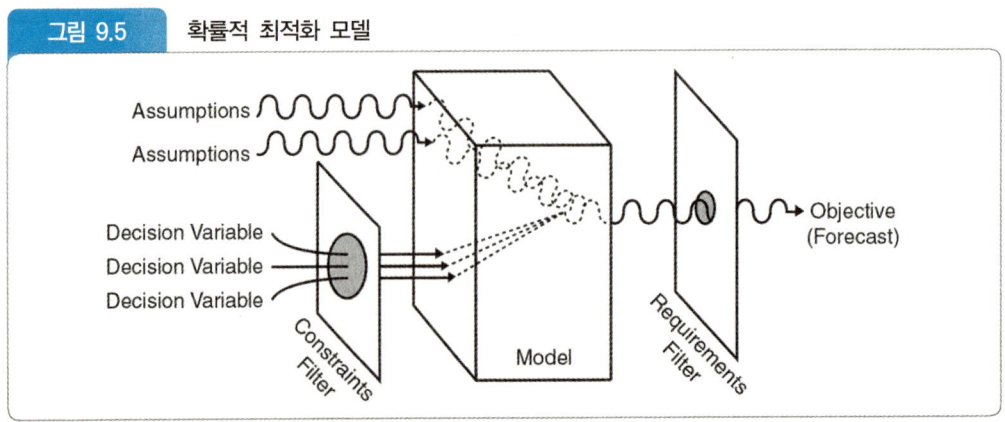

> 애널리스트는 최적화 문제를 풀기 전에 먼저 최적화와 관련된 용어인 목표, 제약조건, 의사결정 변수, 가정, 요구조건, 예측값 등을 이해해야 한다.

그래프와 엑셀의 해 찾기(Solver) 기능을 이용한 최적해 도출

그림 9.6은 복수의 제약조건이 있는 간단한 최적화 문제를 그래프를 이용해 풀이하는 방법을 설명하고 있다. 이 문제는 선형 제약조건이 있는 결정론적 선형 최적화의 문제로 그래프를 이용한 접근 방식을 사용하는 것이 용이한 경우이다. 하지만 비선형 제약조건이 존재하는 경우에는 신중을 기해야 한다. 또 최적화 모델이 잘못 정의되는 경우도 있다. 예를 들어, 그림 9.7은 해가 무한대인 경우, 타당한 해가 없는 경우(제약조건이 너무 엄격해서 충족시킬 수 없는 경우), 복수의 해가 존재하는 경우(여러 최적 해법 중 한 가지를 선택할 수 있게 된다는 점에서 경영진에게는 좋은 소식이 된다) 등 발생하는 문제점에 대해 설명하고 있다.

그림 9.8은 그림 9.6의 문제를 엑셀의 해 찾기 추가기능을 이용해서 풀이하는 과정을 설명하고 있다. 엑셀의 해 찾기 추가기능은 분명 그래프를 이용해 수작업으로 최적값을 찾는 것보다 훨씬 강력한 접근 방식이다. 특히 의사결정 변수가 여러 개이고 다차원의 그래프를 그려야 하는 경우에는 더욱 그러하다. 그림 9.9와 그림 9.10은 엑셀의 해 찾기 기능을 이용한 여러 프로젝트로 구성된 포트폴리오의 최적화를 설명하고 있다 - 그림 9.9는 정수 최적화(Integer Optimization)를 가정한 것으로 프로젝트의 수행 여부에 대한 의사결정이 필요하다. 그리고 그림 9.10은 연속 최적화(Continuous Optimization)를 가정한 것으로 프로젝트에 대한 자금 지원 규모가 0%에서 100% 범위 내에서 결정될 수 있다.

그림 9.6 선형계획법을 이용한 최적화 문제 풀이 [계속]

X, Y라는 두 종류의 제품이 생산된다고 가정해보자. X의 이익은 20달러이고, Y의 이익은 15달러이다. X의 생산에는 3시간, Y의 생산에는 2시간이 소요된다. 생산 장비의 총 능력을 보면, X, Y 두 제품을 모두 생산할 수는 있지만 300시간만 가동할 수 있다. 또한 시장 수요 정보를 기준으로 한 주에 판매되는 제품의 수량이 X는 80단위, Y는 100단위를 초과할 수 없다는 의사결정을 내렸으며, 보유 재고 수준은 0이 되기를 선호하고 있다. 그러므로 경영진은 이러한 수요 수준을 X, Y 각각에 대한 최고 생산량으로 설정했다. 이제 한 주의 이익 수준을 극대화할 수 있는 X, Y의 최적 생산 수준이 얼마인지를 알아내야 한다.

위에 설명한 상황 조건을 바탕으로 다음과 같은 조건의 선형 최적화 공식을 작성할 수 있다.

목표함수: Max 20X + 15Y

제약조건: 3X + 2Y ≤ 300
            X ≤ 80
            Y ≤ 100   X, Y ≥ 0

위의 제약조건을 하나씩 그래프로 그려보면 다음과 같다.

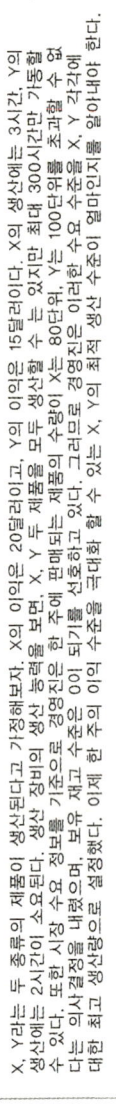

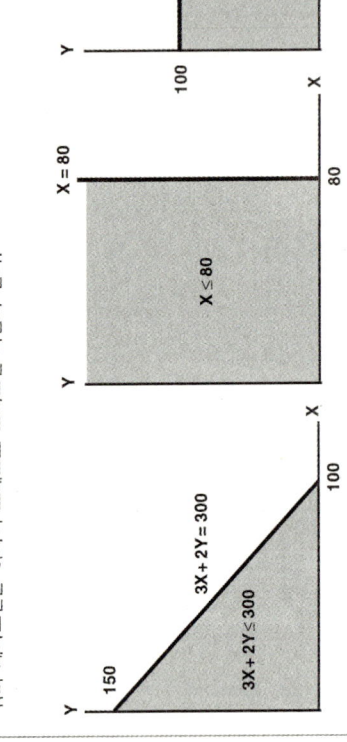

204

그림 9.6　선형계획법을 이용한 최적화 문제 풀이

아래의 그래프는 위의 세 제약조건을 결합시켜 그래프로 표시한 것이다. 회색으로 표시된 부분이 세 제약조건이 모두 충족되는 구역이다. 그러므로 최적 생산 수준은 0 구역 내의 값이 되어야 한다.

제약조건이 교차하는 점은 쉽게 계산할 수 있다. 예를 들어, Y = 100과 3X + 2Y = 300의 해는 Y = 100을 두 번째 식에 대입하고 3X + 2(100) = 300이라는 방정식을 풀어, X = 33.34, Y = 100이라는 해를 구할 수 있다.

이와 마찬가지로 X = 80과 3X + 2Y = 300의 해는 X 대신 80을 두 번째 식에 대입하여 3(80) + 2Y = 300을 풀어주면 Y = 30, X = 80이라는 해를 구할 수 있다.

나머지 두 점은 각 수직선과 평행선과 x, y축의 교차점으로 X = 80, Y = 0 그리고 X = 0, Y = 100 이라는 것을 알 수 있다.

선형계획(linear programming) 이론에 따라 이들 교차점 또는 극단값(extreme values) 중 하나가 최적해가 된다. 그러므로 각 교차점을 목표 함수에 대입하여 결과적으로 계산되는 이익값이 가장 큰 경우를 찾아내면 간단하다.

각 극단값을 이익 = 20X + 15Y라는 목표 함수에 대입하면 다음과 같다.

X = 0, Y = 100인 경우:　　이익 = 20달러(0) + 15달러(100) = 1,500달러
X = 33.34, Y = 100인 경우:　이익 = 20달러(33.34) + 15달러(100) = 2,167달러
X = 80, Y = 30인 경우:　　이익 = 20달러(80) + 15달러(30) = 2,050달러
X = 80, Y = 0 인 경우:　　이익 = 20달러(80) + 15달러(0) = 1,600달러

여기서 X = 33.34, Y = 100일 때 이익 함수가 최대값이 됨을 알 수 있다. 또한 위 그래프에서 제약조건이 모두 충족되는 구간에 포함되는 좌표값을 입력하더라도 이 결과를 다시 확인할 수도 있다. 예를 들어, 이 구간 내에 포함되는 X = 10, Y = 10을 입력하면 20달러(10) + 15달러(10) = 350달러만 부쳐 안된다. X, Y의 우수한 조합에 대해 계산을 해볼 수도 있지만 극단값은 언제나 극단에서 나오게 된다.

목표 함수의 그래프로 그려보면 극단값 중 어떤 값에서 최적인지 나오느지를 손쉽게 할 수 있다. 목표 함수가

20X + 15Y = 0이면　　X = 20, Y = 15가 해이다.
20X + 15Y = 12000이면　X = 60, Y = 800이 해이다.

이익 함수를 오른쪽 위로 계속 옮겨가면 극단값과 계속 만나게 된다. 그리고 이 극단값이 최적이 해야다.

위의 그래프에서 B점이 최적해이고, 이를 위에서 사용한 공식으로 계산해보면 X = 33.34, Y = 100이 된다.

그림 9.7 선형계획법에서 가능한 문제점

선형계획법을 사용하는 경우 발생할 수 있는 문제점 중 해가 무한이 많은 경우, 해가 없는 경우, 해가 여러 개인 경우가 가장 일반적이다.

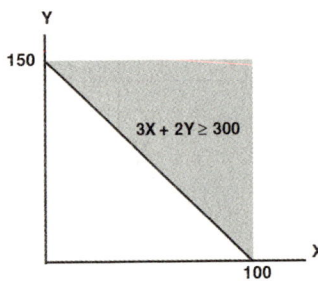

해가 무한이 많은 경우

3X + 2Y ≥ 300이라는 제약조건만 존재하는 경우에는 해가 무한이 많아지게 된다. 이러한 제약조건은 기계가 멈추지 않고 300시간 이상 작동할 수 있다는 것이다. 그러므로, X, Y를 무한이 생산해야 최대 이익을 낼 수 있다. 이는 예산이나 자원의 제한없이 무한이 생산할 수 있는 경우므로 경영자 입장에서는 천국과 같은 상황이다. 만약 이러한 경우가 생긴다면 문제가 정확하게 정의되지 않았고 수학 모델에 오류가 있는 것으로 생각할 수 있다.

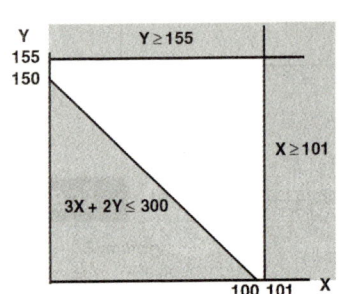

해가 없는 경우

제약조건이 다음과 같다고 가정해 보자.

$$3X + 2Y \leq 300$$
$$X \geq 101$$
$$Y \geq 155$$

모든 제약조건이 동시에 충족되는 구간이 없다. 이 경우에는 어떤 해가 나오더라도 제약조건 중 하나는 위반하게 된다. 이러한 상황이라면 문제가 잘못 규정됐거나 경영진의 기대 사항을 충족하는 프로젝트는 수행하는 것 자체가 불가능하므로 경영진에게 제약조건을 좀 누그러뜨려 줄 것을 요청해야 할 수도 있다. 아니면 추가 자원(기계를 추가 구입 또는 직원을 추가 고용하여 300시간 이상 생산)을 투입하거나 최소 생산 수준(155단위 및 10단위)을 줄여야 한다.

해가 여러 개인 경우

여기서는 이익 함수와 교차하는 극단값이 B, C 두 개로 모두 최적값이다. 이는 경영진의 입장에서는 X, Y의 두 조합 중 한 가지를 선택할 수 있는 경우이므로 반가운 소식이다. 이 경우에는 이와 같은 계량적 분석 결과 외에 정성적인 요인을 적용해야 한다.

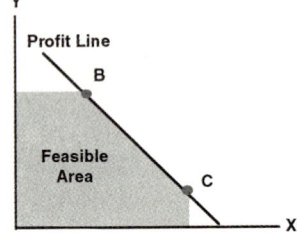

그림 9.8 선형계획법에서 엑셀의 해 찾기 추가기능 이용

앞의 동일한 예를 살펴보자.

목표함수: Max 20X + 15Y

제약조건: 3X + 2Y ≤ 300
            X ≤ 80
            Y ≤ 100

엑셀의 해 찾기 추가기능을 이용해 신속하게 분석적 해법을 찾아볼 수 있다.

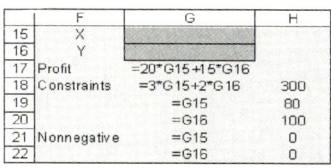

먼저 스프레드시트 모델을 만들어야 한다. 풀어야 할 변수는 X, Y 두 가지이다. G17셀에는 목표 함수를, G18셀부터 H22셀까지는 제약조건을 입력한다. 해 찾기 기능을 이용하려면 X, Y 가 모두 양수라는 두 가지 요건을 추가시켜야 한다. 생산수량에 마이너스 값이 들어갈 수 없기 때문이다. H18셀부터 H22셀까지는 제약조건에 대한 목표값이다. 이렇게 모든 조건을 입력하고 나면 도구 l 해 찾기를 차례대로 클릭해서 해 찾기 기능을 수행한다(해 찾기 기능을 찾을 수 없다면 도구 l 추가기능을 클릭하고 해 찾기를 선택해야 한다. 그리고 나서 메뉴 l 해 찾기를 차례대로 선택한다).

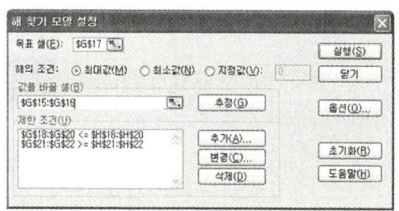

이익 계산을 목표 셀($G$17)로 지정하고 "해의 조건"을 최대값으로 선택한다. X와 Y를 값을 바꿀 셀로 선택하고($G$15:$G$16), 그리고 제약조건에서 "추가"를 클릭해서 제약조건을 추가한다. 제약조건은 한 번에 하나씩 추가하거나 한 번에 여러 개를 추가할 수 있다. $G$18:$G$20을 $H$18:$H$20 보다 작거나 같은 것으로 설정한다. 그리고 $G$21:$G$22를 $H$21:$H$22 보다 크거나 같게 하여 양의 값이어야 한다는 제약조건을 추가한다.

해 찾기 기능으로 최적화 문제를 풀면 다음과 같은 결과를 얻을 수 있다.

```
            X           33.33
            Y           100
        Profit          $2,167
        Constraints     300      300
                        33.33    80
                        100      100
        Nonnegative     33.33    0
                        100      0
```

207

그림 9.9 엑셀의 해 찾기 추가기능을 이용한 정수 선형계획법

정수 포트폴리오 최적화와 정수 선형계획법

	Cost	Return	Risk	Return-Risk Ratio	Allocation	Weighted Cost	Risk Return	Weighted Risk
Project A	$500,000	19%	32%	0.594	0%	$0	0.000	0%
Project B	$625,000	23%	39%	0.590	0%	$0	0.000	0%
Project C	$345,000	15%	22%	0.682	100%	$345,000	0.682	22%
Project D	$290,000	16%	29%	0.552	0%	$0	0.000	0%
Project E	$450,000	17%	25%	0.680	100%	$450,000	0.680	25%
					Sum	$795,000	1.362	47%

Budget Constraint $1,000,000
Each project must be between 10% and 50% allocated in funds

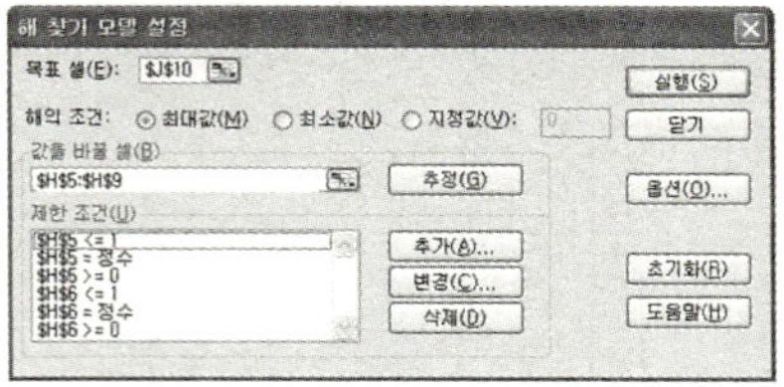

예산이 50만 달러로 고정(제약 조건)되어 있고, 이를 5개 프로젝트에 배정하는 경우를 가정해보자. 이 때 리스크 대비 수익률을 극대화(목표 함수) 시키고자 하며, 각 프로젝트에 배정되어야 할 예산의 범위는 10%에서 50% 이내여야 한다. 초기 개발 단계이므로 한 프로젝트에 50% 이상의 예산을 할당할 수는 없으며 다섯 개 프로젝트 모두 재무적 타당성이 사전에 확인 됐으므로 적어도 10%의 예산을 지원해야 한다. 엑셀의 해 찾기 추가 기능(도구 | 추가 기능 | 해 찾기 추가 기능을 설정한 후 도구 | 해 찾기 선택)을 이용해서 리스크 대비 수익률을 극대화 시킬 수 있는 최적 가중치를 찾고자 한다.

목표 셀은 목표 함수이고, 이 문제의 경우 리스크 대비 총수익률에 각 프로젝트에 대한 예산 배정 비율을 가중치로 적용해서 그 결과를 극대화시키는 것이다. 그리고 추가 제약 조건을 입력한다. 이 문제의 경우 추가 제약 조건에는 프로젝트들로 구성된 포트폴리오에 대한 총 배정 비용이 예산 제한 금액 보다 작거나 같아야 한다. 또한 각 프로젝트의 가중치를 0 보다 크거나 같고 1 보다 같고, 정수가 되도록 설정해야 한다. 바로 이 부분이 앞에서 살펴본 계획법과 최적화 방법과 비교해 볼 때의 근본적인 차이점이다. 여기서는 프로젝트의 일부분만을 수행할 수 있지만 정수 선형 계획법에서는 프로젝트가 수행되거나(1,0) 수행되지 않게(0,0) 된다(정수 제한 조건).

그림 9.10　엑셀의 해 찾기 추가기능을 이용한 연속 선형계획법

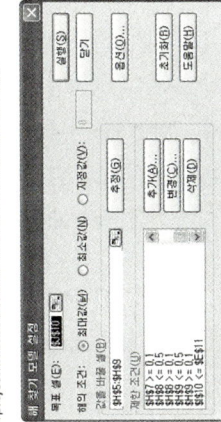

	Cost	Return	Risk	Return-Risk Ratio	Allocation	Weighted Cost	Total Risk-Return	Weighted Risk
Project A	$500,000	19%	32%	0.594	10%	$50,000	0.059	3%
Project B	$625,000	23%	39%	0.590	10%	$62,500	0.059	4%
Project C	$345,000	15%	22%	0.682	50%	$172,500	0.341	11%
Project D	$290,000	16%	29%	0.552	50%	$145,000	0.276	15%
Project E	$450,000	17%	25%	0.680	16%	$70,000	0.106	4%
					Sum	$500,000	0.841	36%

Budget Constraint　$500,000
Each project must be allocated in between 10% and 50% funds

예산이 50만 달러로 고정된(제약 조건)되어 있고, 이를 5개 프로젝트에 배정하는 경우를 가정해보자. 이 때 리스크 대비 수익률을 극대화(목표 함수) 시키고자 하며, 각 프로젝트에 배정되도야 할 예산의 범위는 10%에서 50% 이내여야 한다. 초기 개발 단계이므로 한 프로젝트에 50% 이상의 예산을 할당할 수는 없으며 단 5 개 프로젝트 모두 재무적 타당성이 사전에 확인 되었으므로 예산을 지원해야 한다. 엑셀의 해 찾기 기능도 10%에 예산을 지원해야 한다. 엑셀의 해 찾기 기능(도구 | 추가 기능 | 해 찾기 추가 기능)을 설정한 후 도구 | 해 찾기 선택)을 이용해서 리스크 대비 수익률을 극대화 시킬 수 있는 최적 가중치를 찾고자 한다.

목표 셀은 목표 함수이고, 이 문제의 경우 리스크 대비 총수익률에 각 투자 예산 배정 비율을 가중치로 적용해서 그 결과를 극대화시키는 것이다. 그리고 추가 제약 조건을 입력한다. 이 문제의 경우 추가 제약 조건에는 프로젝트들로 구성된 포트폴리오에 대한 총 배정 비율이 예산 제한 금액에 작거나 같아야 한다. 또한 각 프로젝트의 가중치를 0.5 보다 크거나 같고 0.1 보다 작거나 같게 설정해야 한다.

간단한 사례: ProVise Management

포트폴리오 이익의 최적화

닷컴(dot com) 시대가 최고조에 달했을 때 많은 투자자들은 주식 시장이 상승하는 방향으로만 움직인다고 믿게 됐다. 이런 가정을 할 때의 문제점은 모든 포트폴리오에는 리스크가 포함되어 있고 거의 모든 포트폴리오의 가치가 떨어질 수 있다는 사실을 망각하게 되는 것이다. 미 증권거래소에 등록된 투자 자문 기관인 ProVise Management Group은 자산 운용 및 재무설계(FP) 분야에서 특화된 서비스를 제공하는 기업으로 적절한 포트폴리오 관리에는 엄격한 리스크 분석이 필요하다는 점을 이해하고 있었다.

ProVise의 CFP로 재무설계(FP) 부문 담당 임원이자 수석 재무설계사인 라다츠는 포트폴리오를 설계하는 것이 과학인 동시에 예술이라고 주장하고 있다. 고객의 리스크 허용 한도(Risk Tolerance)와 이에 따른 자산 배분은 ProVise가 고객 포트폴리오의 설계를 시작할 때 명확하게 파악하는 두 가지 요소이다. ProVise는 포괄적인 인터뷰와 펜실베니어주 Bryn Mawr의 American College에서 개발한 리스크 허용 한도 설문 프로그램을 이용해 고객의 리스크 한도를 설정한다.

일단 고객이 수용할 수 있는 리스크의 유형과 크기를 이해하고 나면 ProVise는 엑셀 스프레드시트에 각 자산의 잠재성을 분석하고 고객이 현재 보유하고 있는 포트폴리오에 대한 최적화 분석을 수행한다. 분석 대상 자산에 대한 주요 특성은 분류(공격적 성장, 글로벌/해외, 하이일드 채권 등), 달러 가치, 총 포트폴리오에서 차지하는 비중, 리스크 측정치, 목표 수익률(과거의 자산 등급 별 수익률 기준), 가중 목표 수익률, 자산 별로 계산된 과거 3년 또는 5년 간의 연간 수익률 등이 있다. Crystal Ball의 가정에는 각 자산의 가중 목표 수익률 및 가중 베타가 포함된다.

포트폴리오에 대한 시뮬레이션이 완료되면 ProVise는 고객에게 포트폴리오의 전체적인 목표 수익률에 대한 확실성 수준을 보여줌으로써 해당 고객이 현재의 리스크 수준을 이해할 수 있도록 도와준다. 이 때 고객들이 자신이 보유하고 있는 포트폴리오에서 마이너스 수익률, 크게는 -30% 이하의 수익률이 발생할 가능성이 있다는 것을 알게 되는 경우가 많다. "고객이 보유하고 있는 포트폴리오의 리스크가 해당 고객의 리스크 허용 한도와 합치되는 경우는 거의 없습니다. 포트폴리오의 리스크가 겉으로 보이는 것보다 상당히 큰 경우가 많으며, 이 경우 Crystal Ball을 사용하게 됩니다"라고 라다츠는 설명한다.

이렇게 리스크에 대한 이해가 완료되면 ProVIse는 기존의 자산과 신규 자산의 조합에 포함되는 새로운 포트폴리오 스프레드시트를 작성한다. ProVise는 Morningstar 등의 서비스 기관을 통해 이들 자산에 대한 월별 수익률 자료를 입수하고 엑셀의 데이터 분석(도구 메뉴) 기능을 사용해서 데이터 간의 상관관계를 분석하고, 그 결과를 Crystal Ball의 Correlation Matrix에 입력한다. 모델의 불확실성은 리스크 측정치(β)와 각 자산 별 목표 수익률에 반영된다. ProVise는 이러한 변수를 Crystal Ball의 가정 셀에 정의한다. 이 때, 자산의 과거 수익률 평균과 표준편차를 이용해 정규분포로 설정하거나 미 재무부 채권이나 자금 시장 자산에 대해서는 균등 분포 또는 로그정규분포로 설정한다. ProVise는 보통 라틴하이퍼큐브(Latin Hypercube) 표본 추출을 이용해 8,000번의 시뮬레이션을 수행한다.

이를 통해 제안된 포트폴리오를 고객의 리스크 허용 한도와 목표 수익률에 대해 최적화 한다. 새 모델에서 새로운 포트폴리오에 선택된 각 자산의 가치는 의사결정 셀로 정의된다. 그리고 각 자산 등급(예: 공격적 성장 자산) 별 가치가 특정한 값이 되도록 제약조건을 적용한다. 그리고 나면 OptQuest(최적화) 프로그램을 통해 리스크 (β 또는 표준 편차)가 선택된 최대한도를 넘지 않으면서 목표 수익률을 극대화되게 함으로써 포트폴리오를 최적화 시킨다. 마지막으로 Crystal Ball을 이용, 최적화된 포트폴리오를 시뮬레이션, 포트폴리오 리스크의 감소량 또는 포트폴리오 수익률의 증가량을 고객에게 제공한다.

ProVise는 또한 Crystal Ball의 최적화 툴을 이용해서 고객이 은퇴한 후 발생 가능 현금흐름 또는 자산 누적 가치를 결정한다. 앞에서와 마찬가지로 ProVise는 먼저 현금 흐름 스프레드시트를 작성하고, "인플레이션"과 "목표 수익률"을 가정 셀에 정의한다. 이 정보는 50%, 75%, 90%의 신뢰구간이 포함되는 추세선을 이용해 그래프로 표시된다.

ProVise는 이러한 최적화 방법이 융통성, 신뢰성, 사용의 편이성 측면에서 다른 최적화 방법보다 우수하다는 것을 확인했다. 그리고 자신들이 권고한 포트폴리오가 효율적이고, 정확하고, 신속하게 최적화된다는 점도 확인할 수 있었다. 라다츠는 "이 최적화 방법으로 시간과 비용을 상당히 절감할 수 있다. 포트폴리오의 선정과 운용 프로세스가 동적이고 때때로 약간씩의 보정이 필요하긴 하지만 맞춤복같이 딱 들어맞는 최적 포트폴리오를 가질 수 있게 될 것이다."라고 이야기 하고 있다.

PART 04 리스크 최적화

간단한 사례:
텍사코(Texaco)

텍사코의 재고 평가 및 생산 수준 최적화

릭은 텍사코의 심해탐사 그룹(Deep Water Exploration Group)의 평가 담당 엔지니어로 Crystal Ball을 여러 용도로 사용하고 있다. 릭은 Crystal Ball을 주로 텍사코와 경쟁사의 재고 수준을 평가하기 위해 사용한다. 릭은 텍사코의 포트폴리오에 포함되어 있는 서로 다른 탐사 광구를 분석하여 각 탐사 지역의 규모, 경제성, 성공 확률 등의 범위를 결정한다. 이러한 Crystal Ball 시뮬레이션을 통해 릭은 시추 대상 탐사 광구의 수와 성공 확률, 분포 갤러리(distribution gallery)에서 선택되는 매장량 및 가치의 분포를 변화시킬 수 있었다.

릭은 공개 정보인 텍사코 경쟁사들의 리스 정보를 이용해서 경쟁사들의 시추 재고 및 시추되지 않는 재고의 규모, 가치, 성공 확률 등을 추정할 수 있었다. 물론 이러한 시뮬레이션을 수행하는 경우에는 데이터가 적고 불확실성이 더 크지만 경쟁사의 성공 확률을 측정하는 데는 유용한 툴이 되었다.

또한 릭은 Crystal Ball의 민감도 차트를 유용하게 활용하고 있다. 릭은 민감도 차트를 이용해서 모델 중 결과에 가장 많은 영향을 주는 부분을 보다 잘 이해할 수 있었다. 그리고 나서 모델에 대한 입력값을 변화시켜 결과에 미치는 영향의 크기를 줄일 수 있었다.

릭은 Crystal Ball의 OptQuest(최적화)기능을 이용해서 특정한 목표를 달성하기 위해 필요한 유정의 최적 개수를 결정하기도 한다. 예를 들어, 텍사코가 특정한 비용 수준을 넘지 않는 범위에서 어느 정도의 원유를 확보하고자 한다면 OptQuest(최적화) 기능을 이용, 원하는 생산 수준을 달성할 있는 유정의 조합을 알아낼 수 있다.

릭은 텍사코가 심해탐사 유전을 보유하고 있는 기업을 인수하지 않기로 결정하는데 Crystal Ball이 영향을 미쳤던 경우를 설명하기도 한다. Crystal Ball을 이용하여 여러 분석을 수행 해 본 텍사코는 이 기업을 인수하는 경우 다른 투자를 하는 경우보다 가치의 손실이 크다는 결정을 내리게 됐다.

정유 업계에 있어 리스크와 불확실성은 매우 중요한 구성 요소이다. 텍사코는 어려운 의사결정을 내려야 할 때 맞닥뜨리게 되는 미지의 요인을 완화하는데 있어 Crystal Ball과 같은 툴을 사용하는 것이 얼마나 중요한지를 인식하게 됐다.

CHAPTER 10

불확실성 하에서의 최적화

10장에서는 두 개의 최적화 모델을 보다 상세하게 살펴볼 것이다. 첫 번째로 살펴 볼 최적화 모델은 단순한 프로젝트 선택 모델에 불확실성 하에서의 이산형(Discrete) 최적화를 적용한 예이다. 상황은 다음과 같다. 기업은 12개의 상호 배타적이지 않은 경쟁 프로젝트를 선택해야 하는 상황이며 수익률 및 원가 특성은 각 프로젝트 별로 다르다. 분석자는 포트폴리오의 총 가치를 극대화 시키는 동시에 회사의 예산 제약조건을 충족시킬 수 있는 프로젝트의 최적 조합을 도출해내야 한다. 두 번째 모델은 불확실성 하에서의 연속형(Continuous) 최적화 기법을 적용하는 것이다. 상황은 다음과 같다. 투자자가 자신의 재산을 금융 투자 상품 투자하여 수익을 창출하기 위해 포트폴리오에 배분해야 한다. 이 때 샤프지수를 이용, 리스크를 최소화시키면서 기대 수익률을 극대화할 수 있도록 자산 포트폴리오를 찾고자 한다.

프로젝트 선택 모델(불확실성 하에서의 이산형 최적화)

그림 10.1은 모델의 메인 워크시트로 12개 프로젝트와 순현재가치(NPV: Net Present Value)를 기준으로 각 프로젝트별 추정 투자비용과 기대수익을 정의하고 있다. 그림 10.2에서 볼 수 있는 비용과 수익은 다른 워크시트에서 수행된 몬테카를로 시뮬레이션을 통해 얻어진 결과의 주요 요약 부분만을 담은 것이다. 또한 그림 10.1에서 워크시트의 B열을 보면 일련의 의사결정 변수(디폴트값: 1)가 나열되어 있으며, 이 변수가 최적화 대상 변수이다. 이를 바탕으로 문제를 다시 정의하면 다음과 같다: 각 프로젝트 별로 추정된 비용과 수익을 기준으로 총예산이 2억 6,000만 달러로 제한되어 있는 조건에서 전체 포트폴리오의 NPV를 극대화 시키려면 어떤 프로젝트들을 선택하는 것이 최적의 결정인가?

그림 10.1 **프로젝트 최적화 문제**

	A	B	C	D
1	**Project Optimization Selection**			
2				
3	Project No.	Selected Project (1=yes, 0=No)	NPV	Estimated Capital Investment
4	Project 1	1	$ 164.88	$ 37.00
5	Project 2	1	$ (48.09)	$ 42.00
6	Project 3	1	$ (8.45)	$ 36.00
7	Project 4	1	$ 35.74	$ 57.50
8	Project 5	1	$ 51.18	$ 45.00
9	Project 6	1	$ 27.27	$ 38.00
10	Project 7	1	$ 69.17	$ 35.00
11	Project 8	1	$ (31.58)	$ 38.00
12	Project 9	1	$ 20.02	$ 50.00
13	Project 10	1	$ 36.96	$ 46.00
14	Project 11	1	$ 38.45	$ 35.00
15	Project 12	1	$ 74.81	$ 42.00
16	합계	12	$ 430.36	$ 501.50
18	Total Project NPV		$ 430.36	
19				
20		Budget	$ 260.00	
21		Amount Invested	$ 501.50	
22		**Surplus / (Shortfall)**	**$ (241.50)**	

그림 10.2 **프로젝트 최적화 워크시트**

	A	B	C	D	E	F	G	H	I	J
1	**Note: $MM**									
2	**Assumptions:**							Sales Year 1		
3	Prj. 1 Sales Year 1	$110		Prj. 1 Capital Inv.		$37		Mean	Std. Dev	
4	Prj. 1 Sales Growth Rate	12%		Prj. 1 Discount Rate		10%		$110	$45	
5	Prj. 1 COGS Growth Rate	10%		Prj. 1 Tax Rate		40%		Sales Growth Rate		
6	Prj. 1 OPEX/Sales %	16%						Min	M-L	Max
7								0%	12%	12%
8			**Year 1**	**Year 2**	**Year 3**	**Year 4**				
9										
10	Sales		$110	$123	$138	$155				
11	COGS		$65	$72	$79	$87				
12	**Net Sales**		**$45**	**$52**	**$59**	**$68**				
13										
14	Total OPEX		$18	$20	$22	$25				
15										
16	**EBITDA**		**$27**	**$32**	**$37**	**$43**				
17	Taxes		$11	$13	$15	$17				
18	Capital Investment	($37)								
19	**Free Cash Flow**	($37)	**$16**	**$19**	**$22**	**$26**				
20										
21	**NPV Project 1**		**$27.95**							
22	**IRR Project 1**		**38.70%**							

그림 10.3에서 보는 것처럼 프로젝트의 분석을 연속형 분석 또는 이산형 분석으로 설정할 수 있다. 여기서 이산형 의사결정 변수라고 설정하게 되면 각 프로젝트의 수행여부에 대한 의사결정을 내려야 한다. 즉, 제약조건을 충족하면서 리스크를 최소화시키고 수익률을 극대화 시킬 수 있는 최적 프로젝트 선정하면 A만 수행하는 경우; B만 수행하는 경우; C만 수행하는 경우; D만 수행하는 경우; A와 B를 수행하는 경우; A와 C를 수행하는 경우; A와 D를

수행하는 경우; B와 C를 수행하는 경우; A, B, C를 수행하는 경우 등의 결정이 내려질 수 있다. 또, 하한이 0이고 상한이 1이며 단계의 크기가 1이라는 것은 의사결정 변수가 0이거나 1, 즉 프로젝트를 수행하거나 수행하지 않는 의사결정 중 하나를 선택하게 된다는 것을 의미한다. 여기서는 이산형 의사결정 변수를 가정 한다.

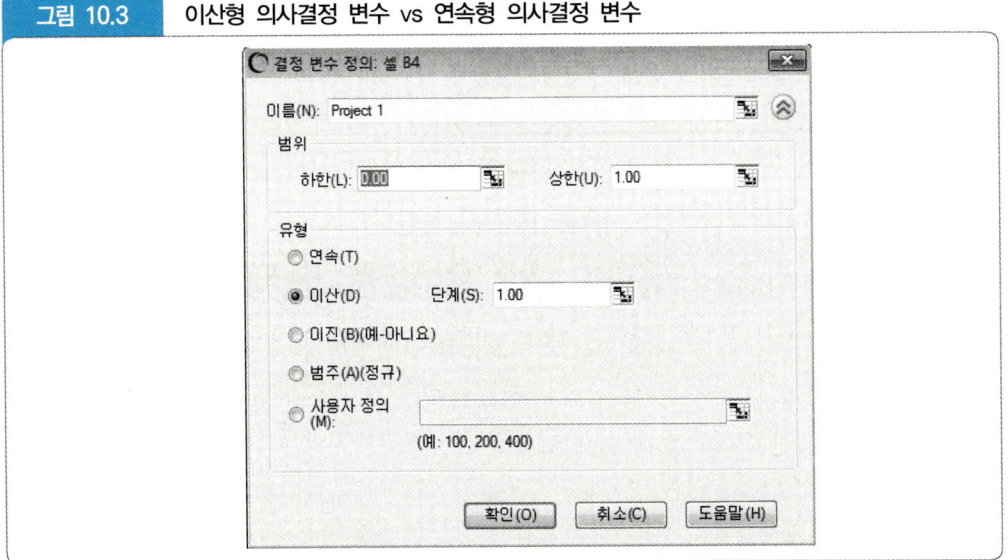

그림 10.3 이산형 의사결정 변수 vs 연속형 의사결정 변수

Crystal Ball에서 OptQuest(엑셀에서 도구 | OptQuest 선택)를 선택하고 새로 만들기(New) 아이콘을 클릭하면 그림 10.4와 같이 최적화의 목표를 설정하는 대화상자가 나타난다. 본 대화상자에서 사용자는 최적화의 목표와 함께 예측 변수에 대한 추가적인 제약 조건인 요구 사항을 정의할 수 있다. 본 예제에서는 요구사항은 없기 때문에 목표만 화면과 같이 정의하였다. 본 예제의 목표는 셀 C17에 정의된 프로젝트 포트폴리오의 Total Project NPV의 평균을 극대화시키는 것이다(그림 10.4 참조).

215

| 그림 10.4 | 목표 선택 및 요구사항 정의 |

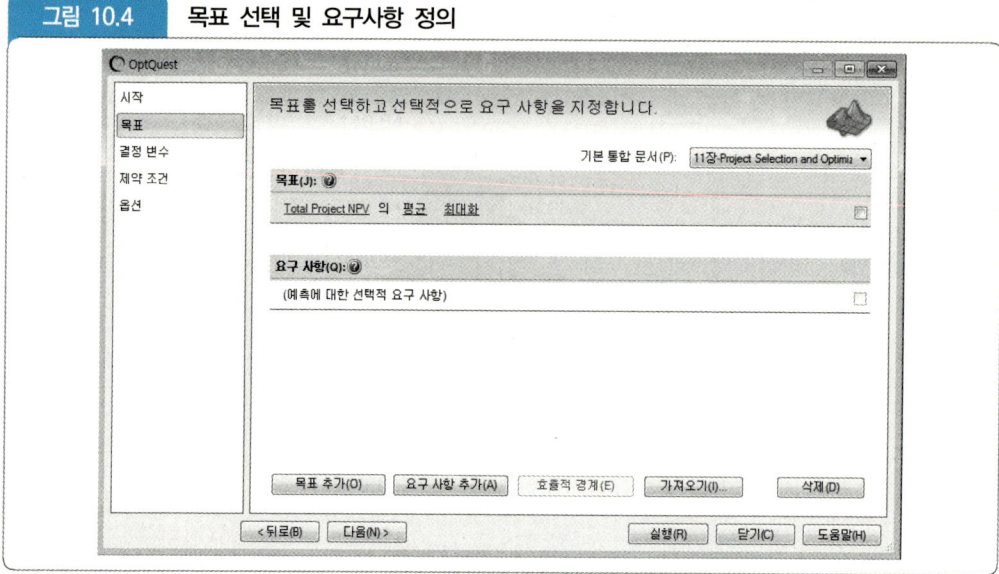

다음(N) 버튼을 클릭하면 그림 10.5와 같은 의사결정 변수 선택 화면이 나타난다. 의사결정 변수는 모델에서 사전에 정의하였기 때문에 자동적으로 파악된다. 필요하다면 사용자는 상한값과 하한값을 이 화면에서 수정할 수 있다. 그리고 다음(N) 버튼을 클릭하면 그림 10.6에서 보이는 의사결정 변수에 대한 제약조건을 입력할 수 있는 대화상자가 나타난다. 본 모델에서의 제약 조건은 첫째, 예산규모의 한도이며 둘째 수행할 수 있는 프로젝트의 수에 대한 제약이다. 먼저 예산의 제약조건을 보면 전체 포트폴리오의 비용이 2억 6,000만 달러(Surplus <= 26,000만 달러)를 넘을 수 없다는 것이다.

그림 10.5   의사결정 변수 선택 및 수정

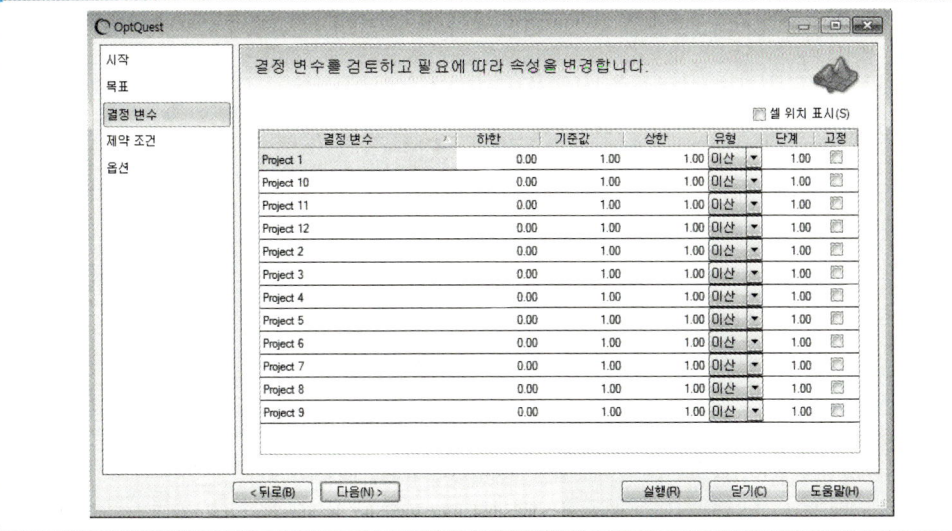

그림 10.6   제약조건 정의

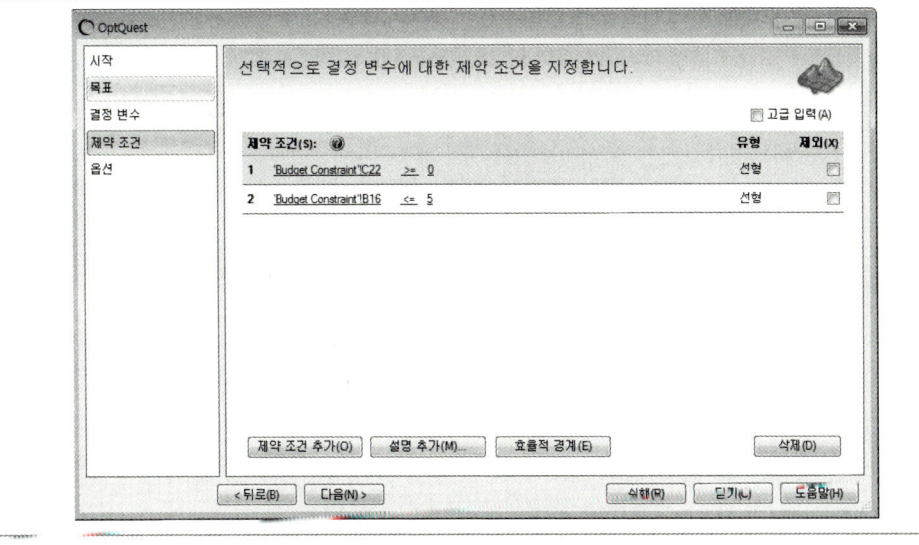

예산에 대한 제약을 수식으로 나타내면 다음과 같이 표현할 수 있다.

$$37*Project\ 1\ +\ 42*Project\ 2\ +\ 36*Project\ 3\ +\ 57.5*Project\ 4\ +\ 45*Project\ 5\ +\ 38*Project\ 6\ +\ 35*Project\ 7\ +\ 38*Project\ 8\ +\ 50*Project\ 9\ +\ 46*Project\ 10\ +\ 35*Project\ 11\ +\ 45*Project\ 12\ <=\ 260$$

추가적인 선택적 제약조건은 수행할 수 있는 프로젝트 수로, 선택되는 프로젝트의 총 수가 5개를 넘을 수 없는 것이며 이 제약을 표현하면 다음과 같다.

Project 1 + *Project 2* + *Project 3* + *Project 4* + *Project 5* +
Project 6 + *Project 7* + *Project 8* + *Project 9* + *Project 10* +
Project 11 + *Project 12* <= 5

마지막으로 최적화 실행을 위한 옵션 설정으로 본 모델에서는 최적화 실행 시간을 10분으로 선택(그림 10.7 참조)한 후 실행을 클릭하여 최적화를 수행하였다.

그림 10.7 최적화 실행 옵션 설정

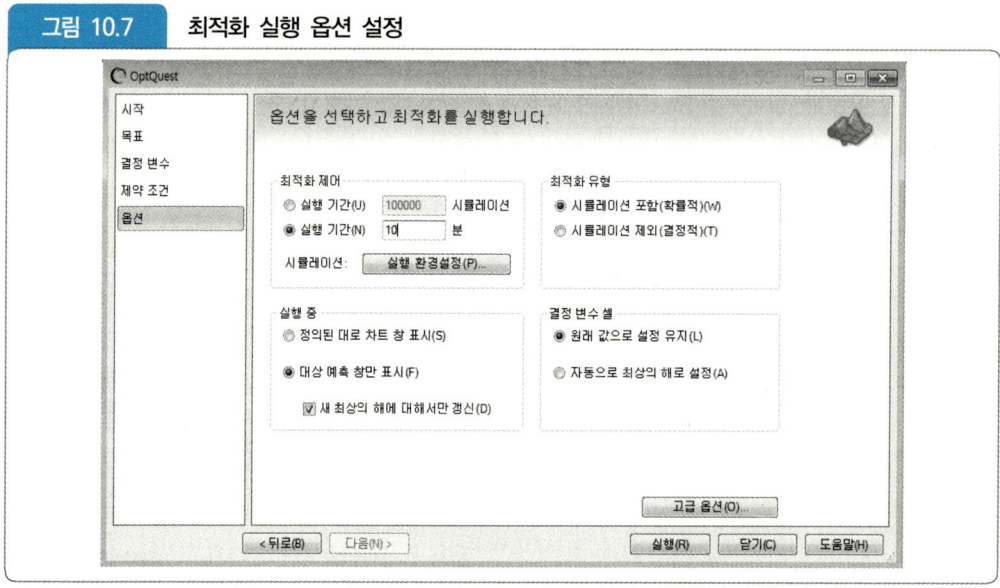

최적화를 통해 최적해를 찾는 과정이 그림 10.8과 같이 화면으로 제공된다. 그림 10.8의 성능차트(performance graph)는 최적화 과정을 보여주는 것으로 더 나은 프로젝트의 조합이 점진적으로 선택되는 것을 볼 수 있다. 그리고 아래 테이블은 최상의 해, 요구조건, 제약조건, 최적화를 통해 찾은 최적해에 대한 실시간 정보를 제공한다.

그림 10.8 최적화 결과

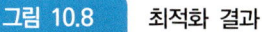

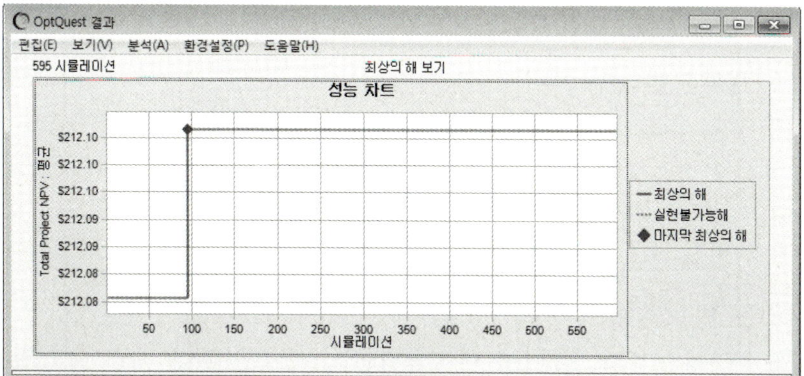

최상의 해:

목표	값
Total Project NPV 의 평균 최대화	$212.11

요구 사항	값

제약 조건	왼쪽		오른쪽
'Budget Constraint'!C22 >= 0	19.5	>=	0
'Budget Constraint'!B16 <= 5	5	<=	5

결정 변수	값
Project 1	0.00
Project 10	1.00
Project 11	0.00
Project 12	1.00
Project 2	0.00
Project 3	0.00
Project 4	1.00
Project 5	1.00
Project 6	0.00
Project 7	0.00
Project 8	0.00
Project 9	1.00

본 모델에 대한 최적화 결과를 보면 예산상의 제약조건과 수행 가능한 프로젝트 수가 5개 이하라는 제약조건을 충족하면서 Total Project NPV의 평균을 최대화 시키는 최적의 프로젝트 조합은 Projcct 4, Project 5, Project 9, Project 10, Project 12 임을 알 수 있다.

PART 04 리스크 최적화

 리스크와 수익률을 이용한 포트폴리오 최적화(연속적이고 확률적인 최적화)

그림 10.9는 불확실성 하에서의 금융 자산 포트폴리오 최적화 모델에 대한 예제이다. 포트폴리오의 총기대수익률(14.75%)은 포트폴리오에 포함된 개별 투자상품 수익률에 대한 가중평균으로 다음 식으로 계산된 것이다:

$$R_P = \omega_A R_A + \omega_B R_B + \omega_C R_C + \omega_D R_D$$

여기서 R_P는 포트폴리오 수익률, $R_{A, B, C, D}$는 각 투자상품 별 수익률, $\omega_{A, B, C, D}$는 각 투자상품 별 가중치 또는 각 투자상품 별로 할당된 자본을 의미한다. 또한 14.57%는 포트폴리오 리스크 계수(σ_P) 수준이며, σ_P는 다음과 같이 계산된다.

$$\sigma_p = \sqrt{\sum_{i=1}^{i} w_i^2 \sigma_p + \sum_{i=1}^{n}\sum_{j=1}^{m} 2 w_i w_j \rho_{i,j} \sigma_i \sigma_i}$$

여기서 $\rho_{i,j}$는 각 교차상관계수이다. 그러므로 교차상관계수인 $\rho_{i,j}$가 0 보다 작으면 리스크 분산효과가 존재하는 것이고, 포트폴리오 리스크가 감소된다. 지금 살펴보는 예제 모델에는 관련 시뮬레이션의 가정이 D4:D7 셀에 사전에 정의되어 있다. 또한 교차상관계수 행렬도 모델에 정의되어 있다.

최적화를 수행하기 전에 의사결정 변수를 설정해야 한다. 각 프로젝트에 할당된 가중치가 의사결정 변수로 그림 10.10에서 설명하고 있듯이 B11:B14 셀에 입력되어 있다. 이번 최적화 프로세스에서는 연속형 최적화를 가정하고 있다는 점을 명심해야 한다. 즉, 주어진 예산 제약조건 하에서 전체 예산에 대한 특정 비중(백분율)을 자산에 할당할 수 있고, 이 경우 최소 할당 비중은 10%이고 최고 할당 비중은 50%이다(C11:D14 셀). 그림 10.0은 의사결정 변수를 정의하는 대화상자이다.

그림 10.9 Sharpe 포트폴리오 할당 모델

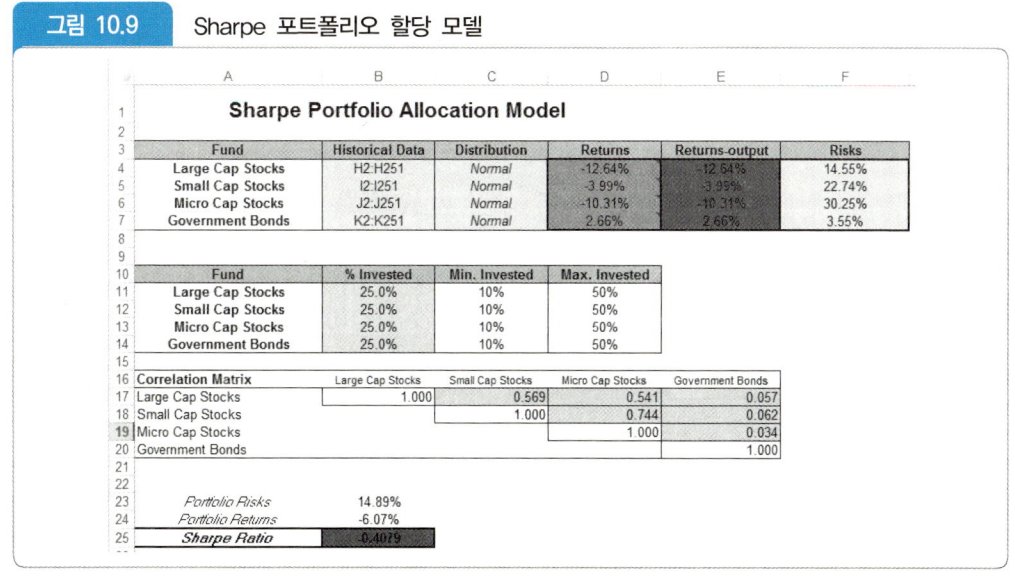

그림 10.10 연속형 의사결정 변수

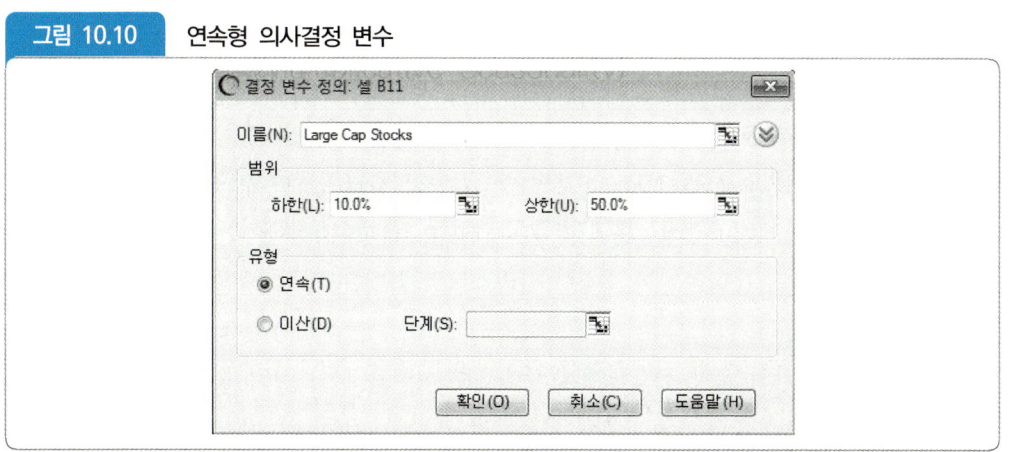

Crystal Ball의 OptQuest를 시작하면 첫 번째 단계로 최적화의 목적과 목적함수에 해당하는 예측값을 정의하는 것이다. 본 모델에서 최적화의 목적은 최종값을 최대화 하는데 목적함수로써 샤프지수(Sharpe Ratio)를 정의한다. (그림 10.11 참조).

그림 10.11 최적화 목표 및 목적함수 정의

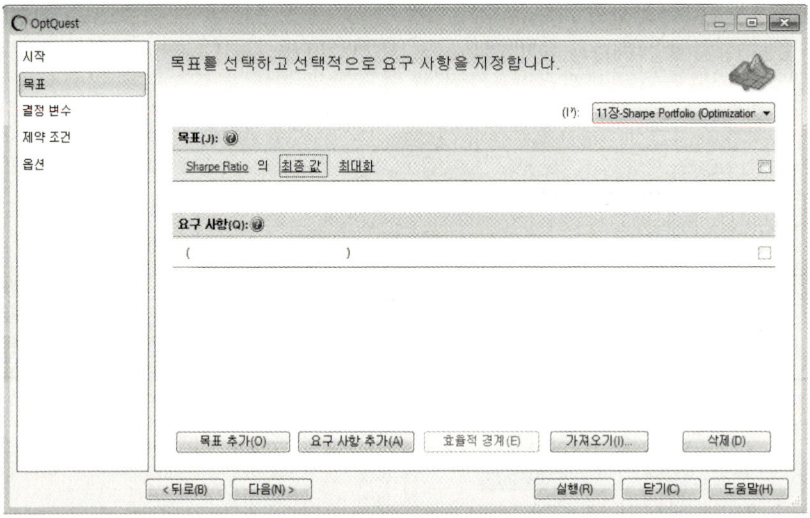

샤프지수는 포트폴리오 리스크 수준에 대한 포트폴리오 수익률 수준의 비율이다. 그런데 포트폴리오의 리스크는 전체 시뮬레이션이 수행될 때까지 추정할 수 없으므로 샤프지수에 대한 분석은 최종값을 기준으로 해야 한다. 최대 수익률 또는 최소 리스크 등의 기준 하나만을 바탕으로 프로젝트를 선택해서는 안 되므로 포트폴리오를 최적화하는 경우에는 샤프지수를 이용해서 자산 포트폴리오에 대한 효용곡선(efficient frontier)을 구하게 된다. 효용곡선이란 모든 제약조건을 충족하면서 최소한의 리스크로 최대한의 수익률을 달성할 수 있는 지점을 말한다. 또한 포트폴리오의 수익률 수준과 리스크 수준도 사용된다. 포트폴리오의 리스크에는 개별 자산 간의 교차 상호관계를 기준으로 선택된 자산 간의 분산효과도 반영된다.

다음 단계로 최적화에 대상이 되는 의사결정 변수를 정의 및 변경하는 대화상자(그림 10.12 참조)가 표시된다. 필요한 경우에는 여기서 상한값과 하한값을 변경할 수 있다. 계속하려면 다음을 클릭한다.

| 그림 10.12 | 의사결정변수 선택 및 수정

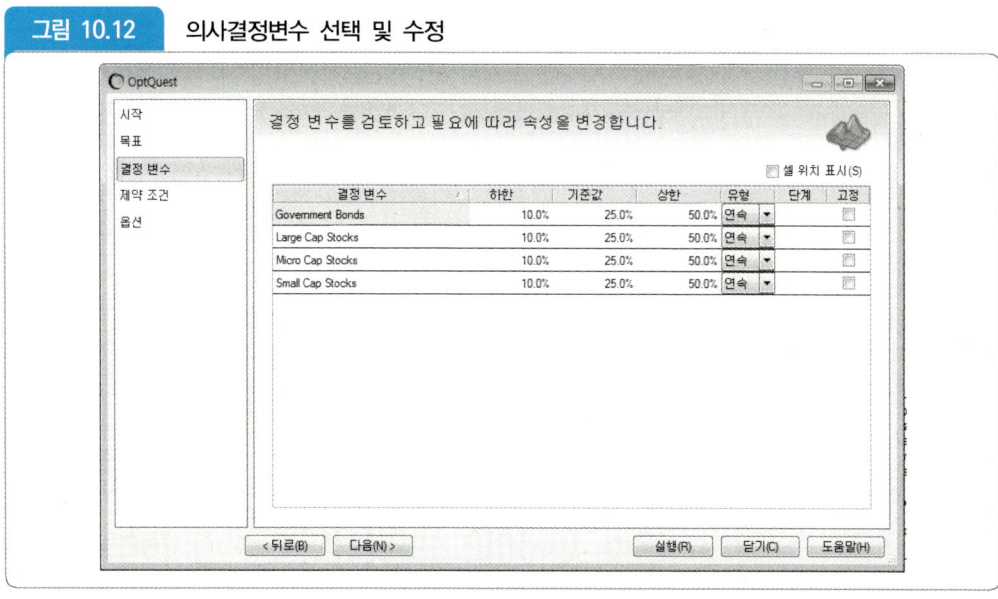

다음 화면이 나타나면 의사결정변수에 대한 제약 조건을 정의한다. 여기서의 제약조건은 포트폴리오에 대한 투자비중(%)의 합이 100%를 초과하지 않는 것이다(그림 10.13 참조).

| 그림 10.13 | 제약조건

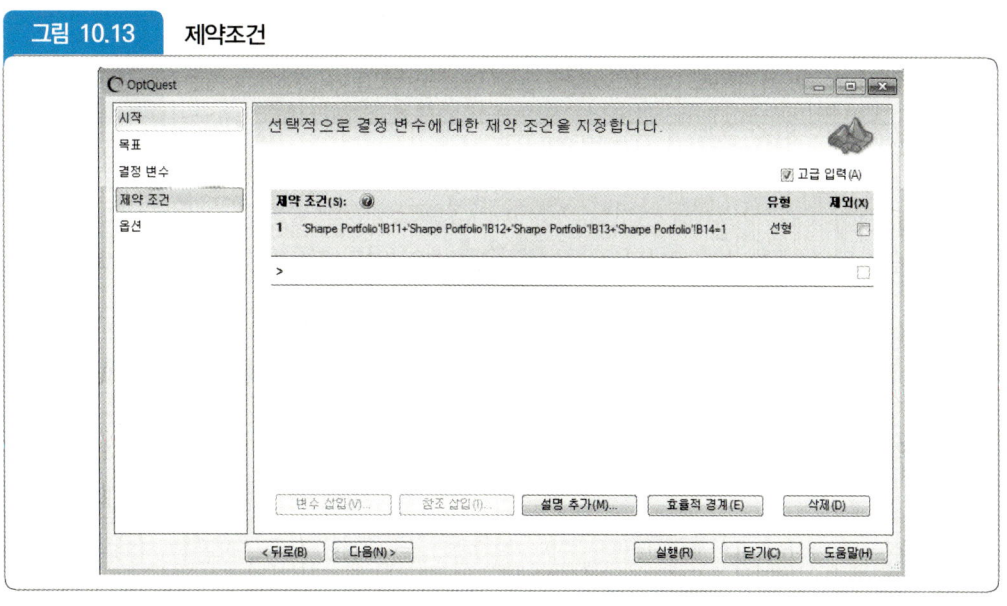

최적화 프로세스가 완료되면 그림 10.14 및 그림 10.15과 같은 결과가 나온다. 이 결과는 앞의 예제에서 살펴본 것과 같은 것이다.

그림 10.14　최적화 성능 차트

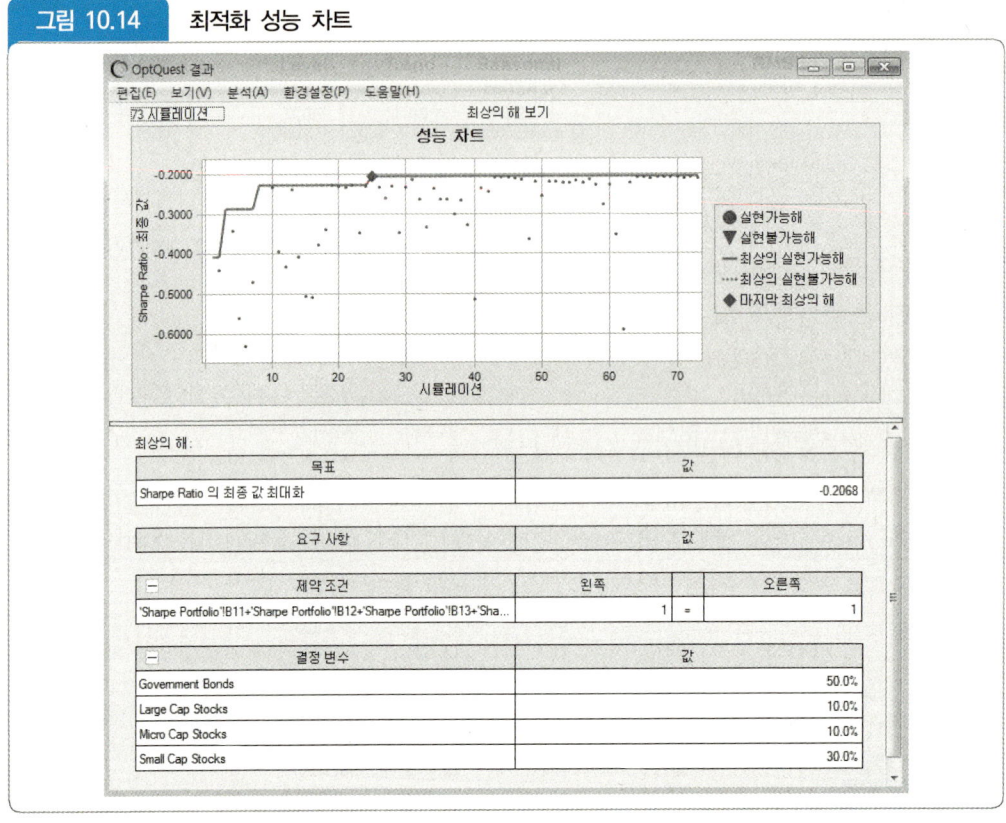

　수천 회의 시행을 거친 시뮬레이션의 결과를 보면 주어진 최적화 가정 조건 하에서, 총 예산 중 10%는 대형주(Large-cap stocks)에, 30%는 소형주(Small-cap stocks)에, 10%는 초소형주(Micro-cap stocks)에, 나머지 50%는 국채(government Bonds)에 투자돼야 한다. 보유 자본을 이와 같은 비중으로 투자한다면 각 자산 등급별 불확실성과 제약조건을 감안했을 때 최소 리스크 수준으로 최대 수익률을 확보할 수 있게 될 것이다.

그림 10.15 최적화 상태 및 솔루션

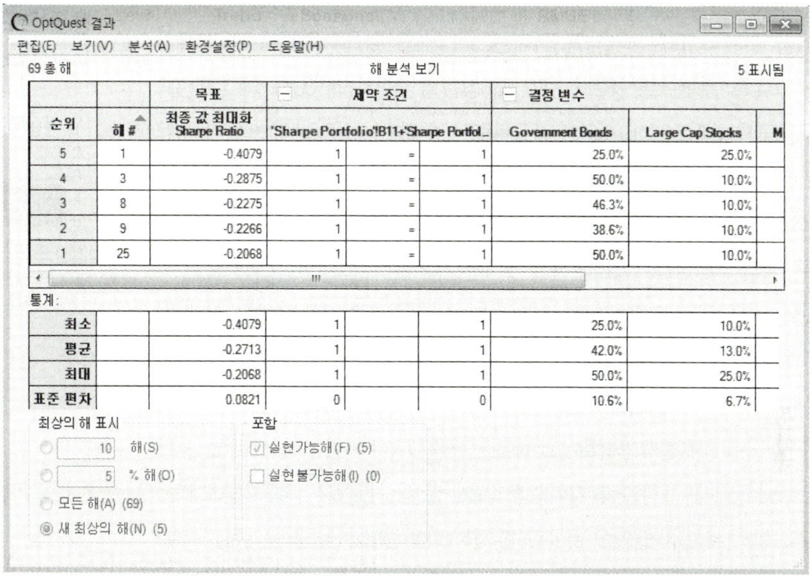

OptQuest 결과

편집(E) 보기(V) 분석(A) 환경설정(P) 도움말(H)

69 총 해   해 분석 보기   5 표시됨

순위	해 #	최종 값 최대화 Sharpe Ratio	제약 조건			결정 변수	
			'Sharpe Portfolio'!B11+'Sharpe Portfol...	=	1	Government Bonds	Large Cap Stocks
5	1	-0.4079	1	=	1	25.0%	25.0%
4	3	-0.2875	1	=	1	50.0%	10.0%
3	8	-0.2275	1	=	1	46.3%	10.0%
2	9	-0.2266	1	=	1	38.6%	10.0%
1	25	-0.2068	1	=	1	50.0%	10.0%

통계:

최소		-0.4079	1		1	25.0%	10.0%
평균		-0.2713	1		1	42.0%	13.0%
최대		-0.2068	1		1	50.0%	25.0%
표준 편차		0.0821	0		0	10.6%	6.7%

최상의 해 표시   포함

○ [10] 해(S)   ☑ 실현가능해(F) (5)
○ [5] % 해(O)   ☐ 실현불가능해(I) (0)
○ 모든 해(A) (69)
● 새 최상의 해(N) (5)

간단한 사례: 미네소타 전력회사 (Minnesota Power)

재무 시뮬레이션을 통한 리스크 관리 지원

다양한 사업 부문을 거느리고 있는 미네소타 전력회사는 미네소타주와 위스콘신 주에서 발전, 송전, 배전사업을 하면서 미국의 최대 기업 중 일부를 대상으로 서비스를 제공하고 있다. 미네소타 전력회사 산하의 리스크 그룹이 수행해야 할 주요 업무로는 재무 리스크를 추정, 평가하고 이에 대한 커뮤니케이션 업무를 수행하는 것이다. 여기서 재무 리스크란 재무적 성과의 변동성으로 정의된다.

리스크관리 부서의 계량 분석 전문들은 Crystal Ball을 3년 전부터 사용해오고 있다. 리스크 관리 부서의 계량 분석 전문가들이 수행하는 활동에는 복잡한 도매 및 소매 계약, 요금 계약, 발전 프로젝트 등과 관련된 가치평가 모델의 개발 및 구축 업무가 포함됩니다. 분석 전문가들은 임시 현금흐름 명세서 및 손익계산서를 분석하고 파생상품을 포함하는 확률 모델을 개발할 때 Crystal Ball을 사용합니다. 또 최근에는 Crystal Ball을 이용해서 발전소 프로젝트, 배출권, 비매매 내재 옵션 등의 리얼 옵션에 대한 가치 평가를 수행하고 있다.

분석 전문가들은 스프레드시트 모델과 몬테카를로 시뮬레이션의 유용성을 강력하게 지지하고 있다. 분석 모델은 실제 세계를 모방하는 것이기 때문에 리스크 그룹은 분석 모델을 활용하여 시스템 내의 자연적인 변동성을 실험한다. 예를 들어 "이익 = 수익 - 비용"이라는 공식은 대부분 기업에서 사용하고 있는 간단한 분석 모델이라고 생각할 수 있다. 그런데 실제 세계에서 수익과 비용은 변동되므로 시뮬레이션을 통해 이러한 변동성이 이익에 미치는 효과를 분석해야 한다. 미네소타 전력회사의 리스크 관리 그룹은 이러한 유형의 모델을 구축하고 시뮬레이션 함으로써 회사가 자산 매입 여부, 희소 자원의 배분 방법, 새로운 상품의 개발 여부 등의 의사결정을 할 때 지원하는 업무를 수행하는 것이다.

분석 전문가가 구축한 재무 모델은 대부분 성과 지표를 평가하거나 특정한 입력값이 주어졌을 때 재무 시스템이 어떤 움직임을 보이는지를 평가하기 위한 것들이다. 분석 전문가들은 모델을 구축하면서 가장 많은 시간이 소요되는 부분은 모델의 불확실한 입력값 또는 가정에 대한 변동성을 결정하는 부분임을 알게 됐다. 리스크 관리 그룹은 모델의 현실성을 확보하기 위해 먼저 회사의 내부 전문가와 협의, 문제와 관련된 사항을 연구할 시간을 가진다. 최근 진행된 한 프로젝트에서 리스크 관리 그룹은 발전소의 신뢰성에서 환경 관련 사항 등에 이르는 다양한 가정을 정의하기 위해 15명 이상의 전문가로부터 자문을 받아야 했다.

분석 전문가들은 시뮬레이션 모델에 장점이 많다고 생각한다. 먼저, 계량 모델 구축 원칙 상 데이터와 모델 내의 여러 관계에 대한 자신의 이해도를 높여야 한다. 또한 모델을 구축하는 과정에서 실제의 문제점들에 대한 통찰력을 넓힐 수 있고 이를 통해 잘못된 모델을 구축할 가능성과 이에 소요되는 비용을 줄일 수 있다. 그리고 가장 중요한 장점이라면 모델을 구축함으로써 경영진은 보다 리스크가 적은 의사결정을 효과적으로 내리기 위해 필요한 귀중한 정보를 구할 수 있다. "몬테카를로 시뮬레이션을 이용해서 연소형 터빈 엔진이나 요금 계약 등 리얼 옵션과 관련된 투자의 변동성도 평가할 수 있습니다. 그리고 이런 지식은 회사의 경영진이 특정 프로젝트와 관련해서 리스크가 감안된 수익률을 확인할 수 있는 새로운 툴입니다"라고 분석 전문가들은 설명하고 있다.

PART
05

사례 연구

Chapter 11 활용 사례

CHAPTER 11

활용 사례

11장에서는 여러 산업분야(Industry) 및 응용분야(Application)에서 적용 가능한 사례들을 통해서 독자들의 이해도와 활용도를 높이고자 한다. 본 사례들은 엑셀(Excel)에서 구현한 다양한 스프레드시트 모델을 기반으로 Crystal Ball을 활용하여 몬테카를로 시뮬레이션을 어떻게 수행할 수 있으며 분석 결과를 어떻게 해석하고 활용할 수 있는지에 대해서 알아보고자 한다. 본 예제들 중 일부는 Crystal Ball에서 제공하고 있는 Excel 모델을 활용하여 작성되었다.

 Case Study I: 제약 및 바이오산업에서 이루어지는 거래 구조에 대한 고도의 계량화 ™

지금부터 살펴 볼 사례는 바이오 과학 기업 가치평가 및 계량적 거래 구조 관련 전문 컨설팅 회사인 캘리포니아 포스터 시티에 소재한 바이오 익시아(BioAxia Incorporated)의 사장 찰스 하디(Charles Hardy) 박사가 제공해준 것이다. 찰스 하디 박사는 샌프란시스코 베이만 지역의 신생 생명공학 기업을 지원해 주는 파노라마 연구소(Panorama Research)의 CFO이자 사업 개발 담당이사로 재직 중이기도 하다. 하디 박사는 워싱턴주 시애틀의 워싱턴 대학교(University of Washington)에서 병리생물학 박사학위를 받았고, 아이오와주 아이오와 시티의 아이오와 대학교(University of Iowa)에서 재무 및 신흥 기업 부문 MBA를 받았다. 하디 박사는 초기단계 의료장비 회사인 Pulmogen의 CEO를 역임하는 등 도약하는 벤처 기업에서 다양한 역할을 수행했다. 하디 박사는 샌프란시스코 베이만 지역에 거주하면서 일하고 있으며 하디 박사의 웹 사이트인 www.charleshardyphdmba.com에는 기업 평가 및 벤처 기업과 관련된 상당한 분량의 정보가 포함되어 있다.

생명공학 분야의 소규모 기업들은 제약회사나 대기업과의 제휴를 통해 상당 부분 R&D 비용을 지원 받고 있다. 제약회사나 대기업들은 이러한 제휴관계를 통해 내부 R&D 프로그램을 보완하고 있다. 소규모 기업들이 이러한 제휴관계를 통해 현금흐름을 현실화 시킬 수 있으려면 제휴계약을 협상하고 거래구조를 이끌어 낼 수 있는 역량 있고 경험 있는 사업개발 요소를 갖추고 있어야 한다. 실제로 이러한 사업협력 관계가 소규모 기업의 생존에 미치는 영향이 너무나 크기 때문에 거래협상 능력, 뛰어난 사업개발 능력, 상당 수준의 인적 네트워크는 초기 단계에 있는 생명공학 회사의 경영진에게 가장 요구되는 항목이다.

제약업계가 개발단계에 있는 신제품의 건전한 파이프라인을 유지해야 하기 때문에 생명공학회사가 계약을 체결할 기회가 상당히 많았지만 최근 몇 년 들어 이러한 계약체결 기회가 감소했다. 그렇기 때문에 회사들은 본능적으로 자신들이 참여할 거래의 구조를 구성하고 가치를 평가하는 방식에 보다 신중을 기하게 됐다. 이러한 중요성에도 불구하고 기업들은 기업 주주가치를 극대화하기 위해 유사한 거래구조를 제안하거나 자신들의 협상 능력과 전략을 보완해줄 수 있는 거래의 가치평가 및 최적화를 위한 계량적 방법을 개발하기 보다는 직관에 의존한 거래조건을 제기하는 성향이 있다. 1년에 많아야 한 번 정도의 계약을 체결하는 기업이라면 유사한 거래구조를 바탕으로 협력관계를 구축하는 것이 리스크가 낮을 수도 있다. 왜냐하면 적어도 기업들이 평균적으로 얻는 성과는 얻을 수 있을 것이기 때문이다. 진짜로 그럴까?

본 사례 연구에서도 설명하고 있듯이 몬테카를로 시뮬레이션, 확률적 최적화(Stochastic Optimization), 리얼 옵션(Real Option)은 사람을 대상으로 한 치료약 개발에 초점을 맞추고 있는 제휴관계의 재무조건에 대한 가치평가와 최적화에 가장 합당한 툴이다. 임상시험 기간과 임상시험 완료 확률에 대한 데이터는 상당부분 일반에게 공개된 데이터이다. 거래의 가치를 계량적으로 평가하고 구조화함으로써 기업들은 그 규모와 상관없이 개발의 모든 단계에서 주주가치를 극대화시킬 수 있다. 또 여기서 가장 중요한 점은 미래 현금흐름이 요구되는 기대 현금흐름과 리스크 선호도에 따라 정의될 수 있다는 것이다.

거래의 유형

두 생명공학 기업 간의 거래 또는 생명공학 기업과 제약회사 간의 거래는 대부분 전략적 제휴관계를 구축하는 것으로, 이러한 거래에 참여하는 두 기업은 제품의 성공적인 개발 또는 상용화를 목적으로 사전에 정의된 방식으로 협력하겠다는 협력계약서를 체결하게 된다. 전략적 제휴관계는 다음과 같이 분류된다.

- **제품 라이선스(Product Licensing).** 한 회사가 다른 긴밀한 협력관계 없이 상대방 회사의 기술만 사용하고자 하는 경우 사용되는, 융통성이 매우 높고 광범위하게 사용되는 계약

방식이다. 이러한 제휴관계에는 수반되는 리스크가 매우 적고 이러한 협약은 제약개발의 거의 매 단계마다 체결된다.

- 제품 인수(Product Acquisition). 한 회사가 다른 회사의 기존 제품 라이선스를 매수하여 이미 개발된 제품의 전부 혹은 일부를 판매할 수 있는 권리를 획득하는 거래이다.
- 제품 육성(Product Fostering). 특정 시장에서 기술 또는 제품에 대한 배타적 라이선스를 단기적으로 획득하는 것으로 일반적으로 반환(hand back) 조항이 포함된다.
- 공동 마케팅(Comarketing). 두 회사가 동일한 제품을 다른 제품명으로 판매한다.
- 소수 지분투자 제휴(Minority Investment Alliance). 상호 합의된 전략적 관계 구축의 일환으로 한 회사가 다른 회사의 지분을 매수한다.

본 사례에서 살펴보고 있는 계약의 가치평가 및 최적화에 대한 내용은 제품 라이선스 계약의 사례이다.

재무 조건

각 사업 거래는 모두 특성이 있기 때문에 "일반적인" 재무 모델로 모든 기회 및 협력관계에 대한 가치를 평가하고 최적화하기에는 부족하다. 의약품 회사 간의 제휴계약은 제휴 양 당사자 간의 협상 테이블에서 제시되는 결합된 목표, 희망, 요건, 압력 등의 결정체로 뛰어난 협상 능력, 우수한 준비, 보다 면밀한 실사 활동, 정확한 가정 등을 갖추고 있고 긴급한 현금의 필요성이 적은 어느 한 쪽에 유리하게 작성되게 마련이다.

라이선스 또는 신제품, 신기술의 확보를 위한 재무 조건은 다양한 요인에 따라 결정되며 거래의 가치는 이들 요인 대부분에 의해 영향을 받게 된다. 이러한 요인으로는 다음이 포함되나 여기에 국한되는 것은 아니다.

- 지적 재산권 측면에서의 우위
- 합의된 권리에 대한 배타성
- 지역과 관련된 배타성 부여 여부
- 이전 대상 기술의 독특성
- 회사의 경쟁적 지위
- 기술 개발 단계
- 라이선스 또는 매도 대상 프로젝트의 리스크

계약에 따라 차이가 있겠지만, 대부분의 계약에는 (1) 라이선스 수수료 및 R&D 비용, (2) 주요 단계별 지급금, (3) 제품 로열티 지급, (4) 지분 투자 등의 내용이 포함된다.

주요 재무 모델

본 사례에 포함된 모든 계산은 리스크 조정 할인율을 이용한 현금흐름 할인법(DCF : discounted cash flow)을 기준으로 이루어진 것이다. 여기서 불확실성에 노출된 자산의 가치는 다음의 공식을 이용해서 평가되었다:

$$NPV = \sum_{i=0}^{n} \frac{E(CF_t)}{(i+r_t+\pi_t)^t}$$

여기서 NPV는 순현재가치(net present value)이고, $E(CF_t)$는 t 시점에서 현금흐름의 기대값이며 r_t는 무위험이자율, π_t는 CF_t의 리스크에 대한 리스크 프리미엄이다.

이 사례의 재무 모델에서 사용되는 할인율은 리스크에 따라 달라진다. 의학품 회사 간의 협력관계에서 중요한 모든 구성요소(라이선스 수수료, R&D 비용 및 자금조달, 임상시험 비용, 주요 단계별 지급금, 로열티 등)는 여러 다양한 리스크에 노출되어 있는 경우가 많기 때문에 이들 요소별로 개별적인 할인율이 적용되며 이 경우 회사의 가중평균자본비용(WACC)이 그 기본값으로 사용된다. 이와 같이 리스크와 관련된 여러 입력변수의 불확실하고도 변동하는 특성을 모델에 반영하기 위해서는 이러한 할인율 모두에 대해 몬테카를로 시뮬레이션을 실행해야 한다. 이와 같이 할인율과 관련된 보완 작업을 수행하는 것은 거래의 가치를 정확하게 평가하는데 핵심적일 뿐 아니라 이후 단계에 진행될 확률적 최적화에서 가장 중요한 요소이다.

과거에 수행된 거래 및 협상이 완료된 거래의 구조

이 사례에서 가치를 평가하고 최적화한 거래는 임상시험이 수행되기 이전 단계의 배타적 제품 라이선스 계약으로 소규모 생명공학 기업과 대기업 간에 체결된 것이다. 평가 대상이 된 생명공학 기업은 중요한 치료법을 보유하고 있었고 계약체결 시점 현재 이 치료법과 관련된 시장규모는 10억 달러인 것으로 추정됐다. 라이선스 계약의 내용은 서브 라이선스에 대한 권리를 협상하는 것이었다. 계약에는 다양한 자금조달 조항이 포함됐고 재무 관련 조건의 요약 내용은 표 11.1과 같다. 라이선스 공여 업체는 인간을 대상으로 한 임상시험을 개시하기 위한 IND(investigational new drug) 신청까지 2년 정도 남은 것으로 추정했다. 그리고 여기서 설명하고 있는 거래 가치평가와 최적화와 관련해 제휴업체 간에 정보의 비대칭성이 존재하지 않는다고 가정했다(즉, 현재 개발하고 있는 약품이 상업적으로 성공할 수 있다고 생각하는 확률이 두 업체 모두 동일하다고 가정한다).

표 11.1 가치평가되고 최적화된 의약품 개발 제휴거래 사례에서 체결된 라이센스 공여자에게 제공되는 재무조건들

구성요소	거래 시나리오			시기
	과거거래	고수익 저위험	고수익 고위험	
라이센스 수수료	$100,000	$125,000	$85,000	효력발생 30일 이내
라이센스 유지 수수료	$100,000 200,000 300,000 400,000 500,000	$125,000 25,000 250,000 375,000 500,000	$75,000 150,000 225,000 300,000 300,000	1년째 2년째 3년째 4년째 5년째
R&D 기금조성 단계별 지급금	$250,000 $500,000	$275,000 $660,000	$165,000 $910,000	매년 미국에서 최초 IND 등록시 또는 유럽에서 이와 동등한 경우
		895,000		미국이나 제 I 상 임상시험에 성공했을 경우 또는 유럽에서 이와 동등한 경우
		1,095,000	1,400,000	미국에서 제 II 상 임상시험에 성공했을 경우 또는 유럽에서 이와 동등한 경우
	1,500,000	1,375,000	1,650,000	최초 PLAa(또는 NDAb) 등록시 또는 유럽에서 이와 동등한 경우
	4,000,000	1,675,000	1,890,000	미국에서 NDA 승인시 또는 유럽에서 이와 동등한 경우
로열티	2.0% 순 매출 대비	0.5% 순 매출 대비	5.5% 순 매출 대비	

[a] Product Licence Application [b] New Drug Application

과거 계약에서 라이선스 수수료는 선취 수수료(up-front fee)와 증가분 승수(multipliers)를 포함한 라이선스 유지 수수료로 구성되어 있다(표 11.1 참조). 라이선스 유지 수수료는 다음과 같은 경우 중 한 경우를 만족하면 지급이 종료된다: (1) 라이선스 공여자의 최초 IND 신청, (2) 계약 발효일 10주년이 되는 날, (3) 계약의 종료. 과거 계약에서 주요 단계별 지급금은 IND 등록시 50만 달러, NDA 신청시 150만 달러, NDA 승인시 400만 달러의 세 가지 종류였다(표 11.1 참조). 과거 계약에서 로열티는 순 매출의 2%로 협상

되었다.

본 사례에서 앞으로 설명되겠지만 거래 시나리오 두 개를 추가적으로 만든 후 과거의 거래 구조를 바탕으로 확률적으로 최적화 했다: 이 두 시나리오는 고가치 저위험 시나리오와 고가치 고위험 시나리오 이다(표 11.1 참조).

주요 가정 그림 11.1에서는 평가된 세 가지 거래 시나리오에 대한 일정을 보여주고 있다. 또한 주요 단계별 일정도 관련된 주요 가정과 함께 보여주고 있다. 거래와 관련된 총 기간은 307.9개월이며, 해당 약품에 대한 최대 시장점유율은 총 10억 달러 규모 시장의 20%이고 표준편차는 20%이다. 이는 해당 약품의 추정 판매기간인 15년에 대해 산정된 수치이다. 시장은 계약 발효일을 시점으로 평가기간 동안 연 1%씩 성장한다고 가정했다. 대상 약품의 제조원가와 마케팅비용은 58%로 가정됐으며 이는 총 매출이 아니라 순 매출을 기준으로 로열티가 산정된다는 점에서 중요한 가정이라고 할 수 있다. 총 시장규모, 시장성장률, 최대 시장점유율, 생산 및 마케팅비용은 모두 몬테카를로 시뮬레이션의 대상 변수로 극단적인 값이 발생할 확률이 없는 로그정규분포를 따른다. 이 외에도 임상시험 기간, 완성 확률 등 가치평가 모델의 주요 변수를 그림 11.1에서 확인할 수 있다. 그리고 이들 변수는 모두 몬테카를로 시뮬레이션의 가정이다. 이 사례의 전반에 거쳐 거래의 가치는 15년간의 순 매출에서 발생하는 로열티 지급금에 근거하고 있다. 로열티는 매출기간 동안 연말이 아닌 분기 마다 지급된다.

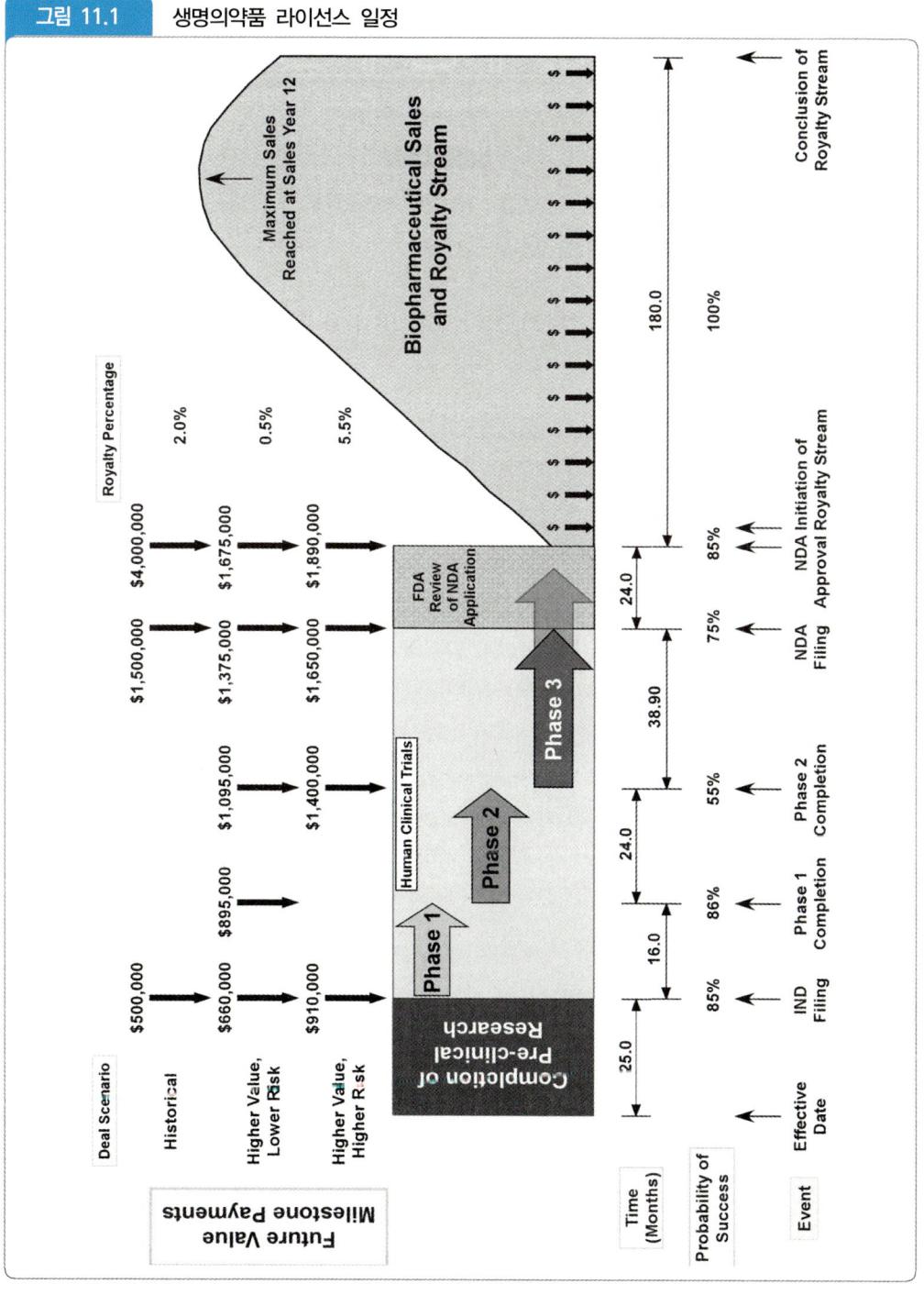

그림 11.1 생명의약품 라이선스 일정

라이선스 공여자에 대한 총 R&D 비용은 연 20만 달러이며 이 역시 몬테카를로 시뮬레이션에서 가정되는 변수이다.

평가기간 동안의 연간 물가상승률은 1.95%, 연간 의약품 가격의 평균 인상률(APPI: average annual pharmaceutical price increases)은 5.8%로 가정했다. 그러므로 APPI에서 물가상승률을 차감한 값을 기준으로 주요 단계별 지급금의 가치는 하향 조정되는 반면 로열티는 상향 조정된다. 여기서 설명된 거래의 가치평가를 위해 라이선스 공여자는 임상시험 기간 전부터 임상시험 기간 동안에는 이익을 내지 못하며 주요 단계별 지급금에는 세금이 부과되지 않은 것으로 가정한다. 하지만 라이선스를 받은 회사가 라이선스 공여자에게 지급하는 로열티는 33%의 세금 부과 대상이다.

거래의 가치평가

과거 거래의 가치평가 그림 11.2는 과거 거래에 대한 몬테카를로 시뮬레이션의 결과를 요약한 것이고 그림 11.3은 과거 거래 시나리오의 주요 요소를 비교하여 설명한 것이다. 거래의 평균 현재가치는 1,432,128달러이고 표준편차는 134,449달러이다(그림 11.2 참조). 분포를 보면 평균이 어느 정도 대칭의 중심에 있고 분포의 왜도가 0.46이다. 분포의 첨도는 3.47이고 거래의 가치 범위는 994,954달러에서 2,037,413달러이다. 거래의 리스크에 대한 주요 척도인 변동계수(CV)가 9.38%로 매우 낮다. 거래의 총가치에 가장 많이 기여한 요인은 R&D/라이선스 수수료로 평균 현재가치가 722,108달러였던 반면 로열티의 평균 현재가치는 131,092달러로 거래가치에 미치는 영향이 가장 적었다(그림 11.3 참조). 과거 시나리오에서 주요 단계별 지급금 역시 거래에 미치는 영향이 컸으며 그 평균 현재가치는 578,927달러였다.

현금흐름의 변동 리스크는 개별 거래요소 별로 크게 달라졌다. R&D/라이선스 수수료를 통한 현금흐름의 CV가 7.48%로 변동성이 가장 적었다. 또한 분포의 평균에 비례하고 거래 요소 중 그 변동 범위가 가장 좁았다(데이터는 표시되지 않음). 주요 거래 단계별 현금흐름은 CV가 14.58%로 변동성이 훨씬 컸다. 또한 범위도 더 넓고(315,103달러, 1,004,563달러), 왜도가 0.40 정도인 대칭분포를 따르고 있다(데이터는 표시되지 않음).

로열티의 현재가치는 CV가 45.71%(데이터는 표시되지 않음)로 가장 큰 변동성을 보여주고 있다. 로열티 현재가치의 첨도는 5.98로(데이터는 표시되지 않음) 상당히 크며 로열티 평균(131,093 달러, 그림 11.3 참조)이 적은 것에 비해 넓은 분포를 보여주고 있다. 이러한 내용은 로열티 현금흐름의 변동성이 몬테카를로 시뮬레이션 모델의 변동성 중 대부분을 차지한다는 점에서 놀라운 것은 아니다.

| 그림 11.2 | 과거 거래에 대한 몬테카를로 시뮬레이션 결과의 요약 |

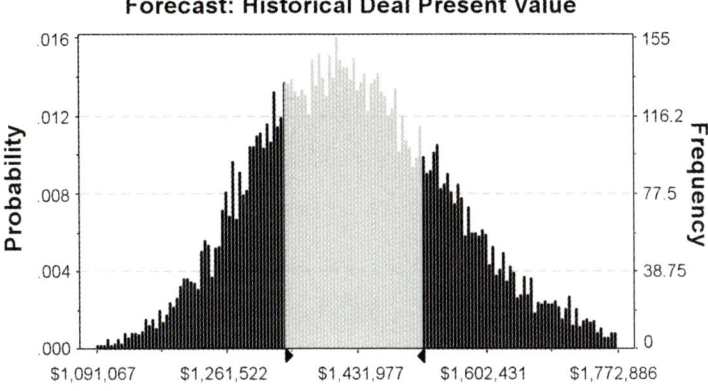

Certainty is 50.00% from $1,338,078 to $1,515,976

요약 :
정확도 수준   50.00%
정확도 범위 $1,3388,115 – $1,516,020
표시된 범위 $1,091,067 – $1,772,886
전체 범위 $994,954 – $2,037,413
10,000 번 실행 후 평균에 대한 표준오차는 $1,344

통계량 :
시행회수	10,000
평균	$1,432,128
중앙값	$1,422,229
표준편차	$134,449
분산	$18,076,644,871
왜도	0.46
첨도	3.47
변동계수	9.38%
최소값	$994,954
최대값	$2,037,413
범위	$1,042,459
평균표준오차	$1,344

그림 11.3　비교 분석 I

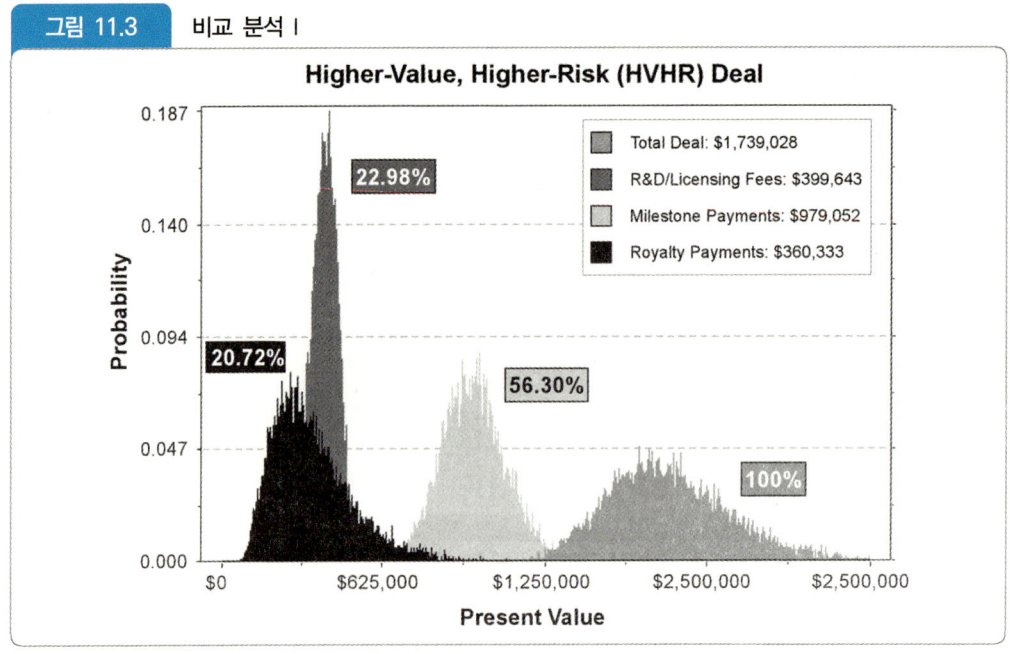

몬테카를로 시뮬레이션의 가정 및 의사결정 변수의 민감도　그림 11.4는 과거 거래의 가정과 의사결정 변수에 대한 토네이도 차트이다. 거래의 총 현재가치에 미치는 영향이 가장 큰 요인은 주요 단계별 지급금 및 로열티를 결정하는 IND 등록 확률이다. 흥미 있는 점은 IND 등록을 준비하면서 임상시험 이전 업무를 수행하는 라이선스 공여 기업의 전임 직원(FTE: full-time equivalent)의 연간 연구비용이 두 번째로 큰 영향을 미치는 요소이며 세 번째로 영향력이 큰 요소는 FTE의 협상된 자금조달 금액이라는 것이다(그림 11.4 참조). 그러므로 라이선스 공여 기업이 주주가치를 창출할 수 있는 부분은 R&D/라이선스 수수료가 거래의 총현재가치 중 50.42%를 차지한다는 점을 고려해서 거래의 재무조건을 협상하는 과정에서 R&D 비용을 과대 추정하는 것이다(그림 11.3 참조). 그러면 주요 단계별 지급금의 할인율이 과거 거래가치 변동에 영향을 미치는 10번째 요인임에도 불구하고 로열티 할인율과 생산비용 및 마케팅비용의 상쇄률 등 로열티의 현금흐름에 영향을 미치는 변수가 협상된 주요 단계별 지급금 금액보다 더 중요해 진다(그림 11.4 참조).

고가치-저리스크(HVLR) 거래의 가치평가

과거에 체결된 계약과 다른 주요 가정 및 모수의 변화　HVLR 거래의 재무구조는 기존 거래의 재무구조와 상당히 다르다 (표 11.1 참조). 사실 R&D와 라이선스 수수료에 대한 자금조달 부분이 상당히 늘어났고 주요 단계별 지급금이 과거 거래에서처럼 3회가 아니라 5회로 조정됐다. HVLR 시나리오에서 각 단계의 가치는 단계별 지급금을 제약조건으로 하는 확률적 최적화 결과이다. 주요 단계별 지급금의 미래가치는 실제로 과거 거래 보다 30만달러가 적지만(표 11.1 참조), 몬테카를로 시뮬레이션을 통해 계산된 현재가치는 93.6%나 크다. 이 시나리오를 작성하면서 증가된 R&D/라이선스 수수료와 주요 단계의 조정분을 보완하기 위해 HVLR 시나리오의 로열티 가치는 순매출의 0.5%로 감소시켰다(표 11.1 참조).

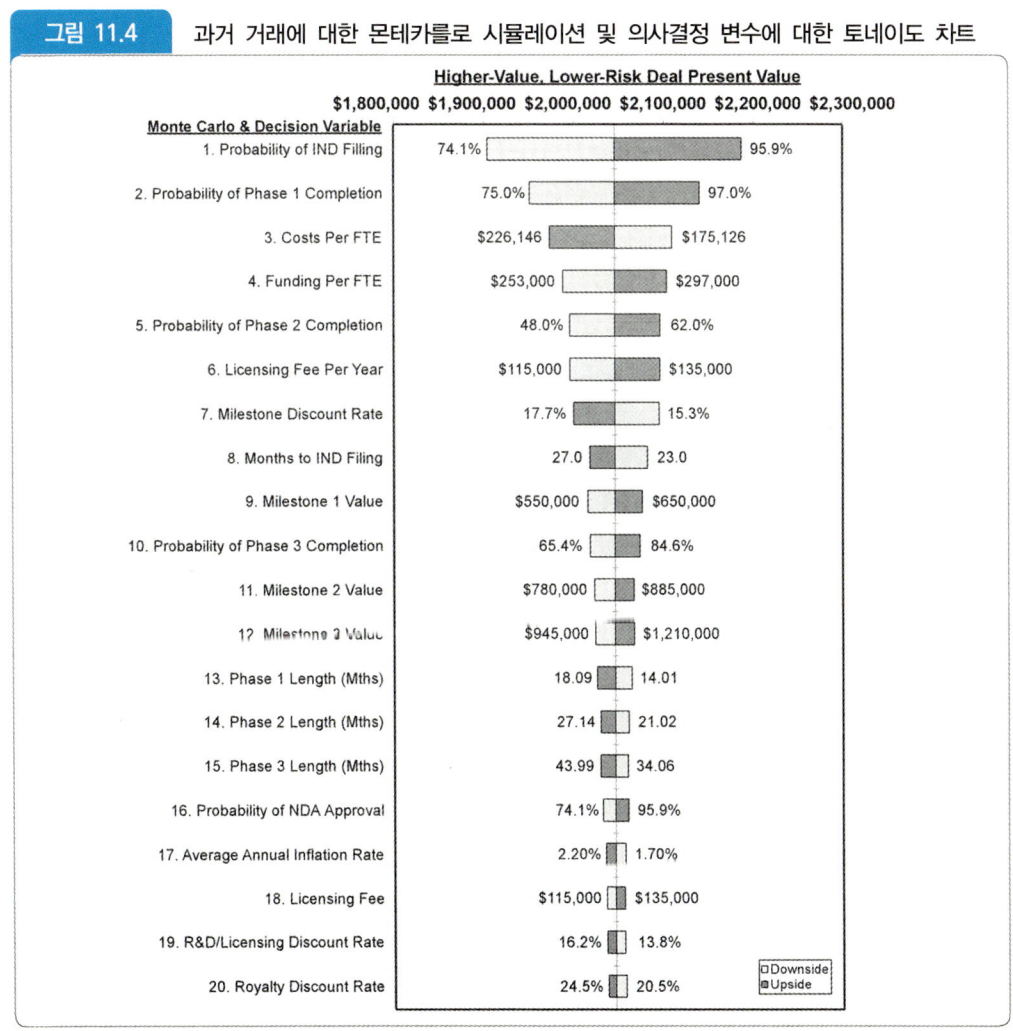

그림 11.4 과거 거래에 대한 몬테카를로 시뮬레이션 및 의사결정 변수에 대한 토네이도 차트

거래의 가치평가, 통계량, 민감도 그림 11.5는 HLVR 시나리오에 대한 몬테카를로 시뮬레이션의 결과를 요약한 것이다. 또 그림 11.6은 HVLR 거래와 세 가지 구성요소의 현재가치

이다. 몬테카를로 시뮬레이션을 통해 구한 HVLR 시나리오의 평균 거래가치는 2,092,617 달러로 과거 거래 가치보다 46.1% 증가됐으나 현금흐름의 현재가치에 대한 변동계수의 변화로 측정해 본 결과 총 리스크는 16.3% 감소했음을 알 수 있다(그림 11.2 및 그림 11.5 참조). 증가된 총 거래가치의 증가는 주요 단계별 지급금의 현재가치가 93.6% 증가하고(그림 11.3 및 11.6 참조), 관련 리스크가 9.6% 감소하였기(데이터는 포함되지 않음) 때문이다. R&D/라이선스 수수료의 현재가치 역시 30.1% 증가한 반면 그 리스크는 22.5% 감소했다. 이러한 효과는 로열티 수입 비용이 75.1% 감소하면서 얻어진 것이다(그림 11.3 및 그림 11.6 참조).

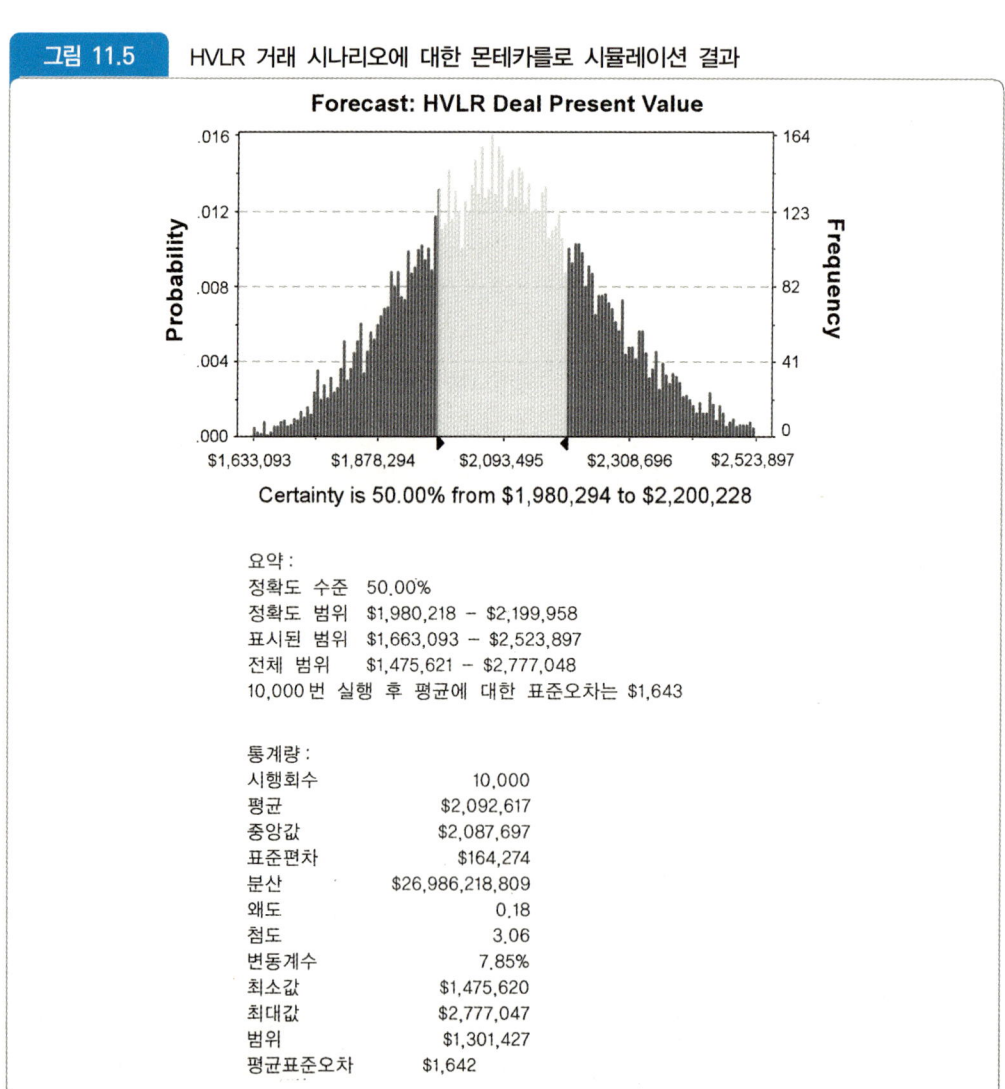

그림 11.5 HVLR 거래 시나리오에 대한 몬테카를로 시뮬레이션 결과

그림 11.6 비교 분석 II

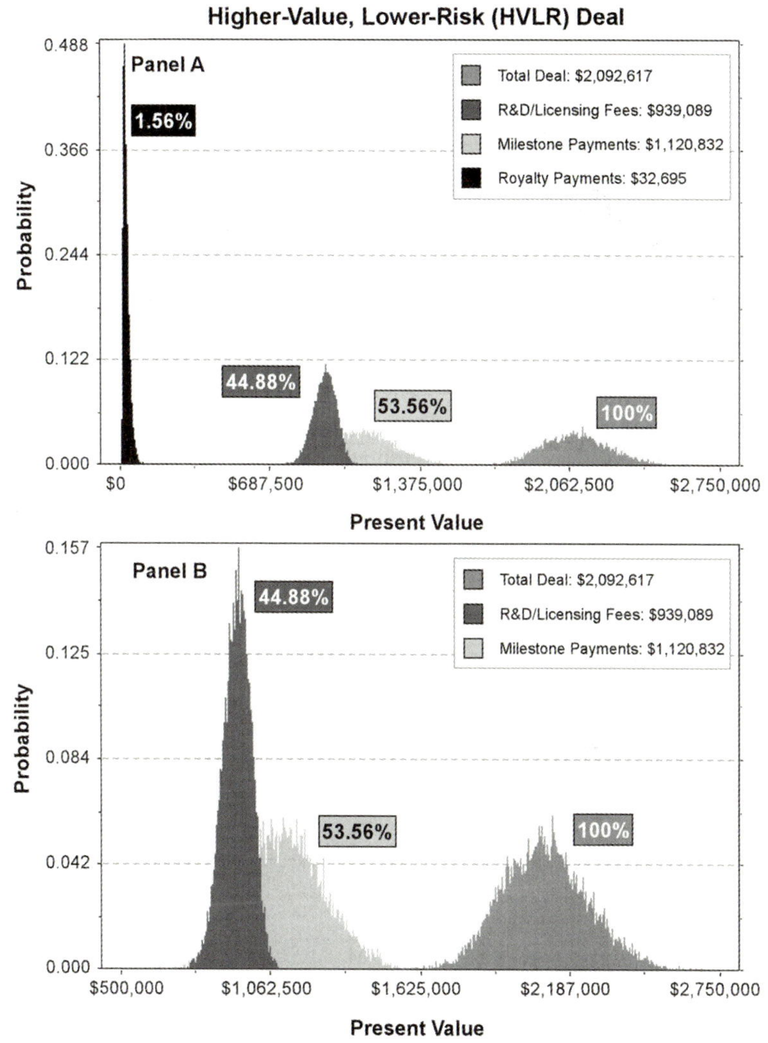

Higher-Value, Lower-Risk (HVLR) Deal
Panel A
1.56%
44.88%
53.56%
100%
Total Deal: $2,092,617
R&D/Licensing Fees: $939,089
Milestone Payments: $1,120,832
Royalty Payments: $32,695
Probability
0.488
0.366
0.244
0.122
0.000
$0
$687,500
$1,375,000
$2,062,500
$2,750,000
Present Value
Panel B
44.88%
53.56%
100%
Total Deal: $2,092,617
R&D/Licensing Fees: $939,089
Milestone Payments: $1,120,832
Probability
0.157
0.125
0.084
0.042
0.000
$500,000
$1,062,500
$1,625,000
$2,187,000
$2,750,000
Present Value

로열티 요소가 차지하는 비중이 매우 적고, 분포가 평균을 중심으로 매우 집중되어 있기 때문에 다른 분포가 비교적 왜곡되어 있다(그림 11.6의 Panel A 참조). 로열티 요소를 제거하면 총 거래의 분포, 주요 단계의 분포, R&D/라이선스의 분포가 보다 명확하게 표시된다(그림 11.6의 Panel A 참조). HVLR 시나리오의 총 가치에 대해 주요 단계별 지급금이 차지하는 비중은 과거 거래에서 주요 단계별 지급금이 차지하는 비중보다 훨씬 높지만 HVLR 구조에서 R&D/라이선스 수수료가 차지하는 비중은 과거 거래에 비해 낮다(그림 11.3 및 그림 11.7 참조).

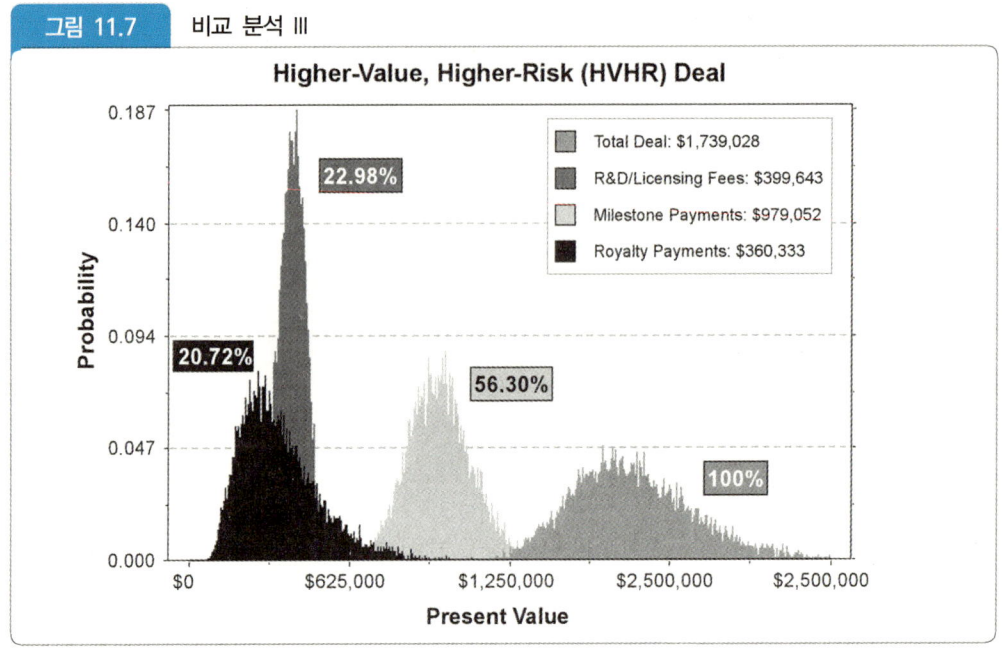

그림 11.7   비교 분석 III

    종합해 보면 과거 거래와 비교해 볼 때 HVLR 시나리오의 누적 리스크 감소분은 16.9%이다(그림 11.2 및 그림 11.5 참조). 그리고 HVLR 거래의 R&D/라이선스 수수료 현금흐름 및 주요 단계별 현금흐름의 리스크도 과거 시나리오와 비교해 볼 때 상당히 적다(데이터는 표시되지 않음). 하지만 HVLR 구조의 로열티 현금흐름과 관련된 리스크는 과거 거래의 경우와 유사하며 이는 당연한 것이다(데이터는 표시되지 않음).

<u>몬테카를로 시뮬레이션의 가정 및 의사결정 변수의 민감도</u> 그림 11.8은 HVLR 거래의 토네이도 차트이다. 과거 거래와 마찬가지로 IND 등록 확률이 HVLR 거래에 있어 가장 큰 변동의 원인이 된다. IND를 준비하는 과정에서 임상시험 이전의 나머지 업무에 소요되는 라이선스 공여기업의 FTE당 연간 연구비용이 세 번째 요소이고 협상된 FTE당 연간 자금조달 금액이 네 번째 요소이다. 앞에 설명된 주요 단계별 가치를 과거 거래와 비교해 보는 것이 중요하다(그림 11.4 및 그림 11.8 참조). 과거 거래 구조에 비해 HVLR 거래의 주요 단계별 가치의 총합이 93.6% 증가한 결과가 나온 것은 놀라운 일이 아니다.

    각각의 임상시험 단계의 완수 확률은 과거 거래의 경우처럼 그룹화 되지는 않았다(그림 11.4 및 그림 11.8 참조). 실제로 제1상 임상시험의 완수 확률, 제2상 임상시험의 완수확률, 제3상 임상시험의 완수확률이 HVLR 거래 총 가치의 변동을 설명하는 두 번째, 다섯 번째, 열 번째 요소이다(그림 11.8 참조). 하지만 과거 거래에서 이 세 변수는 그룹화 되어 거

래의 총 가치를 설명하는 네 번째부터 여섯 번째 요인이 됐었다(그림 11.4 참조). 이렇듯 순위가 바뀐 것은 HVLR 거래에서 초기 주요 단계의 지급금 가치가 커지도록 주요 단계 지급금의 구조를 변경한 것에서 기인하는 것으로 보인다(표 11.1 및 그림 11.1 참조).

그림 11.8 몬테카를로 시뮬레이션을 통한 HVLR 거래 시나리오의 토네이도 차트

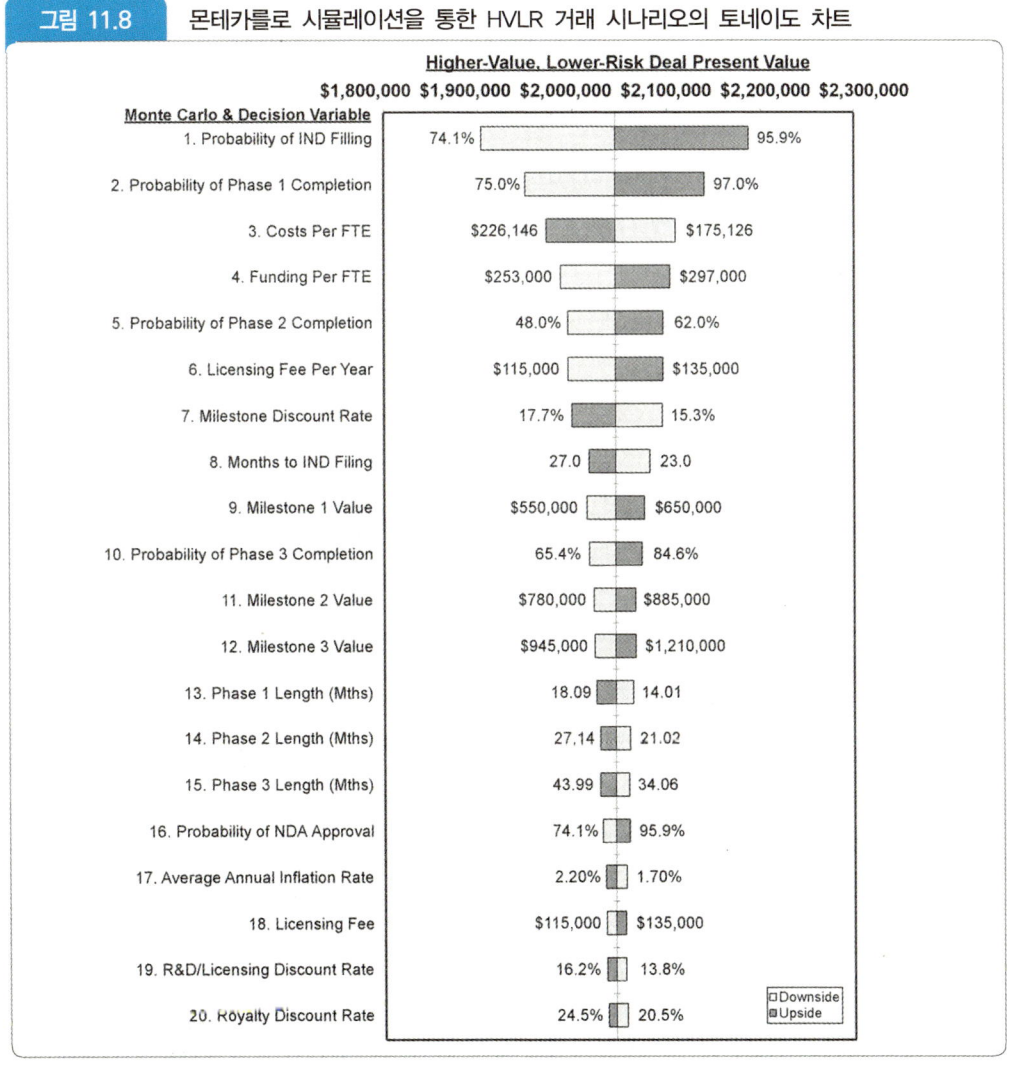

HVLR 거래가치의 변동을 설명하는 20번째 까지의 요소에는 제1상, 제2상, 제3상 임상시험의 기간(13번째부터 15번째 요인, 그림 11.8 참조)도 포함되지만 그 중요성은 과거 거래(그림 11.4 참조) 보다 작아졌다. 이러한 변화는 HVLR 시나리오에서 로열티 요소가 차지하는 비중이 감소한 것에서 기인하는 것으로 보인다(표 11.1 참조).

245

고가치-고리스크(HVHR) 거래의 가치평가

과거에 체결된 계약과 HVLR 거래 구조의 주요 가정 및 모수의 차이점

HVHR 거래 구조의 경우에는 재무 구조가 상당히 달라진다. 우선 라이선스 수수료 및 라이선스 유지수수료가 감소되었고, 그 감소 규모가 상당히 큰 경우도 있다(표 11.1 참조). 과거 거래와 비교해 볼 때 R&D 비용도 전체적으로 감소했고 주요 단계 일정이 완전히 조정됐다. 과거 거래의 경우에는 세 번의 주요 단계별 지급금이 설정되어 있지만 HVLR 거래 구조에서는 다섯 번, HVHR 거래 구조에서는 네 번으로 조정된다(그림 11.1 참조). 또한 HVHR 거래의 주요 단계 지급금에 대한 미래 가치는 과거 거래의 600만 달러에서 585만 달러로 감소했다. 또한 HVLR 거래와 마찬가지로 HVHR 거래 시나리오의 주요 단계별 지급금의 가치는 지정된 범위를 기준으로 확률적으로 최적화 했다. 라이선스 수수료, R&D 비용, 주요 단계별 지급금의 조정 등으로 발생한 가치 감소분은 로열티를 순 매출의 5.5%로 증가시켜 보전했다(표 11.1 참조).

거래의 가치평가, 통계량, 민감도 그림 11.7은 HVHR 거래 전체와 거래의 세 구성 요소를 비교한 것이다. HVHR 거래 시나리오의 총 가치는 1,739,028달러로 과거 거래보다는 21.4% 상승했지만, HVLR 거래보다는 16.9% 감소했다. R&D/라이선스 수수료의 현재가치는 과거 거래와 HVLR 거래보다 각각 44.7%, 57.4% 감소했다(그림 11.3부터 그림 11.7까지 참조).

로열티의 분포가 더욱 두드러지게 나타나고 양의 방향으로 치우쳐 있음을 고려하면, 로열티라는 거래요소로 인해 거래가치의 감소가 발생할 가능성이 있음을 알 수 있다. 로열티 비율이 조정됨으로써 거래 총 가치의 최대값(3,462,679달러) 범위가 상당히 늘어났고 범위의 폭이 2,402,076달러로 과거 거래 및 HVLR 거래와 비교해 볼 때 각각 130.4% 및 84.6% 증가하였다(표 11.2 참조).

표 11.2 몬테카를로 시뮬레이션을 통해 계산한 거래 시나리오 요약 표

거래구조	평균	변동계수	최소값	최대값	범위
과거거래	$1,432,128	9.38%	$994,954	$2,037,413	$1,042,459
HVRL	2,092,617	7.85	1,475,620	2,777,047	1,301,427
HVHL	1,739,028	14.33	1,060,603	3,462,679	2,402,076

주요 단계별 지급금의 현재가치는 과거 거래보다는 69.1% 증가했지만 HVLR 시나리오보다는 12.6% 감소했다. 하지만 로열티의 현재가치는 과거 거래와 HVLR 거래에 비해 각각

175%와 1,002% 증가했다(그림 11.3부터 그림 11.7까지 참조). HVHR 시나리오 상 전체 거래가치의 왜도와 첨도는 다른 거래구조보다 큰 것으로 나타났다(그림 11.3부터 그림 11.7 까지 참조). 이런 결과는 HVHR 시나리오에서 로열티 요소가 차지하는 비중이 커지고 그에 수반되는 현금흐름의 변동성이 크다는 점과 관련이 있다.

또한 현금흐름의 변동계수를 기준으로 살펴 본 거래의 전체 리스크는 과거 거래(9.38%)와 HVLR 거래 시나리오(7.85%)에 비해 HVHR 거래 시나리오(14.33%)가 가장 크고, 이 역시 HVHR 거래의 구조상 변동성이 큰 로열티 요소가 차지하는 비중이 크다는 점을 보여주는 것이다. HVHR 거래의 R&D/라이선스 수수료의 현금흐름은 과거 거래나 HVLR 거래보다 리스크가 크다(데이터는 표시되지 않음). 이와 같은 리스크의 증가는 분명 협상된 FTE별 R&D 자금과 라이선스 수수료가 FTE별 추정비용 보다 상당히 적기 때문이며, 그 결과 HVHR 거래 구조에서 R&D/라이선스 수수료 현금흐름의 변동성이 더 커지게 된다. 또한 이러한 결과를 통해 라이선스 거래의 가치를 극대화 하기 위해서는 R&D 비용의 추정과 관련된 정확한 회계처리와 자금조달이 중요하다는 점을 재확인할 수 있다.

몬테카를로 시뮬레이션의 가정 및 의사결정 변수의 민감도 HVHR 거래 시나리오의 토네이도 차트를 보면 로열티 현금흐름에 직접 영향을 주는 변수의 중요성을 다시 한 번 확인해 볼 수 있다(그림 11.9 참조). 여기서 로열티의 할인율, 생산비용 및 마케팅비용의 상쇄, 최대 시장점유율 확보라는 요소가 각각 거래의 총 현재가치의 변동성을 설명하는 네 번째, 다섯 번째, 여섯 번째 요소이다. 또한 총 시장규모와 평균 APPI가 변동성을 설명하는 11번째 및 12번째 요소임을 알 수 있다. 흥미로운 점은 협상을 통해 결정된 로열티 비율이 거래가치의 변동성을 설명하는 19번째 요소라는 점이다. FTE당 비용이 거래가치의 변동성을 설명하는 여덟 번째 요소로, FTE당 비용은 모든 거래 시나리오에서 중요한 요소라는 점을 알 수 있다(그림 11.4, 그림 11.8, 그림 11.9 참조).

주요 단계별 가치 중 첫 번째 단계의 지급금이 유일하게 민감도 차트에 포함되었는데(그림 11.9 중 13번째 요소), 이는 단계별 지급금의 중요성을 보여주는 것이다(표 11.1 및 그림 11.1 참조). 임상시험 첫 번째 단계 지급금은 화폐의 시간가치(time value of money)와 각 임상시험 단계 완수확률의 영향을 가장 적게 받는다.

거래 시나리오 별 수익률 및 리스크에 대한 구조적 비교

현금흐름의 현재가치에 대한 변동계수로 측정한 전체 거래의 기대가치와 리스크는 표 11.2 에서 확인할 수 있다. 본 사례에서 설명한 내용을 통해 알 수 있듯이 기대값이 크다고 해서 반드시 리스크가 커지는 것은 아니며, 이는 리스크가 큰 대상에 투자하면 높은 수익률이 발생하게 되는 재무 관련 기본 원칙과 상충되는 부분이다. 그러므로, 이런 데이터를 통해 리스크를 상당 부분 줄이면서 높은 수준의 거래가치를 창출할 수 있다는 점에서 계량적인 거래의 가치평가 및 최적화가 모든 회사에 핵심이라는 점을 확인할 수 있다.

그림 11.9 몬테카를로 시뮬레이션을 통한 HVHR 거래 시나리오의 토네이도 차트

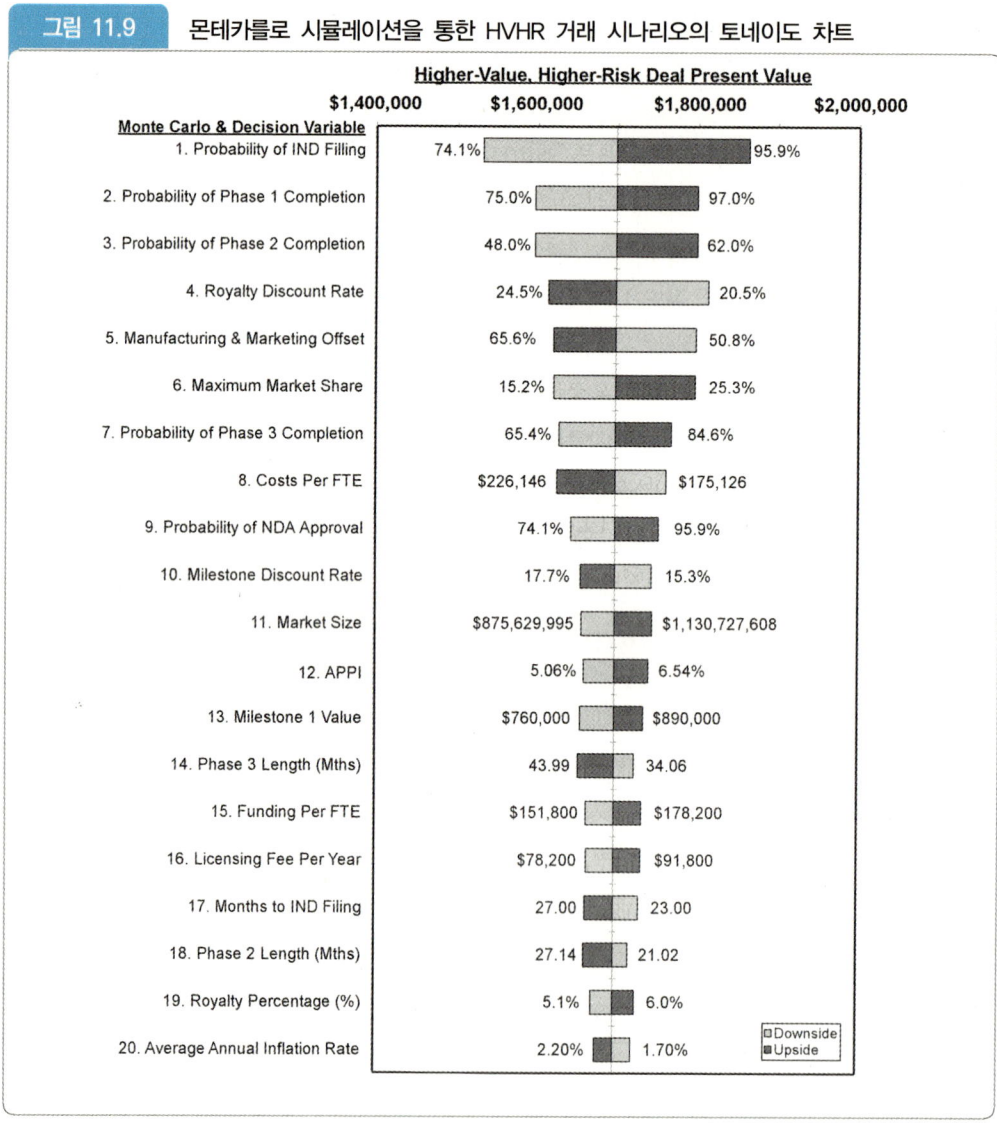

| 그림 11.10 | HVHR 거래 시나리오에 대한 몬테카를로 시뮬레이션 결과의 요약 |

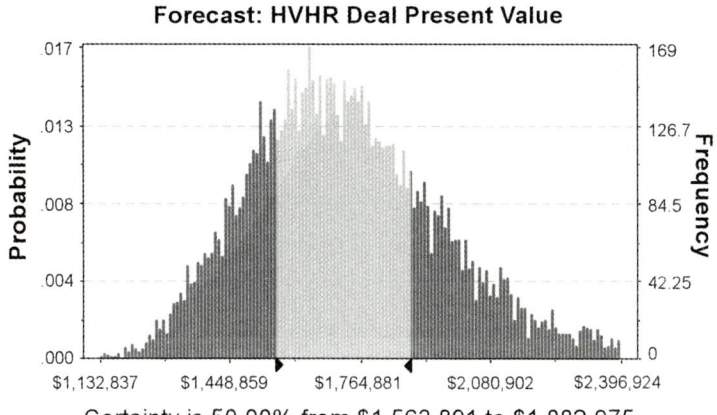

요약 :
정확도 수준   50.00%
정확도 범위 $1,563,891 – $1,882,975
표시된 범위 $1,132,837 – $2,396,924
전체 범위 $1,060,603 – $3,462,679
10,000 번 실행 후 평균에 대한 표준오차는 $2,493

통계량 :
시행회수   10,000
평균 $1,732,028
중앙값 $1,712,532
표준편차 $249,257
분산 $62,129,317,618
왜도   0.77
첨도   4.39
변동계수   14.33%
최소값 $1,060,603
최대값 $3,462,679
범위 $2,402,076
평균표준오차 $2,492

또한 표 11.2에서는 평가된 각 거래 시나리오 별로 몬테카를로 시뮬레이션을 통해 구한 종 거래가치 분포 범위의 최소값, 최대값, 폭을 보여주고 있다. 범위의 최소값과 최대값이란 각각 분포의 최소값과 최대값을, 범위의 폭이란 범위의 최대값에서 최소값을 차감한 것이다.

본 사례에서 설명하는 것과 같은 전략적 제휴를 통해 구성된 생명 공학 업종과 제약 업종의 협력적 사업 거래는 사실 리스크가 큰 자산 포트폴리오와 같다. 그러므로 자산 포트폴리오의 표준편차는 거래 구성요소인 각 자산의 표준편차에 대한 가중평균보다 작다. 본 사례에서 평가된 다양한 거래구조의 현금흐름 분산효과를 확인하기 위해 각 거래 요소별 가중치를 결정하고, 각 거래 시나리오 별로 현금흐름의 현재가치에 대한 변동계수의 가중평균을 계산했다(표 11.3 참조). 변동계수를 주요한 리스크 지표로 사용하는 것은 개별 거래요소의 단위가 다르기 때문이다.

리스크가 있는 자산의 포트폴리오에서는 당연히 개별 거래요소들(R&D/라이선스 수수료, 주요 단계별 지급금, 로열티)의 변동계수의 가중평균이 항상 총 거래의 현재가치의 변동계수보다 크고, 이는 분산의 효과를 반영하는 것이다(표 11.3 참조). 그러므로 자산 간의 상관계수의 절대값이 1 보다 작은 자산들로 구성된 포트폴리오는 개별 구성요소 자산에 비해 더 높은 리스크 대비 수익률로 제공한다. 그러므로 주요 단계별 지급금과 로열티의 가치를 평가할 수 있고 여기에서 설명한 것과 같이 적절한 정확도 수준에서 이를 최적화할 수 있다면 기업들은 R&D 자금과 라이선스 수수료만 받고 주요 단계별 지급금과 로열티를 포기하지 않을 것이다. 주요 단계별 지급금, 로열티, 라이선스, R&D 자금 등으로부터 발생하는 현금흐름과 같이 그 수익률 간에 서로 상관관계가 없거나 부분적인 상관관계만 존재하는 자산을 결합시키면 리스크를 줄일 수 있다(표 11.3 참조). 회사가 사업을 시작한 이래 쪽 수행해 온 거래에 대해 가치를 평가하고, 구조화 하고, 균형을 맞추는 작업을 진행한다면 예상 수익률을 가능한 한 높은 수준으로 유지하면서 리스크를 가장 빠른 속도로 제거할 수 있다.

표 11.3 거래 요소별 가중치, 변동계수, 거래 변동계수의 가중평균, 거래변동계수

거래 구조	가중치			변동계수				
	W_{RD}	W_{Mi}	W_{Ry}	R&D	Milestones	Royalties	W.Avg	Calculated
Historical	50.42%	40.42%	9.17%	7.47%	14.57%	45.70%	13.84%	9.38%
Higher-Value, Lower-Risk	44.8	53.56	1.56	5.79	13.18	45.95	10.38	7.85
Higher-Value, Lower-Risk	22.98	56.30	20.72	13.40	12.69	46.21	19.80	14.33

W_{RD}: 전체 거래의 현재 가치 중 R&D 자금과 라이선스 수수료가 차지하는 비율
W_{Mi}: 전체 거래의 현재 가치 중 단계별 지급금이 차지하는 비율
W_{Ry}: 전체 거래의 현재 가치 중 로열티가 차지하는 비율
R&D: R&D 자금과 라이선스 수수료의 현금흐름의 현재가치의 변동계수
W.Avg: 전체거래가치의 변동계수의 가중평균
Calculated: 몬테카를로 시뮬레이션에 의해 계산된 전체 거래의 변동계수

토론 및 결론

본 사례의 평가 대상이 된 과거의 거래는 임상시험은 아직 진행되지 않았지만 치료법 측면에서 중요한 의미가 있는 의약품에 대한 제품 라이선스 거래였다. 라이선스 수수료, R&D 자금, 주요 단계별 지급금, 로열티 등의 요소가 포함된 제휴 거래구조를 실현할 수 있도록 앞에 나열된 각 거래의 요소에는 정의할 수 있는 기대값, 분산, 다양하게 달라지는 리스크 특성 등을 가지고 있다. 대안이 될 수 있는 여러 거래구조를 구성, 최적화 했으며, 이들 구조별로 예상 수익률과 리스크 수준은 다르지만 리스크의 측정 척도는 현금흐름의 현재가치에 대한 변동계수이다. 그러므로 기업 간의 제휴 거래 중 본 사례에서 설명된 것과 같은 유형의 재무 조건으로 규정된 의약품 관련 거래는 몬테카를로 시뮬레이션, 확률적 최적화, 리얼 옵션, 포트폴리오 이론 등을 활용하여 계량적으로 가치를 평가할 수 있고 구조화 할 수 있으며, 최적화할 수 있다.

본 사례 연구를 진행한 담당자는 연구를 진행하면서 가치를 평가하고 최적화했던 거래가 이미 체결이 됐고, 이들 거래의 협상과정에 참여하지 않았었기 때문에 상당히 불리한 입장에 있었다. 그러므로 계약과 관련된 재무 조건을 재구성 할 때는 상당히 많은 수의 가정을 해야 했다. 이러한 제약 조건을 고려해 볼 때, 본 사례 연구는 의약품 라이선스 관련 거래의 재무 조건으로 적합한 것과 적합하지 않은 것을 규정하기 위한 것이 아니다. 그리고 본 사례 연구에서 설명하고 있는 데이터는 서로 다른 거래구조가 의약품과 관련된 기업 간의 협력적 제휴관계의 전반적인 가치평가에 미치는 계량적인 효과를 보여준다는 점에서 의미가 있고 각 거래요소의 리스크뿐 아니라 거래의 전반적인 리스크를 보여 준다는 점에서 더욱 중요한 의미가 있다. 이러한 기법을 가장 효과적으로 사용할 수 있는 방법은 계약 조건의 작성 및 실사 기간 동안 그리고 제휴계약을 마무리 하는 기간 동안 협상 담당자와 함께 일하는 것이다. 또한 같은 기간 동안 데이터를 지속적으로 수집하고 협상과 실사과정이 진행됨에 따라 재무 모델을 정교화시켜 나가야 한다.

Case Study II : 원유 및 가스의 탐사와 생산

본 사례는 스티브 호이(Steve Hoye)가 기고한 것이다. 스티브는 석유 및 가스 산업에서 23년 이상의 경력을 쌓았고 몬테카를로 시뮬레이션을 전문적으로 수행했으며 동 부문의 사업 컨설턴트로 활약하고 있다. 1980년 퍼듀 대학교(Purdue University)를 졸업한 후 텍사스주 휴스턴, 덴버, 미들랜드 등지에서 텍사코(Texaco)의 지리물리학 전문가로 일했고, 1997년 덴버

대학교(University of Denver)에서 MBA 학위를 취득했다. 그 후 텍사코의 중부 사업본부 기술팀 리더이자 페르미안 베이신(Permian Basin) 사업본부 자산팀장을 역임한 후 2002년부터 컨설팅을 시작했다.

석유 및 가스 산업은 리스크 분석 기법을 연구하고 논의하기 위한 최적의 분야이다. 이 사업 부문의 기본적인 사업 모델에는 이익 창출을 위해 판매할 수 있는 석유 및 가스 생산을 위해 이루어지는 토지, 지리적 데이터, 시추(서비스 및 장비), 전문 인력 등에 대한 투자가 포함된다. 석유 및 가스 산업 부문의 사업 모델에는 프로젝트의 수익성을 결정할 수 있는 중요한 리스크 요인이 여러 가지 포함되며, 이러한 요인에는 다음이 포함된다.

- 드라이 홀 리스크(Dry-Hole Risk). 시추한 지질층에서 아무 것도 발견되지 않음으로써 시추에 비용을 투자했으나 석유 또는 가스를 통해 아무런 수익이 발생되지 않는 경우이다.
- 시추 리스크(Drilling Risk). 시추 비용이 너무 높아 프로젝트의 수익성이 저해될 수 있다. 기업들은 시추 비용을 정확하게 추정하기 위해 최선을 다하지만 예측할 수 없는 지리적 또는 기술적 어려움으로 인해 실제 소요 비용이 상당히 달라질 수 있다.
- 생산 리스크(Production Risk). 시추를 통해 석유나 가스의 매장 장소가 발견했더라도 석유나 가스의 매장 규모나 발굴 가능 규모에 대한 점추정치는 시간이 지나면서 다르게 판명될 가능성이 높다.
- 가격 리스크(Price Risk). 석유 및 가스 산업의 주기적 특성 때문에 중동 지역에서의 전쟁과 같은 심각한 정치적 상황, 과잉 생산, OPEC의 담합, 대형 정유소의 화재 등으로 인한 공급 상의 문제, 대형 산유국(예: 2002년 베네수엘라의 경우)에서의 파업 또는 정치적 소요, 세계적인 석유 또는 가스 수요의 변화 등으로 인해 제품 가격이 예상치 못하게 변화한다.
- 정치적 리스크(Political Risk). 세계의 석유 및 가스 보유량 중 상당량은 정치적으로 불안한 국가가 소유하고 있다. 이들 국가에서 진행되는 프로젝트에 투자하는 기업들은 석유나 가스로 벌어들이는 수익에 대해 계약하는시점에 이러한 계약을 체결한 정부 또는 리더가 실각했을지도 모르는 상당한 리스크를 감수하게 된다. 여러 사례를 보면 기업이 투자한 부동산, 플랜트, 장비(PPE)가 현지 정부에 의해 국유화됨으로써 투자 기업이 수익을 향유하지 못하게 되거나 수익을 내기 위해서 투자한 장비나 설비를 소유하지 못하게 되는 경우를 확인할 수 있다.

일반적으로 석유 및 가스 관련 투자는 매우 자본 집중적인 투자로 이와 같은 리스크는 단순한 손실 이상의 의미가 있다. 주주에 대한 가치를 확보하기 위해 자본 예산을 배분할 때 이와 같은 리스크를 적절히 고려할 수 있는 능력에 사업 본부 그리고 기업 전체의 생존이 달려있다. 석유 및 가스 산업에서 리스크 관리의 중요성 때문에 많은 대형 석유 업체들은 대규모 자본 프로젝트의 경우 고도의 기업 전문가 패널들로 하여금 사업 본부들이 수행한 리스크 평가 내용을 검토하고 확인하도록 하고 있다. 이러한 검토 작업의 목적은 회사 경영진에게 그들의 투자 포트폴리오가 경쟁업체에 비해 더 매력적으로 보여 지도록 해야 하는 부서와 사업 본부들 간에 리스크 평가의 일관성을 확보하기 위한 것이다.

우리가 논의하는 모델에 사용되는 다양하고 복잡한 리스크 요인들은 평가할 때 선호되는 방법이 몬테카를로 시뮬레이션이다. 이러한 리스크 요인들은 그 본질상 매우 복잡하고 이들 요인 상호간의 작용으로 인해 결정론적 솔루션은 실용적이지 못하고, 점 예측치를 도출하는 것은 그 활용에 제한이 있으며 최악의 경우에는 잘못된 결과를 낳기도 한다. 이와는 반대로 몬테카를로 시뮬레이션은 이러한 상황에서의 경제적 평가를 위한 이상적인 방법이다. 먼저 각 분야 별 전문가들은 프로젝트의 경제성에 대한 전반적인 영향은 정의하지 않은 채로 자신들의 전문 분야와 관련된 프로젝트의 리스크를 계량화하고 기술할 수 있다. 또한 각 탐사 전문가들이 제시한 다양한 리스크 관련 가정을 통합시키는 현금흐름 모델은 그 구축과 분석이 상대적으로 명확한 편이다. 무엇보다도 몬테카를로 시뮬레이션을 사용하게 되면 결과적으로 도출되는 실적 관련 예측값이 주어진 석유나 가스의 탐사를 통해 얻을 수 있는 수익성의 점추정치 형태로 나오는 것이 아니다. 시뮬레이션 결과 관리자는 발생 가능한 결과의 범위와 관련 확률을 알 수 있게 된다. 몬테카를로 시뮬레이션의 가장 큰 장점이라면 모델의 핵심 가정에 대한 투자 결과의 민감도를 추정할 수 있어 사업 계획시 재무적 목표의 달성 여부를 설정하는 핵심 요인에 자본과 인력을 집중시킬 수 있다는 것이다. 즉, 몬테카를로 시뮬레이션은 궁극적으로 리스크는 줄이는 반면 이익을 증가시키는 프로젝트 관리 툴이 된다.

본 사례에서는 앞에서 설명한 여러 리스크 요인을 감안하여 석유 시추 프로젝트에 대한 실용적인 모델을 살펴보게 될 것이다. 여기서 살펴보는 모델은 가상의 모델이지만 사용된 일반 변수는 미국의 원유가 풍부한 성숙된 유전 지역(예: 서부 텍사스 지역의 페르미안 베이신(Permian Basin))에서 실제 발생되는 리스크 요인과 수익 및 비용과 크게 다르지 않다. 이 사례의 모델은 특정한 탐사 지역의 시추 프로젝트를 평가하는 것이라기 보다는 분석 시스템이자 접근 방식이라는 점에서 더 중요하다. 그리고 이 모델의 가치는 몬테카를로 시뮬레이션을 이용해 유전 탐사의 리스크 관련 가정을 계량화하는 방식을 보여주고 프로젝트의 수익성 예측에 이들 가정이 미치는 영향을 분석하는데 있다. 여기서 설명된 기법들은 다른 유형의 석유 및 가스 탐사에도 적용할 수 있다.

현금 흐름 모델

여기서 살펴보는 현금흐름 모델은 Oracle사의 Crystal Ball을 이용해서 작성된 것이다. Crystal Ball은 마이크로소프트 엑셀의 애드 인(add-in) 프로그램으로 손쉽게 몬테카를로 시뮬레이션을 수행할 수 있는 툴을 제공해 준다. 그리고 이 모델을 이용해서 특정한 지리학적 조성 및 베이진에 대한 dry hole 리스크 요인을 이용해 시추 결과 dry hole이 드러날지 아니면 석유가 발견될지를 시뮬레이션 한다. 시추 비용, 지진 탐사 비용, 토지 임차 비용은 시추된 유전에서 석유가 발견될지 여부에 따라 결정된다. 석유가 발견되면 제품 가격에 대한 가정 및 시간이 흐르면서 초기 가치가 감소하는 석유 생산 비율에 대한 가정 등을 이용해 특정 기간에 생산된 석유에 대한 수익흐름이 계산된다. 그리고 토지 소유자에 대한 로열티 지급금, 석유 생산과 관련된 운영비용, 생산된 석유에 대해 주 정부가 부과하는 주외 소비세(Severance tax)를 비용에서 차감한다. 마지막으로 이 결과 산정되는 순현금흐름을 회사의 가중평균자본비용(WACC: weighted average cost of capital)으로 할인하여 합산하고 프로젝트의 순현재가치(NPV: net present value)를 계산한다. 지금부터는 현금흐름의 각 부분을 보다 상세하게 살펴보자.

드라이 홀 리스크(Dry Hole Risk)

각 회사는 시추 유정에서 석유나 가스를 발견하지 못하는 상황과 관련된 리스크를 계량화하는 독자적인 체계를 갖추고 있다. 일반적으로 유정을 시추해서 석유가 가스를 발견하려면 충족되어야 할 네 가지 주요 조건이 있다:

1. 석유나 가스가 존재해야 한다.
2. 유정에서 석유 또는 가스가 존재하는 장소의 조성이 암석이어야 석유 또는 가스가 그 안에 존재할 수 있다.
3. 매장 장소에 석유를 담아두고 다른 지역으로 흘러가지 못하도록 하는 봉쇄된 장소가 존재해야 한다.
4. 시추봉이 뚫고 지나갈 지역에 석유가 매장되어 있을 구조 또는 닫힌 장소가 있어야 한다.

위의 네 가지 요인은 서로 독립적이고 시추 시 석유나 가스가 발견되려면(그리고 dry hole이라는 결과를 피하려면) 위 네 가지 조건이 각각 충족돼야 하므로 생산 광구의 확률은 다음과 같이 정의된다:

$$P_{\text{생산광구}} = P_{\text{석유 또는 가스}} \times P_{\text{Reservoir}} \times P_{\text{Seal}} \times P_{\text{Structure}}$$

그림 11.11은 본 사례에서 살펴보는 모델 중 "드라이 홀 리스크"에 관한 부분으로 몬테카를로 시뮬레이션에서 사용된 각 요인 별 가정의 확률분포도 함께 보여주고 있다. 프로젝트 팀은 대부분 각 요인에 대해 점 추정치를 사용하지만 이러한 리스크를 계량화하기 위해 다른 방법이 사용되기도 한다. 본 사례의 작성자가 경험한 것 중 가장 효과적인 프로세스에는 제안된 시추 지역에 대한 다양한 경험을 보유한 동료 전문가 그룹을 대상으로 지리학적 요인, 지구 물리학적 요인, 엔지니어링 요인 등을 발표하는 과정이 포함된다. 그 후 동료 전문가들은 각 리스크 요인을 평가한다. 그 결과 도출되는 리스크 요인의 분포는 중심쪽의 확률이 높고 양 꼬리 부분이 거의 대칭적인 특성을 가지고 있어 정규분포와 유사한 경우가 많았다. 이러한 접근 방식은 공동의 합의가 이루어진 리스크를 중시하고 가장 리스크가 큰 요인을 검토, 구체적으로 해결한다는 점에서 몬테카를로 시뮬레이션과 상당히 부합하는 것이다.

그러므로 본 모델에서 사용된 드라이 홀 리스크에 대한 가정은 상대적으로 낮은 수준의 리스크를 반영한다. 그림 11.11의 네 가지 리스크 요인별 가정(진한 회색으로 표시된 부분)은 정규분포를 따르는 변수로 그 평균과 표준편차도 오른 쪽에 기술되어 있다. 이들 정규분포의 범위는 최소값(min), 최대값(max)으로 한정되어 있고 시뮬레이션 시행시 추출된 랜덤 표본의 값이 이 범위를 벗어나는 경우에는 비현실적인 값으로 고려되어 무시된다.

앞에서 설명되고 있듯이 생산 광구의 확률은 위에서 설명된 네 가지 리스크 요인의 확률을 곱해서 구할 수 있다. 이들 네 가지 리스크 요인은 시뮬레이션이 시행될 때 마다 각각의 분포에서 랜덤 표본으로 선택된다. 마지막으로 몬테카를로 시뮬레이션이 시행시 마디 생산 광구의 확률 필드에는 0과 1 사이의 난수가 생성되어 시뮬레이션의 결과가 원유를 발견한 것인지 못한 것인지를 결정해 준다. 생성된 난수가 생산 광구의 확률 보다 작으면 해당 시뮬레이션의 시행은 원유를 발견한 것이고 숫자 1이 표시된다. 이와 반대로 생성된 난수가 생산 광구의 확률 보다 크면 시뮬레이션의 결과는 dry hole이고 숫자 0이 표시된다.

그림 11.11 드라이 홀 리스크

Dry-Hole Risk					
Risk Factor	Prob. Of Success	Mean	Stdev	Min	Max
Hydrcarbons	89.70%	99%	5%	0	100%
Structure	89.70%	100%	0%	0	100%
Reservoir	89.70%	75%	10%	0	100%
Seal	89.70%	100%	0%	0	100%
Net Producing Well Prob.	64.80%				
Producting Well(0=no, 1=yes)	1				

생산 리스크(Production Risk)

수 년간에 거쳐 생산되는 석유는 초기 석유 생산율(1일당 배럴, BOPD)과 시간의 흐름에 따라 감소되는 원유 저장량으로 규정할 수 있다. 전문가들은 다양한 수학적 모델을 사용하고 매장 장소의 지리적 특성 및 생산 특성에 가장 적합한 모델을 선택함으로써 생산량 감소분을 규정할 수 있다. 이 모델에서 사용되는 원유 생산 흐름의 가정은 두 가지 모수를 이용해 규정하고 있다:

1. *IP*. 시추 유정에서 테스트한 초기 생산 비율.
2. *감소율(Decline Rate)*. 특정 생산 년도 초부터 해당 년도 말까지의 연간 생산량 감소분을 설명해 주는 기하급수적인 감소 비율. 본 사례의 모델에서 사용되는 생산율(단위: BOPD)의 공식은 다음과 같다.

$$\text{Rate}_{연말} = (1 - 감소율) \times \text{Rate}_{연초}$$

원유의 연간 생산량(barrels of oil)의 근사값은 다음 공식으로 계산된다:

$$원유\ 생산량_{Year} = 365 \times (\text{Rate}_{연말} + \text{Rate}_{연초})/2$$

본 모델에 대한 몬테카를로 시뮬레이션 수행을 위해 사용된 IP는 로그정규분포를 따르고, 이 분포의 평균은 441 BOPD, 표준 편차는 165 BOPD 이다. 감소율은 15%에서 28% 범위의 균등분포를 기준으로 모델화 했다. 그리고 특정 광구에 대해 발생할 수 있는 상황인 IP와 감소율이 함께 증가하는 경우를 우리의 가상 모델에 포함시킴으로써 생산 모델에 대한 흥미와 현실성을 제고시켰다. 시뮬레이션이 시행될 때마다 각각의 분포에서 추출되는 IP와 감소율 사이에 0.6의 상관 계수를 설정하였다.

그림 11.12는 모델에서 생산비용과 운영비용 부분을 보여주고 있다. 초기 3년에 대한 비용만 나와 있지만 모델은 25년 동안의 원유 생산을 설명하고 있다. 하지만 원유 생산량이 경제적 한도를 밑돌게 되면 그 해부터 계속 0이 기록될 것이다. 그림에서 알 수 있듯이 IP는 0차 년도 말에 발생하는 것으로 가정했고 1차 년도의 총 생산량은 1차년도 말에 인식된다.

그림 11.12　감소율

	Decline Rate	End of Year 0	1	2	3
BOPD	21.50%	422	347	272	214
Net BBLS/Yr			143,866	112,924	88,636
Price / BBI			$20.14	$20.14	$20.14
Net Revenue Interest	77.40%		77.40%	77.40%	77.40%
Revenue			$2,242,311	$1,760,035	$1,381,487
Operating Costs($/Barrel)	$4.80		-$690,558	-$542,033	-$425,453
Severance Taxes($)	6.0%		-$134,539	-$105,602	-$82,889
Net Sales			$1,417,214	$1,112,400	$873,145

수익 부분(Revenue Section)

모델에서 수익은 말 그대로 앞에서 계산된 생산 원유의 매출에서 발생된다. 수익 전망과 관련된 리스크 역시 다음의 두 가정 사항으로 설명된다.

1. 가격(Price). 과거 10년 동안의 유가를 살펴보면 1998년 배럴당 13.63달러에서 2000년 배럴당 30달러로 변동했다. 이 데이터를 바탕으로 본 사례에서 살펴보는 모델에서는 가격의 분포를 평균이 배럴당 20.14달러이고 표준편차가 배럴당 4.43달러인 정규 분포라고 가정한다.

2. 순 수입율(Net Revenue Interest). 석유 회사는 광물 채굴권 보유사로부터 리스를 매입해야 한다. 리스를 매입하는 회사는 특정 기간 동안 해당 지역에 대한 채굴권 및 생산권을 유지하기 위해서 현금을 지불해야 할 뿐 아니라 발생된 석유 관련 수익의 일부(백분율)를 로열티의 형태로 보유하게 된다. 이 때 석유 회사가 모든 로열티를 지급한 후에 보유하게 되는 수익의 일부분이 순 수입율(NRI: net revenue interest) 이다. 본 사례에서 살펴보고 있는 모델은 일반적인 서부 텍사스(West Texas) 시나리오이며, NRI는 평균이 75%, 표준편차가 2%인 정규분포를 따른다고 가정한다.

모델 중 수익이 차지하는 비중 역시 그림 7.12의 생산량 아래에서 확인할 수 있다.

연간 생산량은 샘플링된 배럴당 가격을 곱하여 계산할 수 있고, 여기에 NRI를 곱해 임차 회사에 대한 로열티 지급금에 의한 수입의 희석효과를 반영할 수 있다.

운영비용 부분(Operating Expense Section)

수익 부분 아래에는 운영비용 부분이 있으며, 이 부분에도 두 가지 가정 사항이 있다.

1. **운영 원가(Operating Costs).** 회사는 생산과정에 투입된 인건비와 장비에 대한 비용을 지급해야 한다. 이들 비용은 주로 배럴당 소요 비용으로 표시된다. 합리적인 수준의 서부 텍사스의 평균원가는 배럴당 4.80달러이고 표준편차는 배럴당 0.60달러이다.
2. **주외 소비세(Severance Tax).** 생산된 석유와 가스에는 수입의 6%의 주외 소비세가 부과 되는 것으로 가정한다.

운영비용을 총 매출에서 차감하면 그림 7.12와 같은 순 매출이 계산된다.

0차 년도의 비용 그림 7.13에서는 유전에서의 원유 생산(그리고 수익)이 실현되기 전인 0차 년도에 비용이 발생한다고 가정하고 있다. 이러한 비용으로는 다음이 포함된다.

1. **시추 비용(Drilling Costs).** 시추 비용은 지리적, 공학적, 기계적 불확실성 등에 따라 크게 달라진다. 그러므로 기계 고장과 예측하지 못한 지리적 또는 우연적 상황으로 상당한 금액의 시추비용이 발생하는 경우가 적다는 점을 반영하여 오른쪽 꼬리가 두꺼워지도록 분포를 치우치게 하는 것이 합리적이다. 그러므로 여기서는 시추 비용이 평균 120만달러, 표준편차가 20만 달러인 로그정규분포를 따른다고 가정한다.
2. **완수 비용(Completion Costs).** 매장 지역에 원유가 존재(시추한 유정이 dry hole이 아니라)한다는 판단이 내려졌다면 엔지니어들은 유지 가능한 최적 속도로 원유를 생산할 수 있도록 유전에 대한 기계적, 화학적 준비 작업을 수행해야 한다. 현재 고려하고 있는 유전의 경우에는 엔지니어들이 완수 비용을 평균 287,000달러, 표준 편차 30,000달러인 정규분포를 따르는 것으로 가정한다고 본다.
3. **전문가에 대한 비용(Professional Overhead).** 프로젝트 팀에 소요되는 급여 및 상여금은 연간 32만 달러이며 프로젝트 팀원들의 업무시간을 가장 잘 나타내 주는 분포는 삼각형 분포인 것으로 생각된다. 가장 발생 가능성이 높은 확률은 50%, 최소 확률은 40%, 최대 확률은 65%로 정의된다.
4. **지진 탐사 비용 및 리스 비용(Seismic and Lease Costs).** 제안서를 작성하려면 지진 탐사 데이터를 구매하여 유정의 최적 위치를 선정하고 해당 유정의 근방 지역 중 많은 부분에 대해 시추해 볼 수 있는 권리도 매입해야 한다. 매입한 지진 탐사 데이터를 바탕으로 시추할 유정은 하나가 아니므로 이 비용은 프로젝트에서 시추를 계획하고 있는 유정

의 수에 따라 분배돼야 한다. 그림 7.14에서는 불확실한 요소들에 대한 가정을 보여주고 있으며 여기에는 리스된 토지의 면적이 포함된다. 리스된 토지의 면적은 평균이 12,000 에이커이고 표준편차가 1,000 에이커인 정규분포를 따른다고 가정한다. 그리고 이 비용을 분배할 유정의 총 수는 10부터 30까지의 균등분포를 따른다고 가정한다. 또 입수한 지진 탐사 구역의 수는 평균이 50, 표준편차가 7인 정규분포를 따른다고 가정한다. 이러한 비용은 그림 11.1의 마지막 두 줄에서 확인할 수 있다.

그림 11.13 0차년도의 비용

Drilling Costs	$1,209,632
Completion Cost	$287,000
Professional Overhead	$160,000
Lease Costs / well	$469,408
Seismic Cost / well	$81,195

현재가치 부분(Present Value Section)

모델의 마지막 부분에서는 0차년도부터 시작해서 매년 발생하는 수익과 비용의 합을 구하고, 이를 가중평균 자본비율(WACC, 본 모델에서는 연 9%로 가정)로 할인하여 전체 기간을 합산하여 프로젝트의 순현재가치를 구하게 된다. 또한 NPV/I도 계산된다. NPV/I는 회사가 제한된 자본 예산 범위 내에서 다른 투자 기회와 함께 현재 고려되고 있는 프로젝트를 포함시킬지를 판단하는 포트폴리오 결정의 기준 및 순위 결정 체계로 사용될 수 있다.

그림 11.14 불확실한 요소에 대한 가정들

Lease Expense		Comments
project lease acres	12,800	20 sections
planned wells	20	
acres / well	640	
acreage price	$733.45	$/acre
acreage cost / well	**$469,408**	
Seismic Expense		
Seismic Sections acquired	50	
Seismic Sections / well	2.5	
Seismic Cost	$32,478.18	$/section
Seismic Cost / well	**$81,195**	

몬테카를로 시뮬레이션의 결과

앞에서 정의한 가정에 따른 시뮬레이션의 결과를 평가할 때 이 모델에서 계산된 점 추정치를 앞의 가정에서 규정된 평균 또는 발생 확률이 가장 높은 값을 이용해 계산하고 비교해 보는 것이 유용하다. 프로젝트의 예상 가치는 다음과 같이 정의된다.

$$E_{Project} = E_{Dry\ Hole} + E_{Producing\ Well}$$
$$= P_{DryHole}\ NPV_{Dry\ Hole} + P_{Producing\ Well}\ NPV_{Producing\ Well}$$

여기서 $P_{Producing\ Well}$은 유전에서 생산이 이루어질 확률, PDryHole은 드라이 홀일 확률이고 이는 $(1 - P_{Producing\ Well})$과 같다. 모델에서 구한 평균 점추정치 또는 발생 확률이 가장 높은 추정치를 사용하는 경우 NPV의 기대값은 125만 달러이며 이는 회사의 포트폴리오 측면에서 매우 매력적인 기회라고 할 수 있다.

또 이와는 대조적으로 발생할 수 있는 모든 결과와 발생 확률을 분석해볼 수도 있다. NPV를 추정하기 위해 본 사례에서 수행된 시뮬레이션의 시행 회수는 8,450회로(시행 회수는 정도 조정(precision control)을 통해서 결정), 이를 통해 신뢰수준 95%로 평균 NPV ± 50,000달러를 구할 수 있었다. 그림 11.15는 NPV 결과값에 대한 도수 분포이다. 그림에서 알 수 있듯이 최빈값이 두 개인 분포이다. 왼쪽에 위치한 뾰족하고 NPV가 음의 값을 가지는 분포는 드라이홀에 대한 것이다. 그리고 이 보다는 완만하지만 보다 넓은 분포는 생산되는 유전에 대한 것이다.

그림 11.15 NPV 결과값의 빈도 분포

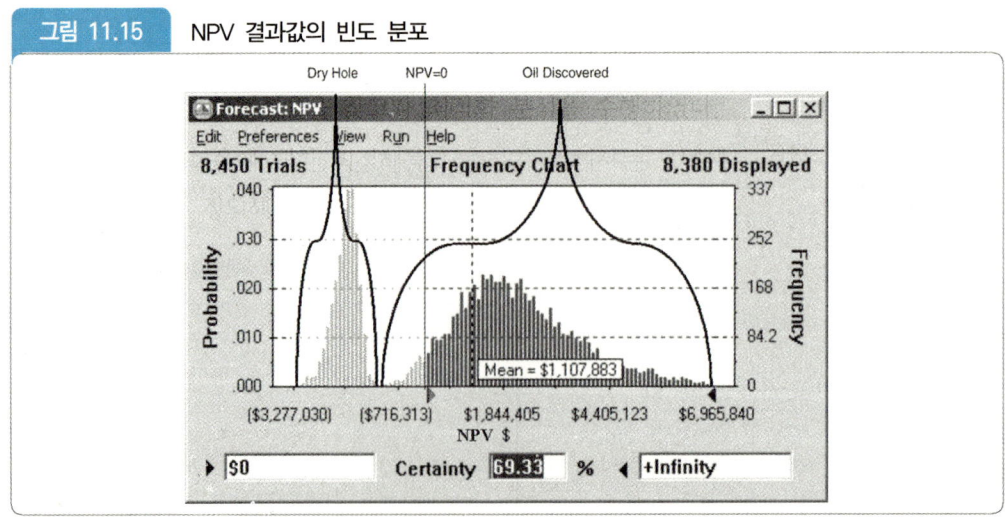

그림 11.15에서 음의 NPV값은 모두 NPV = 0이라는 기준선 왼쪽에 위치하고 있고 양의 NPV값은 모두 NPV = 0이라는 기준선의 오른쪽에 위치하고 있다. 그리고 양의 NPV값이 나올(즉, 손익 분기점을 돌파하거나 그 이상이 될 결과가 나올) 확률이 69%이다. 여기서 재미있는 점은 음의 NPV값이 나올 확률에는 단순히 dry hole만 포함되는 것이 아니라 그 규모는 작지만 유의한, 회사에 손실을 입히는 생산되는 유전도 포함된다는 것이다. 이러한 정보를 바탕으로 우리는 본 프로젝트의 NPV가 0보다 작아질 확률이 31.67%라는 것을 알 수 있다.

이러한 프로젝트에서 음의 NPV를 피할 수 없다는 점은 분명 반가운 얘기는 아니다. 이러한 프로젝트를 통해서 주주들은 자본비용을 초과하는 무엇인가를 얻을 수 있어야 하고 프로젝트 자체는 회사가 현재 가지고 있는 투자기회보다 경쟁우위에 있는 것이어야 한다. 회사의 최소 요구수익률(hurdle rate)이 NPV/I가 연간 예산의 25% 이상 이라면 대상 프로젝트의 시뮬레이션 결과를 프로젝트가 이러한 최소 요구수익률을 달성 확률과 비교해 봐야 한다.

그림 11.16 NPV / I의 예측분포

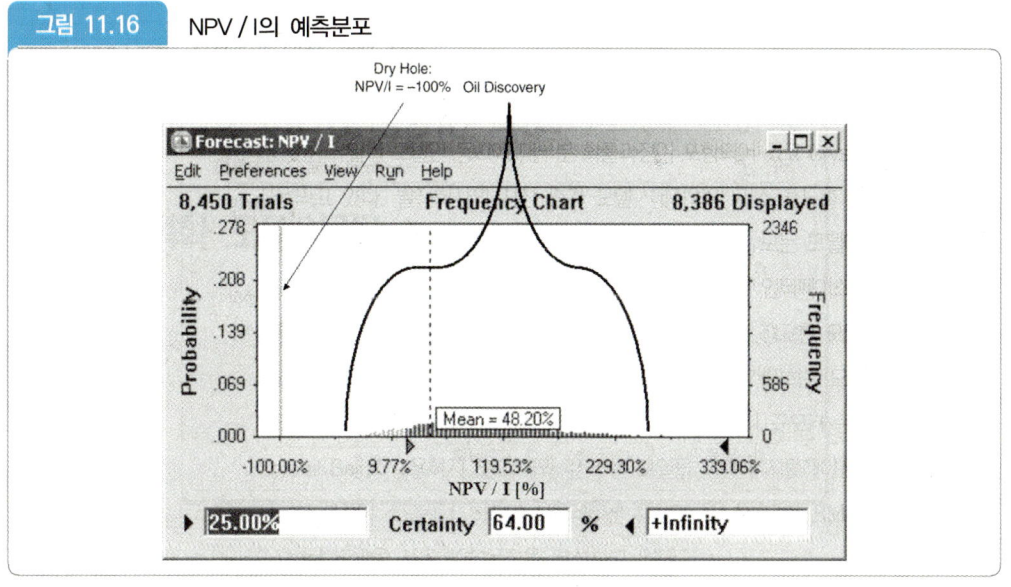

그림 11.16은 NPV/I의 예측값 분포를 보여주고 있다. −100%에서 높게 나타나는 부분은 물론 dry hole인 경우로, 이 경우 결과의 실제 NPV는 0차년도에 발생한 금액 만큼의 음의 값을 가지며 그 결과 NPV/I가 −1이 된다. 최소 요구수익률인 25%를 초과하는 모든 NPV (진하게 표시된 부분)는 프로젝트의 수익률이 최소 요구수익률을 초과할 확률이 64%임을 보여준다. 리스크에 민감한 조직에게 있어서 이러한 결과는 프로젝트가 최저 요구수익률을 달

성하지 못할 확률이 1/3 보다 크기 때문에 상당 수준의 리스크가 있다는 것을 의미한다.

마지막으로 시뮬레이션을 통해 프로젝트의 결과가 모델 구축에 참여한 전문가들이 고려한 리스크와 가정에 얼마나 민감한지 알 수 있다. 그림 11.17은 프로젝트 NPV의 모델 가정에 대한 민감도를 보여주는 것이다. 이 차트는 모델에서 NPV 예측값에 대한 상관계수가 높은 값부터 10개 가정을 보여주고 있다.

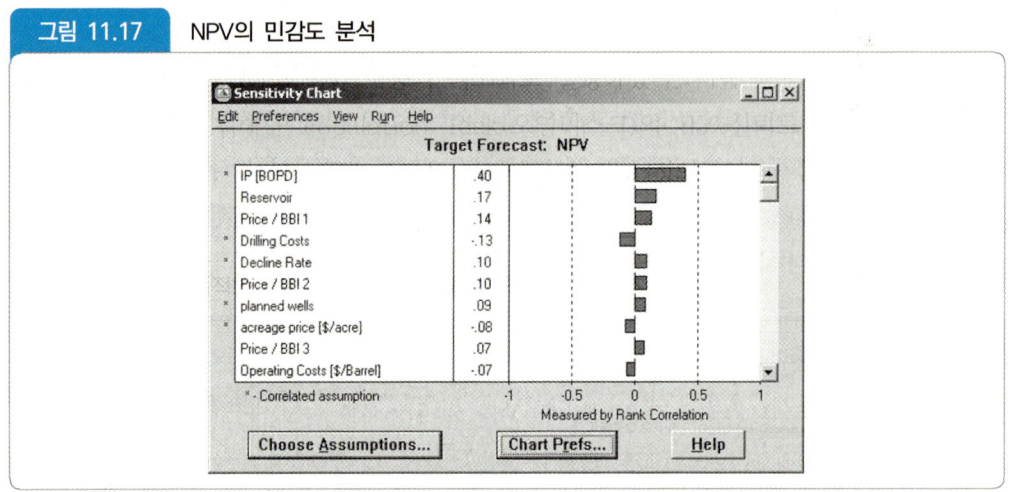

그림 11.17 NPV의 민감도 분석

이 단계가 되면 프로젝트 매니저는 프로젝트의 수익성에 영향을 주는 문제에 자원을 집중시킬 수 있는 권한이 생기게 된다. 그림 11.17의 정보를 볼 때 프로젝트에 대한 리스크가 큰 요인들을 그 중요도에 따라 해결할 수 있는 다음과 같은 후속 조치를 가정해 볼 수 있다:

- IP. 초기 생산률은 프로젝트의 가치를 결정지을 정도로 영향력이 크며 IP 비율의 예측과 관련된 불확실성이 예상 프로젝트 성과를 가장 크게 변동시키는 원인이 되고 있다. 그러므로 매장 관련 전문가 및 생산 엔지니어들로 구성된 팀으로 하여금 같은 지역에 존재하는 유사한 석유 매장지역의 IP 비율을 추가적으로 분석하도록 할 수 있다. 또 더 나아가서 IP 비율 데이터를 시추 기법 또는 완수 기법, 지구적 요인, 지리 물리학적 데이터 등을 기준으로 데이터를 분류하여 예측값을 보다 정밀하게 조정할 수도 있다.
- 매장 지역 리스크(Reservoir Risk). 매장 지역과 관련된 가정은 유정이 생산 유정이 될지 아니면 dry hole이 될지를 결정하는 요인이므로 이 리스크가 중요한 요인이라는 것은 당연한 사항이 될 것이다. 여러 방식으로 접근해 볼 수 있겠지만 프로젝트 팀은 지표면 아래 지역의 데이터에 대한 부적절한 분석으로 인해 생산 유전이 될 수 있는 잠재성이

있는 지역을 dry hole로 판단하고 있는지 여부를 조사해볼 수 있다.

- **유가(1차 년도) 및 시추 비용.** 유가(1차 년도)와 시추 비용은 NPV와의 상관관계가 높다. 가격의 불확실성을 가장 잘 해소할 수 있는 방법은 모든 프로젝트를 비교해볼 수 있는 회사의 표준가격 추정치를 확보하는 것이다. 시추 비용은 시추 팀의 프로세스 개선을 통해 실제 비용과 예측 비용의 차이를 줄여 줌으로써 최소화 시킬 수 있다. 또한 회사는 프로젝트 대상 지역에서 저렴한 가격에 신뢰할 수 있는 수준의 시추 경력이 있는 회사를 활용하는 것도 생각해 볼 수 있다.

- **감소율(Decline Rate).** 관찰력이 뛰어난 독자라면 감소율과 프로젝트 NPV 간에 양의 상관관계가 존재한다는 점을 알아 차렸을 것이다. 일반적으로 감소율이 높아지면 판매 가능한 원유의 규모가 줄어들게 되어 프로젝트에서 실현될 수익에 영향을 주게 될 것이므로 처음에는 이러한 관계를 예상하지 못했었다. 하지만 모델의 가정을 정의하면서 IP가 높아지면 감소율도 높아진다는 관계를 설정했음을 기억해보면 IP가 프로젝트의 NPV에 미치는 영향을 간접적으로 암시하고 있음을 알 수 있다: 감소율이 높음에도 불구하고 높은 수준의 IP가 프로젝트의 가치에 미치는 긍정적인 효과가 매장량이 빠른 속도로 감소함으로 인해 생산량이 줄어드는 효과를 보전하는 것이다. 그러므로 모델의 IP를 보다 잘 예측할 수 있도록 더 많은 노력을 기울여야 한다.

결 론

몬테카를로 시뮬레이션은 석유나 가스의 매장 유망지역을 평가하는데 사용할 수 있는 이상적인 툴이다. 특히 관련 가정이 매우 중요하면서 그 가정들 간에 복잡한 불확실성이 있어 프로젝트 결과에 대한 하나의 점 추정치를 도출하는 것이 거의 쓸모없는 경우에 더욱 그러하다. 몬테카를로 시뮬레이션은 다양한 팀의 구성원들 각자가 자신이 담당하고 있는 시추 프로젝트의 결과에 영향을 주는 개별 리스크 요인을 계량화하여 설명할 수 있는 직접적이고도 효과적인 체계이다. 또한 경영진과 팀을 이끌어 나가는 사람들은 몬테카를로 시뮬레이션을 통해 프로젝트 NPV에 대한 단일 예측값 보다 훨씬 더 값진 결과를 얻을 수 있다: 몬테카를로 시뮬레이션을 통해 프로젝트에서 발생할 수 있는 모든 결과를 감안한 분포를 확인할 수 있으며, 이를 통해 의사 결정자들은 프로젝트 가치와 관계된 모든 관련 시나리오를 탐색해볼 수 있다. 이러한 시나리오로는 손익분기점을 달성할 확률, 프로젝트 팀의 신뢰성과 향후 자본 확보에 타격을 줄 수 있는 프로젝트 성과가 극히 미미한 시나리오, 매우 성공적인 결과를 낳을 수 있는 프로젝트의 성과 등이 포함된다. 마지막으로 석유나 가스의 매장 가능 지역에 대해 몬테카를로 시뮬레이션을 수행해 봄으로써 관리자나 팀 리더들은 프로젝트의 예상 결과에 대한 예상 확률을 결정짓는 리스크 요인과 가정 사항에 대한 필수 정보를 확보할 수 있으며, 이러한 정보를 바탕으로 직원들과 재무 자원을, 사업에 가장 긍정적인 영향을 줄 수 있는 리스크 관련 가정 사항을 해결하는데 집중시키기 위해 필요한 피드백을 줄 수 있게 됨으로써 효율성을 제고하고 순이익 수준을 개선시킬 수 있게 된다.

Case Study III : 기업 구조조정의 신용 리스크 평가

본 사례는 모튼 글란츠(Morton Glantz) 교수가 제공한 것이다. 글란츠 교수는 뉴욕 Fordham Graduate Business School의 재무 담당 교수로 금융 전문 저널에 많은 글을 기고하고 있다. 또한 Optimal Trading Securities, Managing Bank Risk, Scientific Financial Management, Loan Management Risk 등 다양한 저서를 발표하기도 했다. 또한 정부와 기업에 재무 관련 자문을 제공하고 있다.

 기업은 매출과 이익을 늘리거나 주주 가치를 제고하기 위해 또는 기업 구조가 부실한 경우에 기업의 생존을 위해 제품믹스를 조정한다. 구조조정이 성공적으로 이루어지면 경영진은 수익성 있는 새로운 프로젝트를 실행하고 충분한 수익을 내지 못하는 기존 프로젝트를 중단한다. 그리고 이를 통해 보다 가치를 많이 창출하도록 자원을 활용하게 된다.

 한편으로는 구조조정을 재무구조와 경영진의 변화로 생각할 수 있다. 또 한편으로는 재무구조를 운영 측면에서 생각할 수도 있다-그리고 이런 측면에서의 구조조정은 제품의 조정, 시장 추세, 기술, 산업이나 거시 경제적인 변화 등에 대한 대응으로 이루어진다. 사실 경영진이 환경 변화에 대응하여 내부 자원을 창의적으로 활용함으로써 회사의 경쟁적 입지를 강화시키는 것은 전략 수립의 핵심이 되는 경우가 많다. 장기 전략을 추구하기 위해 회사의 운영구조와 재무구조를 변경시키는 것은 주주 가치와 직결된 기업 목표 달성의 핵심이기도 한다.

 은행 재무구조조정의 경우에는 상황이 약간 다르다. 예를 들어, 은행의 대부분 채권에 대해서는 금리와 차입자의 상환 능력에 따른 고정 수익이 고정된 기간 동안 발생된다. 우량채권은 기한 내에 완전 변제될 것이다. 은행의 조달금리가 낮고 대출을 통해 우수한 수준의 리스크가 조정된 수익률을 확보하는 것이 바람직하다. 채무자의 경영 실적이 우수하다면 은행은 제고되는 기업 가치의 상승분을 나누지는 못할 것이다(회사의 성공에 대리 만족을 느끼는 경우는 제외된다). 하지만 채무자가 재무적 문제에 빠지는 경우에는 대출기관인 은행은 아마도 대부분의 어려움을 경험하게 될 것이다.

 은행업의 목표라고 할 수 있는 부도(신용) 리스크의 관리와 전통적인 기업의 목표인 가치 극대화라는 두 가지 목표는 상충되는 경우가 많다. 특히 채무기관이 매우 공격적인 프로젝트의 자금조달을 위해 장기대출을 원하는 경우에는 더욱 그러하다. 결정론적인 방법을 통해 추정된 예측치를 바탕으로 진행되는 절대 다수의 전통적인 신용분석의 경우에는 숨겨진 리스트를 파악하기가 매우 어렵다. 은행은 신뢰할 수 있는 예측치가 없기 때문에 은행의 목표와 고객의 목표 간의 차이를 조정하는데 몇 번이고 실패하게 될 것이다.

이 사례에서는 은행이 분석 및 커뮤니케이션 능력을 모두 향상시킬 수 있는 방법을 살펴보게 될 것이다 – 은행의 경영진과 고객은 모두 "거래를 체결"하고 적정 수준의 리스크/수익률을 확보하고자 한다. 그리고 결정론적 방법에 의거한 기본 모형 또는 보수적 시나리오를 사용하기보다는 전략적 계획을 확률적 관점으로 분석해보는 것이 이러한 목적을 달성할 수 있는 직접적인 방법이라는 점에는 의문의 여지가 없다.

- 확률적 최적화 모델을 이용함으로써 은행은 확률변수를 보다 현실적으로 반영할 수 있다.
- 채권 구조조정을 협상함에 있어 채무자(그리고 채권자인 은행)는 확률적 가정 하에 프로젝트에 투입할 최적 투자금액과 최적 차입금액을 결정할 수 있다.
- 매킨지(McKinsey & Company, Inc)1는 사업본부를 사업부서 별로 정의하고 구분해야 한다고 제안하고 있다. 그리고 각 사업본부를 소규모 단위로 구분한 후 가장 기본적인 단위부터 분석할 수 있다.
- 사업본부의 가치를 평가할 때는 결합 보고서가 아닌 연결재무제표를 사용해야 한다.
- 채무자가 보유하고 있는 자산의 시장 가치와 변동성을 이해하는 것은 부도확률 결정에 핵심적이다.
- 기업의 채무는 기업이 보유한 기초자산의 변동성을 증폭시키는 효과가 있다. 그러므로 자산 변동성이 낮은 업계는 더 높은 수준의 채무를 차입할 수 있지만 자산 변동성이 높은 업계는 그렇지 못하다.
- 사업본부 수준에서의 구조조정이 최적화되면 사업본부 수준의 가치평가는 채무자의 연결재무제표가 작성된 워크시트와 연계되어 기업의 가치평가가 이루어지게 된다.

타당성

그림 11.18, 그림 11.19, 그림 11.20의 엑셀 스프레드시트 데이터를 생각해 보자. 이 워크시트에는 경영진의 구조조정 계획 초안이 담겨있다. ABC 은행은 가상의 기업인 RI Furniture Manufacturing LTD에 대한 341만 달러의 대출승인 요청을 받았다. 경영진은 운영 자회사 중 4개 회사에 대한 구조조정을 단행하고자 한다. 그리고 요청한 대출 건에 대

한 근거 자료로써 결경론적 방법에 근거한 기본적이고 보수적인 예측값과 손익계산서, 대차대조표, 현금흐름표가 포함된 연결재무제표를 제출했다.

제출된 결정론적 방법이나 상태 가격결정 방법에 근거한 예측값은 은행이 결과를 변동시켜 보기에는 제한적이다. 은행의 입장에서 만약 은행이 발생 가능한 결과의 범위 간에 어떤 차이가 있는지, 그 분포가 어떤 모양일지, 그리고 각 옵션 별로 발생 가능성이 가장 높은 결과가 무엇이지 이해하지 못하는 경우 채무자가 여러 전략적 옵션(strategic option) 중 어떤 것을 채택할지를 파악하기가 어렵다. 그리고 과도한 구조조정 프로그램을 실행하는 경우에는 기업의 신용등급이 하락하고 부도확률이 높아지게 될 것이다. 은행은 이러한 일이 발생하도록 두고 보지는 않을 것이다. 이런 점들을 고려해 볼 때 요청된 대출 거래에는 결정론적인 분석 방법보다는 확률적 분석 방법을 사용하는 것이 보다 적합하다는데 이의가 없을 것이다.

은행은 (결정론적인 방법을 이용해서 구한) 결합 추정치를 바탕으로 그림 11.20과 같은 확률 스프레드시트를 작성했다. 이 스프레드시트에는 4개의 각 생산라인에 대한 최대/최소 투자 범위가 포함되어 있다. 결정론적 방법론인 매킨지의 DCF Valuation 2000 Model과 함께 Crystal Ball의 OptQuest를 사용, 해당 기업의 채권 은행은 확률적 솔루션을 수립했다. 또한 사업본부 별로 예측에 필요한 각 불확실성 요소에 대한 확률분포를 추정하고, 다양한 사업조합 별 최적 자금조달안을 수립했으며, 현금흐름 변동성을 회사의 신용 등급이 유지될 수 있는 수준으로 확보했다 (이 역시 사업본부 별로 진행된 것이다). 마지막으로 최적화(워크시트)는 결합 DCF 가치평가 워크시트에 연결됐다. 그리고 나서 채권은행은 구조조정 후의 자기자본 가치, 구체적인 신뢰수준, 자산가치가 채무가치 아래로 떨어질 확률 등을 결정했다.

사업 이력

1986년 설립된 RI Furniture는 옥내 가구와 옥외 가구를 생산하는 회사이다. 그리고 앞으로 설명하게 될 구조조정 대상인 자회사는 결합 운영 실적의 약 65%를 차지하고 있다.

- All Weather Resin Wicker Sets. 날씨의 변화에 견딜 수 있는 가구로 알루미늄 프레임과 수직 폴리프로필렌 수지를 이용해 생산된다. 각 사업본부 별 영업이익률의 분포와 투자범위는 그림 11.18부터 그림 11.20까지의 내용을 참조한다.
- Commuter Mobile Office Furniture. 커뮤터는 보관 장소에서 어떤 업무장소로 옮기던 몇 분 내에 셋업할 수 있다. 컴퓨터 주변기기(모니터, CPU 타워, 키보드, 프린터)를 안전하고 간단한 휴대 단위로 통합시켰다.

- Specialty Furniture. 구조조정이 완료되면 이 사업부문에서 호텔 리셉션 가구, 카페용 가구, 식당용 가구, 매점용 가구, 연회용 가구를 생산하게 될 것이다.
- Custom-Built Furniture 고객의 주문에 따라 회사 내부에서 또는 국내 외의 신뢰할 만한 제조업체를 통해 가구를 생산하게 될 것이다.

표 11.8 분포 관련 가정

변수명	Distribution	Operating Profit Margin Range	Operating Profit Margin Most Likely
All Weather Resin Wicker Sets	삼각형	5.5%–12.6%	11.00%
Commuter Mobile Office Furniture	삼각형	6.5%–8.7%	7.50%
Specialty Furniture	삼각형	0.5%–5.3%	4.70%
Custom Built Furniture	균등	3.3%–6.6%	None

표 11.9 투자 한계

Product Line	하한	상한
All Weather Resin Wicker Sets	1,000,000	1,250,000
Commuter Mobile Office Furniture	600,000	1,000,000
Specialty Furniture	570,000	1,100,000
Custom Built Furniture	400,000	900,000

그림 11.20 채무자의 전략적 구조조정 계획

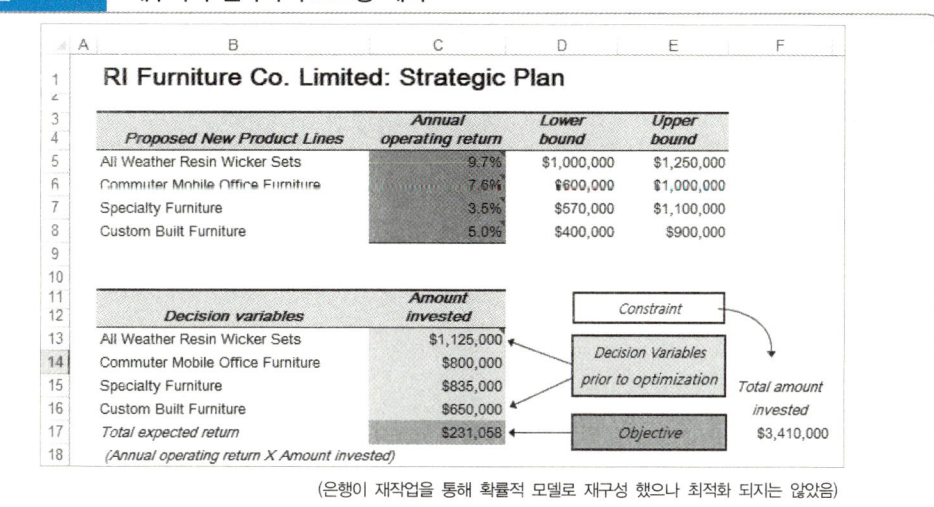

엑셀 워크시트 Credit Risk Model-Optimize RI FurnOrignal을 열고 투자 규모를 341만 달러로 하는 제한 조건을 두어 Run One을 셋업한다- 즉, 은행이 제공하는 대출금액은 341만 달러를 초과할 수 없다(그림 11. 21). 예측변수의 변동성이라는 추가적인 제약조건은 후에 포함될 것이다. 그림 11.18과 11.19의 정보를 바탕으로 은행은 그림 11.20과 같은 스프레드시트를 작성했다. OptQuest를 이용해서 다음과 같이 투자/대출에 대한 제약조건을 입력할 수 있다:

All Weather Resin Wicker Sets + Commuter Mobile Office Furniture + Specialty Furniture + Custom Built Furniture <=3410000

그림 11.21 대출 금액에 대한 제약 조건

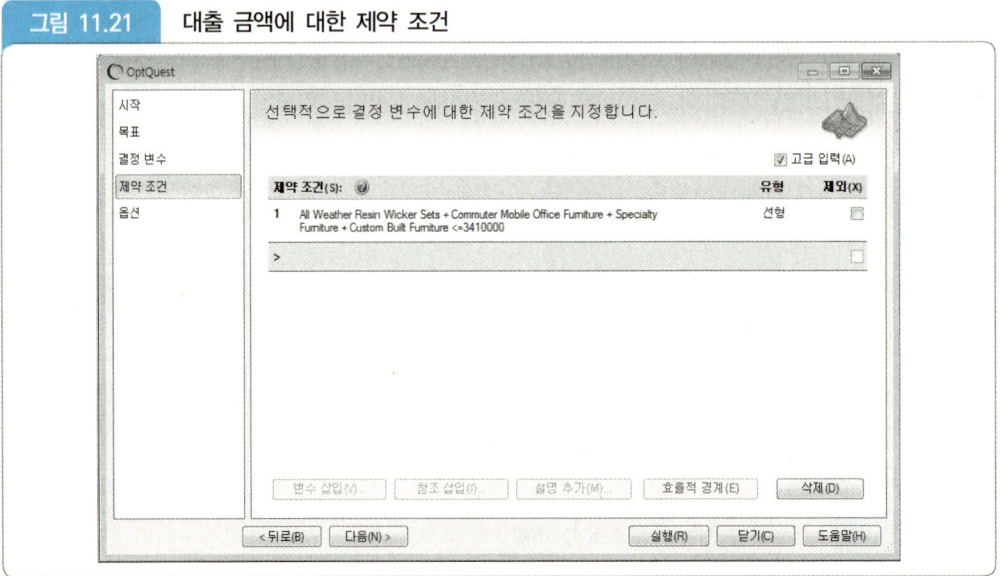

Crystal Ball의 OptQuest결과창에서 편집 〉 스프레드시트에 최상의 해복사(C) 기능을 이용해서 투자 포트폴리오에 대한 최적해를 스프레드시트 모델로 복사했고 그 결과는 그림 11.22와 같다. 여기서 투자규모가 제약 조건을 만족하고 있음을 할 수 있으며 기존의 투자 한도에서 투자 포트폴리오를 조정함에 따라 예상수익률이 증가하게 되는 것을 알 수 있다.

그림 11.22 최적해를 반영한 모델

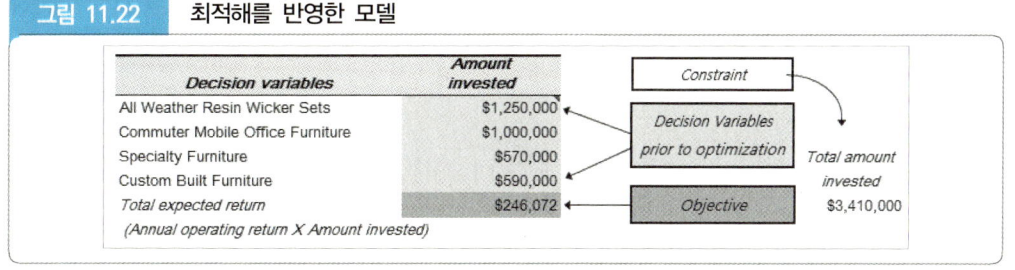

그림 11.23 Run Two 최적화의 결과

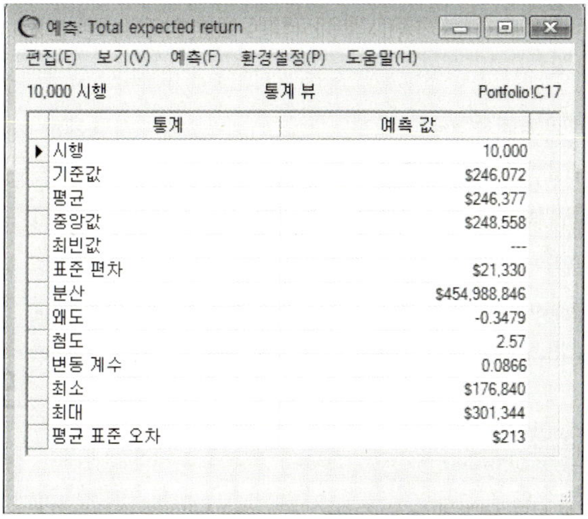

시뮬레이션을 통해 계산된 통계량을 기준으로 예상수익률(예측변수)의 변동성을 표준편차로 측정해 보면 21,330달러이다. 여기서 알 수 있듯이 영업 실적의 변동성은 자산의 변동성에 영향을 준다. 그리고 이 점은 중요한 사항이다. 기업 자산의 시장가치와 이 시장가치의 변동성을 결정한다고 가정해보자. Moody's의 KMV 모델에서는 변동성이 특정 기간 내에 자산가치의 변화 성향을 측정하는 것이라고 설명하고 있다. 그리고 이러한 정보를 기준으로 기업의 채무규모를 조건으로 한 부도확률이 결정된다. 예를 들어, KMV 모델에서는 자산의 현재 시장가치가 1억 5,000만 달러이고 채무규모가 7,500만 달러로 1년 후에 만기가 도래한다고 가정할 때, 해당 기업의 자산가치가 향후 1년 내에 7,500만 달러 미만으로 떨어지면 부도가 발생할 것으로 본다. 그 다음 단계로 은행은 (1) 예상수익률 극대화, (2) 최적 투자/대출 상품, (3) 예상수익률의 변동성이라는 세 가지에 대해 첫 번째 최적화를 수행하게 된다 (그림 11.24 참조).

| 그림 11.24 | 최적화 윈도우

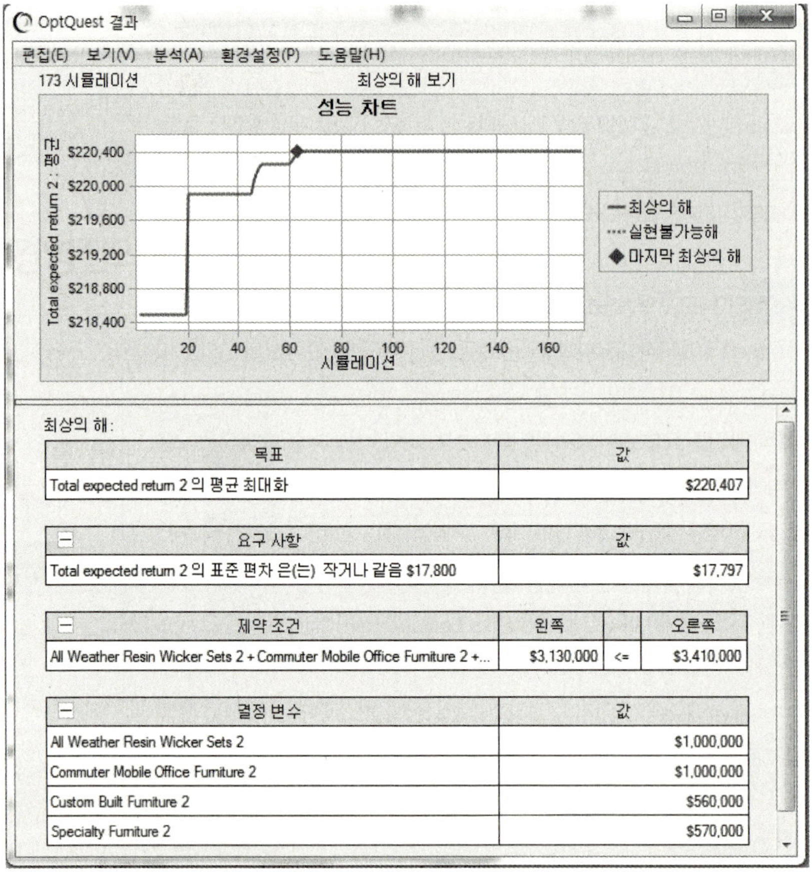

변동성을 수용할 수 없다면 표준편차를 줄여 신용등급 수준이 유지되도록 해야 한다. 여기서는 은행이 프로젝트의 표준편차가 그림 11.24와 같이 17,800달러 이하가 되어야 한다는 요건을 규정한 것으로 가정해 보자(총 기대수익률에 대한 요구조건은 표준편차 〈= 17,800).

최종 시뮬레이션은 그림 11.25과 같다. 여기서는 앞에서 설명한 리스크/보상에 대한 최적화가 조정되어 있다. 대출규모는 3,092,000달러로 감소(최적화) 됐고, 기업이 요구하는 대출규모가 이렇게 줄어듦으로써 회사의 차입 구조도 개선된다. 또한 평균 기대수익률은 220,337 달러로 변동성 제약조건이 없는 경우의 평균 기대수익률 246,072 달러보다 적어짐을 알 수 있다 – 리스크가 줄어들면 그에 따른 수익도 줄어든다.

| 그림 11.25 | 최적화 후 시뮬레이션 결과 |

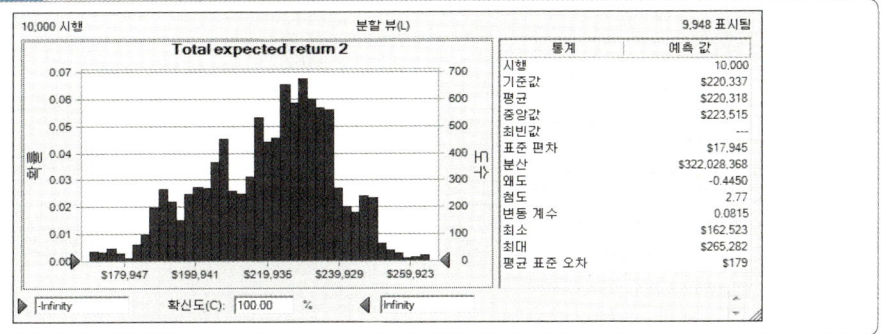

| 그림 11.26 | 최적화 최종 결과 |

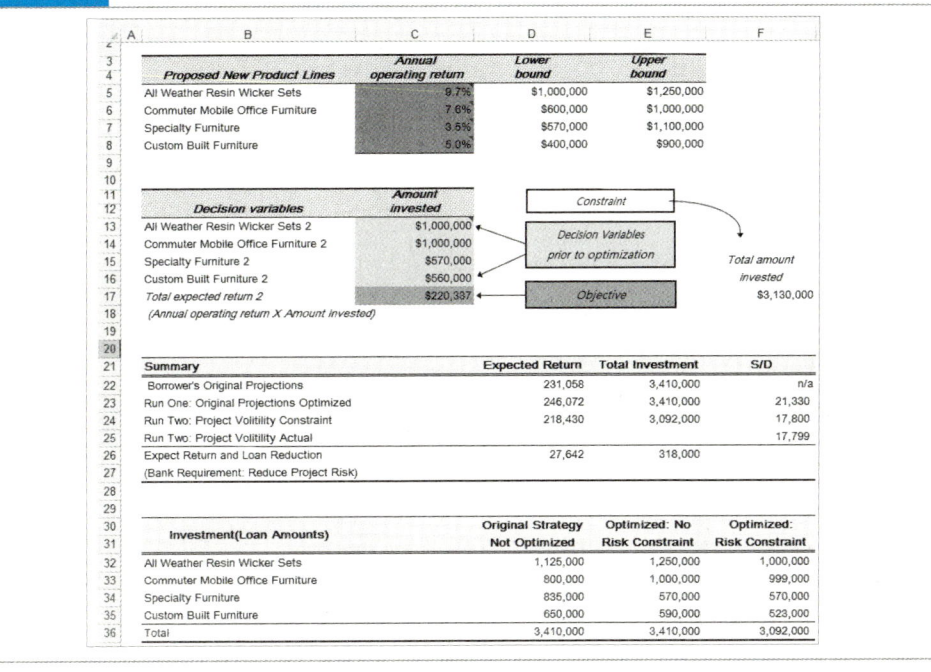

하지만 여기서 끝이 아니다. 지금까지 수행한 분석은 모두 사업본부 수준에서 이루어진 것이다. 즉, 구조조정의 대상이 되는 사업 분야만 포함됐다. 그림 11.26의 스프레드시트에서 확률적 분석이 실행됐지만 이제는 현금흐름 할인법(DCF) 가치평가 워크시트와 연계시켜야 한다. 결합 DCF 가치평가 모델을 이용해서 미래 시점에 기업이 보여주게 될 경제적 강점을 통해 결정되는 가치인 계속기업(going concern)의 가치를 구할 수 있다. RI Furniture의 가치는 특정 예측기간(프로젝트기간) 동안 발생될 미래 현금흐름의 현재가치와 예측기간 이후에 발생될 현금흐름의 현재가치(잔여가치: residual value 또는 termination value)의 합으로

결정된다. 즉, 기업의 가치는 발생 가능한 현금흐름과 이와 같은 미래 현금흐름에 대한 리스크(위협 요인)에 의해 결정된다. 그리고 이러한 리스크, 즉 위협요소는 현금흐름에 대한 현재가치를 산정하는데 사용되는 할인율을 결정하는 기준이 된다. 현금흐름은 RI Furniture 제품에 대한 산업 전망 및 기업 전망, 현재 및 미래의 경쟁상태, 경쟁력의 지속가능성, 예상수요 변동, 과거 재무실적 및 영업실적 기준 기업의 성장가능성 등에 의해 결정된다. 채권은행이 신중하게 검토할 리스크 요인으로는 채무자의 재무상황, 현금흐름의 수준, 규모, 변동성, 재무 레버리지 및 운영 레버리지, 경영진이 영업이익 창출 능력 등이 포함된다. 은행은 가정과 관련된 변수의 분포를 결정할 때 이러한 리스크 요인들을 무시해서는 안 된다.

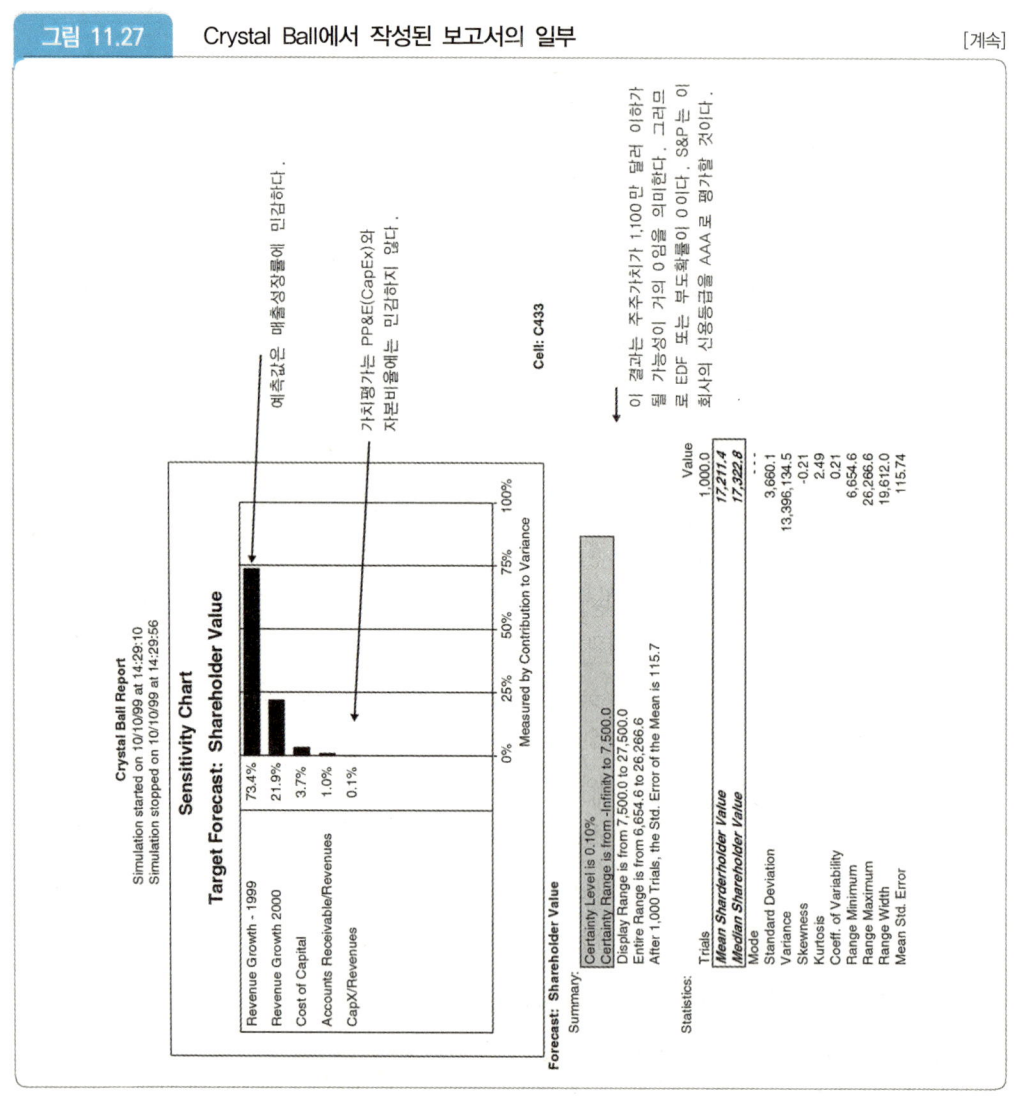

그림 11.27 Crystal Ball에서 작성된 보고서의 일부 [계속]

> 그림 11.27   Crystal Ball에서 작성된 보고서의 일부

Percentile	Value
0%	6,654.6
10%	12,340.5
20%	13,962.3
30%	15,252.5
40%	16,314.7
50%	17,322.8
60%	18,342.8
70%	19,490.7
80%	20,554.3
90%	21,362.7
100%	25,817.1

이 결과가 중요하다. 주주가치가 0 이하로 떨어지지 않으므로 AAA 등급의 기업이다. 제안되는 전략 : 회사에 더 많은 매출을 주고 주주가치를 제고시키기 위해 성장주식의 규모를 축소한다.

이 값이 가장 중요하다. 이 값을 통해 제기될 가정에서 도출된 2,400만 달러가 지나치게 낙관적임을 알 수 있다. 수정된 시뮬레이션 결과 평균가치가 1,730만 달러에 가까워진다. 즉 핵심은

가치가 2,130만 달러 이상일 확률은 10% 이며, 이는 지나치게 낙관적인 가정이 사용되었으므로 근거가 재시되어야 할 것이다.

Crystal Ball을 강력한 가치평가 모델과 함께 사용하면 분명 거래를 분석하고, 수행하고, 매각하는 결정을 효과적이고 정확하게 결정할 수 있다. 그리고 이 방법과 관련된 제안 사항은 다음과 같다:

1. 결합재무정보를 이용해서 분석하고자 하는 운영 세그먼트에 대한 가치평가 요소를 결정한다. 연결재무제표만으로는 충분한 답을 얻을 수 없다.
2. 앞에서 설명한 Valuation이라는 책에 포함되어 있는 매킨지 DCF Valuation 2000 모델 소프트웨어를 사용한다. 이 모델에는 포맷이 설정되어 있는 재무제표와 실적평가

분석보고서, Enterprise DCF와 Economic Profit을 기준으로 한 예상실적 가치평가 방법 등이 포함되어 있다.

3. 채무자의 최신 예측자료를 잔여기간(residual period) 및 자본 비용 관련 가정과 함께 사용한다.
4. CB를 시작하고 가치 결정 요소(가정변수) 및 분포를 결정한다 - 먼저 사업본부 단위에서 결정한 후 이 결과를 이용해 결합 가치평가를 조정한다.
5. 결합 가치평가 모델에서 예측 셀(Equity Value, Operating Value, Enterprise Value)을 선택한다.
6. 시뮬레이션을 수행한다. 예측변수의 가치를 신뢰수준 내에서 결정한다. 그 후 자기자본 가치가 0보다 작아질 확률을 계산한다. 사용하는 가치평가 모델의 전체 범위 또는 제한 조건 범위 내에서 이 확률은 예상 부도확률이 되므로, 이 마지막 단계는 우리에게 여러 가지를 알려준다.
7. CB 보고서를 수행한다. 마지막으로 채무자나 동료가 CB 보고서의 통계량을 잘 모르는 경우라면 시간을 들여서 핵심 사항을 설명해준다. 그림 11.27에서 여백 부분에 설명 내용을 입력한다.

Case Study IV: 기업 가치 평가 - 주당 순이익 예측

A 기업의 CFO는 다음 회계연도에 대한 매출액을 예측하여 회사의 수익 구조가 어떻게 되는지를 파악하여 경영 의사결정에 반영하고자 한다. 본 업무에 대한 실무 담당자는 기존의 방식인 엑셀 스프레드시트를 활용하여 엑셀에서 제공하는 다양한 함수(재무, 수학, 통계 등)들을 활용하여 추정 현금흐름표를 작성하여 다음 회계연도의 주당순이익(EPS)을 계산해 보았더니 2,000원으로 예상 되었다.

A 기업은 추정 현금흐름표에 반영할 향후 1년간의 매출액을 추정하기 위해서 시계열 방법 중 쉽게 활용할 수 있는 6개월 이동 평균법을 적용하여 예측해 왔다. 그러나 현재의 매출 예측 방법은 추정 현금흐름표에서 순이익을 추정하는데 있어서 불확실성을 제대로 반영하지 못하기 때문에 이러한 불확실성으로 인해 이익이 잘못 추정될 경우 회사는 큰 손실을 안게 된다는 것을 인지하게 되었다. 이에 CFO는 추정 현금흐름표로 계산되는 순이익에 영향을 미칠 수 있는 리스크 요인들에 대한 불확실성을 고려했을 때 회사에서 기대하는 순이익을 달성하지 못할 가능성 즉 순이익이 가지는 리스크가 얼마인지 파악하고자 하였다. CFO는

리스크 관리 담당자를 불러 다음연도 순이익에 대한 리스크를 확률론적인 분석에 기반 하여 보고하라고 지시하였다.

리스크 관리 담당자는 순이익 모델에 존재하는 불확실성을 고려할 수 있는 방법이 무엇이 있을까 고민하다가 가장 일반적이고 쉽게 접근할 수 있는 몬테카를로 시뮬레이션 방법을 검토하게 되었다. 담당자는 기존의 순이익 모델에 몬테카를로 시뮬레이션 적용한 모델을 구현한 후 다음연도 기대 순이익과 우리가 가질 수 있는 리스크의 크기 그리고 우리가 관리해야 하는 주요 리스크 요인이 무엇인가를 분석하였다.

리스크 관리 담당자는 순이익 모델에서 영향을 많이 미칠 것으로 예상되는 매출액을 기존의 6개월 이동평균방법 보다 더 개선된 모형을 찾고자 시계열 분석을 하기 위해 Crystal Ball에서 제공하는 시계열 분석 기능을 사용하였다. Crystal Ball은 일반적으로 많이 적용되고 있는 시계열 모형들을 제공하며 통계 지식이 부족한 사용자도 쉽게 사용할 수 있는 인터페이스를 제공한다. 리스크 분석 담당자는 Crystal Ball의 시계열 분석 도구인 Predictor를 이용하여 다음연도 12개월 대한 매출액을 추정하였다.

다음으로 순이익 모형에서 통제가 불가능한 내부 리스크 요인을 식별한 후 확률 분포를 이용하여 불확실성을 반영하고자 하였다. 시뮬레이션의 신뢰성을 높이기 위해서는 불확실성을 갖는 리스크 요인을 올바르게 식별하여 시뮬레이션 모델에 반영하는 것이다. 리스크 관리 담당자는 순이익 모델을 검토한 결과 매출원가(COGS)와 판관비(SG&A)가 큰 불확실성을 가지고 있음을 파악하였고 Crystal Ball에서 제공하는 분포갤러리를 이용하여 매출원가와 판관비에 대한 불확실성을 확률분포로 정의하였다.

마지막으로 시뮬레이션 결과의 대상이 되는 다음 회계연도의 순이익(Net Income)과 주당순이익(EPS)을 예측값으로 정의를 한 후 시뮬레이션을 실행하였다. 지금까지의 과정을 통해서 리스크 관리자가 시뮬레이션을 통해서 궁극적으로 파악하고자 하는 사항들을 정리하면 다음과 같다.

첫째, 다음 회계연도 평균 매출액은 얼마가 될 것인가? 그리고 평균 매출액을 달성할 가능성은 얼마인가?

둘째, 회사에서 기대하는 주당순이익(EPS) 목표인 2,000원을 달성하지 못할 확률은 얼마나 존재하는가?

셋째, 주당수이익(EPS)을 높이기 위해서 집중적으로 관리해야 하는 변수들이 무엇인가?

지금부터는 이러한 질문에 대한 해답을 얻기 위해 어떠한 과정을 거쳐야 하는지 그리고 시뮬레이션을 실행하여 도출된 결과를 어떻게 해석하고 활용할 수 있는지에서 대해서 단계적으로 알아보자.

무엇보다 리스크 관리 담당자는 시뮬레이션을 수행하기 위한 모델을 작성하여야 한다. 다행히도 기존에 활용하는 모델이 있어 그 모델을 사용하기로 하였다. 현재 사용하고 있는 추정현금흐름표는 그림 11.28과 같다.

그림 11.28 순이익 스프레드시크 모델

ABC 기업 *추정 손익계산서*

가정변수

매출원가/매출액	65.4%	세율	36.0%
판관비/매출액	7.6%	이자비용	8,000,000
감가상각비	20,000,000	발행주식수	100,000

판관비/매출액 비중

최소	최빈	최대
6.5%	7.4%	8.1%

계정	1	2	3	4	5	6
순 매출	179,166,667	187,027,778	192,365,741	194,760,031	196,386,703	194,951,153
매출원가	117,208,748	122,351,395	125,843,429	127,409,745	128,473,895	127,534,775
총이익	61,957,919	64,676,382	66,522,312	67,350,285	67,912,807	67,416,378
판관비	13,582,124	14,178,052	14,582,709	14,764,213	14,887,526	14,778,701
감가상각	20,000,000	20,000,000	20,000,000	20,000,000	20,000,000	20,000,000
EBIT	28,375,795	30,498,330	31,939,604	32,586,072	33,025,281	32,637,676
이자비용	8,000,000	8,000,000	8,000,000	8,000,000	8,000,000	8,000,000
EBT	20,375,795	22,498,330	23,939,604	24,586,072	25,025,281	24,637,676
법인세	7,335,286	8,099,399	8,618,257	8,850,986	9,009,101	8,869,563
순이익	13,040,509	14,398,931	15,321,346	15,735,086	16,016,180	15,768,113

계정	7	8	9	10	11	12
순 매출	190,776,345	192,711,292	193,658,544	193,874,011	193,726,341	193,282,948
매출원가	124,803,665	126,069,484	126,689,166	126,830,122	126,733,518	126,443,455
총이익	65,972,681	66,641,808	66,969,378	67,043,890	66,992,824	66,839,493
판관비	14,462,221	14,608,904	14,680,712	14,697,046	14,685,852	14,652,239
감가상각	20,000,000	20,000,000	20,000,000	20,000,000	20,000,000	20,000,000
EBIT	31,510,460	32,032,904	32,288,666	32,346,843	32,306,972	32,187,254
이자비용	8,000,000	8,000,000	8,000,000	8,000,000	8,000,000	8,000,000
EBT	23,510,460	24,032,904	24,288,666	24,346,843	24,306,972	24,187,254
법인세	8,463,765	8,651,845	8,743,920	8,764,864	8,750,510	8,707,411
순이익	15,046,694	15,381,058	15,544,746	15,581,980	15,556,462	15,479,842

매출 합계	2,302,687,553
순이익 합계	182,870,948
매출이익률	7.94%
주당순이익(EPS)	1,829

다음으로 추정현금흐름표 기반의 순이익 모델에서 변수들에 대한 정의를 하여야 한다. 무엇보다도 분석자에 의해서 통제가 불가능한 불확실한 변수를 식별하고 그 변수들에 적절한 확률 분포 정의하는 것이다.

앞서 리스크 식별을 통해 도출된 매출원가는 과거 데이터를 확보할 수 있어서 데이터를 이용하여 확률 분포를 추정하여 사용하고자 한다. Crystal Ball에는 데이터를 이용하여 통계적으로 가정 적합한 확률 분포를 찾아주는 기능을 제공한다. 그 방법은 다음과 같다.

순이익 모형에서 매출원가 데이터가 입력된 C4 셀을 선택 〉 크리스탈볼 〉 정의 메뉴〉 가정정의 〉 데이터에 대한 분포 적합 선택한다.

그림 11.29 가정 정의

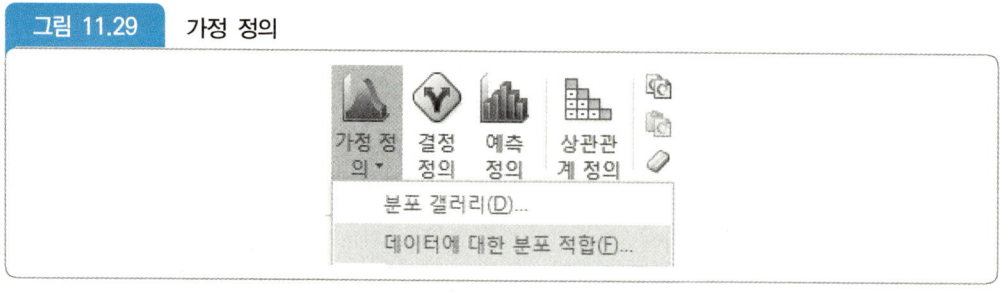

분포 적합 대화상자에서 데이터위치〉 범위(R)의 스프레드시트 모양의 아이콘을 선택하여 엑셀에 입력된 과거 매출원가 데이터의 범위를 그림과 같이 선택한 후 확인을 클릭한다.

그림 11.30   분포 적합에 사용될 데이터 범위 정의

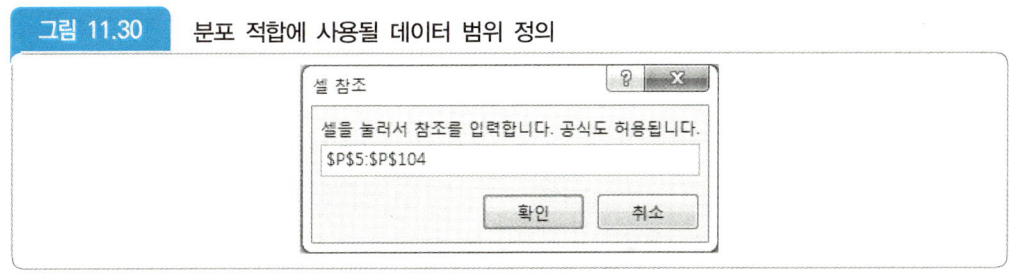

그림 11.31   분포 적합 대화상자

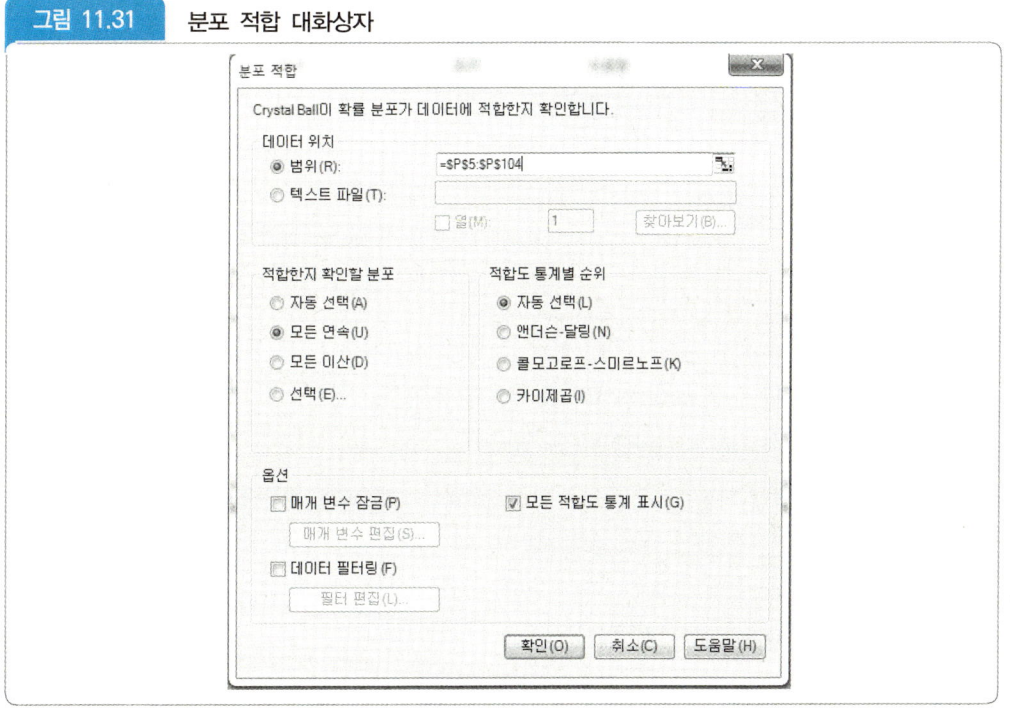

　분포적합 대화상자에서 사용자의 분석 목적에 따라서 필요한 옵션을 설정할 수 있다. 특별한 요구 사항이 없을 경우 디폴트 옵션에서 분포 적합을 실행한다.

277

그림 11.32 분포 적합 결과

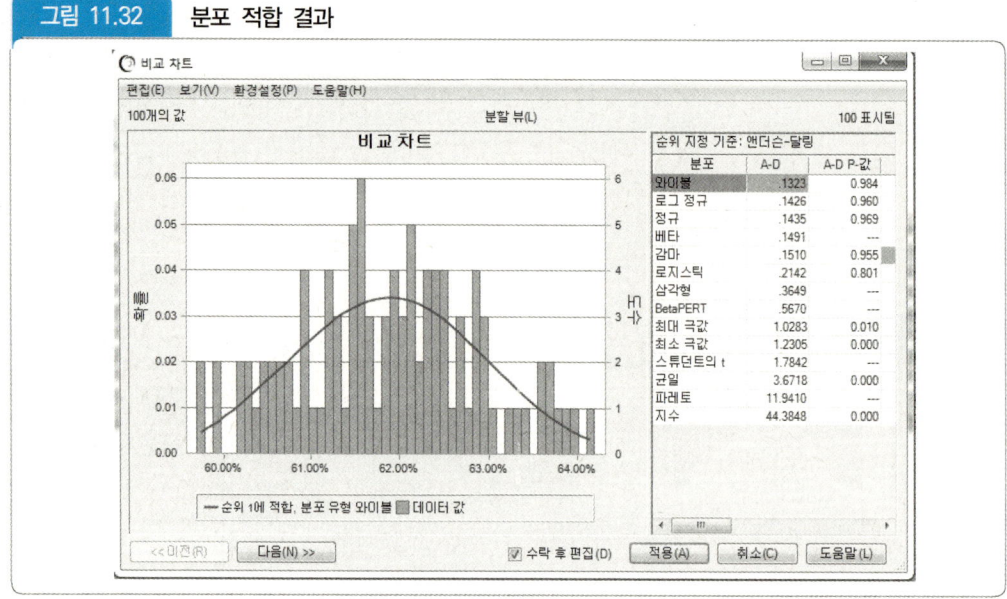

위 그림에서와 같이 확률 분포 적합 결과 검정통계량 기준 가장 유의한 확률분포 순으로 리스트를 제공한다. 확률 분포의 통계적 유의성은 유의수준 0.05 기준으로 P-값이 크면 통계적으로 적합한 확률분포라고 판단할 수 있다.

매출원가의 경우 분포적합 결과 A-D 검정 통계량 기준으로 와이블 분포가 가장 적합한 것으로 나타내고 있다. 통계적 유의성을 보았을 때 유의수준 0.05에서 P-값이 0.984로 크기 때문에 와이블 분포가 통계적으로 유의하다는 것을 알 수 있다. 따라서 적용(A) 클릭하여 순이익 모델에 와이블 분포를 정의한다.

모델에 확률분포가 적용되면 아래 그림에서처럼 디폴트로 설정된 연두색으로 셀이 보여진다. 확률 분포로 정의된 변수의 셀 색은 분석자가 옵션 설정을 통해 변경할 수 있다.

그림 11.33 매출원가/매출액에 대한 가정 정의

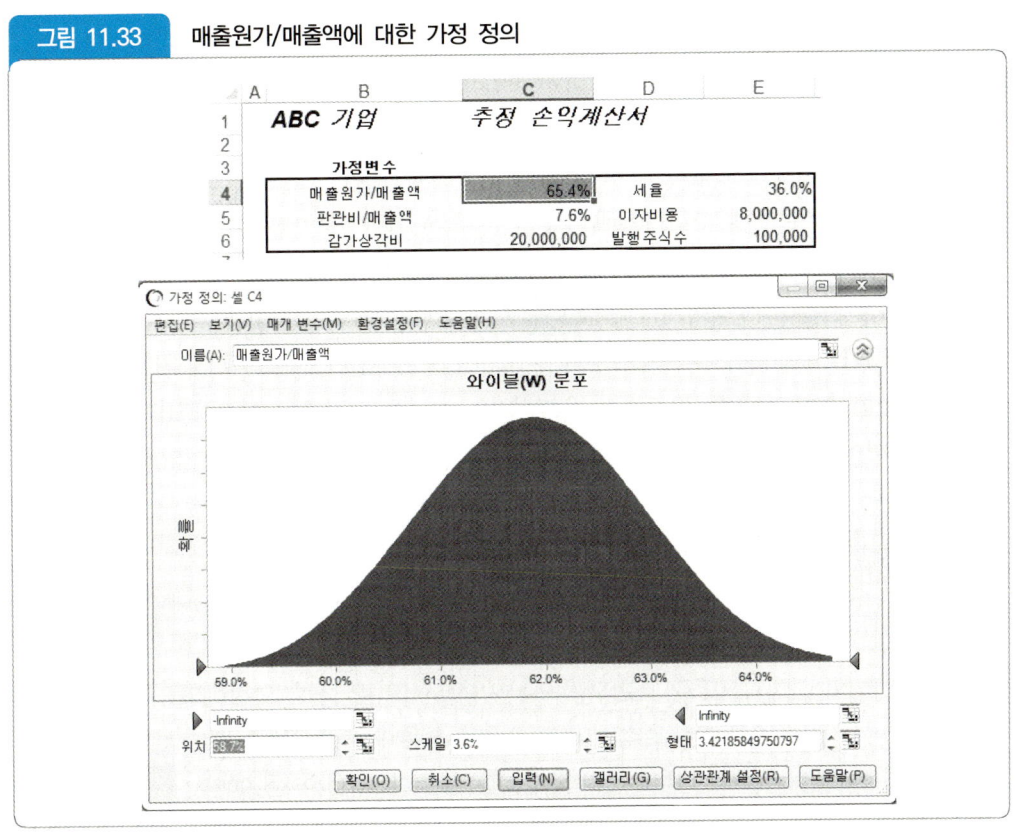

　　다음으로 매출액 대비 판관비는 경영관리팀에 협조를 얻어 판관비의 불확실한 범위에 대해 대략적인 정보를 얻었다. 그 결과 최소 6.5%, 최빈 7.4%, 최대 8.1%에서 불확실하게 움직이고 있다는 것을 알 수 있었다. 이렇게 구한 정보에 근거하여 3개의 모수 정보를 이용하여 정의할 수 있는 경험적 분포 중에 하나인 BetaPERT 분포를 활용하였다.

　　BetaPERT를 정의하기 위해서 순 이익 모델에서 C5셀을 선택〉 가정정의〉 분포 갤러리 〉 BetaPERT 선택하면 된다.

그림 11.34　분포 갤러리

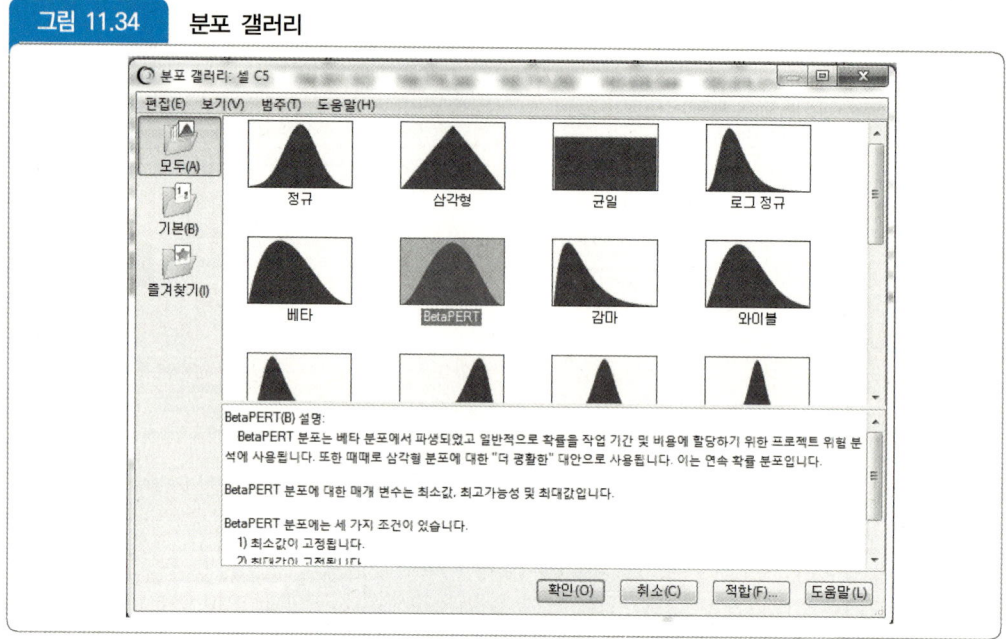

참고로 분포 갤러리에서 확률분포를 선택하면 그 분포에 대한 설명을 볼 수 있다. 판관비에 대해서 BetaPERT분포~(6.5%, 7.4%, 8.1%)를 그림과 같이 정의하였다.

그림 11.35　판관비/매출액에 대한 가정 정의

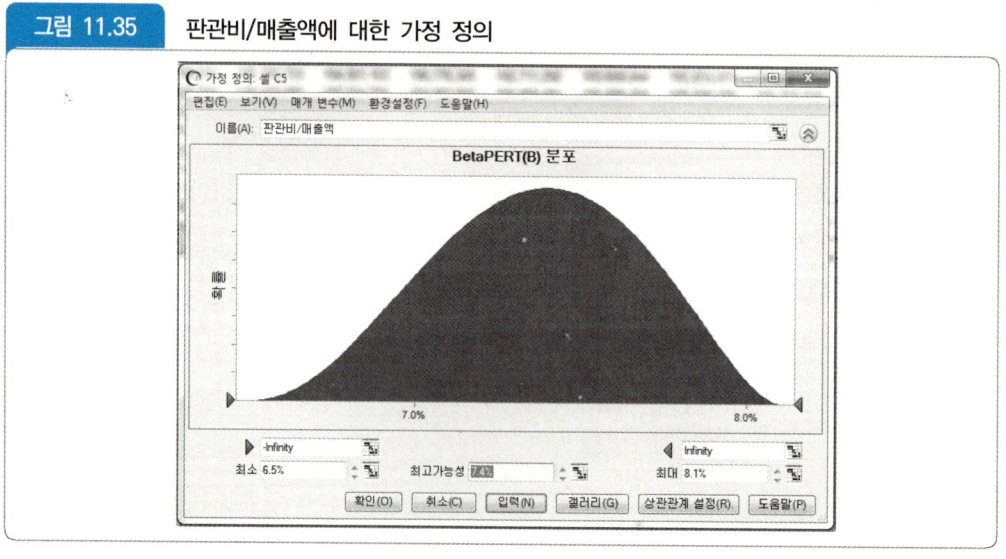

3단계] 다음 회계연도 매출액을 예측하기 위해서 Crystal Ball에서 제공하는 Predictor를 이용하여 시계열 분석을 수행하였다. 먼저 시계열 분석을 위해서 과거 41개월에 대한 매출 데이터를 확보하여 엑셀에 입력하였다.

그림 11.36 시계열 분석 데이터 & 시계열 분석

	A	B
1	A기업 매출액 데이터	
2		
3	월	매출액(원)
4	1	81,000,000
5	2	92,000,000
6	3	92,000,000
7	4	102,000,000
8	5	110,000,000
9	6	120,000,000
10	7	118,000,000
11	8	108,000,000
12	9	99,000,000
13	10	96,000,000
14	11	95,000,000
15	12	92,000,000
16	13	88,000,000
17	14	105,000,000
18	15	106,000,000
19	16	135,000,000
20	17	150,000,000
21	18	173,000,000
22	19	154,000,000

다음으로 시계열 분석을 하기 위해 매출 데이터가 입력된 첫 번째 B4셀을 선택〉 Crystal Ball 〉 도구 〉 Predictor를 선택한다.

시계열 분석을 위해서 분석할 데이터의 범위가 잘 정의 되었는지 입력의 형태가 올바르게 되었는지를 확인한 후 다음을 클릭한다.

그림 11.37   시계열 분석 데이터 정의

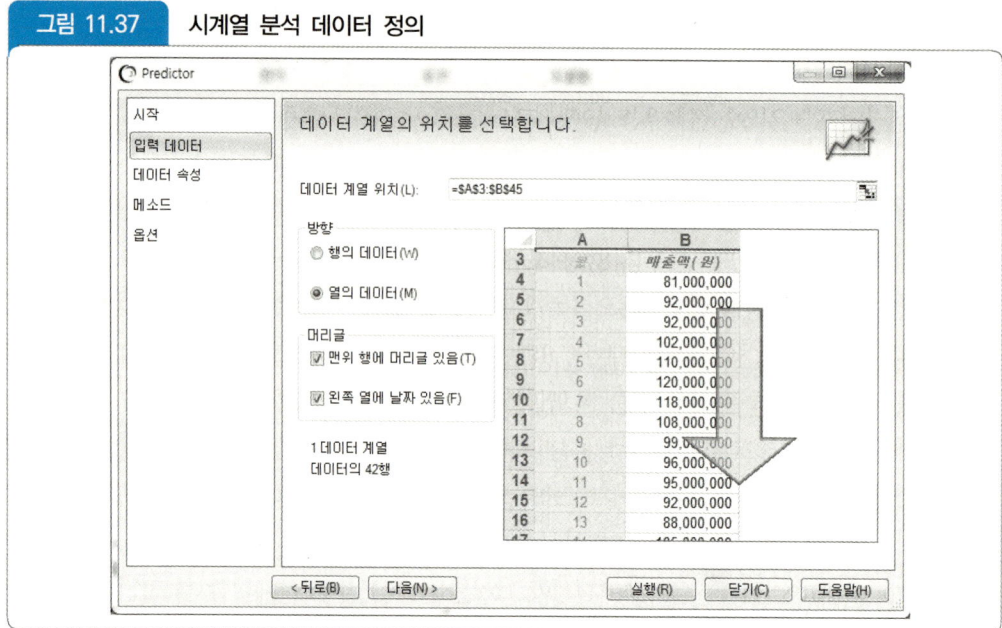

시계열 데이터의 유형 결정: 시간, 주, 월, 분기, 년 중에서 분석데이터가 월 매출이므로 데이터 유형에 월을 선택한다.

다음으로 시계열 데이터가 갖는 특성(계절성, 주기, 트랜드 등)을 분석자가 알고 있을 경우 직 설정을 하고 모를 경우 디폴트인 자동검색으로 놓으면 자체적으로 찾아 준다. 그리고 데이터가 이벤트, 결측치, 이상치 등의 특성이 있는지에 대한 옵션을 설정한다.

크리스탈볼에서 제공하는 시계열 모형들을 선택한다. 디폴트로 설정할 경우 자동으로 데이터에 적합한 모델을 지정해 준다.

그림 11.38   시계열 분석 데이터 속성 정의

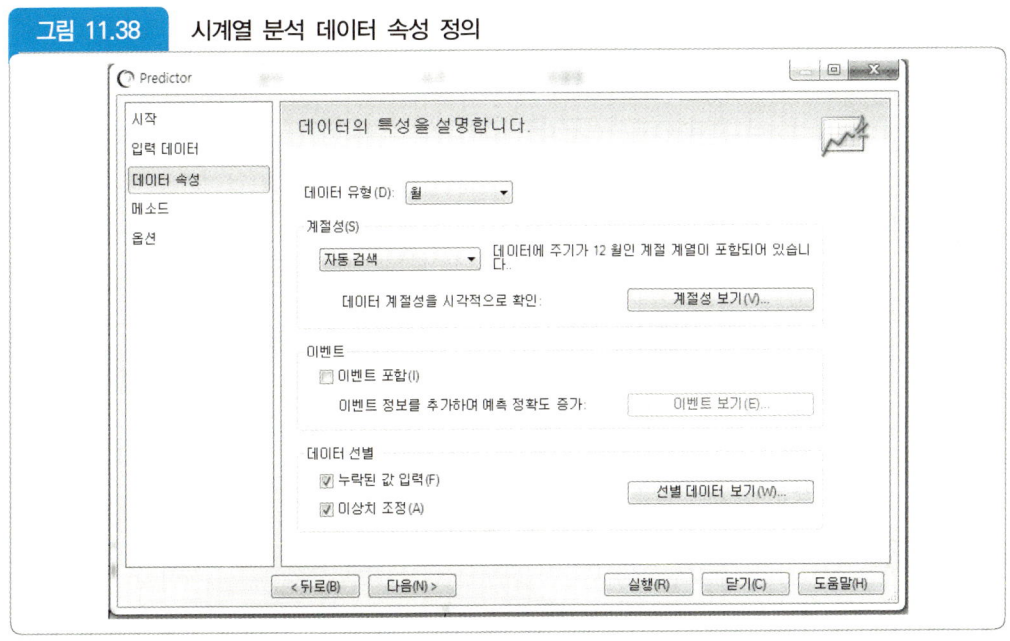

그림 11.39   시계열 분석 모형 선택

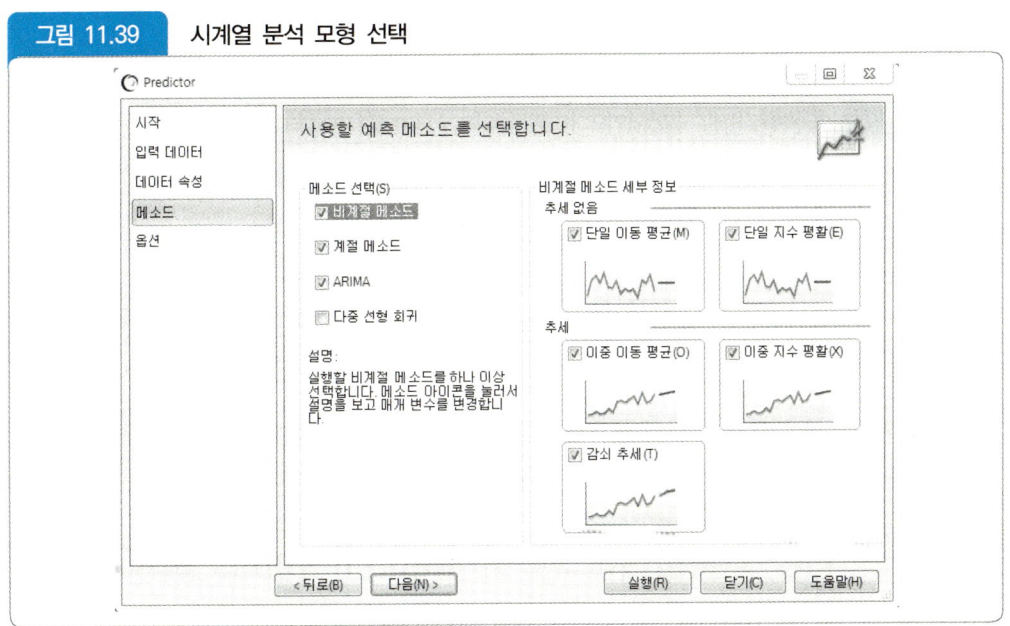

모형을 평가할 검정 통계량을 선택한다. 일반적으로 디폴트로 놓고 분석을 수행한다.

그림 11.40　시계열 분석 모형에 대한 적합성 판단

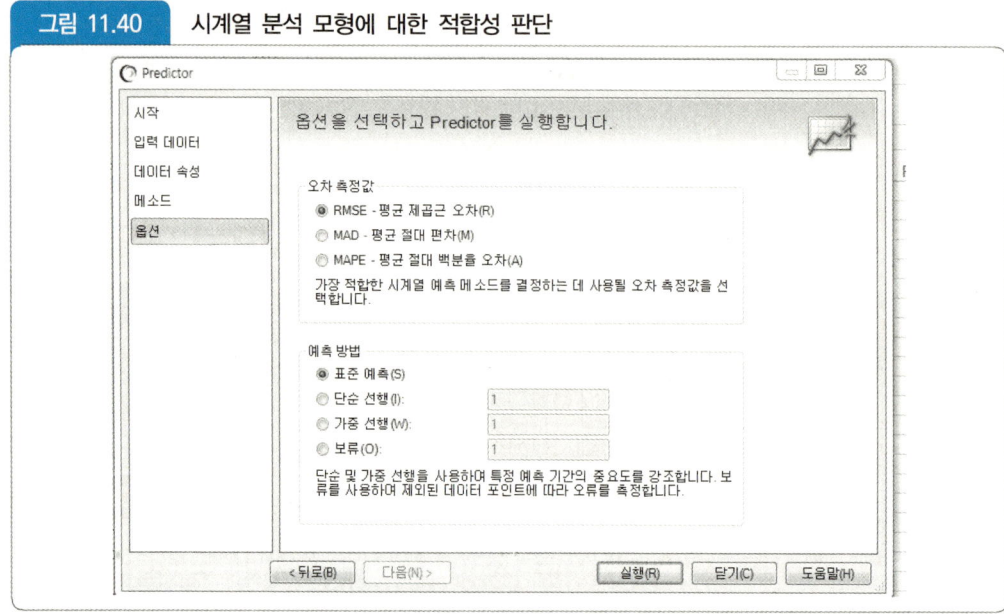

시계열 분석 결과 SARIMA(2,1,2)(1,0,1)모형이 가장 적합하다는 것을 보여준다.

그림 11.41　시계열 분석 결과

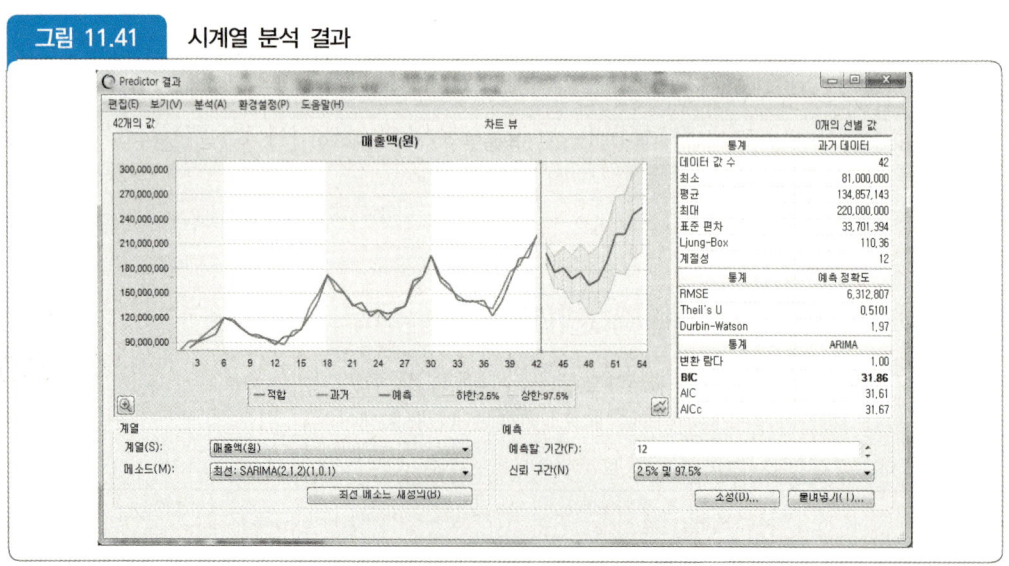

다음 회계연도에 대한 12개월을 예측해야 하므로 예측할 기간(F)에 12를 입력한 후 붙여 넣기를 클릭하여 예측한 데이터를 보여줄 위치를 정의한다.

여기서 주의해야 할 사항은 [다음으로 붙여넣기]에서 "무작위 실행" 공식을 체크해야 매출액에 대한 불확실성이 반영할 수 있다. 만약 예측값으로 체크하면 점추정 값이 예측값으로 추정되어 시뮬레이션에 매출에 대한 불확실성을 고려할 수 없다.

그림 11.41　시계열 분석 출력 방법

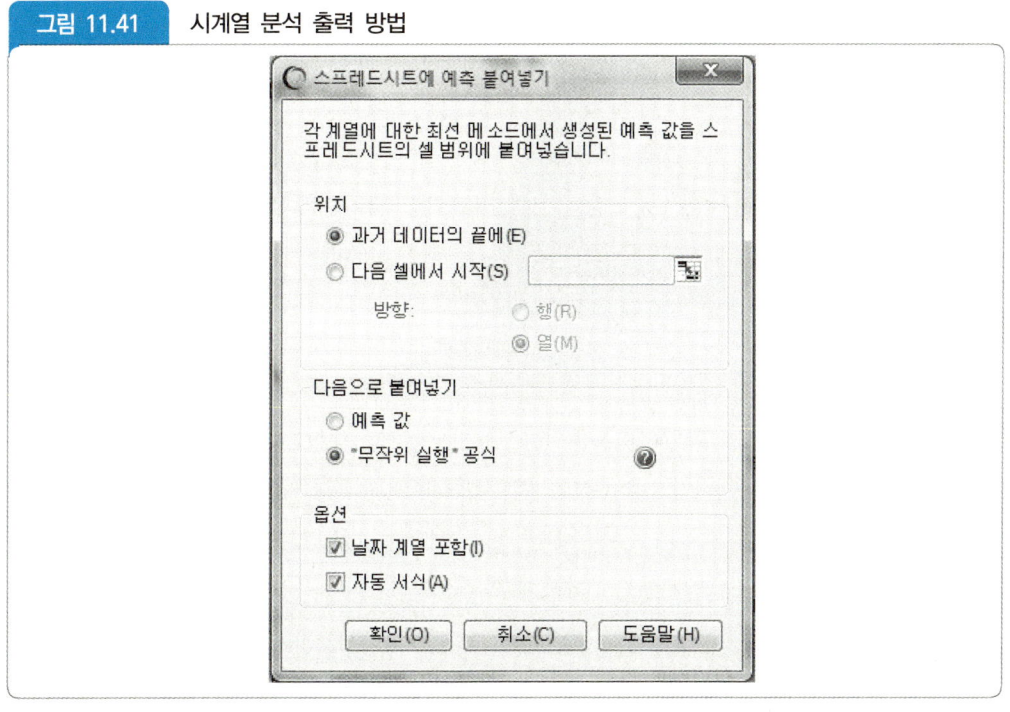

4단계] 시뮬레이션을 실행 한 후 결과를 분석한다.

첫 서두에서 CFO이사가 파악하고자 했던 사항들에 대해서 시뮬레이션 결과를 통해서 알아보자

첫째, A기업의 다음 회계연도 평균 매출액은 얼마가 될 것인가? 그리고 평균 매출액을 달성할 가능성은 얼마인가? 시뮬레이션 10만 번 실행한 결과 평균 매출액은 약 2,373,781천원이다. 그리고 평균 매출이상 달성할 가능성은 약 50% 존재한다.

그림 11.42 시뮬레이션 결과(매출액)

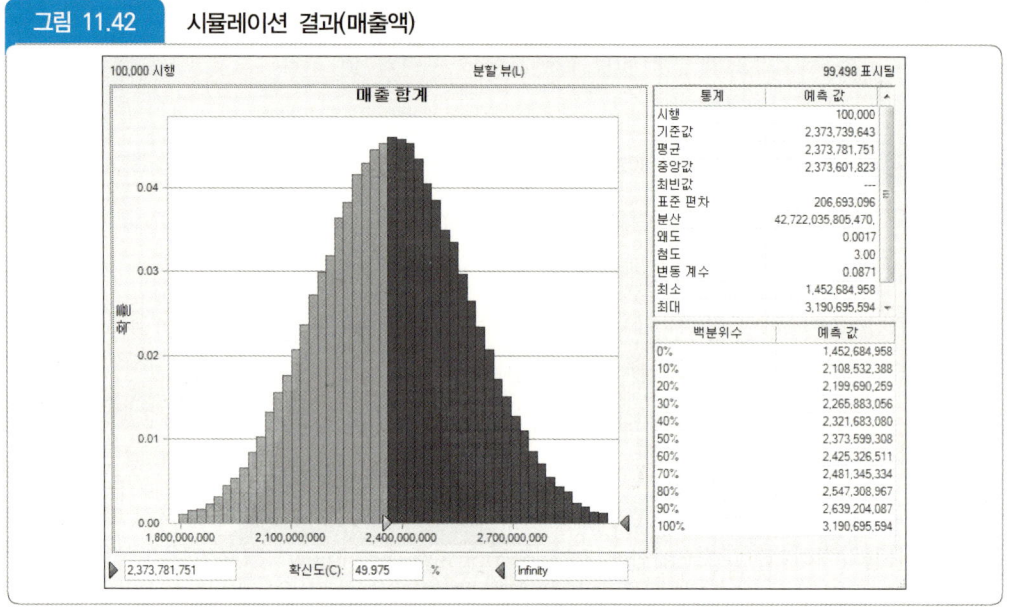

둘째, 회사에서 기대하는 주당순이익(EPS) 목표인 2,000원을 달성하지 못할 확률은 얼마나 존재하는가? 회사에서 기대하는 주당순이익 2000원을 달성하지 못할 확률은 약 12% 존재한다. 현재의 상황에서는 다음 회계연도 수익 구조는 좋은 전망을 보이고 있음을 알 수 있다. 추가적으로 주당 순이익의 최소값은 721원이고 최대값은 4,563원임을 알 수 있다.

그림 11.43 시뮬레이션 결과(주당순이익)

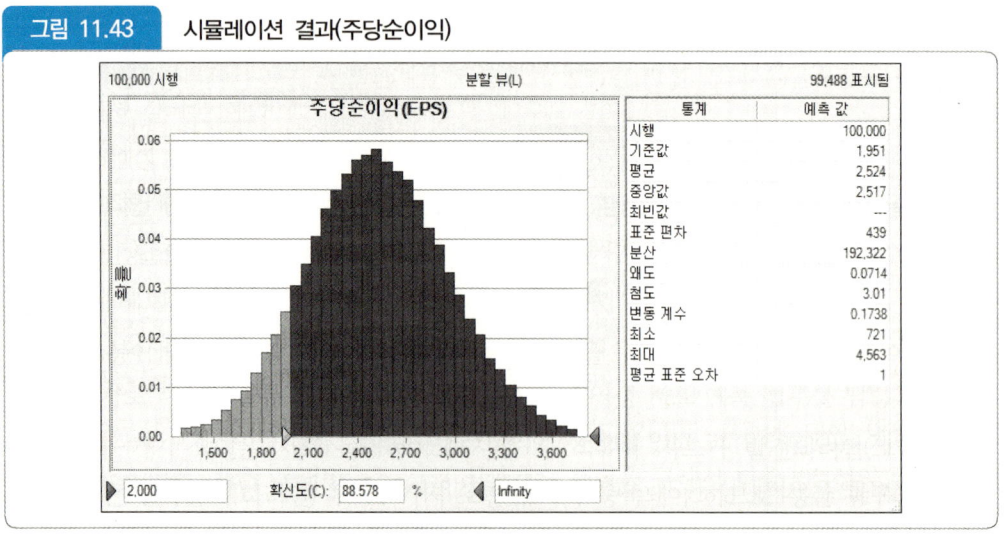

셋째, 주당수이익(EPS)을 높이기 위해서 집중적으로 관리해야 하는 변수들은 무엇인가?

그림 11.44 민감도 분석 결과

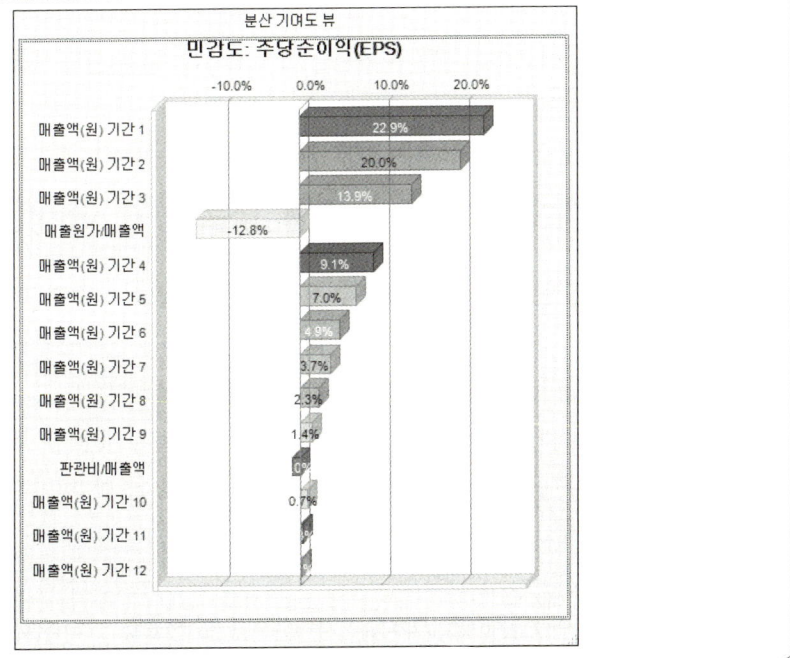

민감도 분석 결과 주당 순이익에 영향을 미치는 기여도를 살펴보면 매출액 〉 매출원가 〉 판관비 순으로 나타나고 있다. 따라서 우리가 기대하는 주당 순이익의 달성 가능성을 높이기 위해서는 다른 리스크 요인보다도 매출에 대한 집중적인 관리가 필요하다.

Case Study V: 프로젝트 비용 추정

프로젝트를 수주하여 관리하는 것도 중요하지만 프로젝트 수주에 앞서 과연 현재 추정한 프로젝트 비용이 미래의 발생할 수 있는 불확실한 요인들을 고려하였을 때 현실적이고 합리적으로 추정되었는가를 검증하는 것은 프로젝트 수행으로 발생할 수 있는 손실을 예방하기 위해서 매우 중요하다.

본 예제는 프로젝트 입찰 비용을 추정하는 방법에 있어서 이러한 미래의 발생 가능한 불확실성을 고려하는 몬테카를로 시뮬레이션을 활용하여 합리적으로 비용을 추정할 수 있는 방법을 제시하고자 한다. L 회사는 조달청에 공고된 공기여과시스템 교체 프로젝트에 참여하고자 한다. 이에 동종 업계에서 사용하고 있는 일반적인 방법인 상황의존도 분석(Contingency Analysis)[1]을 이용하여 입찰 금액을 계산한 결과 8,200만 달러로 추정되었다. 하지만 상환의존도 분석은 추가 발생할 비용 리스크를 고려하였기 때문에 이 금액으로 입찰을 할 경우 프로젝트를 수주하지 못할 것이 염려가 된다.

대부분의 프로젝트들은 통제할 수 없는 외부 인자들에 의해서 기본 추정 비용을 초과하게 되는 경우가 대부분이다. 비용이 초과되는 원인은 매우 다양하므로 불확실한 프로젝트 비용을 정확하게 산출하는 것은 매우 중요하다. 즉, 프로젝트 전체 비용에서 하위 프로젝트 단위에 대한 불확실성의 비율을 실제 비용과 최대한 근사하게 찾아내야 한다.

일반적으로 우리가 수행해 온 컨텐젼스 분석 방법은 불확실성을 고려한 개별 프로젝트 단위들의 비용을 모두 합하여 프로젝트 전체 비용을 산출하였기 때문에 비용을 과대 추정되는 경우가 자주 발생하게 된다. 따라서 담당자는 컨텐지시 분석 보다는 비용에 발생할 수 있는 불확실성을 보수적으로 고려하여 측정할 수 있는 몬테카를로 시뮬레이션 방법 활용하였다. 프로젝트 담당자는 시뮬레이션을 통하여 우리가 기존에 추정한 기초 금액이 가질 수 있는 확률적 가능성과 컨텐젼스 분석을 통해 추정된 프로젝트 비용의 확률적 가능성을 통해서 이 프로젝트 비용이 합리적인가를 파악해 보고자 하였다. 또한 시뮬레이션 결과를 통해 회사가 프로젝트 비용을 초과할 리스크를 5% 정도 고려한다면 프로젝트 비용이 얼마가 되는지를 알아보고자 하였다.

담당자는 공기여과시스템 교체 프로젝트 비용과 관련된 리스크 인자를 식별하고 엑셀을 활용하여 아래 그림과 같이 프로젝트 비용 추정을 위한 모델을 작성하였다. 기존의 방법으로 기초 금액을 추정하여 산출한 프로젝트 예상 기초 비용은 70,967,376 달러이다. 하지만 앞서 언급한 것처럼 대부분의 프로젝트는 비용이 초과하는 경우가 발생한다. 이에 각 항목에 대한 리스크를 컨텐지시로 반영하여 최종 프로젝트 비용을 산정하게 된다. 담당자가 이러한 비용 초과 리스크를 예방하기 위해 컨텐지시 분석으로 추정한 프로젝트 비용은 82,359,205 이다.

---

[1] 분석 모형에서 파라미터의 변화가 아니라 외생변수나 조건변수의 변화에 따라 결과가 얼마나 민감하게 변하는지를 파악하기 위한 분석

그림 11.45 프로젝트 비용 추정 모델

		Description	Estimate Subtotal	%	Contingency	Total	Min	Max	Simulated
1		**Project Cost Estimation**							
3	11	Big Co. PROJECT MANAGEMENT	$4,719,278	5%	$235,964	$4,955,242			
4	1	**PROJECT MANAGEMENT**	**$4,719,278**	**5%**	**$235,964**	**$4,955,242**	$4,500,000	$5,500,000	$ 4,719,278
6	21	ENGINEERING MANAGEMENT	$1,344,586	8%	$107,567	$1,452,153			
7	22	TECHNICAL STUDIES	$479,725	8%	$38,378	$518,103			
8	23	DEFINITIVE DESIGN	$10,575,071	8%	$846,006	$11,421,077			
9	24	ENGINEERING INSPECTION	$5,007,916	8%	$400,633	$5,408,549			
10	25	EQUIPMENT REMOVAL DESIGN	$2,561,272	6%	$153,676	$2,714,948			
11	2	**ENGINEERING**	**$19,968,570**	**8%**	**$1,546,260**	**$21,514,830**	$19,000,000	$22,000,000	$ 19,968,570
13	31	CENRTC DEFINITIVE DESIGN	$668,990	5%	$33,450	$702,440			
14	32	CENRTC PROCUREMENT	$632,731	5%	$31,637	$664,368			
15	33	CENRTC FABRICATION	$902,498	5%	$45,125	$947,623			
16	3	**CENRTC**	**$2,204,219**	**5%**	**$110,211**	**$2,314,430**	$2,000,000	$2,500,000	$ 2,204,219
18	41	WHC CONSTRUCTION MANAGEMEI	$4,976,687	10%	$497,669	$5,474,356			
19	42	INTER-FARM MODIFICATIONS	$1,307,065	25%	$326,766	$1,633,831			
20	43	C-FARM MODIFICATIONS	$6,602,884	25%	$1,650,721	$8,253,605			
21	44	AY-FARM MODIFICATIONS	$1,636,429	30%	$490,929	$2,127,358			
22	45	EXPENSE PROCUREMENT	$4,054,629	25%	$1,013,657	$5,068,286			
23	46	FACILITY PREP	$9,536,166	35%	$3,337,658	$12,873,824			
24	47	CONSTRUCTION SERVICES	$7,041,973	15%	$1,056,296	$8,098,269			
25	4	**CONSTRUCTION**	**$35,155,833**	**24%**	**$8,373,696**	**$43,529,529**	$34,000,000	$45,000,000	$ 35,155,833
27	51	STARTUP ADMINISTRATION	$1,676,355	15%	$251,453	$1,927,808			
28	52	STARTUP SUPPORT	$1,944,661	15%	$291,699	$2,236,360			
29	54	STARTUP READINESS REVIEW	$1,042,521	15%	$156,378	$1,198,899			
30	5	**OTHER PROJECT COST**	**$4,663,537**	**15%**	**$699,531**	**$5,363,068**	$4,000,000	$5,500,000	$ 4,663,537
32	61	ENVIRONMENTAL MANAGEMENT	$424,013	10%	$42,401	$466,414			
33	63	SAFETY	$3,579,477	10%	$357,948	$3,937,425			
34	64	NEPA	$64,106	10%	$6,411	$70,517			
35	65	RCRA	$11,474	15%	$1,721	$13,195			
36		CAA	$176,869	10%	$17,687	$194,556			
37	6	**SAFETY & ENVIRONMENTAL**	**$4,255,939**	**10%**	**$426,168**	**$4,682,107**	$4,000,000	$5,000,000	$ 4,255,939
39		**PROJECT TOTAL**	**$70,967,376**	**16%**	**$11,391,829**	**$82,359,205**	$67,500,000	$85,500,000	$ 70,967,376.00

프로젝트에 수행하기 위해 필요한 각 프로세스의 실제 비용은 각가의 프로세스를 수행하는 업무 담당자에 의해서 추정된 최소 비용과 최대 비용 사이에서 발생한다는 것에 근거하여 비용 추정 모델의 비용 요인의 상위 6개 프로세스 요인에 대해서 불확실성을 고려하였다. 과거 데이터를 활용할 수 없기 때문에 데이터가 없을 경우 해당 분야의 전문가의 지식과 경험에 의한 정보를 근거로 활용할 수 있는 PERT 분포 사용 하였으며 최빈값은 기존의 프로젝트 비용 추정 시 사용된 기초 금액을 적용하였다. 그리고 보다 현실적인 상황을 고려하고자 프로젝트 수행 시 발생할 수 있는 금액에 대해서 기초 금액을 중심으로 작은 금액과 큰 금액을 분포의 최소값과 최대값으로 고려하였으며 기초금액보다 작게 발생할 확률 보다는 크게 발생할 확률에 더 가중치를 줌으로써 보수적으로 프로젝트 비용을 추정하고자 하였다.

몬테카를로 시뮬레이션을 수행하기 위해서 프로세스의 비용에 대한 확률 분포는 그림과 같이 정의하였다.

| 그림 11.46 | 프로젝트 비용 추정 모델: 입력변수 정의(Project Management) |

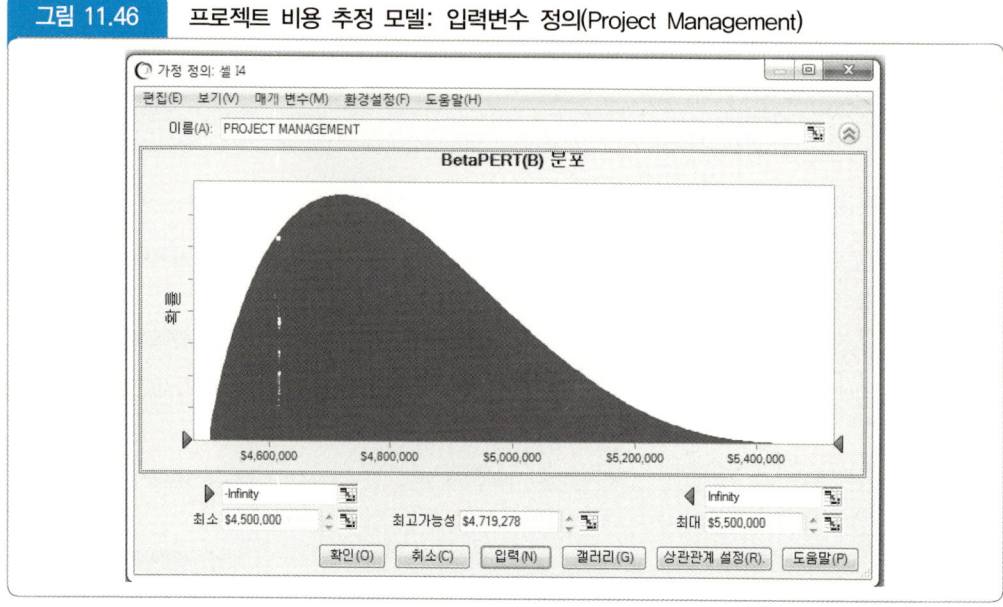

몬테카를로 시뮬레이션을 실행하여 전체 프로젝트 비용에 대한 계산한 값들에 대한 확률 분포를 추정하기 위해서 다음과 같이 PROJECT TOTAL을 예측값으로 정의 하였다.

| 그림 11.47 | 예측 정의: Project Total |

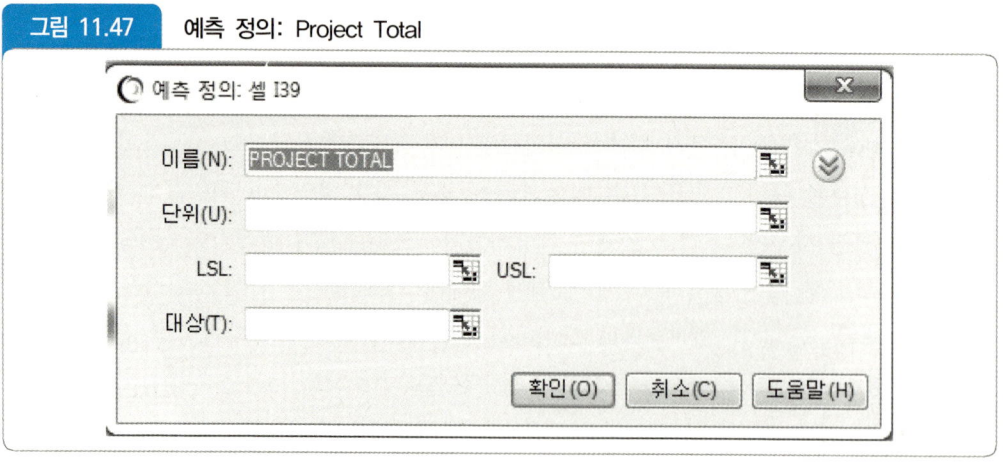

최대한 많은 시나리오를 고려하기 위해서 실행(Trial) 횟수를 100,000번 설정한 후 시뮬레이션을 수행하였으며 결과는 그림과 같다.

| 그림 11.48 | 시뮬레이션 결과: 기초 프로젝트 비용 초과 확률 |

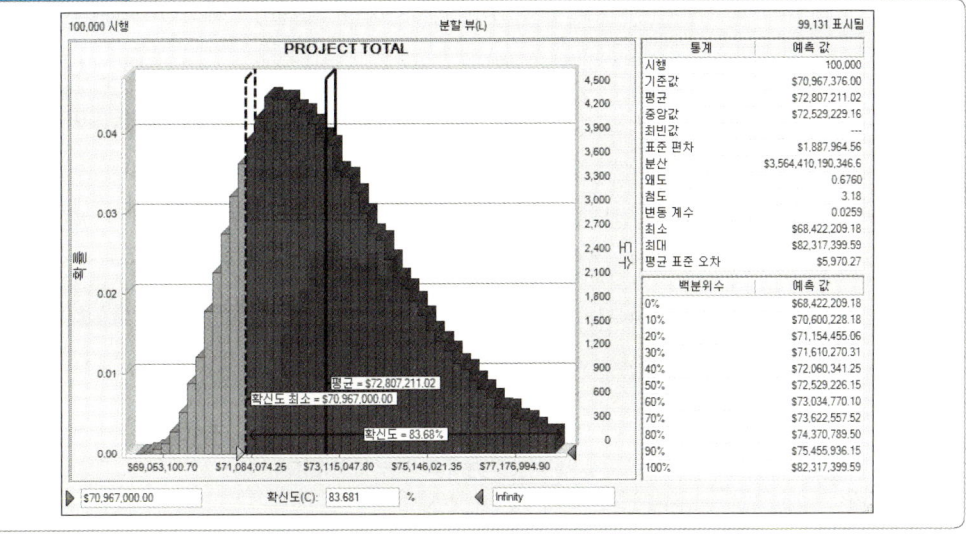

시뮬레이션을 결과 프로젝트 평균 비용은 약 73,000,000 달러이며 입찰 담당자가 기초 금액으로 산정한 프로젝트 비용인 71,000,000달러를 초과할 확률은 약 83%가 된다. 따라서 이 금액으로 프로젝트에 입찰 할 경우 회사는 손실을 볼 가능성이 매우 크게 된다. 그렇다면 이러한 위험을 예방하기 위해서 컨텐전시 분석으로 산출된 금액으로 입찰을 했을 경우 어떻게 될 것인가를 알아보자.

| 그림 11.49 | 시뮬레이션결과: 컨텐전시 프로젝트 비용 초과 확률 |

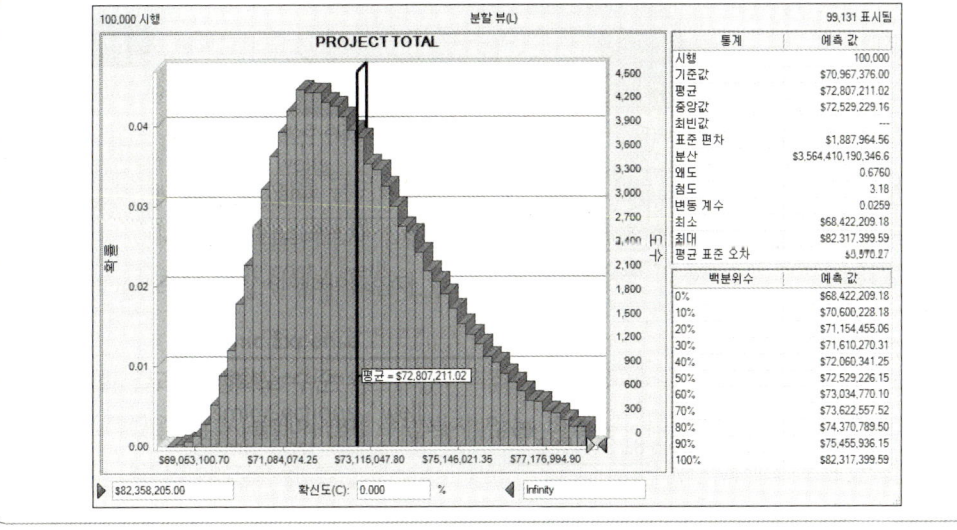

위의 그림 11.49의 시뮬레이션 결과에서 볼 때 컨텐전시를 고려하여 추정한 금액인 82,358,205달러가 프로젝트 비용을 초과할 확률은 거의 존재하지 않는다. 따라서 이 금액으로 프로젝트에 입찰을 한다면 가격 경쟁력이 떨어져 낙찰될 가능성이 거의 없을 것이다.

그렇다면 시뮬레이션으로 추정된 프로젝트 비용에 대한 분포에서 5%에 대한 리스크만을 고려하여 입찰 금액을 산정한다면 어떻게 될 것인가?

시뮬레이션 결과 95% 확신도에서 취할 수 있는 프로젝트 비용은 약 76,347,000 달러이다. 이럴 경우 컨텐전시 비용은 약 5,380,000달러가 된다.

또한 입찰 담당자는 조직에서 감내 할 수 있는 리스크가 더 크다면 더 낮은 금액으로 입찰 가격을 책정하여 낙찰될 가능성을 높일 수 있을 것이다.

그림 11.50 시뮬레이션 결과: 5%리스크를 고려한 프로젝트 비용

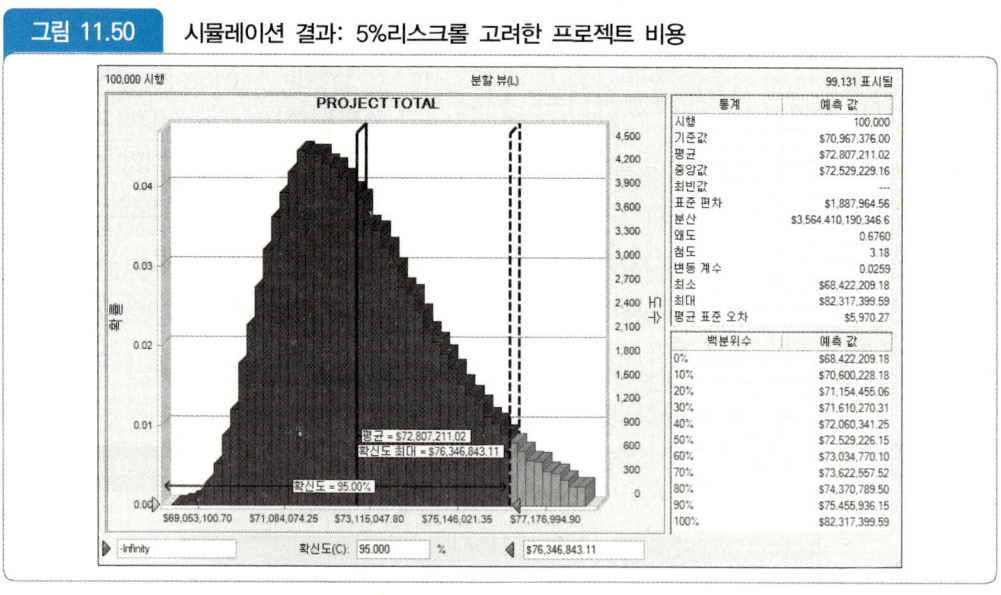

마지막으로 그림 11.51의 민감도 분석 결과를 통해서 담당자는 프로젝트 전체 비용에 미치는 각 프로세스의 영향력을 파악할 수 있다. 민감도 분석 결과 프로젝트 전체 비용에 대해서 Construction > Engineering > Other Project Cost 순으로 영향을 미치고 있음을 알 수 있다. 여기서 입찰 담당자는 가장 영향력이 큰 Construction 프로세스의 비용을 절감할 수 있는 전략적 방안이 있다면 입찰 금액을 현재 보다 낮추어 입찰 경쟁력을 확보 할 수 있을 것이다. 또한 민감도 분석을 통해서 우리가 각 프로세스의 리스크를 관리하는데 있어 어떠한 우선 순위를 가지고 관리해야 하는지에 대한 통찰력을 가질 수 있다.

그림 11.51   민감도 분석 결과

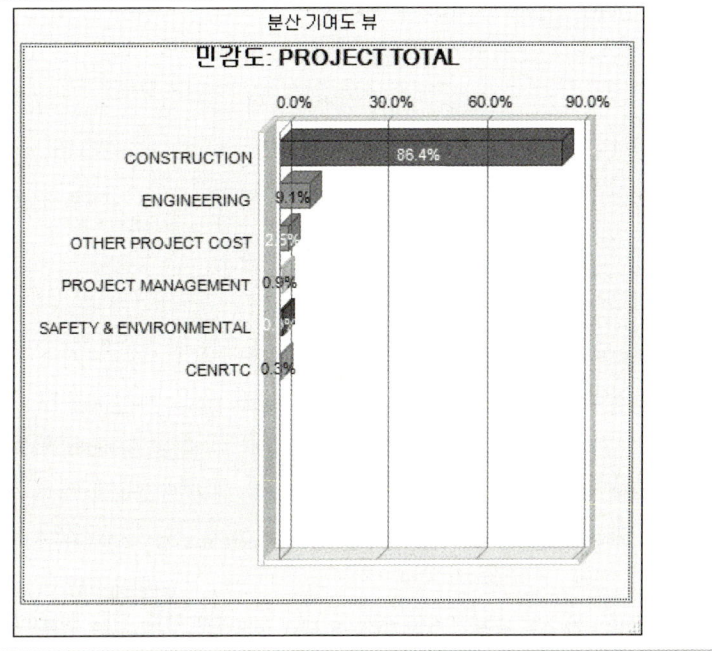

본 예제는 아주 간단한 예제를 통해서 프로젝트 비용을 추정하는 방법을 알아보았다. 만약 입찰 담당자가 다음과 같은 사항들을 고려한다면 더 현실적인 프로젝트 입찰 비용을 추정할 수 있을 것이다.

첫째, 변수들 간의 관련성을 상관관계로 정의 하여 반영

둘째, 단순한 PERT 분포가 아닌 과거 데이터에 근거한 확률 분포 적합이나 로그 정규 분포를 활용한 비용 추정

셋째, 비용의 발생 여부에 대한 이벤트를 모델링에 고려하는 방법

넷째, 대안 모수 방법을 이용하여 최대값보다 크게 발생할 가능성에 대해 고려 등이 있을 수 있다.

Case Study Ⅵ : 프로젝트 일정 예측

프로젝트 관리에 있어서 중요한 포인트는 원가, 일정, 성과 관리이다. 그 중에서도 프로젝트 일정 관리는 원가 및 성과에 영향을 크게 미치기 때문에 프로젝트 관리자의 가장 중요한 책

임 중에 하나가 된다. 따라서 전문성을 갖춘 프로젝트 관리자는 프로젝트 완료 시점을 맞출 가능성을 높이기 위해 프로젝트 실행계획을 필요한 만큼 충분히 검토하고 수정을 한다. 그런데 프로젝트 관리자는 프로젝트가 주어진 기간 내에 완료될 가능성을 어떻게 추정하는가? 일반적으로 많이 활용하는 방법이 PERT/CPM 모형이다. 이 모형은 대표적인 프로젝트 관리 툴인 MS Project, Primavera P6 등에 기본 알고리즘으로 사용된다. 하지만 이러한 툴들은 세부적인 WBS가 작성된 후 실제 프로젝트를 진행하는 과정에서 관리의 목적으로 많이 사용된다. 하지만 본 사례에서는 프로젝트 시작 전에 이 프로젝트가 가지는 일정에 대한 리스크를 측정하여 사전에 예방하고자 한다.

K자동차 회사는 급속도로 변화하는 자동차 시장에서의 경쟁력을 갖기 위해서 신차개발 프로젝트를 착수하고자 한다. 신차의 성공 여부를 결정짓는 중요한 요소 중에 하나는 출시 시기이다. 따라서 프로젝트 관리자는 우리가 원하는 출시시기를 맞추기 위해서 프로젝트 일정에 대한 예측을 해 보고자 한다. 일반적으로 신차를 개발하는데 있어서 주요 활동들은 6개로 나누어진다. 6개 단계는 시장의 수요 파악/개념 설계, 신규기술 개발, 플랫폼 개발, 차체 디자인, 현행기술 개량, 생산공정 설계 이다. 프로젝트 일정에 대한 예측을 위해서 각 단계들에 대한 선후 관계와 각 단위 활동에 소요되는 시간은 표와 같이 정리하였다.

우리가 계획한 신차 출시시기를 고려할 때 이 프로젝트는 32개월 이내에 완료가 되어야 한다.

그림 11.52 일정 예측 모델

활동단위	세부작업 내용	선행작업	소요시간
시작(S)	시작		0
A	수요파악/개념설계	S	4
B	신규기술 개발	S	16
C	플랫폼 개발	A	9
D	자체 디자인	A	12
E	현행기술 개량	B,C	8
F	생산공정 준비	D,E	6
종료			0

위의 표를 기반으로 프로젝트 네트워크를 도식화 하면 다음과 같다.

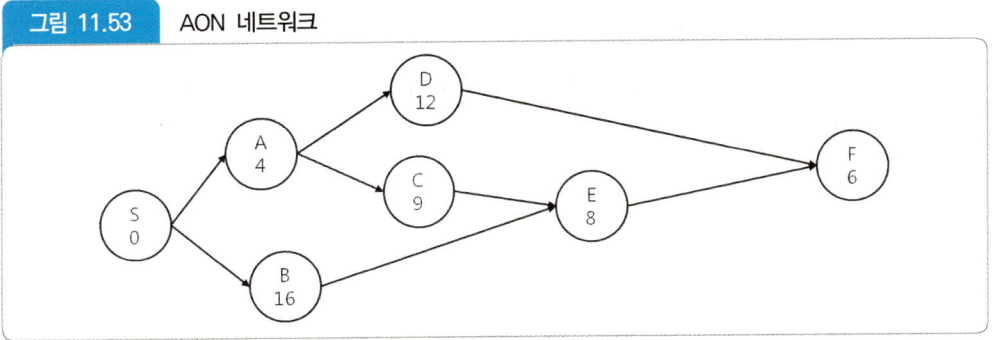

그림 11.53 AON 네트워크

프로젝트를 수행하는 네트워크 경로는 다음과 같이 나타낼 수 있다.

경로 1: S -> A -> D -> F ==> 22개월

경로 2: S -> A -> C -> E -> F ==> 27개월

경로 3: S -> B -> E -> F ==> 30개월

프로젝트 네트워크에서 각 활동의 안에 있는 숫자는 정상적인 규모의 인력과 방법으로 그 활동을 수행할 때 소요되는 시간을 월 단위로 표시한 것이다. 여기서 중심경로(Critical Path)를 추정해 보면 프로젝트 기간이 가장 긴 30개월이 된다. 만약 프로젝트 관리자가 추정한 기간 데로 프로젝트를 완료할 수 있다면 계획했던 32개월 보다 2개월 빠른 30개월에 프로젝트를 완료할 수 있다는 것이다. 하지만 여기서 우리가 생각해야 할 것은 각 활동의 소요시간은 추정치 일 뿐이고 실제로는 각 활동의 소요 시간이 가지는 불확실성이 크게 존재한다는 것이다. 그렇기 때문에 실제 프로젝트 완료 시간은 30개월과 크게 다를 수 있고 계획했던 32개월보다 더 크게 소요될 가능성도 존재하게 될 것이다. 따라서 프로젝트 관리자는 각 활동의 소요시간에 존재하는 불확실성을 고려할 때 우리가 추정한 30개월에 프로젝트가 완료될 가능성 그리고 계획하고 있는 32개월 이내에 프로젝트가 완료될 가능성을 알아보고자 한다. 또한 만약 32개월 이내에 프로젝트가 완료 될 가능성이 작다면 날성 가능성을 높이기 위해서 어떻게 해야 하는지 방법을 알아보고자 한다.

컴퓨터 시뮬레이션에서 활동의 소요시간을 다룰 때 이에 대한 확률분포로 경험적 분포들을 많이 활용한다. 경험적 분포는 직관적으로 정의할 수 있는 분포로써 대표적으로 삼각형 분포, PERT 분포, 균등 분포 등이 있다. 본 모델에서는 PERT 분포를 이용하여 소요시간에 대한 불확실성을 정의하고자 한다. PERT 분포를 적용하기 위해서는 각 활동의 소요시간에

대한 최소값, 최빈값, 최대값에 대한 정보가 필요하다. 아래 표는 각 활동에 대한 모수 정보이다.

표 11.8 신차 개발 단계별 선행작업 및 소요시간

활동 단위	세부작업 내용	선행 작업	PERT분포 모수		
			Min	Likely	Max
Start	시작			0	
A	수요파악/개념설계	S	2	4	6
B	신규기술 개발	S	13	16	19
C	플랫폼 개발	A	7	9	12
D	자체 디자인	A	9	12	15
E	현행기술 개량	B,C	7	8	10
F	생산공정 준비	D,E	4	6	7
Finish	종료				

위의 표에서 제공하는 프로젝트 각 활동간의 선/후행 관계와 각 활동들이 소요되는 시간에 대한 불확실성을 고려한 프로젝트 소요 시간을 시뮬레이션하기 위해서 CPM 모델을 스프레드시트에 구현하였다.

그림 11.54 신차개발 프로젝트 시뮬레이션 모델

순서	활동	선행 활동	최소 소요시간	최빈 소요시간	최대 소요시간	ES	EF	LS	LF	여유 시간
S	시작			0		0	0	0	0	0
A	수요파악/개념설계	S	2	4	6	0	4	3	7	3
B	신규기술 개발	S	13	16	17	0	16	0	16	0
C	플랫폼 개발	A	7	9	10	4	13	7	16	3
D	차체 디자인	A	9	12	15	4	16	12	24	8
E	현행기술 개량	B,C	7	8	9	16	24	16	24	0
F	생산공정 준비	D,E	4	6	7	24	30	24	30	0

프로젝트 총 소요시간 30

수요 파악/개념설계 활동에 소요되는 시간에 대한 범위를 스프레드시트에 정의된 최소, 최빈, 최대값을 이용하여 PERT 분포로 그림과 같이 정의할 수 있다.

다른 모든 활동들도 동일한 분포를 따르고 스프레드시트에 정의된 모수값들이 동일한 형태이므로 크리스탈볼에서 제공하고 있는 분포 복사하기, 붙여넣기 기능을 이용하면 다른 활동에 대해서도 쉽게 PERT 분포를 정의할 수 있다. 이때 주의 사항은 그림에서도 볼 수 있듯이 모수를 참조 하는 셀들은 상대참조 형식으로 지정하여야 한다.

그림 11.55   입력 변수 분포정의: 수요파악/개념설계

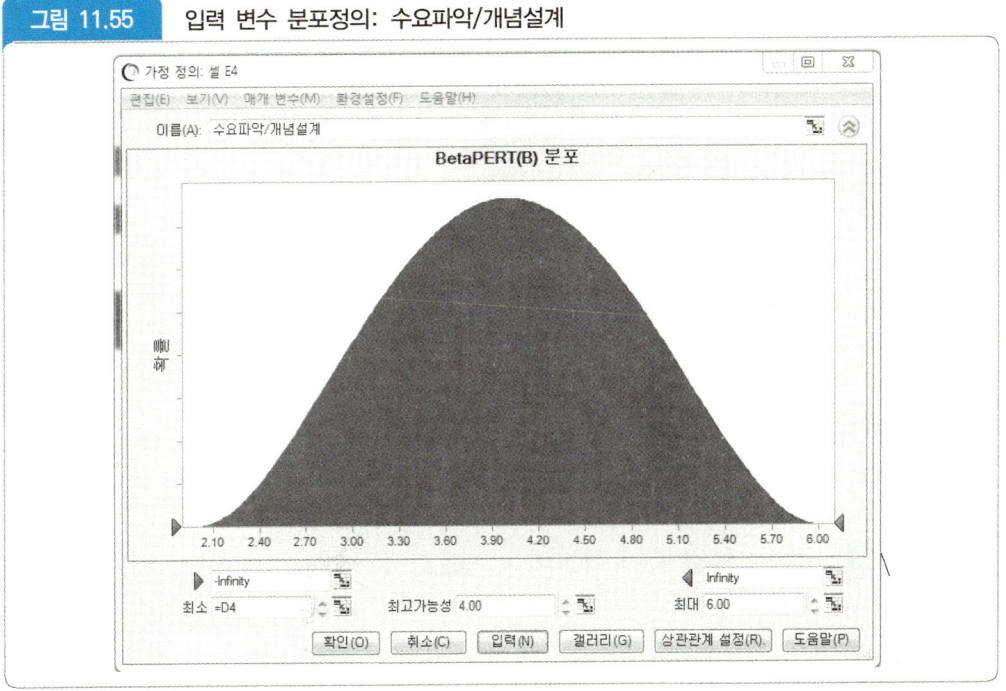

시뮬레이션 시행 횟수를 10,000으로 설정한 후 수행한 결과이다. 이 결과는 다양한 프로젝트 소요시간이 가능함을 보여주고 있다. 결과 차트의 왼쪽에서 제공하고 있는 시뮬레이션 통계량과 백분위수를 통해서 알 수 있듯이 최소 프로젝트 소요 기간은 25.9개월이며 최대 프로젝트 소요 기간은 34.5개월이다. 가장 빈번하게 발생할 수 있는 프로젝트 소요 기간은 30개월을 근방에서 가장 가능성이 크다는 것을 알 수 있다. 그리고 통계량의 맨 아래에 있는 평균 표준오차가 0.01이라는 것으로부터 프로젝트 소요 기간에 대한 확률분포의 평균이 참값에 매우 근사한 값이라는 것을 추정할 수 있다.

그림 11.56 시뮬레이션 결과(30개월 초과)

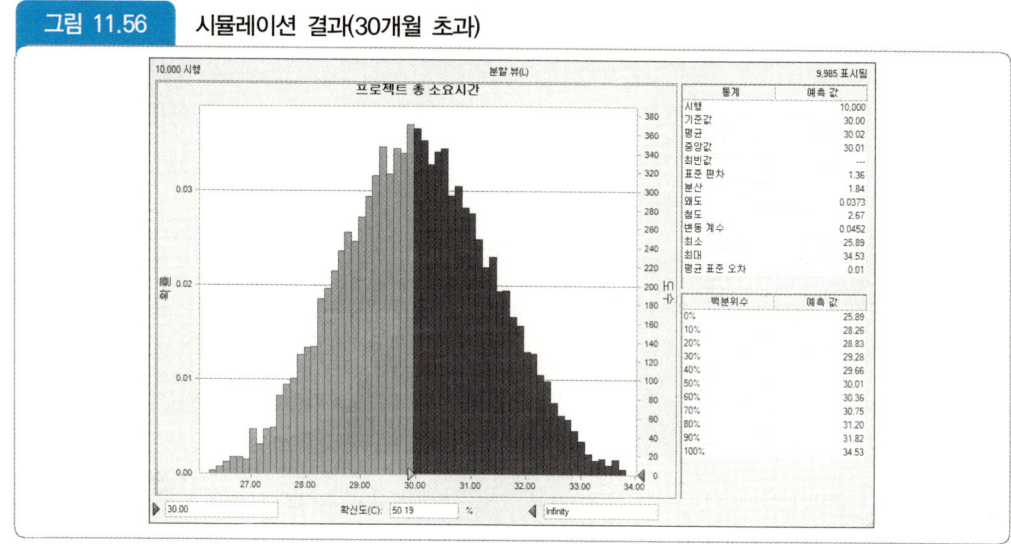

　CPM 모형으로 추정한 기간이 30개월을 초과할 가능성은 그림 11.56에서 알 수 있듯이 현재 50.19%가 존재하므로 이 기간으로 프로젝트 일정을 수립한다면 프로젝트 일정 지연에 따른 비용 손실이 발생할 것이다.

그림 11.57 시뮬레이션 결과(10% 지연리스크 고려)

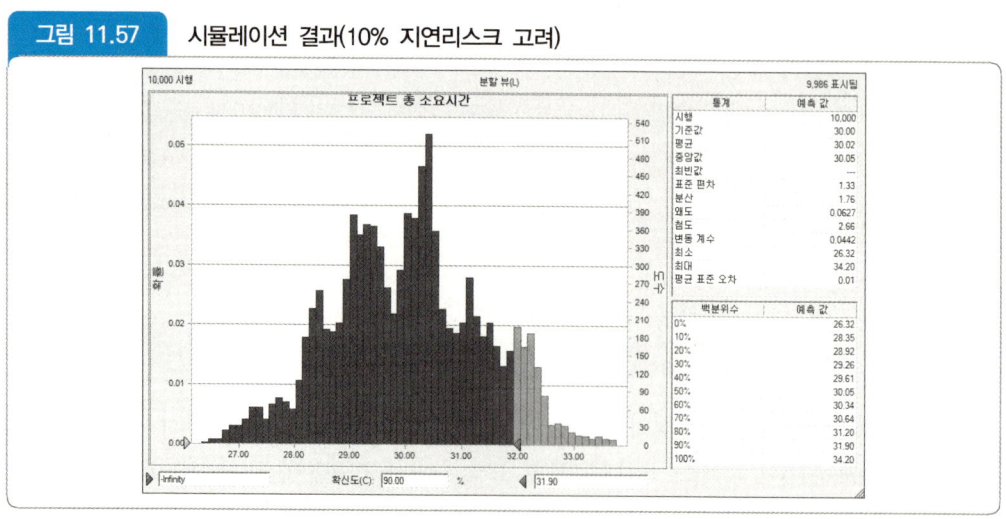

　따라서 프로젝트 일정에서 지연이 발생할 수 있는 리스크를 10%에 고려할 경우 즉 계획된 일정 보다 초과할 확률이 10% 존재하는 시뮬레이션 결과상에서 90%에 해당하는 일정은 그림 11.57에서와 같이 약 32개월이 된다. 프로젝트 관리자는 기존에 일정에서 32개월로 프로젝트 일정을 변경함으로써 일정 지연에 따른 리스크를 예방할 수 있다. 기존 프로젝트 일정을 조정하지 않고 리스크를 줄일 수 있는 다른 방법은 민감도 분석을 통해서 일정에 영향력을 크게 미치는 활동에 대한 불확실성을 줄이는 방법이다.

그림 11.58 민감도 분석 결과

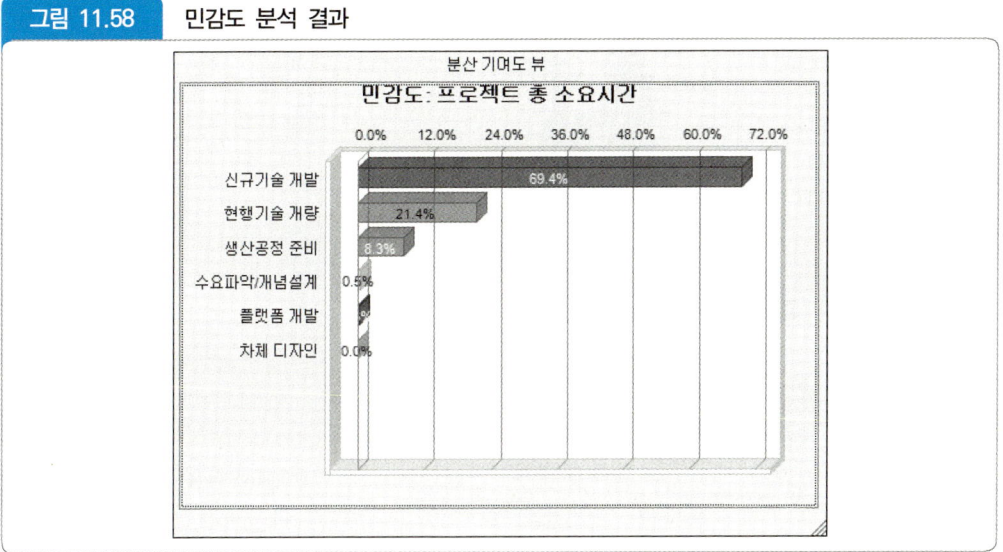

크리스탈볼에서 제공하는 민감도 차트는 프로젝트 일정 수립에 있어서 어떤 활동을 관리해야 하는지를 알려주는 강력한 도구이다. 크리스탈볼의 민감도 분석은 확률분포로 정의된 가정변수들이 결과변수에 미치는 영향력의 크기를 보여준다. 민감도 분서의 방법으로 분산기여도 방법과 순위상관계수 방법을 제공하고 있다. 위의 그림에서 제공하고 있는 분산기여도 방법은 가정변수들이 결과변수에 미치는 영향력의 크기를 절대적인 기준값인 100%로 했을 때 상대적으로 각각의 가정변수가 결과 변수에 미치는 영향력의 크기를 의미한다. 그림 11.58에서와 같이 본 프로젝트에서는 전체 프로젝트 소요 기간에 가장 큰 영향력을 미치는 변수는 신규기술 개발 단계이며 69.4%의 영향력을 미치고 있다. 다음으로 생산 공정 준비와 현행기술 개량 순으로 영향을 미치고 있음을 알 수 있다. 앞서 이야기 했듯이 프로젝트 담당자가 기존에 계획했던 프로섹트 일징인 30개월에 안정적으로 프로젝트를 마치고자 한다면 민감도 분석에서 볼 수 있듯이 신규기술 개발 활동, 현행기술 개량 등의 활동에 대한 일정을 최대한 단축시켜야 한다. 이를 위해서 신규기술 개발 활동에 보다 많은 인력 투입과 우수한 장비 배치 등을 통한 철저한 관리가 필요하다. 만약 신규개발 활동에 대한 평균 소요 시간을 14개월로 단축했을 경우 그림 11.59와 같이 약 30주안에 프로젝트를 완료할 확률이 90%이상으로 개선되는 것을 알 수 있다.

그림 11.59 시뮬레이션 결과(신규개발활동 14개월로 단축 시)

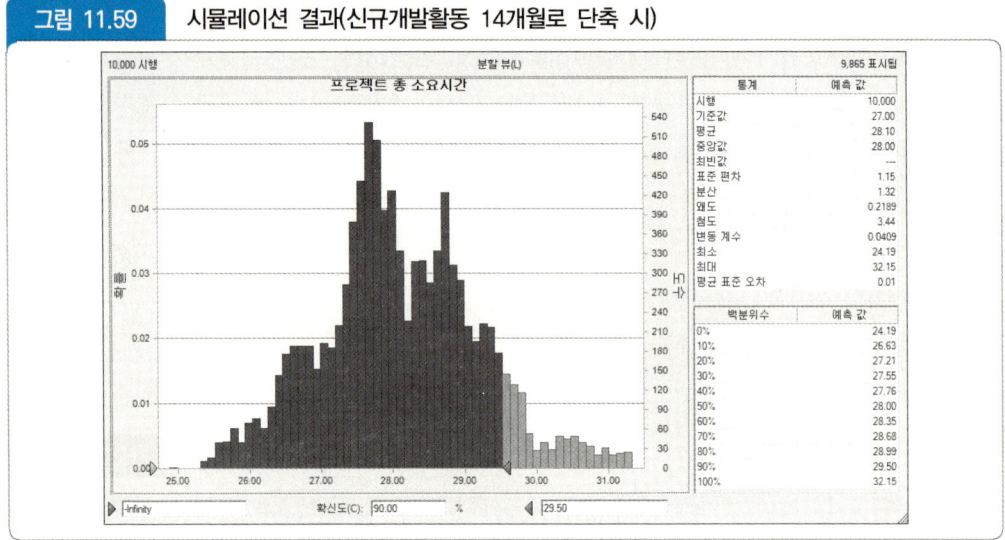

따라서 의사결정자는 프로젝트 일정에 따른 리스크를 최소화하기 위해서 프로젝트 일정을 늘리거나 프로젝트 일정에 중요한 영향력을 행사하는 활동들에 대한 집중적인 관리가 필요하다.

Case Study Ⅶ : 실험계획법과 시뮬레이션 활용한 품질 수준 예측

실험 계획법과 함께 시뮬레이션을 활용하는 편익 중 하나는 최소 실험으로 최대 실험한 결과와 동일한 결과를 얻을 수 있기 때문에 실험 비용을 최소화 할 수 있다. 이외에도 실험계획법과 시뮬레이션을 활용하면 수율 개선, 품질 개선, 설계 및 공정 최적화, 개발 시간 단축, 테스트 시간 단축, 핵심 인자 정의, 전체 비용절감 등의 편익을 볼 수가 있다.

본 예제는 통계적 모델링 기법인 실험계획법과 시뮬레이션을 결합하여 현재의 공정 상황에서의 품질 수준이 어떠한가를 예측하고 개선안을 도출해 내는 과정을 제공하는 모델이다. 품질 담당자는 이 모델을 이용하여 현재 공정에서 CTQ로 정의한 부품의 길이가 요구하는 품질규격에 만족되도록 생산하여 불량률을 최소화 하고자 한다.

먼저 시뮬레이션을 수행하여 품질 수준을 예측하기 위해서는 품질 수준 측정 대상이 되는 변수에 대한 모델이 필요하다. 품질담당자는 시뮬레이션에 사용될 모델을 구현하기 위해서 실험계획법을 활용하기로 결정하였다. 실험계획법을 통해 모델을 도출하기 위해서 실험 설계가 우선되어야 하며 이를 위해서는 실험 인자를 선정하여야 한다. 품질담당자는 현장 경험과 동료들의 의견을 수렴하여 부품의 길이에 영향을 미치는 3가지 인자로써 온도, 시간, 압력을 선별하였다. 그런 다음 대표적인 통계분석 툴인 Minitab을 이용하여 각 인자별 2개의 수준과 5번의 반복을 실험하는 2^3요인 실험설계를 수립하였고 수립된 실험 조건으로 실험을 통해 부품 길이에 대한 결과 데이터 얻었다. 모델을 도출하기 위한 마지막 단계로 아래 그림에서와 같이 미니탭의 실험계획법 분석기능을 이용하여 부품길이에 대한 회귀 방정식을 도출하였다.

그림 11.59 미니탭의 실험계획법을 활용한 모형식

```
Factorial Fit: Length versus MoldTemp, CycleTime, HoldPres

Estimated Effects and Coefficients for Length (coded units)

Term                 Effect      Coef  SE Coef        T      P
Constant                      63.5850   0.2039   311.87  0.000
MoldTemp             2.9300    1.4650   0.2039     7.19  0.000
CycleTime            3.8300    1.9150   0.2039     9.39  0.000
HoldPres             9.1300    4.5650   0.2039    22.39  0.000
MoldTemp*CycleTime  -1.1300   -0.5650   0.2039    -2.77  0.009


S = 1.28946    R-Sq = 94.88%    R-Sq(adj) = 94.30%


Analysis of Variance for Length (coded units)

Source                DF    Seq SS    Adj SS    Adj MS       F      P
Main Effects           3   1066.11   1066.11   355.369  213.73  0.000
2-Way Interactions     1     12.77     12.77    12.769    7.68  0.009
Residual Error        35     58.20     58.20     1.663
  Lack of Fit          3      5.75      5.75     1.916    1.17  0.337
  Pure Error          32     52.45     52.45     1.639
Total                 39   1137.07


Unusual Observations for Length

Obs  StdOrder   Length      Fit   SE Fit  Residual  St Resid
 30        30  71.0000  68.2650   0.4559    2.7350      2.27R
 38        38  65.0000  68.2650   0.4559   -3.2650     -2.71R

R denotes an observation with a large standardized residual.


Estimated Coefficients for Length using data in uncoded units

Term                      Coef
Constant             -9.18000
MoldTemp              0.0575500
CycleTime             0.0902500
HoldPres              0.456500
MoldTemp*CycleTime   -2.82500E-04
```

부품길이에 대한 회귀 방정식

$$\text{Length} = 0.05755 * \text{MoldTemp} + 0.09025 * \text{CycleTime} + 0.4565 * \text{HoldPres} + -0.0002825 * \text{MoldTemp}*\text{CycleTime} + -9.18$$

품질 담당자는 실험계획법을 통해 얻은 회귀 방정식을 기반으로 대표적인 시뮬레이션 툴인 크리스탈볼을 이용하여 시뮬레이션을 수행하고자 한다.

앞서 Minitab으로 도출된 회귀 방정식을 엑셀 스프레드시트에 표현하면 그림11.60과 같다.

그림 11.60 엑셀에 표현된 회귀방정식

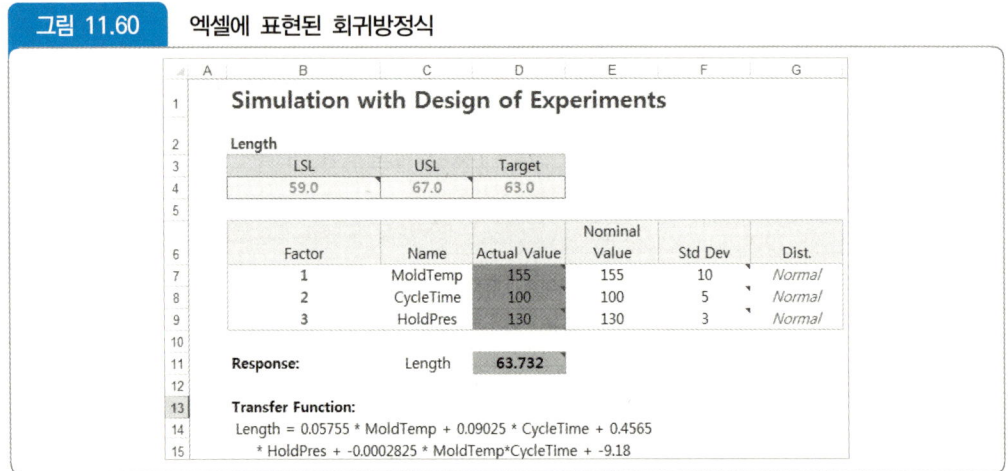

시뮬레이션을 수행하기 위한 첫 번째 단계는 회귀 방정식에 사용된 독립변수들 중에 통제가 불가능한 불확실한 변수를 정의하는 것이다. 본 예제에서는 회귀모델에 사용된 온도, 시간, 압력 변수들 모두가 정해진 오차 범위 안에서 변동성을 가지기 때문에 확률 분포로 정의하고자 한다. 다음으로 CTQ로 설정한 부품 길이를 예측 변수로 정의하여 시뮬레이션을 수행한 후 현재 공정수준에서의 품질 수준을 파악할 것이다.

만약 현재의 품질 수준의 조직에서 요구하는 수준을 만족한다면 현재의 공정 조건으로 생산 라인을 가동할 것이지만 품질 수준이 요구하는 수준을 만족하지 못한다면 이에 따른 개선 방안을 찾고자 한다.

지금부터는 시뮬레이션을 수행하기 위한 절차를 알아보도록 하자.

회귀방정식에 독립변수로 정의된 세 개의 변수 온도, 시간, 압력을 컨트롤 하는 각각의 설비가 가지고 있는 불확실성을 반영하기 위해서 각각의 설비에서 제공하는 오차에 대한 스펙

정보를 이용하여 정규분포로 다음과 같이 정의 할 수 있다.

독립변수에 대한 확률 분포를 정의하기 위해서 모델에서 해당 셀(D7) 선택 Crystal Ball 메뉴 〉 정의 〉 가정정의 〉 정규분포 선택 〉 모수 입력칸에 모수 값을 직접 입력하여 정의하거나 모수 입력칸 오른쪽에 제공하는 작은 스프레드시트 모양의 아이콘을 클릭하여 엑셀에 입력된 모수를 참조하여 정의할 수 있다. 본 모델에서 정의된 독립변수에 대한 확률 분포는 다음과 같다.

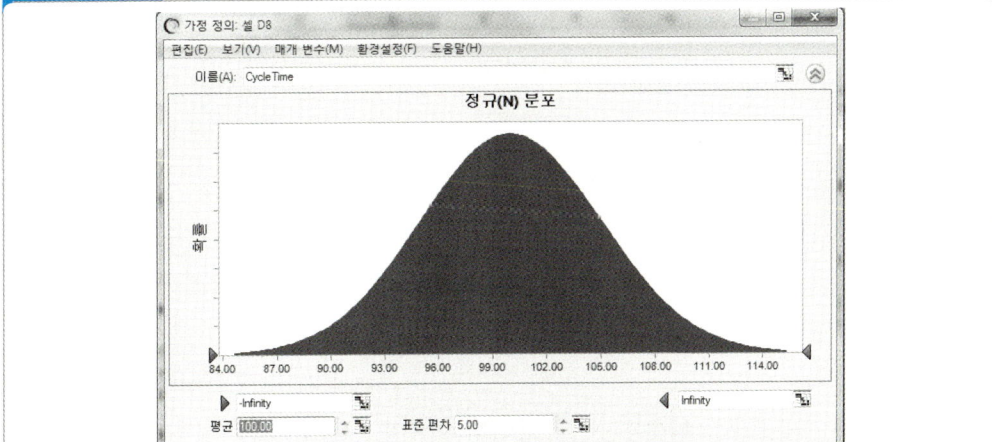

그림 11.60　입력 변수 분포 정의: MoldTemp

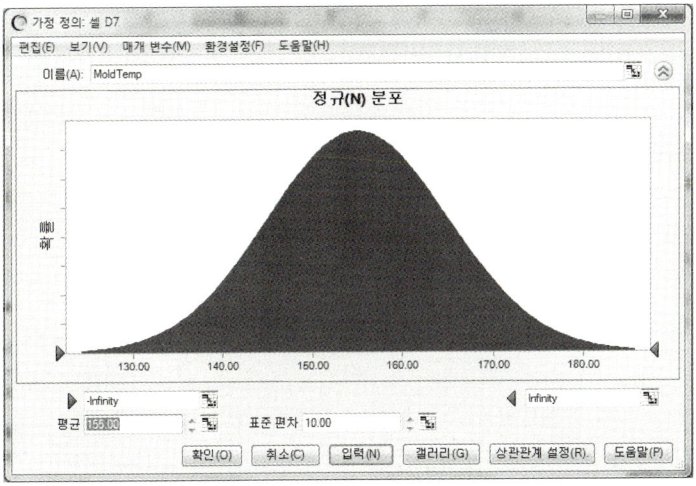

그림 11.61　입력 변수 분포 정의: Cycle Time

| 그림 11.62 | 입력 변수 분포 정의: HoldPres |

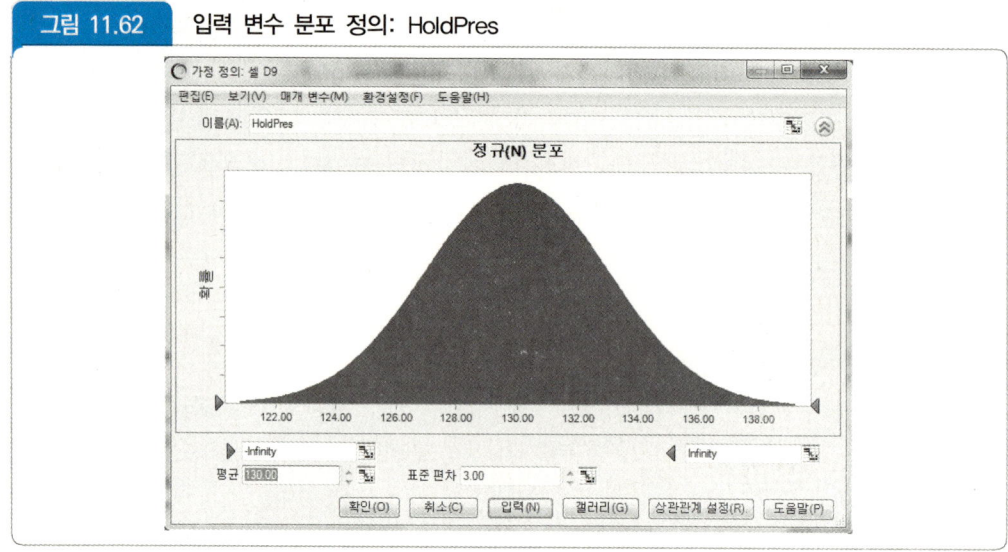

품질 수준의 대상이 되는 부품 길이의 품질 수준을 예측하기 위해서는 예측 변수로 정의하여야 한다. 예측 변수로 정의한 부품 길이에 대한 품질수준 지표인 공정능력지수를 계산하기 위해서는 크리스탈볼에서 추가적인 옵션 설정이 필요하다.

방법: 크리스탈볼 > 실행 > 실행환경설정> 통계 > 기능매트릭스 계산(L)에 체크

| 그림 11.62 | 공정능력 계산을 위한 옵션 정의 |

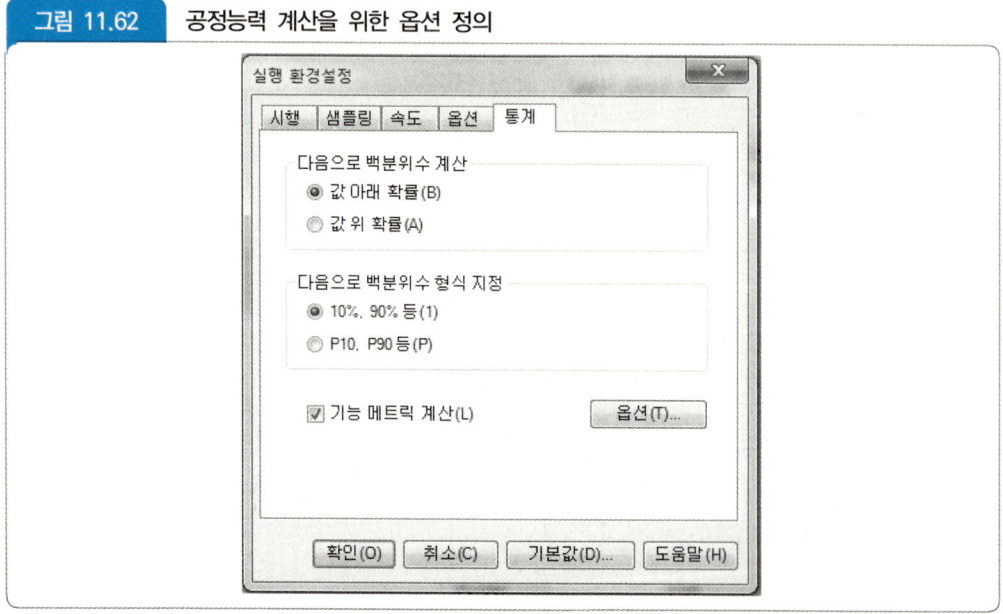

마지막으로 셀(D11)을 예측 정의로 선택 하여 다음과 같이 부품 길이에 대한 요구되는 규격을 설정하여야 한다.

방법: D11셀 선택 〉 크리스탈볼 〉 정의 〉 예측 정의

그림 11.63   결과 변수 정의

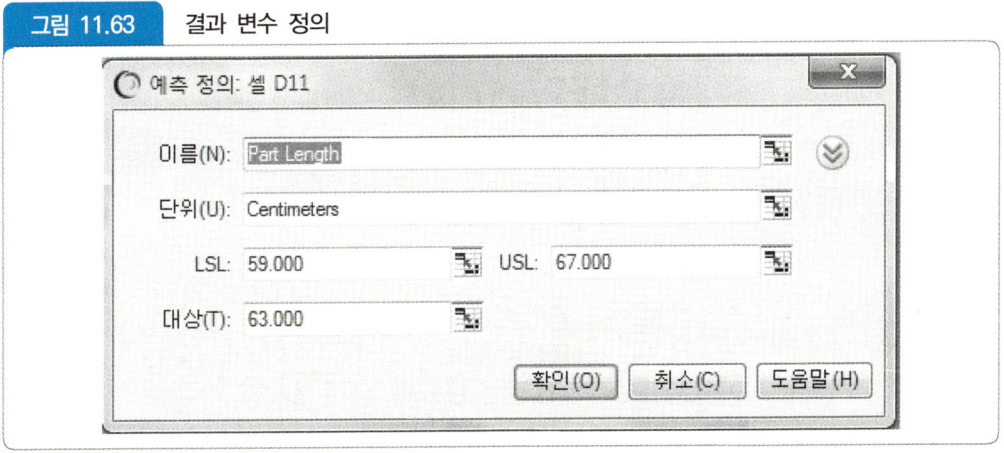

시뮬레이션을 수행하기 위한 사전 정의를 끝낸 후 시뮬레이션을 수행하면 다음과 같은 결과를 얻을 수 있다.

그림 11.63   시뮬레이션 결과

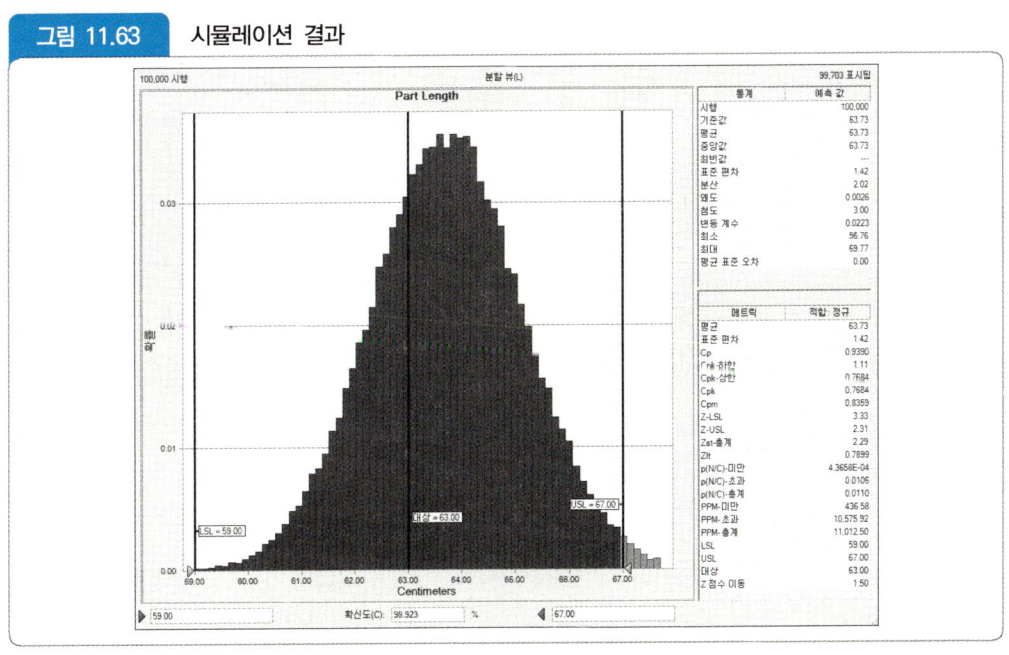

305

시뮬레이션 결과 부품길이 요구 스팩인 LSL 59.00에서 USL 67.00에서 품질 수준은 Cpk 0.768로써 Cpk 1.3보다 작으므로 공정의 개선이 요구 된다. 또한 단기 시그마 수준으로 보면 2.29 수준으로 3시그마 수준보다 낮음을 알 수 있다. 현재의 공정으로는 규격의 하한 보다는 상한을 벗어나는 불량이 더 크다는(PPM-미만:436 < PPM-초과: 10,575) 것을 알 수 있다. 따라서 부품 길이가 규격 보다 크게 생산되는 것에 대한 개선책이 필요하다.

품질 담당자는 이러한 결과를 기반으로 공정에 대한 개선의 방향을 설정하고자 민감도 분석을 수행하였다.

민감도 분석과 부품 길이와 독립변수들 간의 상관성 분석 결과 부품 길이에 압력이 가장 큰 영향력의 미치고 있음을 확인할 수 있었다.

그림 11.64 민감도 분석 결과

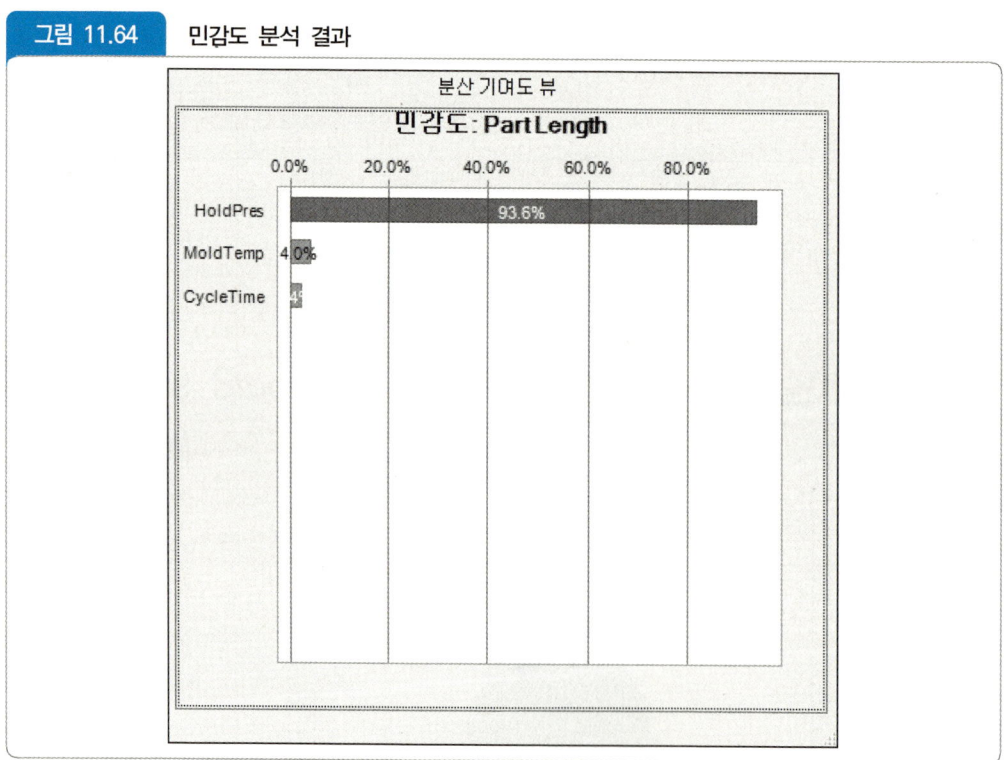

그림 11.65   상관관계 행렬도

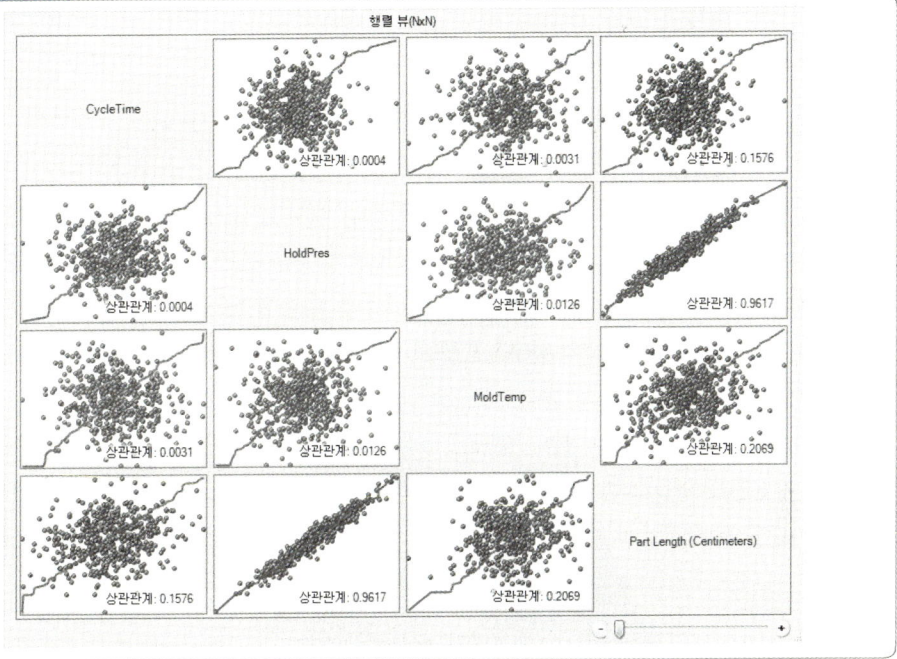

따라서 품질 담당자는 부품 길이에 가장 큰 영향을 미치는 압력에 대한 변동을 줄였을 때 품질 수준이 얼마나 개선될 수 있는가를 시뮬레이션을 통해 알아보고 이에 따라 기존의 공정 설정의 변경할지 아니면 압력 설비에 대한 교체가 필요할 지에 대한 의사결정을 하고자 한다. 일반적으로 품질수준을 개선하는 방법은 크게 2가지 방법으로 접근할 수가 있다 첫 번째 방법으로 중심 위치를 변경함으로써 품질 수준을 개선하는 방법과 두 번째 방법으로 산포를 줄임으로써 품질 수준을 개선하는 방법이다. 품질 담당자는 현재의 품질 수준을 분석해 보았을 때 불량이 상한에서 더 크게 발생하므로 중심을 하한으로 이동함으로써 품질 수준이 어떻게 개선되는지를 알아보고자 하였다.

따라서 압력 설비에 설정한 기본값을 130에서 129로 변경한 후 시뮬레이션을 수행하여 품질 수준을 분석해 보았다. 그 결과는 아래 그림과 같다.

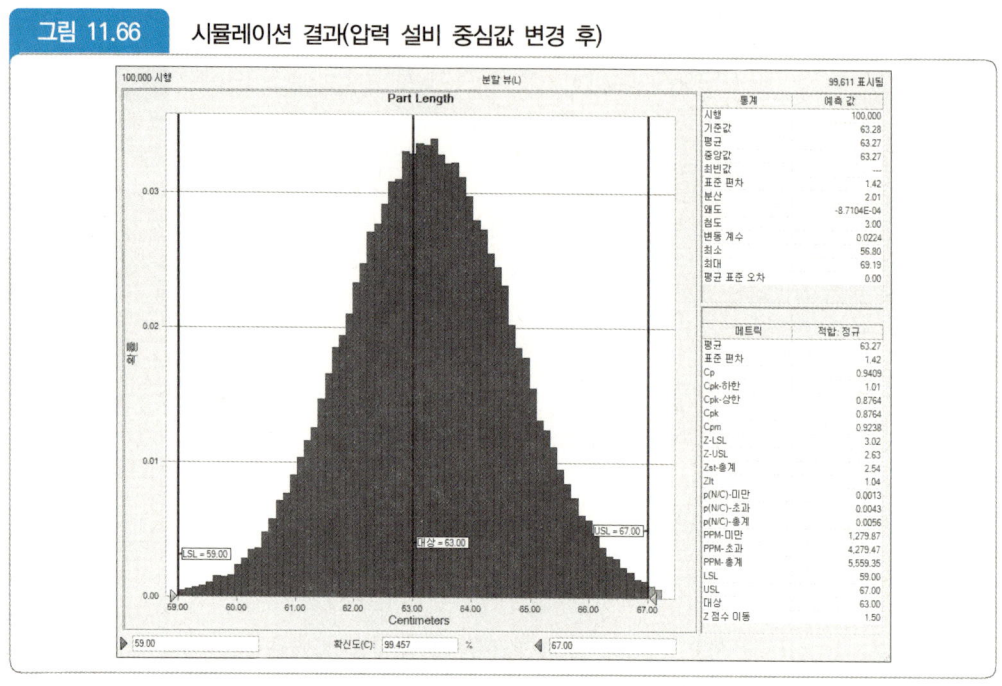

그림 11.66 시뮬레이션 결과(압력 설비 중심값 변경 후)

기본 설정값을 하한으로 이동 시킨 후 품질 수준을 분석해 본 결과 Cpk 0.8764로써 이전 0.768 보다는 개선은 되었지만 여전히 Cpk 1.3보다 작으므로 공정의 개선이 요구되는 상황이다. 또한 단기 시그마 수준을 보면 2.54로써 여전히 3시그마 수준보다 낮음을 알 수 있다.

따라서 품질 담당자는 두 번째 개선 방법인 압력에 대한 산포를 3에서 2 수준으로 조정했을 때 품질 수준이 어떻게 개선되는지 보고자 하였다.

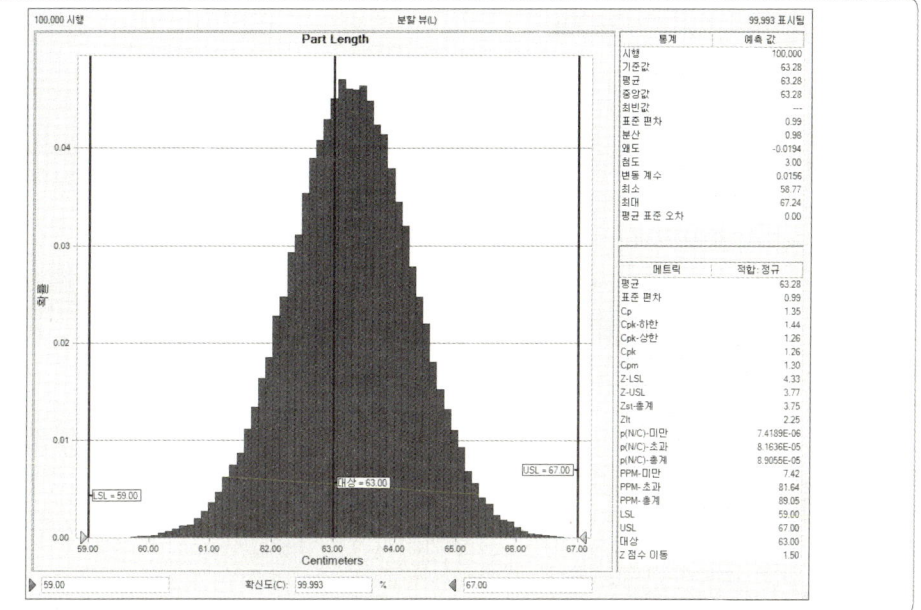

그림 11.67 시뮬레이션 결과(압력 설비 표준편차 조정 후)

　　산포를 감소시킨 시뮬레이션 결과 부품길이에 대한 품질 수준은 Cpk 1.26으로 Cpk 1.3 와 거의 비슷한 수치를 보이고 있다. 또한 단기 시그마 수준으로 보면 3.75시그마이며 현재의 공정에서 불량률은 약 0.009%로써 100만 개당 89개의 불량이 발생 한다. 따라서 품질 담당자는 현재의 품질 수준을 개선하기 위해서 현재 압력 설비보다 더 오차가 작은 정교한 압력 설비를 교체하는 의사결정을 할 수 있다. 또는 압력 설비의 오차에 영향을 미치는 요인을 파악하여 사전에 예방하는 방법도 있을 것이다.

　　추가적으로 민감도 분석을 다시 살펴보면 압력에 대한 산포를 개선하였음에도 불구하고 여전히 품질 수준에 가장 영향을 많이 미치는 요인은 압력임을 알 수 있다. 따라서 품질 관리자는 지속적인 품질 유지 및 개선을 위해서 압력 설비에 발생하는 오차가 최대한 작도록 하는 사전 예방 활동들을 하여야 할 것이다.

PART 05 사례 연구

그림 11.68 민감도 분석 결과

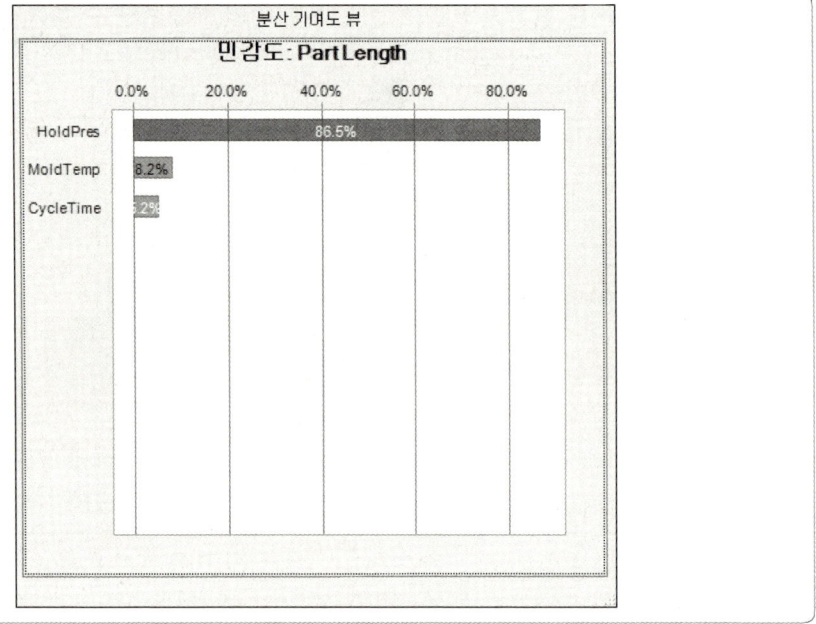

 Case Study Ⅷ : 비용 기반의 누적 공차 분석

H자동차 회사의 디자인 센터에서 근무하고 있는 연구원은 엔진의 결함을 최소화하기 위해서 피스톤을 구성하는 부품들과 실린더 부품간의 스펙을 명확하게 규정하여 두 부품을 결합했을 때 발생하는 조립 공차에 대한 갭을 고객 요구 수준에 맞추고자 한다.

피스톤과 실린더를 구성하는 부품들의 스펙을 결정하기 위해서는 최적의 누적공차분석을 수행하게 된다. 누적공차분석을 통한 공차 할당을 통해 각각의 부품에 대한 스펙을 결정하는데 이때 중요하게 고려되어야 하는 것인 공차의 크기를 줄임으로써 소요되는 비용이다. 따라서 연구원은 비용을 최소화 하면서 피스톤과 실린더를 조립 시 발생하는 조립 단차가 고객 요구 수준에 만족할 수 있는 각 부품들의 스펙을 찾아야 한다.

엔진의 실린더는 2개의 부품으로 구성되며 실린더 안에서 자동차의 동력을 생산하는 피스톤은 5개의 부품으로 구성되어 있다. 그리고 현재 공급되고 있는 각각의 부품에 대해서 정해진 규정 치수를 가지고 있고 각각 부품들이 결합되어 피스톤과 실린더를 구성한다. 실린더와 피스톤을 조립할 때 발생하는 조립 단차(Assembly gap)에 대한 품질 요구 규격은

LSL(0.0025), USK(0.02) 이다.

　실린더와 피스톤을 조립하는 것이 간단한 문제처럼 보이지만 부품을 밀링(milling)하는 과정에서 정확한 크기의 부품을 만들기가 어렵고 품질관리가 비용에 직접적으로 영향을 미치기 때문에 부품에는 공차라는 오차가 발생하게 된다. 따라서 공차가 있는 부품을 조립하게 되면 이런 공차들이 컴파일되거나 합쳐져서 누적 공차가 발생하게 된다.

　밀링 작업 후, 하나의 배치에 있는 부품들을 측정하게 되면 부품들의 실측치는 목표치 또는 규격치수에 근사하는 분포를 형성하게 된다. 표준편차 또는 시그마는 하나의 배치를 구성하는 부품들 간에 나타나는 산포의 측정값이다. 따라서 부품들은 분포에 따른 통계적 수치를 가지게 되며 부품 품질과 공차는 시그마로 환산하여 설명할 수 있다. 1시그마 부품은 가장 큰 공차를 의미하며 5시그마 부품은 가장 작은 공차를 의미한다. 본 모델에서는 1~5까지의 시그마 수준을 품질 규격(Quality Specification)이라고 정의 하였다.

　공차에 대한 문제를 해결하는 한 가지 간단한 방법은 전체 허용공차를 전체 부품수로 나누어서 할당하는 것이다. 그러나 개별 부품은 복잡하고 다른 제조과정에서 생산되기 때문에 조립되는 각각의 부품은 품질규격과 관련한 각각의 비용함수를 가지고 있다.

　본 사례에서는 이러한 부분들을 고려하여 첫째, 각 부품들에 공차에 따른 품질 규격에 따라 발생하는 비용을 최소화 하고자 한다. 둘째, 피스톤과 실린더를 조립할 때 요구되는 조립 단차의 품질 수준을 만족 시키고자 한다. 이 두 조건을 만족하는 각 부품들의 허용 공차에 대한 규격을 찾기 위해서 몬테카를로 시뮬레이션과 최적화를 활용할 것이다.

　연구원은 시뮬레이션을 수행하기 위해서 필요한 모델의 구현하기 위해서 피스톤과 실린더 간의 부품들 간의 관계를 조립 단차 모형으로 도출한 후 엑셀 스프레드시트에 모델을 작성 하였다.

그림 11.69　조립단차를 위한 스프레드시트 시뮬레이션 모델

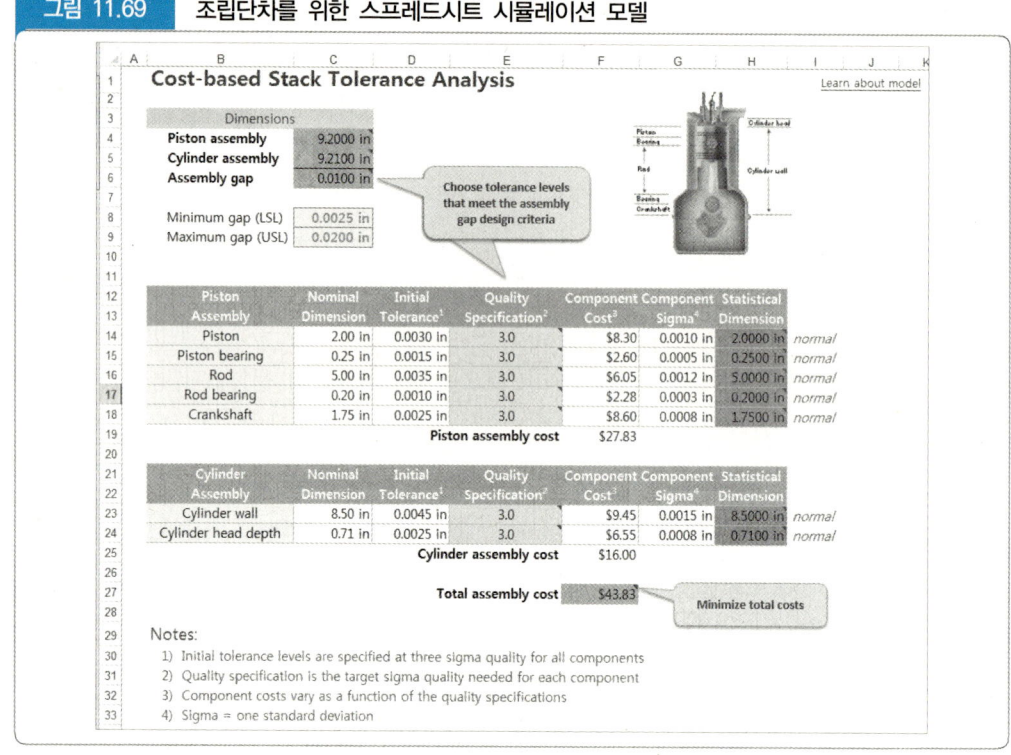

다음으로 각 부품들이 가지는 공차에 대한 불확실성을 반영하기 위해 피스톤 조립품인 Piston, Piston Bearing, Rod, Rod Bearing, Crankshaft와 실린더 조립품인 Cylinder wall, Cylinder head depth에 대한 기존의 제공된 공차 정보를 활용하여 확률 분포를 정의하였다.

본 시뮬레이션에서 가정은 모든 부품의 공차가 같은 분포는 정규분포를 따르고 있다는 것이다. 각 부품에 대한 평균은 Nominal Dimension 이며 표준편차는 Component Sigma로 표현하였다. 품질 규격인 Quality Specification은 앞서 이야기 한 것처럼 1~5단계로 구분되며 5단계로 갈수록 공차가 더 정밀함을 의미하며 반면에 가공비용은 더 크게 발생하게 된다.

그림 11.70   Piston에 대한 분포 정의: 정규분포~(2,0.001)

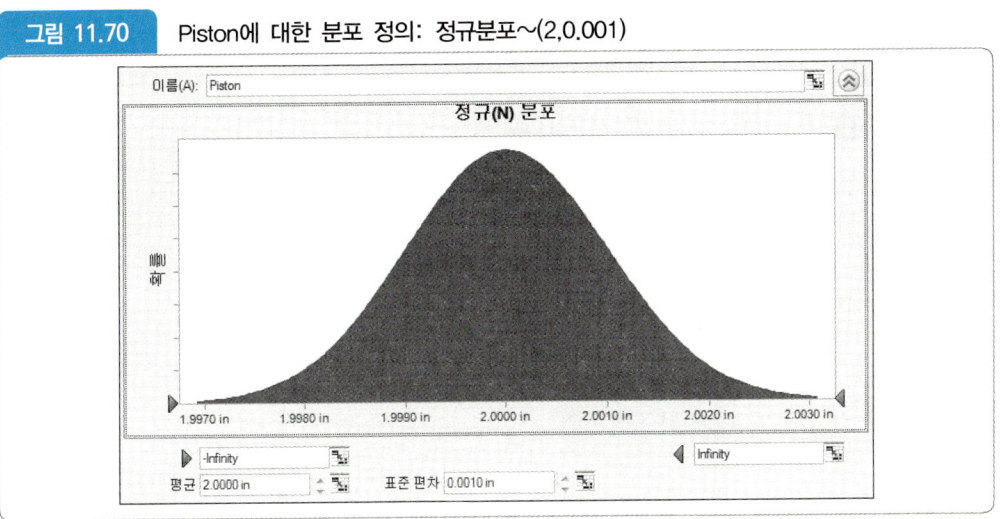

모델에서 각 부품에 따른 비용 산정은 다음과 같이 계산되어 졌다.

그림 11.71   모델에 사용된 계산식

Piston Assembly	Component Cost[3]	Component Sigma[4]
Piston	=2+0.7*E14^2	=D14/(E14/3)/3
Piston bearing	=0.35+0.25*E15^2	=D15/(E15/3)/3
Rod	=2+0.45*E16^2	=D16/(E16/3)/3
Rod bearing	=0.3+0.22*E17^2	=D17/(E17/3)/3
Crankshaft	=5+0.4*E18^2	=D18/(E18/3)/3
	=SUM(F14:F18)	
Cylinder Assembly	Component Cost[3]	Component Sigma[4]
Cylinder wall	=4.5+0.55*E23^2	=D23/(E23/3)/3
Cylinder head depth	=2.5+0.45*E24^2	=D24/(E24/3)/3
	=SUM(F23:F24)	

위의 식에서 알 수 있듯이 각 부품별 소요되는 비용에 대한 가중치를 고려하여 모델에 반영이 되었다.

다음으로 시뮬레이션 생성 후 결과값으로 보고자 하는 변수들에 대해서 예측 정의를 하여야 한다. 본 모델에서는 Piston Assembly, Cylinder Assembly, Assembly Gap, Total Assembly Cost 4개의 변수가 예측 변수로 정의가 되었다.

Assembly Gap의 경우 규격 한계(LSL, USL)을 정의해 주어야 하므로 크리스탈볼 실행 메뉴의 실행환경설정에서 다음과 같이 통계 탭에서 "기능 메트릭 계산"을 체크해 주어야 한다.

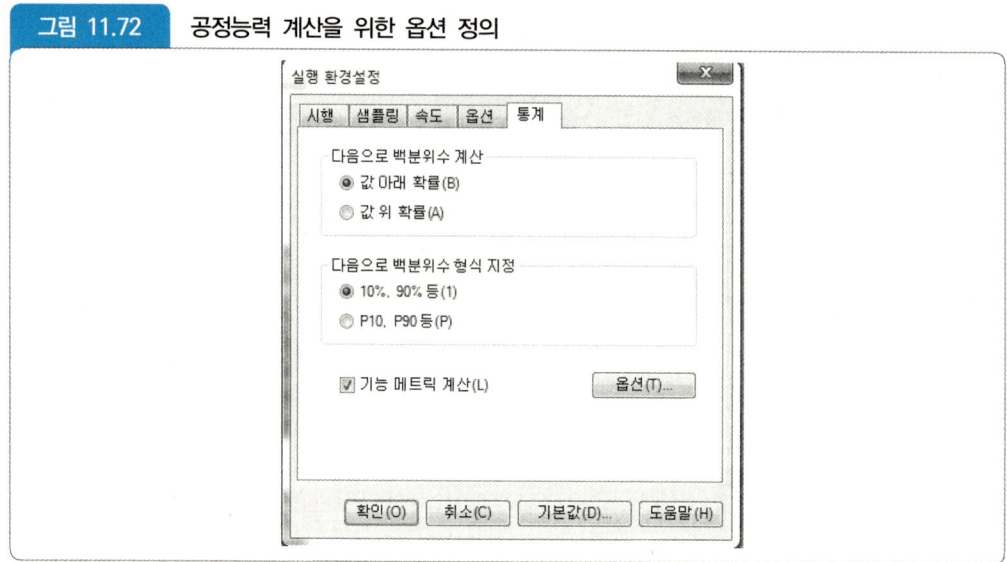

그림 11.72   공정능력 계산을 위한 옵션 정의

그런 다음 모델에서 Assembly Gap을 계산하는 C6 셀을 선택하여 다음과 같이 예측 정의를 설정한다.

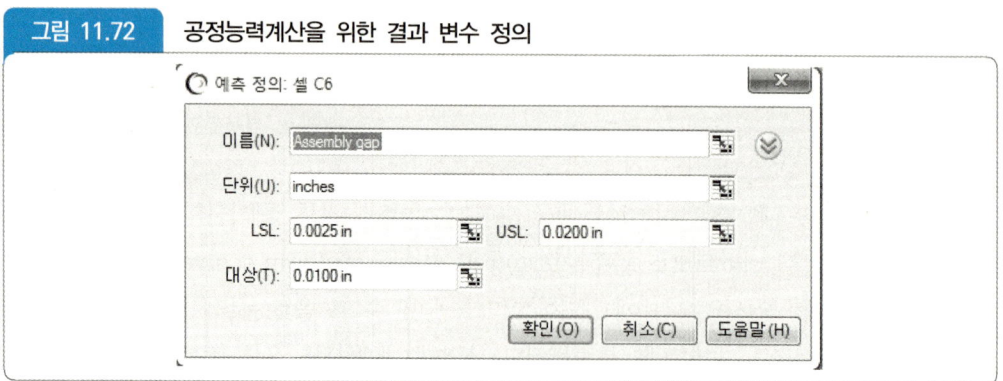

그림 11.72   공정능력계산을 위한 결과 변수 정의

LSL과 USL에 조립 단차에서 요구되는 허용 공차를 입력한다.
일반적으로 공차 분석 시 기준이 되는 품질 규격인 3시그마 수준에서 시뮬레이션을 수행하여 결과를 살펴보자.

> **그림 11.72** 시뮬레이션 결과

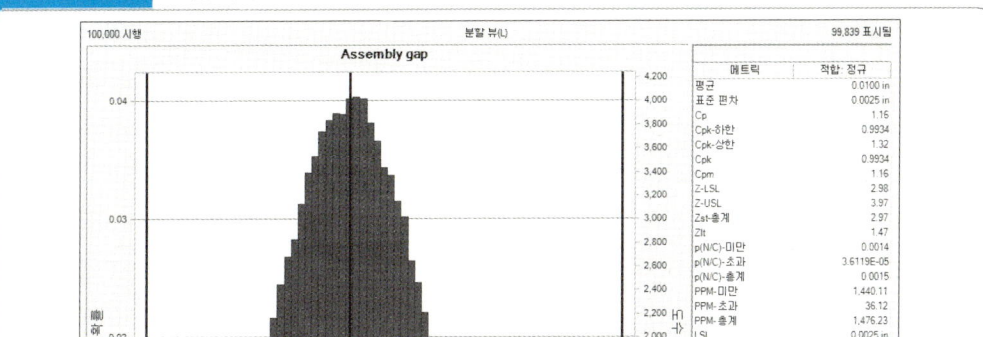

　부품들의 공차 규격으로 조립 단차에 대한 품질 수준을 예측해 보았을 때 최소 허용 단차(0.0025 inches)와 최대 허용 단차(0.020 inches) 사이에 조립 단차가 발생될 신뢰성(Certainty)은 99.839% 이다. 공정능력 예측을 위해 정규성 여부를 보았을 때 적합함을 보이고 있으며 현재 공정능력 수준은 Cpk가 0.9934로써 일반적인 Cpk 기준값인 1.3보다 작기 때문에 조립 단차에 대한 개선이 필요 하다. 또한 현재의 단기시그마 수준(Zst-총계)은 2.97임을 알 수 있다. 연구원은 조립 단차에 대한 품질 수준을 개선하기 위한 다음 단계로써 최적화를 수행하고자 한다. 최적화의 목적은 주어진 조립 단차의 규격을 만족시키면서 조직에서 지불 가능한 품질 비용 안에서 조립 단차의 공정능력 수준을 최대화 하는 것이다. 이러한 최적화를 수행하기 위해서 크리스탈볼의 OptQuest를 활용하여 다음과 같이 최적화 조건을 정의할 수 있다.

최적화의 목표: Assembly gap의 단기시그마수준(Zst)의 최대화
시뮬레이션 요구 조건:
Assembly gap의 최소값 >= 0.0025, Assembly gap의 최대값 <= 0.02
Total Assembly Cost 최종값 <= $60

그림 11.73   최적화 수행을 위한 변수 설정(목적함수, 제약조건 등)

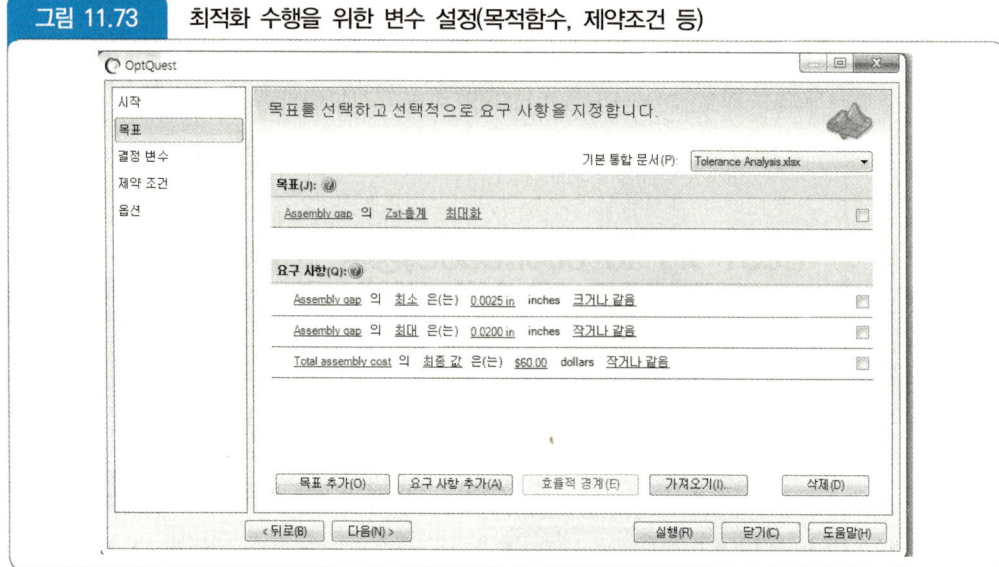

최적화 실행 결과 앞서 정의한 시뮬레이션 요구 사항을 만족 시키면서 조립단차의 단기시스마수준(Z_{st})을 최대로 하는 각 부품의 해당하는 품질 규격은 다음과 같다. 이때 단기 시그마 수준(Z_{st})은 결과에서와 같이 3.88이다.

표 11.6   부품별 규격 정보

구분	부품명	품질규격(Quality Specification)
Piston	Piston	3.7
	Piston Bearing	4.0
	Rod	3.7
	Rod Bearing	3.6
	Crankshaft	3.6
Cylinder	Cylinder wall	4.2
	Cylinder head depth	3.6

그림 11.74 최적화 실행 화면

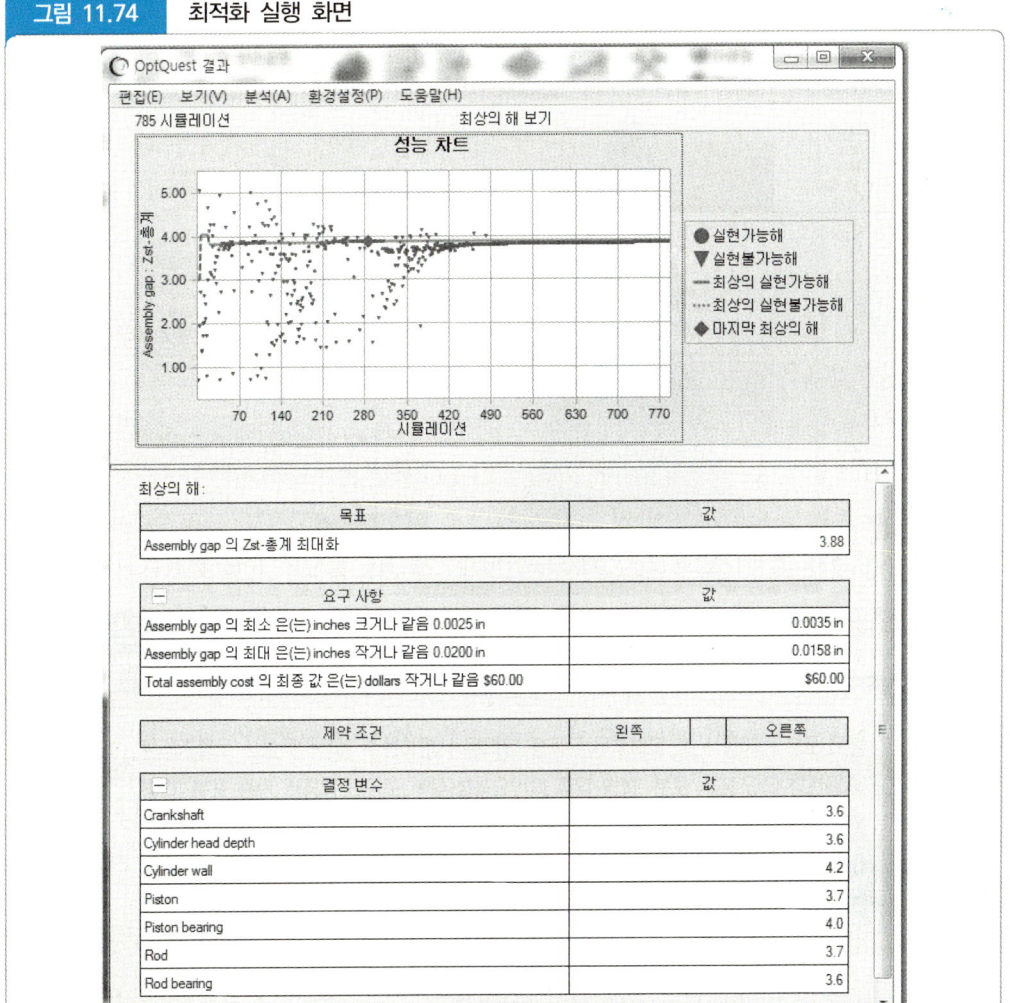

최적화를 통해 도출된 각 부품의 품질 규격을 누적공차 모델에 반영한 후 조립단차(Assembly Gap)에 대한 공정능력 지수를 예측해 보았을 때 Cpk가 0.99에서 1.27로 개선이 되는 것을 알 수 있다. 또한 이때 단기시그마 수준(Z_{st}-총계)은 2.97에서 3.81로 개선되게 된다. 그리고 최소 허용 단차(0.0025 inches)와 최대 허용 단차(0.020 inches) 사이에 조립 단차가 발생될 신뢰성(Certainty)은 99.839%에서 99.9924로 높아지게 되어 100만개 생산했을 대 약 70개 정도의 불량이 발생하는 수준으로 공정 관리를 할 수 있게 된다.

그림 11.75　시뮬레이션 결과(최적화 후)

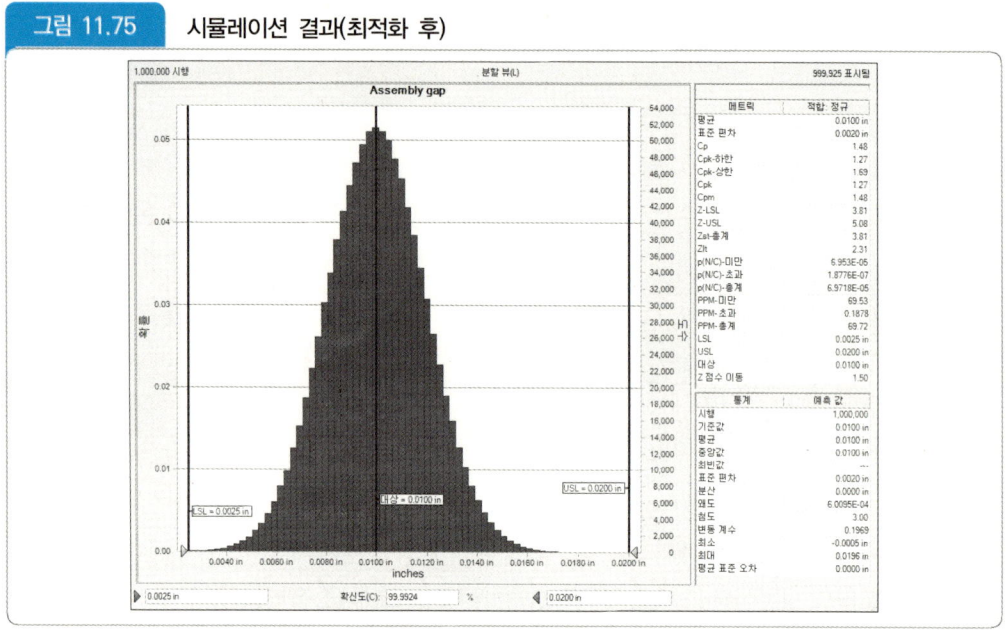

민감도 분석 결과 Assembly gap에 영향을 크게 미치는 부품은 Cylinder wall(+) 〉 Rod(−) 〉 Piston(−) 〉 Crankshaft(−) 〉 Cylinderhead depth(+) 〉Piston bearing(−) 〉 Rod bearing(−) 순으로 나타나고 있다.

그림 11.76　민감도 분석 결과

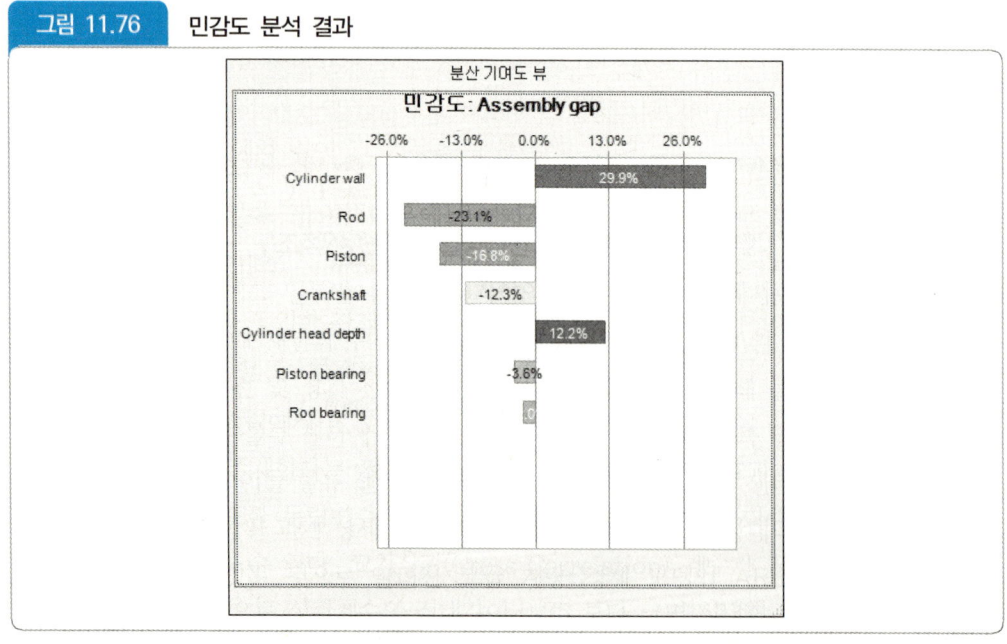

따라서 Cylinder wall 과 Rod에 대한 정밀도를 조금 더 높이게 된다면 품질 비용을 증가하지만 더 높은 품질 수준의 공정을 관리할 수 있다.

결론적으로 품질 관리 수준과 품질 비용은 서로 역의 관계에 있으므로 요구 되는 품질 규격과 품질 비용을 고려하여 최대한 이익을 가져올 수 있는 적정 수준의 품질규격을 찾는 것이 중요한 포인트이다.

Case Study IX : 독성 폐기물 지역의 오염 리스크 측정

한 시골의 작은 마을은 오래되고 커다란 대수층[2])에서 우물을 파서 물을 공급한다. 최근 환경 영향 연구에 따르면 이 마을 근방에 있는 폐기물 처리 시설에서 제대로 처리되지 않은 화학 물질 때문에 대수층 지하수에서 독성 오염 물질로 오염되고 있음을 알아냈다. 우물은 이 지역의 유일한 식수 공급원이며 이러한 화학물질의 노출로 인한 마을 주민의 건강 위험이 잠재적으로 크게 발생할 수 있다. 따라서 국립 환경기관에서는 95%의 신뢰도 수준에서 10,000중에 1명 이내로 암에 걸릴 위험으로 오염 리스크를 줄여야 한다고 규정하고 있다. 즉 측정된 위험 수치가 0.00001보다 작을 확률이 95%가 되도록 해야 하는 것이다.

이 문제를 해결하기 위해서 구성된 지역 특별 조사단은 대수층의 지하수 오염을 정화하기 위한 방법을 조사한 결과 최종적으로 비용을 고려할 때 가장 효율적인 3가지 정화 시설을 선택하였다. 다음 단계로 국가 환경기관에서 권장하는 표준오염 수준으로 낮추기 위해 3가지 정화시설 중 최소 비용으로 국립환경기관에서 규정하고 있는 오염 리스크 수준을 만족할 수 있는 정화시설을 제안하여 프로젝트를 수행하는 입찰을 공지하였다.

A 회사는 본 입찰에 참여하고자 한다. 각 정화 방법에 따른 비용은 요구되는 정화율에 따른 시간과 자원을 소비량에 따라 다르게 될 것이라는 것을 알고 있다. 이에 A회사는 과거 정보와 사이트 특성 데이터를 이용하여 국가 환경기관에서 권고하는 기준이 95% 확신을 만족하면서 비용을 최소화하는 효율성 수준과 최상의 프로세스를 찾아 지역 특별 조사단에 제안하고자 한다.

본 프로젝트를 수행하기 위해서는 복잡한 의사결정 과정을 거쳐야 한다.
첫째, A회사 프로젝트 담당자는 대수층에 존재하는 다양한 화학 물질의 오염 수준에 대해

---

2) 대수층: 지하수를 품고 있는 지층

불확실성을 고려하여야 한다. 따라서 대수층에 물을 조사하여 각각의 오염물의 농도를 리터당 마이크로그램으로 측정하였다.

둘째, 오염 물질에 의해서 사람의 신체에 미치는 영향력의 크기는 암 역효율 계수[3](CPF: Cancer Potency Factory)로 측정을 할 수가 있다. CPF가 높을수록 화학 물질의 함량이 높아지게 된다.

셋째, 고려해야 할 위험 요인은 인구통계학적 리스크 요인으로 그 지역에 사람들이 하루에 섭취하는 물의 양과 몸무게의 변동성이다.

이러한 모든 요인들을 반영하여 담당자는 아래와 같은 오염 리스크 측정이 가장 일반적으로 활용되고 있는 함수식을 활용하여 아래와 같이 모델을 구현하였다.

PR(Population Risk)
= (CPF*오염물질의 농도*하루 물 섭취량) / 몸무게*전환계수(Conversion Factor)

그림 11.76 오염리스크 측정 모델

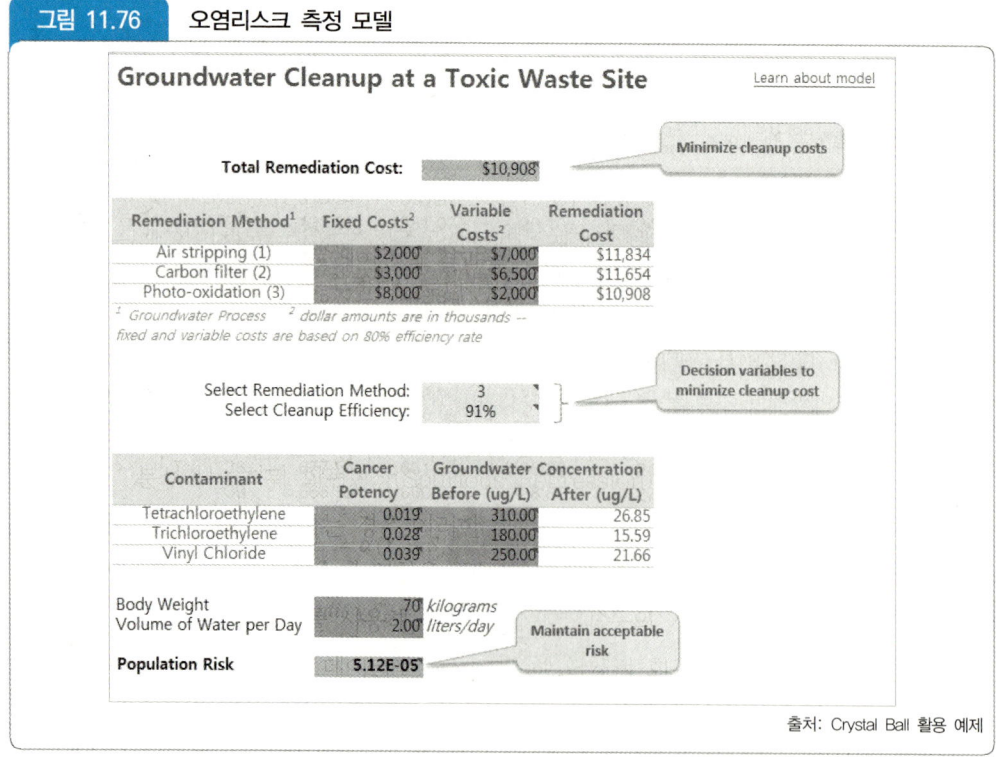

3) 발암물질로 평가되는 화학 물질 또는 약제의 정량적 위험 평가 중에 발생하는 매개 변수로써 평생 간접적인 노출로 인한 암 위험의 척도로써 하루에 체중(Kg)당 물질의 밀리그램 당 영향을 받는 인구 비율로 표시(역량단위 mg kg/day) CPF값에 인간 노출량을 곱하면 노출된 인구에 대한 평생 암위험 추정치를 얻을 수 있음

오염리스크 모델을 구현한 후 불확실성을 갖는 리스크 요인을 식별하여 14개 인자를 확인하였다. 세부적으로 살펴보면 비용 측면에서 3개의 정화 시설에 대한 고정비와 변동비에 대한 리스크 요인의 개수 6개, 오염물질 성분 3개(4염화에틸렌, 트리클로로에틸렌, 염화비닐)에 대한 암 역효율 계수, 대수층 지하수에 포함된 오염 물질의 양에 대한 리스크 요인 수 3개 그리고 마지막으로 지역 주민에 대한 인구 통계학적 요인인 몸무게와 하루 물 섭취량에 대한 변동성을 확률 분포로 고려하였다. [그림] 오염리스크 측정 모델에서 연두색으로 표시된 변수들이 확률분포를 정의한 변수들임을 확인할 수 있다.

각각의 리스크 인자에 대해서 정의한 확률분포에 대한 정보를 살펴 보자.

첫 번째로 비용관련 분포는 과거 각각의 정화 방법을 사용했을 때 발생했던 자료들에 근거하여 아래와 같이 가정하였다. 비용 단위는 만원이다.

그림 11.77 비용 관련 입력 변수 정보

비용 관련 확률 분포 정보					
고정비	1) Air stripping	삼각형분포	1,800	2,000	2,200
	2) Carbon filter	삼각형분포	2,700	3,000	3,300
	3) Photo-oxidation	균등분포	7,200	8,800	
변동비	1) Air stripping	삼각형분포	6,300	7,000	7,700
	2) Carbon filter	삼각형분포	5,850	6,500	7,150
	3) Photo-oxidation	균등분포	1,800	2,200	

두 번째로 오염물질에 대한 암 역학계수와 대수층 물에 포함된 오염물질에 양에 대한 확률 분포는 과거 선행 연구와 대수층 물에서 일정 양을 샘플로 성분을 조사한 후 전체 양에 대해 추정하여 예측하였다. 대수층 물에 있는 오염 물질의 양은 ug/L이다.

그림 11.78 위해성 물질 관련 입력변수 정보

오염 물질 관련 확률 분포 정보				
발암 물질	Tetrachloroethylene	로그정규분포	0.019	0.002
	Trichloroethylene	로그정규분포	0.028	0.003
	Vinyl Chloride	로그정규분포	0.039	0.004
정화전 지하수 농도	Tetrachloroethylene	정규분포	310	40
	Trichloroethylene	정규분포	180	20
	Vinyl Chloride	정규분포	250	28

마지막으로 인구통계학적 요인인 몸무게(Kg)와 하루 물섭취량(L/하루당)은 표본 조사를 통해서 확률 분포를 추정하였다.

그림 11.79 인구통계학적 입력 변수 정보

인구통계학적 입력 변수 정보				
인구통계학 정보	몸무게	정규분포	70	10
	하루 물 섭취량	정규분포	2	1

지금까지 정보를 기반으로 리스크 요인에 대한 확률 분포를 정의한 후 기존 정화율 80% 조건하에서 3개의 정화 시설에 따른 비용과 오염리스크를 측정해 보았다.

시뮬레이션 결과 담당자는 국립 환경기관에서 권고하는 오염리스크가 규정인 0.0001보다 작을 확률이 95%를 만족하는지 분석하였다.

그림 11.80 시뮬레이션 결과(최적화 전)

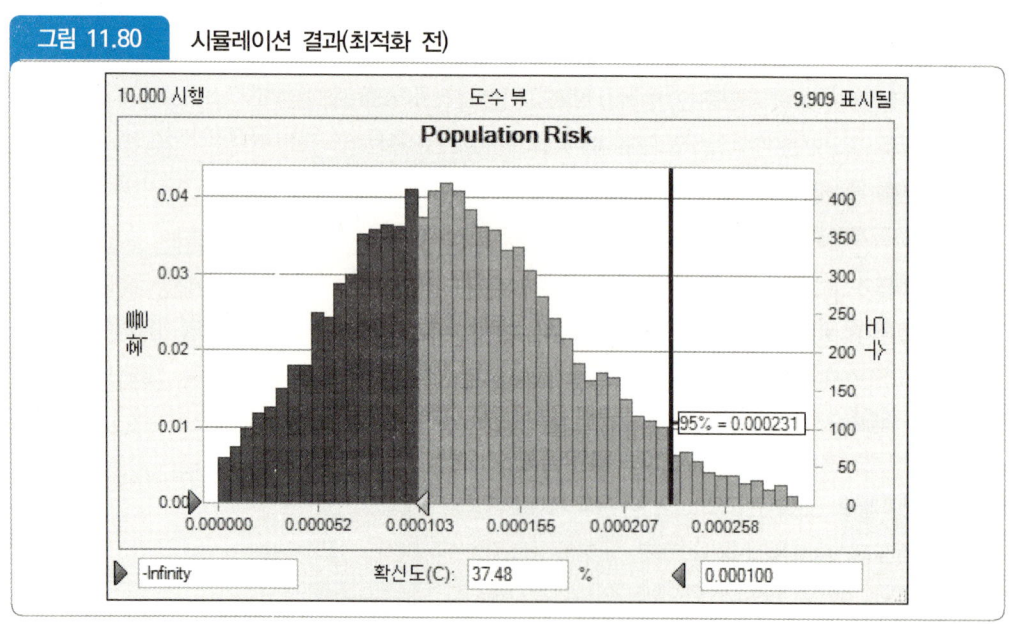

정화시설의 정화율 80% 조건하에서는 국립 환경기관에서 요구하는 리스크 수준인 0.0001보다 작을 확률이 37.5%로써 규정하는 신뢰도인 95%를 만족하지 못하고 있다. 따라서 규정 신뢰도인 95%를 충족시키기 위해서 정화율 수준을 높여야 한다.

다음으로 중요한 것은 프로젝트 비용을 최소화 하는 것이다. 3개의 정화시설에 대해서 기존에 책정했던 평균 프로젝트 비용인 9000만원보다 적게 발생할 가능성이 얼마인지 분석하였다.

그림 11.81 Air stripping(1) 프로젝트 비용: 정화율 80%

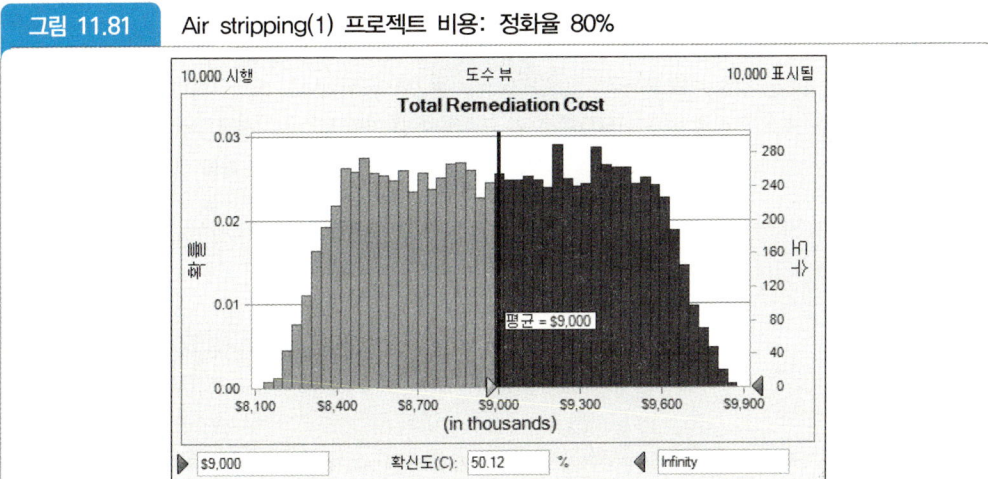

그림 11.82 Carbon filter (2) 프로젝트 비용: 정화율 80%

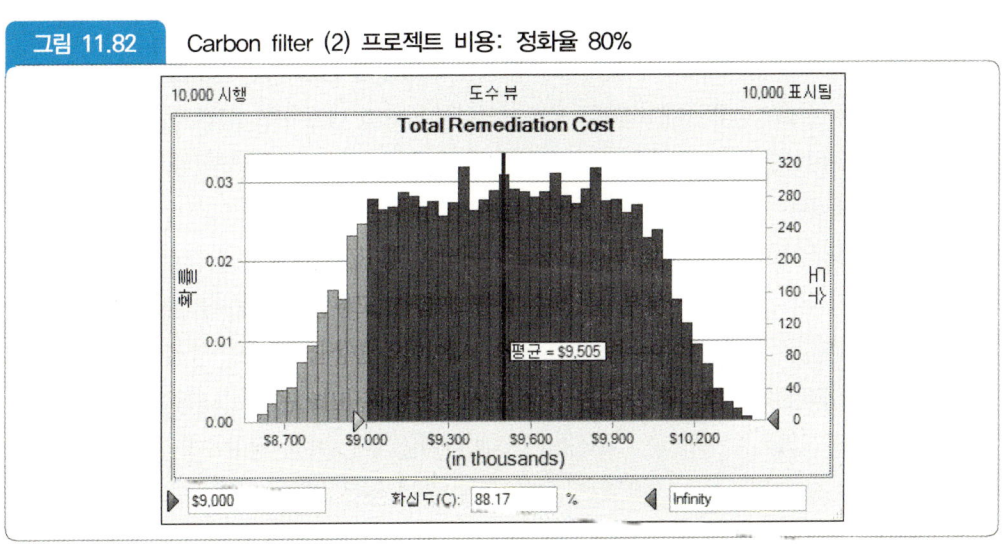

그림 11.83 Photo-oxidation (3) 프로젝트 비용: 정화율 80%

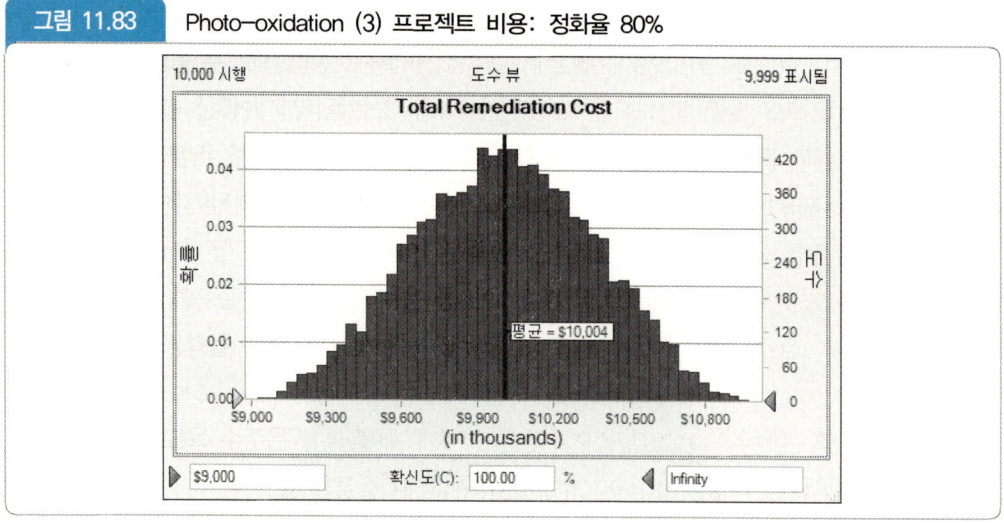

　Air stripping(1), Carbon filter (2), Photo-oxidation (3), 정화방법에 따른 9,000만 원을 초과할 확률을 보면 Air stripping(50.1%), Carbon filter (88.17%), Photo-oxidation (100%)이다. 만약 80% 정화율 수준에서 정화 시설을 선택한다면 Air stripping(1) 방법을 선택하게 될 것이다. 하지만 프로젝트 비용 산정 시 정화 시설에 따라 비용을 산정하는 기준이 다르다. 일반적으로 정화율 높이면 높을수록 시간과 정화에 필요한 원료가 많이 소비 되므로 비용이 증가하게 된다. 이러한 비용은 정화 시설에 대한 변동비에 반영이 된다.

　따라서 프로젝트 담당자는 프로젝트 비용을 최소화 하면서 국립환경기관에서 규정하는 오염리스크 기준(오염리스크의 95% 신뢰도 값이 0.0001보다 작거나 같아야 함)을 만족시키는 최적의 정화 시설과 정화율을 찾고자 최적화 분석을 수행하였다.

　정화방법과 정화율에 대한 최적해를 도출하기 위해서는 모델에서 정화 시설과 정화율에 대해 결정정의를 정의해야 한다.

그림 11.84 정화시설에 대한 결정정의

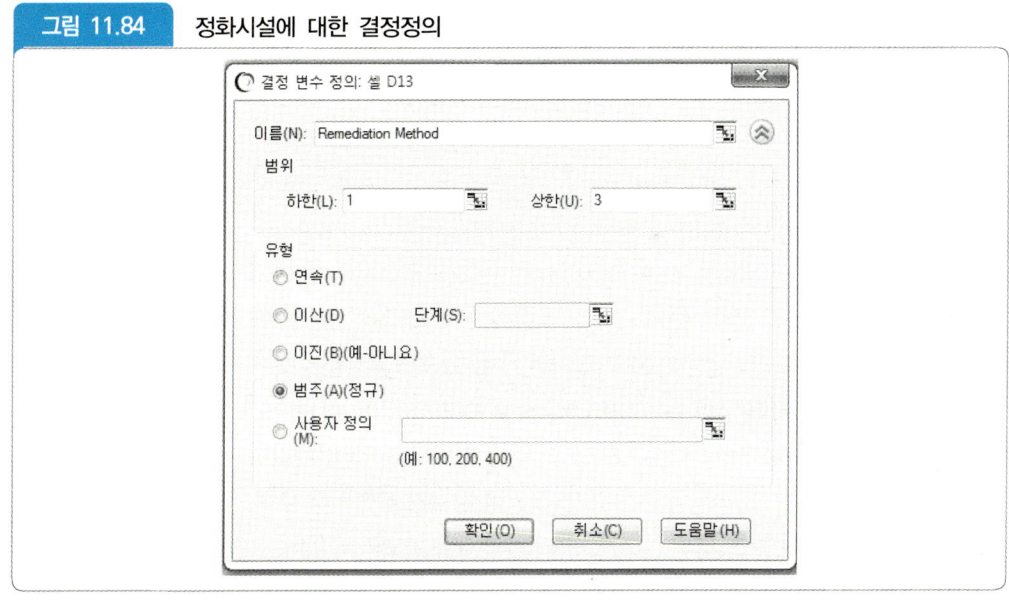

그림 11.85 정화율에 대한 결정 정의

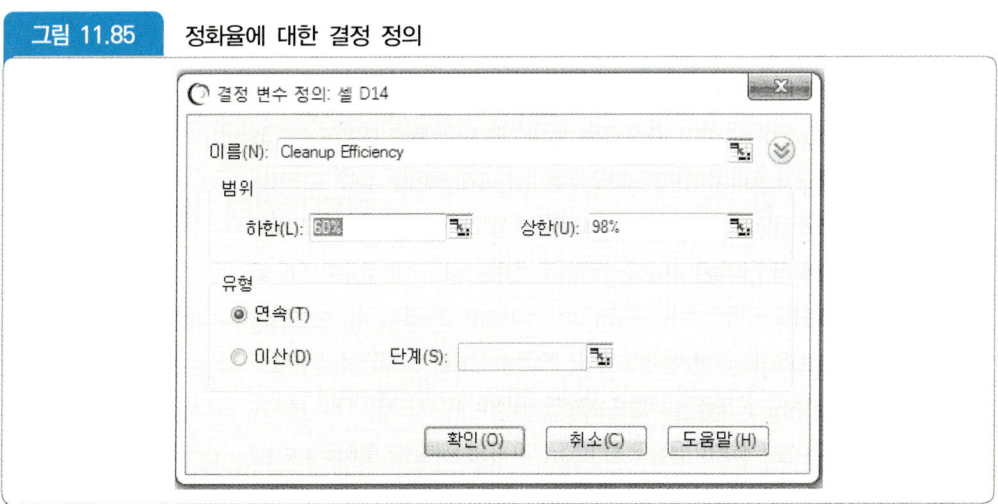

담당자는 크리스탈볼을 이용하여 최적화를 다음과 같이 실행하였다.
크리스탈볼 〉 도구 〉 OptQuest를 선택하면 최적화를 시작할 수 있다.

그림 11.86   최적화 메뉴

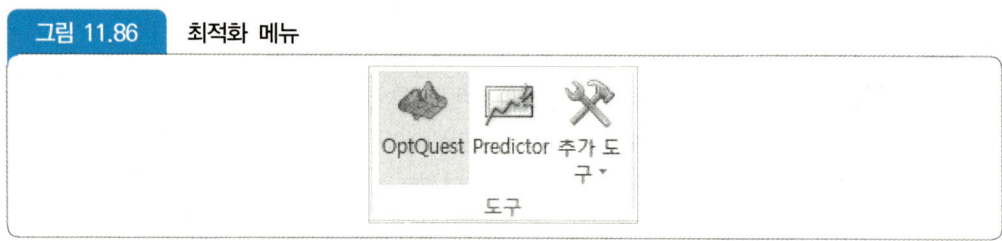

최적화 대화상자에서 최적화의 목적을 정의하기 위해서 모델에 Total Remediation Cost(총 비용)를 선택하고 평균 비용의 최소화로 설정하였다. 다음으로 국립환경기관의 규정을 충족시키기 위해서 Population Risk(오염리스크)의 95%신뢰도에 해당하는 값이 0.0001보다 작거나 같다는 요구 조건을 그림에서와 같이 정의하였다.

그림 11.87   최적화 수행을 위한 변수 설정(목적함수, 제약조건 등)

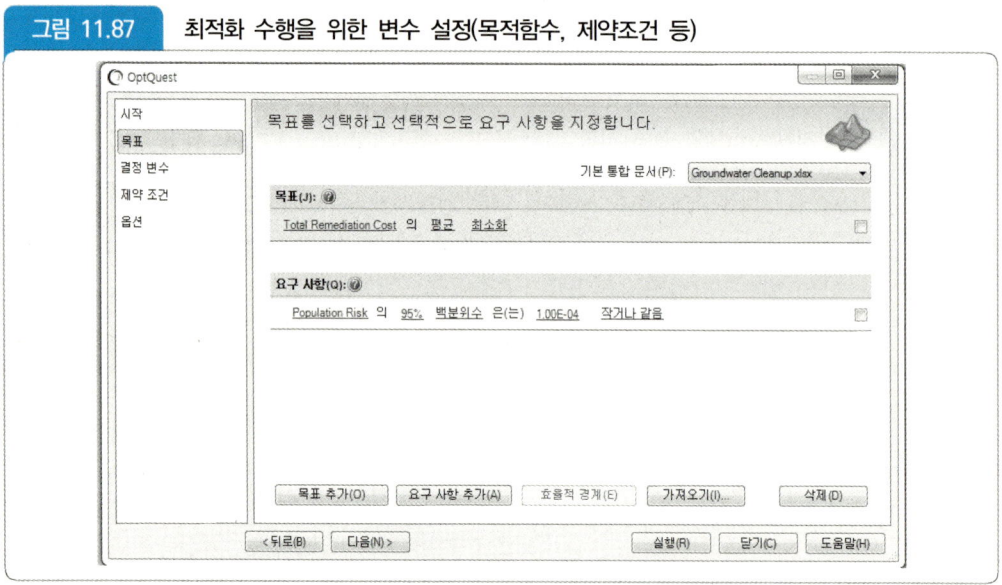

앞서 모델에서 정의한 결정 정의가 제대로 되었는지 확인한 후 이상이 없을 경우 다음으로 넘어간다.

그림 11.88 결정 변수 설정

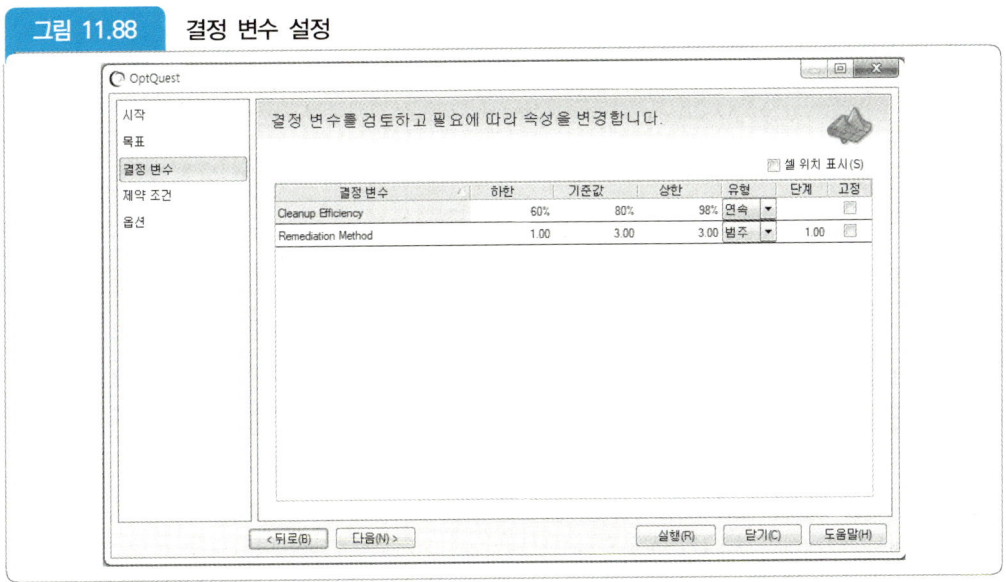

본 모델에서는 결정 변수에 대한 제약 조건이 없기 때문에 별도의 정의 없이 옵션을 선택하여 최적화 실행 시 분석자가 원하는 옵션을 설정한다. 모델에서 리스크 요인들이 갖는 불확실성을 고려한 최적화를 수행하여야 하므로 최적화 유형에서 "시뮬레이션 포함(확률적)"을 선택한다.

그림 11.89 최적화 옵션 설정

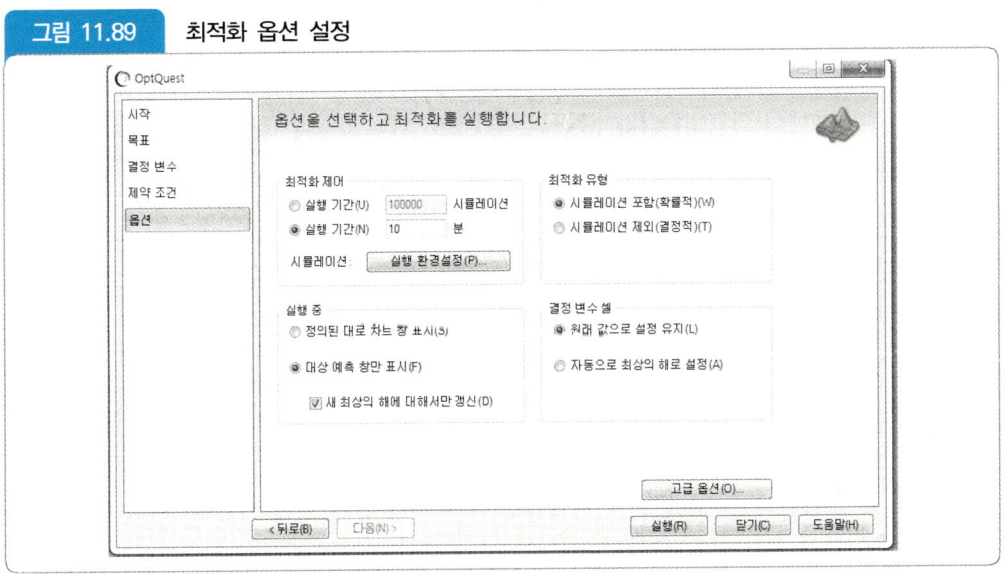

| 그림 11.90 | 최적화 수행 화면 |

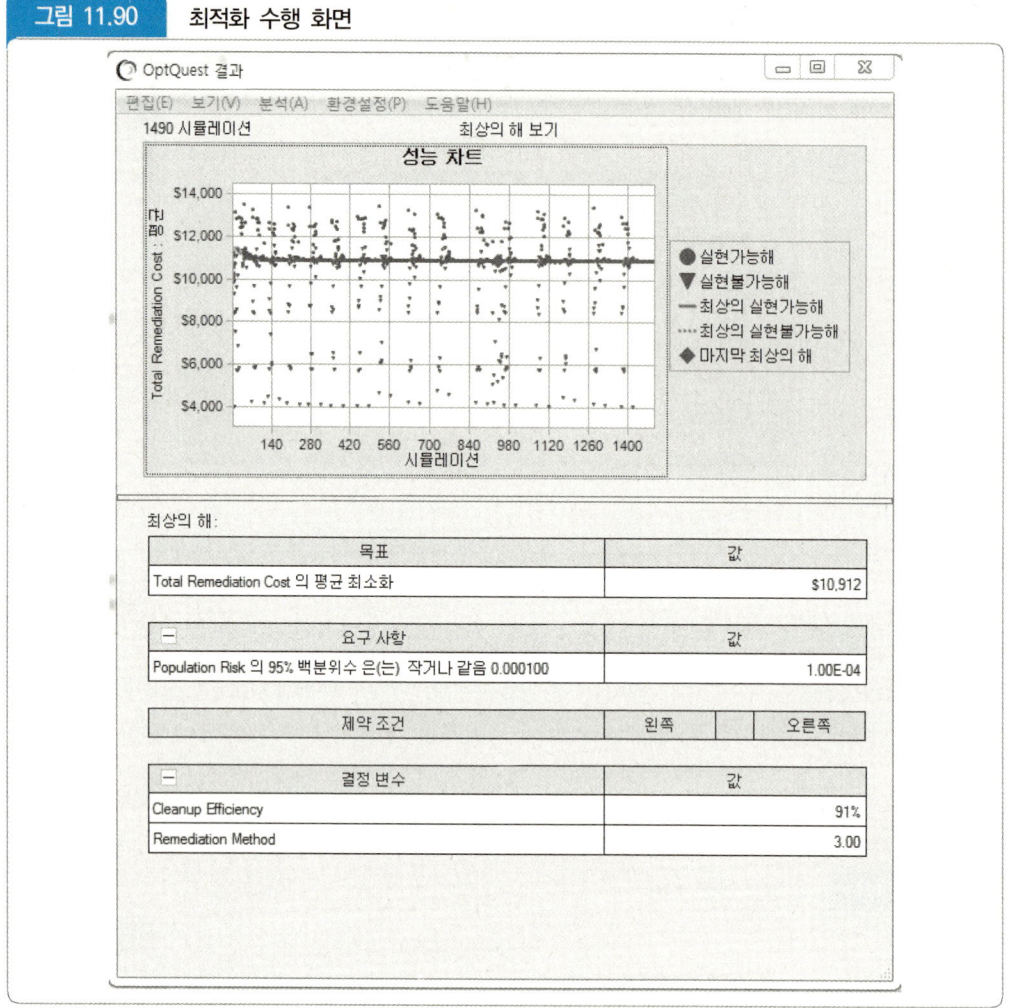

최적화를 실행한 결과를 살펴보자

최종적으로 프로젝트 비용을 최소화 하면서 국립환경기관에서 규정하는 오염리스크의 95% 값이 0.0001보다 작거나 같다는 제약 조건을 만족시키는 최적해는 정화시설 3번을 선택하고 이때 정화율을 91%로 설정하면 된다는 것이다.

최적화를 통해 도출된 결정 변수에 대한 값인 정화시설 3, 정화율 91%를 모델에 반영하여 시뮬레이션을 수행 한 결과 국립환경기관에서 요구하는 오염리스크 수준인 95%에 해당하는 오염리스크가 0.0001보다 작거나 같아야 한다는 조건을 만족한다는 것을 알 수 있다.

그림 11.91　시뮬레이션 결과

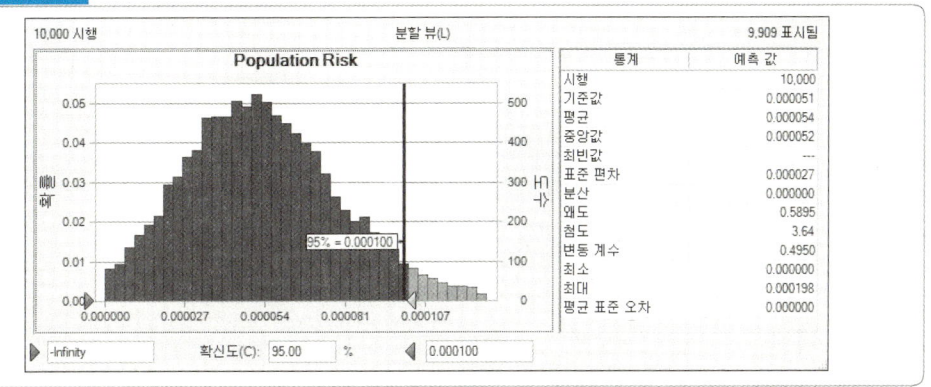

이때 프로젝트 비용에 대한 시뮬레이션 결과를 살펴보면 평균 비용은 10,912만원이며 최소 9,835~최대 11,969에서 비용이 발생할 수 있음을 알 수 있다.

추가적으로 오염리스크 수준에 대한 제약 조건을 만족하기 위해 정화율을 91% 고정하고 다른 정화 시설로 프로젝트를 수행할 경우 프로젝트 비용을 살펴보면

Air stripping(1)의 평균 비용: 11,838

Carbon filter (2)의 평균 비용: 11,660

Photo-oxidation (3)]의 평균 비용: 10,912 이다.

그림 11.92　Photo-oxidation (3) 프로젝트 비용

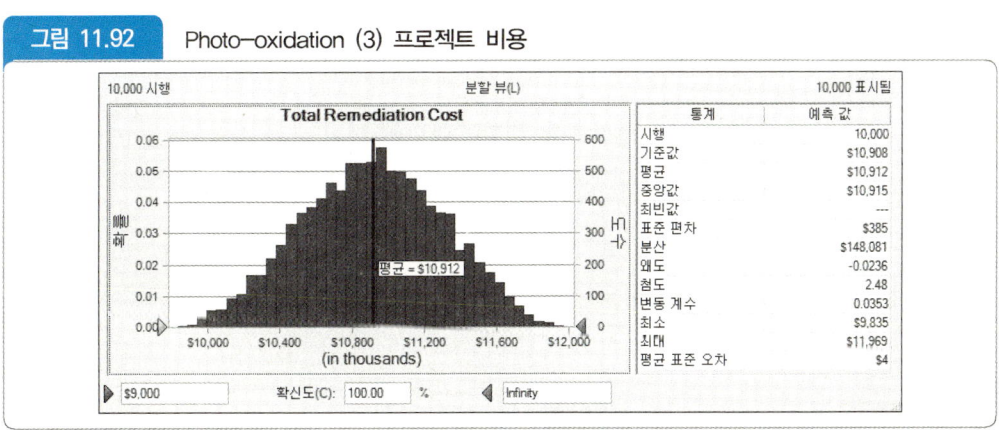

그림 11.93 Air stripping(1) 프로젝트 비용

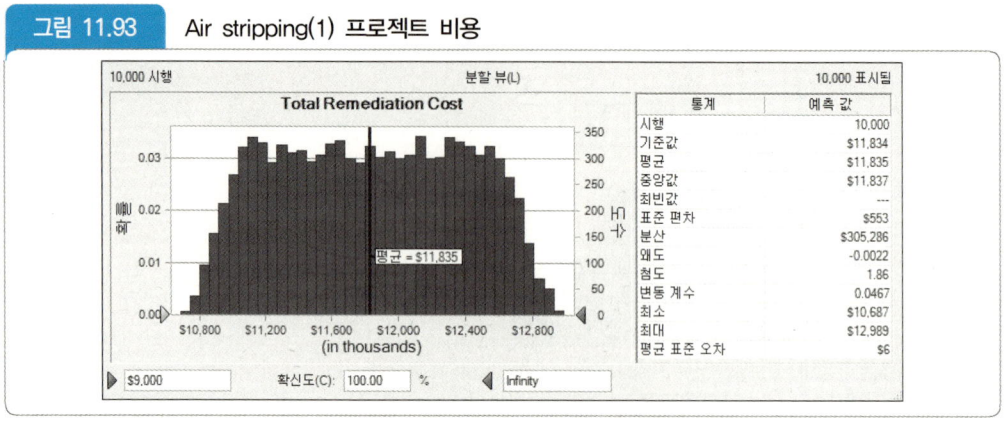

그림 11.94 Carbon filter (2) 프로젝트 비용

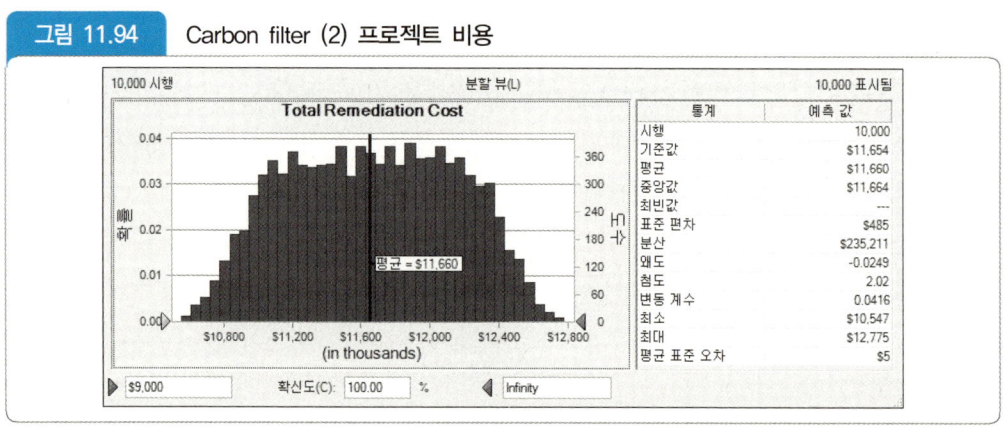

고정비는 Photo-oxidation (3)가 가장 크지만 정화 효율성이 높아짐에 따라 가중되는 변동비가 상대적으로 다른 정화 시설보다 작기 때문에 정화 효율성이 높은 수준에서는 Photo-oxidation (3) 정화 시설이 유리함을 알 수 있다. 반면에 요구되는 정화율이 낮다면 고정비가 적은 Air stripping(1)이나 Carbon filter (2) 방법이 선택 될 수도 있을 것이다.

PART 06

리스크 개요

Chapter 12　리스크 관리 시 고려사항
Chapter 13　리스크에 대한 인식 변화

CHAPTER 12

리스크 관리 시 고려사항

부재(Absence)라는 상태를 발견하는 것과 발견이 부재(Absent)하다는 것은 전혀 다른 얘기이다. 경영진이 주어진 분석 결과의 유효성과 적용가능성을 평가할 수 있는 방법은 무엇인가? 경영진은 분석에 사용된 가정에 어떠한 의문을 제기할 수 있을까? 어떤 질문을 해야 할까? 12장에서는 몬테카를로 시뮬레이션, 시계열 데이터 예측, 확률적 최적화 등과 관련된 보다 어려운 질문에 대해 살펴보도록 하자.

 직무 태만

Crystal Ball, Predictor, OptQuest 등의 강력한 툴을 개발하기 위해서는 몇 년의 시간이 소요되고 완벽한 기능을 갖추도록 만들어 나가는 데는 더 오랜 시간이 소요된다. 새로운 사용자는 위의 소프트웨어 중 하나를 선택하는 즉시 그저 쉽고 편리하게 사용해 볼 가능성이 매우 크다. 하지만 신뢰할 수 있는 분석 결과를 통해 실무에 적용하기 위해서는 그 이론적 근거에 대해 어느 정도의 지식은 가지고 있어야 한다. 예를 들어, 정교한 모델을 구축하고 활용해 보고자 하는 분석자라면 관련 분석 방법의 근간이 되는 일부 가정과 접근 방식을 먼저 이해해야 한다. 그렇지 못한 상황이라면 세 살짜리 어린 아이에게 장전된 기관총을 쥐어 주는 것과 다를 바 없다. 이러한 상황을 정확하게 표현하면 "직무 태만(Negligent entrustment)"이다. 하지만 실제로는 뛰어난 사용자들 조차도 이러한 툴을 자신들이 사용하는 모델이나 사업 타당성 분석을 위해 사용하려면 당황하거나 어려움을 겪게 마련이다. 위와 같은 소프트웨어 툴은 강력한 분석적 기능이 있음에도 불구하고 단순한 툴일 뿐이다. 이러한 소프트웨어는 절대 분석자를 대신하지 못한다. 사실 이런 툴은 분석자들이 이미 알고 있는 분석 기법일 뿐이며 툴 자체가 관련 의사결정을 하는 것은 아니다. 이러한 툴은 분석자가 정교한 모델을 구축하기 위해 필요로 하는 복잡하고 어려운 수리적 모형에 대한 부담만을 덜어 줄 뿐이다. 앞에서도 설명 했듯이 의사결정이라는 도전 과제의 50%는 문제 자체에 대해 단순히 숙고해보는 것이고, 25%는 실제 모델의 구축과 분석이며, 나머지 25%는 모델과 분석을 통해 도출된 결과를 최고 경영진, 고객, 동료, 그리고 자기 자신에게 설명하고 설득할 수 있는 능력이다.

경영진의 실사

모델을 구축하고 멋들어진 분석 기법을 사용하는 것은 분석가의 직무지만 분석가가 수행한 분석에서 사용된 가정과 도출된 결과에 의문을 제기하는 것은 최고 경영진이 수행해야 할 역할이다. 예를 들어 살펴보자.

그림 12.1	회귀분석과 관련된 유의사항

- 범위를 벗어난 예측값
- 구조적 문제점
- 가정오류
- 생략된 변수 혹은 여분의 변수
- 이분산성 및 등분산성
- 다중공선성
- 허위회귀와 시간의존성
- 자기상관과 계열상관
- 상관관계 대 인과관계
- 확률보행
- 평균회귀
- 도약과정
- 확률과정

그림 12.1은 다중회귀분석과 시계열예측 작업을 수행할 때 발생할 수 있는 일부 문제점을 정리해 놓은 것이다. 의사결정자는 이러한 문제점과 관련된 수학적인 측면이나 이론적인 측면까지를 이해해야 할 필요는 없지만 적어도 그 의미에 대해서는 어느 정도 파악할 수 있어야 한다.

지금부터 다양한 고급 분석 결과의 보고 대상자이며 의사결정자인 최고 경영진을 위한 구체적인 내용을 살펴보고자 한다. 먼저 다음 섹션에서는 본 교재에서 다룬 각 분석방법 별로 중요한 신호와 움직임에 대한 일반적인 내용을 살펴볼 것이다.

분석가의 귀책 사유

일반적으로 문제 발생의 가능성을 보여주는 원인은 다음과 같이 다섯 가지 유형으로 분류해 볼 수 있다.

1. 모델의 오류
2. 가정 및 입력값의 오류
3. 분석적 오류
4. 사용자의 오류
5. 해석의 오류

모델의 오류란 모델을 구축하는 과정에서 분석자가 범하는 오류를 말한다. 예를 들어, 엑셀을 이용해 작성된 재무 모델에는 연결 오류, 부정확한 함수나 방정식, 잘못된 모델 구축 방식, 모델 개발자와 사용자 또는 해당 모델을 담당하게 될 후임자 간의 지식 전달 단절 등의 이유로 인해 오류가 발생할 수 있다. 모델 오류 문제는 모델 작성자가 주의를 기울임으로써 제거할 수 있다. 또한 우수한 모델 구축 방식도 혼란스런 모델을 없애는데 일조할 수 있다. 우수한 모델 구축을 위해서 다음과 같은 사항들의 고려가 필요하다.

- 모델에 사용된 접근 방식과 모델 내의 하위 부분 간의 통합 및 연결성에 대한 **내용의 문서화**
- 각 하위 페이지 또는 워크시트에 대한 충분한 설명이 포함된 하이퍼링크 또는 매크로와 연결된 **시작 페이지 작성**
- 가정 입력 시트를 실제 연산이 이루어지는 모델, 결과 페이지, 보고서 페이지 등과 **분리하여 작성**
- 가정 입력 페이지에서만 변경을 허용하고 **모델의 직접 변경은 허용하지 않음** 실수에 의한 모델 변경 방지

우수한 모델 구축 방식 및 모델링 에티켓에 대한 상세한 내용은 3장 기본적인 모델 구축 지침을 참조한다.

가정의 오류나 입력값의 오류는 모델 오류보다 해결하기가 어렵다. 가정이나 입력 값과 관

련된 오류에는 경쟁 위협 수준, 기술 성공 수준, 추정 수익, 수익 성장률, 시장 점유율 등 모델에서 계산을 수행하기 위해 필요한 입력값의 오류도 포함된다. 하지만 이와 같은 결정 요인 중 다수는 결정 자체가 불가능하다. 그리고 "Garbage in, Garbage out"이라는 격언은 이 상황에도 적용된다. 분석가는 최선을 다할 뿐이다.

소위 '쓰레기(Garbage)' 가정을 정리하는데 도움이 될 수 있는 방법이 여러 가지 있다. 첫 번째 방법은 전문가의 지식과 조언에 단순히 의존하는 것이다. 예를 들어, 델파이 기법(Delphi method)을 사용하는 경우, 전문 엔지니어들이 한 방에 모여 기술 성공률 수준을 논의하게 된다. 엔지니어들은 성공 가능성에 대한 자세한 지식을 알고 있으므로 기술 성공률에 대한 유용한 통찰을 제공해 줄 수 있다. 매일 발전하는 기술과는 동떨어져 컴퓨터 앞에만 앉아있는 재무 분석가는 이러한 방법을 통하지 않으면 위와 같은 통찰력 있는 정보를 얻을 수 없다. 최고 경영진인 임원 같은 경우는 다년간의 경험과 전문 지식을 바탕으로 시장에서 발생할 수 있는 결과에 대해 유용한 통찰 정보를 제공해줄 수 있다. 이중블라인드(이중맹검) 실험을 실시할 수도 있다. 이 경우 그룹에 참석한 전문가는 결과에 대한 객관적인 추정치를 묻는 무기명 설문에 답해야 한다. 이렇게 도출된 계량적 결과값을 정리한다. 경우에 따라서는 참석자의 경력에 따라 답변에 적용되는 가중치를 달리할 수도 있다. 그리고 모델에서는 기대값을 사용할 수 있다. 여기서 전문가들의 의견과 관련된 결과의 분포를 구하기 위해 몬테카를로 시뮬레이션을 적용할 수도 있다. 이 때 Crystal Ball을 이용하면 각 결과값에 적용된 가중치를 이용하거나 확보된 모든 가능한 결과값에 단순 비모수 부트스트랩 시뮬레이션을 적용하여 주어진 결과값에 해당하는 커스텀 분포(Custom distribution)를 구할 수 있다. 과거 데이터가 충분히 존재하면 시계열예측, 회귀분석, 몬테카를로 시뮬레이션 등의 방법을 이용해 미래를 예측하기가 상대적으로 쉽다. 즉, 확실치 않은 경우에는 시뮬레이션을 해 본다. 분석가는 특정 변수의 단일 입력값에 대해 논의하거나 이 값에 의존하지 말고 해당 입력값에 대한 가능한 결과값을 기준으로 시뮬레이션 해 볼 수 있다. 이 때, 비관적인 경우(Worst case) 시나리오, 일반적인 경우(Nominal case) 시나리오, 긍정적인 경우(Best case) 시나리오의 삼각형분포, PERT 분포 또는 전문가적 가정을 통한 다른 분포를 이용해서 시뮬레이션을 할 수 있다.

경영진은 데이터 수집 방법과 상관없이 모델에 사용된 가정에 의문을 제기해 보고 검증해야 한다. 이 때 사용할 수 있는 방법 중 한 가지가 토네이도 차트(Tornado chart)나 민감도 차트(Sensitivity chart)를 작성해 보는 것이다. 경영진은 핵심적인 항목(관심 변수, 예: 순현재가치, 순이익, ROI 등)에 직접적인 영향을 주는 변수인 동시에 예측이 불가능하고 그 변동폭이 불확실한 변수에 관심을 기울여야 한다. 경영진이 관심을 기울여야 할 대상은 이와 같은 핵심 성공 요인(CSF: Critical Success Factor)이지, 다른 경우에 아무리 중요하고 관심을 끄는 변수라 하더라도 회사에 핵심적인 항목과 무관하거나 거의 영향을 미치지 못하는 변수가 아니다.

　전문 지식과 기존의 과거 데이터가 많은 경우의 장점은 가정을 보다 적합하게 추정할 수 있다는 점이다. 모델에서 사용되는 가정을 검증해 볼 수 있는 좋은 방법은 미래를 들여다보는 예측과 반대 개념인 사후예측(Back casting)을 해보는 것이다. 사후예측이란 과거 데이터를 이용해 사용된 가정을 검증하는 방법이다. 과거 데이터를 Crystal Ball의 분포적합 기능(Distribution fitting routines)을 사용해 생성한 분포에 적합 시킨 후 입력값에 대한 가정을 검증해 보는 것은 사후예측의 한 가지 유형이다. 가정값이 과거 데이터를 이용해 생성한 분포 중 어느 위치에 해당하는지를 확인한다. 만약 가정값이 분포의 일상적인 모수 집합(예: 95% 신뢰구간 또는 99% 신뢰구간) 범위에 포함되지 않은 경우 분석가는 향후 구조적 변동(예: M&A, 기업 매각, 자원의 재분배, 경기 침체, 상당한 수준의 경쟁 유입 등)이 발생할 수 있음을 잘 설명할 수 있어야 한다. 가정과 마찬가지로 과거 데이터를 이용한 예측 모형의 적합 방식이나 유보 방식(Holdout approach: 원래의 예측 모델의 과거 데이터 중 일부를 이용해 후속 단계인 예측값 적합에 사용하여 모델의 정확도를 검증하는 방식)을 이용해 예측값도 검증해 볼 수 있다.

몬테카를로 시뮬레이션의 위험 신호 이해하기

몬테카를로 시뮬레이션은 매우 강력한 방법론이다. 또 어렵고 난해한 문제를 너무나 간단하고 손쉽게 풀어내기 때문에 몬테카를로 시뮬레이션을 싫어하는 통계학자나 수학자도 있다. 또 순수 수학자는 몬테카를로 시뮬레이션보다 우아한 방식인 옛날 방식을 선호한다. 멋진 확률 수학적 모델을 풀어내면 무감각한 방법을 사용할 때와는 달리 성취감과 뭔가를 완성했다는 느낌을 얻을 수 있다. 몬테카를로 시뮬레이션에서는 결과값의 경로를 수천 번, 심지어는 수백만 번 생성해서 가공의 미래를 만들고 이 미래의 가장 일반적인 특성을 살펴본다. 회사의 애널리스트가 대학원 과정을 수강하는 것은 논리적이지도, 실질적이지도 않다. 현명한 애널리스트라면 같은 답을 가장 쉬운 방식으로 얻을 수 있도록 자신이 사용할 수 있는 가능한 모든 툴을 활용할 것이다. Crystal Ball을 이용한 몬테카를로 시뮬레이션이 이러한 툴 중 하나이다. 사용의 편리성은 Crystal Ball을 사용할 때 얻을 수 있는 중요한 장점 중 하나가 된다.

　아래는 분석가가 시뮬레이션을 이용한 일련의 고급 분석 결과를 담은 보고서를 제출했을 때 의사결정자인 경영진이 이 내용을 검토하면서 평가해야 할 14가지 고려 사항을 정리한 것이다.

1. **분포를 어떻게 구했는가?** 한 가지는 확실하다: 분석가가 제출한 보고서에 수행된 온갖 멋진 분석에 대한 내용이 담겨 있고, 이 중 한 가지가 수십 개의 변수에 몬테카를로 시뮬레이션을 적용한 분석이며, 각 변수의 분포가 동일하다면(예: 삼각형분포) 경영진은 이 내용을 매우 걱정스러운 시선으로 볼 것이며 이러한 반응은 당연한 것이다. 물론 몇 개의 변수가 삼각형분포를 따른다고 한다면 이를 사실로 받아들일 수 있겠지만 수십 개의 다른 변수 역시 동일한 분포를 따른다고 가정하는 것은 우스꽝스런 일이다. 분포와 관련된 가정의 유효성을 검증하기 위해 사용할 수 있는 방법 중 한 가지는 과거 데이터를 가정된 분포에 적용해, 과거 데이터와 분포가 어느 정도 차이가 있는지를 확인하는 것이다.

또 다른 방법은 일단 분포를 선택하고 대체 모수를 이용해 확인해 보는 것이다. 시장점유율에 대한 시뮬레이션을 수행하기 위해 평균이 55%이고 표준편차가 35%인 정규분포를 가정했다고 생각해 보자. 이 분포 가정은 상당히 걱정스럽다. Crystal Ball의 'Alternate Parameters' 기능을 사용해 보면 이 정규 분포의 5 백분위수는 −2.57%이고 95 백분위수는 112.57%로 계산된다. 제품의 시장 점유율은 −2.57%나 112.57%가 될 수 없기 때문에 실제 상황에서는 이런 값이 존재할 수 없다. 'Alternate Parameters'는 이런 상황에서 유용하게 사용할 수 있는 기능이다. 분포 가정의 적합성을 검증하는 대부분의 경우 가장 먼저 할 일은 'Alternate Parameters' 기능을 이용해서 입력 모수의 논리적인 상한값과 하한값을 확인하는 것이다.

2. **분포 가정의 민감도는 어느 정도인가?** 존재하는 모든 변수를 시뮬레이션할 필요는 없다. 예를 들어, 미국 본토 내에서만 사업 활동을 수행하는 미국 기업은 외환시장에서 자이르화 환율이 어떻게 변하는지 걱정할 필요가 없다. 리스크란 불확실성의 결과로 누군가가 감수하는 것이다. 불확실성이 존재한다고 하더라도 리스크가 없을 수도 있다. 그러므로 이 미국 기업의 CEO가 유일한 걱정 대상이 자이르화 환율의 변동이라면 자이르화 중 일부를 매도(Shorting)하고 포트폴리오를 미 달러화 채권 쪽으로 이동시키라고 제안할 것이다.

간단히 말하자면, 확실치 않은 경우에는 시뮬레이션을 해야 한다. 단, 추정하고자 값에 실제로 영향을 미치는 변수인 경우에만 시뮬레이션을 수행한다. 시뮬레이션 대상 변수를 선택하는데 유용하게 사용할 수 있는 두 가지 툴이 토네이도 차트(Tornado chart)와 민감도 차트(Sensitivity chart)이다. 또한 시뮬레이션 변수가 핵심성공요인(CSF)인지 – 추정 대상인 최종 결산액(Bottom line)에 유의한 영향을 미치는 변수인 동시에 불확실성이 크고 경영진의 통제 범위 밖에 있는 변수인지를 확인해야 한다.

3. **핵심성공요인(CSF)는 무엇인가?** 핵심성공요인(CSF)은 최종 결과값에 민감한 입력변수나 가정변수이다. 몬테카를로 시뮬레이션을 수행하기 전에 가장 먼저 할 일은 토네이도 차트를 작성하는 것이다. 토네이도 차트를 참고해 분석 시 가장 필수적인 변수가 무엇인지를 선택할 수 있다. 여기에 경영진과 분석가의 전문 지식을 합해 관련 핵심성공요인(CSF)-최종결과에 가장 큰 영향을 미치는 동시에 불확실성이 매우 높고 경영진의 통제 범위를 벗어나 있는 변수를 결정하고 시뮬레이션을 수행할 수 있다. 민감성이 가장 큰 변수에 가장 주목해야 하는 것은 당연한 일이다.

4. **여러 가정 간에 어떤 관계가 존재하는가? 그리고 이러한 관계를 고려했는가?** 유의한 영향을 미치는 변수에 대한 가정 변수들 사이의 상관관계를 고려하지 않고 정의하는 것 역시 분석가들이 저지르는 중대한 실수 중 하나이다. 예를 들어, 수익에 대한 시뮬레이션을 수행하는 분석가는 수익을 가격과 수량으로 나눠볼 수 있다(가격과 수량을 곱하면 수입이 된다). 여기서 문제는 가격과 수량이 모두 독립적인 변수라고 가정하면 중대한 오류가 발생하게 된다는 점이다. 대부분의 제품에는 경제학에서의 수요공급의 법칙이 적용된다. 즉, 다른 모든 조건이 동일하다고 가정했을 때 제품의 가격이 인상되면 동 제품에 대한 수요는 감소한다.

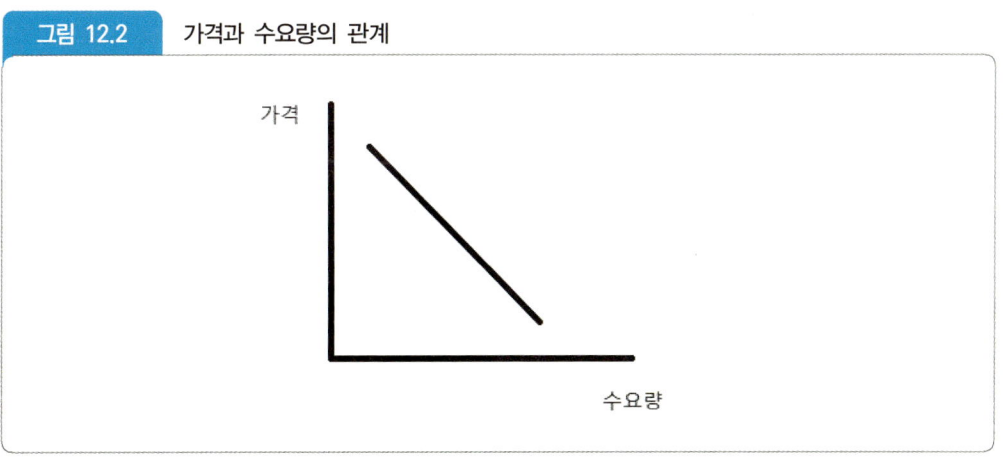

그림 12.2 가격과 수요량의 관계

이와 같이 간단한 경제적 특성을 무시하고 가격과 수량이 상호 독립적인 변수라고 가정하면 가격이 상승할 때 수요가 증가하거나 가격이 하락할 때 수요도 감소하는 경우가 발생할 수 있다. 하지만 실제 상황에서는 이런 현상이 결코 발생하지 않을 것이므로 시뮬레이션 결과에도 분명 문제가 있을 것이다. 추정 수익이나 추정 가격을 제품군 별로 추가적으로 나눠볼 수 있다. 이 경우 각 제품군과 다른 제품군 간에는 상관관계(예: 경쟁 제품, 제품 수명 주기, 대체 제품, 보완 제품, 매출 잠식 제품 등)가 존재한다. 이와 유사한 예를 몇 가지 더 들어보면, 규모의 경제를 실현할 수 있는 가능성(시간이 지나면서 생산 규모가 커지면서 생산 원가가 낮아지는 경우), 제품 수명 주기(시간이 지나면서 매출이 줄어들게 되고 포화율로 매출이 안정상태에 도달함), 평균 총원가(완전히 배분된 비용: Fully allocated cost)의 평균은 초기에는 줄어들고 수확체감(Diminishing Returns)의 수준을 지나고 나면 증가하기 시작한다). 그러므로 변수 간의 관계, 상관관계, 인과관계 등을 적절히 고려하여 모델을 작성해야 한다. 데이터가 있는 경우라면 엑셀을 이용해서 간단한 상관계수 행렬을 구해서 이러한 관계를 파악할 수 있다.

5. **데이터의 절단(truncation)을 고려했는가?** 데이터를 절단(Truncation) 하는 것은 Crystal Ball 사용자들이 잘 저지르는 중대한 실수 중 하나이다. 특히 악명 높은 삼각형 분포를 사용할 때 그러하다. 삼각형분포는 아주 간단하고 직관적으로 구할 수 있는 분포이다. 또 정규분포와 균등분포(Uniform Distribution)을 제외하고 Crystal Ball에서 가장 많이 사용되는 분포이기도 하다. 아주 단순하게 얘기하자면 삼각형분포는 최소값, 발생 확률이 가장 높은 최빈값, 최대값의 모수를 갖는 분포이다. 이 세 가지 값을 최악의 경우, 일반적인 경우, 최선의 경우 시나리오와 혼동하는 경우가 많다. 하지만 이는 잘못된 것이다.

사실 최악의 경우 시나리오란 발생 확률이 매우 낮은 상황이지만 주어진 확률만큼은 발생한다. 예를 들어, 최악의 경우, 일반적인 경우, 최선의 경우 대신 고(High), 평균(Average), 저(Low)로 경제 모델을 작성할 수 있다. 또 모델 로직에서 최악의 경우 시나리오의 발생 확률은 15%로, 일반적인 경우 시나리오의 발생 확률은 50%로, 최선의 경우 시나리오의 발생 확률은 35%로 설정할 수 있다. 그리고 이러한 방식은 최악의 경우, 일반적인 경우, 최선의 경우 별 시나리오 분석을 수행하는 분석가가 사용하는 방식이기도 하다. 하지만 이를 최대값과 최소값은 거의 발생하지 않는, 즉 발생 확률이 0인 삼각형 분포와 비교해 보자.

그림 12.3　삼각형분포

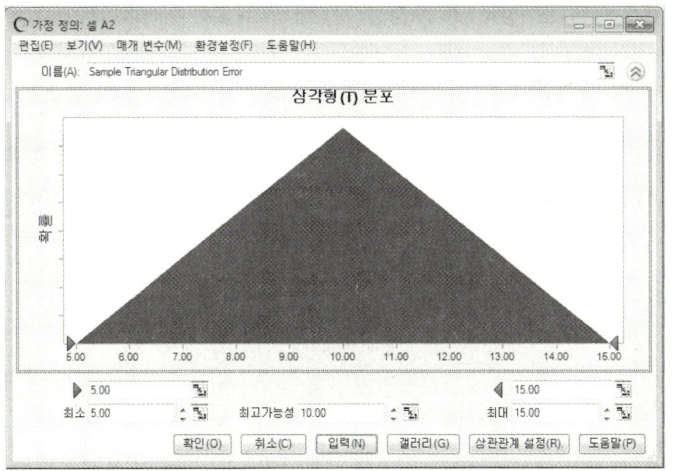

그림 12.3은 최악의 경우, 일반적인 경우, 최선의 경우 시나리오의 값이 각각 5, 10, 15로 설정된 것이다. 이 분포에서 극단값인 5와 15 아래의 면적이 0이므로 이 두 값의 발생 확률은 0이다. 다시 말해서 5와 15라는 값은 결코 발생하지 않는다. 이를 각 극단값의 발생 확률을 15%와 35%로 설정한 위의 경제 시나리오와 비교해 보자. 대신 여기서는 분포의 절단(Distributional Truncation)을 고려해야 한다. 다른 분포의 경우에도 마찬가지이다. 그림 12.3은 극단값이 양의 무한대와 음의 무한대로 접근하지 않고, 5와 15에서 절단된 정규분포를 보여준다.

그림 12.4　절단분포

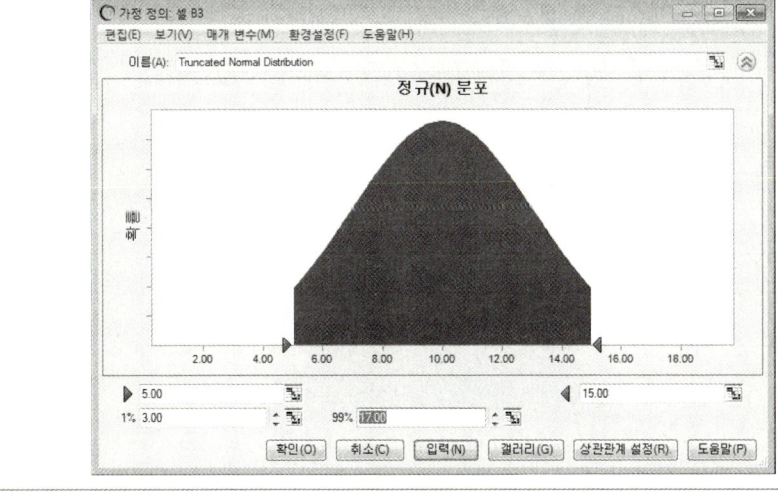

6. **예측 결과의 범위가 얼마나 큰가?** 분포와 관련된 가정이 1,000개도 넘는 30MB 크기의 모델을 본적이 있다. 모델의 가정이 이렇게 많고 크기가 이렇게 커지게 되면 엄청난 문제가 있다. 먼저 엑셀에서 이 모델을 구동하는데 필요 없이 많은 시간이 걸리게 되며 현실과는 동떨어진 결과가 생성된다. 한 가지만은 확실하다: 결과적으로 생성되는 예측값에 대한 최종 분포의 범위가 너무 커져서 한정적인 의사결정을 내릴 수가 없다. 게다가, 범위가 음의 무한대에서 양의 무한대에 이르는 결과 값을 계산해서 무슨 용도로 쓸 수 있겠는가?

모델을 통해서 얻는 결과는 합당한 모수와 구간 내에 들어와야 한다. 이를 확인할 수 있는 방법 중 한 가지는 단일 점 추정치를 한 번 보는 것이다. 이론적으로 볼 때, 점 추정치는 각각의 평균값을 가지는 모든 선행변수에 의해 결정된다. 그러므로 하나의 점 추정치에 대한 분포를 수립하여 이러한 기대값이 교란되면, 결과적으로 계산되는 순이익의 점추정치도 예측된 구간 내에 포함되야 한다.

7. **끝 점과 극단 값은?** 끝 점(End points)를 잘못 택하는 것은 사용자의 오류인 동시에 해석상의 오류이다. 그림 12.4를 살펴보자. 그림 12.4는 극단 값이 -156,604 달러에서 196,705만 달러 범위에 포함되는 데이터를 바탕으로 한 재무 분석 결과를 보여주는 것이다. 이 경우 발생할 수 있는 최저값이 -156,604달러이고, 발생할 수 있는 최대값이 196,705만 달러라고 가정하게 되면 분석가는 중대한 실수를 저지르게 된다. 그림 12.4의 오른쪽 윗부분을 보면 9,961개의 값만이 표시되었다는 메시지를 볼 수 있다. 이 화면의 환경설정(P) 메뉴를 클릭 차트(C)를 선택한 후 축 탭을 클릭하면 스케일에 자동 설정되어 있음을 알 수 있다(그림 12.5 참조).

| 그림 12.5 | 극단값이 절단된 분포 |

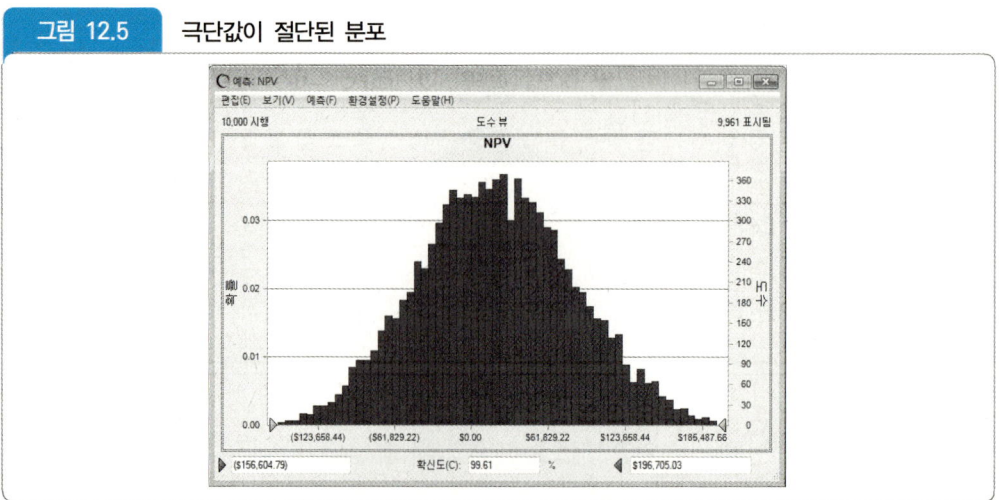

그림 12.6   표시 범위 설정

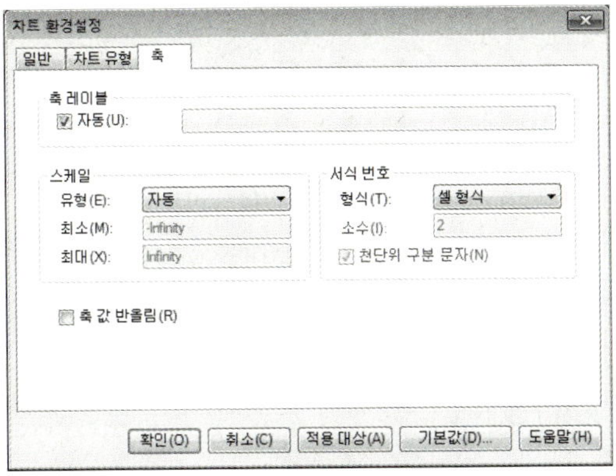

그림 12.6에서 스케일의 유형을 자동에서 고정으로 변경한 후 나타나는 분포의 그림을 보면 이전의 경우와는 좀 다르면서 실제의 최저값과 최대값이 얼마인지 감을 잡아볼 수 있다 (그림 12.7 참조). 그리고 이 경우 데이터를 해석한 결과는 데이터의 표시 옵션을 고정으로 설정한 경우와 상당히 달라지게 될 것이다.

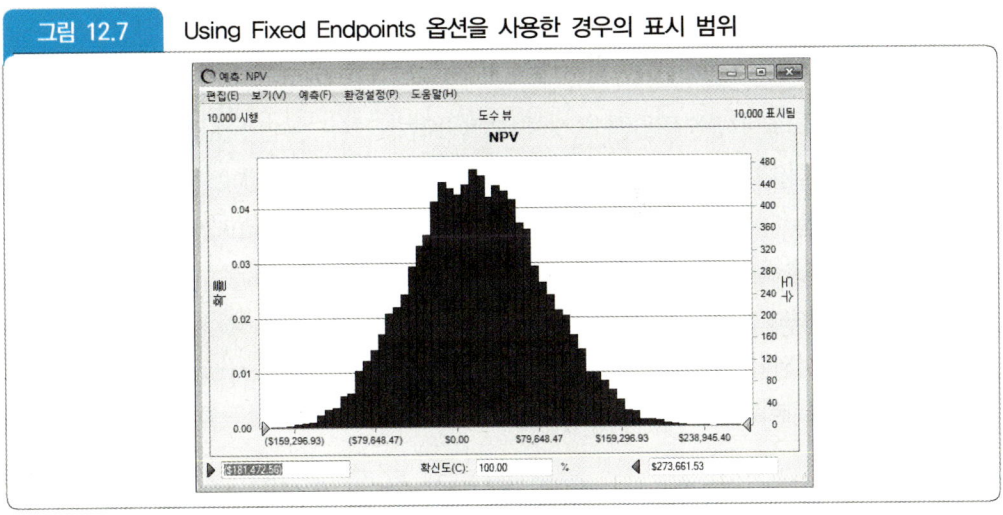

그림 12.7   Using Fixed Endpoints 옵션을 사용한 경우의 표시 범위

8. **사업과 관련된 로직 또는 상황과 관련된 단절 상황이 존재하는가?** 시뮬레이션에 사용되는 가정은 과거 데이터를 기준으로 하는 것일 수도 있다. 즉, 과거에 회사가 실제로 존재한 경우라면 분포에 대한 결과가 유효한 경우이다. 하지만 미래를 예측한다는 측면에서 볼 때 과거 데이터는 최선의 예측 도구가 되지 못할 수 있다. 사실 과거 성과는 미래

성과 능력의 지표가 되지 못한다. 특히 사업 환경에 구조적인 단절(Structural Breaks)이 예상되는 경우에는 더욱 그러하다. 여기서 구조적 단절이란 회사의 세계화, 타 기업 인수, 자산의 일부 처분, 신규 시장 진입 등을 들 수 있다. 이 경우에는 결과적으로 도출되는 분포에 대한 예측값의 유효성을 이러한 단절 조건을 기준으로 다시 평가해봐야 한다. 과거 실적을 기준으로 도출된 결과를 기본 상태(Base Case) 시나리오로 생각할 수 있다(단, 필요한 경우 수정과 추가 등의 과정을 거친다). R&D 분야의 경우 이러한 상황이 특히 두드러진다. R&D의 정의상 아직 개발되지 않은 대상은 새로운 것이다. 그러므로 미래의 값을 예측할 기준이 되어 줄 과거 데이터가 존재하지 않는다. 이러한 경우에는 경험과 전문가의 의견을 기준으로 미래 결과를 예측하는 것이 최선의 방법이다. 과거 데이터가 존재하지 않는 경우 사용할 수 있는 다른 방법으로는 시장의 근사값과 비교가 가능한 유사 프로젝트를 사용하는 것이다 – 이 경우에는 기능, 시장, 리스크 등이 유사한 현재 또는 과거의 프로젝트와 타 기업을 기준으로 삼게 된다.

9. 결과값이 예상 경제 상황에 부합하는가? 분석가들은 데이터 마이닝(Data Mining)의 함정에 빠지기도 쉽다. 즉 잘 짜여진 이론적 체계를 이용하는 대신 데이터를 통해 저절로 해결되기를 바라는 것이다. 예를 들어, 단계적 회귀분석(Stepwise Regression)이나 분포적합 기법(Distributional Fitting)을 맹목적으로 사용하는 분석가는 즉시 데이터 마이닝이라는 함정에 빠지게 된다. 이러한 분석가는 연역적 이론을 사용하는 대신 결과를 이용해 상황을 설명하는 귀납적 특성을 보여준다.

간단한 예로는 주식 시장에 대한 예측을 들 수 있다. S&P 500 지수의 수익률에 대한 엄청난 과거 데이터를 이용하여 단계적인 다변량 회귀분석(Multivariate Stepwise Regression)을 수행하는 분석가는 경제성장률, GDP, 인플레이션, 자이르화 환율 변동, 슈퍼 볼 승리 팀, 특정 일자의 태양 흑점 등 수백 개의 변수를 사용할 수 있다. 주식 시장은 그 본질상 랜덤하고 예측이 불가능하고, 태양 흑점 역시 동일한 특성을 가지므로 장기적으로 보면 주식 시장과 태양 흑점 사이에 어떤 관계가 존재하는 것처럼 보일 수 있다. 물론 이 두 변수 간의 관계는 단순히 가상의 관계이고 우연에 의한 것이기는 하지만 단계적 회귀분석과 상관계수 행렬에서는 여전히 이러한 우연 관계를 인식할 것이고 결국 통계적으로 유의한 관계가 있는 것으로 고려될 것이다. 그리고 이 결과를 이용해 분석 작업을 수행하면 태양 흑점이 실질적으로 주식시장을 설명해주는 것으로 나타날 것이다. 그렇다면 시장을 상회하는 실적을 내기 위해 태양의 흑점 활동 데이터를 기준으로 한 분포 가정을 설정하는 것이 올바른 일일까? 물론 데이터를 컴퓨터로 분석해 보면 위에서 본 가상의 관계가 나타나기는 할 것이다.

여기서 우리가 명심해야 할 점은 특정 모델이 있는 경우 해당 모델을 신중하게 검토하여 표면적으로는 유효한 관계가 존재하는 것처럼 보이지만 실질적으로는 우연하게 발생된, 가상의 관계로 다른 모든 조건을 일정하게 유지하는 경우 시간이 지나면서 사라지게 될 관계를 파악해야 한다는 것이다. 랜덤하게 발생하는 두 개의 상황을 함께 엮어 그 관계를 분석해 보는 것은 말도 안 되는 것이며, 그 결과를 받아들여서도 안 된다. 대신 경제적 근거, 재무적 근거를 바탕으로 분석 작업을 수행해야 한다. 태양 흑점과 관련해 우리가 도출할 수 있는 경제적 근거는 태양 흑점과 주식시장 간의 관계는 완벽하게 우연히 발생한 관계로 그에 합당하게 다뤄야 한다는 점이다.

10. VaR(Values at Risk)이란 무엇인가? 모두 1장에서 잠깐 얘기했던 친구와 함께 스카이다이빙 하는 예를 기억하고 있을 것이다. 물론 가상의 경우이긴 하지만 이 예를 통해 리스크(Risk)와 불확실성(Uncertainty) 간의 차이를 설명해볼 수 있었다. 분석가가 몬테카를로 시뮬레이션을 수행한다는 것은 불확실성을 다루고 있다는 것을 의미한다. 즉, 중요한 예측값의 결정 요인이 되는 상이한 변수에 대해 분포를 적용하는 것이다.

그림 12.8 리스크와 불확실성의 차이를 보여주기

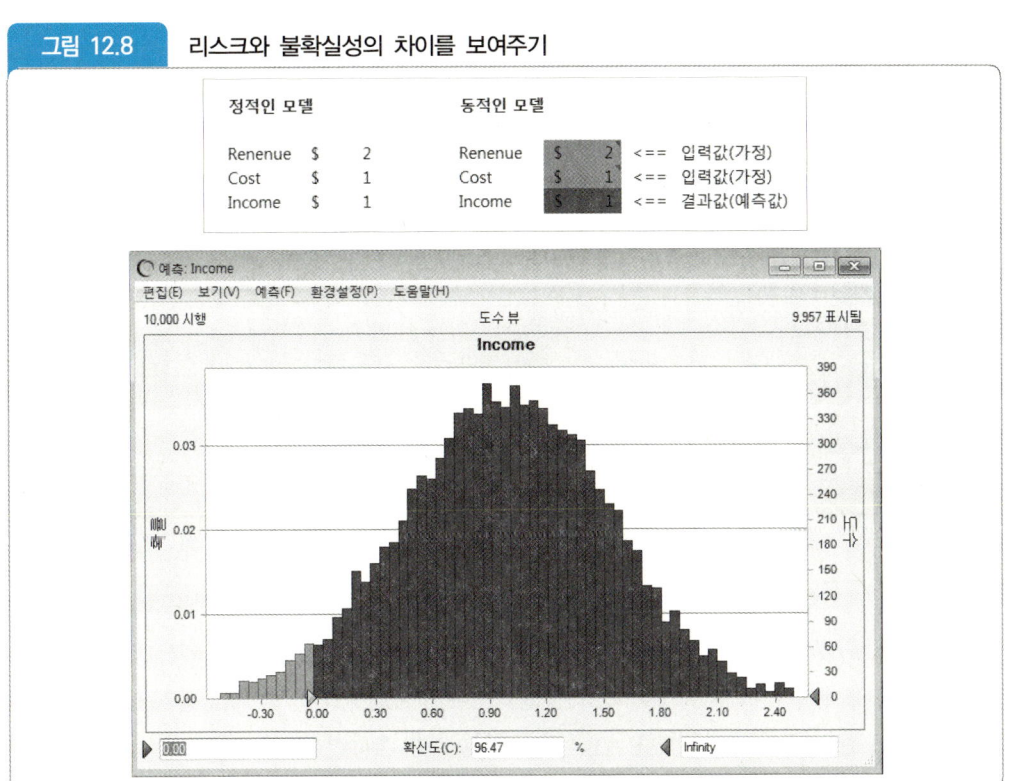

그림 12.8에서는 아주 간단한 계산 내용을 볼 수 있다. 먼저 결정론적 모델을 살펴보면 수익이 2달러이고, 비용이 1달러이며 그 결과 계산되는 순수입은 1달러(2달러 - 1달러)이다. 하지만 동적 모델(Dynamic Model)인 경우에는 수익은 "2달러 정도"이고 비용은 "1달러 정도"이며 순수익은 "1달러 정도"이다. " … 정도(Around)"는 각 변수별 불확실성을 나타내 주는 표현이다. 그러므로 이러한 변수로 인한 결과값인 변수 역시 " … 정도"로 표시된다. 사실 Crystal Ball을 사용한 경우 두 모델 모두 결과값이 "1달러"로 나온다. 한 가지 차이점은 1달러라는 가치를 중심으로 한 예측 분포가 있다는 점이다. 몬테카를로 시뮬레이션을 적용하면 단일 점 추정치에 대한 불확실성의 수준을 구할 수 있다. 이 경우 리스크는 아직 분석되지 않은 상태이다. 즉, 지금까지는 불확실성에 대한 분석만 한 것이다. 그러므로 시뮬레이션을 수행하여 보고서가 표시된다면 불확실성의 수준만 계량화 된 것이고 이 결과는 리스크를 감안한 조정을 위해 사용되지 않는다.

예를 들어 생각해보자. 우리는 자이르화 환율의 변동을 포함해 지구상에 있는 모든 것을 대상으로 시뮬레이션을 수행할 수 있다. 하지만 자이르화 환율의 변동폭이 현재 분석하고 있는 프로젝트와 관련성이 없다면, 해당 통화에 대한 불확실성을 파악한다는 것은 현재 프로젝트의 리스크를 관리하고, 축소하고, 분석했다는 것을 의미하는 것은 아니다. 결과를 분석하고 이를 적절하게 사용한 경우에만 리스크 분석을 수행했다고 할 수 있다. 예를 들어, 기대 순이익이 1달러로 동일하지만 그 분포가 다른 3개의 유사한 프로젝트를 분석하고 있다고 가정해 보자.

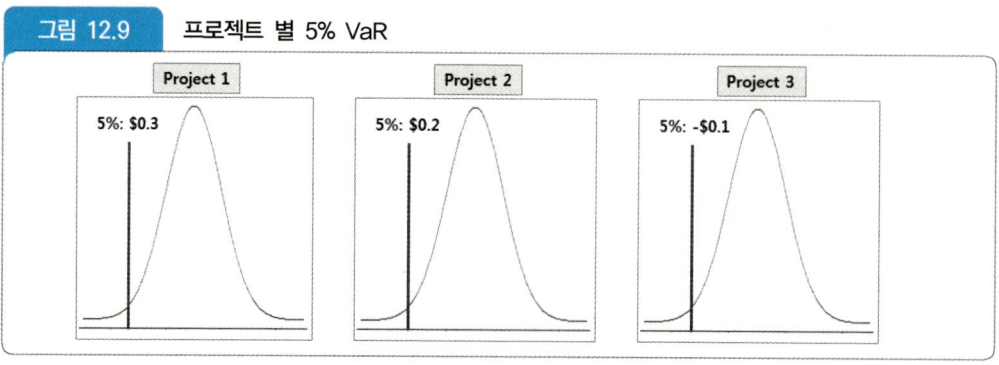

그림 12.9 프로젝트 별 5% VaR

이 경우에는 새롭게 생성된 정보가 없다. 하지만 분석 결과를 적절하게 사용하여 즉 첫 번째 프로젝트의 5% VaR 값은 0.30달러이고 두 번째, 세 번째 프로젝트의 5% VaR 값이 각각 0.20달러와 -0.10달러라는 것을 얘기할 수 있게 되면 리스크 분석이 수행된 것이라고 볼 수 있다. 다른 조건이 일정하다면 비관적인 경우 시나리오에 의거 최소 수익이 0.30달러일 확률이 5%인 첫 번째 프로젝트가 가장 좋은 프로젝트가 될 것이다.

평균을 표준편차로 나누어 계산하는 변동계수(CV : Coefficient of Variability) 또는 비용 효과 척도(Bang for the Buck Measure)나 리스크 조정 수익률(RAROC : Risk Adjusted Return on Capital 또는 중앙값에서 5% 값을 차감한 후 변동성으로 나눈 값: (중앙값−5%값)/표준편차) 등 2장 '리스크로부터 부를 창출하기'에서 설명한 여러 지표도 사용할 수 있다. 일단은, 비교가 가능하도록 모든 프로젝트에 대해 적절하게 리스크를 반영한다면 그 척도는 유효한 것으로 사용할 수 있다고 얘기할 수 있다. 결론을 얘기하자면 특정 값에 대한 불확실성 수준만을 얘기하는 것은 리스크 분석이 아니다. 이 값을 해당하는 리스크를 감안하여 조정한 경우에만 리스크 분석이 실제 수행됐다고 할 수 있다.

11. **가정과 과거 데이터 및 지식의 비교 분포에 대한 가정이 의심스러운 경우에는 과거 데이터를 이용해 가정을 검증해 보는 사후예측(Back Casting) 기법을 이용해 해당 가정을 검증해야 한다.** 사후예측을 수행하는 한 가지 방법은 과거 데이터를 취합하고, Crystal Ball의 분포 적합 기능을 이용해서 취합된 과거 데이터를 분포에 적합 시킨 후, 가정을 검증하는 것이다. 가정된 분포의 모든 값이 과거 데이터 값의 분포 내에 들어오는지를 확인한다. 만약 이들 값이 가정된 분포의 정상적인 파라미터 범위(예: 95% 신뢰구간 또는 99% 신뢰구간)를 벗어나면 분명히 비연속성이 존재하는 것이므로, 분석가는 이를 잘 기술하고 설명할 수 있어야 한다. 이러한 비연속성은 변화하는 사업 환경 등에 기인할 가능성이 높다.

12. **결과와 전통적인 분석 방법의 비교 점 추정치를 이용해서 분석 결과를 간단하게 검증해 볼 수 있다.** 예를 들어, 앞에서 살펴 본 순이익이 1달러인 예를 생각해 보자. 점 추정치를 계산해본 결과 순이익의 기대값이 1달러이면 이 1달러를 둘러싼 불확실성에 대한 예측 분포 내에 해당 점 추정치가 포함돼야 한다. 예측된 분포 내에 1달러라는 값이 포함되지 않으면 뭔가 잘못된 것이다. 즉, 1달러라는 점 추정치를 계산할 때 사용된 모델이 잘못된 모델 이던가 시뮬레이션의 가정이 잘못된 것이다. 앞의 예와 연결해서 생각해 보자면, 어떻게 하면 "2달러 정도"에서 "1달러 정도"를 차감한 값이 "1달러 정도"가 아니라는 결과가 나올 수 있는지에 대한 답을 구해야 한다.

13. **통계량을 통해 분석 결과가 확인되는가?** Crystal Ball을 사용해 시뮬레이션을 수행하고 나면 다양한 통계량이 제공된다. 그림 12.8은 이러한 통계량을 일부 보여주는 화면이다. Crystal Ball의 View / Statistics 메뉴를 통해 통계량을 확인해볼 수 있다. 이들 통계량 중 일부를 결합해서 사용하면 시뮬레이션 결과의 유효성을 확인해 주는 강력한 근거가 된다. 정규분포의 통계량이 궁금한 경우에는 Crystal Ball에서 평균 0.00, 표준 편차 1.00의 정규분포를 가정하여 시뮬레이션을 수행해 본다. 그러면 가장 기본적인 통계분포인 표준정규분포가 생성된다. 그리고 시뮬레이션 수행 결과 계산된 통계량이 그림 12.10에 표시되고 있다. 기본적인 통계량 및 분포 모멘트(Moments)에 대한 해석과 관련된 상세한 내용은 2장 '리스크로부터 부를 창출하기'를 참조한다.

그림 12.10 표준 정규 분포의 통계량

통계	가정 값	정규 분포
시행	10,000	---
기준값	0.00	0.00
평균	0.01	0.00
중앙값	0.01	0.00
최빈값	---	0.00
표준 편차	1.00	1.00
분산	1.00	1.00
왜도	-0.0164	0.00
첨도	2.97	3.00
변동 계수	165.53	---
최소	-3.86	-Infinity
최대	3.50	Infinity
평균 표준 오차	0.01	---

가정에서 규정한 바와 같이 10,000번의 실행을 통해 계산된 평균은 0.00이고 표준 편차는 1.00임을 분명히 알 수 있다. 여기서 특히 관심 있게 볼 부분은 왜도(Skewness)와 첨도(Kurtosis) 이다. 결과가 정규분포와 비슷한 경우에는 왜도는 0.00에, 첨도는 3.00에 가깝다. 만약 자신이 수행한 분석의 결과 이와 비슷한 값이 나온다면 예측값이 대칭적인 분포를 따르며 분포의 꼬리 부분이 과도하게 크지 않다는 결론을 내릴 수 있다. 왜도가 양의 값으로 너무 크거나 음의 값으로 너무 작다면 일부 분포 관련 가정으로 인해 시뮬레이션 결과가 왼쪽 또는 오른쪽으로 치우치게 되는 결과가 나오는 것이다. 의도적으로 치우친 분포를 생성할 수도 있지만 그렇지 않은 경우라면 관련

분포를 설정하는데 무엇인가 잘못된 것으로 생각할 수 있다. 또한 첨도가 유의하게 크다면 분포의 꼬리 부분에서 값이 발생할 확률이 높다는 것을 의미한다. 즉, 대부분의 정상적인 상황에서 예측한 경우보다 극단값 또는 극단적인 이벤트가 발생할 가능성이 높다. 이러한 결과가 미리 예상한 경우일 수도, 예상치 못한 경우일 수도 있다. 만약 이러한 결과를 예상치 못했다면 모델의 분포 가정, 특히 입력값 중 극단적인 값을 보다 신중하게 검토해야 한다.

14. **정확한 방법론을 적용했는가?** 정확한 방법론을 적용했는지의 문제는 사용자 오류가 발생하는 부분이다. 분석가는 균등분포(Uniform Distribution) 대신 로그정규분포(Lognormal Distribution)를 선택한 이유, 부트스트랩 시뮬레이션(Bootstrap Simulation) 대신 분포적합 기법(Distributional Fitting)을 사용한 이유, 민감도 차트 대신 토네이도 차트를 이용한 이유 등을 명확하게 설명할 수 있어야 한다. 이러한 방법들은 분석가의 평가 결과를 검토할 때 반드시 사용되는 부분이므로 사용하기 위해서는 기본적인 이해와 질문을 할 수 있어야 한다.

> 몬테카를로 시뮬레이션을 수행하면서 유의할 점과 질문해봐야 할 사항에는 분포 도출 방법, 분포 관련 가정의 민감도, 핵심성공요인의 파악 방법, 분포 가정 간의 상관관계, 분포의 절단 여부, 예측값의 산포 정도, 끝점과 극단값, 사업 로직과 사업 환경의 단절 여부, 시뮬레이션 결과가 경제적 합리성을 가지는지 여부, VaR, 시뮬레이션 결과와 과거 데이터, 지식 간의 비교 결과, 시뮬레이션 결과와 전통적인 분석 간의 비교 결과, 통계량이 기대와 일치하는지 여부, 정확한 방법론의 적용 여부 등이 포함된다.

시계열분석을 통한 예측 및 회귀분석 시 유의할 점

예측(Forecasting) 역시 자주 사용되는 의사결정 툴 중 하나이다. 한 가지 확실한 점은 100% 정확하게 미래를 예측할 수는 없다는 것이다. 가능한 한 실제와 가깝게 예측하는 것이 바랄 수 있는 최선의 결과가 될 것이다. 또한 예측값이 때때로 틀리게 나오는 것도 괜찮다. 사실 때때로 틀리는 것은 그 과정에서 뛰어난 교훈을 얻을 수 있다는 점에서 좋은 일이기도 하다. 또한 때때로 틀리는 것 보다는 일관성 있게 틀리는 것이 더 낫다. 한 가지 방향으로 계속 틀린다면 이를 시정할 수 있다. 즉, 지속적으로 지나치게 낙관적인 경우에는 기대 수준을 낮출 수 있고 그렇지 못한 경우에는 기대 수준을 높일 수 있다. 문제는 때로는 맞고

때로는 틀리면서 언제 왜 맞는지, 틀리는지를 모르는 경우이다. 시계열자료를 이용한 예측 결과 또는 기타 예측 결과를 평가하는 경우 해결해야 할 사항은 다음과 같다.

1. **데이터 범위를 벗어난 구간에 대한 예측 - 과거 데이터를 이용해 모든 변수를 예측할 수 있는 것은 아니다.** 예를 들어, 귀뚜라미 울음 소리의 주파수를 알면 주변 온도를 상당히 신뢰성 있게 예측할 수 있다는 점을 알고 있는가? 귀뚜라미를 여러 마리 잡은 후, 주변 온도를 변화시키면서 데이터를 수집하고 단순회귀분석을 해 보면 결정계수(Coefficient of Determination) R^2 값을 통해 높은 신뢰수준 값을 얻을 수 있다. 그리고 이 모델을 이용해 귀뚜라미가 울 때마다 그 주변 온도를 합당하게 예측할 수 있을 것이다. 과연 이것이 옳은 것일까? 만약 그렇다고 대답한다면 데이터 범위를 벗어난 구간에 대한 예측을 하게 되는 잘못을 범하는 것이다.

   이렇게 구한 통계적 모델이 통계적 검증 과정을 통과했다고 가정해 보자. 물론 실험과 데이터 수집 과정을 제대로 수행 했다면 당연히 통과할 것이다. 그리고 이 모델을 통해 대기 온도가 높아질수록 귀뚜라미가 시끄럽게 울고, 온도가 낮아질수록 조용해진다는 것을 알게 됐다. 그렇다면 누군가가 불쌍한 귀뚜라미 한 마리를 오븐에 집어놓고 온도를 550도까지 올리면 어떻게 될까? 대신 냉동고에 귀뚜라미를 넣어 버리면 어떻게 될까? 아리조나 지역의 귀뚜라미 대신 말레이시아 산 귀뚜라미를 실험에 사용하면 어떻게 될까? 이러한 경우 가장 간단한 답은 구했던 통계 모델을 폐기해 버릴 수 있다는 것이다. 예를 들어, 오븐에 귀뚜라미를 넣었다면 처음에는 귀뚜라미가 맹렬히 울어 대겠지만 곧 완전히 소리가 사라질 것이다. 표본 데이터를 벗어난 회귀 모델 등의 예측 모델, 즉 일상적인 장소와 일상적인 환경에서 수집된 데이터를 벗어나서 구축된 모델은 위에서 살펴본 예와 같이 그 기능을 못할 수도 있다.

2. **구조적인 단절 - 구조적인 단절은 일상적인 사업 환경에서 언제나 일어나는 일이다.** 구조적인 단절의 예를 일부만 살펴보면 기업의 상장이나 상장 폐지, 합병, 인수, 지리적 확장, 새로운 판매 채널의 추가, 새로운 경쟁 위협의 존재, 노조의 파업, 최고 경영진의 변화, 회사의 비전 및 장기 전략의 변화, 경기 침체 등을 생각해 볼 수 있다. FedEx의 분석가로 다수의 물류 센터에 대한 물량, 수익, 수익성 지표 예측 업무를 담당하고 있다고 생각해 보자. 이들 물류 센터는 미국 전역에 산재해 있고 각 센터별로는 계절성 요인이 완벽하게 포함된 과거 상세 데이터가 축적되어 있다. 또한 상대적으로 로버스트한 결과를 얻을 수 있는 것으로 알려진 고급 계량 경제 모델인 ARIMA(Autoregressive Integrated Moving Average), ECM(Error Correction Methods), GARCH

(Generalized Autoregressive Conditional Heteroskedasticity) 모델 등을 적용했다. 하지만 단 1년 동안 경영진의 변화, 노조 파업, 비행기 조정사의 파업, 경쟁 위협(주 경쟁업체인 UPS가 동일한 시장 부문에 진입하기로 결정함), 회계 규칙의 변화, 기타 다양한 상황이 우연찮게 동시에 발생함으로써 예측한 모든 값이 쓸모없게 돼 버렸다. 이 경우 분석가는 이러한 모든 상황이 우연의 일치인지 아니면 국제 항공 화물 사업의 운영 방식이 근본적으로 변화하는 것인지를 결정해야 한다. 물론 이들 상황 중 일부는 계획됐거나 예측된 것이고 다른 일부는 계획되지 않았거나 예측하지 못한 상황이었을 것이다. 계획된 상황인 경우에는 예측 업무를 수행 고려해야만 한다.

3. **모델 관련 설명의 오류 - 모델 관련 사항을 부정확하게 규정하는 경우도 있다.** 예를 들어, 선형 모델로 추정하는 경우 데이터 간의 비선형 관계가 손쉽게 숨겨질 수 있다. 앞의 예측(Forecasting) 장에서 비선형 자료가 분명한 경우라도 선형 회귀 모델을 적용했을 때 통계적으로 유의한 모델과 합당한 추정치가 도출될 수 있다는 점을 살펴본 바 있다. 이 외에도 빈번하게 발생되는 모델 관련 설명의 오류로는 데이터 간에 자기상관(Autocorrelation) 관계가 존재하거나 계절적 데이터와 관계된 경우를 들 수 있다. 발렌타인데이나 어버이날 등을 고려하지 않고 꽃집 체인의 꽃 수요를 추정하는 것은 명백한 모델 관련 오류이다. 정확한 관련 설명을 사용하지 않거나 데이터를 먼저 정리하지 않으면 결과값의 오류가 상당히 커지게 될 수 있다.

4. **생략된 변수 혹은 여분의 변수** 이러한 유형의 모델 오류는 다변량회귀분석을 이용해 미래를 예측하고자 하는 경우에 발생한다. 분석가가 종속변수(예: 매출, 가격 수입)와 회귀변수 또는 독립변수(예: 경제 상황, 광고 수준, 시장 경쟁 수준 등) 간의 통계적 관계를 다변량회귀분석을 이용해 도출한 후 이러한 관계를 통해 미래값을 예측하고자 한다. 하지만 필요한 모든 정보를 보유하고 있지 못할 수도 있다. 그리고 중요한 정보를 얻을 수 없다면 중요한 변수(예: 시장 포화 효과, 수요의 가격 탄력성, 신규 기술의 위협 등)가 빠질 수 있다. 또 이용 가능한 데이터가 너무 많다면 분석 시 데이터가 과도하게 포함될 수도 있다(예: 물가상승률, 금리, 경제성장률 등). 직관적으로 생각하는 것과는 다를지 모르지만 이용 가능한 변수가 과도하면 변수가 모자란 것 보다 더 심각한 문제가 된다. 변수가 과도하게 존재하고 이들 변수 간에 완전한 상관관계 또는 완전한 공선성이 존재한다면 회귀방정식이 존재하지 않고 풀 수도 없다. 또한 공선성이 좀 줄어드는 경우라도 추정된 회귀방정식은 공선성이 없는 경우 보다 정확도가 떨어지게 된다. 예를 들어, 금리와 물가상승률이 모두 회귀분석의 설명변수로 사용됐다고 가정해 보자. 그

런데 이들 두 변수 간에는 유의한 음의 상관관계가 존재하고 시차를 두고 이 관계가 나타난다면 미래의 매출을 설명하기 위해 두 변수를 모두 사용하는 것은 변수를 중복해서 사용하는 것과 같다. 이 경우에는 매출과의 관계를 설명하기 위해 한 변수만 사용하는 것으로도 충분하다. 분석가가 두 변수를 모두 사용한다면 회귀분석의 오차도 증가할 것이다. 그리고 추가적인 변수로 인한 예측오차는 전체 회귀분석의 오차를 증가시키게 된다.

5. **이분산성** 회귀분석 오차의 분산이 시간이 흐를수록 증가한다면 회귀방정식이 부정확한 것이며 이분산성(Heterioskedasticity)이 존재한다고 할 수 있다. 매우 기술적인 사안인 것처럼 보일 수도 있지만 실제 회귀분석을 사용하면서 인식하지도 못한 채로 이분산성의 문제에 빠지는 경우가 많다. 이분산성, 이분산성의 존재 유무 검증, 오류 해결 방법 등에 대한 상세한 내용은 제 9 장 과거를 이용한 미래 예측하기를 참조한다.

6. **다중공선성** 회귀분석을 수행하는 경우 반드시 충족되어야 할 가정은 독립변수 간에는 상관관계 또는 공선성이 없어야 한다는 것이다. 한 독립변수가 다른 독립변수(들)의 선형 조합으로 표시되는 경우 이들 독립변수 간에는 완벽한 공선성이 존재한다고 이야기할 수 있다. 공선성과 관련된 오류가 가장 자주 발생하는 경우는 더미변수(Dummy Variables)가 사용되는 때이다. 독립변수들 간의 다중공선성은 상관계수 행렬을 구해보면 손쉽게 확인해볼 수 있다. 다중공선성이 존재하는 대부분의 경우에는 이로 인해 회귀분석의 결과가 계산되지 못한다. 보다 상세한 내용은 제 9 장의 부록 D- 다중공선성의 확인 및 수정을 참조한다.

7. **가성적 회귀현상, 데이터 마이닝, 시간 의존성, 생존기업자료에 의한 편의(Survivorship Bias)** 분석가는 허위 회귀현상(Spurious Regression)의 위험에 빠지기도 쉽다. 데이터 마이닝 기법을 사용하는 경우 이러한 실수를 저지르게 된다. 데이터 마이닝이란 어떤 독립변수가 어떤 종속변수에 영향을 주는지에 대한 사전 지식이 전혀 없는 분석가가 이용 가능한 모든 데이터를 사용해 단계적 회귀분석 등의 기법을 적용해 보는 것을 말한다. 이렇게 이용 가능한 데이터를 모두 사용해 단계적 회귀분석을 실행해 보면 가장 상관관계가 높은 변수부터 가장 상관관계가 낮은 변수까지 순위가 결정 된다. 그리고 상관계수의 크기에 따라 차례로 변수를 회귀모형에 추가하면서 분석을 실행하고 이러한 과정이 특정한 통계적 기준에 적합할 때까지 반복된다. 그리고 이때 결정된 회귀방정식을 최선의 결과이자 최종 결과로 받아들이게 된다. 이러한 방법을 사용했을 때의 문제점은

독립변수와 종속변수가 모두 시간에 따라 랜덤하게 움직이는 변수일 수 있다는 점이다. 이 경우 랜덤한 두 변수의 움직임이 특정한 시점에 어떤 식으로 연관된 것처럼 보일 수는 있지만 두 변수 간에는 실제적인 경제적 혹은 재무적 관계가 없다고 가정해 보자. 데이터 마이닝 기법을 사용하게 되면 실제 관계가 아닌 우연의 일치를 포착하게 될 것이고 그 결과 허위 회귀분석이 진행되는 것이다. 즉, 추정된 관계는 순전한 허구로 우연의 일치일 뿐이라는 것이다. 또한 다중공선성 효과로 인해 상관관계가 매우 높은 변수가 단계적 회귀분석에서 제외될 수도 있다.

마지막으로 항상 가장 좋은 결과만이 나타나고 가장 많이 눈에 띄게 되는 생존 기업자료에 의한 편의(Survivorship Bias)와 자기 선택에 의한 편의(Self-Selection Bias)도 중요하다. 예를 들어, 시장에서 대표 데이터를 구하려 한다면 성공적인 회사의 데이터만을 구하게 되므로 위험할 수 있다. 도산한 회사는 분석가가 수집할 신뢰할 만한 데이터가 없음은 물론이고 그 흔적도 남아 있지 않을 것이기 때문이다. 또 존재하는 데이터에 편의성이 존재하고 이러한 데이터가 선택적 데이터인 경우에는 자기 선택(Self Selection)이 일어난다. 예를 들어, 새로운 암 치료제에 대한 약리학 연구를 실시하면 여러 유형의 암 환자들이 연구에 참여하겠다고 할 것이다. 하지만 연구원들은 암 초기 단계의 환자들만 선택함으로써 암 치료제의 실험 결과가 실제보다 나아지게 하려 할 것이다.

8. **자기 회귀 프로세스, 시차, 계절성 및 계열 상관** 시계열 데이터 중 일부는 데이터 간에 자기 회귀관계가 존재한다. 즉, 가격, 수요, 금리, 물가상승률 등의 변수값이 과거값에 의해 결정된다는 것이다. 즉, 자기 자신과의 회귀 관계가 존재하는 것이다. 이와 같이 과거값과 회귀관계가 존재하는 이유는 여러 가지가 있겠지만 계절성(Seasonality)와 주기성(Cyclicality)도 그 이유에 포함 된다. 그리고 독립변수 데이터 간의 주기성 또는 계절성과 자기 회귀효과가 있는 경우에는 회귀분석을 실시해 보면 부정확한 결과가 나오게 된다. 이들 자동 회귀관계가 있는 데이터, 또는 주기성이나 계절성이 있는 데이터가 독립변수에 미치는 영향은 시간에 따라 다르기 때문이다. 그리고 이들 효과에는 시차가 있을 수도 있다. 예를 들어, 금리 인상의 영향은 금리가 인상되 지 1~3개월 후에 주택담보시장(Mortgage Market)에 나타나게 된다. 이와 같은 시차를 무시하면 변수 간에 존재하는 유의성이 매우 높은 관계를 과소평가하게 된다.

9. **상관관계 대 인과관계** 회귀분석은 인과관계가 아닌 상관관계에 대한 분석이다. 즉, 회귀분석을 통해 독립변수인 X가 종속변수인 Y라는 결과가 발생하게 하는 원인이라고 얘기하는 것에는 모순이 있다. 예를 들어, 전 세계적으로 발생하는 상어의 공격 빈도와 점

심시간 간에는 높은 상관관계가 있다. 하지만 상어가 점심시간을 구분하는 것은 분명 아니다. 그 보다는 점심시간은 하루 중 가장 수온이 높은 동시에 가장 해변에 사람이 많은 때이기 때문이다. 즉, 수영을 하는 사람이 많을수록 상어의 공격 빈도가 높게 나타날 확률이 커질 것이라는 점은 거의 확실하다. 즉, 점심시간이 되어 상어가 배가 고프게 되기 때문에 먹이를 찾아 나서는 것이 아니다. 단순히 상관관계가 존재한다고 해서 반드시 인과관계가 존재하는 것은 아니다. 하지만 상관관계가 있다는 것을 인과관계가 있는 것으로 비약시킴으로써 분석가와 경영진들은 분석 결과를 잘못 해석하게 된다.

10. **랜덤 워크** 주가, 금리, 물가상승률 등 일부 재무 데이터는 확률보행(Random walk)이라는 과정을 따른다. 랜덤 워크에는 특정한 값에서 도약(Jump)하는 랜덤 워크, 표류율(Drift Rate)이 있는 랜덤 워크, 장기 평균값을 중심으로 한(혹은 이 값으로 복귀하는) 랜덤 워크 등이 있다. 또한 랜덤 워크를 추정하기 위해 사용되는 모델도 기하 모델에서 지수 모델까지 다양하다. 랜덤 워크가 존재하는 경우에는 단순회귀분석을 하더라도 뚜렷한 관계가 나타나지 않을 수도 있다.

11. **도약 프로세스** 도약 프로세스(Jump Process)란 매우 난해하지만 경영진이 분석가의 분석 결과와 관련된 가정을 이해하고 이에 의문을 제기해 볼 수 있으려면 반드시 알아야 하는 중요한 사항이다. 예를 들어, 국제 유가는 때때로 도약 프로세스를 따르는 경우가 있다. 예를 들어, 미국이 다른 나라와 전쟁에 돌입하거나 OPEC가 매년 수십억 배럴씩 원유 생산량을 감축하기로 결정하면 유가가 급등하게 된다. 이러한 과거 유가 데이터를 이용해 수익을 예측하는 것은 최선의 방법이 아닐 수 있다. 이 예에서와 같은 급작스런 변동이 발생하는 확률은 분명 분석과정에서 충분히 반영돼야 한다. 이 경우에는 단순한 시계열 분석이나 회귀분석보다 도약확산 확률(Jump Stochastic) 모델을 사용하는 것이 보다 적합하다.

12. **확률 프로세스** 분석과 미래 예측 작업을 수행하는데 있어서는 기타의 확률 프로세스(Stochastic Process)도 중요하다. 예를 들어, 금리나 물가상승률은 평균회귀 확률 프로세스(Mean Reversion Stochastic Process)를 따를 수 있다. 즉, 금리와 물가상승률은 모든 경제적 합리성을 벗어날 정도로 급격하게 감소하거나 증가할 수는 없다. 사실 경제적 요인과 압력 등으로 인해 금리나 물가상승률은 오랜 기간에 거쳐 장기 평균값으로 다가가게 된다. 이와 같은 장기효과를 고려하지 못하면 통계적으로 부정확한 추정치가 도출되고 결국 예측값에 오류가 발생하게 된다.

> 시계열분석 및 회귀분석을 통해 미래를 예측하는 경우 유의해야 할 점과 질문해야 할 점으로는 예측값이 범위를 벗어나는지 여부, 예측 기간 동안 구조적 단절과 사업적 단절이 예상되는지 여부, 모델과 관련된 설명에 오류가 있는지 여부, 변수가 제외되거나 과도하게 포함되는지 여부, 이분산성 효과가 존재하는지 여부, 허위관계나 바이어스가 존재하는지 여부, 자기회귀와 관련된 시차 효과가 존재하는지 여부, 상관관계를 인과관계와 혼동했는지 여부, 변수가 랜덤 워크, 도약 프로세스, 기타 통계 프로세스를 따르는지 여부 등이 있다.

불확실성이 존재하는 환경에서의 최적화와 관련된 유의 사항

계량화된 리스크를 분산을 통해 해소하지 못한다면 불확실성 분석과 리스크 분석은 아무런 효용이 없다. 최적화(Optimization)란 사전에 설정된 제약 조건 하에서 최적해에 대한 조합을 찾아냄으로써 분산을 고려하여 리스크를 해소할 수 있는 분석 방법이다.

1. **의사결정 변수가 의사결정 변수인 이유** 의사결정 변수(Decision Variables)란 경영진이 통제할 수 있는 변수(예: 실행 대상 프로젝트, 제조 대상 제품, 제품 구매 벤더, 시추 대상 유정 등)를 말한다. 하지만 처음에는 의사결정 변수인 것 같은 변수가 정확하게 의사결정 변수가 아닌 상황이 존재한다. 예를 들어, CEO가 선호하는 프로젝트에 대해서는 분석결과와 상관없이 "진행"이라는 결정이 내려질 것이다. 또한 의사결정과 관련된 회사 내부의 정치적 상황도 가볍게 넘길 수 있는 부분이 아니다. 최적화 분석에 사용되는 의사결정 변수는 진정한 의미에서 의사결정 변수여야 한다. 즉, 계속해서 정당한 사유가 필요한 것 같은 이미 확정된 의사결정이 변수로 최적화에 사용되어서는 안 된다. 또한 일부 의사결정 변수 간에 상관관계가 존재할 수 있으며 최적화 과정에 이러한 내용을 고려해야 한다. 예를 들면 다음과 같다. A 프로젝트는 프로젝트 B, C, D에 선행해야 한다. 하지만 B 프로젝트가 실행되지 않으면 C 프로젝트를 실행할 수 없고 C 프로젝트는 D 프로젝트에 선행해야 한다.

2. **최적화 결과의 정확도 수준** 분석가가 최적 결과를 도출할 수 있을 정도로 충분한 조합을 분석했을까? 시뮬레이션이 수반되지 않는 정적 최적화(Static Optimization)의 경우에는 최적화에 사용된 툴이 Crystal Ball Opt Quest이건, 엑셀의 목표값 찾기(Goal Seek) 기능이건, 엑셀의 추가기능인 해 찾기이건 간에 최적 솔루션이 있기만 하면 상대

적으로 신속하게 최적 솔루션을 찾을 수 있다. 이러한 최적 솔루션은 컴퓨터에서 입력값을 통해 얻을 수 있는 모든 순열과 조합을 계산해서 얻어지는 것이다. 하지만 불확실성이 존재하는 상황에서 최적화를 수행하는 경우에는 시간도 훨씬 많이 소요되고 최적화된 결과를 빨리 얻지 못할 수도 있다. 결과가 최적값인 것 같더라도 이를 파악하기가 어렵기 때문에 최적화 기능을 필요한 것 보다 장시간 돌려보는 것이 보다 안전한 결과를 얻을 수 있게 될 것이다. 인내심이 부족한 분석가는 시뮬레이션을 충분할 정도로 많이 수행하지 않는 실수를 범하기 쉬운 동시에 강건(Robust)한 결과를 얻을 수 있을 정도로 충분히 최적화를 수행하지 못하는 경우도 많다.

3. **분석가의 교육 수준은?** 확률에 대해서 약간의 지식만 있는 경우에는 확률을 전혀 모르는 경우보다 더 위험한 결론을 내리게 되기 쉽다. 지식과 경험이 결합되면 인상적인 효과를 볼 수 있고 특히 고급 분석 업무를 수행할 때 더욱 그러하다. 고급 수준의 분석 기법을 전사적으로 받아들이고 확대 적용하기 위한 첫 번째 단계는 일단의 내부 전문가를 대상으로 고급 분석 기법의 기술적인 측면과 예술적인 측면을 교육하는 것이다. 이와 같이 토대를 공고히 다지지 않으면 이러한 기법을 전사적으로 확대 적용하기 위한 계획은 실패할 것이다.

> 불확실한 상황에서 수행하는 최적화와 관련하여 유의할 점과 질문할 점으로는 의사결정 변수가 진정한 의미에서 앞으로 의사결정을 내리게 될 대상인지 여부, 최적화 결과의 확실성 수준, 분석가의 교육 수준 등이 있다.

| Chapter 12 리스크 관리 시 고려사항

간단한 사례: 뱅커스 트러스트 (BANKER'S TRUST)

뱅커스 트러스트 – 화려한 수상 경력을 자랑하는 리스크 관리 그룹 설립

Banker's Trust(BT)의 리스크 관리 자문(RMA: Risk Mnagement Advisory) 그룹은 약 5년간 Crystal Ball만을 사용해 왔다. RMA는 리스크의 측정 및 관리 부문에서의 장점을 계속 강화하여 고객사가 수행하는 사업 분야에서 각 고객사가 가지고 있는 리스크에 대한 개념을 재정립하고 리스크 관리를 강화할 수 있도록 고객사를 지원하고 있다. RMA의 고객사는 모든 업종과 지역에 골고루 분포하고 있다. 그 중에서도 RMA가 리스크 관리 자문을 포괄적으로 제공한 분야로는 미국, 유럽, 아시아, 오세아니아 지역 등의 석유 및 가스 회사, 전력 회사, 대기업, 금융 기관 등을 생각해 볼 수 있다. 이러한 리스크 관리 자원과 BT의 고객 맞춤 리스크 관리 솔루션 제공 능력이 결합됨으로써 고객들은 주주가치를 향상시키기 위해 그들의 리스크–수익률 포트폴리오를 재정비할 수 있었다.

RMA는 Euromoney의 올해의 리스크 관리 조력자(Risk Management Advisors of the Year)로 3년 연속 선정된 최초의 그룹으로 아직 이 기록은 깨지지 않고 있다.

RMA가 고객을 위한 재무 및 전략 맞춤 모델을 구축하는 원동력이 된 Crystal Ball은 이러한 성공에 핵심적인 요소가 됐다. 고객을 위해 구축된 각 모델은 각 고객에게 맞춘 유일한 모델인 동시에 대부분 확률과정이 포함되어 있고 Crystal Ball이 함께 사용되고 있다. 발전회사의 자산 평가 모델, 대기업의 리스크 노출 현금흐름 모델, 매매 포트폴리오의 헤지 모델 등 RMA 그룹이 개발하는 모든 모델에는 미래 예측 및 과거 자료를 통한 검증 결과가 포함된다. Crystal Ball의 인터페이스는 매우 손쉽게 사용할 수 있기 때문에 개발자나 사용자 모두 위와 같은 정교한 모델을 훨씬 쉽게 개발하고, 운영하고, 검증할 수 있게 됐다. 또한 RMA가 개발하는 모델 중에는 엑셀 워크북 마다 100,000개 이상의 연산이 포함되는 상당히 규모가 큰 모델이 많다. Crystal Ball을 사용하지 않고 이와 같이 큰 모델을 이용해 시뮬레이션을 실행하려면 상당한 시간이 소요된다. 하지만 시뮬레이션 시간의 최소화하려는 RMA의 개발자들은 Crystal Ball을 사용하여 목적을 달성하고 있다.

뱅커스 트러스트의 RMA 그룹은 또한 Crystal Ball의 매우 체계적이고 포괄적이면서도 이해하기 쉬운 시뮬레이션 결과 표시 방식이 매우 유용하다는 점 역시 알아차렸다. 또한 RMA 그룹은 Crystal Ball의 가정 간의 상관관계를 고려하는 기능과 민감도 차트를 이용해 모델을 포괄적으로 분석해 볼 수 있었다.

Crystal Ball은 고객의 니즈를 효과적이고도 효율적으로 충족시킬 수 있는 맞춤 솔루션을 제공하기 위해 RMA가 필요로 하는 소프트웨어였다. 또한 RMA 그룹은

Crystal Ball의 융통성 있는 기능을 이용해 전통적인 베일에 쌓인(black box) 솔루션과는 정 반대인 투명한 리스크 관리 모델과 방법론을 제공할 수 있게 되었다. 이로써 RMA와 고객 사이에 상당한 지식이 이전되며 모든 관계자들에게 가치가 창출되었고 그 결과 뱅커스 트러스트는

금융 서비스 산업 분야에서 현재와 같은 지위를 확보할 수 있었다.

CHAPTER 13

리스크에 대한 인식 변화

조직이 리스크 분석 결과를 받아들이도록 만드는 방법

고급 분석 기법에 대한 내용을 경영진에게 설명하는 것은 어려운 일이다. 회사에서, 특히 매우 보수적인 업종의 회사라면, 리스크 분석이 업무 활동의 표준으로 받아들여질 수 있게 하려면 어떻게 해야 할까? 보수적인 회사인 경우 분석가가 최고경영진을 대상으로 일련의 고도의 수학적인 내용과 복잡한 계산 내용을 담고 있는 멋들어진 발표 자료를 보여준다면 분석가는 분석 결과를 들고 방에서 쫓겨나 눈앞에서 문이 닫히는 것을 지켜봐야 할 것이다. 여기서는 경영진의 사고방식을 변화시키는 것에 대해 논의해 볼 것이다. 특히 결과의 설명이나 경영진을 설득하는 것은 이들 고급 분석 툴의 특성과 분리해서 생각할 수 없다. 경영진이 변화 관리의 요건에 만족하기만 한다면 보다 쉽게 수용될 확률이 높기 때문이다.

변화관리의 현안 및 패러다임의 변화

변화관리 전문가들은 기업 내에서 사고방식과 관련된 패러다임의 변화가 받아들여지기 위해서는 먼저 충족되어야 할 몇 가지 기준을 밝혀낸 바 있다. 예를 들어, 최고경영진이 시뮬레이션, 예측, 리얼 옵션, 포트폴리오 최적화 등 일련의 새로운 분석 방법을 받아들일 수 있으려면 관련 모델과 프로세스가 단순히 학문적인 용도로만 쓰이는 것이 아니라 실제 업무에 적용될 수 있어야 한다. 변화를 위해 필요한 기준은 그림 13.1을 참조한다.

그림 13.1 기업 문화 바꾸기

"패러다임의 변화가 쉽게 이뤄지는 경우는 없다"

변화를 도모하는 기준:

- 방법의 실용성
  - 단순히 학문적 실습용이어서는 안됨
- 정확성, 일관성, 반복 가능성
  - 의사결정의 기준 수립
- 부가가치 측면의 합리성
  - 경쟁업체에 대한 경쟁 우위
  - 다른 방법으로는 얻을 수 없는 유익한 통찰력의 확보
- 상세한 설명
  - 블랙 박스(black box)의 투명화
  - 최고경영진을 대상으로 "가치(value)" 설명하기
- 비교 우위
  - 예전보다 더 나은 방법
  - 예전 방법의 사용을 중단하려면 뛰어난 이론이 필요함
- 과거 방식과의 양립 가능성
  - 상당히 개선된 과거 방식 기준
- 융통성
  - 개선 가능성
  - 다수의 문제에 적용 가능
- 외부의 영향력
  - "Main Street"에서 "Wall Street"로
  - 외부 투자자에게 내부에서 창출된 가치를 설명

앞에서 살펴보았듯이 대규모의 다국적 기업들 중 다수 기업이 적극적으로 리스크 분석이란 개념을 수용했고 리스크 분석이 지속됐다는 것은 분명한 사실이다. 즉, 리스크 분석이 단순한 학문적인 실험도 아니었고 오늘 사용되고 내일 사라지는 일시적으로 유행하는 최신 재무 기법도 아니었다. 또한 리스크 분석 시 사용되는 프로세스와 방법론들 역시 일관성 있고, 정확하고, 반복이 가능해야 한다. 즉, 과학적인 프로세스를 통과한 방법을 사용해야 한다. 또한 사용된 가정, 과거 데이터, 관련 주장이 유사하다면 손쉽게 결과를 반복할 수 있고, 이를 예측할 수 있어야 한다. 이러한 반복 가능성(replicability)은 본 교재의 Crystal Ball 같은 소프트웨어 프로그램이나 엑셀 등을 사용하는 경우 특히 두드러지는 특성이다.

새로운 분석 기법을 통해 부가가치 측면에서 눈에 띌 만한 효과를 볼 수 있어야 한다. 부가가치 측면에서 이런 효과를 볼 수 없다면 새로운 분석 기법은 무익하고 시간만 많이 드는 일이 될 뿐이다. 소요된 시간, 자원, 노력만큼의, 더 나아가서는 이를 초과하는 부가가치가

창출돼야 한다. 대규모의 자본 투자가 필요한, 회사의 미래 내지는 부서의 미래가 달린 이니셔티브인 경우에는 분명 부가가치가 중요한 요인이 된다 - 리스크가 제대로 분석되지 않으면 부정확하고 불충분한 결과가 도출될 것이고 잘못된 결정이 내려질 수 있다.

새로운 기법을 도입하게 되는 다른 기준들로는 먼저 사용자가 새로운 기법을 통해 경쟁 업체에 대한 비교 우위를 확보할 수 있는지 여부를 생각해볼 수 있다. 고급 분석 기법을 적용하여 얻어지는 부가적인 통찰력을 바탕으로 최고경영진이 여러 옵션과 가치를 파악한 후, 이에 대한 우선 순위를 설정하고 예전 같으면 간과하고 지나갈 전략적이고 리스크가 적은 대안을 선정할 수 있게 되는 경우라면 특히 그러하다.

마지막으로 사고 방식의 변화를 받아들일 수 있게 되려면 새로운 방법론, 분석, 프로세스, 모델 등을 쉽게 설명하고 이해할 수 있어야 한다. 또한 새로운 방법론이 과거 방법론의 연장선상에 있던 아니면 더 우세한 특성 때문에 과거 방법론을 대체할 목적으로 도입되는지 여부와는 상관 없이 예전에 받아들여졌던 방법론과의 연결 고리가 있어야 한다. 마지막에 말한 두 가지 기준은 애널리스트에게 가장 어려운 점이기도 하다. 이 전에 설명한 기준들의 경우에는 직접적이면서도 정의하기가 쉬운 경우였다.

새롭게 도입되는 일련의 리스크 분석 기법은 기존에 사용되는 여러 분석 방법론의 연장선상에 있을 뿐이다. 예를 들어, 몬테카를로 시뮬레이션은 n차원까지 확장된 시나리오 분석이라고 볼 수 있다. 즉, 시뮬레이션 분석은 하나의 변수(예: 가장 일반적인 시나리오는 발생확률과 각 단계의 수익이 확정된 '좋은 경제 상황(good economy)', '보통의 경제 상황(average economy)', '나쁜 경제 상황(bad economy)' 임)에 대해서가 아니라 동시에 서로 영향을 미치는 여러 변수들에 대해 수천 번의 시나리오 분석을 행하는 것이다. 이 변수들은 상관관계가 있을 수도 있고 없을 수도 있으며 독립적으로 변할 수도 있고 상호의존적으로 변할 수도 있다. 사실 새로운 분석 기법을 통해서 도출되는 결과 역시 전통적인 분석 기법에서 도출되는 결과의 연장선상에 있을 뿐이다. 그림 13.2에서는 이러한 논리적 연장 관계에 대해 설명하고 있다.

성적인 모델			동적인 모델		
Renenue	$	2	Renenue	$ 2	<== 입력값(가정)
Cost	$	1	Cost	$ 1	<== 입력값(가정)
Income	$	1	Income	$ 1	<== 결과값(예측값)

| 그림 13.2 | 전통적 분석 방법의 논리적 연장선 상에 있는 시뮬레이션 분석 |

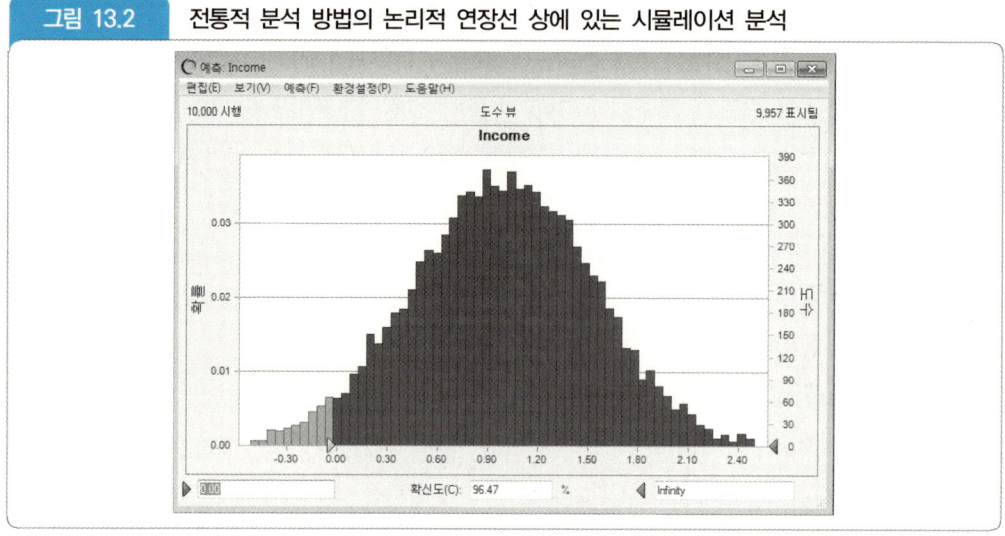

이 그림에서 설명하고 있는 모델은 정적 모델로 수입 2달러, 비용 1달러, 수입과 비용의 차액으로 계산되는 이익은 1달러다. 이를 동적 모델과 비교해보자. 즉, 동일한 크기의 수익과 비용이 사용되지만 이 두 값에 몬테카를로 시뮬레이션이 적용된다. 동적 모델의 시뮬레이션이 완료되어 도출되는 점 추정치는 정적 모델의 경우와 마찬가지로 1달러다. 다시 말해서 보다 고급 기법인 몬테카를로 시뮬레이션을 적용해도 모델과 결과에 변동이 없다. 경영진이 보고자 하는 값이 여전히 점 추정치인 1달러라고 한다면 그대로 둬야 한다. 하지만 논리적으로 생각해 보자. 수입과 비용에 불확실성이 수반된다면 정의상 그 결과로 도출되는 이익 역시 불확실성이 있어야 한다. 이익에 대한 예측값 차트(forecast chart)에서 결과값인 이익에 1달러 주변의 불확실성을 눈으로 확인할 수 있다. 사실 시뮬레이션을 실행해 봄으로써 그림 13.2에서 볼 수 있듯이 손익분기점을 넘어설 확률, 즉 이익이 0달러 이상이 될 확률이 96.47%라는 중요한 정보를 추가적으로 얻을 수 있다. 또한 단일 점 추정치인 1달러에 의존하는 대신 시뮬레이션을 통해 1달러를 초과하는 이익이 발생할 확률이 49.61% 밖에 되지 않는다는 것도 알 수 있다(그림 13.3 참조).

> **그림 13.3**   원래의 점 추정치인 1달러를 초과하는 이익이 발생할 확률

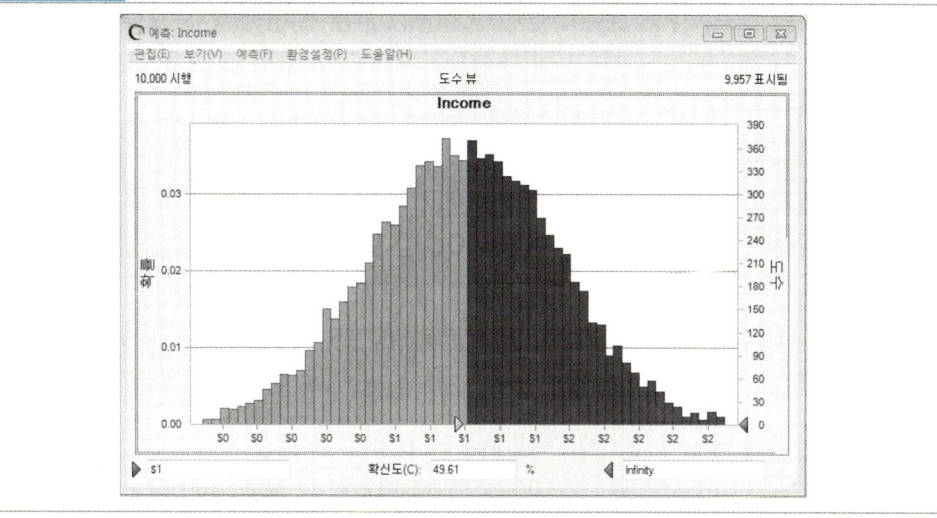

여기서 시뮬레이션을 실행해 보지 않았다면 프로젝트의 위험도를 이와 같이 명확하게 알 수 없었을 것이다. 경영진이 고려하고 있는 여러 유사 프로젝트가 있고 각 프로젝트의 점 추정치가 모두 1달러로 동일한 경우를 생각해 보자. 이런 경우 이론적으로 보자면 경영진은 어느 프로젝트를 선정하던지 전혀 상관이 없다. 하지만 여기에 추가된 리스크라는 요소를 분석해 보면 각 프로젝트의 손익 분기점과 1달러 초과 이익 발생확률은 달라질 수 있다. 그리고 리스크가 가장 적은 프로젝트를 선정해야 하는 것은 자명한 일이다(예: 손익 분기점을 넘을 확률과 발생 수익이 1달러를 초과할 확률이 가장 높은 프로젝트).

오늘 시점에 내일을 예측하기

처음에 자신들의 의사결정 활동에 고급 분석 기법을 적용하기를 꺼리는 경영진이라면 이 새로운 기법을 소규모 프로젝트에 시범적으로 적용해 볼 것을 고려하게 된다. 처음부터 너무 크게 시작하기 보다는 항상 소규모의 프로젝트에 적용하는 것을 선호한다. 고급 분석 기법을 처음 접하는 회사라면 뛰어서 돌진하기 전에 먼저 기는 방법부터 배워야 한다. 경영진이 천천히 새로운 분석 패러다임에 익숙해지게 되면 새로운 분석 기법으로의 전환이 보다 손쉽게 진행될 수 있을 것이다.

회사 전체의 의사결정 프로세스를 하루 밤 안에 바꾸겠다는 비전은 존경할 만 한 것이지만

단명하기 쉽고 실패하게 마련이다. 회사가 오늘 내일에 대해 예측하는 법을 배우기 전에 어제의 교훈으로부터 배울 수도 있어야 한다. 과거의 교훈에서 배울 수 있는 방법 중 한 가지는 과거에 수행된 중요한 프로젝트를 검토해보는 것이다. 미래에 대한 예측부터 시작하는 대신 먼저 과거에 대한 검토(back casting)를 해 본다. 새로운 분석 기법에서 도출된 결과가 실제로 정확한지, 또 가치가 있는지를 검증하기 위해 수 년을 기다려야 하지만 과거의 분석 결과는 즉시 확인할 수 있다. 자기 자신에게 솔직한 애널리스트라면 실제 데이터와 과거에 사용했던 가정(이후에 검토된 사항을 통해 새롭게 알게 된 내용은 무시)을 사용해 봄으로써 새로운 분석 기법을 통해 도출된 결과를 과거에 내려졌던 의사 결정과 비교, 과거와는 다른 전략과 의사결정이 선택될지 여부를 확인해 볼 수 있다. 단, 과거에 자신이 내린 의사결정에 대해 부정적인 검토가 이루어진다는 점을 알면 사람들이 그리 좋은 반응을 보이지는 않을 것이므로 회사 내의 정치적 측면에 대한 부분도 유의해야 한다.

이러한 전략에 진척이 있건 없건 간에 한 가지는 확실하다: 최고경영진이 새로운 기법을 받아들이면 조직에서 이러한 기법을 곧 수용하게 될 것이라는 점이다. 그렇지 못한 경우라면 작은 방에서 작업하는 높지 않은 직급의 애널리스트들이 경영진의 관심을 받기 위해 노력하는 활동이 형편없는 실패로 끝날 것이다. 또한 애널리스트의 적절한 지식과 지원이 뒷받침되지 않는다면 중간 관리자 역시 자신의 상사에게 좋은 인상을 심어주지 못할 것이다.

새로운 분석 기법은 3단계의 포괄적인 과정을 통해 적용된다. 먼저 최고경영진은 새로운 대안에 대해 열린 마음을 가지고 있어야 한다. 중간 관리자는 새로운 기법을 계속 옹호하고 사소한 퇴행현상이 지속되지 않게 하는 동시에 부하 직원인 애널리스트와 상사인 최고경영진 간에 의사소통의 연결고리가 되어야 한다. 애널리스트는 이와는 달리 새로운 기법과 애플리케이션에 대해 가능한 한 많은 정보를 습득할 수 있도록 노력해야 한다. 최악의 경우는 최고경영진이 극단적으로 많은 것을 기대하는 반면 부하 직원들이 요구되는 성과를 제공하지 못하는 경우가 될 것이다.

> 한 조직이 새로운 분석 방법을 채택하도록 하기 위해서는 몇 가지 기준이 먼저 충족돼야 한다. 그리고 다음과 같은 질문을 해봐야 새로운 기법의 채택 가능성이 어느 정도인지를 판단할 수 있다: 즉, 새로운 기법이 현재 직면한 문제에 적용 가능한지 여부, 새로운 기법의 정확성, 일관성, 반복 가능성이 어느 정도인지, 부가가치 측면에서 얼마나 합당한지, 설명하기가 얼마나 용이한지, 어떠한 비교 우위가 있는지, 새로운 방법이 기존의 방법과 양립 가능한 수준이 어느 정도인지, 새로운 방법의 융통성이 어느 수준인지, 새로운 방법의 사용과 관련된 외부의 영향력은 어떤 것들이 있는지 확인해 봐야 한다.

간단한 사례: 캐나다 환경국 (Environment Canada)

환경 리스크 평가 및 화학 리스크 평가

캐나다 환경국(Environment Canada)은 암모니아가 수생 환경에 미치는 영향을 조사하는데 Crystal Ball을 사용했다. 보다 구체적으로 얘기하자면 Crystal Ball을 이용해서 수문학 데이터(Hydrological Data)와 폐수 데이터(Effluent Data)의 분포를 각각 생성하고 이들 분포를 결합해 기화 모델(Plume Model)을 구축하기 위한 하천의 조건에 대한 몇 가지 가설을 세웠다.

캐나다 환경국은 하천의 특정한 조건 상태에서 암모니아가 대량으로 방출되면 수생 생태계에 유해한 영향을 미친다는 결론을 내렸다. 그리고 캐나다의 지방 자치단체들과 함께 암모니아의 방출을 감축하기 위한 전략을 논의하기 위해 리스크 관리 프로세스를 개발할 것이다.

에드몬튼(Edmonton)에 위치한 캐나다 환경국의 독극물 분야 전문 임원인 마일스 콘스터블은 전문가들로 구성된 팀의 캐나다 환경국의 유의 대상 물질 목록(Environment Canada's Priority Substance List)에 포함된 화학 물질에 대한 생태 리스크 평가 과정에서 조정 업무를 맡았다. 유의 대상 물질 목록은 캐나다 환경국과 캐나다 보건국이 작성한 것으로 유해 물질과 대량으로 방출되는 경우 유해한 물질을 정의하고 있다. 이러한 과정을 통해 화학 물질이 캐나다의 환경에 유입, 노출되는 것과, 그 효과 및 리스크를 정의했다.

캐나다 환경국은 환경에 유입되는 특정 화학 물질이 유독한 것으로 판정되면 해당 화학 물질을 방출하는 기업 또는 지방 자치 단체와의 협상을 통해 방출량을 감축하도록 유도한다. 방출량을 감축하기 위해 취해야 할 전략은 기존 설비에 대한 간단한 기술적 개선 조치부터 캐나다 환경에서 해당 유해 물질을 "거의 제거(Virtual Elimination)"하는 것, 즉, 해당 유해 물질의 방출을 금지하는 것까지 다양하기 때문에 이러한 조치를 적용 받는 경제 부문에 대한 영향이 상당히 크다.

이와 같이 결과의 영향력이 상당히 크기 때문에 캐나다 환경국은 화학 물질이 캐나다의 생태계에 미치는 유독성을 균형 잡힌 방식으로 평가해야 한다. 이와 같은 균형 잡힌 평가에는 화학 물질이 생명계에 미치는 효과에 대한 불확실성을 공개적으로 그리고 투명하게 반영하는 것이 포함된다. 1997년 캐나다 환경국은 확률적 리스크 평가(Probabilistic Risk Assessment)를 수행하기 위해 활용할 수 있는 방법론 (또는 "툴 박스(Tool Box)")를 만들었다. 암모니아가 수생 생태계에 미치는 영향에 대한 평가를 완료하기 위한 팀을 구축해야 했던 마일스 콘스터블이 내린 첫 번째 의사결정은 평가를 도와줄 수 있는 환경 통계학 컨설턴트를 채용하는 것이었다. 그리고 컨설턴트는 환경 노출 모델(environment exposure model) 전체에 거쳐 다양한 변동성과 불확실성의 요인을 파악 할 수 있는 강력한 통계분석 툴로 Crystal Ball을 추천했다.

암모니아는 오수에 포함되어 있는 물질로 주로 수로로 방출된다. 또 분석 작업시 사용할 수 있는 사례는 현장 모니터링 데이터가 포함된 두 건의 사례와 암모니아 프로필을 잘 정리해 놓은 자료가 포함된 한 건의 사례 밖에 없었다. 흐르는(In-stream) 상태에서의 모니터링 데이터가 부족했으므로 마일스 콘스터블은 세 번째 사례와 관련된 오수 확산 프로필(dispersion profile)을 전형적인 캐나다 하천의 것으로 모델화 할 필요가 있다고 결정했다. 그리고 이 모델을 작성하는데 Crystal Ball이 핵심적으로 활용됐다.

이 모델링 사례에는 1회 추출된 표본의 하수 폐기물 농축 암모니아의 우수한 프로필이 있다. 마일스 콘스터블과 팀, 컨설턴트는 일단의 수문학적 데이터(hydrologic data: 깊이, 폭, 유속, 온도, 산성도)와 하수 폐기물 데이터(폐기물 유속, 암모니아 농도, 온도)를 정부의 모니터링 기록과 하수 처리 공장에서 확보하고, 이 데이터를 포함하는 일단의 워크시트를 작성했다. 이들은 실제 하천에서 발생할 수 있는 가상의 수류 조건을 다수 가정하고, 이러한 가정 하에서 기화 암모니아 농도를 추정하고자 했다.

그리고 수문학적 데이터와 하수 폐기물 데이터의 내재적인 통계 분포를 결정하기 위해 Crystal Ball을 이용했다. 일단 가장 중요한 변수에 대한 분포가 확인되면 다시 한 번 Crystal Ball을 이용, 이 분포를 바탕으로 가상의 유류 조건 및 폐기물 조건에 대한 500개에 데이터 셋을 생성했다. 그리고 나서 이 500개의 데이터 셋을 기화 모델링 프로그램(CORMIX 3)에 입력하여 하천의 각 유류 조건 별로 하류 지역의 암모니아 농도를 추정했다.

Crystal Ball은 수문학적 데이터와 폐기물 데이터의 분포를 생성하는데 매우 유용했을 뿐 아니라 이들 분포를 결합해서 가상의 하천 조건을 생성하는데도 유용하게 사용됐다. 담당자들은 가상의 평균 연도의 매월 별로 일련의 암모니아 분포를 예측했고 이 정보를 이용해서 오수 폐기물에 노출된 수생 생태계의 유독성 리스크를 예측했다. "데이터 셋을 생성하는 것은 지루했지만 이러한 접근 방식이 효과가 있을 것인지, 또 모델이 적용되는 지역에 대한 월 평균 유속 및 폐기물 체계를 적절히 구축하는데 충분한 데이터를 확보했는지를 확인하는 것은 흥미로운 일이었습니다"라고 콘스터블은 설명했다.

그리고 나서 캐나다 환경국의 팀원들은 Crystal Ball을 대규모의 데이터 셋에 적용해서 최종 리스크 분석을 수행하고 리스크에 대해 최종적인 예측을 했다. 먼저, Crystal Ball을 이용해서 특정 농도 범위에 포함될 확률을 바탕으로 누적확률밀도함수(CDF: cumulative density function)를 생성했다. 또한 여러 생물종에 대한 독성과 암모니아 농도 간의 관계를 도출했다. 그 다음에는 두 CDF를 결합, 독극물의 영향을 받은 생물종의 비율에 대한 독성 효과의 확률 관계를 파악했다. 이렇게 파악된 관계는 프로젝트의 핵심 부분으로 폐수의 방출 시점부터 수행 생태계에 대한 독성 효과의 리스크를 측정하는데 필수적인 부분이기도 한다.

최종 분석을 위해 담당자들은 CDF의 300개 범위를 사용하기로 결정했다. 그리고 Crystal Ball을 실행, 10,000번의 시행을 함으로써 모든 범위에 대해 합당한 데이터 분포를 얻을 수 있는 충분한 데이터를 생성했다. 그리고 Crystal Ball을 이용해서 암모니아 농도가 주어진 범위에 속할 확률과 암모니아에 영향을 받을 생물종의 비율을 예측했다.

그 결과 폐기물이 유출되는 곳으로부터 거리와 위치가 다른 지역에서의 독성 효과의 확률을 얻을 수 있었고, 캐나다 환경국은 이를 이용해서 암모니아가 특정 조건 하에서는 수생 생태계에 허용 수준 이상의 리스크가 되며, 결국 유독하다는 것을 증명할 수 있었다. 이 평가 보고서가 공식 발표된 후 리스크 관리 프로세스에 의거 캐나다 지방정부들과 리스크 감축 전략에 대한 논의가 시작될 것이다.

Tables

필수분포표

- 표준정규분포(단측)
- 표준정규분포(양측)
- 스튜던트의 t-분포(단측 및 양측)
- 더빈-왓슨 기각치
- 정규분포를 이용한 난수
  (표준정규분포를 이용해 생성된 난수~$N(0,1)$)
- 난수
- 균등분포를 이용한 난수
  ($0.0000 \sim 1.0000$) 사이의 균등 분포를 이용해 생성된 난수)
- 카이제곱 기각치
- F-분포의 기각치(단측, $\alpha = 0.10$)
- F-분포의 기각치(단측, $\alpha = 0.05$)
- F-분포의 기각치(단측, $\alpha = 0.25$)
- F-분포의 기각치(단측, $\alpha = 0.01$)

Standard Normal Distribution (partial area)

Z	0.00	0.01	0.02	0.03	0.04	0.05	0.06	0.07	0.08	0.09
0.0	0.0000	0.0040	0.0080	0.0120	0.0160	0.0199	0.0239	0.0279	0.0319	0.0359
0.1	0.0398	0.0438	0.0478	0.0517	0.0557	0.0596	0.0636	0.0675	0.0714	0.0753
0.2	0.0793	0.0832	0.0871	0.0910	0.0948	0.0987	0.1026	0.1064	0.1103	0.1141
0.3	0.1179	0.1217	0.1255	0.1293	0.1331	0.1368	0.1406	0.1443	0.1480	0.1517
0.4	0.1554	0.1591	0.1628	0.1664	0.1700	0.1736	0.1772	0.1808	0.1844	0.1879
0.5	0.1915	0.1950	0.1985	0.2019	0.2054	0.2088	0.2123	0.2157	0.2190	0.2224
0.6	0.2257	0.2291	0.2324	0.2357	0.2389	0.2422	0.2454	0.2486	0.2517	0.2549
0.7	0.2580	0.2611	0.2642	0.2673	0.2704	0.2734	0.2764	0.2794	0.2823	0.2852
0.8	0.2881	0.2910	0.2939	0.2967	0.2995	0.3023	0.3051	0.3078	0.3106	0.3133
0.9	0.3159	0.3186	0.3212	0.3238	0.3264	0.3289	0.3315	0.3340	0.3365	0.3389
1.0	0.3413	0.3438	0.3461	0.3485	0.3508	0.3531	0.3554	0.3577	0.3599	0.3621
1.1	0.3643	0.3665	0.3686	0.3708	0.3729	0.3749	0.3770	0.3790	0.3810	0.3830
1.2	0.3849	0.3869	0.3888	0.3907	0.3925	0.3944	0.3962	0.3980	0.3997	0.4015
1.3	0.4032	0.4049	0.4066	0.4082	0.4099	0.4115	0.4131	0.4147	0.4162	0.4177
1.4	0.4192	0.4207	0.4222	0.4236	0.4251	0.4265	0.4279	0.4292	0.4306	0.4319
1.5	0.4332	0.4345	0.4357	0.4370	0.4382	0.4394	0.4406	0.4418	0.4429	0.4441
1.6	0.4452	0.4463	0.4474	0.4484	0.4495	0.4505	0.4515	0.4525	0.4535	0.4545
1.7	0.4554	0.4564	0.4573	0.4582	0.4591	0.4599	0.4608	0.4616	0.4625	0.4633
1.8	0.4641	0.4649	0.4656	0.4664	0.4671	0.4678	0.4686	0.4693	0.4699	0.4706
1.9	0.4713	0.4719	0.4726	0.4732	0.4738	0.4744	0.4750	0.4756	0.4761	0.4767
2.0	0.4772	0.4778	0.4783	0.4788	0.4793	0.4798	0.4803	0.4808	0.4812	0.4817
2.1	0.4821	0.4826	0.4830	0.4834	0.4838	0.4842	0.4846	0.4850	0.4854	0.4857
2.2	0.4861	0.4864	0.4868	0.4871	0.4875	0.4878	0.4881	0.4884	0.4887	0.4890
2.3	0.4893	0.4896	0.4898	0.4901	0.4904	0.4906	0.4909	0.4911	0.4913	0.4916
2.4	0.4918	0.4920	0.4922	0.4925	0.4927	0.4929	0.4931	0.4932	0.4934	0.4936
2.5	0.4938	0.4940	0.4941	0.4943	0.4945	0.4946	0.4948	0.4949	0.4951	0.4952
2.6	0.4953	0.4955	0.4956	0.4957	0.4959	0.4960	0.4961	0.4962	0.4963	0.4964
2.7	0.4965	0.4966	0.4967	0.4968	0.4969	0.4970	0.4971	0.4972	0.4973	0.4974
2.8	0.4974	0.4975	0.4976	0.4977	0.4977	0.4978	0.4979	0.4979	0.4980	0.4981
2.9	0.4981	0.4982	0.4982	0.4983	0.4984	0.4984	0.4985	0.4985	0.4986	0.4986
3.0	0.4987	0.4987	0.4987	0.4988	0.4988	0.4989	0.4989	0.4989	0.4990	0.4990

Example: For a Z-value of 1.96, refer to the 1.9 row and 0.06 column for the area of 0.4750. This means there is 47.50% in the shaded region and 2.50% in the single tail. Similarly, there is 95% in the body or 5% in both tails.

Standard Normal Distribution (full area)

Z	0.00	0.01	0.02	0.03	0.04	0.05	0.06	0.07	0.08	0.09
0.0	0.5000	0.5040	0.5080	0.5120	0.5160	0.5199	0.5239	0.5279	0.5319	0.5359
0.1	0.5398	0.5438	0.5478	0.5517	0.5557	0.5596	0.5636	0.5675	0.5714	0.5753
0.2	0.5793	0.5832	0.5871	0.5910	0.5948	0.5987	0.6026	0.6064	0.6103	0.6141
0.3	0.6179	0.6217	0.6255	0.6293	0.6331	0.6368	0.6406	0.6443	0.6480	0.6517
0.4	0.6554	0.6591	0.6628	0.6664	0.6700	0.6736	0.6772	0.6808	0.6844	0.6879
0.5	0.6915	0.6950	0.6985	0.7019	0.7054	0.7088	0.7123	0.7157	0.7190	0.7224
0.6	0.7257	0.7291	0.7324	0.7357	0.7389	0.7422	0.7454	0.7486	0.7517	0.7549
0.7	0.7580	0.7611	0.7642	0.7673	0.7704	0.7734	0.7764	0.7794	0.7823	0.7852
0.8	0.7881	0.7910	0.7939	0.7967	0.7995	0.8023	0.8051	0.8078	0.8106	0.8133
0.9	0.8159	0.8186	0.8212	0.8238	0.8264	0.8289	0.8315	0.8340	0.8365	0.8389
1.0	0.8413	0.8438	0.8461	0.8485	0.8508	0.8531	0.8554	0.8577	0.8599	0.8621
1.1	0.8643	0.8665	0.8686	0.8708	0.8729	0.8749	0.8770	0.8790	0.8810	0.8830
1.2	0.8849	0.8869	0.8888	0.8907	0.8925	0.8944	0.8962	0.8980	0.8997	0.9015
1.3	0.9032	0.9049	0.9066	0.9082	0.9099	0.9115	0.9131	0.9147	0.9162	0.9177
1.4	0.9192	0.9207	0.9222	0.9236	0.9251	0.9265	0.9279	0.9292	0.9306	0.9319
1.5	0.9332	0.9345	0.9357	0.9370	0.9382	0.9394	0.9406	0.9418	0.9429	0.9441
1.6	0.9452	0.9463	0.9474	0.9484	0.9495	0.9505	0.9515	0.9525	0.9535	0.9545
1.7	0.9554	0.9564	0.9573	0.9582	0.9591	0.9599	0.9608	0.9616	0.9625	0.9633
1.8	0.9641	0.9649	0.9656	0.9664	0.9671	0.9678	0.9686	0.9693	0.9699	0.9706
1.9	0.9713	0.9719	0.9726	0.9732	0.9738	0.9744	0.9750	0.9756	0.9761	0.9767
2.0	0.9772	0.9778	0.9783	0.9788	0.9793	0.9798	0.9803	0.9808	0.9812	0.9817
2.1	0.9821	0.9826	0.9830	0.9834	0.9838	0.9842	0.9846	0.9850	0.9854	0.9857
2.2	0.9861	0.9864	0.9868	0.9871	0.9875	0.9878	0.9881	0.9884	0.9887	0.9890
2.3	0.9893	0.9896	0.9898	0.9901	0.9904	0.9906	0.9909	0.9911	0.9913	0.9916
2.4	0.9918	0.9920	0.9922	0.9925	0.9927	0.9929	0.9931	0.9932	0.9934	0.9936
2.5	0.9938	0.9940	0.9941	0.9943	0.9945	0.9946	0.9948	0.9949	0.9951	0.9952
2.6	0.9953	0.9955	0.9956	0.9957	0.9959	0.9960	0.9961	0.9962	0.9963	0.9964
2.7	0.9965	0.9966	0.9967	0.9968	0.9969	0.9970	0.9971	0.9972	0.9973	0.9974
2.8	0.9974	0.9975	0.9976	0.9977	0.9977	0.9978	0.9979	0.9979	0.9980	0.9981
2.9	0.9981	0.9982	0.9982	0.9983	0.9984	0.9984	0.9985	0.9985	0.9986	0.9986
3.0	0.9987	0.9987	0.9987	0.9988	0.9988	0.9989	0.9989	0.9989	0.9990	0.9990

Example: For a Z-value of 2.33, refer to the 2.3 row and 0.03 column for the area of 0.99. This means there is 99% in the shaded region and 1% in the one-sided left or right tail.

Student's t-Distribution (one and two tails)

alpha	0.1	0.05	0.025	0.01	0.005	alpha	0.1	0.05	0.025	0.01	0.005
df = 1	3.0777	6.3137	12.7062	31.8210	63.6559	df = 1	6.3137	12.7062	25.4519	63.6559	127.3211
2	1.8856	2.9200	4.3027	6.9645	9.9250	2	2.9200	4.3027	6.2054	9.9250	14.0892
3	1.6377	2.3534	3.1824	4.5407	5.8408	3	2.3534	3.1824	4.1765	5.8408	7.4532
4	1.5332	2.1318	2.7765	3.7469	4.6041	4	2.1318	2.7765	3.4954	4.6041	5.5975
5	1.4759	2.0150	2.5706	3.3649	4.0321	5	2.0150	2.5706	3.1634	4.0321	4.7733
6	1.4398	1.9432	2.4469	3.1427	3.7074	6	1.9432	2.4469	2.9687	3.7074	4.3168
7	1.4149	1.8946	2.3646	2.9979	3.4995	7	1.8946	2.3646	2.8412	3.4995	4.0294
8	1.3968	1.8595	2.3060	2.8965	3.3554	8	1.8595	2.3060	2.7515	3.3554	3.8325
9	1.3830	1.8331	2.2622	2.8214	3.2498	9	1.8331	2.2622	2.6850	3.2498	3.6896
10	1.3722	1.8125	2.2281	2.7638	3.1693	10	1.8125	2.2281	2.6338	3.1693	3.5814
15	1.3406	1.7531	2.1315	2.6025	2.9467	15	1.7531	2.1315	2.4899	2.9467	3.2860
20	1.3253	1.7247	2.0860	2.5280	2.8453	20	1.7247	2.0860	2.4231	2.8453	3.1534
25	1.3163	1.7081	2.0595	2.4851	2.7874	25	1.7081	2.0595	2.3846	2.7874	3.0782
30	1.3104	1.6973	2.0423	2.4573	2.7500	30	1.6973	2.0423	2.3596	2.7500	3.0298
35	1.3062	1.6896	2.0301	2.4377	2.7238	35	1.6896	2.0301	2.3420	2.7238	2.9961
40	1.3031	1.6839	2.0211	2.4233	2.7045	40	1.6839	2.0211	2.3289	2.7045	2.9712
45	1.3007	1.6794	2.0141	2.4121	2.6896	45	1.6794	2.0141	2.3189	2.6896	2.9521
50	1.2987	1.6759	2.0086	2.4033	2.6778	50	1.6759	2.0086	2.3109	2.6778	2.9370
100	1.2901	1.6602	1.9840	2.3642	2.6259	100	1.6602	1.9840	2.2757	2.6259	2.8707
200	1.2858	1.6525	1.9719	2.3451	2.6006	200	1.6525	1.9719	2.2584	2.6006	2.8385
300	1.2844	1.6499	1.9679	2.3388	2.5923	300	1.6499	1.9679	2.2527	2.5923	2.8279
500	1.2832	1.6479	1.9647	2.3338	2.5857	500	1.6479	1.9647	2.2482	2.5857	2.8195
100000	1.2816	1.6449	1.9600	2.3264	2.5759	100000	1.6449	1.9600	2.2414	2.5759	2.8071

Example: For an alpha in the single right tail area of 2.5% with 15 degrees of freedom, the critical t value is 2.1315.

Durbin–Watson Critical Values (alpha 0.05)

n	k = 1		k = 2		k = 3		k = 4		k = 5	
	D_L	D_U	D_L	D_U	D_L	D_U	D_L	D_U	D_L	D_U
15	1.08	1.36	0.95	1.54	0.82	1.75	0.69	1.97	0.56	2.21
16	1.10	1.37	0.98	1.54	0.86	1.73	0.74	1.93	0.62	2.15
17	1.13	1.38	1.02	1.54	0.90	1.71	0.78	1.90	0.67	2.10
18	1.16	1.39	1.05	1.53	0.93	1.69	0.82	1.87	0.71	2.06
19	1.18	1.40	1.08	1.53	0.97	1.68	0.86	1.85	0.75	2.02
20	1.20	1.41	1.10	1.54	1.00	1.67	0.90	1.83	0.79	1.99
21	1.22	1.42	1.13	1.54	1.03	1.66	0.93	1.81	0.83	1.96
22	1.24	1.43	1.15	1.54	1.05	1.66	0.96	1.80	0.86	1.94
23	1.26	1.44	1.17	1.54	1.08	1.66	0.99	1.79	0.90	1.92
24	1.27	1.45	1.19	1.55	1.10	1.66	1.01	1.78	0.93	1.90
25	1.29	1.45	1.21	1.55	1.12	1.65	1.04	1.77	0.95	1.89
26	1.30	1.46	1.22	1.55	1.14	1.65	1.06	1.76	0.98	1.88
27	1.32	1.47	1.24	1.56	1.16	1.65	1.08	1.76	1.01	1.86
28	1.33	1.48	1.26	1.56	1.18	1.65	1.10	1.75	1.03	1.85
29	1.34	1.48	1.27	1.56	1.20	1.65	1.12	1.74	1.05	1.84
30	1.35	1.49	1.28	1.57	1.21	1.65	1.14	1.74	1.07	1.83
31	1.36	1.50	1.30	1.57	1.23	1.65	1.16	1.74	1.09	1.83
32	1.37	1.50	1.31	1.57	1.24	1.65	1.18	1.73	1.11	1.82
33	1.38	1.51	1.32	1.58	1.26	1.65	1.19	1.73	1.13	1.81
34	1.39	1.51	1.33	1.58	1.27	1.65	1.21	1.73	1.15	1.81
35	1.40	1.52	1.34	1.58	1.28	1.65	1.22	1.73	1.16	1.80
36	1.41	1.52	1.35	1.59	1.29	1.65	1.24	1.73	1.18	1.80
37	1.42	1.53	1.36	1.59	1.31	1.66	1.25	1.72	1.19	1.80
38	1.43	1.54	1.37	1.59	1.32	1.66	1.26	1.72	1.21	1.79
39	1.43	1.54	1.38	1.60	1.33	1.66	1.27	1.72	1.22	1.79
40	1.44	1.54	1.39	1.60	1.34	1.66	1.29	1.72	1.23	1.79
45	1.48	1.57	1.43	1.62	1.38	1.67	1.34	1.72	1.29	1.78
50	1.50	1.59	1.46	1.63	1.42	1.67	1.38	1.72	1.34	1.77
55	1.53	1.60	1.49	1.64	1.45	1.68	1.41	1.72	1.38	1.77
60	1.55	1.62	1.51	1.65	1.48	1.69	1.44	1.73	1.41	1.77
65	1.57	1.63	1.54	1.66	1.50	1.70	1.47	1.73	1.44	1.77
70	1.58	1.64	1.55	1.67	1.52	1.70	1.49	1.74	1.46	1.77
75	1.60	1.65	1.57	1.68	1.54	1.71	1.51	1.74	1.49	1.77
80	1.61	1.66	1.59	1.69	1.56	1.72	1.53	1.74	1.51	1.77
85	1.62	1.67	1.60	1.70	1.57	1.72	1.55	1.75	1.52	1.77
90	1.63	1.68	1.61	1.70	1.59	1.73	1.57	1.75	1.54	1.78
95	1.64	1.69	1.62	1.71	1.60	1.73	1.58	1.75	1.56	1.78
100	1.65	1.69	1.63	1.72	1.61	1.74	1.59	1.76	1.57	1.78

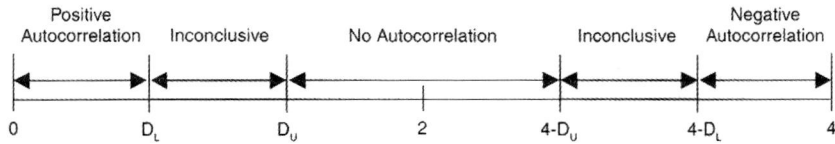

Example: For 30 observations (n) of a multivariate regression with three independent variables, the critical Durbin–Watson statistics are 1.21 (D_L) and 1.65 (D_U). If the calculated Durbin–Watson is 1.05, there is positive autocorrelation.

Normal Random Numbers (standard normal distribution's random number generated ~ $N(0,1)$)

	1	2	3	4	5	6	7	8	9	10
1	-1.0800	-0.5263	-0.7099	-0.3124	0.0216	-0.7768	-0.0752	0.4273	0.7708	0.1887
2	-1.1028	1.0904	-0.9228	-0.8881	-1.7909	0.6459	0.8982	-0.9736	-0.8630	0.1361
3	-0.8336	0.1454	-1.5907	1.0843	0.6271	1.1925	1.4669	0.5701	-2.7364	0.2500
4	0.2296	-0.2436	-0.0639	0.2307	-0.0560	-1.8494	0.6068	-0.2562	0.2168	-0.0261
5	1.2795	-0.6267	0.3133	0.3831	0.8894	0.9869	1.6185	0.7713	0.1421	-0.9623
6	1.2079	-0.8924	0.0491	0.0250	-0.5501	-0.8312	0.5067	-0.4316	0.7880	0.3858
7	-0.9474	-1.1758	-2.0242	-1.1567	-0.3838	0.8031	-0.5129	1.3572	-0.6772	1.0510
8	-0.7296	-0.8073	0.1137	-0.3553	-2.5826	-0.2768	0.6233	0.6233	-2.0171	-1.0818
9	0.0939	-0.1833	0.5550	0.3809	0.4096	0.0930	0.0257	-0.0603	-2.3620	-0.2656
10	-1.2110	-0.3240	0.8859	0.3776	-1.9103	2.0585	0.5215	-1.3543	-0.6975	-1.5965
11	-0.4614	-0.7827	0.8294	0.4460	-0.6563	0.4167	-0.3699	-0.0852	0.5010	0.3579
12	-0.5282	1.2526	-0.3289	1.5912	0.8460	1.2919	-0.6255	-0.2466	0.6740	1.6007
13	1.1204	0.5921	0.3115	0.1986	-0.6793	0.0694	-0.2777	0.5517	-0.5385	1.2437
14	-0.3726	0.0955	-2.3786	-1.7042	0.6656	0.0641	0.3874	1.1669	-0.6837	-0.0934
15	-0.5656	-0.0949	-0.3845	-0.6864	0.9967	0.0695	1.4614	1.0945	-1.2097	-1.4070
16	-0.2430	-2.4107	-2.5924	0.2724	-0.0967	-0.0315	-0.8218	0.2390	0.5987	-0.6879
17	-0.2820	-0.4370	0.7358	-0.3511	-0.2308	-0.7651	-0.7652	-0.4937	-1.0157	-0.1394
18	-0.3955	0.5096	0.1447	-0.4119	1.3781	-0.7365	0.4475	1.7877	0.3629	1.4260
19	0.1652	-0.4687	0.1058	-0.4183	-0.3782	-2.4017	0.9160	-1.8322	-0.6279	0.0098
20	-0.0504	-1.0931	-1.6450	-0.6165	-0.0279	-0.9539	-1.6489	-0.7252	0.3962	0.8928
21	0.1841	-0.1236	0.7653	-0.9054	0.8158	-0.8576	1.9970	-0.1568	-1.6658	-0.6698
22	-1.1091	0.5140	0.4505	-1.7429	0.0854	0.1573	-2.2687	0.4879	-0.0820	0.4840
23	0.6553	0.4692	0.9139	0.9639	-0.9046	-0.6695	-0.3393	-1.8453	1.0532	0.9795
24	0.5185	0.8624	0.6098	0.7062	0.3533	0.1695	0.1840	-0.5235	0.7202	0.0790
25	-0.6228	-0.0052	0.1012	0.9541	1.4046	-0.2620	-0.2783	0.7601	-0.0375	1.8253
26	0.5867	0.3346	-0.0588	-0.4356	0.0004	0.2037	-1.1411	-0.4674	2.2770	-0.8338

27	0.2450	1.0948	-0.8954	1.0444	-0.2184	-1.1320	1.5127	-0.9275	-0.4799	0.1281
28	-0.0279	-0.1937	-1.2914	-0.9880	1.1571	0.5578	0.4071	1.2601	1.1695	-0.2957
29	-0.4161	-0.5507	-0.4475	0.0689	0.4422	-1.1679	-0.5163	0.3915	-0.7226	0.9784
30	-0.8053	0.3502	-1.4505	-0.5941	-0.7228	-0.7034	-1.0992	0.3020	-0.1026	-1.2502
31	1.0404	0.1097	0.4544	-0.5799	-0.2926	1.2725	-0.5619	-0.0821	-0.5477	1.0231
32	0.2528	0.5059	-1.4190	0.3989	-1.3937	-1.2064	0.0228	-0.6627	1.1379	0.5220
33	-0.2739	-0.9455	-2.2941	0.0276	1.7592	-1.7925	-0.5070	-0.2650	1.5300	-0.3373
34	-0.9423	0.3491	-1.3512	0.4576	1.0860	-0.1653	0.4558	-0.6405	-1.2085	-0.7493
35	0.0883	0.2888	-0.5136	2.1450	-0.0262	2.9286	-1.7310	1.1511	-0.6439	-0.3583
36	-0.4517	0.2437	0.2776	-0.7868	0.1671	1.0155	-0.3549	0.7456	-0.3971	-1.9802
37	-1.1278	-2.3892	-0.2134	0.2925	1.2178	-0.3160	0.9686	-1.2743	-0.0707	1.5162
38	1.3791	-0.4170	-0.1155	-0.1992	-1.1890	1.2458	-1.6882	0.3428	-1.3231	-0.3701
39	0.0819	0.5604	-1.7606	-0.6743	-1.0426	-0.8501	1.1497	0.0442	0.5657	-1.2778
40	-0.4175	0.4203	1.2675	1.2768	-0.4826	-2.3268	0.0747	1.0223	0.2681	-0.3952
41	0.6801	-0.6346	-0.4628	0.1047	1.0032	-1.4099	0.3401	-0.5051	-1.2245	-0.4696
42	0.9200	-0.4411	1.9065	-0.8623	-0.8896	-1.3154	-0.2427	1.4517	0.6037	0.7206
43	-2.0794	-0.0927	1.0023	-0.2296	-0.6263	-0.7918	-0.6372	2.7211	0.3840	-0.5358
44	0.5448	0.6405	0.3647	-1.9654	-1.8430	-0.4946	-0.6691	1.3191	0.9991	1.6156
45	1.0963	1.2051	0.7243	2.3032	-0.4820	2.0831	0.6108	0.8796	0.5527	0.8128
46	-0.9386	1.2509	-2.1745	-0.4204	-0.6400	-1.0716	0.0190	-1.9153	-1.4322	0.0870
47	2.4524	1.5695	-0.6953	-2.4997	-0.0891	-0.5719	-0.9301	-0.3394	-2.6532	-0.0226
48	0.4448	-1.8947	0.7942	0.3552	-0.4288	1.0699	0.7316	-1.1951	1.4356	0.2318
49	0.1323	-0.0470	1.5664	0.1610	0.4068	-1.1848	-1.2338	0.1546	-0.3490	2.4516
50	-0.6323	1.7106	-0.6715	0.2511	0.7708	-0.6902	0.8453	1.1715	1.4897	0.0401

Random Numbers (multiple digits)

	1	2	3	4	5	6	7	8	9	10
1	2721.5177	7927.3605	5509.2000	7755.4229	8910.1600	9583.6638	9063.9590	8043.2820	9974.8278	7685.4216
2	5427.5197	6573.0674	6996.6637	9135.8127	2718.8760	8982.9624	4576.1065	5844.0620	2435.0249	2281.9131
3	1570.2192	5024.3217	6764.9039	1023.2814	6548.8675	3329.6628	4520.5547	9269.9768	6344.4565	2809.3591
4	6617.8598	5903.1769	7002.3606	2085.2144	4792.4796	6844.4960	8697.2448	6543.3337	2982.5475	6500.9816
5	1042.3463	4784.7013	2453.3249	2006.1324	2128.2118	4070.3922	7223.9221	9040.6234	3864.3067	8258.1458
6	5152.2026	2683.5095	3648.9192	7937.8332	9361.6421	6588.8570	9066.6720	7688.1069	4799.6166	4936.4821
7	8092.3323	5697.0313	7446.0071	3138.0076	3274.5303	3064.3907	9283.3996	3169.3531	5119.0202	9799.3380
8	3200.8200	8155.2797	2903.4796	3975.4799	2090.4880	2584.4027	2321.1790	9201.1671	5563.8958	4922.1343
9	2182.8695	9863.5501	3827.3677	5479.6807	5846.3606	7009.6787	1956.4793	9485.3016	6048.6349	4545.7721
10	4929.3461	1009.5500	6692.1558	6563.8505	6478.1138	1457.2554	2607.2569	1772.3479	1130.7805	9296.8716
11	9478.2765	9055.7916	8831.3015	9113.9356	3863.2465	6845.3370	7956.4931	3620.3660	6516.1395	5908.0984
12	1336.6521	6161.7270	8222.4781	5859.3163	8247.4744	8348.0894	6487.8202	6784.5221	4693.3882	5667.7078
13	7460.0083	5643.3684	2422.6688	6932.7146	2091.5401	3917.1395	5129.1433	1218.7031	8785.2712	7050.3969
14	5849.9114	5882.0649	6661.0100	6681.4560	9481.2436	2195.1850	4813.7851	9085.3021	1653.4790	3719.3843
15	6975.6430	9691.5555	6668.4537	7785.4196	6508.2217	9147.5266	9760.7188	1920.8204	1278.8593	5578.9917
16	9178.9897	3759.3978	3947.4711	6015.4509	2645.6605	9933.6472	8250.7021	4046.9983	2472.1532	6918.8681
17	1105.8190	7150.7795	1707.7886	6093.6588	5725.3097	6168.8648	6322.2949	8035.1053	1670.8308	3130.7888
18	4378.4322	8484.7097	7236.2981	4585.2984	6117.0657	1604.2704	6441.3144	9050.4318	1192.4602	3053.1196
19	6589.7603	8938.1669	5639.4775	9210.1063	3355.4245	5526.0291	2033.4076	8997.8637	6921.5642	9584.1109
20	4455.2372	6786.2862	4018.8972	5491.1575	1560.0462	4115.5836	1048.3373	9623.0486	8862.3072	7621.1737
21	4448.7636	6209.5568	9959.7063	3177.2467	1641.8797	6802.2869	8161.5705	1685.3721	1941.6971	8308.9046
22	8654.4590	9343.3206	6653.9854	9692.1930	3929.0176	4784.0031	4596.3431	6587.9375	9035.8024	1517.4567
23	8844.1890	9681.9999	2822.7265	2899.0180	5158.0016	5636.0479	2528.0603	6982.0078	9200.3319	6361.4182
24	7390.3963	5983.7082	5900.1055	3837.7891	8828.4116	7731.9270	3157.1180	1957.9680	6105.4342	4370.7669
25	5203.6897	4338.6493	4776.3189	1129.9635	1273.6261	8183.6248	2281.0786	2374.5525	2381.9855	3381.8613
26	4161.9959	6863.8237	9514.2372	2225.4123	4676.0563	6451.0761	5920.1725	2916.4971	5819.8761	7904.7086

27	8044.9759	8610.4069	8708.4209	8303.2069	6696.6600	5799.8857	9579.7723	6845.5490	1039.0858	8763.7395
28	2587.5116	5853.4249	4388.2114	5526.0319	2061.3728	4644.3832	1388.8595	5890.9486	3907.8750	4141.8542
29	7052.2487	6036.5176	2541.3818	2812.2029	7546.7513	2546.8478	2494.0563	6029.0624	1324.0261	8162.4338
30	1163.9374	1931.4068	6247.8204	7745.6642	3070.3767	5071.9130	6159.3637	3013.1682	1226.8873	8162.4898
31	1714.6545	1523.8375	8509.5616	8306.2575	9657.2873	3120.0271	6688.3472	5159.6344	3671.7474	7133.5930
32	3919.0191	5588.6388	4923.3729	5347.2862	1600.1555	2029.1451	3136.0774	2317.8933	3932.5034	3018.1371
33	5026.6414	2547.0444	4424.7295	4170.3210	7624.0027	5232.2546	5874.4753	4124.2614	5273.4984	5929.6120
34	5621.6736	5358.4125	2870.7415	6454.0855	8476.0039	2736.0572	6719.2599	2753.2847	4911.0976	1791.5700
35	9910.5203	6121.8213	3308.4460	3150.5253	9211.2410	5499.6467	3931.8208	5313.8206	5934.1154	4849.0388
36	4312.4452	8426.2265	8872.6974	1663.1930	9120.5661	5981.5407	2613.1288	5439.7424	9611.6777	5188.4457
37	7626.7677	5387.7439	2935.0787	8309.7795	8246.8356	2074.3136	5736.0131	3286.1149	8836.6044	7193.7667
38	9884.8894	6400.4452	3674.4606	6779.5470	9832.8283	8108.7365	4803.5534	7599.8840	2362.3725	8762.0338
39	3835.9843	9103.7538	2867.9787	6320.5689	2208.7881	3409.7276	7836.5953	5104.6250	3424.2561	6521.1725
40	1337.4881	5372.2827	4089.9067	9875.2185	1422.7835	6058.8479	5847.4650	8856.1609	1258.4403	3044.5864
41	3785.1585	4943.2358	2420.7229	5821.4256	5122.6017	8973.0601	6324.9297	9036.6863	1197.9443	2913.1478
42	8926.2929	6024.7767	4233.9264	2292.9495	1958.8263	5534.9091	8243.9129	9370.1993	9628.7974	2321.1484
43	8900.4838	4553.4951	8777.2026	8809.0081	6170.5223	4601.8483	6653.8133	8002.2370	2871.4168	4085.8857
44	6385.5759	1642.6064	4939.2942	8710.5348	2064.4489	7854.8362	4247.8259	3799.9352	6065.6772	9917.2978
45	9684.0981	5429.2985	6042.3134	5461.5755	8034.5336	5056.7885	1621.9722	9290.8556	4395.0623	9808.8263
46	6385.0021	5007.4273	2845.5347	1898.6996	9031.1549	9874.3671	2061.4315	5221.1304	4624.0654	8847.7553
47	8706.7893	1279.1794	8722.8166	5683.5057	9611.4135	2593.5565	2220.1057	6559.8872	3554.2664	5352.1678
48	4542.1757	5609.2758	9599.0981	7644.5129	8663.3854	7009.6717	1887.5296	7330.2408	9197.2417	3012.4571
49	3242.9899	8305.9299	6439.2860	7130.1905	6503.2924	5736.9502	3489.9470	3671.3190	2925.8024	7207.2956
50	7751.6580	7934.9861	8400.8779	2923.6741	4305.5792	3995.4573	9288.3303	6593.9721	5302.2203	9007.2129

Uniform Random Numbers (uniform distribution's random number generated between 0.0000 and 1.0000)

	1	2	3	4	5	6	7	8	9	10
1	0.8470	0.8006	0.8185	0.5479	0.6664	0.4772	0.8983	0.9434	0.0272	0.1912
2	0.8538	0.1840	0.0235	0.5733	0.5103	0.9165	0.2052	0.6861	0.4069	0.8930
3	0.4816	0.0929	0.0404	0.1688	0.4297	0.1381	0.5717	0.3440	0.3050	0.3347
4	0.1827	0.6090	0.2067	0.0201	0.1809	0.4326	0.5870	0.4826	0.8274	0.4693
5	0.6736	0.7903	0.0910	0.7829	0.9657	0.3531	0.5095	0.4019	0.9799	0.4321
6	0.9953	0.8069	0.5096	0.8088	0.5747	0.5876	0.6151	0.7627	0.3793	0.4698
7	0.7613	0.8829	0.9609	0.6287	0.0849	0.9027	0.2761	0.5469	0.5634	0.0308
8	0.1317	0.7907	0.5440	0.0469	0.7220	0.5695	0.2482	0.3742	0.1409	0.3288
9	0.5269	0.6977	0.4061	0.0950	0.2114	0.4113	0.7619	0.6854	0.1402	0.2956
10	0.9121	0.5435	0.3236	0.6256	0.7646	0.3120	0.8037	0.1198	0.8887	0.5443
11	0.5390	0.4622	0.3459	0.1427	0.7762	0.8186	0.5059	0.1905	0.8696	0.8893
12	0.9055	0.4771	0.6290	0.8068	0.5124	0.9142	0.6397	0.5279	0.2051	0.1220
13	0.6644	0.9212	0.2139	0.3678	0.8107	0.1869	0.5594	0.8278	0.2343	0.9175
14	0.7403	0.1068	0.9122	0.1193	0.5645	0.9703	0.9102	0.3528	0.6891	0.0330
15	0.8611	0.9607	0.1820	0.8349	0.4017	0.2822	0.3624	0.8583	0.1495	0.1532
16	0.4914	0.1137	0.2635	0.6062	0.1728	0.5471	0.1065	0.4250	0.7094	0.3168
17	0.7664	0.6767	0.5264	0.9354	0.9880	0.1942	0.9594	0.2610	0.9933	0.3406
18	0.0126	0.5592	0.3942	0.4020	0.7840	0.8675	0.1734	0.0476	0.3372	0.4067
19	0.5251	0.8027	0.6730	0.9985	0.4706	0.2960	0.3305	0.1006	0.1012	0.4638
20	0.7772	0.4434	0.1596	0.3856	0.0163	0.5783	0.4055	0.1490	0.7172	0.2243
21	0.8973	0.7618	0.4225	0.9524	0.7371	0.3863	0.2146	0.3799	0.8521	0.7857
22	0.1709	0.1966	0.1125	0.1454	0.0325	0.2262	0.3624	0.3600	0.6517	0.4073
23	0.1785	0.6833	0.9630	0.3603	0.8863	0.4362	0.5985	0.2979	0.6837	0.0957
24	0.5644	0.2031	0.9500	0.0418	0.9262	0.6584	0.5958	0.9879	0.4332	0.0198
25	0.3672	0.4599	0.2637	0.9380	0.8343	0.6933	0.4732	0.5802	0.2715	0.1287
26	0.8391	0.1803	0.4345	0.7670	0.5298	0.7905	0.4120	0.9688	0.8540	0.8267

27	0.7135	0.8772	0.5661	0.4345	0.8710	0.6183	0.1704	0.3377	0.1432	0.9205
28	0.9477	0.0880	0.0476	0.2050	0.5699	0.5680	0.3438	0.9242	0.1429	0.0283
29	0.2862	0.0944	0.0698	0.6541	0.5945	0.5464	0.1861	0.8030	0.8177	0.8099
30	0.9237	0.5355	0.9374	0.4701	0.8763	0.3914	0.5917	0.6042	0.0596	0.2829
31	0.5876	0.2458	0.6085	0.6830	0.5682	0.9463	0.5392	0.0854	0.7900	0.3149
32	0.0677	0.4571	0.6932	0.0656	0.3131	0.9006	0.8570	0.7966	0.4101	0.5311
33	0.9369	0.3878	0.8473	0.9510	0.9292	0.1164	0.4611	0.7247	0.7077	0.0106
34	0.1777	0.1686	0.1624	0.9553	0.2083	0.9768	0.2229	0.1562	0.6361	0.0027
35	0.4455	0.5007	0.0395	0.4937	0.9753	0.3447	0.0391	0.6322	0.3977	0.4147
36	0.4002	0.5214	0.1770	0.8398	0.2889	0.5151	0.4960	0.6892	0.4331	0.8813
37	0.4288	0.7095	0.6115	0.1138	0.7932	0.7117	0.6252	0.1275	0.6600	0.0738
38	0.3327	0.3886	0.6723	0.0747	0.7562	0.2142	0.1860	0.9814	0.0407	0.7521
39	0.5113	0.4232	0.2029	0.9034	0.0154	0.6591	0.0515	0.8867	0.5985	0.0338
40	0.2530	0.2622	0.2013	0.0351	0.1554	0.4416	0.0300	0.7017	0.4546	0.6329
41	0.3086	0.7557	0.6003	0.5604	0.6615	0.8889	0.2757	0.8436	0.1147	0.2306
42	0.7732	0.6118	0.3301	0.7272	0.4494	0.4960	0.6787	0.2748	0.4064	0.1111
43	0.6713	0.2170	0.5049	0.7975	0.6739	0.9117	0.0948	0.9233	0.6709	0.6739
44	0.9708	0.0705	0.0987	0.5948	0.1022	0.1206	0.2131	0.3548	0.0826	0.7013
45	0.4756	0.6014	0.8200	0.5208	0.3044	0.4410	0.1012	0.5467	0.7132	0.2751
46	0.6130	0.0888	0.2238	0.1298	0.5416	0.7280	0.9447	0.6551	0.0112	0.5960
47	0.2792	0.7500	0.3124	0.0277	0.3785	0.9622	0.7501	0.6412	0.1556	0.1384
48	0.5724	0.0308	0.7103	0.1949	0.9440	0.9585	0.4508	0.3737	0.7383	0.6845
49	0.2825	0.9384	0.6804	0.3165	0.1243	0.6089	0.2623	0.8008	0.2408	0.9563
50	0.3294	0.4181	0.5703	0.4162	0.8578	0.3346	0.5491	0.1812	0.7001	0.6394

Chi-Square Critical Values

df	0.10	0.09	0.08	0.07	0.06	0.05	0.04	0.03	0.02	0.01
1	2.7055	2.8744	3.0649	3.2830	3.5374	3.8415	4.2179	4.7093	5.4119	6.6349
2	4.6052	4.8159	5.0515	5.3185	5.6268	5.9915	6.4377	7.0131	7.8241	9.2104
3	6.2514	6.4915	6.7587	7.0603	7.4069	7.8147	8.3112	8.9473	9.8374	11.3449
4	7.7794	8.0434	8.3365	8.6664	9.0444	9.4877	10.0255	10.7119	11.6678	13.2767
5	9.2363	9.5211	9.8366	10.1910	10.5962	11.0705	11.6443	12.3746	13.3882	15.0863
6	10.6446	10.9479	11.2835	11.6599	12.0896	12.5916	13.1978	13.9676	15.0332	16.8119
7	12.0170	12.3372	12.6912	13.0877	13.5397	14.0671	14.7030	15.5091	16.6224	18.4753
8	13.3616	13.6975	14.0684	14.4836	14.9563	15.5073	16.1708	17.0105	18.1682	20.0902
9	14.6837	15.0342	15.4211	15.8537	16.3459	16.9190	17.6083	18.4796	19.6790	21.6660
10	15.9872	16.3516	16.7535	17.2026	17.7131	18.3070	19.0208	19.9219	21.1608	23.2093
11	17.2750	17.6526	18.0687	18.5334	19.0614	19.6752	20.4120	21.3416	22.6179	24.7250
12	18.5493	18.9395	19.3692	19.8488	20.3934	21.0261	21.7851	22.7418	24.0539	26.2170
13	19.8119	20.2140	20.6568	21.1507	21.7113	22.3620	23.1423	24.1249	25.4715	27.6882
14	21.0641	21.4778	21.9331	22.4408	23.0166	23.6848	24.4854	25.4931	26.8727	29.1412
15	22.3071	22.7319	23.1992	23.7202	24.3108	24.9958	25.8161	26.8480	28.2595	30.5780
16	23.5418	23.9774	24.4564	24.9901	25.5950	26.2962	27.1356	28.1908	29.6332	31.9999
17	24.7690	25.2150	25.7053	26.2514	26.8701	27.5871	28.4449	29.5227	30.9950	33.4087
18	25.9894	26.4455	26.9467	27.5049	28.1370	28.8693	29.7450	30.8447	32.3462	34.8052
19	27.2036	27.6695	28.1813	28.7512	29.3964	30.1435	31.0367	32.1577	33.6874	36.1908
20	28.4120	28.8874	29.4097	29.9910	30.6488	31.4104	32.3206	33.4623	35.0196	37.5663
21	29.6151	30.0998	30.6322	31.2246	31.8949	32.6706	33.5972	34.7593	36.3434	38.9322
22	30.8133	31.3071	31.8494	32.4526	33.1350	33.9245	34.8672	36.0491	37.6595	40.2894
23	32.0069	32.5096	33.0616	33.6754	34.3696	35.1725	36.1310	37.3323	38.9683	41.6383
24	33.1962	33.7077	34.2690	34.8932	35.5989	36.4150	37.3891	38.6093	40.2703	42.9798
25	34.3816	34.9015	35.4721	36.1065	36.8235	37.6525	38.6417	39.8804	41.5660	44.3140
26	35.5632	36.0914	36.6711	37.3154	38.0435	38.8851	39.8891	41.1461	42.8558	45.6416
27	36.7412	37.2777	37.8662	38.5202	39.2593	40.1133	41.1318	42.4066	44.1399	46.9628
28	37.9159	38.4604	39.0577	39.7213	40.4710	41.3372	42.3699	43.6622	45.4188	48.2782
29	39.0875	39.6398	40.2456	40.9187	41.6789	42.5569	43.6038	44.9132	46.6926	49.5878
30	40.2560	40.8161	41.4303	42.1126	42.8831	43.7730	44.8335	46.1600	47.9618	50.8922
31	41.4217	41.9895	42.6120	43.3033	44.0840	44.9853	46.0595	47.4024	49.2263	52.1914

df									
32	42.5847	43.1600	43.7906	44.4909	45.2815	46.1942	47.2817	48.6410	50.4867	53.4857
33	43.7452	44.3278	44.9664	45.6755	46.4759	47.3999	48.5005	49.8759	51.7429	54.7754
34	44.9032	45.4930	46.1395	46.8573	47.6674	48.6024	49.7159	51.1073	52.9953	56.0609
35	46.0588	46.6558	47.3101	48.0364	48.8560	49.8018	50.9281	52.3350	54.2439	57.3420
36	47.2122	47.8163	48.4782	49.2129	50.0420	50.9985	52.1372	53.5596	55.4889	58.6192
37	48.3634	48.9744	49.6440	50.3869	51.2253	52.1923	53.3435	54.7811	56.7304	59.8926
38	49.5126	50.1305	50.8074	51.5586	52.4060	53.3835	54.5470	55.9995	57.9689	61.1620
39	50.6598	51.2845	51.9688	52.7280	53.5845	54.5722	55.7477	57.2151	59.2040	62.4281
40	51.8050	52.4364	53.1280	53.8952	54.7606	55.7585	56.9459	58.4278	60.4361	63.6908
41	52.9485	53.5865	54.2852	55.0603	55.9345	56.9424	58.1415	59.6379	61.6654	64.9500
42	54.0902	54.7347	55.4405	56.2234	57.1062	58.1240	59.3348	60.8455	62.8918	66.2063
43	55.2302	55.8811	56.5940	57.3845	58.2759	59.3035	60.5257	62.0505	64.1156	67.4593
44	56.3685	57.0258	57.7456	58.5437	59.4436	60.4809	61.7144	63.2531	65.3367	68.7096
45	57.5053	58.1689	58.8955	59.7011	60.6094	61.6562	62.9010	64.4535	66.5552	69.9569
46	58.6405	59.3104	60.0437	60.8568	61.7734	62.8296	64.0855	65.6515	67.7714	71.2015
47	59.7743	60.4503	61.1903	62.0107	62.9355	64.0011	65.2679	66.8475	68.9852	72.4432
48	60.9066	61.5887	62.3353	63.1630	64.0959	65.1708	66.4484	68.0413	70.1967	73.6826
49	62.0375	62.7257	63.4788	64.3137	65.2547	66.3387	67.6270	69.2331	71.4060	74.9194
50	63.1671	63.8612	64.6209	65.4629	66.4117	67.5048	68.8039	70.4229	72.6132	76.1538
51	64.2954	64.9954	65.7615	66.6105	67.5673	68.6693	69.9789	71.6109	73.8183	77.3860
52	65.4224	66.1282	66.9006	67.7567	68.7212	69.8322	71.1521	72.7971	75.0215	78.6156
53	66.5482	67.2598	68.0385	68.9015	69.8737	70.9934	72.3238	73.9813	76.2225	79.8434
54	67.6728	68.3902	69.1751	70.0449	71.0248	72.1532	73.4938	75.1639	77.4217	81.0688
55	68.7962	69.5192	70.3104	71.1870	72.1744	73.3115	74.6622	76.3447	78.6191	82.2920
56	69.9185	70.6472	71.4444	72.3278	73.3227	74.4683	75.8291	77.5239	79.8148	83.5136
57	71.0397	71.7740	72.5773	73.4673	74.4697	75.6237	76.9944	78.7015	81.0085	84.7327
58	72.1598	72.8996	73.7090	74.6055	75.6153	76.7778	78.1583	79.8775	82.2007	85.9501
59	73.2789	74.0242	74.8395	75.7426	76.7597	77.9305	79.3208	81.0520	83.3911	87.1658
60	74.3970	75.1477	75.9689	76.8785	77.9029	79.0820	80.4820	82.2251	84.5799	88.3794

Example: For a degree of freedom (k-c) of 23, the critical values are 32.0069 for 10% alpha level (0.10), 35.1725 for 5% alpha level (0.05), and 41.6383 for 1% alpha level (0.01).

F-Distribution Critical Statistics (alpha-one tail 0.10)

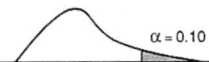

Denominator df	Numerator (df)											
	1	2	3	4	5	6	7	8	9	10	15	20
1	39.86	49.50	53.59	55.83	57.24	58.20	58.91	59.44	59.86	60.19	61.22	61.74
2	8.53	9.00	9.16	9.24	9.29	9.33	9.35	9.37	9.38	9.39	9.42	9.44
3	5.54	5.46	5.39	5.34	5.31	5.28	5.27	5.25	5.24	5.23	5.20	5.18
4	4.54	4.32	4.19	4.11	4.05	4.01	3.98	3.95	3.94	3.92	3.87	3.84
5	4.06	3.78	3.62	3.52	3.45	3.40	3.37	3.34	3.32	3.30	3.24	3.21
6	3.78	3.46	3.29	3.18	3.11	3.05	3.01	2.98	2.96	2.94	2.87	2.84
7	3.59	3.26	3.07	2.96	2.88	2.83	2.78	2.75	2.72	2.70	2.63	2.59
8	3.46	3.11	2.92	2.81	2.73	2.67	2.62	2.59	2.56	2.54	2.46	2.42
9	3.36	3.01	2.81	2.69	2.61	2.55	2.51	2.47	2.44	2.42	2.34	2.30
10	3.29	2.92	2.73	2.61	2.52	2.46	2.41	2.38	2.35	2.32	2.24	2.20
15	3.07	2.70	2.49	2.36	2.27	2.21	2.16	2.12	2.09	2.06	1.97	1.92
20	2.97	2.59	2.38	2.25	2.16	2.09	2.04	2.00	1.96	1.94	1.84	1.79
25	2.92	2.53	2.32	2.18	2.09	2.02	1.97	1.93	1.89	1.87	1.77	1.72
30	2.88	2.49	2.28	2.14	2.05	1.98	1.93	1.88	1.85	1.82	1.72	1.67
35	2.85	2.46	2.25	2.11	2.02	1.95	1.90	1.85	1.82	1.79	1.69	1.63
40	2.84	2.44	2.23	2.09	2.00	1.93	1.87	1.83	1.79	1.76	1.66	1.61
45	2.82	2.42	2.21	2.07	1.98	1.91	1.85	1.81	1.77	1.74	1.64	1.58
50	2.81	2.41	2.20	2.06	1.97	1.90	1.84	1.80	1.76	1.73	1.63	1.57
100	2.76	2.36	2.14	2.00	1.91	1.83	1.78	1.73	1.69	1.66	1.56	1.49
200	2.73	2.33	2.11	1.97	1.88	1.80	1.75	1.70	1.66	1.63	1.52	1.46
300	2.72	2.32	2.10	1.96	1.87	1.79	1.74	1.69	1.65	1.62	1.51	1.45
500	2.72	2.31	2.09	1.96	1.86	1.79	1.73	1.68	1.64	1.61	1.50	1.44
100000	2.71	2.30	2.08	1.94	1.85	1.77	1.72	1.67	1.63	1.60	1.49	1.42

Example: For an alpha in the single right-tail area of 10% with 10 degrees of freedom in the numerator and 15 degrees of freedom in the denominator, the critical F value is 2.06.

Denominator df	Numerator (df)										
	25	30	35	40	45	50	100	200	300	500	100000
1	62.05	62.26	62.42	62.53	62.62	62.69	63.01	63.17	63.22	63.26	63.33
2	9.45	9.46	9.46	9.47	9.47	9.47	9.48	9.49	9.49	9.49	9.49
3	5.17	5.17	5.16	5.16	5.16	5.15	5.14	5.14	5.14	5.14	5.13
4	3.83	3.82	3.81	3.80	3.80	3.80	3.78	3.77	3.77	3.76	3.76
5	3.19	3.17	3.16	3.16	3.15	3.15	3.13	3.12	3.11	3.11	3.11
6	2.81	2.80	2.79	2.78	2.77	2.77	2.75	2.73	2.73	2.73	2.72
7	2.57	2.56	2.54	2.54	2.53	2.52	2.50	2.48	2.48	2.48	2.47
8	2.40	2.38	2.37	2.36	2.35	2.35	2.32	2.31	2.30	2.30	2.29
9	2.27	2.25	2.24	2.23	2.22	2.22	2.19	2.17	2.17	2.17	2.16
10	2.17	2.16	2.14	2.13	2.12	2.12	2.09	2.07	2.07	2.06	2.06
15	1.89	1.87	1.86	1.85	1.84	1.83	1.79	1.77	1.77	1.76	1.76
20	1.76	1.74	1.72	1.71	1.70	1.69	1.65	1.63	1.62	1.62	1.61
25	1.68	1.66	1.64	1.63	1.62	1.61	1.56	1.54	1.53	1.53	1.52
30	1.63	1.61	1.59	1.57	1.56	1.55	1.51	1.48	1.47	1.47	1.46
35	1.60	1.57	1.55	1.53	1.52	1.51	1.47	1.44	1.43	1.42	1.41
40	1.57	1.54	1.52	1.51	1.49	1.48	1.43	1.41	1.40	1.39	1.38
45	1.55	1.52	1.50	1.48	1.47	1.46	1.41	1.38	1.37	1.36	1.35
50	1.53	1.50	1.48	1.46	1.45	1.44	1.39	1.36	1.35	1.34	1.33
100	1.45	1.42	1.40	1.38	1.37	1.35	1.29	1.26	1.24	1.23	1.21
200	1.41	1.38	1.36	1.34	1.32	1.31	1.24	1.20	1.18	1.17	1.14
300	1.40	1.37	1.34	1.32	1.31	1.29	1.22	1.18	1.16	1.14	1.12
500	1.39	1.36	1.33	1.31	1.30	1.28	1.21	1.16	1.14	1.12	1.09
1000	1.38	1.34	1.32	1.30	1.28	1.26	1.19	1.13	1.11	1.08	1.01

F-Distribution Critical Statistics (alpha-one tail 0.05)

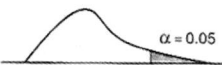

Denominator df	Numerator (df)											
	1	2	3	4	5	6	7	8	9	10	15	20
1	161	199	216	225	230	234	237	239	241	242	246	248
2	18.51	19.00	19.16	19.25	19.30	19.33	19.35	19.37	19.38	19.40	19.43	19.45
3	10.13	9.55	9.28	9.12	9.01	8.94	8.89	8.85	8.81	8.79	8.70	8.66
4	7.71	6.94	6.59	6.39	6.26	6.16	6.09	6.04	6.00	5.96	5.86	5.80
5	6.61	5.79	5.41	5.19	5.05	4.95	4.88	4.82	4.77	4.74	4.62	4.56
6	5.99	5.14	4.76	4.53	4.39	4.28	4.21	4.15	4.10	4.06	3.94	3.87
7	5.59	4.74	4.35	4.12	3.97	3.87	3.79	3.73	3.68	3.64	3.51	3.44
8	5.32	4.46	4.07	3.84	3.69	3.58	3.50	3.44	3.39	3.35	3.22	3.15
9	5.12	4.26	3.86	3.63	3.48	3.37	3.29	3.23	3.18	3.14	3.01	2.94
10	4.96	4.10	3.71	3.48	3.33	3.22	3.14	3.07	3.02	2.98	2.85	2.77
15	4.54	3.68	3.29	3.06	2.90	2.79	2.71	2.64	2.59	2.54	2.40	2.33
20	4.35	3.49	3.10	2.87	2.71	2.60	2.51	2.45	2.39	2.35	2.20	2.12
25	4.24	3.39	2.99	2.76	2.60	2.49	2.40	2.34	2.28	2.24	2.09	2.01
30	4.17	3.32	2.92	2.69	2.53	2.42	2.33	2.27	2.21	2.16	2.01	1.93
35	4.12	3.27	2.87	2.64	2.49	2.37	2.29	2.22	2.16	2.11	1.96	1.88
40	4.08	3.23	2.84	2.61	2.45	2.34	2.25	2.18	2.12	2.08	1.92	1.84
45	4.06	3.20	2.81	2.58	2.42	2.31	2.22	2.15	2.10	2.05	1.89	1.81
50	4.03	3.18	2.79	2.56	2.40	2.29	2.20	2.13	2.07	2.03	1.87	1.78
100	3.94	3.09	2.70	2.46	2.31	2.19	2.10	2.03	1.97	1.93	1.77	1.68
200	3.89	3.04	2.65	2.42	2.26	2.14	2.06	1.98	1.93	1.88	1.72	1.62
300	3.87	3.03	2.63	2.40	2.24	2.13	2.04	1.97	1.91	1.86	1.70	1.61
500	3.86	3.01	2.62	2.39	2.23	2.12	2.03	1.96	1.90	1.85	1.69	1.59
100000	3.84	3.00	2.60	2.37	2.21	2.10	2.01	1.94	1.88	1.83	1.67	1.57

	Numerator (df)										
Denominator df	25	30	35	40	45	50	100	200	300	500	100000
1	249	250	251	251	251	252	253	254	254	254	254
2	19.46	19.46	19.47	19.47	19.47	19.48	19.49	19.49	19.49	19.49	19.50
3	8.63	8.62	8.60	8.59	8.59	8.58	8.55	8.54	8.54	8.53	8.53
4	5.77	5.75	5.73	5.72	5.71	5.70	5.66	5.65	5.64	5.64	5.63
5	4.52	4.50	4.48	4.46	4.45	4.44	4.41	4.39	4.38	4.37	4.37
6	3.83	3.81	3.79	3.77	3.76	3.75	3.71	3.69	3.68	3.68	3.67
7	3.40	3.38	3.36	3.34	3.33	3.32	3.27	3.25	3.24	3.24	3.23
8	3.11	3.08	3.06	3.04	3.03	3.02	2.97	2.95	2.94	2.94	2.93
9	2.89	2.86	2.84	2.83	2.81	2.80	2.76	2.73	2.72	2.72	2.71
10	2.73	2.70	2.68	2.66	2.65	2.64	2.59	2.56	2.55	2.55	2.54
15	2.28	2.25	2.22	2.20	2.19	2.18	2.12	2.10	2.09	2.08	2.07
20	2.07	2.04	2.01	1.99	1.98	1.97	1.91	1.88	1.86	1.86	1.84
25	1.96	1.92	1.89	1.87	1.86	1.84	1.78	1.75	1.73	1.73	1.71
30	1.88	1.84	1.81	1.79	1.77	1.76	1.70	1.66	1.65	1.64	1.62
35	1.82	1.79	1.76	1.74	1.72	1.70	1.63	1.60	1.58	1.57	1.56
40	1.78	1.74	1.72	1.69	1.67	1.66	1.59	1.55	1.54	1.53	1.51
45	1.75	1.71	1.68	1.66	1.64	1.63	1.55	1.51	1.50	1.49	1.47
50	1.73	1.69	1.66	1.63	1.61	1.60	1.52	1.48	1.47	1.46	1.44
100	1.62	1.57	1.54	1.52	1.49	1.48	1.39	1.34	1.32	1.31	1.28
200	1.56	1.52	1.48	1.46	1.43	1.41	1.32	1.26	1.24	1.22	1.19
300	1.54	1.50	1.46	1.43	1.41	1.39	1.30	1.23	1.21	1.19	1.15
500	1.53	1.48	1.45	1.42	1.40	1.38	1.28	1.21	1.18	1.16	1.11
100000	1.51	1.46	1.42	1.39	1.37	1.35	1.24	1.17	1.14	1.11	1.01

F-Distribution Critical Statistics (alpha-one tail 0.025)

$\alpha = 0.025$

Denominator df	Numerator (df)											
	1	2	3	4	5	6	7	8	9	10	15	20
1	648	799	864	900	922	937	948	957	963	969	985	993
2	38.51	39.00	39.17	39.25	39.30	39.33	39.36	39.37	39.39	39.40	39.43	39.45
3	17.44	16.04	15.44	15.10	14.88	14.73	14.62	14.54	14.47	14.42	14.25	14.17
4	12.22	10.65	9.98	9.60	9.36	9.20	9.07	8.98	8.90	8.84	8.66	8.56
5	10.01	8.43	7.76	7.39	7.15	6.98	6.85	6.76	6.68	6.62	6.43	6.33
6	8.81	7.26	6.60	6.23	5.99	5.82	5.70	5.60	5.52	5.46	5.27	5.17
7	8.07	6.54	5.89	5.52	5.29	5.12	4.99	4.90	4.82	4.76	4.57	4.47
8	7.57	6.06	5.42	5.05	4.82	4.65	4.53	4.43	4.36	4.30	4.10	4.00
9	7.21	5.71	5.08	4.72	4.48	4.32	4.20	4.10	4.03	3.96	3.77	3.67
10	6.94	5.46	4.83	4.47	4.24	4.07	3.95	3.85	3.78	3.72	3.52	3.42
15	6.20	4.77	4.15	3.80	3.58	3.41	3.29	3.20	3.12	3.06	2.86	2.76
20	5.87	4.46	3.86	3.51	3.29	3.13	3.01	2.91	2.84	2.77	2.57	2.46
25	5.69	4.29	3.69	3.35	3.13	2.97	2.85	2.75	2.68	2.61	2.41	2.30
30	5.57	4.18	3.59	3.25	3.03	2.87	2.75	2.65	2.57	2.51	2.31	2.20
35	5.48	4.11	3.52	3.18	2.96	2.80	2.68	2.58	2.50	2.44	2.23	2.12
40	5.42	4.05	3.46	3.13	2.90	2.74	2.62	2.53	2.45	2.39	2.18	2.07
45	5.38	4.01	3.42	3.09	2.86	2.70	2.58	2.49	2.41	2.35	2.14	2.03
50	5.34	3.97	3.39	3.05	2.83	2.67	2.55	2.46	2.38	2.32	2.11	1.99
100	5.18	3.83	3.25	2.92	2.70	2.54	2.42	2.32	2.24	2.18	1.97	1.85
200	5.10	3.76	3.18	2.85	2.63	2.47	2.35	2.26	2.18	2.11	1.90	1.78
300	5.07	3.73	3.16	2.83	2.61	2.45	2.33	2.23	2.16	2.09	1.88	1.75
500	5.05	3.72	3.14	2.81	2.59	2.43	2.31	2.22	2.14	2.07	1.86	1.74
100000	5.02	3.69	3.12	2.79	2.57	2.41	2.29	2.19	2.11	2.05	1.83	1.71

Denominator df	Numerator (df)										
	25	30	35	40	45	50	100	200	300	500	100000
1	998	1001	1004	1006	1007	1008	1013	1016	1017	1017	1018
2	39.46	39.46	39.47	39.47	39.48	39.48	39.49	39.49	39.49	39.50	39.50
3	14.12	14.08	14.06	14.04	14.02	14.01	13.96	13.93	13.92	13.91	13.90
4	8.50	8.46	8.43	8.41	8.39	8.38	8.32	8.29	8.28	8.27	8.26
5	6.27	6.23	6.20	6.18	6.16	6.14	6.08	6.05	6.04	6.03	6.02
6	5.11	5.07	5.04	5.01	4.99	4.98	4.92	4.88	4.87	4.86	4.85
7	4.40	4.36	4.33	4.31	4.29	4.28	4.21	4.18	4.17	4.16	4.14
8	3.94	3.89	3.86	3.84	3.82	3.81	3.74	3.70	3.69	3.68	3.67
9	3.60	3.56	3.53	3.51	3.49	3.47	3.40	3.37	3.36	3.35	3.33
10	3.35	3.31	3.28	3.26	3.24	3.22	3.15	3.12	3.10	3.09	3.08
15	2.69	2.64	2.61	2.59	2.56	2.55	2.47	2.44	2.42	2.41	2.40
20	2.40	2.35	2.31	2.29	2.27	2.25	2.17	2.13	2.11	2.10	2.09
25	2.23	2.18	2.15	2.12	2.10	2.08	2.00	1.95	1.94	1.92	1.91
30	2.12	2.07	2.04	2.01	1.99	1.97	1.88	1.84	1.82	1.81	1.79
35	2.05	2.00	1.96	1.93	1.91	1.89	1.80	1.75	1.74	1.72	1.70
40	1.99	1.94	1.90	1.88	1.85	1.83	1.74	1.69	1.67	1.66	1.64
45	1.95	1.90	1.86	1.83	1.81	1.79	1.69	1.64	1.62	1.61	1.59
50	1.92	1.87	1.83	1.80	1.77	1.75	1.66	1.60	1.58	1.57	1.55
100	1.77	1.71	1.67	1.64	1.61	1.59	1.48	1.42	1.40	1.38	1.35
200	1.70	1.64	1.60	1.56	1.53	1.51	1.39	1.32	1.29	1.27	1.23
300	1.67	1.62	1.57	1.54	1.51	1.48	1.36	1.28	1.25	1.23	1.18
500	1.65	1.60	1.55	1.52	1.49	1.46	1.34	1.25	1.22	1.19	1.14
100000	1.63	1.57	1.52	1.48	1.45	1.43	1.30	1.21	1.17	1.13	1.01

F-Distribution Critical Statistics (alpha one-tail 0.01)

$\alpha = 0.01$

Denominator df	Numerator (df)											
	1	2	3	4	5	6	7	8	9	10	15	20
1	4052	4999	5404	5624	5764	5859	5928	5981	6022	6056	6157	6209
2	98.50	99.00	99.16	99.25	99.30	99.33	99.36	99.38	99.39	99.40	99.43	99.45
3	34.12	30.82	29.46	28.71	28.24	27.91	27.67	27.49	27.34	27.23	26.87	26.69
4	21.20	18.00	16.69	15.98	15.52	15.21	14.98	14.80	14.66	14.55	14.20	14.02
5	16.26	13.27	12.06	11.39	10.97	10.67	10.46	10.29	10.16	10.05	9.72	9.55
6	13.75	10.92	9.78	9.15	8.75	8.47	8.26	8.10	7.98	7.87	7.56	7.40
7	12.25	9.55	8.45	7.85	7.46	7.19	6.99	6.84	6.72	6.62	6.31	6.16
8	11.26	8.65	7.59	7.01	6.63	6.37	6.18	6.03	5.91	5.81	5.52	5.36
9	10.56	8.02	6.99	6.42	6.06	5.80	5.61	5.47	5.35	5.26	4.96	4.81
10	10.04	7.56	6.55	5.99	5.64	5.39	5.20	5.06	4.94	4.85	4.56	4.41
15	8.68	6.36	5.42	4.89	4.56	4.32	4.14	4.00	3.89	3.80	3.52	3.37
20	8.10	5.85	4.94	4.43	4.10	3.87	3.70	3.56	3.46	3.37	3.09	2.94
25	7.77	5.57	4.68	4.18	3.85	3.63	3.46	3.32	3.22	3.13	2.85	2.70
30	7.56	5.39	4.51	4.02	3.70	3.47	3.30	3.17	3.07	2.98	2.70	2.55
35	7.42	5.27	4.40	3.91	3.59	3.37	3.20	3.07	2.96	2.88	2.60	2.44
40	7.31	5.18	4.31	3.83	3.51	3.29	3.12	2.99	2.89	2.80	2.52	2.37
45	7.23	5.11	4.25	3.77	3.45	3.23	3.07	2.94	2.83	2.74	2.46	2.31
50	7.17	5.06	4.20	3.72	3.41	3.19	3.02	2.89	2.78	2.70	2.42	2.27
100	6.90	4.82	3.98	3.51	3.21	2.99	2.82	2.69	2.59	2.50	2.22	2.07
200	6.76	4.71	3.88	3.41	3.11	2.89	2.73	2.60	2.50	2.41	2.13	1.97
300	6.72	4.68	3.85	3.38	3.08	2.86	2.70	2.57	2.47	2.38	2.10	1.94
500	6.69	4.65	3.82	3.36	3.05	2.84	2.68	2.55	2.44	2.36	2.07	1.92
100000	6.64	4.61	3.78	3.32	3.02	2.80	2.64	2.51	2.41	2.32	2.04	1.88

	Numerator (df)										
Denominator df	25	30	35	40	45	50	100	200	300	500	100000
1	6240	6260	6275	6286	6296	6302	6334	6350	6355	6360	6366
2	99.46	99.47	99.47	99.48	99.48	99.48	99.49	99.49	99.50	99.50	99.50
3	26.58	26.50	26.45	26.41	26.38	26.35	26.24	26.18	26.16	26.15	26.13
4	13.91	13.84	13.79	13.75	13.71	13.69	13.58	13.52	13.50	13.49	13.46
5	9.45	9.38	9.33	9.29	9.26	9.24	9.13	9.08	9.06	9.04	9.02
6	7.30	7.23	7.18	7.14	7.11	7.09	6.99	6.93	6.92	6.90	6.88
7	6.06	5.99	5.94	5.91	5.88	5.86	5.75	5.70	5.68	5.67	5.65
8	5.26	5.20	5.15	5.12	5.09	5.07	4.96	4.91	4.89	4.88	4.86
9	4.71	4.65	4.60	4.57	4.54	4.52	4.41	4.36	4.35	4.33	4.31
10	4.31	4.25	4.20	4.17	4.14	4.12	4.01	3.96	3.94	3.93	3.91
15	3.28	3.21	3.17	3.13	3.10	3.08	2.98	2.92	2.91	2.89	2.87
20	2.84	2.78	2.73	2.69	2.67	2.64	2.54	2.48	2.46	2.44	2.42
25	2.60	2.54	2.49	2.45	2.42	2.40	2.29	2.23	2.21	2.19	2.17
30	2.45	2.39	2.34	2.30	2.27	2.25	2.13	2.07	2.05	2.03	2.01
35	2.35	2.28	2.23	2.19	2.16	2.14	2.02	1.96	1.94	1.92	1.89
40	2.27	2.20	2.15	2.11	2.08	2.06	1.94	1.87	1.85	1.83	1.80
45	2.21	2.14	2.09	2.05	2.02	2.00	1.88	1.81	1.79	1.77	1.74
50	2.17	2.10	2.05	2.01	1.97	1.95	1.82	1.76	1.73	1.71	1.68
100	1.97	1.89	1.84	1.80	1.76	1.74	1.60	1.52	1.49	1.47	1.43
200	1.87	1.79	1.74	1.69	1.66	1.63	1.48	1.39	1.36	1.33	1.28
300	1.84	1.76	1.70	1.66	1.62	1.59	1.44	1.35	1.31	1.28	1.22
500	1.81	1.74	1.68	1.63	1.60	1.57	1.41	1.31	1.27	1.23	1.16
100000	1.77	1.70	1.64	1.59	1.55	1.52	1.36	1.25	1.20	1.15	1.01

주제어

2차원 시뮬레이션	Two-dimensional simulation
가설 검정	Hypothesis testing
가정	Assumptions
가중최소제곱 회귀분석	Weighted least squares (WLS) regression
가중평균자본비용	Weighted average cost of capital (WACC)
결정계수	Coefficient of determination
결정론적 분석	Deterministic analysis
계열상관	Serial correlation
계절성 효과	Seasonality effects
고가치, 고위험 거래	Higher-value, higher risk (HVHR) deal
고가치, 저위험 거래	Higher-value, lower risk (HVLR) deal
공개 시장가치	Open market value (OMV)
공정 시장가치	Fair market value
교차상관	Cross-correlation, portfolio optimization
굼벨 분포	Gumbel distribution
귀무가설	Null hypothesis
기대 수익	Expected returns
기대 현금흐름	Expected cash flow
기술통계학	Descriptive statistics
난수	Random numbers
다중공선성	Multicollinearity
다중선형회귀	Multiple linear regression
다항 격자	Multinomial lattices
일변량 회귀	Univariate regression
단순 점 추정치	Single-point estimate
단순 지수평활	Single exponential smoothing (SES)
더빈-왓슨 통계량	Durbin-Watson statistic
독립변수	Independent variable
라틴 하이퍼큐브 표본 추출	Latin Hypercube sampling
확률보행	Random walks

KEY WORD

리스크 계량화	Risk quantification
리스크 관리	Risk management
리스크 분산	Risk diversification
리스크 예측	Risk prediction
리스크 완화	Risk mitigation
리스크 정의	Risk identification
리스크 측정	Risk measurement
리스크 평가	Risk evaluation
리스크 허용 한도	Risk tolerance
마코비츠 효율성 곡선	Markowitz Efficient Frontier
민감도 차트	Sensitivity chart
배당금	Dividends
변동계수	Coefficient of variance (CV)
변동성	Volatility
변이성	Variability
보통최소제곱	Ordinary least squares
부트스트랩 시뮬레이션	Bootstrap simulation
분산	Variance
분산분석법	ANOVA
분산팽창인자	Variance inflation factor (VIF)
분포 적합	Distributional fitting
불확실성	Uncertainty
불확실성하에서의 최적화	Optimization under uncertainty
브라운 운동	Brownian Motion
브로시-가프리 자기상관 검정	Breusch-Godfrey autocorrelation test
블랙-숄즈 모델	Black-Scholes model (BSM)
비모수적 부트스트랩 시뮬레이션	Nonparametric bootstrap simulation
비선형성	Nonlinearity
비용 효과	Bang for the buck
산점도	Scatter plot
상관계수	Correlation coefficient
샤프지수	Sharpe ratio
선형계획법	Linear programming
선형회귀분석	Linear regression
손익 계산서	Income statement
손익 분기점	Break-even point
수요의 법칙	Law of demand
수정 R제곱 통계량	Adjusted R-squared statistics
순현재가치	Net present value (NPV)
순이익 효과	Bottom-line benefits
승법적 계절성	Multiplicative seasonality

| 주요 키워드 |

시계열예측	Time-series forecasts
시나리오 분석	Scenario analysis
시뮬레이션	Simulations
시차	Time lag
시행	Trials
신뢰구간	Confidence intervals
신뢰성 척도	Reliability measures
신약 승인 신청	New drug application (NDA)
신용 리스크	Credit risk
실험 설계	Experiment design
앤더슨-달링 검정	Anderson-Darling (AD) test
연속형 분포	Continuous distribution
연평균 약품 가격 인상분	Average annual pharmaceutical price increases (APPIs)
예측, 일반 사항	Forecasting
예측	Prediction
오차 제곱합	Sums of squares of the errors (SSE)
왜도	Skew/skewness
위험조정자본수익률	Risk-adjusted return on capital (RAROC)
의사결정 격자 모델	Decision Lattice
의사결정 변수	Decision variables
의사결정 테이블	Decision tables
이동 평균	Moving average
이변량 회귀분석	Bivariate regression
이분산성	Heteroskedasticity
이산형 확률분포	Discrete probability distributions
이상점	Outliers
이중 지수평활	Double exponential smoothing (DES)
이항격자 모델	Binomial lattices
임상시험 승인 신청	Investigational new drug (IND) applications
자기상관	Autocorrelation
자기자본이익률	Return on equity (ROE)
자기회귀 효과	Autoregressive effects
자본자산가격결정 모형	Capital asset pricing model (CAPM)
자유도	Degrees of freedom
적합도	Goodness-of-fit
절대오차의 평균 비율 (MAPE)	Mean absolute percent error (MAPE)
절대편차의 평균 (MAD)	Mean absolute deviation (MAD)
점 추정치	Point estimates
정도 조정	Precision control
종속 변수	Dependent variable

KEY WORD

주기성 효과	Cyclical effects
준표준편차	Semi-standard deviation
중앙값	Median
중심극한정리	Central Limit Theorem
첨도	Kurtosis
초격자 모델	Super Lattice
총 제곱합	Total sums of squares (TSS)
최빈값	Mode
최소 제곱 회귀	Least square regression
최적 분포	Best fitting distribution
최적화 모델	Optimization model
추론통계학	Inferential statistics
추세 차트	Trend charts
추정	Estimation
카이제곱 검정	Chi-square test
코코모 생산성 측정 기준	COCOMO (Constructive Cost Model)
콜모고로프 스미르노프 KS 검정	Kolmogorov-Smirnov KS test
테일의 U 통계량	Theil's U statistic
토네이도 차트	Tornado chart
통계량	Statistics
산포	Spread
편미분 방정식	Partial-differential equations
평균	Mean
평균제곱오차 (MSE)	Mean-squared error (MSE)
평균제곱오차의 제곱근	Root mean-squared error (RMSE)
평균회귀	Mean-reversion
평균의 함정	Flaw of averages
평활	Smoothing
폐쇄형 리얼 옵션 모델	Close-form real options models
포기 옵션	Abandonment Option
표본	Sample
표준편차	Standard deviation
해 찾기	Solver (Excel)
허위 회귀	Spurious regression
현금흐름	Cash flows
잉여현금흐름	Free cash flow
현금흐름 할인법	Discounted cash flow (DCF)
현재가치	Present value
화이트의 검정 통계량	White's test statistic
확률분포	Probability distribution
감마분포	gamma distribution

균등분포	uniform distribution
극단값 분포	extreme value distribution
기하분포	geometric distribution
로그정규분포	lognormal distribution
로지스틱분포	logistic distribution
베타분포	beta distribution
삼각형분포	triangular distribution
와이블분포	Weibull distribution
음이항분포	negative binomial distribution
이항분포	binomial distribution
정규분포	normal distribution
지수분포	exponential distribution
초기하분포	hypergeometric distribution
파레토분포	Pareto distribution
포아송분포	Poisson distribution
확률 프로세스	Stochastic processes
확률적 최적화	Stochastic optimization
회귀 분석	Regression analysis
F-통계량	F-statistic
R 제곱 통계량	R-squared statistic

몬테카를로 시뮬레이션을 활용한
리스크 분석 및 의사결정

인 쇄 :	2018년 12월 14일 초판 1쇄
지은이 :	데이터랩스, 민경현
펴낸이 :	박준선, 지만영
펴낸곳 :	㈜이레테크
	경기도 안양시 동안구 시민대로 401
	(관양동, 대륭테크노타운 15차) 901호
전 화 :	031-345-1170(대표)
팩 스 :	031-345-1199
홈페이지 :	http://www.datalabs.co.kr
	http://www.crystalball.co.kr
e-mail :	sales@datalabs.co.kr
등 록 :	제 1072-64호
ISBN :	978-89-90239-46-4 13320

정가 25,000원

본 책자의 내용은 저작권법에 의해 보호받으며, 무단 전재, 복사 및 배포를 금합니다. 잘못된 책은 바꾸어 드립니다.

이 도서의 국립중앙도서관 출판예정도서목록(CIP)은 서지정보유통지원시스템 홈페이지(http://seoji.nl.go.kr)와 국가자료공동목록시스템(http://www.nl.go.kr/kolisnet)에서 이용하실 수 있습니다.(CIP제어번호: CIP2018036813)